현대일본을 찾아서 1

The MAKING of MODERN JAPAN

Marius B. Jansen

Yeesan Publishing Co.

현대일본을 찾아서 1

마리우스 B. 잰슨 지음
김우영·강인황·허형주·이정 옮김

이산

현대일본을 찾아서 1

2006년 1월 19일 초판 1쇄 발행
2014년 2월 19일 초판 3쇄 발행
지은이 마리우스 B. 잰슨
옮긴이 김우영·강인황·허형주·이정
펴낸이 강인황
도서출판 이산
서울특별시 마포구 양화로6길 57-18
Tel: 334-2847/Fax: 334-2849
E-mail: yeesan@yeesan.co.kr
등록 1996년 8월 8일 제2-2233호

편집 문현숙·이선주·박연진
인쇄 한영문화사/제본 한영제책

ISBN 89-87608-51-4 04910
ISBN 89-87608-50-6 (전2권)
KDC 913(일본사)

가격은 뒤표지에 있습니다.

The MAKING of Modern Japan by Marius B. Jansen
Copyright ⓒ 2000 by the President and Fellows of Havard College
All rights reserved
Korean Translation Copyright ⓒ 2006 by Yeesan Publishing Co.
This Korean edition is published by arrangement with Havard University Press,
Cambirdge through KCC, Seoul

이 책의 한국어판 저작권은 한국저작권센터(KCC)를 통한 저작권자와의 독점계약으로
도서출판 「이산」에 있습니다. 저작권법에 의해 한국 내에서 보호를 받는 저작물이므로
무단전재와 무단복제를 금합니다.

www.yeesan.co.kr

차례

머리말 11
감사의 말 17

1장 세키가하라 전투 21
1. 센고쿠의 배경 23
2. 새로운 센고쿠다이묘 30
3. 천하 통일자: 오다 노부나가 34
4. 도요토미 히데요시 43
5. 아즈치·모모야마 문화 53
6. 세키가하라 전투의 수혜자: 도쿠가와 이에야스 60

2장 도쿠가와 국가 65
1. 도쿠가와 이에야스의 집권 67
2. 다이묘의 서열화 72
3. 도쿠가와 막부의 구조 80
4. 번(藩) 88
5. 중심과 주변: 막부와 번의 관계 94
6. 도쿠가와 '국가' 102

3장 대외관계 107
1. 배경 109
2. 조선과의 관계 115
3. 서양의 여러 나라 121
4. 쇄국정책 125
5. 나가사키의 네덜란드인 132

6. 중국과의 관계 140
7. '쇄국'이라는 문제 149

4장 신분집단 155

1. 조정 157
2. 사무라이 지배계층 162
3. 농촌의 삶 175
4. 조닌 184
5. 하위 신분 190
6. 신분과 기능 193

5장 도시화와 교통 199

1. 참근교대제 200
2. 교통망 209
3. 조카마치 219
4. 에도: 매혹적인 중심도시 225

6장 서민문화의 발전 243

1. 지배계급의 개명 244
2. 서적과 식자 249
3. 오사카와 교토 253
4. 겐로쿠 문화 265

7장 교육·사상·종교 283

1. 교육 284
2. 유교의 보급 288
3. 학자와 학문 294
4. 중국이라는 문제 303
5. 국학 307
6. 난학 또는 양학 315
7. 종교 323
8. 서민 교화 330

8장 변화·저항·개혁 335

1. 인구 336
2. 지배자와 피지배자 340
3. 민중의 저항 348
4. 막부의 대응 356

9장 개국 385

1. 러시아 386
2. 서유럽 395
3. 중국으로부터의 소식 404
4. 페리 내항 411
5. 내부에서의 전쟁 417
6. 지사 427

10장 막부의 멸망 441

1. 정치적 내러티브 442
2. 개항장 467
3. 서양 체험 474
4. 그 밖의 일본인들 482
5. 사람들이 기억하는 메이지 유신 487
6. 도쿠가와 막부는 왜 멸망했는가? 494

11장 메이지 혁명 499

1. 배경 500
2. 합의에 이른 과정 503
3. 중앙집권화를 향하여 513
4. 실패한 문화혁명 522
5. 전세계에서 지식을 구함 530
6. 유신연합의 붕괴 538
7. 승자와 패자 543

지은이 주 553

12장 메이지 국가의 건설 597
1. 마쓰카타 경제 599
2. 정치참여 투쟁 605
3. 이토 히로부미와 메이지 헌법 622
4. 야마가타 아리토모와 제국군대 630
5. 모리 아리노리와 메이지 교육 638
6. 요약: 메이지 지도자들 651

13장 일본제국 655
1. 선거 656
2. 메이지 헌법하의 정치 659
3. 외교정책과 조약 개정 667
4. 청일전쟁 676
5. 제국주의 외교 685
6. 한국 병합 691
7. 국가와 사회 697

14장 메이지 문화 711
1. 복고! 713
2. 문명개화! 입신출세! 716
3. 그리스도교 720
4. 정치와 문화 727
5. 국가와 문화 733

15장 전간기(戰間期)의 일본 763
1. 정당내각을 향한 발걸음 764
2. 세계 속의 일본 784
3. 경제적 변화 807

16장 다이쇼 문화와 사회 817

1. 교육과 변화 817
2. 도쿄제국대학 법학부 823
3. 다이쇼 청년: '문명'에서 '문화'로 832
4. 여성 838
5. 노동 841
6. 농촌마을의 변화 853
7. 도시의 문화 859
8. 전간기 867

17장 중일전쟁 869

1. 전쟁의 발단: 만주사변 871
2. 만주국: 제국의 동점(東漸) 882
3. 군인과 정치 887
4. 국체명징운동과 복고주의 900
5. 경제: 복구와 자원 906
6. 좌파의 전향 912
7. 관리경제를 위한 계획 916
8. 중일전쟁과 고노에의 '동아 신질서' 919

18장 태평양전쟁 933

1. 도쿄에서 바라본 세계정세 935
2. 메이지 체제 개편 시도 938
3. 워싱턴 협상 942
4. 일본국민과 전쟁 954
5. 진주만 공습에서 원폭 투하까지 961
6. 20세기 역사에서 태평양전쟁의 의의 980
7. 메이지 국가의 해체 985

19장 요시다 시대 997

1. 항복 후 일본의 사회적 정황 1000
2. 개혁과 재건 1005

3. 경제부흥계획 1016
   4. 정치와 샌프란시스코 조약 1023
   5. 샌프란시스코 체제 1032
   6. 지식인과 요시다 체제 1034
   7. 전후의 문화 1040

20장 독립 이후의 일본 1047

   1. 정치와 1955년 체제 1048
   2. 경제대국으로의 부상 1061
   3. 사회변화 1074
   4. 시험에 얽매인 인생 1089
   5. 세계 속의 일본 1094
   6. 세기말의 일본 1102

   지은이 주 1111
   더 읽을거리 1143
   화보출처 1177
   찾아보기 1179

머리말

내가 일본사 분야에 입문하게 된 것은 순전히 우연이었다. 프린스턴 대학에서 학부생으로 재학할 당시 나는 종교개혁과 르네상스기의 역사를 연구하는 데 뜻을 두었으나, 제2차 세계대전과 1943년의 군 입대가 나의 진로를 바꾸어놓았다. 오키나와와 일본에서의 군복무에 이어, 미 육군의 일본어 특훈 프로그램*은 묘하게 마음이 끌리는 흥미와 경험을 가져다주었다. 내가 참가한 일본어 특훈 프로그램은 서양과 일본의 조우라는 역사의 한 장을 장식하는 일본학의 선구자 세르게이 엘리세예프가 지도하고 있었다. 부유한 러시아 상인의 아들로 태어난 엘리세예프는 메이지 시대 말기 도쿄제국대학에서 일본문학을 전공한 최초의 비일본인이었고, 위대한 소설가 나쓰메 소세키(夏目漱石)와 교류한 일군의 학생 가운데 한 명이었다. 모스크바로 돌아갔다가 볼셰비키 혁명 때 구사일생으로 빠져나와 파리에 머물렀고, 1935년에는 하버드-옌칭 연구소 소장이 되었다. 엘리세예프는 뛰어난 스승이었으며, 거의 모든 용어나 단어의 용법과 관련해서 나름의 기억을 되살릴 수 있게 하는 개인적 일화를 가지고 있었다.

나는 내가 그때까지 알고 있던 언어들과는 너무도 다른 일본어에 압도당했고, 일본어를 배우는 것은 갓난아이 때 이후 다시 한번 생각하는

---

* 미 육군이 일본과의 전쟁수행과 전후 일본처리를 위해 일본어를 구사하는 인재를 급히 양성하려는 목적에서 미국 각지의 대학에 개설한 언어 프로그램을 말한다. 잰슨은 하버드 대학에 개설된 일본어 속성 코스에 참가하게 되었다.

법을 배우는 것과 거의 마찬가지였다. 존대의 단계가 아주 명확히 설정되어 있어 층층이 의례의 단을 쌓아 놓은 듯했고, 게다가 이 모든 것들이 알파벳이 아닌 문자로 쓰인 글 속에 담겨 있었다. 그래서 일본어 특훈 프로그램을 마치기 훨씬 전부터 일단 전쟁이 끝나 사회에 복귀하면 좀 더 체계적인 공부를 해보리라 마음먹었다.

 일본사회를 접하면서 나의 그런 결심은 더욱 확고해졌다. 오키나와에서 나는 온화하고 인정 많고 관대한 오키나와 사람들이 자존심 외에는 모든 것을 빼앗긴 채 자기가 살아남았다는 사실 자체가 믿어지지 않는 듯 넋나간 표정을 짓고 있는 모습을 보았다. 그도 그럴 것이 당시 오키나와 주민의 1/4이 전장의 시체로 변해 있었던 것이다. 그들은 예의 바르고 공손하며, 모든 권위에 대해서 상당히 회의적인 것 같았다. 얼마 지나지 않아 일본의 본섬으로 전출된 나는 그곳에서 유령 같은 사람들이 도시의 폐허 속에서 어두운 거리를 어슬렁거리는 광경을 목격했는데, 이들은 오키나와 사람들보다 훨씬 더 무섭고 폐쇄적이었다.

 얼마 후 다시 한 부대에 합류하라는 명령을 받았다. 그 부대는 도시가 공습으로 화염에 휩싸여 있는 동안 일본 당국이 '우호적인' 유럽인 거주자들을 피신시킨 하코네의 높고 울창한 산지에 위치한 마을에 파견되어 있었다. 내가 소속된 소대는 리하르트 조르게라는 거물급 스파이를 상세히 조사하는 임무를 맡고 있었으며, 연합국총사령부(GHQ) 첩보국에서는 공산주의자들이 전복을 꾀하는 위기상황에서 구체적인 한 사례로서 조르게 사건의 이야기를 속속들이 알고 싶어했다. 러시아 태생의 독일인 조르게는 뛰어난 두뇌와 담력을 겸비한 인물이었다. 『프랑크푸르터 차이퉁』의 칼럼니스트로서 그는 도쿄 주재 나치 대사관을 이끄는 군인들에게 자연스럽게 접근할 수 있었다. 뿐만 아니라 세 차례 일본총리를 역임한 고노에 후미마로가 설립한 연구소의 연구원이었으며 대부분이 마르크스주의자였던 일본인 사회과학자들과 잘 어울렸다. 그리고 그 이면에서는 일본이 북쪽이 아닌 남쪽에서 러시아를 치고 들어갈 계획임을 알려주는 비밀문서를 촬영한 필름들을 모스크바에 전달하는 스파이 활동을

| 머리말 |

했다. 우리 부대는 독일대사관으로부터 입수한 관련 서류를 갖고 있었고, 조르게의 정체가 밝혀지면서 자리에서 물러난 전(前) 주일 독일대사 오이겐 오트가 부대 근처에 살고 있었다. 그의 후임자인 하인리히 슈타머는 우리 사무실이 있던 호텔의 위층에 거주하고 있었다. 12월의 어느날 아침 히비야 공원에서 개를 데리고 산책하다가 일본해군이 진주만을 공격하여 미국과 일본이 전쟁을 벌이게 되었다는 소식을 접하고 느낀 놀라움을 우리에게 진술했던 독일 대사관의 육군무관도 같은 곳에 살고 있었다. 현대 동아시아 역사를 이처럼 기가 막히게 때맞추어 대면하기란 상상하기도 어려울 것이다.

같은 종류의 행운은 전후에 하버드 대학원에서 중국학과 일본학을 연구하던 시절에도 계속되었다. 나의 동료 대학원생들 중에는 전전(戰前)에 동아시아를 경험하고 그 분야의 공부를 하다가 전쟁으로 인한 군복무기간 동안 중단되었던 학업을 계속하기 위해 복학한 사람도 몇 명 있었지만, 대다수는 전시에 진로를 바꾸었으며, 우리가 배우고 경험한 것을 보다 더 장기적이고 큰 역사적 맥락 속에 자리매김하고 싶은 열정에 사로잡혀 있었다. 워싱턴에서 복무하다가 신임 교수로 부임한 에드윈 라이샤워가 우리 팀의 감독이자 주장이 되었는데 당시 그의 나이는 우리보다 기껏해야 열 살 정도 더 많았다. 한껏 고무된 라이샤워 교수는 열정에 넘쳐나는 학생들이 이렇게 갑작스럽게 몰려든 데 대해 조금도 놀라는 내색을 하지 않는 엘리세예프 교수와 균형을 이루었다. 우리들 사이에는 우리가 해결해야 할 과제를 발견했다는 기쁨과 흥분이 떠나지 않았다. 우리가 연구하려는 세계는 이제 막 그 문을 연 듯했고, 우리는 전인미답의 길을 가고 있었던 것이다.

첫번째 연구주제는 내가 일본학에 입문하게 된 것과 거의 마찬가지로 우연히 정해졌다. 나는 존 페어뱅크의 중국사 세미나 수업을 듣기 위해 일본어 자료에 근거하여 연구할 수 있는 주제가 필요했는데, 그러다가 중일간의 문화적·정치적 교류에 관심을 가지게 되었다. 이후 이 주제는 한순간도 내 뇌리에서 떠나지 않았으며 이 책의 여러 장에도 이 주제에 대한 관심이 반영되어 있다. 『일본인과 쑨원 *The Japanese and Sun Yat-sen*』(1954)은 19세기의 마지막 수십 년 동안 서구 제국주의의 흥기에 직면하여 고뇌를 공유했던 중국인과 일본인 사이의 돈독한 우의(友誼)를 살펴보았고, 이런 교류에 참가한 일본인들에 대한 보다 면밀한 연구는 밀려드는 외국 문화의 파도에 의해 정체성이 흔들리게 된 젊은 일본인 세대의 열망을 관찰할 수 있는 창을 열었다. 이 이야기에 등장하는 2명의 청년, 미야자키 도텐(宮崎滔天)과 지바 다쿠사부로(千葉卓三郎)는 당시의 충격과 문화적 혼란을 예시하고 있다.

그 세대의 사람들 대다수는 과거의 중심적인 가치를 보호하고자 필사적으로 노력했고, 그 노력은 근대국가 건설이라는 형태로 나타났다. 쑨원을 비롯해서 일본에 망명 중이던 여타 중국인들은 메이지 일본의 국가 건설자들의 스타일을 이따금 따라했고, 반면에 미야자키와 지바는 선배들이 구상했던 정치적 사명을 더욱 확대할 수 있는 방법을 모색했다. 이를 좀 더 잘 이해하기 위해서 다음번에는 메이지 시대 이전 활동가들의 사상과 정치세계를 연구했고, 미야자키 같은 메이지 시대의 일본인뿐 아니라 그들의 중국인 친구들에게도 반향을 불러일으킨 메이지 시대 이전의 정치적·지적 동요를 내 연구주제로 설정하려 했다. 이를 위해서 열혈청년 사카모토 료마(坂本龍馬)를 연구주제로 삼은 것은 정말로 적절한 선택이었다. 고향을 등진 사카모토가 가족에게 보낸 편지에는 그의 정치적 성장과정이 반영되어 있으며, 도쿠가와 막부의 멸망을 목전에 두고 젊은 나이에 암살자의 손에 살해당함으로써 말년의 행적에 의해 젊은 날의 뜻이 훼손될 가능성도 없었기 때문이다. 『사카모토 료마와 메이지 유신 Sakamoto Ryōma and the Meiji Restoration』(1961)은 바로 그 결과물이다. 이 연구를 계기로 나는 도쿠가와 시대 일본에 있어서 후기 봉건제 및 봉건제 이후 제도에서의 지방사의 문제를 연구하는 데 전념했으며, 그 문제의 기원을 찾아 1600년 막부 성립 때까지 거슬러 올라가게 되었다.

* * *

1600년부터 현재까지의 일본역사를 개괄하는 것이 이후 수십 년간 내 수업과 연구의 주제였고, 이 책에서 주로 다룬 것도 바로 이것이다. 내가 워싱턴 대학에서 처음 교편을 잡았던 50년 전이라면 이런 일이 훨씬 더 쉬웠을 것이다. 오

| 머리말 |

늘날에는, 관련 서적이 거의 전무하고 논문도 거의 없으며 번득이는 아이디어가 많지 않은 분야를 상상하기가 어렵다. 일본사 연구는 지난 반세기 동안 급성장했고, 넘쳐나는 출판물과 온갖 주제들은 내 세대에서는 불가능했던 방식으로 학생들에게 전문성을 갖추도록 강제하고 있다. 물론 우리 세대는 아는 것은 적었으나, 반면에 모든 주제들이 바로 우리 손에서 연구를 기다리고 있었다는 점에서 지금 세대보다 어쩌면 운이 더 좋았다고 볼 수도 있을 것이다. 봉건제, 군국주의, 근대화, 국가주의, 시민사회, 사회사 등의 개념은 일본사의 풍경을 바꿔온 동시에 새로운 문제에 대한 각성과 그에 따른 가능성을 남겨놓았다.

또한 우리 세대의 일본사 연구자들은 일본의 학자들에게 쉽게 다가가 협력을 얻을 수 있었다는 점에서 크나큰 혜택을 입었다. 내 경우에는 1960년부터 1961년까지 1년 동안 도쿄의 국제문화회관(國際文化會館) 상임 연구원 자격으로 있을 때 맺은 우정이 이후 수년간 더욱 돈독해졌다. 반면 우리 세대의 중국사 연구자들은 이와는 사뭇 다른 상황을 겪었다. 국외에서 활동하는 중국인 학자들과 중국의 변경(타이완이나 홍콩)에 있는 연구기관들이 엄청나게 많은 기여를 했지만 여하튼 지난 반세기의 대부분 기간 동안 중화인민공화국의 대학은 개인적으로든 학술적으로든 접근할 수가 없었다. 이와는 대조적으로 일본에서 온 수많은 객원학자들과, 미국의 동료학자, 학생, 출판물 등에 대한 그들의 개방적인 태도는 우리 세대의 모든 연구에서 중심이 되는 발견을 서로 공유하는 세계를 창조했다. 1950년대까지 객원학자들은 여러 학술기획에서 공동연구자가 되어주었다. 1960년대까지는 다국간 혹은 양국간 학술대회에서 일익을 담당했고, 1970년대에는 조사연구 프로그램을 계획하는 위원회에 동참했고, 1980년대와 1990년대에는 『케임브리지 일본사 *The Cambridge History of Japan*』같은 기획에 원고를 기고하거나 편집위원회에 참여했다. 그들은 우리의 연구를 번역하고 논의하는 한편 그들 자신의 견해를 피력하기 위해 주요 대학과 연구소를 방문했다. 지난 수십 년간 일본의 국제교류기금(國際交流基金)은 일본 사회와 문화에 대한 더 많은 연구가 미일양국의 노력에 의해 이루어지도록 했으며, 최근에는 국제일본문화연구센터(國際日本文化研究

センター)도 그런 역할을 하고 있다.

또 다른 큰 변화는 일본의 역사와 사회를 기존 대학의 교과과정 내에서 정규 과목으로 접한, 다시 말해 국제적 위기나 정부의 명령에 의해 강제로 일본을 연구하게 될 때까지 굳이 기다리지 않아도 되었던 일본 전문가 세대의 등장과 함께 찾아왔다. 이제 학생들은 스승으로부터 도움을 얻거나 이따금 스승의 잘못된 견해를 지적해가면서 서로서로 가르치며 배우고 있다. 내가 일본사 연구를 업으로 삼고 살아오면서 느꼈던 가장 큰 기쁨은 바로 1959년 이후 프린스턴 대학에서 연구하고 가르치며 학부생 및 대학원생과 나누었던 친분과 격려였다. 이 책의 '지은이 주'와 '더 읽을거리'에서 많은 이들은 자신의 연구가 인용되었음을 발견할 수 있을 것이다. 하여 이 책을 그들에게 바친다.

감사의 말

저자인 사람이 도와준 분들에게 감사의 뜻을 표하는 것은 으레 하는 일이지만, 나의 경우 집필기간 동안 시력이 계속 나빠지는 상황이어서 고마운 마음이 더욱 클 수밖에 없다. 나는 이 책의 원고를 처음부터 끝까지 꼼꼼히 검토해준 로널드 P. 토비에게 너무나 큰 신세를 졌다. 토비는 제임스 A. 비어와 함께 지도도 만들어주었다.

　컴퓨터는 젊은이들의 몫이었다. 랠프 마이어는 집 전화로 누차에 걸쳐서 긴급상황에 대처하는 요령을 알려주었고, 아일린 모팻은 내가 거의 다 알아볼 수 있는 서체를 찾아주었다. 모건 피텔크는 내 원고에서 세부적인 오류를 바로잡아줌으로써 원고뿐 아니라 나에게 활력을 불어넣어주었다. 일본의 국제문화회관(國際文化會館) 도서관 사서 이즈미 고이데와 프린스턴 대학 게스트 오리엔탈 도서관의 사서 야스코 마키노는 내가 문의할 때마다 한번도 귀찮아하지 않고 신속하게 자료의 유무에 관해 회답해주었다. 마틴 헤이드라, 요시아키 시미즈, 마사코 신, 로버트 싱어, 유타카 야부타는 이 책에 사용된 사진을 구하는 데 여러 모로 도움을 주었다. 나의 동료 마틴 콜컷, 셸던 개런, 데이비드 하우얼은 내가 도움을 청하면 언제나 함께 해주었다.

　하버드 대학 출판부에서는 아이다 D. 도널드, 엘리자베스 서텔, 그리고 특히 내 원고의 편집자 엘리자베스 길버트가 안내의 모범을 보여주었다. 늘 그렇듯이 진은 그녀 자신이 깨닫고 있는 것보다 훨씬 더 이 책의 집필작업에서 중심적인 역할을 했다. 끝으로 이 책에서 이름을 밝힌 모든 분들께는 다시 한번 감사의 말을, 일일이 이름을 밝히지 못한 모든 분들께는 사과의 말을 전하는 바이다.

뉴저지 주 프린스턴
2000년 4월

현대일본을 찾아서 1

일러두기

1. 이 책은 Marius B. Jansen, *The Making of Modern Japan* (Havard University Press, 2000)를 완역한 것이다.
2. 일본어를 비롯한 모든 외래어의 원음표기는 외래어 표기법에 따라 표기했으며, 필요할 경우 한자나 원어를 ( ) 안에 병기했다. 단, 일본어의 한자는 우리의 한자음대로 쓰는 관용(慣用)을 고려해 인명이나 지명이 아닌 경우에는 그 관용을 많이 따랐다.
   예) 바쿠후(幕府)→막부, 한(藩)→번, 지민토(自民黨)→자민당
3. 독자의 이해를 돕기 위해 옮긴이의 설명이 필요한 경우, *† 등을 표시하여 해당 페이지 하단에 각주로 처리했다.
4. 방점을 붙인 부분은 원서에서 이탤릭체로 강조한 부분이다.
5. 본문 중에서 〔 〕로 표기된 것은 옮긴이가 덧붙인 것이다.

세키가하라 전투

1

도쿠가와 막부의 창시자 도쿠가와 이에야스(德川家康)는 1610년 자신의 양녀를 쓰가루 노부히라(津輕信枚)에게 시집보내기 전 지참금의 일부로 8폭 병풍 한 짝을 주었다. 병풍은 1600년 아홉 번째 달에 일어나 두 세기 반에 걸친 도쿠가와 통치의 정치적 토대를 마련한 세키가하라(關ヶ原) 전투를 묘사하고 있다. 풍부한 세부묘사와 화려한 색채를 특징으로 하는 도사파(土佐派) 궁정화가들의 양식을 따른 각 폭의 그림은 서사적 무훈이 돋보이도록 금박을 얇게 입힌 화면 위에 그려져 있다. 그림에 담겨 있는 내러티브는 오른쪽에서 왼쪽으로 진행되며 세키가하라 전투가 일어나기 바로 전날 적들의 도착시점에서 시작하고 있다. 세키가하라 촌은 미노(美濃) 구니(國)의 험준한 산악지대의 협곡에 위치하고 있다. 추수는 이미 끝난 상태였다. 추수 뒤에 농민들이 거둬들인 쌀을 확보함으로써 후방에서 엄청난 양의 군량미를 조달해야 하는 부담을 피할 수 있기 때문에 당시의 군사 지도자들은 군사행동의 적기로 가을을 선호했다. 병풍의 상단은 이에야스의 군대가 전선에 집결하는 모습을 묘사하고 있다. 미래의 쇼군인 이에야스 자신은 호위병에 둘러싸인 채 위풍당당하게 말을 타고 있다. 하단에는 이에야스에 대적하기 위해 결집한 다이묘(大名)들의 연합사령부 격인 오가키(大垣) 성이 그려져 있다. 16폭 전체에는 자신들이 속한 부대와 영주를 표시하는, 큰 천으로 만들어진 군기 아래 대열을 갖춘 병사들의 모습이 담겨 있다. 전장에 집결한 적들은 결국 패배하여 뿔뿔이 흩어져 도망치고 만다. 번득이는 갑옷을 입은 사무라이들은 말을 타고 있다. 사무라이보다 그 수가 훨씬 많은 보병들은 창과 칼로 무장하고 있으며 사무라이들을 에워싸고 따르고 있다. 마지막 열여섯 번째 폭하단에 이르면 주변의 언덕에서 화기(火器)로 무장한 병사들이 도망치는 병사들을 한 사람씩 겨냥하여 사살하면서 승자는 적의 시신에서 머리를 잘라 차곡차곡 쌓아 놓는다. 사살한 적의 수를 확인하기 위해서다. 패배한 쪽의 전사자수는 4천 명에서 그 배인 8천 명 사이로 추정된다. 여하튼 패전한 적들로부터 얻은 엄청난 양의 전리품은 며칠 후에 분배되고, 그들의 잘린 머리는 인근 성(城)에 효시될 것이다.

전장에 배치된 전투병력은 엄청났다. 양측에서 각각 10만 명 이상이었지만 전투지역의 지리적 특성상 실제 전투에 참가한 인원은 그 절반인 총 11만 명 정도였을 것이다. 세키가하라 전투는 거의 1세기 동안 진행된 간헐적인 무력 충돌의 절정에 해당된다. 그 기간 동안 지휘관들은 대규모 부대를 통솔하는 경험을 얻을 수 있었다. 전투 바로 전날의 폭우도 병사들이 대형을 이루어 포진하는 것을 막지 못했다. 그리고 이튿날 양측 병사들의 적개심이 고조되었을 무렵 미처 공격명령이 떨어지기도 전에 짙은 안개로 말미암아 양 진영은 우발적인 교전을 벌이게 되었다. 양측 모두 일본 전 지역의 봉건영주들이 파견한 일종의 연합군의 형태를 띠고 있었기 때문에 교전을 통제하기는 어려웠다. 그 중에서 일본 동북쪽에 위치한 센다이(仙臺)번의 다이묘 다테 마사무네(伊達政宗)가 파견한 3천 명의 병사들을 살펴봄으로써 전투에 사용된 무기의 구성비율을 어느 정도 알 수 있다. 420명의 기마대, 200명의 궁대(弓隊), 장창으로 무장한 850명의 창대(槍隊), 화승총을 소지한 1,200명의 철포대(鐵砲隊)로 구성되어 있었다. 또한 많은 병사들이 칼을 휴대하고 있었고 특히 사무라이는 장검과 단검 두 종류의 칼을 차고 있었다. 그러나 칼 이외의 무기들이 수적으로 훨씬 많았다.

| 세키가하라 전투 |

1. 센고쿠의 배경

도쿠가와 막부의 통치기간은 '태평'(泰平 또는 太平)으로 칭송받고 있다. 비슷한 시기 만주인과 무굴인이 각각 중국과 인도를 정복하고, 유럽은 나폴레옹 제국의 성립과 멸망에 따른 일련의 전쟁으로 극심한 혼란에 휩싸였던 것과는 달리 별다른 분란 없이 평화로웠던 두 세기 반의 치세에 대해 근세 일본의 문필가들이 얼마나 감사히 여겼는지를 이해하려면 도쿠가와 막부 이전 시기가 어떠했는지를 알아볼 필요가 있다. 물론 도쿠가와 시대는 일본이 최초로 통일과 질서를 이룩한 시대는 아니다. 7~8세기경 중국의 제도를 모방하여 중앙정부 제도를 도입한 이후 북부지역의 경계 분쟁을 제외하고는 수세기 동안 비교적 평화로운 시기가 계속되었다. 처음에 중앙정부는 중심지역에서 실현되었으나 이는 주변부의 지방 지도자들이 자신의 지배력을 계속 행사하는 대가로 이루어진 것이었다. 10세기경 지방의 세력가들이 중앙의 통치기구를 대신하기 시작했다. 공가들과 사찰들에 대한 면세토지의 하사는 중앙정부의 재정 기반을 제한했고, 질서유지와 토지 등록을 위해 증설된 기관들은 천황국가의 고유 기능에 속한 부분을 침해하기에 이른다. 12세기가 되자 지방 호족들 사이의 권력투쟁이 수도에까지 영향을 미친다. 그 중심에서 여러 파벌로 나누어진 거대한 후지와라(藤原)씨가 혼인과 후원을 통해 조정에서 지배적인 힘을 획득하자 당시의 천황들은 자신의 장원(莊園)을 지키고 목숨을 부지하기 위해 조속한 퇴위를 궁리하는 지경에 이르렀다. 조정 자체는 정부기관이라기보다는 사적인 기관으로 변질되고 있었지만 조정의 구성원들은 조정과 관계된 여러 일족의 유력자로서 계속 기능했다. 대규모 불교사원 역시 전국적으로 토지를 소유하고 있던 부속 사찰들을 연결하는 조직망의 중심 역할을 했다. 야심가들은 장원을 축적하고 관리하는 과정에서, 그리고 기존에 남아 있던 공유 토지의 축소된 일부를 관리하는 과정에서 사적인 추종세력을 키워 나갔다. 그들은 종종 혈연에 근거하거나 그것을 주장함으로써 자신의 세력을 규합했다. 이들의 권력이 커져감에 따라 공가는 자기에게 유리한 쪽으로 이들을 이용하려 했다.

12세기에는 수적으로는 많지 않으나 집안에 대한 자부심, 현란한 의복과 언변을 두루 갖춘 이 귀족 무사들 사이에 벌어진 일련의 전쟁이 일본 동부의 사가미(相模) 만에 위치한 가마쿠라(鎌倉)에 사령부를 둔 미나모토(源)씨의 승리로 끝났다. 그 전까지는 북부 아이누족을 평정하기 위한 원정 때 사용된 임시 직책인 쇼군(征夷大將軍)이 이제는 무가(武家)의 수장을 나타내는 영속적이고 세습적인 칭호가 되었다. 이때부터 일본은 무가정권의 시대에 들어섰으며, 무가정권은 1868년 도쿠가와 막부가 몰락할 때까지 계속되었다.

그럼에도 불구하고 이 시기는 지속적인 발전과 변화의 시기였다. 미나모토 쇼군들 — 도쿠가와는 미나모토씨의 후손이라고 주장했다 — 은 조정을 보조하다가 종국에는 조정을 압도하는 군사적 권위를 확립했다. 그들은 조정으로부터 자기 장원의 관리자, 그리고 각 지방에 새로운 법제를 관리하고 군대를 감독하는 슈고(守護)를 임명할 수 있는 권한을 얻어냈다. 비록 미나모토계 자체는 오래가지 못했지만, 호조(北條)씨가 세습하는 싯켄(執權)이 미나모토씨의 역할을 계승했다. 종종 퇴위 후에도 수도원 같은 곳에서 막강한 영향력을 행사했던 천황의 의중은 이제 수도에서 덜 중요하게 생각되었다. 한 퇴임한 천황은 가마쿠라에 반기를 들었지만 신속하게 진압되었다. 이를 계기로 가마쿠라 지도부는 더 강력한 수단을 강구했다. 명목상의 쇼군이 명목상의 천황을 상대하고, 가마쿠라의 기관은 조정의 기관을 압도하게 되었다. 점차 구니(國)와 지방의 이해관계가 더욱 중요해졌다. 이런 위태로운 균형은 1274년과 1281년 몽골의 일본 침략으로 깨지고 말았다. 일본은 주권에는 손상을 입지 않고 이 위기에서 벗어났지만, 지도부는 공을 세운 사람들에게 포상할 새로운 영토를 획득하지는 못했다. 1333년이 되자 불만을 품은 천황이 불만을 가진 무사들과 손을 잡고 가마쿠라 막부에 최후의 일격을 가했다.

| 세키가하라 전투 |

　두 번째 쇼군계인 아시카가(足利)씨는 그들의 사령부로서 천황의 도시인 교토를 선택했다. 쇼군의 칭호는 이제 형식상 '무가의 동량'(武家の棟梁)이라는 명칭과 연관지어졌다. 그러나 실제로는 아시카가 쇼군이 구니의 무사 행정관들에 대하여 통솔권을 주장하는 데 점점 더 어려움을 겪었다. 1333년 위기를 초래했던 불만은 14세기 내내 사그라지지 않았다. 서양에서 아비뇽과 로마의 두 교황이 권력투쟁을 벌이고 있을 무렵, 일본에서는 경쟁을 벌이는 다수의 무가(武家)가 경쟁관계에 있는 두 계통의 천황을 존속시켰다. 14세기의 75년간에 걸친 무력투쟁은 두 계통의 천황이 번갈아 등극한다는 합의가 이루어진 뒤에야 끝이 났다. 그러는 동안 천황가(家)의 권력은 계속해서 약해졌다. 그렇다고 해서 아시카가 쇼군의 지시가 고대 일본의 중심지역에서 멀리 떨어진 곳까지 먹혀들었던 것은 아니다. 하지만 세력권 내에서 아시카가 쇼군은 중국 명조의 황제들과의 외교정책에 몰두했을 때 아시카가 요시미쓰(足利義滿)는 자신을 '일본국왕'이라고 자칭할 정도로 권위가 높아졌다.

　요시미쓰(1358~1408)는 자신을 대륙문화를 다룰 수 있는 문화적 심미가로 부각시키는 데 열심이었고 그런 문화적 소양의 증거로서 그림과 자기를 모으는 데 정성을 들였다. 당시에는 요시미쓰보다 더 열성적이고 덜 제약을 받는 수백, 수천의 동시대인이 존재했다. 14세기와 15세기는 조선과 중국의 연안을 약탈하는 해적의 등장으로 특징지어진다. 왜구(倭寇)라고 불린 이 약탈자들은 대부분 규슈(九州) 연안의 섬들을 근거지로 삼았다. 중앙권력과 공공질서의 약화 그리고 일본의 무사사회가 낳은 고도의 상업적·군사적 열정으로 말미암아 규슈와 그 일대는 일본의 해적, 중국의 국외추방자, 조선의 변절자들의 완벽한 소굴이 되었다. 이로써 이들은 일본의 이웃나라들에 재앙을 가져올 수도 있었다. 조선이 이들에게 지정된 항구에서의 제한된 무역을 허락하는 수정조치를 내린 이후 왜구는 타협적인 태도를 전혀 보이지 않는 중국의 명조를 집중적으로 공격했다. 요시미쓰 치하에서처럼 비교적 쇼군의 권력이 강력한 시기에는 아시카가 막부가 해적들을 통제할 수 있었다. 그러나 1408년 요시미쓰가 죽고 나자 왜구의 기세는 예전보다 더 거세졌다. 1467년 쇼군 계승을 둘러싼 분쟁이 무가의 지도부를 분열시키고 오닌(應仁)의 난으로 이어진 후 일본의 정치질서는 거의 전체적으로 와해되었다. 명조의 해금(海禁)조치로 중국의 해안가 주민들은 '밀'무역을 할 수밖에 없었고 여차하면 해적으로 변신했다. 16세기 중반에는 그런 상황이 위기국면에 이르게 되었다. 수천의 무장 인원을 태운 왜구의 선박들은 식량과 값나가는 물건들을 노리고 중국의 연안지역을 기습했고 한번은 난징(南京)의 성문까지 밀고 올라간 적도 있었다. 엘리자베스 시대의 영국과 마찬가지로 일본에서도 무역과 노략질은 동시에 진행되었지만 영국에서 볼 수 있었던 중앙정부의 권위와 보상이 일본에는 없었다.

오닌(應仁)의 난은 아시카가의 영향력과 통치를 효과적으로 종결시키는 장기적인 소실(燒失)의 시작이었다. 중국역사를 잘 아는 일본인들은 중국에서 통일제국이 성립하기 전의 시대를 가리키는 전국시대를 본떠서 이 시기를 센고쿠(戰國)라고 불렀다. 쇼군의 영향력이 쇠퇴기에 있었다면 조정의 영향력 또한 마찬가지였다. 새 천황 고카시와바라(後柏原)는 돈이 없어서 20년을 기다린 끝에 1500년에야 정식으로 즉위했다. 16세기의 아시카가 쇼군들 가운데 재직 중에 단 한 번이라도 교토에서 쫓겨나지 않은 쇼군은 없었으며, 교토에서 살해당한 쇼군이 자신의 수도에서 죽은 유일한 쇼군이었다.[1] 중앙의 상급자들이 이전투구를 벌이고 있는 동안 실제 권력은 자신들의 재산과 추종자들을 공고히 하고 있던 지방의 지휘관들에게 넘어가기 시작했다.

명조의 통치자들이 중국 해안에서 일본 선박의 진입을 금지시킨 이후 중국 상품을 거래하기 위한 무역은 동남아시아 전역에서 중국 상인들이 개척한 무역거점망을 통해 계속되었다. 이 거점망에 16세기에 이르러 마카오, 마닐라, 인도네시아, 인도에 근거지를 둔 유럽의 무역상과 해적들이 뛰어들었다. 처음에는 포르투갈인이, 그 다음에는 스페인인, 영국인, 네덜란드인이 줄줄이 들어왔다. 중국 무역의 파도를 타고 중국 상인과 유럽의 해적은 일본까지 도달했다. 중국의 밀무역 상인 왕즈(王直)는 자신의 근거지를 일본에 두었다. 네덜란드인 경쟁자들뿐 아니라 청조(淸朝)의 통치자들에게도 골칫거리였으며 유럽인과 일본인 사이에서는 코싱가(國姓爺)로 알려진 타이완의 정복자 정청궁(鄭成功)은 규슈에서 일본인 어머니와 중국인 아버지 사이에서 태어났다.

1543년 두세 명의 포르투갈 상인들이 중국의 정크선을 타고 규슈 남쪽의 다네가시마(種子島) 섬에 도착했다. 오늘날 일본의 주요 미사일 기지가 된 이 섬은 한 권위자의 표현에 따르면 당시에는 '해적을 배출하는 온상'[2]이었다. 포르투갈인은 '왜구의 여파'[3]로 일본에 건너왔지만, 그들은 몇 년 전에 설립된 예수회의 선교사를 비롯해서 한 세기에 걸친 이베리아인과의 접촉의 서막을 열었다. 엄격한 규율, 용기, 그리고 종종 명석함으로 유명한 예수회 선교사들은 그 다음 반세기 동안 일본에서 주목할 만한 역할을 하게 된다. 가장 악명 높은 왜구 선장 가운데 한 사람이 예수회 선교사들의 첫 번째 통역 노릇을 했으며 프란시스코 사비에르는 말라카에서 해적선을 타고 1549년 일본에 왔다. 나중에 언급하겠지만 선교사들의 용기와 헌신은 놀라울 정도였다. 일본의 통치자들이 선교사들을 추방하고 개종자들을 박해하며 그리스도교를 배척할 즈음 이미 수천 명이 새로운 신앙을 받아들였다. 세키가하라 전투에서 패자 쪽에 속한 규슈의 한 다이묘인 고니시 유키나가(小西行長)는 자결하라는 추종자들의 애원을 거절했다. 자살을 금하는 그리스도교의 신조를 어기기보다는 항복과 공개처형이라는 치욕을 택했던 것이다.

하지만 서양과의 첫 접촉이 낳은 가장 즉각적인 산물은 화기의 도입이었다. 화승총은 일본인에게 즉시 강렬한 인상을 심어주었다. 처음 전래된 곳의 지명을 따서 명명된 '다네가시마 총'(種子島銃)은 빠르게 복제되고 개선되었을 뿐 아니라 세키가하라 전투를 묘사한 병풍이 보여주듯이 전쟁의 양상을 변화시키고 일본 통일의 도구가 될 정도로 많이 생산되었다.

다네가시마의 영주 다네가시마 히사토키(種子島久時)의 의뢰로 편찬된

| 현대일본을 찾아서 1 |

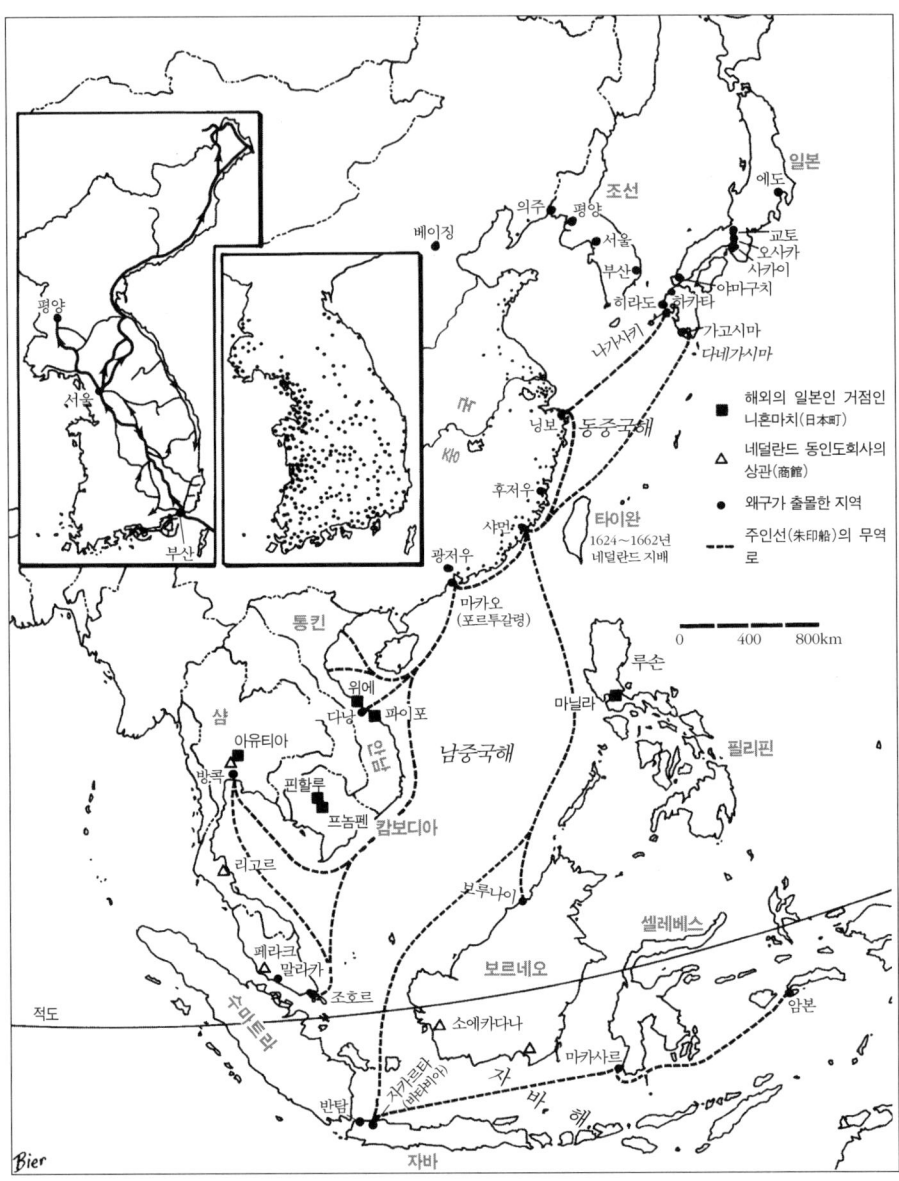

1. 15~16세기에 아시아를 무대로 한 일본인의 습격지, 전쟁경로, 정착지를 표시한 지도. 왜구(대개 일본인이지만 순전히 일본인만으로 구성된 것은 아니었다)는 지도에서 점점이 표시된 중국과 조선의 해안을 습격했다. 동남아시아에서는 일본의 무역선인 주인선이 샴과 루손 등 각지에 니혼마치의 형성을 주도했다. 상단 왼쪽 박스 안의 지도는 임진왜란 때 조선을 침략한 왜군의 진로이다.

| 세키가하라 전투 |

『철포기』(鐵砲記, 뎃포키)는 한 선승(禪僧)이 화승총을 어떻게 우연히 접하게 되었는지를 묘사함으로써 이 신병기를 그들이 물려받은 철학적 관념과 조화시키려는 다네가시마 사람들의 노력을 보여준다.

  그들[외인들]의 손에는 2∼3척 길이에, 한쪽 끝이 막혀 있긴 하지만 통처럼 속이 비고 곧게 뻗은, 무거운 재질로 만들어진 무언가를 들고 있었다. 통의 끝은 막혀 있었다. 측면에는 점화를 위한 구멍이 있었다. 물건의 생김새는 내가 여태껏 알고 있던 어떤 것과도 비교를 할 수가 없었다. 그것을 사용하려면 화약과 조그만 납알로 채워야 한다. 둑 위에 작고 하얀 표적을 세워라. 그 물건을 손에 꽉 쥐고 자세를 잡고 눈을 감으면서 구멍에 점화를 하라. 그러면 작은 납알이 바로 표적을 맞춘다. 섬광은 번개 같고 폭음은 천둥 같다. 구경꾼들은 귀를 막아야 한다.……
  영주 도키타카(時堯)는 그것을 보고 신비하고도 신비로운 것이라 생각했다. 처음에는 그것의 이름도 자세한 사용법도 몰랐다. 화인(華人)이 그렇게 불렀는지 아니면 본방에서만 그렇게 불렸는지는 모르겠으나 당시 누군가가 그것을 '철포'라고 불렀다. 그래서 어느 날 통역을 통해 도키타카는 두 명의 외인 두령에게 말했다. "내 비록 능력은 없으나 그것을 배우고 싶소." 그러자 그들 또한 통역을 통해 대답했다. "당신이 그것을 배우고 싶다면 우리가 그것의 신비를 가르쳐드리겠습니다." "그 비결이 무엇이오?"라고 도키타카가 묻자 그 두령들은 "비결은 마음을 올바르게 하고 한쪽 눈을 감는 것입니다"라고 대답했다. 그러자 도키타카는 "고대 성인들도 종종 어떻게 마음을 올바르게 할 수 있는지를 가르치셨소. 나 역시 그런 것을 배웠소. 만약 마음이 올바르지 않다면 우리가 말하고 행동하는 것에 대한 어떤 논리도 없게 될 것이오. 그러므로 당신이 말한, 마음을 올바르게 한다는 것이 무슨 뜻인지 내 이해하겠소. 그런데 만약 한쪽 눈을 감으면, 멀리 있는 사물을 볼 때 시각에 해를 주지 않겠소? 도대체 왜 한쪽 눈을 감아야 된다는 것이오?" 그러자 그 두령들은 대답하기를 "그것은 모든 것에 있어 정신집중이 중요하기 때문입니다. 집중을 할 때는 넓은 시각이 필요하지 않습니다. 한쪽 눈을 감는 것은 시야를 흐리게 하는 것이 아니라 오히려 정신집중이 더욱 멀리까지 미치도록 하는 것입니다. 당신은 이 사실을 아셔야만 합니다." 영주 도키타카는 기뻐하면서 말했다. "그것은 바로 노자(老子)—'아주 작은 것을 볼 줄 아는 것을 명(明)이라고 한다'—의 말과 일치하오."

이 병기가 본방(本邦)에 들어온 지 60년이 지났다. 여전히 그때의 일을 확실히 기억하는 백발노인이 몇 명 있다. 사실은 도키타카가 그 무기 두 자루를 얻어서 연구하여 그 병기의 한 발로 본방의 60구니(國)[즉, 전(全) 일본]를 깜짝 놀라게 한 것이었다. 게다가 철공(鐵工)들이 그 무기의 제작 방법을 배우도록 한 사람도, 나라 방방곡곡에 그 지식이 퍼져 나가는 것을 가능케 한 사람도 바로 그였다.[4]

2. 새로운 센고쿠다이묘

16세기의 첫 수십 년간 일본의 가장 두드러진 특징은 다양한 패턴의 통치와 토지 보유와 조세가 행해졌다는 점이다. 일부 지역에서는 장원—11세기와 12세기에 조정의 위세가 점차 약해지면서 조정이 유력 집안과 사원에 하사한 토지—이 외부의 간섭으로부터 점점 자유로워졌다. 고쿠슈(國主)는 지방의 유력자에게 행정과 질서유지를 맡겼다. 예컨대 자기 명의의 토지를 가진 묘슈(名主)가 쇼군 권력의 대표자인 '지토'(地頭)나 '슈고'(守護)를 대신하여 미약한 농호(農戶)를 지배하고 질서를 유지했다. 수도에서 좀 더 멀리 떨어진 지역에서는 지방의 무가가 중앙의 대표자들로부터 실질적인 권한을 인계받았으며, '고쿠진'이 상당한 힘을 갖게 되었다. 정부의 토지가 장원으로 바뀐 적이 없는 지역에서는 지방의 무사들—사무라이(섬긴다는 뜻의 '사부라우'에서 유래한 말)라고 자칭함으로써 수도의 직업적인 무사들을 연상시킨 사람들—이 평화의 유지자로 등장했다. 15세기 오닌 시대의 황위 계승 분쟁에 이은 무력충돌은 변화무쌍함과 혼란을 당연시하는 풍조를 낳았고, 그러는 한 일본 각지는 관할권과 각종 절차가 서로 충돌을 야기하는 아수라장이 될 수밖에 없었다.

그러나 1500년대에 이르자 일본의 주요 지역에서 나타난 유사하고 균일한 경향은 이런 혼란에 패턴을 부여했다. 농업생산의 완만하면서도 의미심장한 증가는 상업의 엄청난 성장과 상거래를 위한 화폐 주조의 급증을 가져왔다. 중국과 조선의 연안을 노략질하는 왜구가 폭발적으로 증가한 것은 부분적으로 이런 경제성장의 반영이자 부산물이었다. 아울러 통치기술 면에서 제도적 변화와 개선이 있었다. 여기에 화기의 도입에 따른 군사기술상의 변화, 더 커진 통제의 규모, 훨씬 효과적인 착취방식이 더해지면서 일본 중부의 대부분 지역에 심대한 변화가 나타났다. 이런 변화와 관련하여 변화무쌍함과 혼란으로 점철된 14세기의 혼돈상태와 16세기의 질서의 출현을 대비시켜 설명하기 위해 일본의 역사학자들은 자주 중세시대 말기의 '슈고다이묘'와는 구별되는 '센고쿠다이묘'(戰國大名)를 언급한다.

센고쿠다이묘는 그들의 영역에서 슈고다이묘보다 훨씬 더 강력했다. 슈고다이묘는 어디까지나 임명받은 사람이었기 때문에 그들의 월권행위에 대해 조정에서 가차없이 성토하는 고쿠슈들, 즉 쇼군과 귀족과 사원으로부터 각종 제약을 받았다. 반면 군사전술과 풍부한 자원을 바탕으로 확립된 권력을 가진 센고쿠다이묘는 자신의 가신들에게 더 많은 요구를 할 수 있었고 자신의 영역 바깥에서 가하는 비난에 아랑곳하지 않았다. 그들 중 대다수, 특히 세키가하라 전투에서 절정을 이룬 전란기에 살아남을 수 있었던 센고쿠다이묘는 일부 학자들이 말했듯이 자신을 자기 영역의 절대적 통치자로 형상화하는 데 열심이었다. 그럼에도 불구하고 이들은 쇠퇴하는 아시카가 쇼군 및 교토 조정과의 유대를 극대화하기 위해 갖은 노력을 다했을 뿐 아니라, 쇠퇴하는 중앙의 권력자들이 그들의 일에 영향을 줄 수도 있고 도움을 줄 수도 있는 방법에 촉각을 곤두세우면서 아사오 나오히로의 말을 빌리면 '교토 지향'(Kyoto orientation)[5]을 유지하기 위해 애를 썼다. 아사오의 말대로 아시카가 막부는 조정-관리 체제와 영주-가신 체제에 양다리를 걸치고 있었다.

새로운 센고쿠다이묘의 대두에는 몇 가지 요인이 있었다. 뭐니 뭐니 해도 첫 번째 요인은 장원소유주들이 수세기 동안 누려왔던 토지 소유와 면세 지위의 붕괴였다. 종속적인 농민을 통제하고 착취하는 새로운 방식을 시행해야 할 필요성이 생겨나면서 새로운 호구등록제도와 토지 및 여타 자원의 도구화를 위한 제도가 만들어졌다. 이전의 제도가 논에 대한 현물세에 집중되었던 곳에, 의무와 재산을 동전으로 계산하는 새로운 경향―역사가들은 이것을 관고제(貫高制)라고 부른다―이 퍼져 나갔다. 이전의 제도와 달리 이것은 모든 경작지에 세금을 부과할 수 있는 토대를 마련했다. 세원을 늘리기 위해 고심한 끝에 다이묘들은 가신들에게 이전보다 더 포괄적이며 체계적인 새로운 토지조사(檢地)를 실시하도록 했다. 간헐적인 투쟁의 시대에 다이묘는 가신들이 전쟁에서 다해야 할 의무에 관여했으며 그 결과 훨씬 포괄적인 등록제가 나타났다. 봉토의 소유자인 가신들은 관고에 따라 군역(軍役)을 져야 했다. 예컨대 고후(甲府) 지역의 다이묘 다케다(武田)의 가신인 오이 사마노조는 그의 관고가 동전 227관(貫)일 때 근거해서 다이묘가 신호를 보낼 때마다 4명의 기마 무사와 34명의 보병을 소집해야 할 의무가 있었다.[6] 이전에는 쇼군의 사령부로부터의 임명이 거의 공식적인 성격을 띠었으나, 이제부터는 수봉(授封)이 사실상 최초로 봉건영주에 대한 명확한 계약적 의무를 수반하기 시작했다. 영주는 가신들에게 엄격하고 구체적인 훈령과 훈계를 공포하게 되었다. 상급영주의 권력이 더욱 절대적인 것이 되자 오랜 규범인 충(忠)과 효(孝)는 무조건적인 복종이라는 새로운 의미를 갖게 되었다.

또한 영주는 충분한 재원을 확보하는 데 많은 어려움을 겪었다. 그도 그럴 것이 자기 영국(領國)의 일부만이 직할령(直轄領)이었기 때문이다. 농촌에서는 토지조사를 통해 얻은 생산성에 대한 구체적인 정보 덕분에 강제적인 중과세가 가능해졌다. 많은 다이묘는 숙역(宿驛)과 새로운 시장을 설치하여 가신들이나 경쟁자의 시장으로 연결되는 상업망을 최대한 이용하려 했다. 일본에서는 부적합하고 종종 조악한 주화로 인한 폐해가 자주 발생하여 다이묘는 양질의 주화로만 세금을 납부하도록 하는 규정을 공표했다. 가신들은 이따금 봉토를 팔거나 양도해버림으로써, 농민은 탄원하거나 저항함으로써 그들이 겪는 경제적 고통을 드러냈다. 한편 다이묘의 지역 수계(水界)에 대한 지속적인 통제는 점차적으로 대규모 저지대 개발사업을 가능케 했다. 이렇게 확장되고 확보된 토지는 다이묘의 경제력에 보탬이 되었다.

이제 일본은 성숙한 봉건지배체제로 이동하고 있었다. 점점 더 많은 새로운 지방 통치자들이 나라의 중심부인 교토의 귀족이나 사원이 조세에 대한 권리를 주장할 수 있었던 그나마 얼마 안되는 이전의 장원들을 폐지해버렸다. 다이묘 통제하의 토지는 유행병처럼 번져가던 전쟁에 군사적 지원을 할 책임이 있는 가신들에게 배분되었다. 새로운 통치 패턴과, 화기의 도입이 초래한 새로운 전쟁기술로 인해 군대가 더 늘어났다. 지방의 패자(覇者)들은 자신이 전국의 통치자가 될 수 있다고 여기기 시작했다. 공의(公義)나 천하(天下) 같은 용어들이 영주가 가신에게 공포하는 법령에 등장하기 시작했다.

그러나 반드시 기억해야 할 것은 이런 발전이 더디게 이루어졌으며 조정과 막부에 맞춰진 권력의 초점을 대체하지 못할 만큼 복잡하게 전개되었다는 점이다. 한 가지 복잡한 문제는 농촌지역에서 발생했다. 농촌의 유력자들이 그들에게 부과된 새로운 강제징수금에 반발했던 것이다. 농민들은 천황과 종교의 색채를 띤 이데올로기를 등에 업고 무가정권에 반기를 들었다. 그들은, 무사계급이 농민과 천황 사이에서 설자리가 없었던 이전시대의 통치방식에 호소했으며 종종 스스로를 천황의 종복이라고 주장했다. 결국 무사들은 농촌에 대한 그들의 지배가 비록 쇠약해지긴 했어도 여전히 '무가의 동량인 쇼군의 권위에서뿐만 아니라 조정으로부터 나오는 것이라고 강변했다.[7] 그러나 16세기에 이르러 아시카가 쇼군이 너무 미약해지자 지방의 영주들은 "내키지는 않으나" 지금의 정세가 "우리 스스로 질서를 유지"할 것을 요구한다는 포고문을 공표할 필요성을 절감하게 되었고 각자 자기의 영국(領國)에 법령을 공포했다.[8] 강력한 센고쿠다이묘들 대부분은 쇼군, 천황, 그리고 공가에게 경의를 표하고 선물을 바치기 위해 직접 교토를 방문하거나 사자(使者)를 파견하는 게 현명한 처사임을 깨달았다. 이를 두고 지방 영주들이 '교토 지향성'을 공유했다고도 할 수 있을 것이다. 이것은 지방 영주들이 그들의 주요한 자원인 농민의 소출을 가지고 자신의 입지를 강화하려 했다는 점에서 일면 방어적인 것이었고, 동시에 자신의 경쟁자들이 자신의 약점을 공격할 수 없도록 확실히 단속하려 했다는 점에서는 일면 경쟁적인 것이었다. 또 한편으로는 중심부인 교토에 진출하여 통치해보려는 희망을 품었다는 점에서 적극적인 공략이기도 했다.

3. 천하 통일자: 오다 노부나가

이런 정치적 혼란의 소용돌이로부터 세 명의 인물이 나타났다. 이들은 거의 끊이지 않던 40년간의 전란 속에서 경쟁자들을 잠재우고 아시카가 쇼군을 제거했으며 조정을 자신들의 뜻에 따르도록 만드는 데 성공했다. 유럽인의 내항 이후 몇 년간 전란은 매우 야만적이었고, 포르투갈 상인과 선교사들은 권력을 두고 다투던 이들 사이의 경쟁을 특징짓는 끊임없는 배신과 폭력에 대해 상세하게 서술했다. 그러나 1600년 세키가하라 그리고 1615년 오사카에서 도쿠가와가 승리를 거둔 이후 문필가들은 일본에 정착한 '태평'을 찬양했다. 그리고 너무도 진지하게 충성심을 무사도(武士道)의 핵심으로 기술했기 때문에 1500년대 후반에 만연했던 살육과 불신은 거의 잊혀진 것처럼 보였다.

역사가들은 당연히 권력투쟁에서 승리한 인물들에게 초점을 맞추고, 때로는 일본이 겪은 제도와 경제상의 혁명적 변화가 이 연이어 등장한 세 명의 패자(覇者) 덕분이라고 말한다. 그들이 있었기에 일본이 전혀 다른 나라가 되었다는 것이다. 물론 이것은 지나친 단순화다. 당시 진행되고 있던 변화들은 일본의 대부분 지역에서 볼 수 있었고 사실상 모든 센고쿠다이묘들은 대동소이한 전술을 사용했고 유사한 목표를 추구했다. 그러나 다른 다이묘가(大名家)들은 널리 확장되거나 지속되지 못했기 때문에 이 통일자들을, 일본이 7~8세기에 중국식 통치방식을 도입한 이래 일본에 가장 큰 제도적 변화를 가져온 혁신자, 체제의 건설자로 보면 괜찮을 것이다.

오다 노부나가(織田信長, 1534~1582)는 일본 중부의 나고야(名古屋) 평야에 위치한 오와리(尾張)의 슈고다이(守護代)의 가신이었던 오다 노부히데(織田信秀)의 아들로 태어났다. 오와리는 전략적으로 유리한 위치에 자리해 있었다. 수도 교토까지는 언제든 진격할 수 있는 거리였던 반면 중부의 여러 구니와는 그곳에서 벌어지고 있는 혼란스런 분쟁을 피할 수 있을 만큼 충분히 떨어져 있었다. 1551년 아버지의 죽음은 노부나가가 자신의 권위를 침해하려는 친척들을 격퇴하는 일련의 전쟁의 신호탄이 되었다. 그는 동생을 죽이고 다른 잠재적 경쟁자들을 제거했다. 그는 유럽인이 일본에 전한 새로운 전쟁무기의 위력을 재빨리 간파하고 불과 15세 때인 1549년에 자신의 부대에 지급할 500자루의 화승총을 사들였다. 그의 군사는 화승총을 효과적으로 활용하기 위한 전술을 빠르게 습득했다. 화승총에 화약을 재고 도화선에 불을 붙이는 데는 시간이 걸렸고 그 시간 동안 적군이 공격하는 것을 방지하기 위해, 동시에 발사하기보다는 순차적으로 발사했다. 노부나가는 병사들을 대오를 갖추어 정렬시켰다. 공격 개시에 앞서 전장에서 무장한 사무라이들이 자신을 근엄하게 소개하는 중세의 전투의 례를 폐지했다. 이후 전장에서의 그런 의례는 치명적인 허점이 되었다.

1560년 노부나가는 자신에게 반기를 든 이마가와 요시모토(今川義元)가 파견한 대군(大軍)을 격파했다. 요시모토의 가신 중 한 명이었던 마쓰다이라 모토야스(松平元康)—훗날의 도쿠가와 이에야스—는 이제 노부나가와 굳건한 동맹을 맺었다. 수십 년 동안 계속된 전쟁에서 노부나가는 동에 번쩍 서에 번쩍 하면서, 적들을 우왕좌왕하게 만들고 점점 자신의 땅을 넓혀 나갔다. 노부나가가 승리를 거듭하자 다른 다이묘들이 그와 맞서기 위해 연합을 결성하려 했다. 노부나가의 군사 경력상의 전환점은 1575년의 나가시노(長篠) 전투였다. 이 전투에서 화승총으로 무장한 3천의 병력을 포함한 노부나가의 4만 군사는 잘 준비된 방어적 위치에서 싸움을 벌여 노부나가를 공격하는 일군의 기마 무사들을 완파했다.

노부나가의 불교 종파들에 대한 투쟁은 특히 무자비해서 한마디로 '잔인한 냉혈짐승'[9]이라고 잘라 말한 조지 샌섬을 비롯한 역사학자들의 비난이 그에게 쏟아졌다. 분명 노부나가의 시대는 동정의 시대는 아니었고 그렇다고 그의 경쟁자들이 그보다 특별히 너그러웠던 것도 아니다. 그러나 노부나가가 설령 다른 사람들보다 더 잔인하지는 않았다 하더라도, 앞길을 가로막는 자들을 제거하는 데는 훨씬 더 철저했다. 노부나가는 반대자들을 가차없이 발본색원하고 신성한 장소와 공동체에 대한 통상적인 금기를 완전히 무시함으로써 명성을 얻었다. 일본 정토종(淨土宗)의 본산인 혼간지(本願寺)는 노부나가의 가장 끈질긴 적이었고, 정토종의 무장한 문도(門徒)들은 1570년대 내내 처절하게 투쟁했다. 주요하게는 1574년 이세(伊勢) 공략을 비롯한 수차례의 군사행동에서 노부나가의 군대는 약 2만에 달하는 승려를 대량 학살한 것으로 알려져 있다. 1571년 교토 동북쪽에 위치한, 천태종(天台宗) 승려들의 성지인 히에이(比叡) 산의 엔랴쿠지(延曆寺)에 대한 무자비한 공격은 더욱 가공할 만한 것이었다. 수도 교토를 겁먹게 했던 토템적 상징과 전통무기로 무장한 히에이 산의 승려들은 노부나가가 미래의 보복을 경고했음에도 불구하고 여러 차례 노부나가의 적들을 지원했다. 마침내 기회가 오자 노부나가는 군사를 파견하여 히에이 산을 포위한 다음, 절의 모든 건물을 불태우고 그곳에 사는 사람들을 모조리 죽여버리라고 명령했다. 8세기에 창건된 이래 800년 동안 엔랴쿠지가 조정의 수호자였음을 주장하는 몇몇 사람들의 청원도 묵살했다. 그들은 "비록 우리의 시대가 타락한 시대라고는 하나, 엔랴쿠지 같은 곳을 파괴한다는 것은 전대미문의 일"이라고 말했으나 아무 소용이 없었다. 당시의 한 기록은 "엄청난 불길에 휩싸인 사원에서 터져 나오는 소리는 헤아릴 수 없이 많은 남녀노소의 울부짖음으로 더욱 커져갔고 하늘과 땅 끝까지 울려 퍼졌다. 그 아비규환 소리에 바로 귀가 멍멍해지고 마음에 한없는 슬픔이 밀려왔다"는 말로 끝을 맺었다.[10]

오기마치(正親町) 천황과 아시카가 요시아키(足利義昭)의 요청에 응한다는 명목으로 1568년 노부나가는 교토로 향했다. 노부나가가 교토를 통제하고 요시아키는 천황에 의해 15대이자 마지막 아시카가 쇼군에 임명되었다. 그러나 일단 교토에 들어온 이상 노부나가에게는 이런 '충성' 행위가 암시하는 복종의 패턴에 따를 의향이 결단코 없었다. 쇼군은 재빨리 노부나가에게 간레이(管領)나 후쿠쇼군(副將軍) 직을 제안했고 천황 역시 노부나가가 이런 직위를 받아들이도록 호의를 베풀었다. 쇼군은 자신의 은인에게 감사를 표하고 노부나가를 칭송했으며, 천황도 좀 더 절제되긴 했으나 노부나가를 '고금무쌍의 명장'이라고 치켜세웠다. 노부나가는 그런 칭찬에 화답하긴 했지만 천황과 쇼군이 바라는 대로 행동하지는 않았다. 그들의 새로운 보호자 겸 손님은 대신 직접 정국을 장악했다. 이에 앞서 노부나가는 "천하에 무(武)를 베푼다"는 뜻의 구호인 '천하포무'(天下布武)를 자신의 인장으로 삼았다. 이제 노부나가는 그런 목표에 부합하는 자신의 의도를 행동으로 보여주었다. 1570년 이후 노부나가가 공표한 문서는 '천하를 위하여'라는 뜻의 덴카노타메(天下のため)라는 문구와 '노부나가를 위하여'라는 뜻의 노부나가노타메(織田信長のため)라는 문구를 종종 함께 쓰곤 했다. 분명 노부나가는 루이 14세의 "짐이 곧 국가다"를 어느 정도 예상하고 있었다. 말하자면 그가 천하였던 것이다.

노부나가의 첫 번째 문제는 쇼군을 요리하는 것이었다. 불교 지도자들과 속세의 지도자들로부터 끈질긴 저항을 받으며 곤욕을 치르고 있긴 했으나 노부나가는 쇼군이 군사(軍事)에 관여하지 못하도록 봉건영주들과의 모든 연락을 자기에게 일임시킬 작정이었다. 노부나가가 1569년에 정한 규정은 쇼군과의 접촉 및 쇼군의 행정적·법적 권한의 한계를 명시하고 쇼군에게 직접 상주하는 행위를 금했다. 1년 뒤 노부나가는 쇼군이 자신에게 모든 서신 왕래와 구니(國)의 고쿠슈 임명권을 양도하도록 지시했다. 한 조항에 따르면 "천하의 일이 사실상 노부나가의 수중에 있으므로 노부나가는 쇼군의 동의를 받을 필요 없이 자기 재량으로 어느 누구에 대해서도 조치를 취할 수 있다." 노부나가는 여기서 멈추지 않고 공개적으로 쇼군을 견제하는 한 가지 방법으로 쇼군이 조정을 섬기는 것을 비판했다. 쇼군은 자신의 결백과 의도에 대해 인민이 의심하기 시작했다는 것을 들어서 알고 있었다. 1573년이 되자 쇼군은 비굴한 복종과 저항 사이에서 양자택일을 해야 했다. 그는 후자를 선택했다. 지난날 노부나가에게 도움을 청했을 때 노부나가가 달려와 주었듯이, 이번에도 다른 무사 지도자가 자신을 구해줄 것이라는 희망을 갖고서. 여기에 맞서 노부나가는 군대를 동원하여 교토를 포위하고 교토 외곽의 주변지역을 차례차례 불태우기 시작했다. 쇼군은 후회막급이었으나 결국은 수도로부터의 도주, 패배, '용서,' 유배의 수순을 밟게 되었다. 마지막 아시카가 쇼군의 운명을 짊어진 요시아키는 국정에 관여하지 않고, 하찮고 보잘것없는 영지의 명목상의 영주가 되어 사실상의 유배생활을 하며 1597년까지 목숨을 부지했다.[11]

따라서 노부나가는 마음먹은 대로 조정에 태생적으로 종속된 막부제도와 사무라이층의 지도자 사이의 끈을 끊어버리는 데 성공했다. 노부나가 자신은 사무라이들에게 절대적 복종을 요구할 수 있었다. 1575년 한 가신에게 이렇게 요구한 것처럼. "너는 내가 말하는 대로 하겠다고 결심해야 한다. ……너는 나를 섬겨야 하며 내 등 뒤에서 나쁜 생각을 품어서도 안된다. 나에 대한 너의 감정은 너의 발끝조차 나를 향할 수 없을 정도의 그런 것이어야 한다. 만약 네가 내 말대로 행동한다면 너는 바람직한 사무라이에게 걸맞은 영원한 번영을 누릴 것이다."[12]

조정은 정통성을 확보하려는 노부나가에게 중요한 존재였지만, 여기서도 그는 의전과 전례의 그물망에 걸려들지 않도록 신중을 기하면서 조정의 기능을 확실하게 통제해 나갔다. 아시카가 쇼군을 교토에서 몰아낸 직후 노부나가는 긴급하게 연호의 개정을 요구했다. 원래 연호의 개정은 쇼군이 요청할 수 있는 사안이 아니었고 전적으로 조정의 소관이었다. 일단 연호가 개정되자 노부나가는 4년이라는 기간 동안 꾸준히 승진하여 마침내 태정대신(太政大臣)에 임명되었다. 그 후 노부나가는 긴급한 군사적 의무를 다해야 한다는 이유를 내세워 모든 직위를 사임하고 아들에게 자신의 직위를 넘겨주길 요청했다. 그러나 그의 요청은 받아들여지지 않았다. 노부나가는 일련의 조치를 통해 대사원들 사이의 토지분쟁에 대한 재판권을 비롯해서 아직 조정이 갖고 있는 몇 가지 고유권한을 침해했다. 또한 그 사이에 오기마치 천황에게 자신의 아들을 위해 퇴위할 것을 강요했고, 새 천황이 즉위하는 즉시 자신이 아즈치(安土)에 건설한 화려한 새 성(城)에 아들을 위한 접견실을 정성 들여 마련하도록 했다.

오기마치 천황의 퇴위는 노부나가가 죽은 뒤에야 이루어졌으며, 통일이 완성되었을 때를 대비한 권력 집행의 형식에 대한 노부나가의 최종 계획은 불분명한 상태로 남게 되었다. 노부나가는 자신을 쇼군으로 임명하려고 했었는지도 모른다. 아무튼 그는 개인적으로 권력의 절대적인 중재자로 남으려 했던 것 같다.

노부나가가 교토의 니조(二條) 성을 건설하는 과정을 목격한 예수회 선교사 루이스 프로이스는 건설현장에 대한 다음의 기술에서 노부나가가 불러일으키는 공포를 시사했다. 프로이스는 노부나가를 '왕'(king)으로, 노부나가의 가신들을 '제후'(princes)로 지칭했는데, 그것은 프로이스가 어떤 다른 권력구조를 알지 못했기 때문이다.

노부나가는 그곳에 일본에서는 일찍이 볼 수 없었던 그런 종류의 성을 지었다. 우선 그는 두 곳의 사원을 철거하라고 명하고 그 다음에는 삼가사방(三街四方)의 면적을 수용했다. 일본의 제후와 모든 귀족들이 건축공사에 봉사하기 위해 왔다. 보통 1만 5,000 내지 2만 5,000명이 작업을 했고 모두들 천으로 된 반바지와 가죽으로 된 짧은 자켓을 입고 있었다. 노부나가가 작업을 감독하러 갈 때는 칼을 손에 쥐거나 어깨에 메고 나섰고, 그렇지 않을 경우에는 관장(官杖)을 가지고 다녔다. ……건설에 필요한 돌이 부족해지자 돌로 만든 수많은 우상들을 끌어내리도록 했다. 사람들은 우상의 목을 밧줄로 감아 건설현장까지 끌고 갔다. 이런 모든 일이 돌로 만든 우상을 깊이 숭상하고 있던 미야코(즉 교토) 주민들의 마음에 공포와 놀라움을 불러일으켰다. 그래서 한 귀족과 그의 가신들이 매일 각 사원에서 일정량의 돌을 가져가곤 했다. 그리고 모두들 노부나가를 기쁘게 하고 조금이라도 그가 바라는 것에서 벗어나지 않으려고 열심이었다. 그들은 석조 제단을 박살내고 호토케(hotoke, 불상)를 쓰러뜨려 부수어서 돌조각들을 손수레에 싣고 갔다. 다른 사람들은 채석장에 일하러 가고 또 어떤 사람들은 흙을 나르고 그렇지 않으면 언덕에서 나무를 벴다. 사실상 모든 작업과정은 예루살렘 성전을 세우는 일이나 카르타고를 창설한 디도 여왕의 노동과 흡사했다. ……노부나가는 공사가 진행되는 동안 성 안이든 바깥이든 모든 사원의 타종을 금하는 포고를 내렸다. 그는 성안에 사람들을 소집하고 해산시키기 위한 종을 설치했고, 종이 울리면 지체 높은 사람들과 그 부하들은 일을 시작해야 했다. ……그는 깔고 앉을 수 있는 호랑이 가죽을 허리에 두르고 거칠고 조악한 옷을 입은 채 언제나 성큼성큼 걸어다녔다. 그를 따라 모두가 가죽옷을 입었고 공사가 진행되는 동안 아무도 감히 그 앞에 궁정예복 차림으로 나타나지 못했다. ……어느 날 현장에서 노부나가는 우연히 어떤 병사가 얼굴을 살짝 보려고 한 귀부인의 쓰개를 살짝 들추는 것을 목격하고는 바로 그 자리에서 자신의 손으로 직접 그 병사의 목을 쳤다. 이 공사에서 가장 놀라운 점은 믿을 수 없을 정도로 빠른 작업속도였다. 이 석조건물을 완공하는 데 4~5년은 걸릴 것처럼 보였지만, 노부나가는 70일 이내에 끝내버렸다.[13]

| 세키가하라 전투 |

1582년 노부나가가 죽었을 때 그의 무력통일 과업은 미완의 상태였다. 그러나 노부나가는 이미 중부 평야지대의 주인이 되었으며 일본의 거의 3분의 1을 정복했다. 그의 다음 계획 중에는 모리(毛利)가가 지배하고 있는 나이카이(內海) 지역의 구니에 대한 정복사업이 포함되어 있었다. 1582년 교토의 혼노지(本能寺)에 사령부를 막 설치한 노부나가는 깜짝 놀랄 일을 당했다. 전선으로 가라는 명령을 받은 한 가신 영주가 전선으로 가지 않고 오히려 자신의 부대를 이끌고 노부나가를 공격했던 것이다. 노부나가는 그 전투에서 패배가 명백해질 때까지 싸우다가 퇴각하여 '셋푸쿠'(切腹) 또는 덜 고상한 표현으로 '하라키리'(腹切り)라고 하는 무사의 의례에 따라 할복자살했다.

   노부나가의 무자비한 야만성에만 관심을 집중하는 것은 일본의 통일에 공헌한 그의 혁신을 간과할 위험이 있다. 노부나가는 엔랴쿠지와 오사카의 불교교단의 무력저항 중심지를 정복함으로써 중세 이래 널리 퍼져 있던 종교적 통치를 종식시켰다. 자신의 지배를 받는 지역 안에 있는 각 구니의 요새와 방어시설에 대한 강제적인 철폐는 그 다음 패자(覇者)들에 의해 계속 사용될 수단을 예시(豫示)했다. 토지조사는 토지 면적·수입액을 거짓신고하는 자들을 엄격하게 가차없이 처벌하는 방식으로 진행되었다. 일부 가신 영주들에게는 독단적으로 전봉(轉封)을 명했다. 이는 앞날의 보다 강력해진 중앙권력을 예시하는 것이었다. 거대 사원과 귀족들을 각 구니의 소유지와 연결하던 지배와 권위의 얽히고설킨 실타래도 끊어졌다. 수송 중인 물품에 대해 세금을 징수하여 지방의 군소 지배자들의 배를 불려주던 관소(關所)도 상업을 원활하게 하고 촉진시키기 위해 폐지되었다. 자유롭고 평등한 상업거래와 라쿠자(樂座)*가 자리를 잡아갔다. 끊임없는 전란으로 센고쿠다이묘의 사령부는 많은 수의 장정들을 끌어 모아야 했고, 사무라이를 토지에서 분리시켜야 했다. 각 센고쿠다이묘의 사령부는 육중한 석조 기반

---

* 특권상인이 독점하던 조합을 폐지하고 일반상인에게도 자유로이 영업하도록 한 시장.

위에 세워진 거대한 구조물을 중심으로 한 조카마치(城下町)가 되었는데, 이 구조물들은 총안(銃眼)을 갖추었을 뿐 아니라 새롭게 등장하고 있던 권력구조를 상징했다. 처음에는 기후(岐阜)에, 그 다음에는 비와호(琵琶湖) 기슭의 아즈치에 세워진 노부나가의 구조물들만큼 이런 경향을 잘 표상하는 것도 없었다. 그 구조물들은 노부나가가 관람을 허락한 유럽의 방문객들에게 건축과 부(富)의 경이로서 빛을 발했다.

예수회 선교사 루이스 프로이스는 기후(岐阜) 성에 대해 이렇게 썼다. "내가 전문건축가이거나 내게 장소를 잘 묘사하는 재능이 있으면 좋겠다. 왜냐하면 내가 여태껏 포르투갈, 인도, 일본에서 보아온 모든 궁전과 주택 가운데 화려함, 부, 청결 면에서 이것에 필적할 만한 것이 없었기 때문이다. 노부나가는 내세(來世)나 자신이 직접 볼 수 없는 것은 일절 믿지 않는다는 것을 염두에 둔다면 여러분은 내가 위에서 한 말을 좀 더 잘 이해할 수 있을 것이다. 노부나가는 엄청난 부자이기 때문에 그 어떤 것에 있어서도 다른 왕이 자신을 능가하는 것을 용납하지 않고 그들 모두를 압도하려고 애쓴다."

그러나 아즈치 성이 기후 성보다 한 수 위였다. "건축, 강인함, 부, 장대함에 관한 한 [아즈치 성은] 유럽의 가장 큰 건물들과 비교할 만하다고 할 수 있다. 견고하게 잘 축조된 석조 성벽은 높이가 60뼘(한 뼘은 약 23cm) 이상이고 몇 군데는 그보다 더 높다. 성벽 안에는 아름답고 훌륭한 집이 많이 있는데 모두 금으로 장식되어 있고, 너무나 단정하고 잘 꾸며져 있어 마치 인간이 표현할 수 있는 우아함의 극치를 보여주는 것 같다. 성의 중앙에는 그들이 '덴슈(天守)라고 부르는 일종의 탑이 있는데 우리의 탑보다 실로 훨씬 기품 있고 화려한 외양을 갖추고 있다. 탑은 7층으로 이루어져 있으며, 각 층 모두 내부든 외부든 경탄할 만한 건축설계로 만들어졌다. 외부와 내부에 대해 말할 것 같으면, 내부의 벽은 금색과 갖가지 색으로 화려하게 채색된 문양으로 장식되어 있는 반면 각 층의 외부는 다양한 색깔로 도장되어 있다. 몇 개 층은 일본의 관례에 따라 전체적으로 하얗게 칠을 하고 창틀만 광택이 나는 검은색으로 칠을 해 참으로 아름답다. ……최상층은 금색으로 도배를 했다. 한마디로 이 대건축물은 아름답고 훌륭하며 눈부시다."[14]

노부나가가 일본 전통문화에 무지하거나 무관심했던 것은 아니다. 그가 교토에 입성한 후 오기마치 천황이 상을 내리겠다고 했을 때 노부나가는 나라(奈良)에 있는 천황의 보물창고인 쇼소인(正倉院)에 보관된 거의 신성하기까지 한 인도산 향(香) 한 자루를 달라고 할 정도의 심미안과 오만함을 겸비하고 있었다. 노부나가는 다도(茶道)의 열렬한 신봉자이기도 했다. 죽기 얼마 전에 그는 값비싼 다구(茶具)를 과시하기 위해 일군의 공가(公家)를 대접했다. 노부나가가 전통적 금기로부터 자유분방했기 때문에 그와 이따금 친구처럼 만났던 예수회 선교사들은 그를 냉정한 합리주의자 그리고 선교사들과 선교사들의 종교적 직무에 대해 적극적인 호기심을 보인 겁 없는 사람이라고 묘사했다. 아울러 예수회 선교사들은 당시 불교의 타락을 확신하고 있었으며, 이것이 그들과 노부나가의 접촉을 가능케 한 또 하나의 통로 구실을 했다.

4. 도요토미 히데요시

도요토미 히데요시(豊臣秀吉)는 1537년에 태어났다. 그의 아버지는 노부나가의 보병이었다. 1598년에 생을 마칠 때까지 히데요시는 눈부신 성공을 거두었고, 모든 역사가들이 주목할 만큼 그의 업적은 대단한 것이었다. 하지만 히데요시를 "일본이 배출한 가장 위대한 인물"이라고 칭송했던 20세기 초 스코틀랜드의 일본사 학자의 의견에 모든 역사가가 동의하는 것은 아니다.[15] 히데요시는 젊은 시절 노부나가의 호감을 사면서부터 노부나가를 보좌하는 탁월한 책사로 활약했으며 그후 다이묘가 되었고, 노부나가가 죽은 뒤에는 노부나가를 배신하고 노부나가를 파멸로 몰아넣은 (노부나가의) 가신 아케치 미쓰히데(明智光秀)를 토벌하여 신속하게 노부나가의 원수를 갚았다. 비록 노부나가의 주요 가신들과 동맹자들은 노부나가의 손자를 상속인으로 정하고 4명의 후견인이 보좌역을 맡았으나, 그 중 2명의 거물인 히데요시와 도쿠가와 이에야스 사이에 반목이 있으리라는 것은 거의 의심의 여지가 없었다. 두 사람은 수차례의 전투에서 자웅을 겨룬 뒤, 비록 명확하게 승패가 갈리지는 않았지만 이에야스는 히데요시를 자신의 상관으로 받아들이고 히데요시의 가장 중요한 부하가 되었다.

히데요시는 노부나가가 가졌던 야망과 똑같은 야망을 가지고 있었으나 동맹자들을 위협하기보다는 그들을 흡수하고, 적들을 멸하기보다는 이용함으로써 도량이 넓다는 명성을 얻었다. 그는 일본의 무력통일을 멈추지 않았고 결국에는 완성했다. 1583년 일본해(동해) 연안에 있는 일군의 다이묘를 정복하고 자기 사람들을 그곳에 배치했다. 그는 노부나가가 그랬던 것처럼 기이(紀伊) 지방의 불교교단들을 진정시켰다. 2년 후 히데요시는 시코쿠(四國)를 장악했고, 1587년에는 규슈(九州)의 다이묘 가운데 최대 세력인 시마즈(島津)씨를 정벌함으로써 규슈(九州)를 평정했다. 이제 남은 것은 동북지방뿐이었는데 1590년 오다와라(小田原)를 함락하는 데 성공함으로써 이 지역 역시 히데요시의 수중에 떨어졌다.

이런 비할 바 없는 일련의 성공으로 히데요시의 장래와 지위는 그의 성(姓)이 바뀌듯 그렇게 변했다. 나무 아래라는 뜻의 기노시타(木下)라는 촌스러운 성에서 하시바(羽柴)라는 좀 더 그럴듯한 성으로 그리고 끝으로는 조정으로부터 도요토미(豊臣)라는 성을 하사받았다. 이와 더불어 노부나가가 받았던 것과 동일한 직위와 칭호를 받았다. 1585년에는 천황의 보좌인 간파쿠(關白)에 임명되었으며 1년 뒤에는 태정대신(太政大臣)에 임명되었다. 이제 그는 고대의 명문가인 후지와라씨와 자신을 연결시키는 근사한 족보도 만들었다. 노부나가보다 더 많은 성공을 거둔 히데요시는 조카에게 자신의 명예를 넘겨주는 데도 성공했고, 자신은 은퇴한 간파쿠에게만 주어지는 다이코(太閤)라는 칭호를 사용했다. 히데요시는 일본에서 보통 이 칭호로 알려져 있다.

히데요시는 복속지역을 주요 가신들에게 위임하는 관행을 정례화하고 자신을 상급 영주로 받아들인 패배한 경쟁자들에게까지 이 관행을 확대했다. 이 점에 있어 히데요시는 노부나가보다 훨씬 더 관대했다. 오늘날의 한 역사가는 이런 관행의 결과로 생겨난 정치형태를 기술하기 위해 '연방제'(federalism)라는 용어까지 사용하고 있다.[16] 노부나가의 대다수 추종자들은 복종에 익숙해져 있었기 때문에 히데요시의 리더십을 쉽게 받아들였다. 끊임없는 전출과 장기간의 전투로 인해 그들은 반기를 들 만한 안정된 토지기반을 갖추지 못했다. 따라서 히데요시는 노부나가로부터 비롯된 공포정치에서 한발 물러나 경쟁자들의 아들들을 입양하고 대규모 숙청을 자제했다. 그의 화려한 경력이 끝나가면서 히데요시는 편집증을 보이고 변덕스럽고 위험천만한 인물로 변했던 것 같다. 히데요시는 그의 오랜 친구이자 다도 스승인 센노리큐(千利休)에게 할복을 명하여 비극적인 죽음을 맞게 했다. 이 사건은 지금까지도 역사학자들과 극작가들을 어리둥절하게 만들고 있다. 말년에 아들을 얻자 히데요시는 자기의 친아들을 후계자로 삼기 위해 모든 것을 걸었다. 그는 자신이 상속자로 지명했던 조카 도요토미 히데쓰구(豊臣秀次)에게 등을 돌리고, 히데쓰구를 무자비하게 처형하여 효수했으며 히데쓰구의 일족도 공개 처형했다. 예수회 선교사 루이스 프로이스의 묘사에 따르면, "[히데요시의] 명령이 집행되는 피비린내나는 암흑의 날이 왔다. 31명의 부인과 시녀, 그리고 [히데쓰구의] 아들 둘과 딸 하나—그 중에 제일 큰 아이가 다섯 살 남짓이었다—가 수레에 실려 거리로 만인 앞에 끌려나왔다. 이 광경을 지켜보는 구경꾼들이 얼마나 비통해했을지는 모든 사람이 가히 상상할 수 있으리라. …… [히데요시의] 명에 따라 모든 시체는 대충 파놓은 구덩이에 매장되었고 그 위에 작은 사당이 만들어졌다. 그 안에는 '역적의 무덤'이라고 새겨진 묘표(墓標)가 세워졌다."[17]

일본이 통일되고 더 이상 정복할 지방이 없어지자, 히데요시는 조선과 명(明) 제국으로 관심을 돌렸다. 역사학자들은 군사행동의 이유 중 하나는 일본에는 더 이상 다이묘들에게 상으로 나눠 줄 영토가 없었기 때문에 다이묘 군대의 주의를 다른 곳으로 끌기 위해서였다고 주장한다. 한편 혹자는 히데요시가 명조와의 감합(勘合)무역* 재개를 바랐다고 넌지시 말하고 있다. 그러나 말년의 다이코(太閤)의 행동은 더욱더 괴상해졌고 그의 과대망상증은 점점 심해졌다. 오만한 내용이 담긴 편지가 류큐(琉球, 오키나와), 필리핀, 타이완, 그리고 포르투갈인의 무역 거점인 인도의 고아에 전달되었다. 히데요시는 다른 사람들이 자신의 정복사업을 알아주고 그에게 경의를 표하러 와주기를 기대했다. 그의 계획은 조정을 베이징으로 옮겨 통치의 확대를 꾀하려는 것이었던 것 같다. 그러나 반응은 다양했다. 거절에서부터 침묵까지 예상할 수 있었던 모든 반응이 나타났던 것이다. 따라서 히데요시는 규슈 북부의 나고야(지금의 가라쓰)에 사령부를 설치하고 가신들과 동맹자들을 소집하여 전쟁에 합류하도록 했다. 히데요시는 직접 군사를 지휘하기 위해 조선으로 한성 함락되면 이후 건너갈 계획이었으나, 간신히 일본에 남아 있게 된 고요제이(後陽成) 천황, 다이묘인 도쿠가와 이에야스(德川家康)와 마에다 도시이에(前田利家)의 설득으로 그 계획을 실행에 옮기지는 않았다.

히데요시의 자신감은 조선의 도읍인 한성이 함락된 뒤 타이완에 보낸 다음의 편지에서 잘 알 수 있다. 중앙아시아의 제국 건설자들을 연상시키는 말투로 히데요시는 자신이 초자연적인 능력의 소유자라고 주장했다.

어머니가 나를 가졌을 때 태양과 관련된 기적적인 예시를 받았고, 내가 태어난 바로 그날 밤 온 방안에 갑자기 태양빛이 비치며 밤이 낮처럼 밝아졌다. 그 자리에 있던 모든 사람들이 몹시 놀랐다. 점쟁이들이 모여 이 신비

---

* 명조에서 일본의 견명선(遣明船)에 교부한 증표를 감합이라고 하며, 이 감합을 지참해야만 명나라에 입항할 수 있었다.

한 일에 대해 논의했다. 결국 이런 기적과 함께 태어난 아이는 비범한 인물이 될 운명이라고 예언했다. 또한 그의 어진 덕행은 사해(四海) 안의 모든 땅에서 눈부시게 빛날 것이며, 그의 위엄과 권위는 사방으로 뻗어 나갈 것이라고도 했다. 이런 예언은 실현되었다. 10년도 안되어 나는 만민을 정복하고 압도함으로써 해내(海內)를 통일하고 평정했다. 바깥세계에 있는 머나먼 나라들조차 우리의 어진 통치를 존경하고 우리의 속국이 되고자 하는 절박한 바람을 나타내게 되었다. 각국에서 사절단이 바다를 건너왔으며, 제일 먼저 천황을 알현하기 위해 서로 앞을 다투는 경쟁을 벌였다.

그런데 우리의 오랜 조공국인 조선은 충성서약에 따라 행동하지 않았다. 우리의 군사가 대명(大明)을 정복하기 위해 출정을 하는 바로 그때 조선은 반란을 했다. 따라서 나는 탁월한 군사지도자들의 지휘 아래 정벌군을 파견했다. 모든 희망을 상실하자 조선의 왕은 나라의 도읍을 버리고 불을 질러 잿더미로 만들었다. 조선이 위기에 처한 소식을 들은 대명은 조선을 구해보겠다고 수십만의 군사를 파견했다. 명군(明軍)은 아군과 죽기 살기로 무수한 전투를 벌였음에도 불구하고 항상 패했다. 대명은 결국 강화(講和)를 요청하는 특사를 파견했다.

필리핀과 류큐는 조공사절을 본방에 보내왔다. ……그러나 너희 나라는 우리 막부에 아직 어떤 사절단도 보내지 않았다. 이런 불충(不忠)으로 너희들은 분명 천벌을 받을 것이다.[18]

1592년 중국을 최종 목적지로 하고 15만 8천 명 이상의 병력이 조선으로 건너갔다. 한 달도 채 되지 않아 한성이 함락되었다. 서로 경쟁관계에 있던 다이묘들의 군대는 경쟁적으로 북진했고 곧 조선의 주요 도시와 통신망을 장악했다. 일본 병사들은 일본의 통일과정에서 전투에 이골이 난 베테랑들이었고 화승총을 휴대하고 있었기 때문에 전쟁준비가 되어 있지 않은 조선의 병사들보다 훨씬 유리했다. 그러나 두 달 뒤 명군(明軍)이 압록강을 건넜고 일본군은 명군과 교전 끝에 서울로 후퇴했다. 그 후 조선의 의병이 일본군을 괴롭히는 약 4년간의 오랜 교착상태가 계속되었다. 일본측 지휘관들은 강화를 통해 난국을 타개하려 했고, (강화의) 세부사항에 대해서는 히데요시에게 자세히 전달하지 않았다. 히데요시는 명조의 공주와 천황의 혼인, 감합(勘合)무역의 재개, 조선의 4개 도(道) 할양을 요구했다. 반면 명조는 일본의 굴복을 무역 재개를 위해서는 일본이 신하의 예를 갖출 것을 요구하고, 히데요시에게는 공식 예복과 인장(印章)을 선물로 보내는 동시에 그를 엄숙하게 '일본국왕'(日本國王)으로 봉했다. 히데요시는 자신의 협상자들이 실속 없는 승리를 그에게 안겨주었음을 깨닫고는 격노하여 조선에 대한 또 한번의 침략을 명령했다.

두 번째 침략[정유재란]은 1597년 초 14만 명의 일본군을 조선에 추가 파병함으로써 시작되었다가 이듬해 히데요시의 사망으로 끝이 났다. 일본의 목표는 히데요시가 요구하는 강화조약의 이행이었지만, 일본의 전술은 더욱 응징적이고 잔인해졌다. 당시 조선군과 명군의 저항이 거셌고 일본의 해상 보급선은 조선의 유명한 철갑선 '거북선'에 의해 차단되었다. 전투는 점차 잔인함과 야만성으로 치달았으며, 교토에 있는 '적의 전사자수'의 상징인 유명한 귀무덤(耳塚)에서 절정에 달했다. 히데요시가 죽자 일본의 연합지도부는 이 사실을 숨기려고 애쓰는 동시에 서둘러 군대를 조선에서 철수시켰다. 조선 정벌 모험은 향후 조선과 일본의 관계에 좋지 않은 징조인 증오와 의심의 유산을 미래의 도쿠가와 정권에게 남겨주었다.

비록 대륙 정복 시도는 실패로 끝났으나, 히데요시 시대는 일본의 제도가 중세 말기에서 근세로 변용되는 절정의 무대에 해당한다. 히데요시가 그의 다이묘에 강제한 명령은 해당 지방의 당면 문제에 따라 그 강도와 시기를 달리하는 것이었지만 궁극적으로 그런 명령들은 향후 도쿠가와 막부 통치의 토대가 되는 표준을 확립했다. 자신의 지배에 굴복한 사람들에게 다이묘의 지위를 하사하는 히데요시의 정책은 장차 도쿠가와 다이묘 제도의 모델이 되었다. 히데요시는 다이묘의 영역을 확정하는 권한을 독점적으로 행사할 수 있었다. 반면 노부나가의 집행권은 결코 일본 전역으로는 미치지 못했다. 다수의 다이묘가 그들의 지배에 저항하는 촌락과 종파를 잠재워야 했던 상황에서, 패자(覇者)에 대한 다이묘의 복종은 각 다이묘의 지배를 패자가 보장해준 데 대한 대가이기도 했다. 결국 다이묘는 중앙과의 상징적인 관계를 발전시킨 것이다.

가신이 영주에게 복종해야 한다는 것에는 분명 의심의 여지가 없다. 아시카가 시대 후반부터 사무라이는 (그리고 종종 사원들도) 지방 영주에게 만약 그들이 신의를 저버린다면 신도(神道)와 불교의 신들로부터 천벌을 받을 것이라는 맹세를 하고 절대적인 충성을 서약했다. 히데요시는 이런 유대를 조정에 대한 충성과 연계함으로써 강화하려 했다. 1588년 고요제이 천황이 후시미(伏見)에 있는 히데요시의 화려한 새 성을 방문했을 때 히데요시는 모든 가신에게 참석을 명하고 그 자리에 모인 다이묘들에게 다음의 문서에 서명하도록 했다. "폐하께서 저희에게 알현의 영광을 베풀어주셔서 감사의 눈물이 앞을 가립니다. 만약 어떤 사악한 인간이 천황가의 장원과 토지 또는 공가의 봉토를 침해한다면 저희는 단호한 행동을 취할 것입니다. 망설임 없이 저희 자신뿐 아니라 저희 자손들도 충성을 다할 것입니다. 아주 사소한 일조차도 간파쿠의 명령에 복종할 것입니다. 만약 조금이라도 상기의 사항을 위배했을 경우에는 그 벌을 [신도와 불교의 신의 이름으로] 달게 받겠습니다."[19] 따라서 천황에 대한 충성은 곧 히데요시에 대한 복종과 관련되었고, 불충은 제신(諸神)이 가하는 초자연적인 처벌과 연관되었다.

'다이묘 제도'를 확립한 것 외에 히데요시는 '무사제도'도 체계화했다. 가장 두드러진 조치는 무사의 농촌 거주를 금한 것이다. 예전에는 무사들이 농민과 병사의 신분을 겸할 수 있었지만 이제는 양자택일해야 했다. 히데요시 시대의 전쟁은 직업군인으로 이루어진 상비군을 필요로 했다. 1591년에 히데요시는 다음과 같이 명령했다. "너희들 중에 전에 군역(軍役)을 지다가 작년 7월 이후 농민이 되어 살고 있는 자가 있다면……, 너희는 이 명령에 따라 그 자를 감시하고 추방할 권한이 있다. ……주인에게 허락을 받지 아니하고 주인의 곁을 떠난 사무라이와 무가의 하인은 다른 주인에게 고용될 수 없다. 그리고 전(前) 주인으로부터 신고가 있었다면 붙잡아서 전 주인에게 인도해야 할 것이다. 만약 이를 거역하고 도망친다면 그 한 사람 대신 세 사람의 머리를 잘라 전 주인에게 넘겨주고, 그렇게 하지 않으면 주인을 처벌할 것이다."[20] 다시 말해 무사들은 농촌에서 피난처를 찾을 수 없게 되었다. 그들은 자신들의 영주와 생사고락을 함께할 수밖에 없었다. 그 결과 센고쿠(戰國) 시대의 병사농민은 상비군의 구성원이 되었고, 일본 전역에 걸친 교통망을 따라 산재하는 새로운 조카마치 내의 병영에 배치되었다. 일본의 역사학자들은 이를 두고 한마디로 병농분리(兵農分離), 즉 무사와 농민의 분리라고 표현한다.

이와 함께 이전에 실시된 것보다 더욱 체계적이고 철저한 토지조사를 전국적으로 실시할 것을 명령했다. 이 유명한 다이코 토지조사(太閤檢地)는 새롭게 표준화된 측량기준을 사용하여 각 필지의 면적을 측량하고, 각 필지의 지질과 생산력을 기록하여 연공액(年貢額)을 정했다. 예전의 토지조사는 연공액에 따라 논밭과 가옥부지를 등록했으며, 이런 등록방식은 과세대상의 잠재적 세액과 연관이 있었다. 예전의 가장 이른 토지조사는 지방의 유력자들에 의해 이루어졌는데, 이들은 주로 자신들이 보유하고 있는 토지조사대장(檢地帳)을 근거로 해서 보고를 했다. 그러나 히데요시 시대에는 히데요시 자신 또는 그의 가신들의 명령을 받는 토지조사반이 촌락에 들어가 그 지역을 측량하고, 과거의 기록을 토대로 그 생산력과 소유자의 이름을 기재했다. 도사(土佐) 지역처럼 토지조사대장이 온전히 남아 있는 곳에서는 그 사업에 들인 엄청난 노력을 확인할 수 있다.[21] 다른 한편 반드시 기억해야 할 것은 일본 전역에서 이와 같은 토지조사를 완수하기 위해서는 아직 존재하지 않았던 복잡한 관료기구를 필요로 했다는 점이다. 1870년대가 되어서야 근대 메이지 정부는 토지소유자들에게 소유권 증서를 발급했고, 이 작업을 완료하는 데 거의 10년이 걸렸다. 최근의 지방사 연구는 히데요시가 취한 조치의 유효성에 대한 평가는 히데요시가 공포한 법령을 너무 자주 논거로 삼음으로써 히데요시 시대에도 존재했던 지역간 격차의 정도와 지속성의 비중을 과소평가하고 있다는 점을 보여준다.[22]

아마도 다이코 토지조사는 성숙하는 데 족히 50년을 필요로 하는 변화들을 속기(速記)로 보여준다고 이해하면 될 것이다. 히데요시의 법령들은 그런 발전에 있어 중요한 전형의 구실을 했다.

이 과정에서 결정적으로 중요한 점은 돈으로 산정하던 과세액이 쌀의 수확량인 석고(石高, 고쿠다카)로 바뀌었다는 것이다. 세액, 토지감정평가액, 사무라이의 봉록은 각각 석(石), 가마(俵, 효), 후치(扶持)*라고 하는 쌀의 양을 나타내는 용어로 표현되기 시작했으며, 이런 용어는 도쿠가와 태평시대에 완전히 표준화된다. 얼핏 보면 이것은 화폐사용으로부터 후퇴하는 것처럼 보일 수도 있으나 사실은 전체 생산을 계량화(計量化)하려는 훨씬 더 야심 찬 노력을 보여준다. 이 같은 발전의 중요성은 무시할 수 없다. 물가는 변할 수 있으나 수확량은 흉작이나 기근이 든 해를 제외하면 농업사회의 생산을 훨씬 더 기복 없이 측정하는 기준이 될 수 있었기 때문이다. 총생산에 대한 단일한 측정기준은 다이묘의 토지, 가신들의 봉토, 촌락의 수입을 정하는 일을 가능케 했고, 권력·영향력·지위의 획기적이고 객관적이며 합리적인 척도를 의미했다. 도쿠가와 시대를 통해 우리는 이를 다루게 될 것이다. 그것은 또한 경쟁에 대한 제로섬 관점을 표현했다. 토지조사가 완료되어 배분이 이루어지고, 이후 대외정복의 가능성도 부재하는 상황에서 한 사람의 이득은 오직 다른 동료들의 손실을 통해서 얻을 수 있었다. 쌀의 총 수확량, 즉 석고(石高)는 이제 적어도 이론상으로는 어느 곳에서 얼마만큼의 쌀이 생산되는지를 알 수 있게 해주었다. 그리고 오직 새로운 패자(覇者)의 출현만이 그런 통치방식을 확립할 수 있었다.

그러나 농촌지역의 무장해제가 없었다면 이것은 효력을 발휘할 수 없었을 것이다. 1588년의 한 법령에서 히데요시는 "각 구니의 백성은 칼·와키

---
* 하급가신에게 주는 급여.

자시(허리에 차는 작은 호신용 칼)·활·창·철포(화승총), 그 밖의 무기류의 소지를 엄격히 금한다"고 공포했다. 이 법령은 목적을 솔직하게 밝혔다. "불필요한 〔전쟁〕도구의 소지는 세금 및 잡역의 징수를 어렵게 하고 잇키(一揆)를 도모하게 하는 경향이 있다." 물론 무기류가 농촌에서 하루아침에 사라진 것은 아니다. 그렇지만 일본 전역의 다이묘들이 그 정책을 진지하게 받아들였다는 것을 입증하는 믿을 만한 문헌증거가 있다. 예컨대 히데요시에 대항하다가 패한 사쓰마(薩摩)의 다이묘 시마즈(島津)같이 중앙에서 멀리 떨어진 지역의 유력 다이묘조차 그 정책을 철저히 따랐다. 메리 엘리자베스 베리는 "그 구니에서 제작하는 장검의 명성이 자자했던 것으로 보아 시마즈씨가 어떤 식이로든 그 법령을 어겼다면 특별히 주목을 받았을 것이다."[23] 동시에 이 법령은 농민반란의 위험을 줄였으므로 다이묘 자신의 이해관계와 일치하는 것이기도 했다.

이상의 법령들—토지조사(檢地), 칼 사냥(刀狩, 가타나가리), 병농분리(兵農分離), 천황에 대한 충성 맹세—이 쌓여서 정통성의 새로운 근거, 무사와 비무사 간의 새로운 신분 규제, 그리고 농촌지역의 평정을 확립했다. 분명 그런 법령들은 어느 정도의 시간을 두고 시행되었고, 히데요시 생전에는 일부 군(郡)에서 완전히 시행되지도 않았으나 히데요시의 통치와 불가분의 관계에 있었다.

히데요시는 결코 쇼군 직에 오르지 않았다. 그도 그럴 것이 마지막 아시카가 쇼군은 히데요시보다 단지 한 해 먼저 죽었던 것이다. 그 대신 히데요시는 자기가 후지와라씨의 혈통을 이어받았다고 날조하고, 후지와라씨의 전통적 칭호인 간파쿠(關白)와 태정대신(太政大臣)을 자기 것으로 삼았으며, 자신의 목적을 위해 조정을 철저히 이용하고 자신과 조정을 관련시키는 데 더 많은 관심을 가졌다. 아마도 자신의 혈통과 배경이 노부나가나 이에야스에 비하면 보잘것없었기 때문에 히데요시는 의도적으로 자신을 조정과 연관시켜 조정의 명망을 이용하려 했을 것이다. 1588년에 천황이 자신의 성(城)을 방문하도록 만반의 준비를 갖출 때 히데요시는 31명의 다이묘들로부터 조정과 귀족의 토지를 보장한다는 서약을 받아둠으로써 조정, 다이묘, 자신을 공통의 이해관계를 갖는 집단의 총의(總意)인 고기(公儀)로 단단히 결속시켰다. 이후 고기에 대한 도전은 무엇이든 조정에 대한 불충으로 간주될 수 있었다. 천황과의 관계 외에도 히데요시는 노(能)라는 가면음악극과 같은 전통예술에 정통하려 했고 다도(茶道)를 열렬히 예찬하고 직접 행했다. 이런 노력들은 히데요시가 귀족적 기풍을 다른 식으로 이용해보려 (그리고 변조해보려) 했다는 것을 보여준다. 가까운 친지들과의 조촐한 모임의 형식으로 고안된 다도가 히데요시에 의해 장엄함과 부를 공개적으로 과시하는 수단이 되었다. 아울러 노부나가처럼 히데요시는 신도(神道)의 신, 즉 가미(神) 같은 신격의 칭호를 빌려 그것이 부여할 수 있는 정통성을 추구했다. 히데요시가 이베리아의 선교사들을 처음에는 용인하다가 나중에는 배척하게 된 것도 이런 종교성 추구와 관련이 있었다. 1587년에 히데요시는 일본은 '신국'(神國)이라는 엄중한 경고와 함께 선교사 추방령을 내렸다. 이처럼 전통을 끌어들여 혁명적 변화들을 정당화하는 양태는 도쿠가와 시대 말에 다시 한번 나타나게 된다.

5. 아즈치·모모야마 문화

수년간의 통일과정은 폭력, 음모, 잔혹으로 얼룩졌다. 그러나 또 한편으로는 경제가 활기에 넘치고 번영했던 시기인 동시에 문화활동이 급성장한 시기이기도 했다. 전 국토에 할거한 군웅들 대다수는 학문에 몰두할 시간이나 관심이 없었지만 다른 사람들은 전통문화를 습득하고 전수하기 위해 엄청난 공을 들였다. 전략상 중요한 경로를 따라 생겨나 성장하고 있던 도시의 거주자들 역시 문학적으로는 제한된 재능밖에 갖지 못했다. 읽고 쓰는 능력이 널리 보급되지 않았기 때문이다. 문화수준이 높았던 공가와 승려 귀족들은 어떤 면에서 군사적 패자(覇者)들의 처분에 따라 살고 있었으나,

반면에 군사적 패자들은 공가와 사찰들이 제공할 수 있는 문화적 정통성을 갈망했으며, 자기 격상에 대한 열망에서 온갖 종류의 시각예술을 후원하고 보호하는 데 비할 바 없는 열의를 가지고 있었다. 또한 생활과 전투에도 수양이 필요하다는 것을 깨닫자 그들은 차, 도자기, 회화 등의 정적인 예술에 눈을 돌렸다. 동시에 전통적 계급제도의 속박으로부터 자유로웠기에 외국의 영향에 비교적 개방적일 수 있었다. 그리고 상업·광업·전쟁으로부터 얻은 성과물들을 징발하는 데 있어 전례 없는 능력을 지녔던 그들은 무술뿐 아니라 예술과 건축에도 후원을 아끼지 않았다.

이 시대를 특징짓는 것은 건설자의 힘을 상징하며 우뚝 솟아 있는 성(城)이었다. 해자(垓字)로 둘러싸인 거대한 축벽은 사람들을 헷갈리게 만드는 미로로 통해 있으며, 성안에는 다이묘와 그의 주요 가신들의 주거뿐 아니라 수비대의 숙소, 때로는 수천에 달하는 위병들이 상주하는 막사가 있었다. 그러나 뭐니뭐니해도 사람들의 눈길을 사로잡는 것은 성 전체를 장식하는 왕관처럼 우뚝 솟아 있는 천수였다.

5층 내지 7층으로 이루어진 천수는 부지와 구조물의 비율이 아름답게 조화를 이루도록 설계되었다. 예수회 신부 알메이다는 나라(奈良)의 한 천수를 다음과 같이 묘사했다. "이 세상에서 이 요새보다 더 아름다운 경관은 드물 것이다. 그 성을 바라보고 있으면 그야말로 완전한 기쁨을 맛보기 때문이다. 이 타운(내가 이렇게 부른다고 치면)에 들어가 거리를 돌아다니면 마치 천국에 들어온 것 같다. 도저히 인간의 손으로 만든 것으로 보이지 않는다. 모든 벽은 금박으로 묘사된 고대 이야기 그림으로 장식되었다. 기둥은 마치 칼을 칼집에 꽂듯이 위쪽과 아래쪽을 각각 한 뼘 정도의 납덩이에 꽂아 넣은 형태로 고정되어 있는데 기둥 전체가 금으로 뒤덮여 있는 것처럼 보이도록 도금과 조각으로 장식되어 있다. 내가 궁전 구내에서 본 정원들에 관해 말하자면 그보다 더 기분 좋게 시원하고 신선한 것을 도저히 상상할 수 없다. 세계 어디를 가더라도 이 요새보다 더 화려하고 매혹적인 것을 찾기란 불가능할 것이라고 나는 확신한다."[24]

이런 구조물들의 내부는 어두웠다. 공적인 용무로 쓰이는 방들을 장식하기 위해 화가들은 엄청난 양의 얇은 금박과 은박을 사용했다. 일본에서 귀금속이 생산되던 한 세기 이상의 시기가 이때부터 시작되었다. 한 세기 뒤 광물자원이 고갈되기 시작하기 전까지만 해도 일본은 은의 주요 생산지이자 수출지였다. 금박과 은박을 두드리고, 박아 넣고, 그 위에 그림을 그려 넣는 것은 점잖은 사람이 할 일은 아니었으나 최고의 실력을 갖춘 유능한 공예가가 필요했다. 이런 (공예가의) 도전과 (지배층의) 후원은 가노(狩野)파 화가들의 전성기와 일치한다. 교토의 많은 사찰에 병풍을 그려준 가노 에이토쿠(狩野永德, 1543~1590)는 노부나가와 히데요시의 성(城) 연회실을 도맡아 장식했다. 그리고 노부나가의 아즈치 성과, 현재 교토의 니시혼간지(西本願寺)에 그 일부가 보존되어 있는 히데요시의 교토 저택인 주라쿠테이(聚樂第)의 병풍을 그렸다. 에이토쿠는 일본미술사에서 위대한 화가 가운데 한 사람이며, 그의 동시대인들과 제자들에게 많은 영향을 끼쳤다. 자신의 화풍에 도사(土佐)파 화가들의 장식적 특성과 중국풍의 수묵 화법을 결합시킨 에이토쿠는 신축 궁전과 성에 어울리는 새롭고 화려한 장벽화(障壁畵)의 창시자로 일컬어진다. 금박의 풍부한 사용, 진한 먹, 선명한 색채, 장대한 규모, 넘쳐흐르는 기운 등은 그 시대와 완벽하게 맞아떨어졌다. 에이토쿠 혼자서 작업한 것은 아니었으며 화가들의 작업실에서 지도자로서의 역할을 했다. 오늘날 니조(二條) 성의 방문객들은, 그 성을 장식한 화가와 그의 후원자가 손님들이 현관 입구에서 힘찬 소나무 장벽화를 보고 느끼기를 바랐던 경외감과 힘을 그대로 느낄 수 있다. 보다 안쪽에 있는 거주 구역의 벽화는 사람들을 압도할 필요가 별로 없었기 때문에 좀 더 편안함을 느끼게 하는 중국의 전통적인 덕과 여유를 가진 성인을 묘사하고 있다.

이렇게 하여 그 풍부함과 화려함이 돋보이는 문화사의 한 시대가 노부나가가 1576년에 착공한 아즈치 성과 모모야마(桃山)에 있는 히데요시의 성에서 각각 지명을 따 아즈치·모모야마 문화라고 불리게 되었다. 그러나

(이것은 노부나가나 히데요시에게만 국한된 것이 아니라) 일본 전역에서, 특히 주요 교통로를 따라서, 다이묘들은 자신의 부와 잠재력에 어울리는 성들을 발전시켰다. 1590년대는 성의 건설과 성을 둘러싼 조카마치—사무라이로 구성된 상비군을 고객으로 하는 상인과 수공업자의 거주지—의 발전이 일본의 도시문화를 크게 변모시킨 매우 주목할 만한 시기였다.

히데요시의 과시욕은 다도에까지 뻗쳤다. 다도의 표준적인 이상은 절제와 명정(明淨)이었으나 히데요시는 주저하지 않고 금박으로 장식한 다실(茶室)을 만들었다. 또한 1587년에는 자신의 고상한 취향을 과시하기 위해 교토의 모든 사람을 초대하는 기타노 대다회(北野大茶湯)를 열고 800명가량의 참석자들에게 일일이 차를 따라주며 자신이 소장하고 있는 훌륭한 다기들을 참석자들이 감탄의 눈으로 바라보도록 했다. 히데요시는 참석자들에게 애지중지하는 다기가 있으면 보여달라고도 했다. 하지만 몇 명이나 그럴 배짱이 있었을까 의심스럽다. 만약 패자인 히데요시의 경탄을 자아냈다면 그 물건의 주인은 분명 그것을 바쳐야 했을 것이다. 히데요시가 왜 자신의 다도 스승인 센노 리큐(千利休)에게 할복을 명했는지에 대한 한 가지 설명은 센노 리큐가 히데요시의 질투심을 유발할 정도로 훌륭한 다기를 가지고 있었다는 이야기와 관련이 있다.

이 시대의 문화는 물론 예술이 주를 이루었다. 화승총 제작자들과 센노 리큐 같은 부유한 전문가들은 군사적 패자(覇者)들과 거의 격의 없이 어울릴 수 있었다. 그들은 군사적 패자들에게 아주 까다로우면서도 간소한 다도에 대한 전문적 지식을 제공해야 했다. 아담한 오두막, 투박한 벽, 한 폭의 족자, 수수한 꽃, 소박한 다기의 아름다움이 주인의 혈통과 취향을 드러냈다. 노부나가는 사카이(堺) 지역의 대가들과 차를 연구했으며 때로는 용맹을 과시한 출중한 가신들에게 상으로 다기를 주었다. 그는 또한 당대에 손꼽히는 시인들과 축시(祝詩)를 교환하기도 했다. (반면) 히데요시가 쓴 편지는 그가 학식이 있다든지, 화술이 좋았다든지 하는 것과는 거리가 멀었음을 보여준다. 그래서 그런지 히데요시는 노(能)를 후원했을 뿐 아니라

노 춤의 달인이 되려고 노력분투 했다. 그는 (의심할 바 없이 오랜 세월 고통을 당하고 있던) 천황을 자신의 예능을 과시하는 자리에 초청하고, 도쿠가와 이에야스와 마에다 도시이에(前田利家) 같은 지도적 위치에 있는 가신들에게 같이 춤을 추도록 했다. 문화를 후원한 일부 다이묘는 그들 자신이 빼어난 문화적 선각자였다. 처음에는 히데요시에게 나중에는 이에야스에게 의심을 사 할복으로 생을 마감한 후루타 오리베(古田織部, 1543~1615)는 명성이 자자한 도예가였다. 히데요시와 이에야스를 위해 싸웠던 특출한 다이묘가의 자제인 호소카와 유사이(細川幽齋, 1534~1610, 호소카와 모리히로 전〔前〕총리의 조상이기도 하다)는 고전 시와 산문에서부터 차, 음식, 음악, 검, 고대 무술에 이르기까지 모든 문화에 정통한 것으로 유명했다. 비밀리에 전해 내려오는 중세의 명시 선집 『고킨와카슈』(古今和歌集)의 주석서에 대한 유사이의 해박한 지식은 국가적인 자산으로 여겨질 정도였다. 예컨대 세키가하라 전투 당시 서군(西軍)이 유사이의 성을 포위해 그의 목숨이 위태로워졌을 때 한 친왕(親王)의 탄원과 고요제이 천황이 특별히 보낸 칙서 덕분에 서군은 공성(攻城)을 철회했다.

당시 가장 높이 평가되던 도자기는 손으로 빚은 투박하고 엉성한 주발로 그 자연스러움이 다도의 이상을 상징했다. 조선에 출병했던 다이묘 가운데 상당수가 조선의 도공들을, 어떤 경우에는 한 마을의 도공 전부를 일본으로 끌고 갔기 때문에 이후 일본 도자기는 풍부해졌다고 볼 수 있다. 가토 기요마사(加藤淸正)가 구마모토(熊本)로 끌고 온 조선 도공집단이 그렇듯이 사쓰마의 나에시로가와(苗代川) 마을의 조선인 이향민 공동체는 그들의 민족적 정체성과 도자기 전통을 19세기에 들어서도 유지했다. 가장 큰 발전은 나베시마(鍋島) 다이묘가 데려온 조선 도공들이 오늘날의 사가(佐賀) 지역에서 최초의 일본 자기의 토대가 된 고령토 층을 발견하면서 이루어졌다. 일본인과 조선인 도공들은 번(藩)의 보호 아래 작업을 했으며, 당시 일본 전역에 수입되었던 명나라 자기를 모델로 해서 청화백자를 생산했다. 다른 형식의 예술도 꽃을 피웠다. 장식 기능의 새로운 기준을 마련한 세련된 기술 속에서 진기하고 눈부신 미(美)의 전통이 발전했다. 서예, 회화, 칠공예를 전문으로 한 린파(琳派) 예술가들은 근세 일본의 예술과 기준을 변용시켰다.

이 시대는 또한 놀라울 정도로 외부세계에 개방되어 있었다. 당시 중국상인들이 개척한 동남아시아의 많은 항구에서는 일본의 무역상과 모험가들을 쉽사리 볼 수 있었다. 무기의 재료에서부터 최고급 자수에 쓰이는 중국산 견사에 이르기까지 이들이 일본에 가져온 많은 물품은 조카마치를 지배하던 무사들과 그들의 부인에게 물건을 대주던 도시상인들로부터 열렬한 환영을 받았다. 그런 상거래의 허가는 처음에는 히데요시가, 그 다음에는 도쿠가와 쇼군들이 내주었다. 대(大)사원, 부유한 상인, 그리고 종종 영주들도 해상무역을 지원하는 데 협력했다. 1540년대 규슈 남부에 첫발을 내디딘 이베리아 상인들과 선교사들에 이어 더 많은 이베리아인이 일본을 찾아왔다. 그들이 들여온 예술과 문화의 유형은 일본문화와 빠르게 화음을 만들어냈고, '남만'(南蠻) 회화라는 일련의 그림은 이베리아의 선박, 선교사, 하인을 묘사하고 있다. 수십 년 뒤 규슈의 다이묘 오무라 스미타다(大村純忠)는 경쟁자들이 자신에게 압박을 가해 오자 위기감을 느끼고 서양인들에게 나가사키(長崎)를 개항했다(1571). 나가사키는 일본인을 교육시키는 학교는 물론이고 이솝 우화에서부터 토마스 아 켐피스의 『그리스도를 본받아』에 이르는 문학작품을 번역 보급하는 인쇄소까지 두루 갖춘 선교본부의 기지가 되었다. 대다수가 이탈리아와 이베리아 반도의 봉건질서의 일원이었던 예수회 회원들은 일본의 봉건질서에 순응하면서 일하기로 했다. 그들은 영주와 가신들의 호의를 얻기만 하면 서민들은 자연히 따라올 것이라는 확신을 가지고 있었다. 평범한 일본인들을 대상으로 한 강론은 통치자로부터 반란을 꾀한다는 의심을 살 수 있다고 생각했다. 이 점에서 그들은 옳았다. 많은 유력한 다이묘들이 실제로 개종했기 때문이다. 다른 수도회―도미니크 수도회와 아우구스티누스 수도회―의 선교사들이 합세하여 서민들에게까지 선교를 하자 그리스도교 공동체는 급성장했다. 16

세기 말에 이르면 가톨릭 교도가 아마도 전체인구의 거의 2%에 달한 것으로 보이는데, 이는 현재 일본 그리스도교 인구의 비율보다도 더 높은 수치다. 예수회 회원들이 중국에서는 문인계층에 침투하기 위해 지식인과 학자처럼 행동했던 것과 달리 일본에서는 불교 승려들 같은 주요 지식인 계급에 파고들 여지가 없었기 때문에 그들은 종교적 임무에 집중할 수 있었다. 예수회 선교사들은, 종파를 불문하고 모든 불교에 적대감을 갖고 있었기에 불교교단과 사생결단의 전쟁을 벌인 노부나가와 히데요시 같은 패자(覇者)들로부터 어느 정도 환심을 살 수 있었다. 노부나가와 히데요시는 서양인들을 초대하여 자신의 성을 구경시켜주었고, 그들의 세계에 대해 관심을 표하고, 그들의 용기 있는 삶과 헌신을 존중했다. 특히 1582년에 원통하게도 믿는 도끼에 발등을 찍힌 노부나가는 다른 패자들과 마찬가지로 아랫사람들에 대한 경계심을 늦출 수가 없었고, 따라서 예수회의 선교사업을 이끄는 사심 없고, 학식과 교양을 갖춘 유럽인들이 노부나가에게는 허심탄회하게 어울릴 수 있는 몇 안되는 사람들 중 하나가 되었음은 어쩌면 당연한 일이었다. 예수회 선교사들은 비록 일본의 지도자들을 완전히 이해했다고 단언하지는 않았지만, 그들이 매력적이고 명예로운 사람들이라는 것을 깨달았다. 선교사들은 열심히 공부하여 일본어를 습득했다. 그들은 히데요시가 1587년에 그리스도 교도들에게 불리한 명령을 내린 뒤에도 사려 깊은 행동과 재치로 한동안은 다이묘들의 사령부에서 환영을 받았다. 한편 그런 다이묘의 사령부에서는 서양옷을 입고 뽐내는 것이 하나의 유행이 되었다. 이것은 그저 개종자가 많았음을 보여주는 에피소드에 불과할지 모르지만, 그리스도교로 개종한 다이묘들의 굳건한 신앙에 관한 이야기는 의심의 여지없이 선교가 성공적이었음을 알려주는 증거이다. 조선 출병 당시 히데요시의 주요 장수 중 하나였던 고니시 유키나가(小西行長)에 대한 다음과 같은 일화가 전해온다. 세키가하라 전투에서 패한 뒤 그는 차마 그리스도교에서 금하는 자살을 할 수 없었기 때문에 생포되어 치욕을 당한 뒤 처형되었다는 것이다. 그리스도교의 선교활동에 대해서는 나중에 다른 장에서 더 상세히 다룰 것이다.

6. 세키가하라 전투의 수혜자: 도쿠가와 이에야스

세 번째 전국 통일자는 두 선배가 이루어놓은 성과를 손에 넣은 도쿠가와 이에야스였다. 그는 자신의 과업을 완성할 수 있을 정도로 충분히 오래 살았고, 가신들의 충성에 의존해야 하는 부담을 덜 수 있을 만큼 여러 명의 아들을 두었으며, 1868년까지 생명을 유지하는 막부를 수립했다.

이에야스의 개인사는 센고쿠 시대에 리더십을 만들어냈던 파란만장한 인생과 인품(자질)을 교과서적으로 보여준다고 할 수 있다. 그는 1542년 미카와(三河, 현재의 시즈오카)에서 중소 규모 센고쿠다이묘의 아들로 태어났다. 이에야스가 4세 때 이에야스의 아버지는 이에야스를 세력이 더 강한 이웃인 이마가와(今川)씨에게 인질로 보냈다. 그러나 그곳으로 가던 도중 훗날 노부나가가 이끌게 되는 오다(織田)씨에 의해 납치되어 2년간 억류되었다. 7세에 그가 풀려나자 그를 이마가와씨에게 인질로 보내려던 예전 계획이 다시 실행되었고, 이에야스는 18세가 될 때까지 인질상태에 있었다. 그 무렵 이에야스는 이미 첫 번째 아내를 얻었고 아들 하나를 두었다. 1560년 노부나가가 이마가와씨를 무찌르고 자신의 첫 번째 대규모 승리를 거두자 이에야스는 승자를 따랐으며 노부나가가 죽을 때까지 그의 밑에서 싸웠다. 이로써 이에야스는 예전 자기 집안의 가신들을 거느리고 자신에게 유리하게 이마가와씨의 토지를 잠식해 들어갔다. 이제 그는 마쓰다이라(松平)라는 성(姓)을 더 오래된 성(姓)인 도쿠가와(德川)로 바꿔도 좋다는 조정의 승낙을 받았다. 이에야스는 노부나가와 동맹을 계속 유지하기 위해 (이마가와씨의 친척인) 아내를 죽이고 큰아들에게 할복을 명하는 일도 마다하지 않았다. 노부나가가 사망하자 곧 이에야스는 자신의 영지 북쪽에 위치한 다케다(武田)씨의 나머지 영지를 장악할 수 있었다. 1583년에 이르자 그는 5개 구니(國)의 주인이 되었다. 이제 이에야스의 배경은 그보다 더 강한 이웃들이 그를 계속해서 살려둘 가치가 충분하다고 생각할 만큼 대단해졌다. 그는 역경 속에서 단련되었다. 그가 터득한 결혼정책은 히데요시와의 관계에서도 계속되었다. 승부가 나지 않은 몇 차례의 군사대결 이후 두 사람이 협력하기로 결정했을 때 이에야스는 자신의 아들 하나를 히데요시에게 양자로 주고, 히데요시의 갓 이혼한 여동생을 아내로 맞아들였다.

히데요시가 시코쿠와 규슈 출정(出征)으로 분주한 나날을 보내는 동안 이에야스는 자신의 행정능력을 키워나갔다. 그런 다음 1590년 그들의 경력에 있어서 가장 중요한 군사적 협력이 될 오다와라(小田原) 지역에 대한 공격에 착수했고 결국 성공을 거두었다. 그 결과 일본의 동북지방이 히데요시를 지지하는 다이묘 연합세력의 수중에 들어오게 되었다. 히데요시가 이에야스에게 준 승리의 대가는 이에야스를 새로운 정복지로 전봉(轉封)시키고, 일본의 중앙부에 있는 이에야스의 이전 구니들을 반환, 포기하게 하는 것이었다. 처음에 이 조치는 이에야스에게 틀림없이 타격을 주는 것으로 보였지만 궁극적으로는 이에야스에게 득이 되었다. 이에야스는 250만 석(石)의 막대한 재정수입을 가져다주는 가장 넓은 평야지대인 간토(關東) 지역을 지배하게 되었다. 그곳은 이에야스뿐 아니라 보다 중요하게는 그의 가신들에게도 낯선 외국이나 다름없었다. 가신들은 그곳에 지역적 지지기반이 없었기 때문에 그들의 영주에게 완전히 의존할 수밖에 없었다. 히데요시가 조선 침략을 위해 일본 서부지역의 다이묘들을 소집하는 동안 이에야스는 간토 지역 개발에 매진했다. 이에야스는 비싼 대가를 치러야 하는 그 어리석은 군사행동에 말려들지 않았으며, 히데요시에게 일본을 떠나지 말라고 권유했다.

간토 지역에서 이에야스가 보여준 행정능력은 세키가하라 전투 종결 후 그가 국가권력을 장악할 만반의 준비가 되어 있음을 입증하고도 남을 만큼 빼어났다. 이에야스는 가장 신뢰할 수 있는 가신을 전략적 요충지에 배치했다. 그는 지방행정과 조세기구를 마련했다. 간토 지방을 다스렸던 호조

(北條) 다이묘의 오다와라(小田原) 성을 자신의 거성(居城)*으로 재건할 수도 있었으나 그러지 않고 새 영토 중심부에 있는 작은 성관(城館)을 선택했다. 그가 선택한 곳은 에도(江戶), 즉 오늘날의 도쿄(東京)가 되었다. 이에야스는 이곳에 완공까지 15년 이상이 소요되는 대규모 공사계획을 추진했다. 소택지(沼澤地)를 매립하여 시가지를 조성했다. 도시 중앙에 우뚝 솟은 에도 성(오늘날 도쿄도 지요다[千代田] 구에 있는 황거 일대)의 돌담(石垣)은 남쪽 이즈(伊豆) 반도의 절벽에서 깎아 낸 거석(巨石)으로 만들어졌다. 그 바위들을 성의 공사현장으로 운반하기 위해 연안의 평야지대를 관통하는 일련의 호(濠)를 팠다. 하지만 한 세기가 채 안 되어 세계에서 가장 인구가 많은 도시가 될 이 지역에 물을 공급하기 위해 다른 공공사업들이 필요했다.

1598년 히데요시는 죽음이 임박하자 오사카에 있는 어린 아들 히데요리(秀賴)의 안녕과 안전을 책임질 5명의 고다이로(五大老) 중 한 사람으로 이에야스를 임명했다. 이에야스를 비롯한 나머지 고다이로는 자신들이 히데요시를 섬겼듯이 그 아들 히데요리에게도 충성을 다하기로 맹세했다. 아마 어느 누구도 그 맹세를 지킬 생각은 없었겠지만, 그 중에서도 이에야스는 가장 야심만만했다. 그는 거대하고 통합된 영토를 지배했을 뿐 아니라 정략결혼을 통해 얻은 여러 부인들로부터 많은 자손을 두었기 때문에 가장 유리한 위치에 있었다. 이에야스는 즉시 전략적인 목적에서 아들 한 명, 양녀 한 명, 그리고 손녀 둘을 자신의 위치를 강화시켜줄 수 있는 집안으로 넘겨주었다. 이시다 미쓰나리(石田三成)가 이끄는 히데요시의 또 다른 가신 집단의 도전을 받자, 이에야스는 궁극적으로 세키가하라 전투로 이어진 군사행동에 나섰고 결국 승리를 거머쥐었다.

그러나 세키가하라 전투는 친(親)히데요시 다이묘와 반(反)히데요시 다이묘의 대결은 아니었다. 그들 모두 히데요시와 그 후계자에게 충성을 맹

---

* 영주가 평소에 사는 성으로 거성의 소재지가 번의 수도나 마찬가지였다.

| 세키가하라 전투 |

세했었다. 그러나 이에야스는 동군(東軍)의 지도자로 인정되었고, 이에야스말고는 그 누구도 세키가하라 전투의 결과로 나타날 대세를 이용할 수 있는 위치에 있지 않았다. 세키가하라 전투를 밀어붙인 사람도 그 전투를 주도한 사람도 바로 이에야스 자신이었다. 그 전투의 성공적인 결말에도 불구하고 이에야스에게는 아직 할 일이 많이 남아 있었다. 오사카에는 이에야스가 히데요시에게 한 충성서약을 상기시키는 히데요리가 버젓이 살아 있었고, 히데요시의 가장 중요한 다이묘들 가운데 상당수가 자기의 영지에서 버티고 있었다. 히데요리는 8세에 불과했지만 조정에서 수여한 칭호와 관직 면에서는 이에야스와 동급이었다. 따라서 1615년 오사카 성이 함락되기 전까지는 히데요리와 이에야스의 권력이 팽팽한 균형을 이루고 있었다.

1603년 이에야스는 쇼군에 임명되었으나 그렇다고 해서 오사카에 있는 히데요리의 문제가 해결된 것은 아니었다. 이에야스는 교토와 오사카 두 곳 모두를 감시하기 위해 수도 가까이에 있는 후시미(伏見)에서 지낼 필요가 있다고 생각하여 1년 9개월을 그곳에서 보냈다. 1605년 이에야스는 쇼군 직을 아들 히데타다(秀忠)에게 넘겨주고 훨씬 동쪽에 위치한 시즈오카(靜岡)의 슨푸(駿府) 성으로 돌아갔지만 오고쇼(大御所)로서 새로운 질서를 건설하기 위한 작업을 멈추지 않았다. 오고쇼는 문자 그대로 해석하면 '대궁전'이라는 뜻이지만 실제로는 그곳의 거주자, 즉 은퇴한 권력자를 말한다. 그러나 이에야스 시대 이후로는 막후에서 일을 추진하고 좌우하는 실세를 의미하는 일상적인 단어가 되었다. 전국의 다이묘들은 구니 단위로 구니에스(國繪圖, 도로, 하천, 군(郡) 경계, 산 등을 표시한 지도)와 고초(鄕帳, 토지대장)를 작성하여 제출하라는 명령을 받았다. 1606년에 조정은 향후 무가에 대한 칭호와 관직 추천은 이에야스가 하게 될 것이라는 통보를 받았다. 그 다음에는 이후 2세기 동안 이어지는 도쿠가와 체제를 특징지을 각종 제도의 수립이 본격화되었다.

* * *

전국통일자들은 자신의 선배가 이룩한 업적을 바탕으로 통일사업을 추진했다. 노부나가는 구질서를 파괴하고 중앙집권화 과정에 착수했다. 히데요시는 다이묘 체제를 규칙화했으나 가신들의 일관된 위계를 세우는 대신 조정의 권위에 의존했다. 그러나 이에야스는 세키가하라 전투에서 결정적인 대승리를 거둔 뒤에도 16년을 더 살았고 도쿠가와가가 유지될 수 있는 조치들을 강구했다. 그는 아들 다섯을 양자로 보냈고, 균형은 없고 견제만이 있는 체제를 세우기 위해 지금까지 자신이 겪은 무질서와 불신의 경험을 십분 이용했다. 그 결과 수립된 체제는 1868년까지 이어졌다.

도쿠가와 국가

2

도쿠가와 시대 혹은 에도 시대 일본 정치체제의 성격은 언제나 활발한 논의의 대상이 되어왔다. 18세기 일본의 학자들은 중국의 국가제도의 특징에 대해 조예가 깊었고, 일본의 그것이 중국과는 매우 다르다는 것을 충분히 인식하고 있었다. 중국에서 정치체제는 '봉건'에서 중앙집권화된 제국으로 발전했다. 일본인들은 이런 중국의 정치체제를 표현하는 한자단어를 이해하기 위해 봉건제(封建制)와, 군현(郡縣)을 기본으로 한 중앙집권제를 구별지었다. 도쿠가와 시대 후기에 서민을 대상으로 한 기본적인 지식 개요서조차 중국은 봉건제에서 출발해 군현제로 나아간 반면, 일본은 그 흐름이 반대로 이루어졌다는 것을 언급하고 있다. 7세기에 일본에 도입된 중국식 제도는 천황을 중심으로 한 중앙집권 정부를 탄생시켰으나 그 이후 무사통치로 인해 봉건제가 수립되었다.

훗날 19세기에 서양의 역사서술에 익숙해지자 일본사를 세계사에 끼워 맞추려는 시도가 발빠르게 이루어졌다. 그런 연유로 수많은 역사서술이 나왔는데, 일부는 도쿠가와 쇼군이 서구의 봉건군주와 비슷한 성격의 '왕권'을 가지고 있었다고 주장했다. 이런 주장의 동조자들은 의례를 거행할 뿐 정치권력은 없었던 천황의 지위를 교황의 그것과 비교하는 것이 합당하다고 생각했다. 도쿠가와 시대에도 이런 견해의 전례를 찾을 수 있다. 에도를 여행했던 네덜란드 사절단은 대개 쇼군을 '황제'(emperor)라 불렀으며, 1853년 미국이 페리를 일본에 파견하기 위해 준비한 문서에서도 쇼군을 '황제'라고 지칭하고 있다. 18세기 초 쇼군의 유관(儒官) 아라이 하쿠세키(新井白石)는 쇼군을 일본 '국왕'(國王)이라고 부름으로써 이것을 제도화하려 했으나, 그의 시도는 그가 실각하면서 좌절되었다.

문제는 도쿠가와 시대의 일본이 평화가 정착되고 관료화되긴 했으나, 결코 실질적으로 통일되지는 못했다는 사실에서 기인한다. 비록 쇼군의 호의에 의존하고 있긴 했지만, 다이묘들의 영지는 자치(自治)의 주요 요소인 행정·군사·재정 조직을 갖추고 있었다. 에드윈 O. 라이샤워의 '중앙집권적 봉건제'(centralized feudalism)라는 용어는 이런 모순을 요약하고, 그것이 갖는 문제점을 규정하고 있다. 일본은 완전히 중앙집권화된 적도 그렇다고 봉건화된 적도 없었다는 것이다. 제2차 세계대전 이후 일본의 역사학자들은 도쿠가와 체제를 중앙의 쇼군(막부)과 지방의 다이묘(번)라는 이중 구조를 가진 '막번(幕藩)국가'라고 분석함으로써 본질적으로 라이샤워와 같은 입장을 취했다. 여기에 한 가지 특징을 더 덧붙이자면, 최근 공산주의적 권위주의의 붕괴는 외관상 폐쇄된 체제 내부에서 비정부적 공간이 확대될 수 있는 가능성에 관심을 갖게 만들었는데, 이것은 중앙의 쇼군 통치가 가졌던 한계가 '시민사회'라는 표제 하에 근세 일본을 고찰해볼 수 있게 하는 충분한 요인이 되는지를 검토하게 만들었다. 중앙과 주변부 양쪽 모두가 서로에게 가졌던 한계들로 인해 간극이 생겼고, 바로 그 간극 사이에서 참여적이면서 동시에 제한적인 정부를 위한 전제조건들이 근대의 변화를 예견했거나 또는 촉진했을 것으로 볼 수 있다.

이런 문제들을 염두에 두고 에도 체제를 고찰한다면 흥미로울 테지만, 우선은 에도 체제가 시간이 지남에 따라 상당한 변용을 거쳤다는 점을 먼저 확실히 짚고 넘어갈 필요가 있다. 이에야스가 대격동의 세키가하라 전투와 오사카 전투에서 승리를 거두면서 시작된 도쿠가와 시대의 첫 세기에는 이에야스와 그의 후계자들이 그의 동료들 사이에서 가장 강력하고 걸출한 존재가 되었다. 그러나 그들 주위에는 경쟁자들이 있었고, 그 동맹군의 지도자가 아무리 패권적 지위를 차지한 것처럼 보였다 하더라도 그들의 승리는 곧 동맹군의 승리였다. 이런 상황이었지만 초기 쇼군들은 별다른 저항을 받지 않고 경쟁자들을 고분고분하게 만들고, 상을 주고, 벌할 수가 있었다. 그러나 한 세기가 지나서 대부분의 봉건영주들이 세대를 거듭하며 기반을 잡아가자 쇼군의 영향력은 다소 약해졌으며, 다이묘의 영지 보유권도 비교적 안정되었다. 정치제도는 더 강력한 중앙집권적 방향으로 나아가지 않았던 반면 경제적 통합은 그런 방향으로 나아갔다. 평화, 상업, 원활한 교통·통신에 대한 요구는 점점 더 빈번하게 정치적 경계를 넘나드는 물결을 창조했다. 갈등이 수그러들자, 쇼군은 가신들을 소집해 규율을 잡아야 할 필요성을 점점 덜 느끼게 되었다.

1. 도쿠가와 이에야스의 집권

도쿠가와 이에야스는 세키가하라 전투의 승리를 십분 활용하기 위해 체계적이고도 신중하게 움직였다. 그의 목표는 선배들이 만들어낸 것보다 더 오래 지속될 수 있는 체제를 구축하는 것이었다. 애초에 이에야스는 선배들보다 훨씬 유리한 위치에 있었다. 노부나가와 히데요시는 죽을 때 각각 아들 셋과 아들 하나만이 남아 있었던 반면, 이에야스는 임종시 아들 아홉 중 다섯이 살아 있었다. 이에야스가 죽은 1616년에 그 다섯 아들 중 하나인 히데타다(秀忠)가 이미 쇼군의 자리에 있었고, 셋은 '고산케'(御三家)—오와리(尾張), 기이(紀伊), 미토(水戶)—를 이루고 유력다이묘로서 자리를 잡았다. 고산케의 자손은 쇼군이 마땅한 후계자를 두지 못했을 경우 쇼군의 양자로 들어갈 수 있었다. 이처럼 든든한 아들들을 곁에 두긴 했지만 이에야스가 성공하기 위해서는 그 자신의 주도면밀한 판단과 결정 그리고 인내가 필요했다.

첫 번째로 취한 단호한 조치는 세키가하라 전투에서 자신에게 대항한 서군(西軍)의 지도자들이 보유했던 영토를 처분하는 것이었다. 총 622만 1,690석(石)의 토지 주인이 바뀌는 가운데 87개의 무가가 절멸되었고 세 무가는 규모가 축소되었다. 히데요시의 아들 히데요리(秀賴)는 그의 보유지 가운데 130만 석이 줄었다. 이런 조치로 인한 당장의 수혜자는 처음부터 이에야스를 섬긴 도쿠가와 집안의 가신들이었다. 그들은 1590년 히데요시가 이에야스를 간토(關東) 평야로 전봉한 이래 계속해서 그 지방을 책임지고 있었다. 몇몇은 상당수 다이묘들의 영지보다 더 넓은 영토를 보유하고 있었으나 이에야스의 부하로서 정식 다이묘의 지위를 갖지는 못했다. 그러나 이에야스가 관위와 칭호를 그의 뜻대로 추천하는 것이 가능해지자 이에야스는 이를 실천에 옮겼고, 가신들은 일본 중부 전 지역에 걸쳐 전략적 요충지에 재배치되었다. 그 뒤에는 가신들의 충성도—이미 하사받은 토지의 보유권에 영향을 미치는—에 따라 추가적인 보상이 이루어졌다. 서군에서 이탈하여 세키가하라 전투의 운명을 결정지은 변절자 고바야카와 히데아키(小早川秀秋)는 내해(內海) 지역의 넓은 땅 오카야마(岡山, 또는 비젠(備前))를 영지로 하사받았으나, 1602년 그가 상속자 없이 죽자 그 영토는 회수되었고 히데아키 집안은 끝이 났다. 이는 지위의 변화가 전쟁의 결과와 무관해진 첫 번째 사례로서 새롭게 등장한 중앙권력의 힘이 어느 정도였는지를 입증한다.

가장 큰 문제는 세력이 막강한 다이묘들로부터 비롯되었다. 사쓰마(薩摩)의 다이묘 시마즈 요시히로(島津義弘)는 세키가하라 전투에서 참패하자 규슈 남쪽에 위치한 자신의 영토로 황급히 퇴각했다. 시마즈를 완전히 제거하기 위해서는 깊이 참호를 파고 방어태세를 갖춘 그와 또 한번의 전쟁을 치를 수도 있었지만, 이에야스는 그 대신 외교적 수완을 발휘했다. 즉시 사자(使者)들이 이에야스의 사령부와 거기서 멀리 떨어진 항구인 가고시마(鹿兒島) 사이를 오가기 시작했다. 1602년 후반 이에야스의 후시미(伏見) 성에서 이에야스와 시마즈 요시히사(島津義久, 시마즈 요시히로의 형)

의 회동이 준비되었다. 공교롭게도 시마즈가 먼저 후시미 성에 도착했고 이에야스는 에도에 머물고 있었다. 이에야스는 유유자적하며 후시미로 돌아갈 때까지 손님을 기다리게 만들었다. 결국 시마즈는 이에야스가 올 때까지 기다렸고, 그런 다음에야 히데요시의 아들에게 충성심을 가진 자라면 당연히 싸워야 한다는 잘못된 믿음에서 세키가하라 전투에 참가하게 되었다고 해명할 수 있었다. 이 말에 마음이 누그러진 이에야스는 시마즈의 옛 영토에 대한 지배권을 승인해주었고, 시마즈는 새로운 패자 도쿠가와에게 자신의 충성을 다짐했다. 이 일에 앞서 조정은 이에야스에게 쇼군가인 미나모토씨의 장자(長者)라는 칭호를 내렸으나 이에야스는 이를 정중하게 거절했다. 그러나 1603년 시마즈의 입회하에 이에야스는 미나모토씨의 장자이자 무가의 동량(棟梁)을 의미하는 쇼군(征夷大將軍) 직과 옛 행정조직상의 고위직인 우대신(右大臣)에 임명되었다. 2년 후 이에야스는 쇼군 직을 아들 히데타다에게 물려주었다. 당시 히데타다는 그 칭호를 받기 위해 무려 10만 명을 거느리고 교토에 갔다. 이에야스의 쇼군 직 취임 축하연은 세키가하라 전투가 끝난 지 얼마 되지 않은 시점에 열렸기 때문에 (도쿠가와씨에 반대하는) 다이묘들이 거의 참석하지 않았으나, 히데타다의 쇼군 직 취임 축하연에는 사쓰마의 시마즈 이에히사(島津家久, 시마즈 요시히로의 셋째 아들)를 비롯해 거의 모든 웅번의 다이묘와 그 수행원들이 교토 거리를 가득 메웠다. 또한 그 중 누구도 교토를 방문하는 길에 오사카에 들러 어린 도요토미 히데요리를 만나는 분별 없는 행동을 하지는 않았다.

번거로운 의례에서 자유로워진 이에야스는 이제 마음만 먹으면 오사카를 칠 수 있었다. 도요토미 히데요리는 이에야스에게 패하여 땅을 몰수당한 영주들로 북적이는 도시에서, 일본에서 가장 거대하고 견고한 성을 다스리고 있었다. 하지만 그들은 절망과 두려움에 휩싸여 있었다. 현실적으로 이에야스와 싸워 이긴다는 것은 불가능한 일인데다가 질 것이 뻔한 상대를 도와줄 다이묘가 있을 리 만무했기 때문이다. 시마즈의 항복에 이어 주요 다이묘들 대부분이 이에야스에게 줄줄이 충성서약을 했다. 1611년에 이르자 한때 이에야스와 경쟁을 벌였던 웅번의 다이묘들까지 모두 충성서약에 가담했다.

첫 번째 단계로 이에야스는 히데요리와의 만남을 제안했다. 당시 10세에 불과했던 히데요리는 수도의 귀족적 예능을 익히고 있었고, 어머니의 조언을 받고 있었다. 비록 그의 토지가 65만 석으로 줄어들긴 했으나 이에야스와 그의 동료들이 히데요리의 권리를 보호하겠다고 맹세를 한 터였으므로 그는 여전히 도쿠가와의 정통성을 위협하는 존재였다. 히데요리와 그의 어머니는 도요토미의 유지를 배려하고 존중한다는 이에야스의 공언이 진실된 것인지 아니면 기만적인 술책인지를 가늠할 수 없어 이에야스의 회동 요청에 대한 즉각적인 응답을 피했다. 마침내 1611년 이에야스의 후시미 성이 아닌 비교적 중립적인 장소인 교토의 니조(二條) 성에서 양측의 만남이 성사되었으나 관계 개선에는 그다지 도움을 주지 못했다.

그 다음 단계는 조정에 초점이 맞추어졌다. 당시 조정은 히데요리가 이에야스를 견제하고 조정의 영향력을 보장해줄 것으로 생각했다. 이에야스가 (조정으로부터) 각종 칭호를 받는 동안 히데요리 역시 '내대신'(內大臣)에 임명되었다. 히데요리가 재능이 있는 것처럼 보이고 조정에서 그의 인기가 높아지자 그의 아버지인 히데요시의 옛 직함인 간파쿠(關白), 즉 천황의 보좌역에 임명될 가능성이 거론되기 시작했다. 이제는 조정을 중립화하고 조정이 무가(武家) 정치에 관여하지 못하게 하는 일이 시급한 현안이 되었다. 조정이 하사한 직위를 주로 이용했던 히데요시는 이런 일이 쉽지 않았겠지만, 이에야스는 무가의 동량이라는 새로운 지위 덕분에 이것이 가능했다. 1613년 이에야스는 조정이 무사의 일에 관여하는 것을 제한하고, 특히 조정이 관위와 칭호를 결정하는 것을 금한다는 일련의 법령인 '공가중법도'(公家衆法度, 구게슈핫토)를 공포했다. 이것은 귀족의 지루한 일상을 지배하는 헤아릴 수 없이 많은 의식과 절차에 대한 논쟁들을 단번에 해결할 선례를 찾아 고대 문서를 조사함으로써 조정의 사안들을 통제하려는 더욱더 야심적인 계획의 일부에 불과했다. 일단 계획이 추진되자 이에야스는 이것을 예의 주시하고, 담당자들에게 서두르라고 독려하는 등 그 계획에 큰 의의를 부여했다. 이에야스가 다른 모든 일에 앞서 조정의 의례문제 해결을 최우선시한 이유는 조정의 평화를 가져오고 공가 사이의 반목을 없앰으로써 무사계급과의 접촉을 통해 도움을 받으려는 움직임이나 그 필요성을 반감시킬 수 있었기 때문이다. 이는 물론 조정에 대한 이에야스의 우위를 여실히 보여주는 것이었다. 그러나 또 한편으로는 이에야스가 조정에 대해 진정한 존경심을 가지고 있었고 조정의 문제를 처리하는 데 있어서 과단성이 있었을 뿐 아니라 경의를 표했다는 증거도 많이 있다.

1613년의 법령은, 공가는 학문에 매진할 것, 천황을 지키는 의무를 게을리 하지 말 것, 밤낮으로 거리를 쏘다니고 싶은 유혹을 참을 것, 내기와 오락을 피할 것, 그리고 무엇보다도 교토 거리를 떼지어 다니며 제멋대로 행동하는 젊은 건달 및 부랑자들과 어울리지 말 것을 명했다. 게다가 이런 법령을 어겼다는 보고가 들어오면 이를 조사하는 것은 조정이 아니라 바로 쇼군 자신이나 그의 부관이었다.

한편 '천황 및 공가 제법도'(禁中並公家諸法度, 긴추나라비니쿠게쇼핫토)라는 장문의 법령집을 만드는 작업이 계속되어 1615년 오사카 성 함락 직후에 공포되었다.[1] 이것에 따르면 천황이 관여하는 일은 평화로운 예능의 습득에 초점을 맞춘 문화적인 것이어야 했다. 또한 이 법령은 조정 내에서 대신과 친왕(親王, 천황의 아들)의 좌순(座順), 개원(改元, 연호를 고치는 것)의 방식을 정하고, 조정의 의식 때 천황·상황·친황·공가가 착용하는 예복의 재료, 색깔, 문양 등을 규정했다. 끝으로는 '자의'(紫衣, 조정에서 허락하는 최고위의 가사)를 하사받은 사찰의 주지 임명에 관한 규정을 명시하고 있다.

여기에 그치지 않고 이에야스는 고위 승려들이 정치에 간여하지 않고 교리에만 집중하길 바라는 마음에서 그들에게 명조(明朝)의 불교경전을 나눠주도록 했다.

그럼에도 불구하고 오사카의 히데요리는 도쿠가와의 최고권력이 어느 정도 찬탈적 성격을 띠고 있다는 것을 상기시키는 존재였다. 1614년에 이에야스는 오사카 성을 치는 것이 화근을 없애는 지름길이라는 결론을 내렸다. 한 사찰의 종(鐘)에 새겨진 문장에 자신의 이름자를 넣어 모욕하려 했다는 것을 이에야스는 공격의 구실로 삼았다. 일본에서 가장 거대한 성의 방어설비 덕택에 오사카 성의 9만여 수비대는 그들보다 곱절이나 많은 침입자들을 막아냈다.

그러자 이에야스는 간교한 협상을 통해 휴전을 제의하면서 상대방에게 성의(誠意)의 표시로 오사카 성의 일부 해자를 메워줄 것을 요구했다. 그러나 해자를 메우는 데 기꺼이 노동력을 제공했던 도쿠가와측의 배신으로 균형은 깨졌다. 교활한 도쿠가와의 공병대가 협상에서 합의했던 것보다 더 많은 해자를 메워버렸던 것이다. 그 작업을 마치고 1615년 여름 도쿠가와측은 공격을 재개했다. 이번에는 모든 일이 순조롭게 진행되었다. 패배가 확실해지자 어린 히데요리와 그의 어머니는 자살을 하고 오사카 성은 화염에 휩싸였다. 이로써 히데요시 영전에서의 충성서약 문제는 끝이 났다.

2. 다이묘의 서열화

다이묘를 재배치하는 일은 1615년 무렵 상당부분 달성되었지만, 오사카 성이 함락되면서 도쿠가와씨는 히데요리의 관할 아래 있던 영역마저 마음대로 재분급한다. 이제는 전국을 완전히 분할할 수 있게 되었다.

영지 배정의 형태를 고려해볼 때 분명한 것은 도쿠가와씨가 시행한 다이묘 배치는 과거에 행해졌던 패턴에서 유기적으로 성장했다는 점이다. 가마쿠라 쇼군과 아시카가 쇼군은 조정이 정해 놓은 행정과 영역의 패턴에 바탕을 두고 통치했으며, 그들의 집안과 가신들을 기존의 행정단위 안에서 조직화하고, 나중에는 그 안에서 교토의 공가와 사원들이 자신의 자산을 계속 통제하려는 시도를 무력화시켰다. 통일자 세 사람 가운데 노부나가는 자신의 통치에 대한 승려나 조정의 간섭을 가차없이 제거했던 반면 히데요시는 조정이 하사하는 칭호를 얻음으로써 조정의 신망을 최대한 이용하려 했다. 이에야스의 경우에는 그가 공가에게 내린 법령에서 알 수 있듯이 무엇보다도 먼저 조정을 무가 정치에서 배제시켰다. 그리하여 실제 권력이라는 면에서 그는 교토의 기존 조직을 7세기 이래 그 어느 때보다도 무기력하게 만들었다.

통일자들이 육성한 가신단은 이전 세대보다 훨씬 더 긴밀하게 씨(氏) 구조의 한 부분이 되었다. 존 홀은 전 역사를 통해 일본은 가족적 구조와 관료적 구조 사이를 번갈아 교차해왔다고 보았다.[2] 그리고 시간이 지남에 따라 각각 서로에게 영향을 미쳤다고도 했다. 도쿠가와 시대의 일본에서는 가공의 가족 호칭이 지위상의 종속관계를 은폐하는 구실을 함에 따라 이런 현상이 아주 두드러지게 나타났다.

'가'(家), 즉 '이에'는 모든 곳에서 영속적인 단위였고, 당시 일본에 살고 있던 사람들의 모든 의무는 이에의 존속을 위한 것이었다. 이런 현상은 무사계급에만 국한된 것이 아니었다. 17세기 일본의 농촌에서는 어느 곳이든 다종다양한 종속관계에 있는 하급자들을 거느린 대규모 호(戶)를 볼 수 있었다. 대부분의 소작인 또는 하인은 '후다이'(譜代), 즉 세습적 존재로 분류되었다. 그들 아래에 있는 다양한 계약적 종속관계에 있는 하위집단의 사람들은 그들의 직속 상급자를 거의 아버지 같은 존재로 여겼다. 그 조직에 속하지 않는 사람은 외부인으로 간주되었고, 그런 사람은 동등한 위치에 있다고 볼 수는 있으나 어디까지나 다른 세계의 일원이었다.[3] 오늘날의 일본에서도 이런 현상은 어느 정도 지속되어 비아시아계 외부인, 즉 '가이진'(外人)이 일본에 들어가게 되면 영원히 '타자'로 머물게 되는 그들만의 고유한 궤도를 형성하게 된다.

에도 봉건체제의 세계로 전환되자 도쿠가와가의 전통적인 가신인 후다이다이묘(譜代大名)와 '외부 영주'인 도자마다이묘(外樣大名) 사이에 구별이 생겼다. 도자마다이묘 중에는 세키가하라 전투에서 도쿠가와측에 맞서 싸운 자도 있고 도쿠가와측에 협력한 자도 있으나, 어느 쪽이 됐든 그들은 완전히 별개의 종속관계와 지휘체계를 가진 집단의 수장으로서 도자마라는 자신의 특수한 지위를 결코 바꿀 수 없었다. 보다 높은 지위의 다이묘에 해당되는 규정은 보통의 사무라이들한테 더욱더 엄격하게 적용되었다. 다이묘는 쇼군이라는 패자(覇者)와의 관계 속에서 서로 교류하고 경쟁하면서 자신의 위치를 확보할 수 있었고, 다이묘의 가신들은 그들의 주인(다이묘)을 중심으로 한 세계 안에서 살아갔다. 후다이다이묘와 도자마다이묘라는 두 가지 범주는 도쿠가와가와 도쿠가와가의 경쟁자를 분리하는 데 기여했다. 도쿠가와가의 가신들은 막부 조직 안에서 쇼군을 섬길 수 있었던 반면 도자마다이묘는 영원히 그 조직 외부에 존재했다.

또한 일부 다이묘가(家)는 패배의 원한을 오랫동안 마음에 품고 되새기고 있었다. 조슈(長州)의 모리(毛利)씨는 세키가하라 전투에서 패한 이후 영지가 120만 5,000석에서 29만 8,480석으로 급감하여 고통을 겪었다. 따라서 조슈 사람들, 특히 그들 가운데서도 시대가 달랐더라면 또 다른 식의 삶을 살았을 하급 사무라이들 사이에 팽배해 있던 미래의 복수에 대한 열망을 충분히 짐작할 수 있다. 앨버트 크레이그에 따르면 이 지역에서는 매년 새해 첫날 가신들이 다이묘 앞에 나와 "막부를 전복할 때가 왔습니까?"라고 물으면 "너무 이르다. 아직은 때가 아니야"라는 의례적인 답변을 듣는 전통이 있었다고 한다.[4]

에도 시대에 구체화된 다이묘 체제의 또 다른 측면은 철저한 서열화이다. 다이묘란 영지가 1만 석 이상인 봉건영주를 뜻하는데, 주목해야 할 것은 그 영지를 쇼군으로부터 직접 받았다는 점이다. 다이묘의 가신들 중에도 자신의 영주로부터 1만 석 이상의 봉토를 받은 사람들이 적지 않았지만, 그들은 어디까지나 배신(陪臣)으로서 다이묘를 중심으로 한 은하계에서 움직였지, 막부의 국가적 은하계에서 움직였던 것이 아니다. 각 은하계는 석고(石高), 관위, 가신단으로 평가되는 군사력, 이 세 가지 요소에 따라 구별되었다. 석고는 에도 시대 초기에 실시된 토지조사에 근거한 쌀수확량으로, 쇼군과 다이묘들 간의 공식적으로 합의된 석고를 특별히 표고(表高, 오모테다카)라고 불렀다. 시간이 지남에 따라 그것은 실제 쌀수확량, 즉 내고(內高, 우치다카)보다 적어질 수도 있었으나, 현실을 반영하여 표고를 조정하게 되면 다이묘들 간의 상대적 지위 역시 재조정해야 했고, 이는 체제 전체의 정비를 의미했기 때문에 표고는 서열을 정하는 수단으로 계속 이용되었다. 이렇게 정해진 서열은 다이묘의 에도 저택인 야시키(屋敷)의 위치와 규모, 특히 그 정문의 위치와 크기에서[5] 수도 에도로 이동할 때 또는 다른 동료 다이묘들과 함께 앉거나 줄을 서서 쇼군의 접견실로 향할 때 거느릴 수 있는 수행원의 규모까지도 결정했다. 한마디로 봉건영주로서 다이묘의 지위와 권위는 과시적 소비를 통해 입증하게끔 되었다. 이 같은 과시적 행태는 자부심의 근거를 제공한다는 측면에서 다이묘의 가신들에게도 마찬가지로 중요했다. 한편 이것은 에도의 조닌(町人)과 상인들에게도 중요한 문제였다. 그래서 이들은 다이묘, 유력 가신, 석고, 문장(紋章)과 깃발, 수행원과 저택의 규모, 그리고 쇼군에게 경의를 표하는 의례 일정 등을 기록한 무감(武鑑)이라는 일종의 다이묘 명부를 참고했는데, 이 모든 정보가 다이묘의 가신들과 상거래를 하는 데 밀접한 관련이 있었다. 말하자면 무감은 신용등급 정보를 제공했던 셈이다.

그러나 공식적으로는 다이묘에게 두 가지 등급기준이 적용되었다. 하나는 영지의 규모와 관련이 있었다. 영지가 온전한 하나의 구니(國)를 이루고 있으면 해당 다이묘는 구니모치(國持)라고 불렸다. 또한 '준'(准)구니모치에 해당하는 다이묘들도 이에 근접한 지위로 간주되었다. 다음으로 성(城)의 유무가 비슷한 평가기준으로 적용되었는데, 보통 손바닥만한 번은 성이 없었기 때문이다. '준'(准)의 격식을 덧붙여 좀 더 유연하고 세분화된 분류가 가능했기 때문에 '구니'(國)와 '성'(城)은 의례적 중요성을 지닌 즉각적인 지표가 되었다. 두 번째 기준은 조정이 정한 관위(官位)였다. 그러나 에도 막부는 관위를 높이려고 애쓰던 무사들 사이에서 선망되던 귀족적 차별성이 조정과 연계되지 않도록 적극적인 조치를 취했다. 1606년 막부

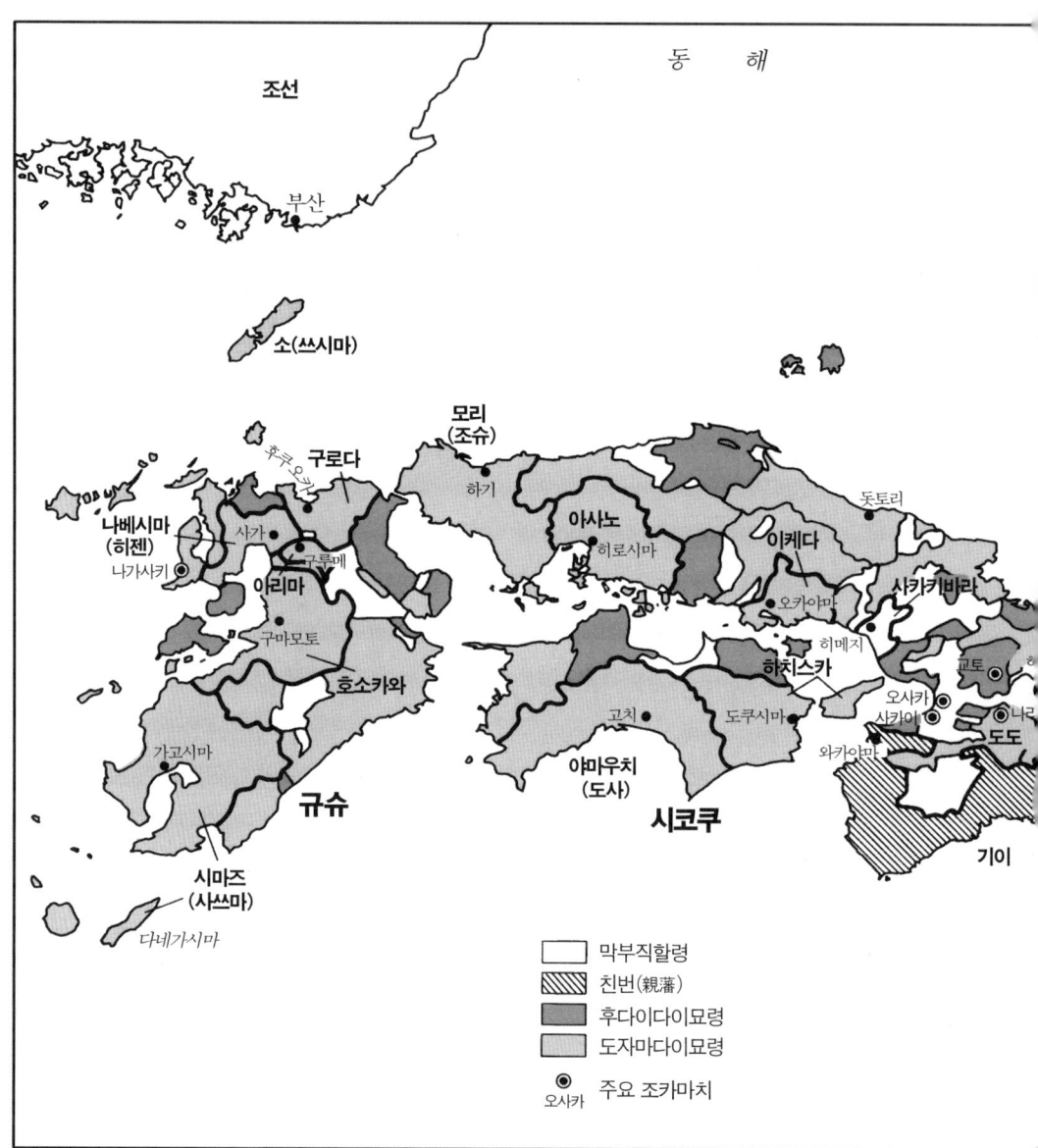

2. 다이묘 재배치도(1664). 막부직할령·친번·후다이다이묘령은 비옥한 간토 평야와 간사이 평야 그리고 교통의 요지를 차지하고 있다. 반면 도자마다이묘령은 더러 규모는 크지만, 주변부에 자리하고 있다. 이런 형세는 이후 2세기 동안 지속된다.

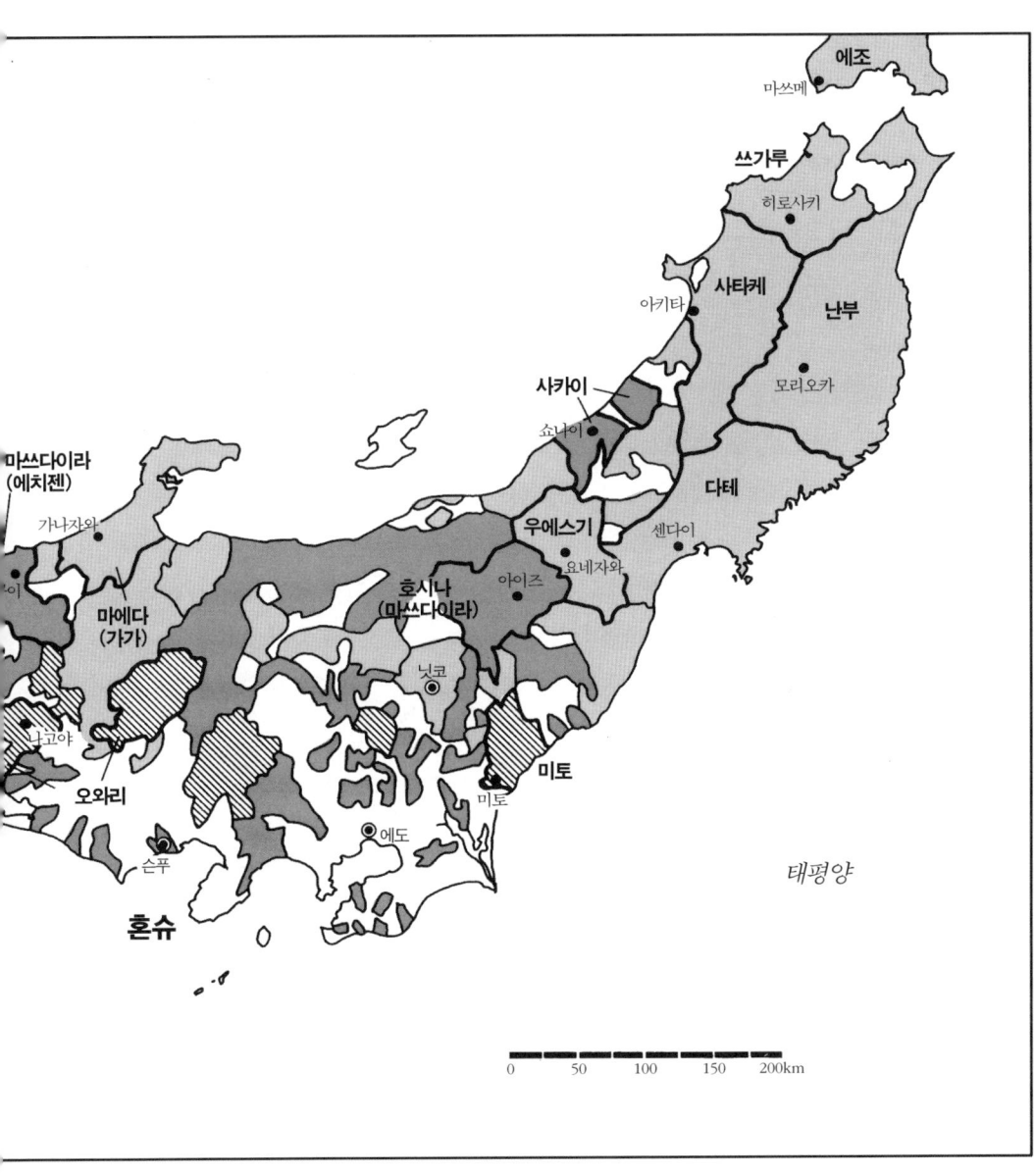

는 무가의 관위는 막부의 추천에 의해 부여되어야 한다고 조정에 요청했다. 이 조치를 통해 도쿠가와가와 그 가신들은 관위를 유리하게 이용할 수 있었다. 이후 1611년과 1615년에는 조정의 명단에서 무가를 제외시키도록 하고 무가의 관위를 공가의 관위와 구별짓게 했다. 1680년 이후에는 도쿠가와가말고는 최고 관위에 오를 수 있는 경로가 거의 차단되었다.[6]

이제 다이묘의 각종 범주에 따른 배분을 점검할 수 있게 되었다. 쇼군 직속 가신단에서 예외적인 범주인 하타모토(旗本)는 하급 다이묘에 해당하는 지위였으나 별도로 영지를 받았다. 그들은 막부의 관료로서 중요한 역할을 했다. 쇼군들은 마음에 드는 사람은 승격시키고, 그렇지 않은 사람에게는 벌을 주는 방법으로 영지를 통제해 나갔지만, 에도 막부 성립 후 수십 년이 지나자 다음과 같이 정해졌다.[7]

조정의 토지	141,151석
막부 직할령(일명 덴료〔天領〕)	4,213,171석
쇼군 직속 가신단	2,606,545석
친번(親藩)*과 후다이다이묘령	9,325,300석
도자마다이묘령	9,834,700석
신사 및 사찰 토지	316,230석

여기서 알 수 있듯이 실질적인 쇼군의 토지는 총 681만 9,716석으로 전국 토지의 거의 4분의 1에 달한다. 그리고 여기에다 친번과 후다이다이묘의 거의 1천만 석에 달하는 토지를 더하면 에도 막부의 압도적인 우세는 분명해진다.

지리적인 힘의 균형도 이러한 막부의 우세를 가능케 했다. 중심부 혼슈(本州)의 가장 비옥한 평야는 도쿠가와씨와 주요 후다이다이묘가 차지했고, 도쿠가와씨의 일문은 에도로 통하는 주요 교통로를 지배하고 있었다. 간토 평야 자체가 쇼군 직속 가신단의 수중에 있었는데, 이들 대부분이 하

* 고산케를 비롯한 도쿠가와씨 일문(一門)의 다이묘.

타모토였다. 주요 도자마다이묘는 상대적으로 주변부에 해당하는 서부와 동북부에 있었다. 137개 공가의 수입원으로서 조정이 차지한 토지는 옛 수도인 교토 인근에 있었다. 여기서 흥미로운 것은 후다이-도자마식 분류법이 공가들에게도 어느 정도 적용되었다는 점이다.

그러나 이런 개요가 복잡하게 짜깁기된 영지 배치의 실상을 그대로 보여주지는 못한다. 약 85명의 도자마다이묘는 광범위한 지역을 차지하고 있었다. 이들은 센고쿠 시대에 또는 그 중 일부는 훨씬 이전에 성립했고, 세키가하라 전투 이후에 도쿠가와의 리더십을 인정했다. 제일 큰 세력을 자랑했던, 지금의 가나자와(金澤)에 위치한 마에다(前田)가의 토지는 도쿠가와가 다음가는 102만 2,700석에 달했다. 가장 큰 16개 다이묘령(領) 가운데 다섯 곳을 제외한 나머지 모두가 도자마다이묘령이었다. 이 다섯 곳 가운데 하나는 가장 큰 후다이다이묘인 이이(井伊)가의 영지였고, 나머지 넷은 친번이었다. 전국에서 30만 석 이상의 영지를 보유한 다이묘는 16명뿐이었다. 한편 약 145명의 후다이다이묘 사이에서는 이런 거대 영지와는 대조적으로 군소(群小) 영지가 절대적으로 많았다. 이들 군소 영지 대부분은 변변한 조카마치(城下町)도 없었고, 다이묘를 정의하는 1만 석 기준에 겨우 턱걸이하고 있는 실정이었다. 나고야 평야의 해안지역은 이것을 극명하게 보여준다. 그곳의 영지는 해안가의 모래톱이었다. 비록 오늘날에는 휴양지로 크게 발달해 있지만, 에도 시대에는 생산력이 매우 낮았다. 그곳에서는 다이묘를 비롯해 번의 고위 관료들의 생활도 여유롭지 않았다. 다와라(田原) 번 역시 이런 지경이었지만 그래도 비지(飛地)가 많은 이웃 내륙 번들에 비하면 운이 좋은 편이었다. 간토 평야에서는 빈번히 하타모토의 봉토가 뒤섞이는 바람에 한 촌락이 두 동강이 나는 경우도 있었다. 이렇게 후다이다이묘가 도자마다이묘에 비해 거의 두 배 정도 수적으로 우세하고, 더구나 후다이다이묘보다 더 많은 하타모토가 분명히 존재했지만, 후다이다이묘나 하타모토 개개인의 석고가 주요 도자마다이묘의 석고에 근접하는 경우는 없었다. 막부 직할령이 광범위하게 산재해 있어 사정은 더욱 복잡했다. 막부는 법령을 위반한 다이묘의 토지를 몰수해 이웃 다이묘에게 막부 대신 관리하게 하는 부담을 지우곤 했다. 이런 도쿠가와 체제를 가리켜 캐런 비겐이 '주권 할당'(parcellized sovereignty)이란 용어를 사용한 것은 일리가 있다.[8]

3. 도쿠가와 막부의 구조

도쿠가와가는 이에야스라는 독보적인 존재 아래 통치를 시작했다. 이에야스는, 히데타다가 쇼군 직에 오르고 10년 후인 1616년에 사망할 때까지 중요한 사안들을 직접 챙겼다. 역사학자들은 히데타다가 명석해서라기보다는 꼼꼼하고 조심성이 많았기 때문에 이에야스의 후계자로 선택되었다고 보았다. 실제로 이런 성격 탓에 히데타다는 세키가하라 전투에 참가하러 가는 길에 그냥 지나쳐도 무방한 성을 공격하려다가 정작 세키가하라에는 늦게 도착하는 바람에 이에야스의 눈밖에 날 뻔한 적도 있었다. 당시 이에야스는 너무 화가 나서 한동안 히데타다를 쳐다보지도 않았다고 한다. 히데타다는 일단 쇼군이 되자, 아버지와 달리 천황과 조정의 의향에 대해 그다지 신경 쓰지 않았다. 히데타다는 딸 가즈코(和子)를 천황의 후궁으로 들일 것을 주장했다. 이 혼인으로 태어난 여자아이가 수세기 만에 첫 여성천황에 오르게 되는 메이쇼(明正, 재위 1629~1643)이다. 훗날 여성천황이 될 아이가 1623년에 태어나자, 히데타다와 이미 쇼군 직을 승계한 그의 아들 이에미쓰는 교토로 행차했고, 거기서 공가와 조닌 모두에게 엄청난 양의 금을 하사했다. 이에야스는 600만 냥의 금을 막부의 재원으로 남겼으나, 그 금은 이에야스가 죽고 얼마 되지 않아 바닥났다.

    3대 쇼군 이에미쓰(家光)는 태어날 때부터 쇼군의 아들이었던 첫 번째 경우였는데, 아마도 이 점이 다이묘들에 대한 그의 고압적인 태도를 설명할 수 있을 것이다. 이에미쓰는 아버지의 조언자들의 구속에서 벗어나기만

하면, 자신이 흉금을 털어놓을 수 있는 사적인 친구들과 어울렸다. 이에미쓰는 난폭하고 자기중심적이며 봉건적인 전제군주였으나, 다른 한편으로는 혼자 매사냥을 다니면서 서민들과 이야기를 나누려고 노력하기도 했다. 이처럼 형식에 구애받지 않는 행동은 이에미쓰와 마찬가지로 매사냥을 즐겼던 8대 쇼군 요시무네(吉宗) 시기에 이르면 상상조차 할 수 없는 일이 된다. 이에미쓰의 통치 아래 막부제도는 막부 통치 말엽까지 유지되는 틀을 갖추게 된다. 이에미쓰가 죽자 그의 최측근 5명이 순사(殉死)했고, 이 관행은 1663년 막부에 의해 금지되었다.

이에미쓰는 쇼군에 임명되자, 절대적 통치자가 되었다. 그가 아직 어렸을 때는 섭정이 있었고, 성인이 되어서는 그동안 발전된 관료제를 통해 명령을 내렸지만, 이론상 그에게 제약을 가할 수 있는 것은 아무것도 없었다. 그런데 더 중요한 것은 그가 어려서부터 덕치(德治)의 장점을 배웠다는 점

역대 도쿠가와 쇼군	
1. 이에야스(家康, 1542~1616)	재임 1603~1605년
2. 히데타다(秀忠, 1579~1632)	재임 1605~1623년
3. 이에미쓰(家光, 1604~1651)	재임 1623~1651년
4. 이에쓰나(家綱, 1641~1680)	재임 1651~1680년
5. 쓰나요시(綱吉, 1646~1709)	재임 1680~1709년
6. 이에노부(家宣, 1662~1712)	재임 1709~1712년 (고후[甲府])
7. 이에쓰구(家繼, 1709~1716)	재임 1713~1716년
8. 요시무네(吉宗, 1684~1751)	재임 1716~1745년 (기이[紀伊])
9. 이에시게(家重, 1711~1761)	재임 1745~1760년
10. 이에하루(家治, 1737~1786)	재임 1760~1786년
11. 이에나리(家齊, 1773~1841)	재임 1787~1837년 (히토쓰바시[一橋])
12. 이에요시(家慶, 1793~1853)	재임 1837~1853년
13. 이에사다(家定, 1824~1858)	재임 1853~1858년
14. 이에모치(家茂, 1846~1866)	재임 1858~1866년 (기이[紀伊])
15. 요시노부(慶喜, 1837~1913)	재임 1866~1867년 (미토[水戶]/히토쓰바시계)

* 이 표를 보면 방계 집안에서 다섯 명의 쇼군이 배출되었음을 알 수 있다. 그러나 방계로 입양되었던 장남 이외의 아들들과 심지어 이전 쇼군의 손자들조차도 본가로 다시 입양되는 경우가 여러 차례 있었다. 요시무네의 경우 이에야스의 증손자라는 지위 덕분에 정세를 자신에게 유리하게끔 바꿀 수 있었다.

이다. 쇼군이 후계자를 생산하지 못했을 경우, 이에야스가 정한 규정에 따라 고산케의 자손 중에서 후계자를 선택하도록 되어 있었다. 8대 쇼군 요시무네는 후계자로 선택될 수 있는 방계를 3개 더 추가했다. 당연히 쇼군은 경쟁자, 즉 후계자가 나올 수도 있는 이런 집안들을 경계했고, 고산케나 도쿠가와씨 일문의 문장(門長)들은 국가적으로 중요한 직위에 임명될 가능성이 있다손 치더라도 그렇게 되는 경우는 극히 드물었다. 쇼군의 자문회의는 도쿠가와가의 가신들로 구성되었다. 그 중에서 후다이다이묘가 제일 높았고, 그 다음이 하타모토였다. 도쿠가 쇼군은 총 15명이었다.

아시카가 시대에 이미 확고해져 있던 장자상속 전통에 따라 쇼군 직은 당연히 장남이 승계하는 것으로 되어 있었다. 에도 시대 말의 한 도쿠가와 가신은 쇼군 직 계승문제를 논의함에 있어 능력보다 혈통이 더 중요하다는 점을 다음과 같이 강조했다. "국가의 평화와 질서는 단지 〔쇼군 개인의〕 상대적 명석함이 아닌, 위대한 쇼군가의 위엄과 덕망 덕분이다. 이것이 다른 나라들〔즉 중국〕의 관습과 다른 본방의 관습이다."[9] 그러나 에도 성 안에서 응석을 부리며 어린 시절과 청년기를 보낸 쇼군들이 효율적인 리더십을 갖추기는 어려웠을 것이다. 게다가 1684년 한 고위 관리의 생명을 노린 암살 시도가 성공한 후, 쇼군과 최고위직 관리들에 대한 접근을 더욱 어렵게 하는 조치들이 취해졌다. 호위병들은 소바슈(側衆, 쇼군의 시종), 시동, 시중 꾼들만 쇼군에게 접근할 수 있도록 했다.[10]

이로써 소바슈가 중심이 되는 시대의 막이 올랐다. 이후 쇼군 자신이 남달리 강인한 개인적 결단력과 카리스마의 소유자가 아닌 다음에야 막부 자문회의의 우두머리들과 고문들 틈바구니에서 자신의 힘을 다지기 위해 애쓰는 것이 에도 정치의 특징이 되었다. 쇼군으로서의 실질적인 영향력을 행사했던 쇼군은 대부분, 에도 성의 오오쿠(大奧, 쇼군의 부인과 측실의 주거)에서 태어나고 자란 뒤 쇼군 직에 오른 인물이 아닌, 변칙적인 '외부' 경로를 통해, 즉 양자가 되어 쇼군이 된 사람이었다는 사실은 주목할 만하다. 이것은 다이묘가에도 놀라울 정도로 들어맞는다. 혁신적이고 강력한 인물

| 도쿠가와 국가 |

들은 대체로 본가에 양자로 들어온 인물들이었다. 이뿐만이 아니다. 독특한 쇼군들의 경우 도쿠가와 혈통에 새 피를 수혈했던 평민 출신의 어머니를 둔 경우가 많았다. 세 사람을 예로 들어보자.

일본문화의 전환점으로 평가되는 겐로쿠(元祿) 시대(1688~1704)를 통치한 5대 쇼군 쓰나요시(綱吉)는 독단적인 지배자로 29년간 군림했다.[11] 이에미쓰의 아들이자 이에야스의 증손자인 쓰나요시는 도쿠가와 쇼군을 통틀어 아마 가장 학구적인 인물이었을 것이다. 하지만 쓰나요시는 자비심 고취라는 명목 아래 엉뚱하게도 동물의 살상과 학대를 금하는 동물보호령을 내렸고, 결국 '이누쿠보'(犬公方, 개 쇼군)라는 비웃음을 샀다.[12]

쓰나요시는 유학(儒學)의 후원자였고, 그의 치세 동안 에도 막부는 한문과 불교 연구의 중심지가 되었다. 또 한편으로 쓰나요시는 잘생긴 시동들에 대한 편애로도 악명이 높았는데, 자신에게 잘만 하면 다이묘로 승격시키는 일도 많았다. 쓰나요시의 어머니는 교토의 한 채소장사의 딸이었다. 아버지가 죽고 어떤 공가의 집에서 일하다가, 에도 성 내실(內室)의 시녀로 들어갔다. 그러다가 이에미쓰의 눈에 들어 아들을 낳았고, 그 아이가 바로 미래의 쇼군이 될 쓰나요시였다. 쇼군 직을 계승할 가능성이 희박했던 쓰나요시는 다테바야시(館林) 번주로 임명되었으나, 계속해서 에도에 거주하면서 유교경전을 학습했다. 형 하나가 자살하고, 또 다른 형인 쇼군 이에쓰나(家綱)의 죽음이 임박하자, 쓰나요시는 임종 자리에서 양자가 되어 쇼군 직을 계승했다. 이렇게 해서 평민 출신의 (그러나 상당히 지적이며 미모로 유명했던) 어머니에게서 태어나 쇼군이 되기 위한 틀에 박힌 교육과는 전혀 다른 교육을 받은, 비록 괴짜이긴 하지만 한편으로는 지적이고 강력한 의지를 가진 쇼군이 등장했던 것이다.

8대 쇼군인 요시무네(吉宗)는 쓰나요시보다 더 나은 사례에 해당한다. 요시무네는 모든 면에서 주요 쇼군 가운데 한 명이며, 그가 귀감으로 삼은 이에야스 이후 가장 걸출한 쇼군이었다고 볼 수 있다. 요시무네는 자신을 비롯해 신하들까지도 하루에 두 끼만 먹도록 함으로써, 겐로쿠 시대의 사

83

치와 부패에 제동을 가했다. 또한 사무라이들 사이에 무(武)의 가치를 회복시키려 했다. 외국과의 무역으로 인한 귀금속의 유출을 우려하여 중국에서 약전(藥典)을 수입, 실험적인 농업생산 계획에 착수했다. 그 자신이 중국 제도사(制度史)를 열심히 공부하면서 명조(明朝)의 법제 연구를 후원했고, 책력을 개정하고, 중국과 네덜란드로부터 군사·기술 지식을 도입하기 위해 노력했다. 요시무네는 쇼군이 깨어 있는 시간 대부분을 궁전 깊숙한 곳에 틀어박혀 지내도록 한 관습에서 자유로워지려 애썼고, 실제로 어느 정도 성공했다.

요시무네의 혈통은 부계 쪽으로는 흠잡을 데가 없었다. 이에야스의 증손자이며, 고산케인 기이(紀伊) 번주의 셋째 아들이었던 것이다. 그러나 그의 어머니는 햐쿠쇼(百姓, 농민) 출신이었다. 분명 미모 덕에 시녀가 되긴 했지만, 출신이 너무 미천한 탓에 자기 아들의 양육도 허락받지 못했다. 어린 요시무네는 신분 상승의 가능성이 희박했으므로 2천 석짜리 작은 봉토를 받긴 했으나, 수입이 너무도 미미해 자신의 관위(官位)에 걸맞은 예를 갖추기도 벅찼다. 그런데 두 형이 죽고 기이 번주가 되면서, 졸지에 쇼군 직을 계승할 수 있는 자격을 얻게 되었다. 이렇게 부계 쪽에서 생긴 질병과 돌연사 등의 우발적인 사건 덕에 운 좋게도 요시무네는 쇼군의 섭정에 임명될 수 있었다. 그는 자신의 지위를 이용하여 로주(老中)의 지지를 확보하고 이어서 쇼군이 되었다. 요시무네는 서민의 혈통이 고위직 혈통과 예기치 않게 결합되어, 상대적으로 외부인에 속하지만 권좌에 오르게 된 또 하나의 사례이다.

역대 쇼군 중에서 가장 오랫동안 쇼군에 재직했던 이에나리(家齊)는 그의 치세를 '오고쇼 시대'(大御所時代)라 부르는 역사학자들 사이에서 그다지 좋은 평가를 받지 못했다. 이에나리는 고산쿄(御三卿, 도쿠가와씨의 분가인 다야스〔田安〕·히토쓰바시〔一橋〕·시미즈〔清水〕의 총칭)의 하나인 히토쓰바시가(家) 출신으로, 13세에 후사가 없는 쇼군 이에하루의 후계자로 지명되어 쇼군이 되었다. 1787년부터 1837년까지 재직하면서, 초창기에는 (요시무네의 손자) 마쓰다이라 사다노부(松平定信)의 개혁방안을 지지했지만, 나중에는 그것을 버리고, 그 대신 손쉬운 방식인 혼인정책을 택하여 도자마다이묘와 후다이다이묘 사이의 전통적인 장벽을 무시해버렸다. 이에나리의 정실(正室)은 사쓰마 번주의 딸이었다. 수십 명의 측실을 통해 50명이 넘는 자녀를 두었으며, 그들 대다수는 다른 다이묘가에 입양되었다. 그 결과 도쿠가와 후기의 많은 다이묘들이 이에나리 소생의 의붓형제들이었다. 이처럼 에도 시대의 강력하고 자기 본위적인 쇼군 가운데 가장 두드러진 3명, 그리고 막부의 최후를 장식하는 2명의 쇼군은 모두 어릴 때 에도 성에서 자라며 겪게 되는 귀족적 금제(禁制)로부터 비교적 자유로웠던 '외부인'이었다.

쇼군 이하 에도 행정부는 대략 1만 7,000명에 달하는 관료기구로 발전해갔다. 하지만 여전히 도쿠가와씨와 후다이다이묘 전체의 일부밖에 수용하지 못했다. 게다가 주요 관직은 전통적으로 일부 특정 가신집안이 독점하는 경향이 있었다. 그 결과 불완전 고용이 나타나서 고용기간 동안 같은 관직을 여러 명이 교대로 수행하는 궁여지책에도 불구하고, 대다수는 하는 일 없이 권태로운 생활을 해야 했다.

도쿠가와 막부 직제(職制)에 관한 다음의 표는 관직수와 관직명을 간략

도쿠가와 막부의 주요 직제
다이로 (大老)
로주 (老中, 4~5명): 아래의 관직을 통괄
소바슈(側衆): 쇼군의 시종
마치부교(町奉行): 에도, 교토, 오사카, 나가사키를 지배
부교(奉行): 재정, 사찰 및 신사, 토목공사를 관장
오메쓰케(大目付): 다이묘를 감찰
간토군다이(關東郡代): 에도를 제외한 간토 지방의 농정과 수리를 관장
고케(高家): 조정과 관련된 의례를 관장
와카도시요리(若年寄): 하타모토와 고케닌을 감독
효조쇼(評定所): 민사재판과 중요한 형사재판, 행정·입법에 관한 평의를 행함

히 보여준다.[13] 거대한 에도 성은 이들을 비롯한 다른 많은 관리들의 업무 공간을 제공했다. 대부분의 관직에 한 명 이상이 임명되어 있었는데, 예를 들면 오사카에서 한 명의 마치부교(町奉行)가 임무를 수행하는 동안 비번인 또 한 명의 마치부교는 에도에 머무르는 식이었다.

먼저 로주(老中)를 살펴보자. 이에야스와 히데타다는 전시(戰時)든 아니든 언제나 그들을 보좌하는 전문 조언자들을 곁에 두었다. 여기서 더 나아가 이에미쓰는 사적으로 자신에게 충성을 다하는 행정조직 구축에 착수했다. 1634년 이에미쓰는 로주가 모든 조정 관련 사안을 맡도록 했다. 이에야스는 자신이 신임하는 가신을 쇼시다이(所司代)에 임명하여 교토에 상주시켰고, 조정은 공가 중에서 조정과 막부를 연결하는 창구 역할을 할 부케덴소(武家傳奏)를 선발했다.

로주는 막부에서 가장 중요한 관료들이었다. 대외정책을 도맡았고, 세력이 가장 큰 다이묘를 제외한 나머지 다이묘와의 관계를 담당했다. 대규모 건설사업, 자신의 토지를 이미 포기했거나 양도하길 원하는 사무라이에게 지급할 봉록, 쇼군의 집안문제, 다이묘의 참근교대 일정, 성의 재건, 다이묘의 은퇴와 승계, 새로운 번의 창출 등을 총괄했다. 또 필요한 경우에는 로주가 반란군 진압을 위해 다이묘들의 군사를 소집하고 조직했다. 요컨대 국가적으로 중요한 모든 사안이 그들의 손에 달려 있었다.

좀 더 젊은 사람들로 구성된 평의회인 와카도시요리(若年寄)는 하타모토와 고케닌(御家人)을 감독했다. 1649~1662년에 잠시 폐지되기도 했으나, 이후 다시 설치되었다.

로주의 구성원이 될 수 있는 자격은 3만~10만 석의 수입을 가진 후다이다이묘로 제한되어 있었다. 그들은 대개 지샤부교(寺社奉行), 소바닌(側用人), 교토쇼시다이(京都所司代) 등의 관직을 거친 경우가 많았다. 따라서 로주 자리에 오를 수 있는 사람은 신뢰받는 최상급 후다이다이묘들뿐이었다. 아울러 도쿠가와 시대를 통틀어 로주를 역임한 이들을 살펴보면, 같은 성(姓)이 반복해서 등장하고 있는데, 이는 그들이 매우 제한된 일부 집안 출신이라는 것을 말해준다. 이와 관련해 토머스 스미스는 "서열이 예전보다 훨씬 심각한 승진의 장애요소였다는 사실은 도쿠가와 시대 후반에 능력 위주의 발탁이 왜 민감한 논쟁거리가 되었는가를 부분적으로 설명해준다"[14]고 지적한 바 있다.

로주는 회의제로 운영되었고, 그들의 결정은 쇼군에게 보고되었다. 그들은 한 달씩 교대로 집무했다. 그러나 비번일 때도 매일 에도 성에 출근해야 했다. 당번에 해당하는 로주는 매일 아침 쇼군을 알현하고, 문안인사를 했다. 로주 밑에는 엄청난 분량의 서류를 작성하는 다수의 서기가 있었다. 로주는 4위(四位)의 관위(官位)를 받는 영예를 누렸다. 또한 세밑이 되면 동료 다이묘들과 관료들로부터, 에도를 방문 중인 네덜란드인들로부터, 참근교대로 에도에 머물고 있는 모든 다이묘로부터 선물을 받았다. 하급 관리들은 로주와 마주치면 무릎을 꿇어야 했고, 심지어 고산케의 번주(藩主)들조차 그들에게 고개를 숙여야 했다. 성 밖에서는 다이묘 행렬의 선두에 설 수 있는 특권을 누렸다. 로주의 일원이 죽으면 사흘 동안 공식석상에서 가무가 금지되었고, 다이묘들은 조문을 보냈다. 막부관료의 대부분은 로주에 보고를 했다. 로주는 분명 에도 행정부의 중추였다.

막부는 에도, 오사카, 교토, 나가사키 등의 대도시를 막부 직할령으로 두고 있었다. 에도, 교토 같은 큰 중심지의 마치부교는 중요한 자리였다. 마치부교 역시 한 달씩 교대로 한 사람은 에도에서 내근을 하고, 다른 한 사람은 해당 지역 관청에서 근무했다. 조정의 도시인 교토와 대외무역의 도시인 나가사키도 이와 비슷하게 다스려졌다.

기술적 전문지식이 필요한 자리에는 서열이 능력보다 덜 중시되었다. 간조부교(勘定奉行)는 지행고(知行高, 영지의 석고)가 500~2,500석 정도인 하타모토가 담당하는 경우가 많았는데, 역직(役職)*을 맡게 되면 3천 석의 봉록이 추가되었다. 간조부교는 막부 직할령을 책임졌으며, 그곳의

---

* 사법, 행정, 재정을 취급하는 간조부교, 지샤부교(寺社奉行), 마치부교(町奉行) 등의 직(職)을 말한다.

행정과 징세를 담당하는 군다이(郡代)와 다이칸(代官)은 간조부교에게 보고를 했다. 전부 5천 내지 6천 명에 가까운 관리들이 8명의 부교의 감독하에 있었고, 부교는 다시 로주에 보고했다.

문필가들이 자주 언급하는 관직은 '감시자' 또는 '감찰자'를 의미하는 메쓰케(目付)였다. 메쓰케는 중앙의 오메쓰케(大目付)에서 지방의 '요코메'(橫目)까지 다양했으며, 행정업무가 제대로 이루어지는지 감찰하고, 정치적·종교적 체제 전복 시도가 있을 경우 이를 보고하는 임무를 맡았던 일종의 정보부였다. 단일한 사찰기구를 중심으로 정치정보를 취급하는 위계는 없었으나, 메스케는 탁월하고 지속적으로 통치조직 내부의 전 부문에서 방첩활동을 한 보기 드문 행정체계였다. 그리스도교를 금지하고 일부 불교종단을 통제하기 위해 막부는 감시를 늦출 수 없었고, 모든 종류의 반체제활동에 대응할 수 있는 능력을 갖추어야 했다. 동시에 감찰 조직망을 통해 지방 행정부의 성과와 질을 점검할 수 있었다.

4. 번(藩)

일본의 4분의 3이 다이묘의 지배 아래 있었다. 번은 남서쪽의 규슈로부터 북방의 홋카이도 가장자리까지 펼쳐져 있었다. 논공행상과 징벌의 결과, 번과 다이묘의 수는 도쿠가와 시대 내내 끊임없이 변했다. 적어도 잠시 동안은 500개 이상이 있었고, 어떤 때는 250개를 약간 상회했다. 영지를 가리키는 일본어 용어인 번(藩, 한)은 서구에서의 '봉건제'라는 용어가 그런 것처럼 후대의 명칭이며 19세기부터 사용되었다. 사람들이 번을 색다른 또는 특별한 것으로 생각하기 시작한 뒤에야 사람들의 관심이 번에 집중되었다. 전전(戰前)의 일본 역사학자들은 천황국가의 토대를 연구하는 데 몰두했고, 번에 대한 연구는 제2차 세계대전이 끝나기 전까지 거의 이루어지지 않았다. 1945년 이후 번에 대한 연구와 '막번(幕藩)국가'에 대한 분석이 봇물터지듯 쏟아져 나왔다. 국토의 4분의 3이 다이묘의 지배하에 있었다는 것은 그만큼이 쇼군의 직접적인 통치에서 벗어나 있었음을 의미한다. 따라서 도쿠가와 시대를 이해하기 위해서는 반드시 번을 살펴볼 필요가 있다.

크기와 중요성 면에서 각각의 번은 상당한 차이가 있었다. 그 중 가장 큰 번은 마에다(前田)씨의 번이었다. 이 번의 거성(居城)은 가나자와(金澤)에 있었고, 석고(石高)가 100만 석 이상이었다. 그러나 대다수 번은 다이묘의 기준선인 1만 석을 겨우 넘는 수준이었다. 단지 16개의 번만이 30만 석이 넘었으며, 두 세기 반의 도쿠가와 통치기간 동안 오직 수십 개의 다이묘가만이 다이묘로서의 지위를 유지할 수 있었다.

또한 각각의 번은 인구구성에서 사무라이가 차지하는 비율에 따라 사회구조에 차이가 있었다. 일부 지역에서는 조카마치의 수용능력을 넘어설 정도로 사무라이가 많아서 사무라이의 농촌지역 거주가 허용되었다. 센고쿠(戰國) 시대에 팽창한 군사조직을 도쿠가와 시대 내내 유지했던 사쓰마는 전체인구의 20% 내지 30%를 차지하는 사무라이와 그 가족을 번 내 어디서든 볼 수 있었던 반면, 일부 다른 번에서는 사무라이의 비율이 2% 내지 3%에 불과했다. 전국적으로 사무라이와 그 가족의 인구는 5~6%에 달했다. 결과적으로 볼 때 거대 도자마다이묘령 대부분은 비교적 더 군사화되어 있었던 반면, 사무라이의 비중이 높아서 경제적으로는 막부 직할령에 비해 낙후되어 있었다.

이미 앞에서 조슈(長州) 같은 일부 거대 도자마다이묘령에서는 대를 이어 도쿠가와 통치에 대한 원한을 키웠음을 지적한 바 있지만, 사쓰마 번에서도 상급 사무라이들은 매년 세키가하라 전투 패전일에 갑옷을 차려입고, 사원에 찾아가 그 사건을 추념했다. 사쓰마는 막부의 감찰관들(오메쓰케)이 자기 번에 대해 많은 정보를 알아내지 못하도록 특별한 대응책을 마련했다. 보안유지를 위해 특정 마을을 정하여 그 마을의 원래 농민들을 몰아낸 다음, 농민 행세를 하는 사무라이들로 채워놓고 막부 감찰관의 방문에 대비했던 것이다.[15] 그러나 다른 한편에서는 많은 다이묘들이 번에 대한 자신의 통치권을 인정해준 막부에 감사해했고, 막부의 감찰관을 정성껏 예를 갖춰 대접했다.

각 번을 구별짓는 가장 중요한 요소는 아마도 번의 규모였을 것이다. 문인화가 와타나베 가잔(渡辺崋山, 1793~1841) 덕분에 오늘날에도 잘 알려진 다와라(田原) 번은 어떤 번보다 작고 가난했다. 다와라 번의 석고는 약 1만 2,000석이었다. 에도에서 도보로 일주일 정도 걸리는 거리에 있었고, 초라한 성이 하나 있었다. 반면 다와라 번주의 에도 저택은 그가 처음부터 이에야스 편에서 싸웠기 때문에 다른 쟁쟁한 도쿠가와 가신들의 저택과 나란히 자리하고 있었다. 그러나 기껏해야 총인구 2만 명에, 24개 촌으로 이루어진 번의 다이묘에게는 이것이 너무나 감당하기 힘든 명예였다. 다와라 번에는 무가가 598개였는데, 그 가운데 296개가 아시가루(足輕, 최하급 무사)였고, 212개는 사원에, 27개는 신사(神社)에 등록되어 있었고, 32개는 '히닌'(非人) 명단에 올라 있었다.

결국 다와라 번에서는 와타나베 같은 상급 사무라이도 수입이 130석에 불과하여 지독한 가난에 시달렸다. 와타나베의 가족은 보통 봉록의 절반도 받지 못했다. 와타나베는 경제적 고충을 다음과 같이 생생하게 묘사했다.

우리 집은 차마 말로 다할 수 없을 정도로 가난했다. 먹을 것이 부족했기 때문에 남동생 하나는 절에 동자승으로 들어갔다가 나중에는 어떤 하타모토의 집에서 일하게 되었다. 바로 그 동생을 이타바시(板橋)─〔그 하타모토의 가족은 다이묘의 에도 저택에서 살았다〕─에 데려다주라는 말을 들었을 때가 내 나이 열넷이었다. 가볍게 흩날리는 눈발 속에서 8~9세의 어린것이 험상궂게 생긴 낯선 사람의 손에 이끌려 가던 모습이 아직도 기억난다. 서로의 모습이 보이지 않을 때까지 우리 둘 다 어깨 너머로 서로를 돌아보았던 게 마치 어제 일인 양 눈에 선하다.[16]

다와라 번에서는 그래도 지위가 꽤 높았던 와타나베 가족이 이런 정도였다면, 지위가 그보다 낮았던 사람들의 생활은 어떠했을지 미루어 짐작할 수 있다. 다와라처럼 영세한 번의 다이묘는 에도 막부의 권위에 별다른 영향을 끼칠 수 없었다.

부유한 번은 이와는 매우 다른 양상을 보여준다. 시코쿠(四國)에 있는 도사(土佐) 번은 지리적으로 산이 많은 선상지(扇狀地)여서 접근하기가 어려웠다. 또한 그 일대를 둘러싼 자연적 경계 덕분에 지역적 통합을 이룰 수 있었다. 이런 점에서 도사보다 유리했던 번은 아마도 사쓰마뿐이었을 것이다. 1600년 도사 번의 인구는 약 20만이었고, 도쿠가와 시대 후기에는 거의 그 두 배에 달했다. 도사의 공식 석고는 전국에서 열아홉 번째로 많았다. 게다가 도사 번은 천연자원이 풍부했다. 종이와 목재의 생산을 가능케 해주는 울창한 숲이 있었고, 난류가 흐르는 만(灣)에서는 가다랭이잡이와 고래잡이로 큰 수익을 올렸다.

도사는 센고쿠다이묘 조소카베(長宗)씨의 통치 아래 크게 발전했다. 1580년대에는 조소카베 모토치카(長宗我部)가 지역 무사들을 이끌고 지역 통일을 시도했다. 한때는 시코쿠 전체를 그의 지배 아래 둘 수 있을 것으로 보였으나, 1585년 히데요시에 패함으로써 그 계획은 수포로 돌아갔다. 그 후 조소카베씨는 규슈와 조선에서 히데요시를 위해 싸웠고, 세키가하라 전투에서 이에야스에 반기를 든 서군에 가담했다. 전투 결과 도사에서 조소카베씨의 통치는 막을 내렸다. 한편 이에 앞서 조소카베씨의 새 후계자가 이어받아 완성한 토지조사는 도쿠가와 시대 동안 고치(高知)에서 행해질 통치의 토대가 되었다. 또한 흔히 '조소카베 모토치카 100개조'(長宗我部元親百箇條)라 불리는 법령집은 시코쿠가 일본의 타지역에서 진행 중이던 행정적 발전과 궤를 같이하고 있었음을 말해준다.[17]

세키가하라 전투에서 승리한 도쿠가와 이에야스는 도사를 야마우치 가즈토요(山內一豊)에게 분봉했다. 세키가하라 전투 막판에 유용하긴 했어도 하찮은 공을 세웠을 뿐이며, 이에야스의 가신도 아닌 야마우치로서는 감지덕지할 만한 보상이었다. 이런 은혜에 보답하려는 마음이 도쿠가와 막부가 몰락하는 그날까지 야마우치씨의 정치활동을 좌우했다. 가즈토요의 형은 세키가하라 전투 후 확립된 고산케 중 하나인 오와리(尾張) 번의 고관이었다. 그러나 도사의 지주계급인 조소카베의 가신들은 새 다이묘를 인정하지 않았으며, 농민들도 새 영주의 지배하에서 착취가 심해지지 않을까 걱정했다. 그래서 이들은 협력을 유보했고, 상당수가 번의 경계를 넘어 이웃 번으로 도망쳤다.

새 다이묘는 단지 158명의 기마대를 이끌고 도사에 들어왔으며, 자신이 상으로 받은 영지에 대한 권리를 주장하려면 막부의 도움을 요청하는 편이 현명하다고 판단했다. 계략과 무력을 통해 반대세력을 진압하자, 곧 지역에 대한 통제가 가능해졌다. 야마우치는 자신의 능력을 과시하기 위해 273개의 머리를 실은 두 척의 배를 도쿠가와 사령부에 보냈고, 73명의 반란자들을 해안가에 못 박아 매달아놓았다.

야마우치 다이묘는 이제 자기 영지를 착취하는 데 몰두했다. 주요 가신들은 봉토를 받았고, 야마우치가는 과거 조소카베가의 그것보다 수확량이 두 배나 많은 직할지(藏入地, 구라이리치)를 차지했다. 이는 이에야스가 히데요시에 비해 더 많은 직할령을 보유했던 것과 유사하다. 우라도(浦戶) 만에 위치한 고치(高知)에는 새롭게 근사한 성이 들어섰다. 그리고 얼마 후 과거 조소카베의 추종자였던 지방 유력자들의 협력을 얻기 위해, 새로운 다이묘는 그들에게 협력의 인센티브를 부여할 계획을 세웠다. 농경지 개간작업에 대한 반대급부로서 그들 가운데 900명을 '고시'(鄕士, 향촌 사무라이)로 명명한 것이다. 생산증대를 위한 대규모 하천공사는 도사 번 가로(家老) 노나카 겐잔(野中兼山)이 감독했다. 도쿠가와 막부의 토목사업을 위해 할당된 무거운 재정 부담 때문에 도사 번은 재정수입을 다각화할 수밖에 없었다. 평화가 지속되면서 다이묘들은 더 이상 전쟁에서 봉사할 필요가 없어졌지만, 대신 막부가 진행하는 사업에 일조해야 했고 그것에 따라 평가받았다. 쇼군의 새 성곽 건설, 사원 재건, 갖가지 공공사업을 위해서는 도사 번으로부터 막대한 양의 목재를 운송해야 했다. 이에 따른 부담이 커지면서 도사의 아시가루(足輕)는 나무가 울창한 산속에서 거대한 나무를 벌목하고, 그것을 다시 하천까지 끌고 와 오사카나 에도로 운송할 해안가로 떠내려 보내는 일을 하는 노동집단으로 변해버렸다.[18]

도사와 같은 큰 다이묘령의 번정(藩政)은 막정(幕政)의 축소판이었다. 유력 가신들은 봉토를 받았고, 본가에서 양자를 들였으며 분가가 생겨났다. 고치에는 11명의 '로주'(老中)가 있었고, 각각 1,500∼1만 석의 토지를 받았다. 그 밑에 450∼1,500석의 주로(中老)가 11명 있었다. 그리고 100∼700석의 기마 무사 우마마와리(馬廻)가 800명이었다. 이런 체계를 가능케 하는 생산집단인 촌의 감독과 조세 징수를 담당하는 관리의 상당수가 바로 이들 우마마와리였다. 다시 말해 그들은 막부의 하타모토 같은 존재였다. 상급 사무라이는 자기의 토지뿐 아니라 고치의 조카마치에도 주거가 있었으며, 조카마치 내에서 그들의 주거는 권력과 수입액에 따라 질서정연하게 배치되었다.

곧 막부의 행정조직과 유사한 복잡한 행정조직이 발달했다. 번의 고위 가신은 막부와의 관계를 전담하고, 군정(郡政)·어촌·징세·사사(寺社)를 담당하는 그 밑의 가신들을 감독했다. 감찰관들은 영내를 시찰했다. 이들과는 별도의 또 다른 사무라이 가신들은 번의 행정을 담당하고, 다이묘의 집안일과 직할지를 관리하고, 에도에 거주하는 다이묘의 가족과 가신을 부양하고 뒷바라지했다. 막부의 후다이다이묘와 마찬가지로 유력 집안들이 번의 요직을 장악했다. 농촌지역에서는 야마우치 통치 이전 시기에 대한 오랜 기억과 향수 때문에 조소카베의 전통이 보존되었다. 이렇게 살아 있던 불씨는 19세기에 위기가 닥치자 조카마치에 거주하는 사무라이들과 고시(鄕士) 및 촌역인(村役人) 간의 적대적 관계 속에서 다시 타올랐다.

번은 막부가 추진하는 토목사업에 일조해야 했지만, 막부에 직접 세금을 내지는 않았다. 각 번은 자기 영내에서 나오는 수입으로 살아갔다. 막부는 번의 군사력에 대해 지침을 정해놓긴 했지만, 실질적으로 통제할 수는 없었다. 일본 안에서 유통되는 화폐를 제정하는 것은 막부였지만, 다이묘 역시 막부의 허락을 얻으면 자기 영내에서 사용할 수 있는 지폐를 발행하고, 심지어 동전(銅錢)도 주조할 수 있었다. 도쿠가와 시대 말기에는 수백 가지 교환수단이 존재했고, 대부분이 번의 영내에서만 사용될 수 있는 것들이었다. 요컨대 수십 개의 번은 자신의 군사, 행정, 법령, 세제를 구비한 거의 독립적인 국가였다. 당연히 도사나 사쓰마 같은 웅번(雄藩, 규모가 큰 번) 주민들은 자기 번을 하나의 나라로 인식했고, 그들의 영주 위에 존재하는 권위의 위계를 이해할 수 없었다. 따라서 '막번(幕藩) 국가'의 '번'(藩)이라는 부분은 일본의 중앙집권화와 국민국가로의 발전에 있어서 심각한 걸림돌이 되었다.

5. 중심과 주변: 막부와 번의 관계

근세 일본의 국가 정체성에 대한 진정한 시험은 막부와 번 사이의 관계에 있었다. 웅번을 지배하는 다이묘가의 역사는 도쿠가와가의 그것보다 훨씬 더 오래되었고, 19세기 왕정복고 운동의 지도자들이 이들 번에서 나온 것은 결코 우연이 아니다.

초기 쇼군은 전장에서의 승리를 통해 패권을 획득했고, 그 결과 비교적 쉽게 번을 박탈하거나 재분배할 수 있었다. 17세기에 1,300만 석에 이르는 토지 — 전 국토의 3분의 1 이상 — 가 재분배되었다. 도자마다이묘의 수는 줄어들었고, 반면 새롭게 후다이다이묘가 생겨났다. 다음의 표는 이런 변화의 규모를 보여준다. 이제 각 번은 다이묘의 개인 소유지가 아닌, 막부의 위탁지임이 분명해졌다. 쇼군은 대부분의 시간을 각 다이묘와의 관계를 유지하는 데 할애했고, 모든 다이묘는 새로운 쇼군이 취임할 때마다 개별적으로 봉사와 복종을 맹세했다.

에도 시대가 계속되면서 영지의 몰수와 재분배가 줄어듦에 따라 다이묘의 영지 보유권은 점차 안정되었다. 일반적으로 사람들은 도쿠가와 통치

| 도쿠가와 국가 |

번의 몰수와 변동, 1601~1705			
쇼군	다이묘의 수	도자마/후다이	몰수된 토지(석)
이에야스	41	28/13	3,594,640
히데타다	38	23/15	3,605,420
이에미쓰	46	28/18	3,580,100
이에쓰나	28	16/12	728,000
쓰나요시	45	17/28	1,702,982
계	198	112/86	13,211,142

출처: John Whitney Hall, "The *bakuhan* System," in *Cambridge History of Japan*, vol. 4: *Early Modern Japan*, ed. Hall (Cambridge: Cambridge University Press, 1991), p. 152.

첫 1세기 반 동안 수백 명의 다이묘가 이동한 것에 주목하는 경향이 있지만, 이를 좀 더 면밀히 살펴보면 다음과 같은 사실을 알 수 있다. 전후의 다이묘 배치를 제외하면 전봉(轉封)된 다이묘의 거의 절반이 예전 영지보다 더 큰 영지를 받았고, 나머지 절반도 석고 면에서 거의 변화가 없었으며, 개역(改易, 영지 몰수)의 경우 대부분이 다이묘 승계문제—다이묘가 후사 없이 죽었을 때가 대표적인 예이지만 이것도 임종시에 양자 입양이 허용된 이후에는 드문 일이 되어버렸다—나 종종 '난심'(亂心)이라고 부르는 개인의 비행이나 무도한 행위 때문이었다. 이런 연유로 개역을 결정할 때 막부는 외형상의 공공질서 유지에 각별히 신경을 썼다.[19]

도쿠가와가의 분가인 에치젠(越前, 오늘날의 후쿠이[福井])의 마쓰다이라(松平)가가 그 한 예다. 서북쪽에서 에도 평야를 공격할 수 있는 길목이라는 전략적 위치를 고려하여 이에야스는 에치젠에 차남 히데야스(秀康)를 배치하고, 그에게 도쿠가와씨의 옛 성(姓)인 마쓰다이라(松平)를 쓰도록 하고, 근방의 번들을 통합하여 68만 석의 거대 영지를 만들어주었다. 히데야스의 아들은 오사카 성을 공격할 때, 성급하긴 했지만 용맹스럽게 싸웠다. 그런데 얼마 지나지 않아 이상한 행동을 보이기 시작했다. 그의 난봉과 종잡을 수 없는 잔인함에 대한 소문이 에도까지 퍼졌다. 한편 쇼군의 입장에서 더욱 문제가 된 것은 참근교대(參勤交代) 의무에 대한 그의 오만방자

한 태도였다. 급기야 쇼군의 사자가 에치젠에 파견되어 그곳 가신들에게 젊은 다이묘의 행동이 초래할지 모를 결과에 대해 경고했으나 아무 소용이 없었다. 그 후 다이묘는 어떤 아름다운 여인에게 반했는데, 그녀는 다름 아닌 그의 유력 가신의 아내였다. 그녀가 이사(尼寺)에 몸을 숨겨 다이묘의 관심을 피하려 하자 그는 그녀의 아들과 상속자에게 자살을 명하고, 그녀의 가족이 받은 봉토(1만 5,350석)를 몰수했다. 그러자 나머지 가족들은 화염에 휩싸인 저택에서 다 같이 자살해버렸다. 쇼군 히데타다는 결국 문제의 다이묘를 규슈로 추방하고, 그 아들을 후계자로 지명하면서 13만 석을 감봉(減封, 영지 삭감)했다. 하지만 이 다이묘가의 혼란은 계속되어 5대 쇼군인 쓰나요시는 영지를 22만 5,000석으로 줄였다. 이번에는 막부의 로주 한 사람이 전담 배치되어, 그 다이묘가의 공식 지위를 잠정적으로 정지시켰다. 의식상의 특권—마쓰다이라라는 성, 도쿠가와 문장(紋章), 마구(馬具)의 금박장식, 영주의 높임말인 '도노'(殿) 등의 사용—을 박탈하고, 다이묘가 에도에서 거행되는 신년행사에 참석하는 것도 금하도록 했다. 에도의 다이묘 저택은 정문을 폐쇄하여 사용하지 못하게 하고, 오직 샛문을 통해서만 출입하도록 했다. 게다가 그나마 마쓰다이라가에 남은 토지도 상당 부분이 여기저기 흩어져 있는 비지(飛地)였다. 결국 마쓰다이라가는 공개적인 모욕을 당했을 뿐 아니라 지정학적인 힘도 급감했다.[20] 마쓰다이라가가 다시 막부의 호감을 얻기까지는 여러 세대가 걸렸다. 도쿠가와 시대 후기에 이르러서야 현명한 지도자가 마쓰다이라가의 명예를 회복하고, 마쓰다이라 다이묘는 도쿠가와 시대 말기 막부의 개혁정치에 중요한 역할을 할 수 있게 되었다.

초기 쇼군들은 다이묘의 군사력도 막부의 통제 아래 두려 했다. 1615년에 막부는 각 번(藩)에 오직 하나의 성만을 허락한다는 일국일성령(一國一城令)을 공포했다. 동시에 군사기술의 쇠퇴는 원하지 않았기 때문에 군사적 대비태세에 대한 기준을 정하여 모든 번에 공포했다. 또한 1649년에 공포된 법령에서 이러한 기준을 명시하려고 했다. 예를 들어 10만 석의 번은

2,155명의 무장 병사를 갖추어야 했다. 그 가운데 170명은 기마대, 350명은 철포대, 30명은 궁대, 150명은 창대여야 하며, 이 밖에 20명은 수기(手旗)신호 훈련을 받아야 했다. 그보다 한참 밑인 200석의 봉록을 받는 하급 사무라이는 직접 말을 타는 자기 자신을 포함하여 마부, 창과 갑옷 관리인 각 한 명, 짐꾼 등 총 5명을 자비(自費)로 유지해야 했다.[21] 참근교대제가 시행되면서 다이묘가 에도에 대동할 수 있는 무장 수행원의 규모에 관한 기준도 마련되었다. 이것 역시 각 번의 석고에 따라 정해졌는데, 그 목적은 경쟁적인 과시와 사치를 줄이는 데 있었다.

다이묘를 통제하기 위한 막부정책의 결정판은 다이묘 품행 관련 법령의 제정이다. 1615년 오사카 성 함락 직후 막부는 무가제법도(武家諸法度, 부케쇼핫토)를 공포하기 위해 다이묘를 소집했다. 훗날 개정된 이 법령은 막부-다이묘 관계의 중심이 되었다. 해럴드 볼라이소에 따르면 무가제법도는 "모든 번이 극히 중대한 몇 가지 사안에 있어 자기의 독립성을 포기해야 한다는 통보였다."[22]

다이묘는 자기 영내에 법도를 어긴 자(살인자·반역자)를 은닉해서는 안 되며, 성을 신축한다거나 거성(居城)을 보수하는 것도 금지되었고 혼인은 사전에 막부의 공식 허가를 받아야 했다. 또한 이웃 번에서 의심스러운 행동이 감지될 경우 지체 없이 보고해야 했다. 그러나 다른 한편으로 "각 번의 관습이 모두 다르다"는 명목 아래 이웃 번과의 불필요한 접촉을 금하고 있다. 마지막 13조에서는 다이묘들에게 유능한 인재의 발탁을 명했다. "유능한 인재를 기용하면 그 번은 반드시 번창할 것이다. 그렇지 않을 경우 반드시 쇠망할 것이다." 이렇게 막부는 가신으로서의 다이묘를 판단하는 규범의 기준을 정해놓고 이를 강제할 수 있는 권리를 선포했다.

1635년 이에미쓰는 이 법령의 제2판을 공포했는데 종전보다 다이묘에 대한 통제를 더욱 강화했다. 1622년 다이묘는 가족 일부를 막부에 인질로 남겨두어야 한다는 명령을 받았다.(이에야스도 어린 시절을 인질상태로 보냈다는 사실을 기억해두자.) 하지만 벌써 그 이전에 많은 수의 다이묘들이 막부에 경의를 표하기 위해 자발적으로 에도에 인질을 보내거나 아니면 자신이 직접 가는 기지를 발휘했다. 예를 들면 가나자와(金澤) 번주 마에다(前田)는 세키가하라 전투 직후 자기 어머니를 에도에 살게 했다. 히데타다는 1622년에 도자마다이묘에게 처자식을 에도에 머물러 있도록 했다. 그러나 1635년 이에미쓰가 공포한 법령은 이를 군역(軍役)의 하나로서 모든 다이묘에게 의무화하고 제도화했다. 교체근무라고 할 수 있는 '참근교대'(參勤交代, 산킨코타이)제는 다이묘의 생활방식에 영향을 미쳤다. 다이묘는 에도에 자신의 신분에 걸맞은 크기의 부지를 배정받았다. 다이묘 대부분이 그곳에 세 채의 큰 저택을 보유했다. 각 저택에는 급사와 하급 사무라이가 배치되어 에도에 거주하는 다이묘의 가족 및 주요 가신의 시중을 들었다. 다이묘 자신은 쇼군에게 경의를 표하기 위해 1년마다—일부는 6개월마다—교대로 에도에 왔다. 인질제도로서 시작된 참근교대는 엘리트 집단이 번과 수도를 정기적으로 오가며 복무하는 생활의 바탕이 되었다. 이 제도가 시행되자 미래의 다이묘는 아예 에도에서 태어나고 자라게 되었고, 다이묘로 정식 임명되기 전까지는 자신의 영지를 결코 방문한 적이 없었으며, 정식 다이묘가 된 뒤에도 자신의 영지와 에도에 번갈아 가며 거주했다. 결국 한두 세대 안에 센고쿠 시대의 무장(武將)들은 다도, 음식, 문화, 복장 등의 정교함을 누리는 세련된 도시귀족으로 탈바꿈했다.

다음으로 막부는 주민등록을 규정했다. 막부와 각 번은 이전부터 인구와 가축 등록을 시행해왔지만, 그리스도교 금지가 강화되면서 이것을 종교(그리스도교) 도당을 막기 위한 방편으로 삼게 되었다. 막부는 1614년부터 각 번의 주민을 불교사원에 등록시키는 제도를 실시했다. 이에미쓰 쇼군 시기에 그리스도교에 대한 박해가 심해지면서 막부 직할령의 주민등록 관련 규정이 강화되었고, 20여 년이 지난 1664년에는 다른 번에도 확대 적용되었다. 그 이듬해에는 규정이 더 강화되어 매년 등록을 갱신해야 했다. 이 정책의 실제 대행자는 국가안보라는 명목하에 차출된 사원이었다. 촌과 조(町)의 역인들은 관할 주민 가운데 그리스도 교도가 없다는 것을 확인하는 종문개장(宗門改帳, 슈몬아라타메초)을 제출했다. 종문개장은 일본 전역에서 중앙 정부가 사생활에 개입할 수 있는 강력한 수단이 되었다. 무가제법도 역시 대략적으로 각 번의 법령은 막부의 법령을 따라야 한다고 명기하고 있다. 21개 조항으로 증보된 1635년의 무가제법도는 "방방곡곡에서 만사가 에도의 법도를 좇아 행해져야 할지니"라고 명문화했다. 이 조항이 효력을 발휘하자 막부의 주요 법령과 번의 주요 법령은 일맥상통하게 되었다.

이렇게 해서 막부는 그리스도교 금지령을 필두로 전국을 대상으로 하는 법령을 공포하게 되었다. 막부는 공의(公儀, 고기)를 대표한다고 주장함으로써 전국을 감독하고 간섭할 수 있는 권리를 자신에게 부여했다. 직할령을 비롯해 전국의 번에는 눈에 잘 띄는 공공장소 — 교차로나 다리 — 에 고사쓰(高札)라는 게시판이 세워졌다. 18세기 이래 줄곧 사용된 고사쓰는 연호가 바뀌거나 새 쇼군이 취임하면 새것으로 교체되었다. 중요한 점은 포고자의 지위가 점차 낮아졌다는 것이다. 처음에는 막부 로주(老中) 명의로 게시되었으나, 나중에는 막부 부교(奉行) 명의로 게시되었다. 고사쓰는 서민을 위해 쉬운 말로 쓰였고, 원래 무가에 적용되던 규범을 서민도 준수하도록 한 것이었다. 그 내용을 보면 충효의 덕목을 강조하기도 하고, 잘못된 그리스도교의 가르침과 방화의 위험성을 경고하는 동시에, 위반자를 신고하면 포상한다는 약속도 들어 있었다. 고사쓰의 내용은 데라코야(寺子屋, 서당)에서 교과서로 이용되었고, 전국의 서민들도 고사쓰를 통해 막부의 존재와 기본방침을 숙지했다.

1632년 막부는 의심쩍은 번의 정황을 파악하는 30명 정도의 감찰관(大目付, 오메쓰케)을 둠으로써 또 한번 자신의 권력을 과시했다. 감찰관의 업무수행을 돕기 위해 막부는 1644년에 각 번에 자기 지역의 상세한 지도를 작성하여 제출하라는 명령을 내렸다. 간혹 이런 감찰은 해당 번에 무척 부담스러운 일이 되기도 했다. 1764년 새로운 다이묘의 승계를 승인하기에 앞서 막부 감찰관들은 오카야마(岡山)를 방문하여 번의 관리들에게 오카야마 번의 법률, 행정, 경제 상황에 대한 상세한 보고서를 제출하라고 명령했다. 오카야마의 로주(老中)는 장문의 보고서를 제출했는데, 오늘날의 한 연구서에서 압축해서 소개한 제목만도 4쪽에 달한다. 제출한 보고서에서 로주는 영주가 그들에게 막부의 법령에 복종하라고 명령했으며, 영주 자신이 매우 검소한 생활을 하고 쉼 없이 그리스도교 도당을 색출하고 있다는 것을 감찰관들에게 확신시켰다.[23] 이 밖에 다이묘가 이동할 때도 마치 군역부담자(奉公人)가 한 곳에서 다른 곳으로 옮길 때처럼 모든 소유물과 장비를 막부에 보고해야 했다.

그러나 시간이 갈수록 이런 요구사항 대부분이 사실상 형식적인 것이 되었다. 사쓰마 번이 자기 영내에 파견된 막부 감찰관들이 정보를 많이 얻지 못하게 하려고 속인 일에 대해서는 이미 언급한 바 있거니와, 1651년에 막부는 임종시의 양자 입양 결정을 허락했고, 이로써 후사가 없어 영지를 몰수한다는 가장 흔한 사유는 사라졌다. 에도에 인질을 보내는 제도도 1665년 이에야스 서거 50주년을 기념하여 폐지되었으나, 이와는 별개로 무료한 조카마치에서의 생활보다는 에도 생활에 매력을 느끼게 되면서 자발적인 인질수가 이전에 강제로 인질제도를 시행할 때와 거의 엇비슷한 수준이 되었다. 막부의 대규모 토목사업을 위해 번에 인력과 자원을 요구하는 경우도 줄었다. 각 번의 지도를 막부에 제출하라는 명령도 1644년 이후 1697년에 딱 한 번 다시 내려졌을 뿐이었다.

일부 작은 번은 다이묘가 종종 바뀌곤 했지만, 웅번의 경우에는 그런 일이 비교적 적었다. 19세기가 되면 많은 다이묘들은 막부를 강력한 패자(覇者)의 도구라기보다는 자기 동료들로 구성된 관료 평의회 정도로 여긴 듯하다. 1840년에는 막부가 전(前) 쇼군 이에나리의 측실 소생 아들에게 혜택을 주기 위해 쇼나이(庄內) 번의 후다이다이묘를 원래 영지의 반밖에 안 되는 새로운 영지로 전봉(轉封)하려 했으나 실행에 옮길 수 없었다. 나중에 다시 언급하겠지만, 쇼나이(庄內) 번의 유력 서민, 상인, 다이묘 가신, 심지어 27명의 도자마다이묘까지도 그 시도에 반발하고 나섰다. 결국 전봉명령은 철회되었다.[24] 17세기였다면 다이묘와 그 관련자들이 이런 식으로 막부의 명령을 거역하는 일은 결코 없었을 것이다.

앞에서 막부가 번의 자유와 활동을 제한하는 경우를 보긴 했으나, 막부와 번의 관계는 쌍무적인 것이며 결코 제로섬 게임이 아니었다는 사실을 유념해야 한다. 막부와 번 양쪽 모두가 서로를 필요로 했으며, 그 관계는 적대적이기보다는 공생적이었다. 막부의 공의(公儀)는 번 제도가 안정될 수 있는 환경을 제공했다. 막부가 상호간의 교류에 대한 규범을 제정하고, 1635년에 제도적으로 확립된 사법기관인 효조쇼(評定所)에 재판정이 설치되면서 더 이상 번끼리 견제할 필요가 없어졌다. 도쿠가와씨의 상급영주권은 농민반란이나 종교교단에 의해 야기될 수 있는 아래로부터의 혼란에 대한 안전장치를 제공할 수 있었다. 18세기에 이르러 반란세력의 범위가 커지자 막부는 반란이 발생한 번의 인근 번들이 반란을 진압하기 위해 서로 협력하는 것을 용인해주었고, 막부측에서 먼저 그런 협력을 지시하기도 했다. 막부건 다이묘건 모든 봉건 당국은 농촌지역을 계속해서 통제하는 문제에 있어서 이해관계를 같이했다.

막부와 번은 서로를 필요로 했다. 막부 직할령은 전국에 산재했고, 막부는 종종 행정권과 징세권을 해당 지역을 관리하기 편한 곳에 위치한 번에 위임했다. 또한 막부가 토목공사를 위해 번으로부터 자원을 징발하던 관행이 이제는 오히려 흉작으로 식량부족 사태가 발생하면 막부가 번을 원조하는 것으로 점차 바뀌었다. 원칙적으로 막부는 귀금속을 생산하는 모든 광산에 대해 소유권을 주장할 수 있었으나, 이 경우에도 일반적으로 최선의 선택은 광산이 소재한 번에 운영을 맡기는 것이었다. 이와 관련해서 아주 적합한 예는 일본 북부에 위치한 아키타(秋田) 번이다. 아키타 번의 동광에서 채굴되는 구리광석은 오사카의 제련소에서 정련된 후 나가사키(長崎)로 운반되어 네덜란드와 중국 상인에게 무역 대금으로 지불되었다. 막부가 아키타의 구리 생산 할당량을 가파르게 높이자, 아키타 번이 할당량을 감당할 수 없다고 진정했고, 막부는 원활한 광산 운영과 할당량 달성을 위해 아키타 번에 자금을 지원하고 상환조건을 완화시켜주었다.[25]

6. 도쿠가와 '국가'

도쿠가와 국가는 인상적인 존재임에 분명하지만 무소불위의 권력자는 아니었다. 외교문제와 무역을 관리하고 가톨릭 같은 외래 종교를 금지하는 법령을 제정했으나, 중앙에 귀속되는 국고(國庫)나 국세법을 가지고 있지는 않았다. 효조쇼(評定所)는 번과 번 사이에 경계분쟁이 일어날 때 최종적인 판결을 내리는 재판정의 역할을 했지만, 이 제도는 로주가 맡고 있던 많은 임무 가운데 하나였을 뿐 국가적 차원의 사법제도는 없었다. 공적인 정의는 불완전하게 집행되었고, 자기가 속한 번 당국에만 책임을 지는 사무라이 계급 사이에서는 특히 그러했다. 적절한 경로를 통해 사적인 정의를 실현하는 사람은 사회적으로 용납되었고, 명예를 얻기까지 했다. 원수지간의 피의 보복이 허용된 것은 번(藩)의 경계를 넘어서는 차원의 분규를 해결하는 하나의 방법으로 간주되었기 때문이다. 어떤 자료는 사적인 보복이 공식 허가를 얻어 실행된 뒤 그 결과를 정식으로 보고한 113건의 사례를 열거하고 있다. 그 중 30건은 비(非)사무라이 계층에 의해 행해졌으며, 그 중 4건은 상인이 저지른 것이었다.[26] 막부는 5개의 간선도로(五街道)를 정비하여 통제하고, 해당 지역 다이묘의 의지와 상관없이 도로변의 마을들은 도로를 유지·보수하는 데 무조건 협조해야 한다는 규칙을 정했으나, 국가적인 차원의 교통·통신 체계와 치안제도는 없었다.[27] 규모가 컸던 막부의 군대조차 다이묘들이 보유하고 있는 다른 여러 군사조직 가운데 하나에 불과했으며, 막부가 강제력을 행사하려 할 때도 자신의 군대를 부유하고 있는 가신들에게 협조를 의뢰했다. 1860년대에 이르러 그런 협조가 이루어지지 않자 막부는 점차 지방세력으로 전락했다. 경제적 변화와 국내 상업은 경제적 통합을 가속화했고, 특히 일본의 중앙부에서 이런 현상이 두드러졌다. 그러나 그것이 곧 정치발전을 수반하지는 않았다. 유력 도자마 다이묘와 도쿠가와씨의 분가는 모두 막정(幕政) 참여에서 제도적으로 배제되었다. 주요 번(藩) 간의 상거래는 중상주의적 자급자족을 추구하는 막

| 도쿠가와 국가 |

부와 번에 의해 억제되었다.

따라서 도쿠가와 국가를 규정하려는 역사학자들의 시도가 계속해서 의견의 일치를 보지 못하고 있는 것은 놀라운 일이 아니다. 강력한 쇼군이 통치한 도쿠가와 시대의 첫 반세기에 중점을 두고 초기 도쿠가와 시대를 연구한 한 연구자는 권력이 (비교적) 집중되어 있던 시대조차 막부는 다이묘의 집합체로 존재했지 결코 중앙정부가 아니었다고 주장한다. 그녀는 "도쿠가와 막부는 공공생활에서 눈에 띄는 존재가 아니었다"고 말한다. 경찰조직, 전쟁비용에 충당할 일반 과세, 사회복지에 대한 관심을 제도화하지 않았으며 교육시설이나 보건시설에 관심을 기울이지도 않았다. 중심이 되는 법전도 없었다. 막부는 사법제도를 만들지 않았고, 관료제를 정비하지도 않았으며, 공익을 위한 기금을 마련하지도 않았다. 사적인 관계에 기초한 정치적 단결이라는 중세적 양식을 따랐으며, 정략결혼과 입양을 동맹의 수단으로 사용했고, 관료제 출현 이전의 시스템인 가족정치를 고수했다. 엘리트층은 법률제정을 통해서가 아니라 선물 증정을 통해 대인관계를 맺는 특징을 보였다.[28]

다른 연구자들은 이 의견에 동의하지 않는다. 장기적인 시각에서 에도 시대 전 기간을 연구한 제임스 화이트는 근세 유럽의 '절대주의' 국가도 단지 상대적으로 덜 봉건적이었을 뿐이라는 사실을 우리에게 상기시켜준다. 일본의 특수성이란 17세기에 당면한 목표를 실현하는 데 요구되는 것 이상으로 중앙권력을 강화할 필요가 없었다는 것이다. 일본은 서로 경쟁을 벌여야 하는 국가들의 틈바구니에 끼어 있지도 않았고 군사적 위협에 노출되어 있지도 않았다. 무장해제된 농민들이 반란을 일으키는 것을 막아야 한다는 소박한 동기를 충족시키면 그만이었지 그 이상으로 중앙권력을 증대할 필요성은 없었던 것이다. 결국 평화로운 몇 세기 동안 일본의 중앙권력은 쇠퇴했다. 그럼에도 불구하고 크게 보면 정치경제의 중앙집중화는 증대되고 있었다.[29]

시간이 흐르면서 농민은 17세기에 비해 훨씬 위협적인 존재가 되었다.

18세기 중반 막부는 점점 민중의 저항을 우려하게 되었고, 저항사태가 벌어지면 인근 제번(諸藩)은 진압에 협력하라고 명령했다. 그리고 공인되지 않은 모임을 금하는 새로운 조치에 따라 그런 사태를 처리하고 보고하는 문제에 대한 일련의 법령을 공포했다. 이와 함께 법에 대한 관심이 더욱 커졌고, 에도 궁정에 소송 당사자를 묵게 하고 대변하게 하는 절차를 새롭게 마련했다. 이 문제는 당시의 사회적·정치적 변화를 좀 더 심도 있게 논한 뒤에 다시 거론할 것이며, 여기서는 막부가 그 이전보다 훨씬 다른 모습을 보이게 되었다는 증거 정도로만 언급해둔다.

지금까지 개략적으로 서술한 두 가지 입장, 즉 도쿠가와 지배구조를 '국가'로서 검토하는 작업의 타당성을 지지하는 입장과 의심하는 입장은 시각의 문제에 대한 중요성을 보여준다. 도쿠가와 시대를 도쿠가와 막부의 탄생과 확립에 기여한 사람들의 시각에서 판단하는 역사가에게는 도쿠가와 시대의 몰락기에 막부의 권력범주가 활기차고 확신에 찬 모습으로 묘사될 수 있다는 것이 시대착오적이고 사실을 오도하는 것으로 보일 것이다. 후기 도쿠가와 국가는 그것이 처음 탄생할 때의 정치질서와는 판이하게 달랐다. 모든 상황은 다르게 보였고, 예전과는 다른 방식으로 이야기되었다. 실제로 모든 상황이 달라졌다. 아주 중대한 그 무엇이 18세기에 발생했던 것이다.

번(藩)이라는 용어가 후기 도쿠가와 시대에 들어서야 사용되며 그 전에는 표준적인 용어가 아니었다는 점은 일찍부터 지적되어왔다. 그러나 일본 역사가들의 최근 연구는 이런 조심성을 이 책에서 사용하는 다른 용어들에도 확대 적용하고 있다. 이를테면 막부(幕府)는 도쿠가와 국가가 종말로 치닫기 시작하기 전에는 거의 사용되지 않았고, 조정(朝廷)은 교토에만 국한되지 않고 에도에도 사용되었으며, '천황'(天皇)은 13세기 이래 거의 사용되지 않다가 19세기 초에 다시 등장했다는 것이다.[30]

도쿠가와 시대의 문필가 대부분은 권위를 공의(公儀)라고 불렀고, 그것이 에도를 중심으로 하는 것이 너무도 명백했기 때문에 나중에는 천황의 궁정을 지칭할 때만 사용된 조정과 거의 호환적으로 사용되었다. 정치적 역할은 없고, 인물과 장소를 동시에 나타내는 조정이란 실체는 '긴추'(禁中) 또는 '긴리'(禁裏)로 언급되던 애매한 금단의 존재였다.

이런 연구들은 막부·조정·천황 같은 용어가 나중에 다시 언급될 미토(水戶) 이데올로그들과 결부된 후기 도쿠가와 유학의 창조물이었던 복종의 명확한 정의를 전달하고 있다는 것을 분명하게 보여준다. 미토 이데올로그들의 학문은 근대국가가 탄생할 수 있는 '천황' 이데올로기의 이론적 토대를 놓았다. 19세기 이전의 일본을 기술하는 데 있어 이런 용어들을 무비판적으로 사용하는 것은 사실상 매우 불명확했던 권력이나 위신의 경계선을 지나치게 선명하게 만듦으로써 사실을 왜곡할 위험이 있다고 주장할 수 있다. 더 안 좋은 것은 이런 용어들이 전전(戰前) 일본의 교과서를 지배했던 천황 중심의, 무조건적 찬미 또는 무조건적 비난의 역사를 영속시킬 위험이 있다는 점이다. 당장의 논의에 국한시켜 말한다면 이런 점들은 에도 시대 사람이 쇼군 체제를 공의(公議)로 생각했으며 조정-막부의 이원성을 후대의 역사가들보다 덜 의식하고 있었다는 사실을 상기시켜줌으로써 도쿠가와 국가에 대한 우리의 판단을 보완해준다.

그러나 역사가는 일본의 근세를 관통하는 역사여행의 지침이 되어줄 용어를 필요로 한다. 이때 요구되는 것은 여행 중에 보이는 풍경들은 점진적이면서 지속적인 변화의 과정에 있다는 깨달음이다. 용어의 요점은 시간이 지나면서 변하게 마련이고, 용어는 어디까지나 분석에 도움이 되도록 만들어져야지, 분석을 왜곡해서는 안된다.

우리가 일본 내의 권력관계를 기술하기 위해 사용하는 용어에서 나타나는 변화가 무엇이든 동아시아 세계의 가장자리라는 일본의 수세적 위치가 일본 정치질서의 발전에 심대한 결과를 가져왔다는 점은 의심의 여지가 없다. 이제 도쿠가와 체제의 국제적 차원을 알아볼 필요가 있다.

대외관계

3

일반판매용으로 제작된 도쿠가와 시대의 목판본 나가사키(長崎) 지도는 세계 어느 항구에도 뒤지지 않을 만큼 아름다운 항구의 모습을 보여준다.(그림4를 보라) 만의 북쪽과 서쪽을 둘러싸고 있는 낮은 산들은 해양의 폭풍으로부터 이 도시를 보호해주었다. 지도의 범례에는 일본 내 다른 중심지와의 거리가 명시되어 있다. 교토까지는 육로로 120리(1리는 3.84km), 해로로 248리, 에도까지는 육로로 332리, 해로로 470리 남짓, 구마모토(熊本)까지는 육로로 35리, 해로로 46리. 이 지도의 제작자들은 지도가 좀 더 멋지게 보이도록 항구에 배들을 그려 넣었다. 네덜란드 선박 한 척이 정박하고 있고, 일본의 작은 배들이 줄지어 끌어당기고 있는 또 한 척의 선박은 예포를 쏘고 있다. 두 척의 중국 정크선 옆에는 각각 '난징'(南京)과 '푸젠'(福建)이라고 쓰여 있다. 그 외에도 (후쿠오카〔福岡〕번주와 교대로) 항구의 안전을 책임지고 있는 히젠(肥前) 번주가 거느린 함대라고 명기된 경비선도 보인다. 지도의 우측 중앙에는 지도의 다른 형상들과는 비율이 맞지 않을 뿐 아니라 궁금증을 자아내는 부채꼴의 섬이 그려져 있고 구름다리를 통해 육지와 연결되어 있다. 이 섬은 데지마(出島)라고 하는 인공섬으로 원래는 포르투갈인을 위해 조성되었으나 1641년부터 네덜란드인이 거주하기 시작했다.(그림5를 보라) 나가사키에 관한 민간전승의 중심으로서 이 섬의 중요성에 경의를 표하기 위해

지도 제작자/화가들은 이 섬을 비교적 크게 그렸다. 남쪽에도 바다에 흙과 돌을 쌓아 만든 하역장이 있는데, 이것 역시 성벽과 해자로 둘러싸인 도진야시키(唐人屋敷)라고 불리는 중국인 구역으로 이어지는 석교(石橋)에 의해 육지와 연결되어 있었다.

도쿠가와 시대의 외국무역의 중심지로서 별도로 조성된 이 두 외국인 구역 덕분에 나가사키는 일본 내에서 특별한 존재가 되었다. 18세기 초 유학자 오규 소라이(荻生徂徠)가 말한 대로 "나가사키는 동쪽의 야만인〔일본인〕이 중국인과 교류하는 곳이며, 바다를 항해하는 배들이 입항하여 정박하는 곳이다. 또한 고향을 등지고 이윤을 쫓아 사방에서 몰려든 사람들이 북새통을 이루는, 엄청난 양의 상품과 신기한 물건들로 가득 찬 항구다. 이곳은 우리나라의 관문이다."[1] 유학자로서 오규는 돈과 이윤을 쫓아 일하는 사람들을 시답잖게 생각했는데, 그런 점에서 그는 소수파에 속했다. 17세기 말 조닌들 사이에 큰 붐을 일으킨 글을 쓴 이하라 사이카쿠(井原西鶴, 1641~1693)는 금전 추구를 다른 시각에서 보았다. 그는 초기 도쿠가와 시대에 가능했던 해상모험에 대해 열광적으로 이야기하고, "일본에서 눈을 돌려, 중국과의 무역에서 위험천만한 투기를 하려면 가진 돈을 모두 털어 중국으로 보내는 대담성과 상상력이 필요하다. 그러나 적어도 중국 상인은 정직하며 약속을 잘 지킨다. 그들의 비단 두루마리 속은 겉에서 보는 것과 동일하며, 약초의 무게를 달 때 허접한 것과 섞어 근수를 속이려 들지 않는다. 그들의 목재는 그대로 목재이고, 은은 은이다. 이렇게 그들의 물건은 시간이 지나도 변함이 없다. 장사에서 사기를 당해보려면 굳이 일본 밖으로 멀리 나갈 필요가 없다."[2] 나가사키는 이 모든 일이 일어나는 곳이며, 비록 먼발치에서나마 네덜란드인이나 중국인 같은 외국인을 볼 수 있는 이국적 경험의 중심지였다.

도쿠가와 시대에 관한 대부분의 서술은 막부가 자신의 체제 안에서 대다수 외국인을 배척했다고 강조한다. 많은 작가들이 도쿠가와 일본을 바깥 세계와 차단된 은자(隱者)의 나라로 묘사해왔고, 이로 인해 19세기 일본의

| 대외관계 |

'개국'(開國)이 갖는 의의와 성과를 과장하는 결과를 낳았다. '페리 이전의 일본' 또는 '페리 이후의 일본' 같은 교과서 제목은 이런 잘못된 관념에 일조했다. 아마 어떤 사람들은 도쿠가와 일본에 외국인은 한 명도 없었고, 대외정책도 부재했다고 생각할 것이다.

사실을 말한다면 대외정책이 있었다. 다만 그것이 서양세계보다는 아시아와 더 많은 관련이 있었기 때문에 서양의 작가들은 '쇄국'이니 '고립'이니 하는 용어를 사용해왔던 것이다. 또한 대외정책은 지속적으로 변화했다. 도쿠가와 시대 내내 외국무역에 대한 제한은 한층 엄격해졌지만 일본의 정책결정자들은 아시아의 이웃나라들보다 서양을 훨씬 더 경계했다. 도쿠가와 막부의 유명한 쇄국 관련 법령들은 베를린 장벽이었다기보다는 오히려 죽렴(竹簾)에 가까웠다고 할 수 있다.

1. 배경

도쿠가와씨가 흥기할 무렵 일본은 서유럽 해양국가의 제국 및 국민국가 건설, 유럽의 종교개혁과 반(反)종교개혁, 그리고 아시아에서의 왕조교체 등에 의해 크나큰 영향을 받았다.

이 추세는 포르투갈의 엔리케 왕자가 후원한 해양원정대를 필두로 시작되었다. 그의 선단은 동방의 몰루카 제도를 부유하게 만들어준 향신료를 찾기 위해 아프리카 연안을 일주했다. 예전에는 아랍 선박이 베네치아까지 향신료를 싣고 오면 베네치아에서 그것을 옮겨 싣고 유럽 각국으로 실어 날랐다. 16세기 중반 포르투갈인은 처음에는 말라카에, 그 뒤에는 마카오에 거점을 마련했다. 마젤란의 스페인 함대가 필리핀 근해에 진입한 것은 바로 그 직후의 일이었다. 스페인 정복자들이 중앙아메리카와 남아메리카의 광산에서 강탈한 은으로 부를 획득하자 탐사지역의 범위를 너나없이 확대해 나갔다.

세금의 은납화를 추진 중이던 중국의 경제도 이베리아 반도와 마찬가지로 은이 절실히 필요했다. 무역은 직물 교환에 의해 활성화되었다. 영국과 저지대 국가들(오늘날의 베네룩스 3국)의 선박은 모직물을 팔 수 있는 시장을 찾아 다녔고, 모직물을 팔고서는 향신료와 비단을 싣고 귀국했다. 고운 비단실은 르네상스 시대의 그림에 나오는 그런 부자들의 화려한 의상을 만들던 재단사들에게 크게 환영받았다. 이베리아와 북유럽의 선박들은 베네치아 상인들에게 비단과 향신료를 공급하던 아랍 상인들의 독점무역을 깨뜨렸다. 1509년 포르투갈 함대가 구자라트와 이집트 연합함대를 디우에서 격파했듯이 아랍 함대를 압도한 유럽의 총부리는 곧 서로를 겨누게 되었다. 프랜시스 드레이크 같은 북유럽의 약탈자들은 그들이 구매할 수 없는 것을 강탈했다. 프로테스탄트 국가인 네덜란드가 가톨릭 국가인 스페인에 반기를 들자, 스페인은 유럽의 모든 프로테스탄트 국가를 굴복시키려 했고, 폭력과 탐욕에 이데올로기적 종교적 신성함을 부여했다. 영국이 스페인과 전쟁을 벌이는 동안 100척이 넘는 사략선이 약탈대상을 찾아 대양을 휘젓고 다녔다.

   이런 해상경쟁은 곧 동남아시아의 바다로 확대되었다. 동남아시아의 무역망은 이미 중국의 정크선들에 의해 개발되어 있었다. 1560년대에 명조가 해금(海禁)을 해제한 이후, 약 2만 톤의 화물을 실을 수 있는 100척의 대형 선박이 매년 동남아시아로 향했다. 한 권위자의 말에 따르면, "이 선박들은 열대지역 생산품뿐 아니라 마닐라에서 은괴 수천 개를 싣고 돌아왔다. 17세기 초 자카르타(네덜란드인은 바타비아라고 불렀다)를 오가는 중국 선박의 선적량은 네덜란드 동인도회사 소속의 본국 귀환 선박의 총선적량과 맞먹거나 그보다 더 많았다."[3) 상품과 함께 중국 이민자들이 흘러들어 왔고, 식민지가 성장함에 따라 일본 상인, 그 다음에는 유럽 상인이 이들과 어울릴 수 있었다. 따라서 동남아시아 전역에 걸쳐 연결되어 있는 중국의 무역거점은 해당 지역에서 포르투갈인, 일본인, 네덜란드인의 무역활동 근거지가 되었다. 이 당시에 이루어진 무역활동의 상당부분은 일본과 신세계

| 대외관계 |

의 은을 중국으로, 중국의 비단을 일본으로 수송하기 위한 노선을 확보하고 유지하는 것이었다고 이해할 수 있다. 양질의 많은 비단은 일본의 센고쿠다이묘들에게 물자를 공급하던 일본의 호상(豪商)들의 손에 들어갔다. 가문의 문장(紋章)이 화려하게 수놓인 의복은 부유한 무사들의 차지였고, 모모야마(桃山)풍의 화려한 옷은 다이묘 궁정의 지체 높은 여인들이 차지했다. 유럽 선박은 정크선과 치열한 경쟁을 벌였다. 그들은 종종 정크선을 습격하여 물건을 약탈하는 한편 중국 상인들이 필요에 의해 발전시켜온 무역망과 항로를 자신들을 위해 활용했다.

16세기의 종교개혁은 유럽의 그리스도교 체제를 뿌리째 뒤흔들어 놓았고 군주 개인의 정치적 목표와 결합하게 되면서 한때 통일적이었던 그리스도교를 산산조각내 버렸다. 가톨릭의 반(反)종교개혁을 지원하는 군주들은 잃어버린 기반을 되찾고 확대하기 위해 분투한 결과 16세기 중반 이후에는 아시아에서 괄목할 만한 성과를 거두었다. 주로 헌신적이고 유능한 하급귀족 출신들로 이루어진 예수회의 활동적이고 저돌적인 사제들은 1540년 인도·중국·일본의 관문을 향해 나아가기 시작했다. 근세 유럽의 지식과 기술은 이런 진전에 공헌했다. 포르투갈 선박들이 들어오면서 반(反)종교개혁의 주체들뿐 아니라 전투와 항해에 쓰이는 새로운 도구들도 함께 들어왔다. 선교사, 무역, 전쟁은 아시아 고전문명의 중심지를 시험하기 위한 탐사에 착수하게 될 발판으로서 대국(大國)들의 가장자리에 위치한 거점—인도의 고아, 말레이 반도의 말라카, 중국의 마카오—에 도달했다.

개종에 대한 열기는 당시 유럽의 정치적 변화와 맞물려 있었다. 1580년 포르투갈 왕실과 스페인 왕실은 정략결혼을 통해 맺어졌다. 곧이어 신성로마제국의 계승으로 이베리아인과 합스부르크가 결합했다. 이 모든 일이 동아시아에 반향을 일으켰다. 스페인의 프란체스코회 수도사들과 도미니코회 수도사들은 포르투갈 예수회의 독점에 맞서 경쟁했고, 일본의 위정자들은 자기와 상관없는 분쟁이 일본에서 일어날까 봐 두려워한다는 사실을 간파한 앵글로-네덜란드 프로테스탄트는 그들 나름의 유리한 상황을 이끌어 낼 준비가 되어 있었다. 중요한 역사적 사건의 날짜와 내용에 관한 연표만 대충 훑어보아도 세계정치가 일본에 얼마나 직접적인 영향을 미쳤는지 알 수 있다.

또한 16세기의 상업적·정치적 활기로 인해 일본에서는 무역과 노략질이 다시금 증가하게 되었다. 규슈 연안의 섬들에 근거지를 둔 해적선들은 중국과 조선의 해안을 약탈했다. 일본의 봉건영주들과 부유한 사원의 후원을 받는 투기적인 사업가들도 중국 선박들에 의해 확립된 동남아시아의 무역망에 가담했다. 16세기 중반 이후 포르투갈인들이 들여온 화승총은 일본의 통일과정을 촉진시켰다. 좀 더 강력한 중앙정부는 이웃 나라의 연안에서 노략질을 하는 해적들을 점차 근절시킬 수 있었다. 그러나 바로 그 세기 말에 정복자 히데요시는 이 약탈행위보다 더한 새로운 차원의 폭력을 초래했다. 실패로 끝나기는 했지만 중국정복을 명분으로 내세운 히데요시의 군대가 조선을 침공했던 것이다. 아울러 히데요시는 대외무역을 최대한 장려하기 위해 상인들의 해외여행을 허용했다. 대외무역 공인의 첫 단계로서 1592년에 해외무역 허가증인 주인장(朱印狀)이 발급되었고, 바로 그해에 히데요시의 군대는 조선을 공격했다. 주인장을 소지한 선박은 타이완에서 태국, 그리고 마카오에서 마닐라에 이르는 항해를 할 수 있었다. 이렇게 해서 히데요시는 마구잡이로 이루어지던 해적질을 조직화된 군사행동으로, 그리고 통일자의 주인(朱印)이 찍힌 공문서를 소지한 선박들에 의한 무역으로 대체했다.

히데요시는 또한 선교사에게 등을 돌리고, 1587년 규슈를 평정한 뒤에는 그들에게 추방령을 내렸다. 히데요시는 이 추방령에서 일본은 '신국'(神國)이며 기리시탄(キリシタン)*국으로부터 "사악한 교리를 받아들이는 것은 매우 불미스러운 일"이라고 공포했다. 바테렌(バテレン)†은 추방령이 공포

---

* 吉利支丹. 포르투갈어 christão의 일본어 음역으로 그리스도교를 말함.
† 포르투갈어 padre(신부)의 일본어 음역으로 외국인 선교사를 말함.

| 대외관계 |

된 날로부터 20일 안에 떠나야 했다. 그러나 무역은 별개의 문제라는 점을 히데요시는 분명히 했다. "연월이 지나도 상거래는 모든 품목에 걸쳐 행해질 것이다." 전과 마찬가지로 "불교를 어지럽히지 않는" 사람은 자유롭게 여행을 계속할 수 있었다.[4] 일본을 떠난 선교사들도 있었지만 대다수는 떠나지 않았다. 나가사키에서는 일부 예수회 선교사들이 개종한 다이묘들을 조직해서 반란을 꾀하려고 했으나 실행되지는 않았다. 그러나 1596년에 이르자 수시로 화를 내고 종잡을 수 없게 된 히데요시는 그리스도교로 인

대외관계 연표, 1497~1648

1497	바스쿠 다 가마가 희망봉을 돎
1509	포르투갈이 디우에서 아랍 함대 격파
1540	로욜라가 예수회 설립
1542~1643	규슈 남쪽의 다네가시마에 포르투갈인 상륙
1557	포르투갈인이 마카오에 거점 확보
1567~1648	네덜란드 독립전쟁
1580	펠리페 2세 치하에서 포르투갈과 스페인 왕실의 결합
1588	무적함대 패배
1600	네덜란드 선박 리프데호(항해사는 영국인 윌리엄 애덤스) 일본에 도착 영국 동인도회사 설립
1602	네덜란드 동인도회사 설립
1609	네덜란드인이 히라도(平戶)에 상관(商館) 설치. 이에야스가 네덜란드 선박에 무역을 허가
1609	조선과 일본 사이에 기유(己酉)조약 체결. 양국간의 무역 재개
1613	영국 동인도 회사 역시 히라도에 상관 설치
1620	센다이 번주 다테 마사무네(伊達政宗)가 1613년 유럽에 파견한 가신 하세쿠라 쓰네나가(支倉常長) 귀국
1623	영국 동인도 회사, 히라도 상관 포기
1623	포르투갈인의 주거지역 제한
1634~1636	세 차례에 걸쳐 최초의 쇄국조치 단행. 포르투갈인을 위해 데지마(出 영島) 준비
1635	중국인의 주거를 나가사키로 제한
1637	시마바라(島原)의 난
1640	61명의 포르투갈인 처형
1641	네덜란드 상관을 데지마로 이전
1648	베스트팔렌 조약으로 유럽 전쟁 종결

해 발생할 수도 있는 정치적 곤경에 대한 공포에 사로잡혔다. 일부 걸출한 다이묘들이 포함된 그리스도교 개종자들은 히데요시의 명령에 별다른 반응을 보이지 않았고, 군사 엘리트와 제휴하는 대신 서민들에게 포교를 했던 프란체스코회, 도미니코회, 그리고 아우구스티누스회 신부들은 그들의 가르침에 대한 일반의 호응을 얻고 있었다. 바로 그해에 26명의 프란체스코회 선교사가 나가사키에서 처형되었고, 그들의 시체는 십자가 위에서 썩도록 방치되었다. 그러나 1598년 히데요시가 사망하자 모든 유력 다이묘는 후계문제에 온통 정신이 팔렸다. 따라서 그리스도 교도들은 당분간 안도의 한숨을 쉬게 되었고 신도수도 늘어나는 듯했으나, 다른 한편으로는 외래 신앙에 대한 정치적·이데올로기적 공격을 위한 근거들이 마련되고 있었다.

또한 히데요시의 조선 침략은 중국 명조의 정치적·군사적 분열을 가속화했으며, 얼마 안 있어 명조는 북쪽에서 만주족의 공격을 받아 위기에 처하게 되었다. 만주족 군대는 처음에는 조선을, 그 다음에는 중국을 위협하게 되었다. 만주족 군대가 명조의 중심부를 장악하자, 타이완과 남해안 지대의 저항세력은 일본에 도움을 요청했다. 도쿠가와 통치가 발전하는 몇 년 동안 이처럼 세계적으로 엄청난 변화가 일어나고 있었다. 물론 정보 교환은 느렸고 어떤 나라도 자신의 국경 너머에서 벌어진 사건에 대해 완전히 알지 못했다. 그러나 분명 새로운 기술과 항해는 이전에 지배적이었던 고립적 상황을 종료시켰다. 유럽인은 일본의 무가 정치를 알고 있었고, 교회의 지도자들은 그리스도교 선교사들이 아시아에서 이룩한 성과와 그들이 보내온 정보를 예의 주시하고 있었으며, 도쿠가와 막부를 세운 이에야스는 대외무역이 자신의 경쟁자들에게 부를 가져다주는 일이 없도록 하는 동시에 자신은 대외무역에서 이익을 확보하기 위해 노력했다. 서양과 중국의 무역상은 일본에 있었고, 일본의 무역선은 동남아시아를 항해했으며, 타이 왕국의 수도인 아유타야처럼 먼 곳에서도 일본인 거주자와 모험적인 사업가들을 찾아볼 수 있었다. 또한 '차이나타운'이 일본의 해안을 따라 생

| 대외관계 |

겨났다. 따라서 일본의 새로운 통치자들에게는 외교가 필요해졌다.

2. 조선과의 관계

도쿠가와 시대 후기에 막부관료들은 서양의 통상(通商) 제안을 거절하는 것이 마치 처음부터 막부의 주요 정책 중 하나였던 것처럼 말했고, 천하태평을 이룩한 최초의 도쿠가와 쇼군에 대한 존경심 때문에 그런 정책을 바꿀 수 없었다고 주장했다. 사실상 이 주장은 진실과는 아무 관계도 없었다. 도쿠가와 시대는 무역과 국제관계를 장려하는 활발한 시도들로 막을 열었다. 그러나 1616년 이에야스가 사망한 뒤부터 이런 노력들이 한풀 꺾이기 시작했다.

이에야스의 첫 번째 과제는 조선에서 벌인 재난적인 모험의 결과를 원상복구하는 것이었다. 일본에서 히데요시 다음가는 다이묘였던 이에야스는 조선 침략으로 초래된 어마어마한 인명과 재산상의 손실을 알고 있었음에 분명하다. 조선으로 건너간 거의 15만 8,000명의 병력 가운데 약 3분의 1이 일본으로 돌아오지 못했다. 물론 조선은 더 많은 피해를 입었다. 명조와 맺은 강화조약에서 자신이 속았다고 생각한 히데요시가 보복 차원의 잔인한 공격을 또다시 명했기 때문이다.

세키가하라에서 승리를 거둔 후 이에야스는 협상 의향을 내비쳤다. 1605년에는 강화가 선포되었다. 2년 뒤에는 504명의 조선 사절단이 2대 쇼군 히데타다의 취임을 축하하기 위해 에도에 왔고, 그 다음에는 이에야스를 방문하기 위해 슨푸(駿府)에 갔다. 계속된 양국의 회담은 1609년 기유조약(己酉條約)으로 결실을 맺었다. 이 조약에 따라 일본은 조선과의 무역 재개를 허락받았다. 하지만 예전에는 항구 세 곳에서 무역을 할 수 있었던 반면 이제는 부산 한 곳에서만 가능했다. 부산에서 일본인의 주거는 왜관(倭館)이라고 불리는 특별구역 내에 제한되었다. 이것은 같은 세기 후반

나가사키에서 네덜란드인과 중국인이 경험하게 되는 것과 흡사한 조건이었다. 일본인은 엄중한 감시를 받았고 왜관을 벗어날 수 없었으며 한성에 좀 더 가까이 가는 모험도 할 수 없었다.

막부는 조선과의 관계를 막부의 가신이자 쓰시마(對馬) 번주인 소(宗) 씨에게 관리하도록 했다. 쓰시마에게 조선은 부의 토대이자 없어서는 안될 존재였다. 쓰시마는 석고가 5천 석밖에 안되는 번이었고, 수입의 대부분을 조선과의 독점무역을 통해 얻었다. 다시로 가즈이의 조일 무역에 관한 연구는 양국의 무역이 쓰시마에게 이익을 가져다주었고 막부에게 중요했다는 것을 분명히 보여주고 있다.[5] 처음에 일본인은 조선 선박이 싣고 온 중국산 흰 비단실을 구입하고 은지금을 지불했다. 나가사키에서 은 수출을 금지한 뒤에도 조선과의 무역은 예외였다. 당연히 조선과의 무역은 쓰시마에게 절대적인 것이었다. 쓰시마 번주의 가신들의 주 수입원도 조선과의 무역이었다. 심지어 한 가신은 무역을 촉진시키고자 조선에 보내는 막부의 편지까지 위조했다. 쓰시마가 후원하는 상인들은 나가사키, 교토, 에도에 점포를 운영하고 있었다. 일본에서 도시문화가 발달하고 도시의 수요가 확대되자, 약용으로 쓰이는 인삼이 수입품 가운데 주요 품목이 되었으며, 18세기 후반 일본에서 인삼 재배가 늘어나자 쓰시마 경제는 엄청난 타격을 입었다.

1629년 쓰시마는 조선에 일본 사절단을 보내라는 명령을 받긴 했으나 공식적인 일본 사절단이 조선에 파견된 적은 없었다. 반면 대규모 조선 사절단은 도쿠가와 시대 동안 열두 차례 일본을 방문했다. 그 대부분은, 특히 1655년 이후의 모든 통신사(通信使)는 새로운 쇼군의 취임을 축하하기 위해 일본에 왔다. 막부는 통신사의 중요성을 적극적으로 활용하기 위해 통신사가 에도까지 오는 동안, 종종 닛코에 있는 쇼군 능까지 행진을 하도록 했다. 이렇게 함으로써 다이묘와 서민들에게 일본이 중화(中華)세계 안의 궤도를 움직이는 위성이 아니라 자신만의 고유한 세계질서를 가진 중요한 지역 강국이라는 것을 보여주려 했던 것이다.[6]

| 대외관계 |

　통신사의 방문은 300～500명이 동원되는 아주 인상적인 행사였다. 이들 통신사는 통신사의 방문목적이 외교적인 것뿐 아니라 문화적인 것이기도 했기 때문에 조선인은 이 행사를 매우 진지하게 생각했다. 역대 통신사의 수행원은 34종의 여행일지를 남겼다. 이들에게는 문화적 소양이 외교적 형식 못지않게 중요했다. 1764년에 일본을 방문한 통신사의 한 수행원이 쓴 일기에는 그가 조선의 왕을 알현하는 대목이 나온다. 조선의 왕은 통신사 후보자들을 면접할 때 일정한 시간 안에 즉석에서 한시를 짓도록 했다. 통신사를 접대할 일본인들과 한시를 교환하거나 서로 경합할 때 뒤지는 일이 없도록 하기 위해서였다.

　조선인이 일본인보다 중국의 문화전통에 더 친숙했기 때문에 사실 통신사는 일본인에 뒤지지 않는 정도가 아니라 그들을 압도했다. 조선인은 전통적으로 한자를 선호하여 자국의 문자체계인 한글을 업신여기는 경향이 있었던 반면, 그들을 접대하는 일본인에게는 한자가 자신들의 음절문자인 가나로 쓰인 문장을 보충하기 위해 습득하는 문어(文語)였다. 그 결과 아라이 하쿠세키(新井白石, 1657～1725) 같은 도쿠가와 시대의 저명한 학자조차 조선인들이 자신의 시를 높게 평가해주기를 간절히 바랐다. 1682년에 통신사가 일본을 방문했을 때, 아라이는 "뛰어난 학자인 통신사의 세 지도자에게 내가 특별한 경우를 위해 쓴 100여 편의 시를 모은 시선집에 관한 평을 부탁하는 편지를 보냈다"고 썼다. 그 조선인들은 정중하게 시인을 만나겠다는 의사를 표시했고, 젊은 아라이는 3명의 통신사 중 한 명이 자신의 시선집을 위해 써준 서문을 전해 받고 크게 기뻐했다.[7] 몇 년 후 다이묘이자 나름대로 훌륭한 학자인 마에다 쓰나노리(前田綱紀)는 대명률(大明律)을 연구하는 모임의 회원들이 어려움에 부딪치자 조선인들에게 자문을 구할 필요를 느꼈다고 적었다. "아무도 그것이 무슨 뜻인지 알 수 없었으나 조선인에게 물어보고 마침내 어느 정도 그 뜻을 이해할 수 있었다"고 썼다.[8]

　조선인은 도쿠가와 시대 일본인의 주자학 연구에도 전승자로서의 역할을 했다. 이퇴계로 더 잘 알려진 조선의 학자 이황(1501~1570)의 저작은 일본 학자들 사이에 널리 읽혔고, 많은 이들에게 도쿠가와 사상의 주요한 한 갈래를 형성하게 된 사상을 전했다. 조선의 의학도 일본에서 폭넓은 관심을 끌었다. 처음부터 통신사가 올 때는 으레 의원들을 대동했고, 의원들과의 질의응답 시간이 통신사의 여행일정에 들어 있었다. 이것이 다가 아니다. 앞에서 언급했듯이 히데요시의 명령에 따라 조선에 출병했던 많은 다이묘들은 조선인이 중세 이래로 탁월한 능력을 발휘했던 도예 분야의 기술자들을 일본에 데려왔다. 조선인 도공들은 사가(佐賀) 지역에 점토와 광택에 대한 지식을 들여왔고, 이를 계기로 일본에서도 청색 유약을 입힌 자기의 생산이 가능해졌으며, 이 자기는 단시일내에 높은 평가를 받으며 널리 이용되었다. 당초문(唐草文)을 넣은 이 소박한 청화백자는 곧 일본 전역으로 실려 나갔고, 사가 번 정부는 그 제작비법이 유출되지 않도록 엄격히 단속하여 재정상의 큰 수입을 올렸다. 얼마 지나지 않아 이 도자기들은 (이 도자기의 명칭이 유래하게 된 이마리(伊万里) 항을 거쳐) 나가사키로 수송되었고, 그곳에서 네덜란드 상인들을 통해 유럽으로 팔려 나갔다. 18세기경에는 영국의 델프트와 우스터, 독일의 마이센 등지에서 이 도자기와 유사한 광택과 문양의 자기를 생산하게 되었다. 사쓰마의 나에시로가와(苗代川)에서도 비록 사가 지역보다 수는 적었지만 조선인 도공들이 옹기 생산에 크게 기여했다. 1860년대에도 그 지역을 방문한 사무라이는 이웃 주민들과 다른 언어를 사용하고 다른 복장을 한 도공 공동체를 발견하고 놀라움을 감추지 못했다.

따라서 도쿠가와 시대 내내 조선과의 관계는 중요한 문제였음에 틀림없다. 확실히 무역량이 줄어들고, 막부의 재정이 악화되자 막부는 대규모 사절단을 유치하는 데 덜 열정적으로 변했다. 1811년에 파견된 마지막 통신사는 쓰시마(對馬)에서 더 나아가지 않았다. 그러나 그런 둔화추세는 조선과 일본 간의 정식관계보다는 쓰시마의 재정에 더 큰 영향을 미쳤다.

일본이 더 이상 침략할 계획이 없는지를 확인하는 임무를 맡았던 초기

| 대외관계 |

통신사의 적대감과 두려움은 시간이 지날수록 점차 냉정함과 적당한 호감으로 바뀌었다. 이미 앞에서 아라이 하쿠세키를 언급한 바 있지만 아라이와 동시대인인 아메노모리 호슈(雨森芳洲, 1668~1755)는 부산의 왜관에서 조선말을 공부하고 조선어 교본을 만들었는데, 이 교본은 19세기에도 사용되었다. 조선측 사람으로는 요시무네의 쇼군 취임을 축하하기 위해 파견된 통신사의 수행원으로 1719년 일본을 방문한 신유한(申維翰, 1681~?)을 들 수 있다. 신유한은 그의 여행일지에 "사람들이 우르르 몰려들어 내 시를 탐냈다. 그들은 무엇이든 써달라고 내 책상 위에 종이를 쌓아 놓았고, 요청하는 사람들에게 쉬임 없이 써주었음에도 불구하고 종이는 연방 쌓여만 갔다"라고 썼다. 그런 요청은 오사카에서 특히 많았다. "이런 사람들 때문에 가끔 새벽까지 잠들지 못할 때도 있었고, 끼니를 거를 때도 있었다. 일본인은 우리가 마치 신이라도 되는 양 우리의 문장을 좋아했고 보물처럼 간직했다. 미천한 가마꾼조차 통신사가 종이 한 장에 써준 한자 하나에 기뻐했다." 그러나 신유한은 유교경전과 관련된 일본의 학문에 대해서는 강한 인상을 받지 못했고, 예를 갖추어 공자를 숭상하지 않는 것에 대해 언짢게 여겼다. 학교에서도 공자를 모시는 사당을 찾아볼 수 없었고, 부모나 임금이 사망했을 때 격식에 맞춰 입는 상복이 없는 것을 개탄했다. 이에 대해 신유한은 "천성은 선하게 타고났으나, 도(道)를 알지 못한다"고 유감을 표했다. 다른 한편으로는 그가 목격한 일본 도시의 풍요로움에 압도되었다. 오사카의 거리는 "구경꾼들로 넘쳐났다. 나는 그 화려함에 현기증이 날 정도로 도취되어 우리가 지나온 마을의 수조차 셀 수가 없었다." 교토에서는 "금과 은으로 장식된" 도지(東寺)*를 보았으며, "아름다운 가로등이 환하게 켜진 수십 리 거리"를 지나는 느낌을 묘사했다. 신유한은 자신이 마치 "꿈속의 낙원"에 있는 것 같은 착각을 했다. 통신사들이 그 중심부를 관통하며 시가행진을 벌인 에도의 경우, "거리를 따라 길게 늘어선 건물은 상

---

* 정식명칭은 교오고코쿠지(敎王護國寺).

인들의 점포였다. 구경 나온 사람들의 옷차림이 너무 현란해 내 눈에는 에도가 오사카나 교토보다 훨씬 더 번창한 도시로 보였다." 훌륭한 유학자로서 이런 것들을 물질적인 것이라고 개탄해야 하는 의무감을 느꼈으나, 신유한은 관찰자로서 일본은 시골사람조차도 상당히 부유하다는 결론을 내렸다.[9]

오래된 원한과 콤플렉스가 사라지고 양국이 이제는 서로를 동등하게 바라보았다고 결론을 내리면 좋겠지만, 예전의 태도가 여전히 남아 있었다는 것을 시사하는 불안한 징후도 있었다. 신유한은 상대방의 관점에 대해 아메노모리 호슈와 나눈 대화를 기록하고 있다. 아메노모리는 우리(일본인)는 조선을 한동안 친근하게 대했는데 조선의 책자에는 우리를 여전히 왜구라고 하고 있으니 어찌 이럴 수 있느냐고 따졌다. 이에 신유한은 그런 책들은 아마도 임진왜란 이후에 쓰였기 때문에 그럴 것이라고 말한 다음, 그런데 일본인은 왜 여전히 조선인을 도진(唐人), 즉 중국인이라고 부르느냐고 반문했다. 아메노모리는 원칙적으로는 당신들을 조센진(朝鮮人)이라고 불러야 맞겠으나 외관상 조선인은 중국인과 비슷해 일반적으로 도진이라고 부르는 것 같은데, 이것은 우리가 당신들의 문화를 존경한다는 뜻이라고 답변했다. 유감스럽게도 아메노모리는 이 부분에서 솔직하지 못했다. 도진은 당시의 일본인이 서양인에게도 흔히 사용했던, 말하자면 외국인에 대한 경멸적인 총칭이었기 때문이다. 이보다 더한 것은 이런 대화가 오가기 불과 몇 년 전에 나가사키에 주재하는 네덜란드 상관장이 어느 여름날에 "오늘은 일본인이 조선인에게 승리를 거두고 조선이 일본의 조공국이 된 것을 기념하는 날이다"라고 적고 있다는 점이다.[10] 다시 말하면 나가사키에서 일본인은 네덜란드인에게 다음과 같이 설명했던 것이다. 자기들은 조선인에게 거둔 히데요시의 '승리'를 축하하고 있으며, 통신사는 조선이 조공국으로서 보내는 사절단이라고.

| 대외관계 |

3. 서양의 여러 나라

이에야스는 서양과의 무역을 지속하고 확대하는 데도 열의를 보였다. 17세기 유럽에서 가톨릭 진영과 경쟁을 벌이고 반목하던 네덜란드인과 영국인이 일본에 들어온 덕분에 이에야스는 선택의 폭이 넓어졌다. 1600년 네덜란드 선박 리프데호의 뱃길안내인으로 일본에 도착한 영국 인 윌리엄 애덤스는 1620년에 사망할 때까지 일본에 머물렀다. 그는 이에야스와 히데타다로부터 후한 대접을 받았으며 비교적 높은 지위도 누렸다. 이외에도 작은 봉토, 가정, 주인선(朱印船) 항해를 통한 이득을 얻었다. 동시에 그는 영국에 있는 아내와 가족들을 부양했으며, 그의 유언장에는 영국과 일본에 있는 자식 모두에게 자신의 재산을 나누어주라고 쓰여 있었다. 이에야스는 애덤스를 흥미롭고 유용한 인물로 여겼던 것 같다. 전에는 서양세계의 소식을 이베리아인 선교사들과 통역사 로드리게스가 독점적으로 전달했는데 애덤스가 그것을 깨뜨렸기 때문이다.[11] 영국 동인도회사는 애덤스가 일본에 도착한 해인 1600년에 설립되었고, 한동안 그는 영국 동인도회사의 고문으로 고용되기도 했다. 2년에는 뒤 군소 무역회사가 연합하여 네덜란드 동인도회사를 설립했다.

(네덜란드 동인도회사를 만든) 무역회사들은 실질적으로 독립된 공국이나 마찬가지였다. 이 회사의 총독은 무역 확대를 위해 전쟁 선포, 요새 건설, 강화(講和), 조약 체결 등의 권한을 인정받았다. 특히 초기 네덜란드 동인도회사는 강력한 영향력을 발휘했다. 스페인에 대항한 독립전쟁이 끝나는 1648년경이 되면 네덜란드는 발트 해 곡물무역의 4분의 3, 네덜란드의 조선업을 가능케 한 스칸디나비아 목재무역의 4분의 3, 스웨덴 금속무역의 상당부분을 차지하면서 사실상 세계에서 가장 큰 무역국으로 성장했다. 뿐만 아니라 네덜란드는 프랑스와 포르투갈에서 생산되는 소금을 발트 해 연안으로 수송했고, 네덜란드에서 완성된 의류도 유럽 전역으로 팔려 나갔다. 얼마 지나지 않아 네덜란드 동인도회사는 향신료·설탕·도자기의 최대

수입처이자 최대 판매처가 되었다. 그러는 가운데 이 회사는 마카오에서 오는 포르투갈 선단 및 마닐라에서 오는 스페인 선단과 본격적인 경쟁을 벌이게 되었다. 17세기에 네덜란드의 무역거점과 해양세력은 반대편으로도 뻗어나갔다. 네덜란드 동인도회사에 상응하는 서인도회사는 브라질, 쿠라사우 섬과 수리남, 뉴암스테르담이 있는 아메리카 동해안 등지에 요새와 무역기지를 건설했다. 한편 네덜란드 동인도회사는 자신의 무역망과 세력을 남아프리카, 실론, 인도, 오스트레일리아, 자바, 타이완까지 확대했다. 특히 타이완에는 마카오와 경쟁을 벌이고 일본과의 무역을 보장하는 안전한 기지로서 젤란디아 상관이 1624년에 설립되었다.

 1580년 스페인이 포르투갈을 합병했을 때 네덜란드 공화국은 스페인과 한창 독립전쟁을 벌이고 있었다. 얼마 후인 1588년 펠리페 2세의 무적함대가 영국에 선전포고를 하자, 네덜란드와 영국은 태평양에서 이베리아 세력에 대항하여 협력과 일시적인 동맹을 구사했다. 네덜란드 동인도회사와 영국 동인도회사는 인도의 수라트에 서로 가까이 기지를 세웠다. 1619년에는 자바에 바타비아(자카르타)가 건설되었고, 일본에서는 나가사키 북쪽에 있는 항구인 히라도에 네덜란드가 1609년에, 영국이 1613년에 각각 자리를 잡았다. 네덜란드와 영국의 선단은 히라도를 스페인 세력에 대한 공격기지이자 마닐라 이상 가는 선적기지로 이용했다. 그리고 네덜란드인은 포르투갈의 말라카를 공격하고, 도중에 가로챌 수 있는 곳이면 어디나 덩치가 크고 움직임이 둔한 포르투갈 무장 상선을 신나게 공격했다. 노략질과 상선 나포는 예상되는 행동방식이었다. 중국의 정크선도 군침 도는 공격대상이었고, 특히 스페인이나 포르투갈의 지배하에 있는 항구들 사이를 정크선이 운항할 때면 더욱 그러했다. 정크선은 막부가 발행한 주인장(朱印狀)을 소지했을 때만 그런 공격을 피할 수 있었다. 막부는 자신의 이익이 걸려 있을 때는 폭력에 대해 거부반응을 보였다.

 바로 이런 배경 속에서 이에야스는 외교정책과 대외무역에 대한 결정을 내려야 했다. 마카오에서 오는 포르투갈인의 거대한 상선은 일본의 대외무

| 대외관계 |

역에서 가장 중요한 거래선이었고, 1639년에 포르투갈인이 일본에서 추방될 때까지 그런 입지에는 변함이 없었다. 그러나 선교사와 그리스도교는 또 다른 문제였다. 막부는 선교사와 일본인 개종자를 탄압하는 히데요시의 법령과 행동을 계승했다. 그러나 스페인의 포르투갈 합병은 먼저 들어온 예수회 선교사들과 스페인 배를 타고 온 새로운 교단의 선교사들 사이에 선교 경쟁을 야기함으로써 막부의 그리스도교 금지령의 시행을 복잡하게 만들었다. 1593년 형식에 구애받지 않고 비교적 자유롭게 행동하는 프란체스코회 선교사들이 마닐라에서 도착했다. 그들은 사절단의 자격으로 와서 선교사로 머물렀다. 자신들이 처한 상황을 제대로 파악하지 못한 채 프란체스코회 선교사들은 예수회 선교사들이 (막부의) 포교금지령의 시행을 늦추거나 그것을 피하기 위해 취한 신중한 접근방식을 일축하고 공공연하게 선교를 했다. 그들이 거둔 성공은 예수회 선교사들은 소심하다는 자신들의 비난을 증명하는 것처럼 보였다. 한편 막부관료들은 일본에서 추방되어 동남아시아에 자리를 잡은 일본인 공동체가 종교적 탄압을 피해 달아난 일본인 그리스도 교도들을 끌어들이고 있다는 사실을 알고 있었으며, 히데요시파의 잔당이 종교와 정치의 결탁을 꾀할 수도 있다는 의구심을 갖게 되었다. 막부의 제의에 대한 응답으로 마닐라와 마카오에서 온 국서(國書)들이 무역보다는 신앙을 전파하는 데 더 치중하고 있는 것을 보고 막부관료들은 당혹감을 감추지 못했다.

영국의 통상 요청은 다소 덜 위협적이었다. 제임스 1세는 '신앙의 수호자'를 자처하긴 했지만 그가 야기한 것은 통상문제였다. 그 결과 1613년 영국 동인도회사의 대표부가 전해 온 영국의 통상 요청에 막부는 영국 선박이 일본의 '어느 항구'에 정박해도 좋다고 화답했다. 한편 네덜란드인은 가톨릭 선교사에 대한 일본인의 불안을 부추기면서 이데올로기가 완전히 배제된 통상을 제의했다.[12] 1610년에 마우리츠는 한 편지에서 "예수회는 종교의 신성함을 핑계 삼아 일본인을 자신들의 종교로 개종시키고, 훌륭한 일본 왕국을 분열시키고 내전으로 몰아넣으려 한다"고 경고했다. 자신들의 요점을 강조하기 위해 네덜란드는 부자와 귀족을 위한 노리개 따위 대신에 무사들의 흥미를 끌 수 있을 것 같은 품목—탄환과 화약—을 선물로 보냈다.

　이에야스의 반응은 예상대로였다. 일본은 예로부터 신국(神國)으로 간주되었으며 자신은 (그런) 선조들의 정책을 바꾸지 않을 것이라는 경고를 마닐라에 보냈다. 그러나 네덜란드인은 정식으로 무역허가를 받았고, 이것은 국가간 통상협정이나 마찬가지의 효력을 발휘하는 유일한 사례가 되었다. 그 결과 네덜란드 상관장(商館長)은 훗날 무역회사의 대표가 아닌, 마치 봉건영주처럼 쇼군에게 정기적으로 경의를 표하러 가게 되었다.

　막상 통상이 이루어지자 통상의 추진자들은 모두 그들이 꿈꾸었던 이익에 대한 기대가 허물어지는 것을 깨닫게 되었다. 제일 먼저 낙담한 것은 영국인이었다. 히라도에서 무역을 시작한 지 몇 년 후 영국인은 그들이 받은 무역 승인이 쇼군이 바뀔 때마다 새롭게 갱신되어야 한다는 사실을 알았다. 히데타다 치세에 추가된 새 조항은 영국인의 구매 특권을 히라도에 한정하고 영국이 다른 항구를 통해 시장에 진출하는 것을 차단했다. 일본에 파견된 대표들이 개인적인 이익을 위해 무역거래를 이용하고 있다고 확신한 영국 동인도회사는 인도에서의 돈벌이에 집중하기 위해 1623년에 히라도와 바타비아의 상관을 폐쇄했다.[13]

　포르투갈과의 무역에서 개인적으로 이익을 챙기던 쇼군의 관료들도 포르투갈 무역과 가톨릭의 연계가 더욱 공고해지자 그들이 누렸던 기회가 차츰 줄어드는 것을 깨달았다. 막부는 주인선을 제한하고 나중에는 아예 허용하지 않음으로써 무역에 대한 막부의 독점적 지위를 강화했다. 이에야스 치하에서는 무역 기회가 다이묘와 사원들에게까지 확대되곤 했고, 외국 상인(윌리엄 애덤스도 그 중 하나였다)과 외국 선박(그 중 다수는 중국선박이었다) 역시 기회를 누렸다. 그 가운데 상당수가 막부의 고관들을 대신해서 무역을 하고 있었다. 다이묘들은 이런 특수를 더 이상 기대할 수 없었다. 1631년에는 주인장(朱印狀) 외에 오직 로주만이 발급할 수 있는 보증서(老

中奉書)가 요구되었다. 이제 해외항해는 도쿠가와씨와 특별한 관계가 있는 일곱 집안이나 극소수 개인에게만 허가되었다. 1633년에는 봉서선(奉書船) 이외에는 해외항해가 완전히 금지되었다.

 네덜란드인은 일본과의 무역을 독점하게 되리라는 기대를 갖고 이런 추이를 만족스럽게 지켜보았다. 네덜란드 사절단은 일본인에게 이베리아인의 이중성에 대한 불안을 확신시켰고, 재외 일본인에 대한 의심을 부추겼다. 그들은 "우리가 당신들을 대신해서 무역할 수 있도록 해주시오"라고 말하는 듯이 보였다. 결국 네덜란드인은 성공을 거두었으나 사태는 그들이 기대했던 것과는 사뭇 다른 양상으로 전개되었다. 애당초 포르투갈인을 위해 조성된 나가사키 항의 데지마가 그들의 거주지가 되었던 것이다. 1641년 네덜란드인은 히라도에서 데지마로 옮기라는 명령을 받았고, 그곳에서 일본의 관료사회가 그동안 외국인에 대해 가졌던 의심의 눈초리를 고스란히 받게 되었으며, 자유무역의 특권을 이용한 이윤획득의 기회는 막부의 승인을 받은 상인들하고만 거래할 수 있다는 규정에 의해 많은 제약을 받았다. 1648년 베스트팔렌 조약에 따라 네덜란드가 스페인과 평화관계를 수립하자 막부는 지난날 그들 사이의 적대적 관계에 대해서도 의심을 했다. 한편 초기에 정치적으로는 협력하면서 경제적으로는 경쟁하던 네덜란드와 영국의 관계는 1652~1654년과 1665~1667년 두 차례에 걸쳐 전쟁을 벌일 정도로 악화되었다.

4. 쇄국정책

히데요시는 1587년에 선교사추방령을 내리고, 1597년에는 선교사 가운데 첫 순교자가 나왔으나, 도쿠가와 시대 초기만 해도 그리스도교의 운명은 아직 명확하지 않았다. 이에야스는 대외무역량을 늘리는 데 열의를 보였고, 오사카에 버티고 있는 히데요리의 성(城)과 그 추종자들을 제거해야 할 필요가 있었을 뿐만 아니라 그의 앞에는 중요한 정치현안들이 산적해 있었다.

다수의 봉건영주들도 '기리시탄'이라고 불리는 가톨릭 신자들의 미래에 대해 의구심을 가졌다. 아마도 일부는 무역이 가져다주는 부에 대한 욕망 때문에 그리스도교를 대수롭지 않게 생각했던 것 같다. 1582년 3명의 규슈 지역 다이묘는 전도유망한 젊은 사무라이들의 유럽 파견을 후원했다. 그들은 그리스도교의 미래를 밝혀줄 선구자로서 열렬한 환영을 받았고, 그들 역시 장차 더 많은 선교사들을 일본에 보내줄 것을 요청했으며 유럽인은 그렇게 하겠다고 약속했다. 1590년 마침내 그들이 일본으로 돌아왔을 때 히데요시는 그리스도교 포교를 금지하는 최초의 명령을 내렸고, 그들의 임무는 수포로 돌아갔다. 그러나 거의 사반세기가 지난 1613년에 센다이(仙臺)의 막강한 영주 다테 마사무네(伊達政宗)는 가신 하세쿠라 쓰네나가(支倉常長, 1571~1622)를 멕시코와 스페인을 경유하여 로마에 보냈다. 프란체스코회 수도사인 루이스 소텔로가 하세쿠라를 동행했다. 하세쿠라는 마드리드에서 세례를 받고 펠리페 프란체스코를 세례명으로 삼았다. 추가적인 무역과 선교협력을 협의하는 것이 그의 임무였으나 당시 그가 직접 알현한 교황 바오르 5세를 비롯해 당시의 교계 인사들은 그를 경계했다. 1620년 일본에 돌아온 하세쿠라는 1615년 오사카 성 함락 이후 '기리시탄'에 대해 더욱 엄격한 조치가 취해지고 있는 것을 보게 되었다.

그리스도교를 탄압하는 주요 결정들은 대략 1614~1615년에 이루어졌고, 그 내용은 다테 마사무네의 기대를 물거품으로 만드는 것이었다. 이 일련의 결정은 여러 가지 정치적·경제적·행정적 고려에서 나온 것이었다. 이런 고려 가운데 가장 두드러진 것은 그리스도교로 개종한 사무라이, 특히 그런 다이묘들이 그들의 도쿠가와 상급 영주에 대한 충성심 이상의 종교적 신앙을 갖고 있지 않다는 것을 확인할 필요가 있었다는 점이다. 이에야스는 아마도 그리스도교 선교사들을 자신의 적으로 여겼음직한 2명의 불교도로부터 자문을 받고 있었다. 이들 불교도 조언자들은 이에야스를 격노케 한 몇몇 사건을 처리하는 과정에서 연루자들을 진짜 그리스도교 개종자 혹은 근거 없이 그리스도교 개종자로 몰아가며 논쟁거리를 만들어낼 수 있었다. 일례로 그리스도 교도인 아리마(有馬)라는 다이묘는 이에야스의 궁정에 뇌물을 바치고 잃어버린 땅을 되찾으려고 했다. 그 사실이 드러나자 그는 서둘러 자신의 종교를 버렸으나, 얼마 후 전봉되는 것을 막지는 못했다. 또한 막부의 재정을 담당하는 한 관료는 귀금속 광산의 생산량을 늘리는 계획을 제안하고, 나중에는 거짓 보고를 하면서 부정축재를 했다. 그가 그리스도 교도로 고발된 것은 아무래도 석연치 않았지만(그가 거느렸던 24명의 측실이 그를 비난했으므로), 사실 여부와 관계없이 그가 선교사들과 음모를 꾸미고 있었다는 한술 더 뜬 주장이 나오면서 이 추문은 더욱 관심을 끌었다.

이런 사건들에 이어서 1614년에는 그리스도 교도를 국외로 추방했다. 이것은 전면적인 박해의 시작을 알리는 신호탄이었다. 막부 직할령의 주민은 관할 사찰에 등록해야 한다는 조치도 취해졌다. 사찰의 승려들은 등록자의 이름과 수를 정기적으로 당국에 보고해야 했다. 1680년대 중반에는 이런 명령이 전국적으로 확대되었고 해마다 하달되었다. 이렇게 해서 불교는 도쿠가와 국가에 봉사하게 되었다.

이 무렵 이미 수적으로 급감한 그리스도 교도 다이묘들이 대체로 그들의 지위를 유지하는 쪽으로 기울어지고 그들의 신앙을 공식적으로 버렸다는 것은 그다지 놀라운 일이 아니다. 적어도 그리스도교로의 개종은 상업적인, 그리고 아마도 사회적 편의와 관련된 문제였음에 분명하다. 그러나 놀라운 것은 주로 아우구스티누스회 포교자들이 전하는 복음에 감화되어 그리스도교로 개종한 서민들이 보여준 불굴의 의지와 인내이다. 배교(背敎)를 거부하는 '기리시탄'을 공개처형할 때면 신자들이 무리지어 몰려와 그들에게 닥칠 위험 따위는 안중에도 없는 듯 찬송가를 부르고 기도를 올리곤 했다는 것은 그들이 간직한 희망에 대한 애착뿐만 아니라 그들이 겪는 삶의 고통이 얼마나 컸는지를 잘 말해준다.

과거에 '기리시탄'이었거나 또는 '기리시탄'으로 의심받는 다이묘는 막부의 신뢰성을 얻기 위해서 당장 자기 영내의 그리스도 교도들을 박해해야 했다. 나가사키 주변의 험준한 규슈 농촌지역보다 개종자가 더 많은 곳은 없었다. 당시 나가사키는 막부 직할령이었다. 그러다 보니 즉시 그리스도교 신앙을 버리도록 강요하기 위한 대량 검거와 고문이 이 지역에서만큼 심하게 자행된 곳도 달리 없었다. 박해의 강도가 높아지자, 박해는 종교문제에 그치지 않고 일부 몰락한 사무라이, 즉 수입과 추종자를 빼앗기는 처벌을 받은 영주의 전(前) 가신인 로닌(牢人, 또는 浪人)에게 정치적·경제적 고충을 안겨주었다.

1637년 나가사키 근처 시마바라(島原) 반도에서 일어난 시마바라의 난은 이런 사회세력들이 하나가 되어 들고 일어난 것이었다. 시마바라는 가난한 농민들로부터 더 많은 수입을 짜내기 위해 혈안이 된 잔인하고 탐욕스러운 성주(城主)의 학정으로 빈번히 변화를 겪어온 지역이었다. 시마바라의 난은 막부와 3대 쇼군인 이에미쓰에게 닥친 크나큰 시험이자 충격이었다. 애당초 이 난은 그 구성 면에서 그리스도 교도와는 거리가 멀었으나, 얼마 지나지 않아 반란군 지도부에 젊은 투사 아마쿠사시로 도키사다(天草四郞時貞)를 비롯해서 그리스도 교도들이 대거 가담하게 되었다. 그리스도교는 시마바라 반도의 척박한 땅에 깊이 뿌리를 내리고 있었던 것이다. 1637년 무렵 그 수가 30만 명 정도로 추정되는 일본 전역의 서민 그리스도 교도 가운데 절반이 붙잡혀 처형당하거나 그리스도교를 버렸다. 1637년과 1638년에 반란을 일으킨 이들은 더 이상 잃을 것이 없었던 만큼 필사적으로 맞섰다. 막부 편에서는 무척 당혹스럽게도 그들은 상상을 초월할 정도로 잘 싸웠다. 그럼에도 최종적인 결과는 이미 예측 가능한 것이었다. 하라(原) 성에 포위된 반란세력은 식량도 무기도 부족했다. 저항이 막을 내리자 모든 생존자들에 대해 소름끼치도록 잔인한 학살이 뒤를 이었다.[14]

일본을 '쇄국'으로 이끈 일련의 법령은 다이묘에 대한 정치적 통제가 점점 강화되었음을 나타낸다. 막부는 서남지역—특히 규슈—의 유력 다이

| 대외관계 |

묘들이 어떤 일에 관여하고 있는지 특별한 주의를 기울여야 할 이유가 있었다. 이를 위해 우선 그들에 대한 주인장 발급을 제한하고 나중에는 아예 그 기회를 차단했다. 1609년 막부는 이 지역의 다이묘가 500석 이상을 선적할 수 있는 선박을 소유하지 못하도록 했다. 2대 쇼군 히데타다는 아버지 이에야스보다 그리스도교에 대해 훨씬 더 적대적이었고, 외국인에 대해서도 더 많은 의심을 품었다. 영국 동인도회사는 예전에 누렸던 특권이 제한되자 비로소 히데타다의 태도를 실감했으며, 선교사들은 일본을 떠나라는 명령을 받았다. 영국 상관장 리처드 콕스는 신임 쇼군과 그 관료들에게 이의를 제기하기 위해 에도에 갔다가 그의 군주(제임스 1세)가 '신앙의 수호자'라고 선포한 것에 대해 까다로운 심문을 받았다. 일본인 당국자들은 그에게 영국의 신앙과 이베리아의 가톨릭 신앙 사이의 차이점을 설명하도록 요구했다. 영국인이 히라도 외부에서의 무역행위를 금지당한 것과 동시에 서일본의 다이묘들은 자신의 영내에서 무역활동이 금지되었고 또한 그들의 항구에 들어온 외국선박을 모두 나가사키나 히라도로 보내라는 명령을 받았다. 영국인은 그들이 알고 있는 가톨릭 선교사를 신고함으로써 막부의 신임을 얻어보려고 했지만, 이런 노력도 곤경에 처한 그들에게는 아무런 도움이 되지 못했다. 리처드 콕스는 1621년에 다음과 같이 기술했다.

> 프란체스코 로파스와 신학교 수도사 한 명이 마을에 들어와 작년에 입항한 프리깃함의 선장네 집에 머물고 있다는 정보를 어젯밤에 입수한 나는 우리의 통역 코아 지노를 보내 왕(즉 다이묘)에게 고하고 토렌제몬 도노에게 조언했다. 시간이 너무 늦어 법을 지키려면 (나 같은) 외부인은 돌아다닐 수가 없었다. 오늘 아침에 다시 코아 지노를 토렌제몬 도노 서기에게 보내 왕의 대답을 알아보도록 했다. 그 대답은 곤로크 도노가 오면 그때 내가 이 문제를 그와 상의할 수 있다는 것이었다. 이에 대해 나는 그때가 되면 사제들이 떠나버린 뒤이므로, 이 문제를 논의하기는 늦다고 회신을 보냈다. 그러나 나의 이 모든 노력에도 불구하고 아무도 내 말에 귀를 기

울이거나 관심을 보이지 않았다.[15]

콕스는 다른 증인들과 함께 소환되어 그 사제들의 신원을 확인할 때까지 끈기 있게 기다렸다. 이 사건은 그 다이묘가 마지못해 자기 영내의 그리스도 교도들을 보내고, 이들이 협박에 못 이겨 사제들의 신원을 확인해줌으로써 끝이 났다. 이후 사제들은 오라에 묶여 추방되었다.

1633년에서 1639년까지 6년 동안 다섯 번의 주요 쇄국령이 공포되었다. 제일 먼저 공포된 17개조의 쇄국령의 요지는 이렇다. 봉서선(奉書船)을 제외한 모든 일본 선박의 해외항해를 금하고, 외국에 머물렀다가 일본으로 귀국하는 자는 사형에 처한다(1~3조), '기리시탄'을 신고하는 자에게는 포상한다(4~8조), 해외에서 들어오는 물품은 공인된 5개소 상인만이 취급할 수 있도록 제한하고 모든 외국 선박은 나가사키로 보내도록 한다(9~17조). 2년 뒤에 공포된 3차 쇄국령은 해외항해를 허락하는 예외적인 경우마저도 삭제함으로써 이전의 쇄국령을 예외 없는 포괄적인 것으로 만들었으며, 이를 따르지 않는 자는 누구라도 사형에 처한다고 명시했다. 외국 선박들은 일본인 선원을 고용하곤 했으나 이제는 그것도 금지되었다.

4차 쇄국령은 일본인 '기리시탄'과 적발되는 선교사에 관한 금령을 더욱 강화했다. 이 법령들을 어긴 신자에 대한 박해가 점점 심해졌다. 포르투갈인은 그리스도교 감염의 주요 근원으로 간주되어 추방되었다. 1636년에는 포르투갈인과 그들의 자손 287명을 마카오로 추방했다. 1639년에 공포된 5차이자 마지막 쇄국령은 포르투갈 문제를 매듭지었다. 1640년 마카오의 관리들이 일본에 선박을 보내 최종적으로 이의를 제기해보려 했을 때 막부는 그 배에 타고 있던 60명의 선원과 선장을 처형하고 무슨 일이 있었는지 전하도록 13명의 생존자를 마카오로 돌려보냄으로써 자신의 의지를 확실하게 천명했다.

일찍이 17세기에는 세계의 거의 모든 지역에서 종교적 관용을 베풀거나 양심의 자유를 허락했던 예를 찾아볼 수 없었다. 일본 내에서는 특정 종파에 의한 반란을 우려하여 19세기에 들어서도 사쓰마 번의 일향종(一向宗)을 근절하는 데 신경을 썼다.[16] 동아시아의 다른 나라들은 왜인들에 대한 적대감을 버리지 않았다. 조선은 왜인을 부산에만 머물도록 제한했고, 명조는 일본과의 교역을 금하는 정책을 고수했으며, 명 조정에 상소문을 올린 사람들은 일본으로 항해할 수 있을 정도의 큰 선박의 건조를 법으로 금지해야 한다고 주장했다. 이 점에 비추어 볼 때 일본은 동아시아에서 쇄국정책을 실시한 최초의 국가가 아니라, 어떤 면에서는 마지막 국가라고 할 수 있을 것이다. 유럽에서도 사정은 별반 다르지 않았다. 종교재판의 화염은 아직 꺼지지 않았다. 스페인에 대항한 네덜란드의 오랜 독립전쟁은 1648년에 끝이 났지만 그 전쟁의 종결은 에도의 당국자들에게 유럽의 프로테스탄트 국가와 교류하는 것마저 의구심을 갖게 만들었다. 서구에서도 누구나 종교의 자유를 갖는 것은 아니었다. 1648년의 베스트팔렌 조약은 통치자의 신앙을 피치자가 받아들이도록 규정한 라틴어 교리를 통해 프로테스탄트와 가톨릭의 대립을 해소했다. "통치자의 신앙이 곧 그 지역의 신앙이다"(Cuius regio, eius religio)라는 문구가 명확하게 밝히고 있듯이 개인이 종교를 결정할 수 있는 여지는 전혀 없었다.

도쿠가와 막부의 박해에서 유달리 두드러진 점은 아마도 그 잔인함일 것이다. 섬나라로서 일본의 고립성은 박해를 피하기 위한 탈출을 불가능하게 만들었다. 규슈에서는 그리스도 교도들이 지하로 잠적했고, 겉모습은 불상이지만 그 안을 열면 성모와 아기예수 상이 들어 있는 기발한 불상을 이용하여 자신들의 공동체를 유지했다. 이런 토착화 양식은 '기리시탄' 생존자들을 거의 민간종교의 대상으로 만들었다. 그러나 종교와 관련하여 대부분의 사람은 심문관들의 고문 앞에서 죽음과 배교(背敎) 둘 중 하나를 선택해야 했다. 체포된 선교사들은 너무도 기묘하게 고안된 혹독한 고문을 당하자 그 가운데 6명의 유럽인 신부가 신앙을 버렸다. 이들 중 몇 명은 이데올로기 차원에서 그리스도교와의 일전을 불사한 심문관의 주장을 증명해주는 팸플릿의 저자가 되었다.[17]

이런 조치들은 3대 쇼군의 성격에서 어느 정도 기인한 것이라고 할 수 있다. 이에미쓰는 무자비하고 피해망상적인 통치자였다. 그의 주요 심문관인 이노우에 마사시게(井上政重)는 독특한 고문기술로 이에미쓰의 저급한 취향을 만족시켰고 이를 통해 자신의 영향력을 키워 나갔다.[18] 그들이 자행한 고문이 희생자들에게 불러일으킨 공포는 당시를 다룬 역사서와 문학 작품에 각인되어 있다.[19]

5. 나가사키의 네덜란드인

영국인이 일본을 떠나고, 곧이어 스페인인과 포르투갈인이 일본에서 추방되자 네덜란드인은 일본의 유일한 유럽인이 되었다. 이것이야말로 일본과의 무역을 독점하고자 했던 그들의 희망사항이자 목표였다. 그들은 일본인에게 자신들의 그리스도교는 경쟁자인 이베리아인의 그리스도교와는 다르다는 것을 확신시키기 위해서 많은 애를 썼다. 한 네덜란드 선박은 시마바라의 난 때 하라 성에 포탄을 발사함으로써 도쿠가와 당국에 도움을 주기까지 했다. 그러나 1641년 히라도 상관을 비우라는 명령이 내려지고, 대신 그 자리에 '1640년'이라고 새겨진 눈에 거슬리는 머릿돌이 세워진 신축 건물이 들어서자 네덜란드인은 나가사키 항의 인공섬인 데지마로 옮겨가야 했다. 결국 그들이 만끽하던 승리의 기쁨은 일장춘몽이 되고 말았다.

데지마는 원래 포르투갈인을 위해 조성되었고, 그 비용은 외국과의 무역으로 이익을 챙기고 있던 나가사키 상인들이 부담했다. 데지마는 부채꼴 모양으로 길이가 180m, 폭이 60m 정도였다. 석조 제방 위에 판자로 된 높은 울타리로 둘러싸여 있고, 행인의 접근을 금지하는 경고문이 붙어 있었다. 보초가 배치된 석조 다리가 육지와의 연결통로였다. 네덜란드인은 매년 임대료를 지불했다. 울타리 안에는 몇 군데 창고와 20명 정도 되는 네덜란드인을 위한 주거지, 그리고 일본인 통역과 수비병을 위한 구역이 있었

| 대외관계 |

다. 또한 채소밭과 약간의 소, 양, 돼지, 닭을 키울 수 있는 공간이 있었다. 물은 대나무관을 통해 육지에서 공급받았으며 비용은 별도로 지불되었다.

네덜란드 동인도회사에서 파견된 사람들은 상관장—네덜란드인은 오페르호프트(opperhoofd), 일본인은 가피탄(カピタン, 甲比丹)이라고 불렀다—의 지휘를 받았다. 그들 중에는 의사, 경리사원, 조수, 그리고 네덜란드인 간부들의 시중을 드는 흑인 노예들이 있었다. 좀처럼 주어지지 않는 특별 허가 없이는 그들 중 누구도 육지와 연결된 다리를 자유롭게 건널 수 없었고, (드물게 허용되는) 외출은 대개 나가사키의 유곽을 방문하기 위한 것이었다. 그마저도 유곽의 여자들이 네덜란드인들을 방문하기 위해 허가를 받아 데지마로 건너오는 경우가 더 많았다.[20]

데지마 주위에는 네덜란드인이 비용을 부담하는 일본인 관원들, 이를테면 한 명의 우두머리와 그의 부관, 5명의 서기, 15명의 노무감독자, 36명의 회계담당자, 5명의 문지기, 그리고 몇 명의 야간경비, 요리사, 마부가 있었다. 이 밖에 딱히 하는 일 없이 비생산적인 계급을 떠받치고 있는 신분사회에서 전형적으로 볼 수 있는 식객들이 있었다. 사무라이의 수입은 그들이 할당받은 둘 또는 넷, 혹은 그 이상의 하인들에게 필요한 '쌀의 양'으로 구분되곤 했다는 사실도 기억해야 한다. 풍속화나 판화에 묘사된 거리 장면에서는 상급자를 위해 물건을 나르고 있는 종자(從者)들을 늘 볼 수 있으며, '상급자'는 예나 지금이나 매우 상대적인 개념이다.

특별히 언급해야 할 사람들은 통역자 집단이다. 포르투갈어는 17세기 중반까지 서구 무역의 국제공용어였으나, 일본의 대외접촉이 네덜란드 동인도회사로 제한되자 네덜란드어를 배울 필요가 생겼다. 또한 나가사키 무역에는 다음 절에서 언급하겠지만 중국과의 무역을 위해 중국어와 동남아시아의 여러 언어의 통역자 집단을 필요로 했다. 네덜란드 동인도회사와의 교류를 위해 약 20개 집안이 대대로 통역 업무에 종사했다. 그들은 후계자를 임명함으로써—양자를 들이는 경우가 많았다—가업을 유지해 나갔다. 도쿠가와 사회의 성격을 규정하는 가부장적 원리는 '주요' 통역자나 '수습' 통역자인 가장(家長)을 중심으로 해서 이루어진 위계를 갖추고 있었음을 의미했다. 일본의 정책은 네덜란드인이 일본어를 배울 생각을 아예 하지 못하게 하는 것이었다. 그것은 외부인이 일본인과 접촉했을 때 너무 가까워지는 것을 막기 위해서였다. 많은 경우 네덜란드 동인도회사의 대표들은 일본어를 너무 유창하게 한다는 이유로 일본을 떠나야 했다. 일본인은 그들이 바라는 방향으로 네덜란드인과의 접촉을 이끌어가고자 했다.

데지마에서의 생활 리듬은 규칙적이어서 지루했다. 선박은 여름 계절풍과 함께 7월에 들어왔다. 일본의 해안경비대가 선박의 도착을 알리면 선박은 항구로 향하는 동안 '파펜베르크'(Papenberg, '교황의 언덕'이라는 뜻으로 '기리시탄' 순교자들을 위해 붙인 이름이다)로부터 신호를 받았다. 그러면 선장은 선원들에게 명령하여 총의 장전을 풀고 성서와 그리스도교 관련 서적을 통 속에 감춰 자물쇠를 채우도록 명했다. 적어도 초기에는 선원들이 성모 마리아와 아기예수의 초상을 밟고 지나가는 의식인 후미에(踏繪)를 강요받았다. 이 후미에는 '기리시탄'인지 아닌지를 가리는 데 효과가 컸다.

일본인 하역노동자들이 화물을 내리는 동안 선원들은 배 안에 머물러 있어야 했다. 무역이 최고조에 달했던 17세기에는 중국산 생사가 가장 가치 있는 품목이었다. 군사 관련 원료——주석, 납, 초석(硝石), 붕사(硼砂)——가 그 뒤를 이었고, 사슴가죽에서 향료, 열대지방의 목재에 이르는 희귀품과 사치품, 그리고 안경, 시계, 거울 같은 유럽의 진기한 물건들이 목록의 끝을 장식했다. 일단 하역이 완료되면 외국인과의 거래를 허가 받은 상인집단의 대표들이 실시하는 검사를 받기 위해 물품들이 전시되었다. 이들 상인집단 가운데 가장 중요한 상인집단은 수입생사의 전매권을 가진 이토왓푸나카마(絲割符仲間)*였다. 막부의 관료들은 물품을 우선적으로

---

* 이토왓푸 제도는 중국산 생사 수입을 통제하기 위해 특정 상인집단에게 생사의 수입과 판매를 전담하게 한 제도이며, '이토왓푸'는 수입생사의 전매권을 보장하는 증표를 말한다. 교토·사카이·나가사키·에도·오사카 등 다섯 곳의 특정 상인들이 모여서 이토왓푸나카마를 만들고 매년 봄에 수입생사 가격을 결정하여 일괄 구입한 후 다른 나카마에게 분배했다. 그래서 이토왓푸나카마를 '5개소 상인'(고카쇼쇼닌)이라고도 한다.

고를 수 있었고 군사 관련 물품은 그들이 직접 챙겼다. 그들은 또한 이듬해에 싣고 와야 할 물품의 주문목록을 네덜란드인에게 줄 수도 있었다.

물품대금으로 네덜란드인은 처음에는 은을, 17세기 중반 이후에는 구리를 받았다. 일본은 17세기에 은의 주요 수출국이었고, 그 이후에는 구리의 주요 수출국이었다. 게다가 1644년 만주족이 명조를 침공하여 승리를 거두었기 때문에 유럽인이 중국에 직접 진출하는 것이 어려워지자, 사가(佐賀)의 조선인 도공들이 빚어낸 일본의 청화백자가 무역의 주요 품목으로 등장하여 선박의 이상적인 바닥짐이 되었으며 곧 유럽과 근동에서 선풍적인 반응을 얻었다. 예수회 선교사와 명조의 접촉을 통해 퍼져 나간 '중국풍'을 유럽인이 경험하고 있는 가운데 일본의 칠공예품은 유럽에서 아주 잘 팔리는 물품의 목록에서 마지막을 장식하게 되었다.[21]

네덜란드 동인도회사의 선박은 11월에 가을 계절풍을 타고 바타비아로 돌아가기 위해 출항했다. 그들이 벌어들이는 이익 가운데 일본-자바-네덜란드 무역이 차지하는 비중은 크지 않았다. 정말로 중요한 것은 아시아와 근동을 총망라하는 무역이었다. 그런 점에서 일본 도자기의 주요 컬렉션 가운데 일부가 이스탄불의 오스만 제국의 궁전에 남아 있다는 것은 결코 우연이 아니다.

데지마의 상관장은 읽는 사람이 따분할 정도로 통상과 관련된 사항을 시시콜콜하게 매일매일 기록하여 바타비아와 네덜란드에까지 보고했다. 보통 상관장의 후임자는 전임자가 그만둔 그 이듬해에 왔고, 나폴레옹 시대 동안 데지마에 고립되었던 헨드릭 두프를 제외하면, 일본에서 장기간 근무했던 상관장은 거의 없었다. 사실 상관장의 가장 중요한 공식 임무는 네덜란드 선박이 자바로 출항하고 난 뒤 11월에 에도를 방문하여 쇼군을 알현하는 일이었다. (네덜란드인이 호프레이스[hofreis]라고 부르는) 이 에도 여행기간에 상관장은 상인의 우두머리가 아니라 봉건영주였다. 네덜란드 상관장은 이에야스가 마우리츠에게 허락한 덕분에 거기에 왔으므로 알현 시 그의 지위는 조선의 통신사나 중국의 선장들보다 우위에 있었다.

이 여행은 도쿠가와 시대에 총 116번 있었다. 1633년 이후 매년, 1764년 이후 2년에 한 번, 그리고 1790년과 마지막해인 1850년 사이에는 4년에 한 번 있었다. 여행은 왕복으로 평균 90일이 소요되었고, 가장 길게는 142일이 걸렸다. 우선 시모노세키까지 배를 타고 가서, 거기서 오사카까지 행렬을 지어 이동하고, 그 다음에는 도카이도(東海道)를 따라 에도까지 갔다. 이 여행에는 격조 높은 만남뿐 아니라 저급한 언쟁도 있었다. 여행경비는 네덜란드인이 부담했으며(다른 봉건영주들과 마찬가지로), 상관장은 수행인원을 최대한 줄이려고 애를 썼다. 일본측은 네덜란드 상관장이 가능한 한 많은 수행원을 대동해 공무와 사적인 비즈니스를 함께 처리할 수 있게 되기를 바랐다. 여행을 통해 네덜란드인은 일본인이 과잉고용을 최대화하기 위해 온갖 애를 쓰고 있다는 느낌을 받았다. 네덜란드인이 여행일지를 쓴 이유 중 하나는 네덜란드 상관장이 비용절감을 위해 노력한 관례에 대한 증거를 남겨두기 위해서였다.

일본은 접근하기가 점점 어려워지고 자꾸만 멀어져간다는 인상을 받게 됨에 따라, 도쿠가와 시대의 일본에 관한 매우 귀중한 기록을 남긴 몇몇 비범하고 호기심에 가득 찬 유럽인에게는 바타비아에서의 근무가 더 매력적으로 보였다. 이 가운데 가장 유명한 인물이 엥겔베르트 켐퍼(1651~1716)이다. 그는 1690년 의사로서 데지마에 왔고, 1691년과 1692년에 상관장의 에도 여행을 동행했다. 1727~1728년에 영어번역본으로 처음 출판된 그의 책 『일본사』(History of Japan)는 풍부한 정보의 보고다. 켐퍼는 2년 동안 통역을 맡은 젊은 학생의 도움을 받아 외국인으로서는 접하기 어려웠던 많은 정보를 얻을 수 있었다. 다음의 인용문이 켐퍼의 가장 중요한 공헌은 아니지만, 5대 쇼군인 쓰나요시를 알현한 경험에 대한 켐퍼의 설명은 17세기 말에 일본인의 눈에 비친 유럽인은 이국적이고 흥미를 자아내는 피조물에 불과했다는 것을 명확히 보여준다.

안으로 들어가서 통상적인 의례에 따라 지정된 자리에 앉자 빈고(備後)의

| 대외관계 |

영주는 황제[쇼군]의 이름으로 우리를 환영했다. 그러고 나서 우리에게 허리를 세워 똑바로 앉을 것, 망토를 벗어볼 것, 우리의 이름과 나이를 말할 것, 서서 걷다가 돌고 춤추고 노래할 것, 서로 칭찬을 해볼 것, 성을 내볼 것, 서로 저녁식사에 초대하는 법, 대화하는 법, 부자지간처럼 허물없이 대화해볼 것, 친구끼리 또는 남편과 아내가 서로에게 어떻게 인사를 하고 작별하는지 보여줄 것, 아이들과 노는 법, 아이들을 팔에 안고 달래는 것 등을 시켰고, 그 밖에도 많은 것들을 해보라고 시켰다. 아울러 우리에게 심각하거나 우스꽝스러운 질문을 많이 해댔다. 이를테면 내 직업이 무엇이며, 얼마나 많은 병을 치료해보았는지 물었는데, 이에 대해 나는 그렇기는 하지만 나가사키에서는 그러지 못했다고 대답했다. 나가사키에서 우리는 옥에 갇힌 죄수나 다름없는 생활을 하고 있었기 때문이다. 그는 또 우리가 어떤 집에 살았는지, 우리의 관습이 일본의 관습과 어떻게 다른지 물었다. 또 우리가 죽은 사람을 어떻게 언제 매장하는지 묻길래 우리는 죽은 사람을 언제나 낮에 매장한다고 대답했다. ……포르투갈인처럼 기도문과 성상을 가지고 다니냐는 질문에는 그렇지 않다고 대답했다. ……그러고 나서 다시 우리는 책을 낭독하고, 각자 그리고 다 함께 춤을 추어야 했다. 그리고 나에게는 유럽의 고약재료로 쓰이는 것들의 이름을 물었고 이에 대해 나는 내가 기억해낼 수 있는 가장 어려운 이름을 말해주었다. 상관장에게는 아이들이 몇이며, 이름은 뭐냐 따위의 자녀들에 관한 질문을 했다. 그리고 네덜란드는 나가사키에서 얼마나 멀리 떨어져 있는지 물었다. ……그 다음에는 명령에 따라 우리는 모자를 써 보이고, 서로 이야기를 나누며 방 안을 돌아다니고, 가발을 벗어 보여야 했다. 게다가 나는 미닫이문 가까이 와서 가발을 한 번 더 벗어야 했다. 그리고 다시 우리는 팔짝 뛰고 춤추고 아이처럼 깡충깡충 뛰어다니다가 함께 걷기를 해야 했다. 다음에는 상관장에게 빈고 영주의 나이가 몇 살인지 알아맞혀 보라고 했고, 이에 상관장은 50세라고 대답했고 나는 45세라고 했다. 우리의 대답을 듣자 그들은 미소를 터뜨렸다. 그러고는 우리에게 부부가 하듯이 서로 키스

를 해보라고 했는데, 특히 그 자리에 있던 귀부인들은 그 명령이 아주 마음에 들었는지 미소를 지어 보였다. 유럽에서는 하급자, 귀부인, 상급자, 영주, 왕에게 어떻게 인사하는지 보여달라고도 했다. 그리고 나에게 노래를 한 곡 더 요청했는데, 내가 그들이 아주 좋아할 만한 노래 두 곡을 불러주자 만족스러워했다. 이런 광대짓이 끝나자, 우리에게 망토를 벗고 한 사람씩 미닫이문으로 가서 유럽에서 군주나 왕에게 하는 것처럼 작별인사를 하도록 했다. ……우리가 알현실을 나왔을 때는 어느덧 오후 4시였다. 우리는 자그마치 네 시간 반 동안 이처럼 괴롭힘을 당했던 것이다.[22]

일본은 네덜란드 동인도회사의 선박수를 제한하기 시작했고, 은 수출을 금지하고, 네덜란드인이 가장 눈독을 들이는 구리 수출에도 제한을 가했다. 나가사키의 상관장이 바타비아와 네덜란드에 있는 그의 상급자에게 제출한 업무일지에는 일본 관리들에게 주는 선물의 비용, 물품의 가격 및 수량과 관련해 나가사키 당국과 벌인 언쟁, 매입한 도자기와 칠공예품의 질, 네덜란드인을 이용해 먹으려는 일본 관리들의 수작 등 온갖 불만으로 가득 차 있었다. 비록 통역을 통해 거래를 해야 하는 상인 신분에서 벗어날 수는 없었지만, 시간이 지나자 초기에 데지마에 가해졌던 육체적 제한은 어느 정도 느슨해졌다. 상황이 가장 어려웠던 초기 수십년 동안 이득을 보았던 무역이 점차 규모와 그 가치 면에서 줄어들기 시작했다.

여러 제한에도 불구하고 많은 수의 상당히 기민한 관찰자들이 자신의 경험을 기록으로 남겼다. 그 중에서 켐퍼가 가장 유명하며, 그의 업적은 상당한 것이었다. 그는 휴대한 나침반을 이용하여 에도까지 가는 노정을 지도로 작성했을 정도다. 식물학자 린네의 제자이자 스웨덴의 과학자인 칼 페테르 툰베리는 1775년 데지마에 있을 때 800여 종이 넘는 일본의 식물표본을 채집했다. 네덜란드인 이자크 티칭은 1780년대에 세 차례에 걸쳐 일본에 체류했다. 그 무렵 네덜란드어에 대한 일본인의 관심은 매우 높아서 그가 네덜란드로 돌아간 뒤에도 학문에 열의를 가진 다이묘들과 네덜란드어로 서신왕래가 가능했을 정도였다. 티칭 역시 일본에 대한 방대한 연구의 토대를 마련했으나 은퇴 후 파리에서 지내는 동안 프랑스 혁명에 뒤이은 사회적 격변으로 인해 그의 자료들이 산일되고 유실되었다. 앞에서 언급한 헨드릭 두프는 1804년부터 1817년까지 데지마에 고립되어 있었다. 그는 일본어 사전을 만드는 데 착수했고, 일본에서의 경험을 기술한 회고록을 남겼다. 1823년부터 1828년까지 일본에 머물렀던 독일인 필리프 프란츠 폰 지볼트는 군의관이었고, 나가사키 성내에 의학교 설립을 허가받았다. 그는 일본 북부의 지도를 우여곡절 끝에 입수한 뒤 간첩 혐의로 추방되기 전까지 학생들에게 일본에 관한 글을 쓰도록 했고, 일본에 관한 중요한 연구자료를 수집했다. 그 밖에도 서양세계에 일본을 알린 유명한 인물들보다 훨씬 오랫동안 데지마에서 근무한 많은 네덜란드인 의사들이 있었지만 그들의 기록은 거의 남아 있지 않다.

그렇다면 무역량이 점차 감소했음에도 불구하고 데지마 상관이 계속 존재했던 이유는 무엇일까? 그것은 데지마가 바타비아 상관의 연장선상에 있었기 때문이다. 네덜란드령 동인도에 속한 바타비아는 네덜란드에 계속해서 강대국의 지위를 부여해준 이익 많은 식민지였다.

일본 쪽에서는 네덜란드와의 접촉을 통해 외부세계에 관한 정보를 입수할 수 있었다. 일본에 도착하는 선장들은 지난 번 선박이 들어온 이후 유럽에서 발생한 사건들에 관한 보고서를 제출해야 했다. 실제로 켐퍼는 그의 책 마지막 장에서 이것이야말로 자기가 체류하던 당시에 일본이 이 제도를 유지했던 이유라고 말했다. 켐퍼는 일본은 자신이 필요로 하는 것들을 쉽게 충족시킬 수 있었고 중요한 것들 중에 부족한 건 없었다고 쓰고 있다. 그렇다면 당시에 일본이 다른 유럽인은 다 추방하고도 유독 네덜란드인만 추방하지 않은 이유는 무엇일까? 이에 대한 그의 답변은 이렇다. "네덜란드인마저 일본을 떠나도록 명령하는 것은 현명한 처사가 아니며 그들에게 자유를 허락하는 것 역시 위험한 일로 간주되었다. 그래서 당시의 네덜란드인은 죄수처럼 생활하도록 강요당했고, 네덜란드인의 일거수일투족을 철두철미하게 감시하겠다고 엄숙하게 맹세한 감시인들 밑에서 인질처럼 지내야 했다. 이런 식으로 네덜란드인을 일본에 계속 묶어둠으로써 세상의 다른 편에서 일어나고 있는 일들을 알아낼 수 있었을 것이라는 것 말고는 내가 보기에 네덜란드인을 붙잡아둘 하등의 이유가 없었다. 따라서 당분간 네덜란드인이 일본 체류를 가치 있는 일로 여기고 그들이 겪는 각종 어려움을 꾹 참아내도록 일본은 네덜란드인에게 해마다 약 50만 크라운(crown) 상당의 물건을 팔아도 좋다고 허락했다. 네덜란드인들로부터 수입한 물건들이 없었다면 일본은 크게 아쉬웠을 것이라고 생각한다면 그것은 분명 오산이다. 네덜란드인들로부터 한 해 동안 수입하는 양보다 더 많은 양의 비단과 각종 재료가 이 나라에서는 일주일 만에 소비되었다."[23]

6. 중국과의 관계

히데요시가 깨뜨려버린 아시아와의 관계를 회복하기 위한 이에야스의 노력은 중국으로까지 확대되었다. 중국의 상품, 특히 직물은 뭐니뭐니 해도 17세기에 가장 중요한 수입품이었고, 중국의 직물을 원산지에서 직접 구할 수 있다면 그것은 분명 매력적인 일이었다. 중국의 공장(工匠)과 무역상은 일본과의 무역을 금하는 명조의 명령에 아랑곳하지 않았다. '차이나타운'은 규슈 해안을 따라 멀게는 동쪽으로 혼슈의 가와고에(川越)와 오다와라(小田原)에 이르기까지 어느 곳에서나 볼 수 있었다. 중국인 공장들은 노부나가의 성에 사용된 기와를 디자인하는 데 도움을 주었고 이에야스와 그의 동시대인들은 각지에 거성(居城)을 건설하기 위해 솜씨 좋은 중국인을 모집했다. 그 중 일부는 토지와 주거를 보상으로 받았다. 도쿠가와 막부의 통치 아래 일본은 질서가 잡혀간 반면 명조 말의 중국은 더욱 혼란스러워지자 일본에 머물고 있던 중국인 가운데 다수가 계속 일본에 살기로 결정하고 일본식 이름을 지어 일본인 행세를 했다. 그 후 무역이 나가사키에

| 대외관계 |

집중되면서 일본에 살고 있던 대부분의 중국인은 나가사키로 이주해야 할 필요성을 느꼈다. 도쿠가와 통치 초기의 수십 년간 일본 내 중국인 거주자의 수는 2천 명을 상회했다.

이에야스는 1609년 조선과의 관계 회복에 성공한 뒤 곧바로 명조와의 무역 재개를 위한 노력을 시도했다. 그러나 명조는 조선보다 덜 관대했고, 일본의 교섭제의에 거의 관심을 보이지 않았다. 명 조정에 올라오는 상소들은 '왜구'는 절대로 믿어서는 안된다는 주장을 담고 있었다. 1609년 이런 의심은 증명되었다. 막부의 용인 아래 사쓰마가 류큐의 통제권을 장악하고 주민들을 무장해제시키고, 오키나와 성에 그들의 통치자를 그대로 둔 유령정부를 세웠던 것이다. 중국과 류큐의 조공관계를 계속 유지하려면 독립국 행세를 해야 했기 때문이다. 그러나 그 후 몇 년간 관련 당사자들(중국·일본·류큐)은 언제 그런 일이 있었냐는 듯 행동하는 데 익숙해졌다. 류큐에 중국의 책봉사(冊封使)가 왔을 때도 일본의 당국자들은 일정한 거리를 유지하며 신중한 태도를 취했다. 따라서 사쓰마는 중국 상품의 입수가 가능했고 반면 막부는 새로운 쇼군의 취임을 경축하기 위해 에도를 방문하는 류큐의 사절단을 통해 자기를 과시할 수 있었다. 그러나 조정에 상소를 올렸던 사람들은 이런 이중성에 속지 않고 황제에게 일본의 새로운 위험성을 알렸다. 또한 일본을 여행하는 데 가장 열성을 보였던 중국상인들이 베이징 정부의 통제로부터 멀리 떨어져 있는 중국 남부해안 출신이었기 때문에 상소를 올린 사람들이 일본까지 항해할 수 있을 만큼 큰 선박의 건조를 금지시켜야 한다고 주장한 것은 그다지 놀라운 일이 아니다.

그럼에도 불구하고 1611년과 1625년 사이에 막부는 푸젠(福建) 성 당국에 명조와의 직접 통상 재개 가능성을 타진하는 서한을 여러 차례 보냈다. 그러나 그 서한들은 명조가 정한, 조공국이 명조에 보낼 때 따라야 하는 형식을 갖추지 않고 있었다. 용어와 형식의 기준에 부합하지 않았고, 명조의 연호를 사용하지도 않았다. 그보다 더 심한 것은 류큐를 장악한 것에 대해서도 전혀 사과를 하지 않았을 뿐더러 류큐의 왕이 이제는 일본의 가신을 자칭한다고 주장했다.[24] 이런 문제에도 불구하고 푸젠 성 관료들이 보낸 답장은 여전히 협상 가능성을 남겨두고 있는 것처럼 보였다. 그러나 이 답장이 도착했을 무렵 오사카는 함락되었고, 이에야스는 이미 죽었으며, 막부는 자기의 능력에 대한 자신감으로 더욱 충만해 있었다. 중국에 접근하는 계획을 입안했던 바로 그 관료들이 이제는 중국의 반응을 주제넘은 것으로 간주하고 향후 중국과의 서신교환은 조선의 경우와 마찬가지로 쓰시마를 통해 이루어져야 한다고 지시했다. 다시 말해 중국과 일본 양국의 정권은 명분과 자존심을 고수하는 쪽을 택했고, 상업적 이익은 물론이고 의전(儀典)까지 충족시키지 않는 협의는 모두 거절했다. 명조 관료들이 만주족을 막기 위해 일본에 원조를 요청했던 1640년대에는 에도의 당국자들은 자신의 권위를 내세우고 경멸적인 반응을 보일 수 있는 위치에 있었다. 어떤 다이묘는 한 가신에게 중국은 "일본 배가 자기네 해안가로 접근하는 것조차 허락하지 않았고, 심지어 감시선까지 배치했다. 그러던 그들이 내란의 위기에 몰린 이제 와서 '우리가 지금 곤경에 처했으니 군대를 좀 보내줄 수 있겠소?'라고 말하는 것은 합당하지 않다"고 썼다.[25]

그러나 막부는 중국인 상인들 덕분에 실리와 명분을 모두 취할 수 있다는 것을 잘 알고 있었다. 국가 대 국가의 측면에서는 거만한 태도를 유지하는 동안 한편에서는 네덜란드 동인도회사, 쓰시마, 사쓰마, 중국인 상인들이 일본의 상업적 필요를 충족시키는 것 이상의 역할을 해냈다. 아시아의 상황이 급변하자 막부는 일본 상인을 동남아시아에 있는 사상적 오염의 근원지로부터 차단시키는 것이 현명하다고 판단했고, 그 결과 1630년대 이후 모든 일본 상인은 국내를 벗어날 수 없었다. 그러나 그런 조치로 인해 외부세계로부터의 상품·지식·기술을 입수하는 데 희생이 따르는 일은 결코 없었다.

따라서 일본의 '쇄국'은 서양세계를 주로 겨냥한 것이라고 할 수 있다. 한 국가가 서양인들로부터 자국을 격리시키기로 선택한 것이 세계로부터의 격리를 의미한다고 생각한다면 그것은 서양의 자민족중심주의에 다름 아니다. 막부의 무역정책은 주로 중국 상품을 들여오는 데 초점이 맞추어져 있었고, 그런 점에서 막부의 무역정책은 매우 성공적이었다. 대외무역과 나가사키 체제는 막부에게 너무나 중요한 사안이었기 때문에 막부는 수출용 구리를 생산하는 번(藩)들이 더 높은 가격으로 팔 수 있는 국내시장으로 구리를 유출하지 않도록 그런 번들에 보조금을 지급했다. 네덜란드와의 무역은 사실상 아시아, 그 중에서도 중국 상품을 거래하는 무역이었다. 그리고 중국인과 조선인은 네덜란드인보다 더 많은 양의 중국 상품을 들여왔다. 오바 오사무(大庭脩)의 말처럼 나가사키 무역은 사실상 대(對)중국 무역이었다.[26]

중국인 상인은 네덜란드인처럼 우두머리가 있거나 정식으로 허락을 받거나 하지는 않았다. 그들 역시 네덜란드인처럼 활동이나 거래의 자유를 점차 제약받기는 마찬가지였으나 수적으로 네덜란드인보다 훨씬 많았다. 1689년에 세워진 도진야시키(唐人屋敷)라는 나가사키의 중국인 구역은 중국 선박이 입항하는 날이면 수천 명의 중국인들로 북적댔다. 도진야시키가 처음 세워졌을 때는 4,888명의 중국인이 거주했다. 중국인 구역의 면적은 데지마의 2배였다. 네덜란드인의 상황이 악화되고 있던 1740년대에 데지마에서는 30명이 약간 넘는 수비병이 순찰을 돌았다. 반면 중국인 구역에는 300명 이상의 관리, 수비병, 감시인들이 있었다. 면적과 관리인원 외에도 여러 모로 현격한 차이가 있었다. 나가사키의 통역들은 두 집단으로 나뉘어 있었는데 하나는 네덜란드어 통역집단이고, 그 규모가 훨씬 큰 또 하나의 집단은 중국어 통역집단이었다. '중국어' 통역집단은 중국 외의 '다른' 아시아 국가에 할당된 하위범주를 포함하고 있었으므로 사실상 모든 아시아 언어를 책임지고 있었다. 17세기에는 태국어, 베트남어, 루손(呂宋, 마닐라)어, 인도어 전문가들이 있었다. 이들 지역에서 오는 선박의 대부분은 그곳의 화교 거주지에서 출발한 배였다. 통역들은 다소 가족적인 조직을 유지하고 있었고, 그들의 문하생과 후계자들은 보통 혈연관계나 입양을 통해 충원되었다. 중국어 통역은 동남아시아 언어 통역보다 높은 보수를 받았다. 시간이 지나면서 막부가 가톨릭을 더욱 경계하게 되자 어떤 학자가 '루손-마카오'로 명명한 지역을 담당하는 통역이 감소하게 되었다.

무역은 중요한 부분을 차지했고, 특히 17세기에는 더욱 그러했다. 나가사키에만 입항할 수 있다는 명령이 중국인에게 하달된 것은 1635년의 일이었다. 중국 선박의 수는 급속도로 증가했다. 1640년에 74척의 배가 입항했고 이듬해에는 97척이 입항했다. 만주족이 1683년에 타이완을 장악한 후 중국 선박의 왕래는 더욱 많아져(1688년 193척의 중국 선박이 일본에 왔다) 중국 선박의 선원들을 위한 중국인 구역을 설치하고 선박의 수를 제한하는 규정을 둘 필요성까지 생겨났다. 그 결과 18세기에는 감소세로 돌아섰다. 1720년에는 30척, 1791년에는 불과 10척이 입항했다.

그러나 적어도 도쿠가와 시대 후기에 서양세계에 대한 관심이 증폭되기 전까지는 네덜란드인과 중국인의 역할 및 대우에 있어 가장 큰 대조를 보인 부분은 문화적 역할이었다. 쇼군 쓰나요시는 켐퍼와 그의 동료들을 야만인 취급하고 그들에게 자기 앞에서 몇 시간씩이나 온갖 광대짓을 하게 하는 굴욕감을 안겨주었지만, 이와는 반대로 중국문화 앞에서는 그 고급문화를 배우고자 애쓰는 진지한 학생이 되었다. 그는 켐퍼를 조롱했으나 일본을 방문한 중국 승려들에게는 깍듯하게 경의를 표했다. 네덜란드인은 자신의 신앙을 비밀에 부치도록 단단히 주의를 받았고, 배가 항구에 정박해 있는 동안 그들의 종교와 관련된 서적을 일절 꺼내 보지 못하도록 봉인했다. 그러나 중국인은 푸젠 성과 저장(浙江) 성에 있는 사찰의 지부를 나가사키에 세워도 좋다는 허락을 받았고, 막부의 관료들은 중국인 선장 및 선원과 함께 행렬을 이루어 이런 중국계 사찰들에 가서 안전한 입항에 감사하는 재를 올렸다. 3개의 사찰이 1630년대의 쇄국령이 공포되기 전에 건립되었다. 하나는 저장 성, 장시(江西) 성, 장쑤(江蘇) 성 출신의 중국인들을 위해 창건되었고, 나머지 두 개는 푸젠 성의 푸저우(福州)와 취안저우(泉州)에서 온 선원들을 위해 창건되었다. 1678년에는 광저우(廣州) 출신들을 위해 네 번째 사찰이 세워졌다. 한 세기 이상 동안 중국인 승려와 주

| 대외관계 |

    중국인 승려들은 일본 중부의 우지(宇治)에 선종(禪宗)인 임제종(臨濟宗) 계열의 황벽종(黃檗宗)을 개창하고 만푸쿠지(萬福寺)를 창건했다. 만푸쿠지의 초대 주지 인위안(隱元, 1592~1673. 일본명으로는 인겐)은 개정된 서품식을 도입했다. 그는 교토 묘신지(妙心寺)의 주지 료케이쇼센(龍溪性潛)과 교류를 하게 되었고, 료케이쇼센은 인겐이 교토를 방문하여 퇴위한 고미즈노오(後水尾) 천황을 알현할 수 있도록 주선했다. 또한 4대 쇼군인 도쿠가와 이에쓰나도 인위안을 후원했다. 1740년까지 만푸쿠지의 역대 주지는 모두 중국에서 건너왔다. 이후 60년간 일본에서 태어난 승려와 중국 출신 승려가 번갈아가며 주지를 맡았고 그 다음부터는 모두 일본인 승려가 주지를 맡았다.27)

    인위안을 비롯해 중국 출신의 임제종 승려들은 쇼군인 쓰나요시의 궁정에서 귀빈 대접을 받았다. 쓰나요시는 자신의 중국 고전지식을 자랑스러워했다. 그는 승려, 관료, 다이묘, 유학자들을 초대하여 『역경』(易經) 강독회를 240차례 주재했다.28) 쓰나요시의 로주 야나기사와 요시야스(柳澤吉保, 1658~1714)는 중국어 회화를 학습하기 위한 모임을 조직했고, 유학자 오규 소라이(荻生徂徠)는 구어체 중국어에 정통하기 위해 엄청난 노력을 했다. 소라이가 중국 지식인들에게 보낸 편지는 지나치다 싶을 정도로 존경과 찬사로 가득 차 있다.

    어제 한 도량(道場)을 방문했다가 정중하고 자비로우신 스님을 처음 만나 뵙고, 다양한 주제에 대해 경이로운 대화를 나누었습니다. 문답은 마치 번갈아 다르게 울리는 종(鐘)소리 같았습니다. 스님께서 제 질문에 답을 할 때면 높고 은은한 종소리가 나는 듯했고 반면 제가 말을 할 때면 낮고 헐떡거리는 소리가 났습니다. 〔우리가 필담을 나눌 때〕 붓끝은 바람소리를 내며 종이 위로 흐르듯 나아갔고, 먹물은 하얀 종이 위에 꽃을 피웠습니다. ……그리고 열심히 제게 스님의 훌륭한 가르침을 들려주셨습니다. 진정

조화의 정신을 느낄 수 있었습니다. 집으로 돌아온 뒤 거의 정신이 나간 듯했고, 오직 스님과의 만남에 대한 기억만이 떠올랐습니다. ……저는 감로수 가운데 최고의 감로수를 맛보았고, 그 맛은 여전히 제 이와 입천장에 단단히 달라붙어 도저히 입 속에서 씻겨 나가지 않습니다. ……혹시 스님께서 참선을 하시다가 틈이 나실 때 수고스러우시더라도 스님의 훌륭한 필치로 몇 글자 휘호해주신다면, 그래서 그 영겁의 세계에서 보내주신 말씀을 제 누추한 집에 걸어놓을 수만 있다면, 그 말씀은 영원무궁토록 빛날 것입니다.[29)]

요컨대 중국의 고위 성직자들을 대하는 태도와 가톨릭 선교사들에 대한 대량 검거 사이의 대조적인 모습은 일본의 엘리트층이 한 세기 이상 동안 쇄국체제를 통해 서양의 사상과 종교의 차단을 시도하는 동시에 중국의 문화 전통을 터득하기 위해 굉장히 노력했다는 사실을 여실히 보여준다. 이와 같은 중국 숭배는 중국 상품에까지 이어졌다. 막부는 최고급 중국산 비단을 사들이고 또한 중국 서적 가운데 가장 훌륭한 책들을 학자들이 볼 수 있게 했다.

또 어떤 점에서 중국 숭배는 조선의 학자에 대한 존경으로까지 연장되었다. 이는 부분적으로 일본이 중국의 텍스트와 사상을 전수받을 때 조선의 학자들이 도움을 줄 수 있었기 때문이다. 아메노모리 호슈(雨森芳洲)는 조선말에 정통하기 위해 무척 애를 썼으나 그전에는 중국어 회화를 배우기 위해 나가사키에 갔다. 조선 통신사는 그들을 초청한 일본인들과 시서화 이상의 것을 교환했다. 일본인은 조선의 의학을 배우는 데도 열심이었고, 이 때문에 조선 통신사를 동행한 의원들을 찾곤 했다. 의원들과의 질의응답 행사가 통신사의 여정과 함께 진행되었다. 게다가 앞에서 언급한 대로 조선의 도공들은 청색 안료를 입힌 도자기의 일본 생산을 가능케 한 점토와 광택에 관한 지식을 들여왔다. 이들 도자기는 문양과 형태 면에서 명나라 자기와 너무나 흡사하여 자주 명조의 연호를 도자기 밑바닥에 찍어 이

마리(伊万里) 도자기가 그랬던 것처럼 네덜란드인을 통해 근동과 유럽에 수출되었고 유럽에서는 네덜란드·독일·영국의 도공들에 의해 모방되었다. 이를테면 어떤 면에서 '닫힌' 일본은 국제적인 문화·기술 교류의 매개자였던 셈이다. 또한 은지금(銀地金)의 흐름에 대한 연구를 보면 17세기 일본은 경제교류 측면에서도 중요한 역할을 했다는 것을 알 수 있다.[30]

8대 쇼군 요시무네의 시대에 이르면 중국의 선례에 대한 연구는 명조의 행정법에 특히 중점을 두었고, 제도적 유행으로까지 확대되었다. 청조(淸朝)의 초대 황제 순치제(順治帝)의 「육유」(六諭)는 류큐를 통해 사쓰마를 거쳐 전해졌다. 이 간결한 도덕적 훈계가 일본에도 그대로 적용될 수 있으리라고 생각한 요시무네는 낮은 수준의 학교에서 사용될 수 있도록 그 내용을 간추려 알기 쉬운 번역교본을 만들라고 명령했다. 당시의 기록을 보면 다이묘가 마을지도자들에게 명하여 매월 1일 그 훈계의 중요성을 설명하도록 했다. 이 교본은 근대 일본에까지 영향을 미쳤다. 메이지 시대인 1890년에 발표되어 전전(戰前) 일본의 주요 이데올로기 텍스트 구실을 한 교육칙어(敎育勅語)는 이 교본을 선례로 삼아 기초되었다.[31]

이 밖에 도쿠가와 시대에는 서민문화 부분에서도 중국과의 접촉이 있었다. 한동안 나가사키에 머물렀던 중국인 화가 약 130명의 이름이 알려져 있는데, 그들은 당시에 위대한 예술가는 아니었다. 대부분은 일본인이 그들의 작품에 감탄할 정도로 그림솜씨가 좋은 승려나 상인들이었다. 그 가운데 특별히 솜씨가 뛰어났던 사람들은 일본에서 엄청난 명성을 누렸다. 가장 잘 알려진 선난핀(沈南蘋, 1682~?)은 1731년과 1733년 두 차례 일본에 왔다. 그는 중국으로 돌아간 뒤에도 계속해서 그림을 팔기 위해 일본에 자신의 그림을 보냈다. 그 가운데 약 200여 점이 현재도 남아 있다. 그를 비롯해 또 다른 3명은 명말청초의 화조화(花鳥畵) 화풍을 소개한 '4대 스승'으로 알려지게 되었다. 그들의 화조화는 부유한 상인들이 좋아했으며 부담 없이 접할 수 있었다. 화조화는 중국 중부의 도시주민들에게 인기가 있었고, 일본의 조닌 사이에서도 금세 인기를 얻었다. 중국인 화가들은 중국의 '문인화'(文人畵)도 소개했는데 그 영향을 요사 부손(與謝蕪村, 1716~1783), 이케노 다이가(池大雅, 1723~1776), 그리고 도쿠가와 시대 후기 절충주의자들의 난가(南畵)와 분진가(文人畵) 화풍에서 볼 수 있다. 명대의 판화 역시 일본 판화가들의 기술발전에 기여했다. 이런 기술을 바탕으로 판화의 생산이 급증했으며, 당시 일본의 도시에서 빠르게 성장하고 있던 조년은 판화 구입에 열을 올리게 되었다. 한편 일본의 봉건 엘리트층의 후원을 받은 공식 미술 역시 고금의 중국 미술의 여러 화파(畵派)에 의존했다.

18세기 초 요시무네 시대에 막부는 심각한 무역 불균형을 시정하기 위해 중국에서 들어오는 유용한 수입품까지 수입을 억제했다. 일본의 광산이 바닥을 드러내자, 1685년과 1715년 그리고 1790년 세 번에 걸쳐 은 수출에 제한을 가했다. 이후 네덜란드인과 중국인은 그들이 보낼 수 있는 선박의 수와 일본으로부터 구입해 갈 수 있는 구리의 양에 제한을 받게 되었다. 밀수를 막기 위한 새로운 조치가 내려졌는데, 그것은 아주 대담한 밀수꾼조차도 겁을 먹게 할 만큼 가혹한 처벌을 공개적으로 집행하는 것이었다.[32] 그러나 그보다 더 흥미로운 것은 수입품 목록에서 늘 상위를 차지해 왔던 비단, 설탕, 약재(藥材) 같은 물품의 국내 생산을 장려하기 위해 막부가 열심히 노력했다는 사실이다. 그리하여 일본에서 재배가 용이한 식물과 적합한 재배지를 찾는 데 도움을 받기 위해 중국에서 그 방면의 전문가를 고용하여 데려왔다.

다시 말해 '쇄국'기간에도 일본의 국제무역은 계속해서 변하고 있었다. 화약이나 초석(硝石) 같은 무기의 원료에 대한 수요와 관심이 줄어들자, 네덜란드인 역시 나가사키로 다른 종류의 상품을 보내게 되었다. 그 중에서 큰 비중을 차지했던 설탕은 요시무네가 국내생산을 장려하기 위해 가장 심혈을 기울였던 품목이었다. 18세기 자바에서 중국인 폭동이 발생하여 설탕 정제시설이 파괴되자 네덜란드인의 수출용 설탕 재고가 바닥났고 데지마의 네덜란드 상관과 막부의 관계는 최악의 위기를 맞게 되었다. 막부

당국자들은 한층 적은 양의 구리를 제공했고 네덜란드인은 모든 협약을 파기해버리겠다고 위협했다. 네덜란드인은 나가사키가 외국과의 무역 때문에 존재하고 또 살아가고 있으므로 나가사키 주민들이 자기들 편을 들어주리라는 것을 알고 있었기 때문에 이렇게 강경하게 나올 수 있었다. 그리고 운 좋게 네덜란드인과 중국인을 상대하는 직책을 맡아 몰래 공금을 빼내 부정축재를 할 수 있었던 관리들 역시 궁극적으로는 네덜란드 편이었다.

7. '쇄국'이라는 문제

일본어 '사코쿠'(鎖國), 즉 '쇄국'(closed country)은 켐퍼의 책에서 쇄국을 논의하고 부수적으로 쇄국이 가져온 이점을 논하고 있는 장(章)을 번역한 일본인 학자에 의해 만들어졌다. 그 번역은 알음알음 유포되어 읽혔으며 1850년대에 가서야 정식으로 출판되었다. 그 이후 쇄국은 표준적인 용어가 되었다. 다음에 논의하겠지만 도쿠가와 시대 말기의 몇 년 동안 벌어진 격렬한 논쟁에서 "나라를 개방하자"는 뜻의 '가이코쿠'(開國)는 "오랑캐를 몰아내자"는 뜻을 가진 '조이'(攘夷)의 안티테제로 사용되었다. 매슈 캘브레스 페리 제독은 국제사회의 규범을 전혀 따르지 않고 살아가는 미개한 땅에 자기가 문명을 가져왔다고 확신했다.

그러나 지금까지 서술한 것에 비추어 볼 때 우리는 켐퍼의 책을 번역한 번역자가 그랬던 것처럼 켐퍼의 판단을 받아들이기에 앞서 잠시 생각을 가다듬을 필요가 있다. 17세기는 17세기의 기준에 따라 판단해야 하며, 페리의 19세기 관점을 받아들이기 전에 17세기 당시에 관한 사실들을 기억해야만 한다.

지금까지 보아왔듯이 일본은 결코 완전히 '닫혀'(closed) 있지는 않았다. 일본인에게는 일본을 떠나는 것도 외국에서 돌아오는 것도 금지되어 있었고 그러려면 죽음을 각오해야 했다는 것은 분명한 사실이었다. 도쿠가와 시대 후기에 일본으로 돌아오는 사람들이 가져오는 소식과 기술이 유용하다는 것을 막부가 인식함에 따라 엄격했던 규정이 다소 완화되긴 했지만 도쿠가와 시대 대부분은 쇄국령이 효력을 유지했다. 난파선의 선원과 어부를 고국으로 돌려보냄으로써 일본정부의 환심을 사고 있다고 믿었던 19세기 영국과 미국의 선장들은 사실상 조난당한 일본인에게 도움이 되지 않았고, 그들의 동기를 실현하지도 못했다. 그런 점에서 유럽은 일본보다 훨씬 다국적이고 국제적이었다. 그리고 굳이 비교를 한다면 조선이 일본보다 더 닫혀 있었다.

그러나 일본인의 세계는 정신적으로나 문화적으로는 물론이고 기술적으로도 결코 폐쇄적이지 않았다. 도쿠가와 시대 전 기간에 걸쳐 중국인 학자·예술가·승려들이 나가사키에 왔다. 교육받은 중국인들은 일본인들로부터 극진한 환대를 받았고, 기술과 재능을 지닌 보통의 중국인까지도 일본문화에 중요한 기여를 할 수 있었다.

18세기에 접어들어 네덜란드인 역시 중국인과 비슷한 역할을 하게 되었다. 그들은 쇼군의 궁정에서 마치 화성인처럼 취급되던 굴욕에서 점차 벗어났다. 일본인 학자들이 네덜란드어를 읽을 수 있게 되면서, 네덜란드 선박이 나가사키에 가져오는 서적들이 네덜란드가 일본인들로부터 제공받는 구리보다 더 중요해졌다. 앞에서 언급했듯이 1820년대에 필리프 프란츠 폰 지볼트는 나가사키에 일본인 학생들을 위한 의학교 개설을 허락받았다.

반면 그리스도교에 대한 일본인의 극도의 의심은 결코 누그러지지 않았다. 나가사키에 반입되는 중국 서적조차 그리스도교와의 관련성을 조사받았다. 1704년에 조반니 바티스타 시도티라는 용감한 시칠리아인은 마닐라에 가서 그곳에 거주하는 일본인에게 일본어를 배운 다음 1708년에 자신의 신앙을 전파해보겠다는 일념으로 규슈에 어렵게 도착했다. 그러나 그는 곧 체포되어 에도로 압송되었고 인생의 나머지 7년을 일명 '그리스도 교도의 저택'이라고 불리는 지하감옥에서 보냈다. 쇼군을 보좌하는 학자 아라이 하쿠세키는 감옥에서 그를 심문했는데, 아라이의 고백에 따르면 시도티

| 대외관계 |

의 지성과 용기에는 탄복했지만 종교에 대한 시도티의 순진한 믿음에는 당혹감을 감추지 못했다. 그 후 시도티는 간수들을 개종시킴으로써 그리스도교 신앙은 위험하다는 일본인의 생각을 확고부동하게 만들었다. 얼마 지나지 않아 통역들은 시도티와 그의 개종자들이 다시는 나올 수 없는 작은 네모상자 속에 갇혔다는 소식을 네덜란드인에게 전했다. 이것은 1715년의 일이었다. 그 후 반세기 이상이 지나 일본 서양의학의 선구자인 스기타 겐파쿠(杉田玄白, 1733~1817)는 평범한 촌민들이 비밀 그리스도교 교도라는 혐의로 붙잡혀서 고문당하고 처형당했다고 일기에 적었다. 누군가를 그리스도교 교도라고 모함하는 것은 정적을 제거하고 막부의 반그리스도교 정책을 자신이 철저히 따르고 있다는 것을 과시할 수 있는 가장 효과적인 방법의 하나였다. 그리스도 교도가 반드시 사악했던 것은 아닌데도 사무라이인 아이자와 야스시(會澤安, 1781~1863)는 1825년에 정반대로 적고 있다. 그리스도 교도는 어리석은 서민들을 감언이설로 속여 나라의 역적이 되게 할 수 있다는 것이었다.

오늘날 우리가 말하는 '민권'이 그 당시에 존재하지 않았다는 것은 일본을 굳이 '폐쇄된 나라'라고 결론짓지 않더라도 누구나 인정할 수 있다. 북쪽에서는 러시아인이 쿠릴 열도와 홋카이도로 진출해 오고 영국인은 남쪽에서 중국으로 파고들고 있는 것을 의식한 이후 일본정부는 경계 태세를 더욱 강화하고 마음을 새롭게 다잡았다. 이제 국방이 현안으로 떠올랐다. 그 무렵에는 쇄국이 이에야스가 창안한 것으로 믿었고, 침범할 수 없는 도쿠가와 전통의 일부가 된 상태였다. 대외무역도 이런 추세를 따랐다. 나가사키에 입항하는 선박의 수가 감소했고 수입물품 역시 서적을 제외하면 일본 경제에서 차지하는 비중이 과거에 비해 많이 줄었다. 이제 일본 국내의 비단·면화·설탕 생산이 원숙한 단계에 들어섰던 것이다.

서양세계가 가장 극적으로 변화한 것은 정확히 18세기와 19세기 초의 일이었다. 일본에서 지속된 오랜 평화시대는 서양에서 거의 끊임없이 전쟁이 벌어졌던 것과 대조를 이룬다. 그 과정에서 일어난 군사기술상의 놀라운 변화는 일본인이 휴대하고 있던 무기를 무용지물로 만들었을 뿐 아니라 무기소지자 중심의 계급구조도 시대에 뒤떨어진 것으로 만들어버렸다. 아메리카와 유럽의 지적·정치적·경제적 변용은 시민병을 보유하는 참여국가를 탄생시켰던 반면, 일본에서는 서민들이 사무라이의 활동에 거의 관심을 갖지 않았다.

서양열강 사이의 상대적 지위 또한 급격히 변했다. 도쿠가와 시대 초기에는 네덜란드가 전세계 곳곳에 상관을 설치한 유럽의 강대국 가운데 하나였지만 19세기에 이르면 거의 도쿠가와 일본이 그랬던 것처럼 조용히 자기 사업에만 신경을 쓰는 작은 무역국가로 변했다. 1860년대에 네덜란드에 파견되었던 일본 학생들은 자신들이 별볼일 없는 언어와 나라를 공부했다는 당혹스러운 결론을 내렸다. 미래의 데라시마 무네노리(寺島宗則, 1832~1893)인 마쓰키 고안(松木弘安)은 1862년의 편지에서 이렇게 썼다. "많은 영국과 프랑스의 학자들이 우리가 네덜란드 책을 읽는다는 이야기를 들으면 의외라는 듯 눈썹을 치켜세웠다. 네덜란드인조차 모두 프랑스어나 독일어로 쓰인 자기네 책을 읽는다. ……네덜란드 국경을 넘어가면 아무도 네덜란드어를 알지 못했다. 솔직히 그 나라는 깜짝 놀랄 만큼 작고 초라했다."[33] 물론 마쓰키는 학자들이 중국어와 네덜란드어로 된 책을 읽는 일본에 대해서도 같은 말을 할 수 있었을 것이다.

잘못된 선택을 했고 그 결과 뒤쳐져버렸다는 이런 느낌이 근대 일본인이 자신의 '닫힌' 국가에 대해 많은 문헌을 남기게 된 경위를 설명하는 데 일조했다. 게다가 유럽 작가들이 근대국가 창설의 구성요소로 국가간 관계와 전쟁의 중요성을 강조했던 바로 그 시기에 일본인은 세계사를 연구하기 시작했다.[34] 그렇다면 도대체 고립된 일본은 어떤 '역사'를 경험해왔단 말인가? '쇄국'령을 부각시키고, 그런 법령 탓에 일본은 근세에 국제적 지위를 얻는 데 실패했다고 주장하는 것이 당연한 일로 받아들여졌다. 제2차 세계대전의 막바지에 철학자 와쓰지 데쓰로(和辻哲郎, 1889~1960)는 쇄국을 일본의 '비극'으로 묘사했다. 일본이 근대에 경험한 문제의 발단이 쇄국에 있다는 것이다. 쇄국은 국가 통제하의 저돌적인 근대화 추진으로 이어질 수밖에 없었고, 서양열강과 경쟁을 벌이고 그들을 능가하기 위해 모든 노력을 경주하게 함으로써 결과적으로 태평양전쟁의 재앙적인 결말을 맞게 되었다고 그는 생각했다.

그러나 반세기가 지난 오늘날 일본의 역사학자들은 에도 시대를 매우 다르게 조명하고 있다. 물론 이들 세대는 어떤 점에서 그들의 선배들처럼 에도 시대의 실패를 골똘히 생각한다거나 당시의 잔혹함에 절망하는 경험을 맛보지 않았다. 축적된 연구는 에도 시대에 실질적으로 얼마나 많은 변화가 있었는지를 분명히 해왔다. 현대의 일본인은 서양과 비교했을 때 부각되는 일본의 '후진성'에 더 이상 집착하지 않는다. 와쓰지의 의식을 지배했던 불행한 재난들은 그들에게 그저 먼 옛날의 일일 뿐이다. 그 결과 학자들은 일본의 경험을 다른 나라의 그것과 동등하게 다루려는 침착하고 객관적인 의지를 보여주고 있다. 일부 자유주의적인 학자들과 심지어 국제주의 경향의 학자들조차 전반적인 쇄국체제를 재고하고 재평가할 필요성을 제기하고 있다. 그들은 쇄국을 자신과 자신의 경계를 정의하려는 근세국가의 정상적인 또는 적어도 이성적인 반응으로 보길 더 좋아한다. 그들은 쇄국이 지적 호기심과 다양성을 질식시켰다는 주장을 부정하기 위해서 에도 시대의 활기찬 지적인 생활에 대한 증거를 끌어냈다. 실제로 한 학자는 "지금보다 쇄국기간에 일본은 새로운 조류에 더 개방적이었다. ……외국 상품과 정보가 풍부하게 유입되었다"고 조롱하듯이 말했다고 한다. 이런 주장을 따른다면 일본사 교과서에 일반적으로 서술되어 있는 쇄국은 심하게 과장된 것이고 서양의 저술가들이 페리 제독의 업적을 영웅적인 이야기로 만들어놓은 것은 당치 않은 짓이라고 결론을 내릴 수밖에 없다.

쇄국이라는 문제가 심하게 과장되었음을 암시하기 위해 도쿠가와 체제를 너무 관대하게 바라볼 필요는 없다. 만약 도쿠가와 막부의 건설자들이 국제체제에서 일본이 차지하는 위치에 대해 보다 폭넓게 바라볼 수 있는 시각을 갖고 있었다면 어떻게 되었을까? 아마도 결과는 별로 달라지지 않앉을 것이다. 일본이 자신의 주권과 자치를 표명하는 문제와 관련해 근본적인 수정을 가할 의지가 없는 한 결국 중국과 조선은 일본에게는 문을 닫아걸은 세계질서의 일부였던 셈이다. 만약 일본이 그 질서의 일부가 되어 중국의 조공국이 되었다면 그만한 대가를 치렀을 것이고 서양과의 긴밀한 유대를 거부해야 하는 것도 그 대가 가운데 하나였을 것이다. 그러나 어쨌든 유럽과의 긴밀한 유대는 별로 가망성이 없었다. 영국인은 1620년대에 자발적으로 떠났고 그 이후 이익과 영광이 훨씬 더 큰 아대륙(亞大陸) 인도에 점점 더 열중했다. 스페인과 포르투갈의 이베리아 제국은 17세기 무렵에 이미 쇠퇴하고 있었으므로 일본의 정책결정자들에게 거의 위협을 줄 수 없었다. 그 결과 동남아시아에서 해상권을 장악하고 있던 네덜란드가 아시아의 유일한 서양세력이 되었다. 그러나 네덜란드의 해상권도 19세기 후반이 되어서야 충분한 정치적 통제력을 발휘하면서 공고해졌다.

다만 한 가지 예외적인 상황이 있었다. 그것은 어디까지나 국내 문제이긴 했지만, 그리스도교를 발본색원하는 과정에서 막부가 보여준 잔혹함이 외부로부터의 제재를 초래했다는 점이다. 한편 그리스도교 교단들에 대한 통제는 일본 전역의 봉건영지에 통제를 가하는 막부의 중요한 수단이 되었다. 그런 점에서 '쇄국'과 막부의 '권력'은 동전의 양면 같은 것이었다.

신분집단

4

대부분의 전통사회는 질서와 명예를 위해 사람들을 여러 개의 집단으로 정렬시키긴 했지만, 도쿠가와 시대의 일본만큼 독특하고 정교하게 신분을 정한 사회는 거의 없었다. 그런 정교함은 19세기 후반에 신분으로부터 자유로워진 청년들에게 성가시고 짜증스런 것이었다. 소호(蘇峰)라는 필명으로 유명한 도쿠토미 이이치로(德福猪一郎, 1863~1957)는 『신일본의 청년』(新日本之靑年)이라는 베스트셀러에서 일본인은 격실(隔室) 속에서 살았다고 주장했다.

> 봉건사회의 실질적 권위, 즉 지배자는 누구인가? 분별력 있고 제정신이 있는 사람들은 분명히 봉건사회의 지배자는 천황도, 귀족도, 무사도, 농민도, 상인도 아니라고 말할 것이다. 권위는 다른 어딘가에 존재해 있었다. 사회의 지배자, 권위의 저장소는 바로 관습, 관례, 전통이었다.[1]

2장에서 말한 후다이다이묘와 도자마다이묘의 구분은 도쿠토미가 의미하는 그 무엇을 시사하지만, 그것은 도쿠가와 시대 일본의 아마도 가장 흥미로운 측면인 신분제의 표피를 건드리는 것에 불과하다. 근세 이래 서양사회는 사회적 유동성의 증가를 경험해왔으며, 미국은 아마도 그 점을 극대화시켰다고 볼 수 있다. 제국시대의 중국은 학자와 교육받은 이들에게 특권과 특별한 지위를 부여하고, 이것을 농민의 아들도 과거(科擧)에서 자신의 학식을 증명해 보이면 높은 지위에 오를 수 있다는 사회적 유동성에 대한 신화와 결부시켰다.

그러나 일본은 신성한 천황의 권위가 태양과의 관계에서 유래했다는 신화와 함께 시작되었다. 권위에 대한 그 이상의 근거는 상상할 수 없었다. 불교는 그 신화의 사실성을 부인함으로써 신화의 권위를 희석시켰지만, 실제로 불교 위계상의 고위 성직은 최상층 신분을 가진 사람들에게만 허용되었다. 한편 유교는 업적, 도덕성, 그리고 능력이라는 기준을 더했지만, 이것은 출신에 대한 고려에 추가되었을 뿐 그것을 대신하지는 않았다.

일부 학자들은 도쿠가와 시대의 신분 구별을 어떤 점에서는 이전 시기의 종잡을 수 없는 불의(不義)와 일상화된 야만적 폭력으로 인한 고통을 기억하고 있던 사람들에 대한 보호조치로 간주할 수도 있다고 지적해왔다.[2] 19세기의 일부 낭만주의 작가들은 일본사회의 고정된 신분은 인간관계에 있어 바람직한 안정을 가져왔다고 암시함으로써 상기의 주장에서 한 발짝 더 나아갈 조짐을 보였다. 아무튼 라프카디오 헌은 도쿠가와 시대의 신분제를 이런 식으로 평가했다.

> 상황은 일반적인 번영뿐 아니라 일반적인 행복을 향해 나아갔다. 당시에는 생존투쟁—적어도 근대적 의미의 생존투쟁—같은 것이 존재하지 않았다. 생활필수품은 손쉽게 충족되었다. 모든 사람들에게는 그런 것을 제공해주거나 그들을 보호해주는 주군(主君)이 있었다. 경쟁은 억제되거나 방해를 받았다. ……무슨 일을 하든 치열하게 노력할 필요가 없었다. 요컨대 무엇을 성취하기 위해 애쓸 필요가 없었다. 게다가 치열하게 노력해야 할 어떤 목표 같은 것도 아예 없거나 거의 없었다. 대다수의 사람들에게 승리의 대가로 상을 받을 일은 없었다. 서열과 수입은 고정되어 있었다. 직업은 세습되었다. 부를 축적하려는 욕망은 돈을 마음대로 쓸 수 없도록 부자의 권리를 제한하는 규정들에 의해 통제되거나 무력화되었음에

틀림없다. 다이묘조차—심지어 쇼군 자신도—자기 멋대로 행동할 수는 없었다. 모든 이들의 쾌락은 자기의 사회적 위치에 의해 어느 정도 규제되었고, 낮은 신분에서 더 높은 신분으로 상승하는 것은 결코 쉬운 일이 아니었다.[3]

이와 관련된 당시의 상황이 어떠했는지를 기억하고 있던 도쿠토미는 자기의 격실에서 편안하게 있지 못했던 반면, 그런 기억이 없는 라프카디오 헌은 "자신을 속박하고 있는 쇠사슬의 길이"에 따라 생활반경이 정해진 인생에 대해 훨씬 더 순종적인 입장을 취하고 있었다는 사실을 제외하면, 두 사람의 논점에는 어떤 공통의 기반이 있다. 그러나 두 사람 모두 부풀려 말하고 있으며, 도쿠가와 시대의 신분제는 훨씬 더 면밀히 검토될 필요가 있다.

도쿠가와 시대 주요 신분은 직업적 구분—사·농·공·상—으로 명문화되었고, 이 구분은 전(前)근대 일본사회를 설명하는 교과서에 아직도 일반화되어 실려 있다. 그러나 이것을 논의하기에 앞서 이 같은 범주 위에 존재했던 사람들을 살펴보는 것이 바람직하다.

1. 조정

1586년과 1866년 사이에 13명의 천황이 즉위했다. 그 중 2명은 여제(女帝)였다. 황통을 남자만 계승할 수 있게 된 것은 19세기에 유럽식으로 황실전범을 제정하고 난 뒤부터였다. 태평시대 동안 조정의 수입과 생활여건은 불안정했던 센고쿠 시대의 수준에 비하면 크게 향상되었다. 그러나 그것은 적당한 수준에 고정되어 있었다. 조정과 공가 몫으로 남겨둔 토지에서 거두어들이는 전체 수입은 15만 석(石)이 채 못 되었다는 점을 기억해야 할 것이다.

도쿠가와 시대 이전과 마찬가지로 대다수 천황은 제위에 얼마 있지 못하고 물러났고, 그 결과 조정의 수입은 별도의 주거지에 살고 있는 전임 천황을 부양하는 데 쓰이는 경우가 많았다. 또한 그런 식으로 부양해야 할 방계 집안도 있었다. 지나치게 많은 남자 자손들을 부양하기 위한 일반적인 방책은 그들을 몬제키(門跡) 가운데 16곳에 주지나 사제로 보내는 것이었다. 황실의 딸은 대개 유력 다이묘가로 시집갔다. 그렇지 않은 나머지 딸들은 비구니가 될 수도 있었다. 천황은 교토에 파견된 쇼군의 대리인, 즉 교토쇼시다이(京都所司代)의 통제를 받았다. 천황이 계획한 방문은 어떤 것이든, 예컨대 교토 어소(御所) 근처에 있는 정원에 가는 것조차 쇼시다이의 허락을 받아야 했다. 이 중요한 직책은 처음에는 이에야스가 가장 신임하는 가신 가운데 하나인 이타쿠라(板倉)씨의 수장에게 맡겨졌다. 조정은 자체적으로 예전의 행정적 위계를 유지하고 있었다. 교토쇼시다이와의 교섭은 부케덴소(武家傳奏)라는 직책을 가진 공가가 전담했다. 따라서 (조정과 막부) 각각의 '정부'는 어느 정도의 거리를 유지하고 있었고, 상호간의 관계가 우연히 이루어지는 일은 거의 없었다. 히데요시가 자칭했던 천황의 보좌역인 간파쿠(關白)에서부터 그 이하 모든 조정 내 직책의 임명은 막부 측 대표의 승인을 필요로 했다. 그러나 에도의 무가에 의한 지배에 조정이 분노와 좌절을 느꼈을 것으로 상상한다면 그것은 오산이다. 수세기 동안 관직, 종족(宗族), 기능 면에서 위축된 교토 무대에서 무가의 조직화된 통제는 세월이 흐르면서 전례화되고 축적된 끊임없는 제약에 더해진 또 하나의 족쇄에 불과했다.

조정의 구성원은 수양을 통해 순종적이고 엄격한 기질을 키웠으며, 이런 수양에 잘 적응하지 못하는 사람은 공적인 책임으로부터 일찌감치 물러나라는 주변의 압력을 받을 수도 있었다. 그러나 그런 경우조차 면밀한 준비와 협상 그리고 에도의 허락이 필요했다.

조정에서의 생활은 명확히 정해져 있는 약 180개의 의식(儀式)에 맞춰져 있었다. 이런 의식은 우타아와세(歌合わせ)에서부터 신도와 불교의 각종 신에게 자비를 구하는 의례에 이르기까지 아주 다양했다. 전례에 대한

| 신분집단 |

철저한 연구를 거쳐 엄청난 주의를 기울여 마련된 이에야스의 천황과 공가에 대한 법령은 그들이 문화의 세계에 전념하도록 지시하고 있다. 조정은 시(詩)에서부터 꽃꽂이와 분향(焚香)에 이르기까지 일본문화의 전 영역에 대한 전례와 엄격함의 가장 권위 있는 출처가 되었고 계속해서 그런 역할을 담당했다.

천황은 비록 정치적으로 무력했으나 그럼에도 전통과 정통성을 상징했다. 허셀 웹이 표현한 대로 천황은 각 구성원의 힘을 훨씬 능가하는 집합적인 힘을 지닌 집단의 중심이었다.[4] 막부와 조정은 서로를 공경했다. 17세기 말에는 예전에 소멸되었던 의식들이 막부의 관대함과 호의로 재정지원을 받아 다시 등장할 수 있었다. 천황의 즉위례(卽位禮) 가운데 하나인 대상제(大嘗祭)는 예전에 누렸던 영예로운 위치를 회복했고, 중세 이후 거행되지 않았던 의식들이 조정의 일정표에 다시 나타났다. 학문이 발달하고 고대의 관습과 텍스트가 제대로 대접을 받게 되자 막부는, 특히 쓰나요시의 쇼군 재직기간에, 옛 천황들의 능을 확인하고 예를 갖추는 데 최선을 다했다. 78개의 능 가운데 66개를 찾아내어 앞장에서 이미 언급한 대로 보존을 했다.

반면 막부에게는 조정이 부여하는 명예가 중요했다. 쇼군을 임명하는 사람은 천황이었다. 닛코(日光)의 이에야스 묘를 성지로 지정하기 위해서도 조정의 승인이 필요했다. 역대 쇼군은 '순화장학양원의 별당'(淳和奬學兩院の別當)*과 우근위대장(右近衛大將)이라는 칭호를 계승했다. 또한 쇼군은 '무가의 동량'이자 우대신(右大臣)으로 명명되었다.

다이묘들은 조정이 무가(武家)에 부여하는 관위를 얻기 위해 열성이었고 막부는 이것을 면밀히 규제하고 감시했다. 관위를 결정할 때는 그 자격을 정해놓은 정교한 원칙이 적용되었다. 왜냐하면 관위는 에도 성에서 쇼군을 배알할 때 앉는 자리의 순서를 정하는 기준이 되었기 때문이다. 관위

* 준나쇼가쿠료인노벳토. 준나인(淳和院)과 쇼가쿠인(奬學院)의 장관.

159

배정에서 도쿠가와씨의 분가(分家)가 다른 다이묘들보다 훨씬 유리했음은 물론이다.[5]

지위에 합당한 관위는 막부의 하급관리들에게도 주어졌다. 이들 서관(敍官) 역시 조정 통치기에 기원을 두고 있었고, 보통 특정 지역의 태수(太守), 수(守), 대장(大將) 식으로 명칭이 부여되었다. 그런 서관이 아무리 실제 관리의 업무와 관할지역과 거리가 멀고 부적합한 것이라 해도 일단 해당 서관을 하사받으면 계속해서 그 서관의 명칭을 사용하고 그렇게 불렸다.

조정은 또 연호(年號)를 제정했다. ('겐로쿠'[元祿, 1688~1704] 같은) 연호는 학자와 역자(易者)들이 중국 고전에서 찾아낸 상서로운 뜻의 한자 두 개로 만들어졌다. 이렇게 제정된 연호는 결코 20년 이상 사용되지 않았고, 4년이나 5년 정도로 짧은 경우도 많았다. 연호는 운과 성공에 중대한 영향을 미치는 것으로 간주되었고 대개 막부와의 폭넓은 협상을 통해 최종 결정되었다.

정치적으로는 무력했음에도 불구하고 조정은 일본사회에서 정통성과 명예의 산실로 남아 있었고 그 중요성을 증대시켰다. 막부는 조정이 무가와 접촉하지 못하도록 단속하는 데 최선을 다했고, 서민과 성지(聖地)에 대해 가지는 조정의 의미를 통제하고, 합리적으로 인식되도록 노력했으나, 샤머니즘적 외경(畏敬)이 계속해서 황실을 에워싸고 있었음은 의문의 여지가 없었다. 조정의 칭호는 상급 무사에게만 주어진 것은 아니었다. 중요도가 떨어지는 명예 서관은 무사계급이 아니어도 조정의 주목을 끈 특출한 공인(工人)이나 화가들을 기리기 위해 하사되었다. 일단 그렇게 조정으로부터 서관을 하사받으면 그 집안은 계속해서 그것을 사용하는 경향이 있었다. 1707년 막부가 이런 서관은 등록을 하고 그 이후로 오직 1대(代)에 한에서만 사용할 수 있다고 정함으로써 이 제도에 일정한 질서를 확립하려고 했는데, 조사 결과 에도 한 곳에서만 521개의 해당 집안을 찾아냈다.[6] 또한 조정은 태양의 여신 아마테라스와 이세 대신궁(伊勢大神宮)과의 특별한 관계에 힘입어 전국 곳곳의 신사(神社)에 등급을 지정하고 부여하기도

| 신분집단 |

했다.

　무사 정치인들은 종종 공가를 긴소매란 뜻의 '나가소데'(長袖)라고 부르며 빈정댔다. 이는 공가가 비현실적이고, 세상 물정 모르고, 시기심이 많고, 좀스럽다는 것을 나타내는 것이었는데, 공가는 실제로 그런 경우가 많았다. 그러나 공가의 지위와 명망은 그들의 딸들을 이상적인 신부감으로 만들었다. 무가제법도(武家諸法度)는 막부의 승인 없이 사적으로 혼인하지 말라고 경고하고 있었기 때문에 무가와 공가의 통혼 역시 막부의 제재를 받았다. 그럼에도 불구하고 시간이 지나면서 유력 다이묘가는 유력 공가와 혼인하는 일이 많아졌다. 예컨대 도사의 야마우치(山內)씨와 공가인 산조(三條)씨를 비롯해 많은 이들이 그러했듯이 사쓰마의 시마즈(島津)씨와 공가인 고노에(近衛)씨는 통혼이 잦았다. 이런 현상은 최고위층에서도 예외가 아니었다. 2대 쇼군 히데타다가 손녀를 천황에게 보낸 것을 시작으로 해서 이후 계속해서 각 세대마다 도쿠가와씨는 처첩을 황족이나 공가에서 선택했다. 도쿠가와씨의 분가도 이런 예를 따랐다. 그 결과 봅 와카바야시가 지적했듯이 도쿠가와 시대 후기에는 일본의 최고위층 사람들 사이에 혈통상의 순수한 친밀감이 형성되었다.[7] 메이지 유신과 관련해서 앞으로 살펴보겠지만 1860년대에 내친왕(內親王)과 쇼군의 혼인은 상당한 논란을 불러일으켰다.

　'조정'이라는 용어는 천황가뿐 아니라 교토의 귀족들을 아울러서 지칭하는 것이었고, 공가(公家, 즉 교토의 궁정귀족)는 다른 사회집단과는 분리되는 고유한 집단을 형성했다. 교토에는 137개의 귀족가문이 있었다. 그들 역시 자기들 내부에서 엄격한 형태의 위계를 이루고 있었다. 공가는 후지와라노 가마타리(藤原鎌足, 614~669)로부터 역사적 지위를 차지하기 시작한 일군의 귀족가문에서 유래되었다. 천황을 중국식 관료제로 무장시킨 645년의 다이카 개신(大化改新)을 주도한 인물이 다름 아닌 후지와라노 가마타리였다. 이후 11세기에 무가가 정치권력을 장악하기 전까지, 후지와라씨의 수많은 분가가 조정을 지배했다.

교토의 귀족은 후지와라씨의 주요 분가를 구성하는 다섯 집안 이른바 셋케(攝家)에 의해 주도되었다. 그 중에서 고노에(近衛)씨가 가장 세력이 컸다. 각각의 셋케는 1,500~2,000석을 생산하는 토지에서 나오는 수입을 할당받았으며, 간파쿠(關白)를 비롯해 조정의 요직에 임명되었다. 그들 밑에는 수입이 300~700석에 이르는 수입을 가진 아홉 개 집안인 세이가(淸華)가 있었다. 공가의 (어느 정도 수준을 갖춘) 저택은 교토 어소를 중심으로 밀집해 있었다. 공가의 상당수는 분향(焚香), 꽃꽂이, 다도, 시, 음악, 전통춤 같은 가업(家業)을 통솔함으로써 충분치 않은 수입을 보충했다. 이들 분야에서 그들은 이에모토(家元)* 같은 기능을 했다.

신비에 싸인 교토 공가 사회에서의 생활은 허풍이 심하고 생기가 없었다. 드러내놓고 하건 은밀히 행하건 아무튼 (외부와의) 성적 결합을 통해 새 피가 지속적으로 주입되긴 했으나, 주요한 혈통 사이에서는 근친혼이 이루어졌다. 수세기에 걸쳐 평화로웠던 도쿠가와 시대에 병법(兵法)은 그 중요성이 반감했고, 문민사회에 대한 요구와 관심이 전면에 등장하게 되었다. 이런 경향을 반영하듯 교토 조정은 점점 존경과 신망을 얻었다. 18세기에는 다시금 천황에 관심을 갖고 천황을 '일본적인 것'의 중심으로 여기게 하는 데 공헌한 또 하나의 조류인 고물주의(古物主義)가 나타났다. 오랫동안 문화 내셔널리즘의 구심점이 되어 왔던 천황제와 그 전통은 이제 새로운 정치적 내셔널리즘의 구심점이 될 만반의 준비를 갖추게 되었다.

2. 사무라이 지배계층

도쿠가와 시대에 고유한 특성을 부여한 것은 다름 아닌 사무라이 카스트 제도였다. 이론적으로 임무에 헌신하고 개인적인 위험이나 이익에는 연연

---

* 예능이나 무도(武道) 등의 각 유파에서 정통의 권위를 가지고, 그 전통과 기예를 전수하는 지위에 있는 가(家).

하지 않는 사무라이는 이상적이고 윤리적인 역할 모델이었다. 그들은 형사 소송 과정에서 특별대우를 받았으며, 모든 면에서 서민문화에 휩쓸리지 않았다. 그들은 장검과 단검, 두 개의 칼을 허리띠에 차고 다녔다. 이로 인해 사무라이는 배를 쑥 내밀고 팔자걸음을 걸어야 했다. 이들은 머리에 특별한 모양의 상투를 틀고, 가타기누(肩衣)라고 하는 어깨부분이 빳빳한 상의와 하카마(袴)라고 하는 치마바지 비슷한 하의를 입었다. 그들의 칼과 허세를 부리는 듯한 걸음걸이는 그들을 서민과 구별지었다. 진위 여부가 명확하지 않은 이에야스의 '유훈'(遺訓)은 무례한 행위를 하는 서민에게 칼을 사용하여 징치할 수 있는 권한을 사무라이에게 주었다.(이것을 기리스테고멘[切捨御免]이라고 한다.) 유력 사무라이 집안은 자기의 조상들이 사용했던 갑옷을 자랑으로 여겼고, 시간이 지날수록 그런 갑옷을 착용하는 바른 순서를 설명해주는 책자가 점점 필요해졌다.

지배계층으로서 누리던 이런 특권은 죽음과 관련한 관례에 의해 어느 정도 균형이 이루어졌다. 사무라이는 죄를 지었을 때 영주가 할복을 명하면 언제라도 할복을 할 마음의 준비를 하고 있어야 했다. 극심한 고통이 수반되는 이 할복을 행하면 그들의 이름과 명예는 회복되었다. 19세기의 목사 에비나 단조(海老名彈正, 1856~1937)의 회고록에는 그런 기준이 1860년대까지 어떤 식으로 존속했는지를 잘 상기시켜주고 있다.

영국식 군사훈련이 도입되었을 때 내 나이 열셋이었다. 열다섯 살짜리만 군사훈련에 참가할 수 있었기 때문에 나는 군사훈련을 받을 수 없었지만 떼를 써서 겨우 그 자리에 낄 수 있었다. 어느 날 총기훈련이 한창일 때 나는 실수로 장전대를 제거하지 않은 채 방아쇠를 당기고 말았다. 총이 발사되자 날아온 장전대를 맞고 장교 한 명이 부상을 입었다. 어찌할 바를 몰랐던 나는 저녁 무렵이 되어 집으로 몰래 기어들어 갔다. 그러다가 덜컥 아버지와 맞닥뜨렸다. 아버지는 나를 보고는 이렇게 말씀하셨다. "너는 엄청난 일을 저질렀다. 너는 자결을 해야만 할 것이야! 그러나 그 전에 내가 돌아올 때까지 기다리거라. 그동안 너는 네가 마땅히 해야 할 일을 받아들일 준비를 하고 있거라." 나는 운명에 순응할 마음의 준비를 갖추고 신실한 무사로서 나의 결단력을 시험하며 아버지를 기다렸다. 자정쯤 아버지가 귀가하셨을 때 나는 여전히 아버지를 기다리고 있었으나 아버지는 "자살할 정도의 잘못은 아니다"라고 고함을 치셨다.[8]

17세기 초 사가(佐賀) 번 사무라이 야마모토 쓰네토모(山本常朝)가 쓴 무사도(武士道) 입문서 『하가쿠레』(葉隱)는 사무라이 가치관의 고전적 해설서로 자주 인용되고 있다. 이 책은 전전(戰前) 일본에 열광적인 국수주의가 팽배해 있던 시기에 고전으로 부활했고, 전후(戰後)에는 작가 미시마 유키오(三島由紀夫, 1925~1970)의 글과 1970년 그의 할복을 계기로 잔광(殘光)을 발했다. 이 호기심을 자극하는 책은 적어도 세 가지 측면에서 언급할 가치가 있다. 첫 번째는 자신의 영주에 대한 절대적 복종──종교적 헌신이나 다름없는──을 사무라이에게 요구하고 있다는 점이다. 두 번째는 사무라이가 죽음을 준비하라는 명령을 받았을 때 그것을 숙명으로 받아들이고 순응하는 것, 즉 자기의 목숨을 버리는 것을 미화하고 있다는 점이다. 끝으로 이 책의 가장 놀라운 점은 다른 이들을 믿지 말라는 경고를 통해 중상모략으로 가득 찬 관료세계의 익명성을 예견하고 있다는 점이다. 적당히 처신할 줄 아는 사무라이는 입을 다물고 자신이 해야 할 바에 충실한 법이라고 권고했다. 적절한 예절과 행동을 준수해야 한다는 이런 주장은 훨씬 다채로운 에도 사무라이의 세계에는 별로 어울리지 않았다. 그러나 야마모토 쓰네토모는 자기가 찬양한 표준적 규범들이 태평시대에 상실되었다며 애통해했다.

무사도가 죽어가고 있는 것을 발견했다.
　생과 사의 갈림길에 직면했다면 무사는 주저 없이 죽음을 선택해야 할 것이다. 이것은 특별히 어려운 일이 아니다. 그저 굳게 마음먹고 밀어붙이

| 신분집단 |

면 그만이다.

　누군가 "어떤 목적도 이루지 못한 채 죽는 것은 개죽음일 뿐이다"라고 말한다면, 그런 계산적인 사고방식은 자만심에 가득 찬 허울뿐인 무사도에서 비롯된 것이다. 양자택일을 해야 하는 절박한 순간에 어느 것이 옳은 선택인지 확신하기란 매우 어렵다. 분명 모든 사람이 죽음보다는 삶을 선호한다. 어떻게 해서든 살 수 있는 방향으로 자기를 합리화할 것이다. 그러나 의로운 목적을 달성하지 못하고 그저 목숨만 부지한다면 그는 겁쟁이다. 가장 중요하게 생각해야 할 점이 바로 이것이다.

　반대로 죽음을 선택한다면 비록 당면한 목적을 이루지 못하고 죽을지라도 그 죽음은 치욕을 면할 수 있다. 설령 다른 사람들이 그것을 가리켜 개죽음이라든지 정신 나간 짓이라고 할지라도 말이다. 이것이 무사도의 본질이다. 만약 매일 아침저녁으로 죽음을 맞을 준비를 해서 언제라도 죽을 수 있다면 무사도는 자기의 것이 될 것이므로, 그는 평생 일말의 실수도 없이 철두철미하게 자신의 영주를 섬길 수 있다.[9]

일종의 도덕률로서 무사도가 완벽하게 표명된 것은 도쿠가와 시대의 일이었다. 사무라이 도덕군자들은 동포들 가운데 어째서 자신들만이 생산적 노동에 종사하지 않는지 설명해야 했다. 야마가 소코(山鹿素行, 1622~1685)는 "왜 사무라이는 직업을 가져서는 안되는가?"라는 질문을 던졌다. 그의 대답은 "사무라이의 소임은 살면서 자신의 위치를 성찰하고, 만약 주인이 있다면 그에게 충성을 바치고, 벗을 사귐에 있어 신의를 두텁게 하며 그리고 무엇보다 지위에 맞게 자기의 본분을 다하는 것이다. ……사무라이는 농민·직인·상인의 일을 하지 않으며, 오직 위에서 말한 무사도를 실천하는 데 매진할 뿐이다. 세 서민 계층의 사람들 중에 도덕적 원칙을 어기는 자가 있으면 사무라이는 그 자를 즉석에서 처벌하여 이 땅의 올바른 도덕적 원칙을 유지한다"였다.[10] 다시 말해서 사무라이는 '일'을 할 필요가 없기 때문에 마음껏 덕행(德行)에 전념하고 사회에서 이를 구현할 수 있는 유일한 집단이라는 것이다. 이런 주장은 엄격한 윤리를 장려했지만, 당연히 모든 사무라이가 엄격한 윤리에 맞추어 살지는 않았다.

일본은 질서 정연한 사회에서는 신분이 하는 일에 따라 정해진다는 관념을 중국의 고전으로부터 받아들였다. 관료-학자(士) 아래 농민(農)이 있었고, 농민이 재배하는 오곡이 사회를 지탱했다. 그 다음 집단인 직인은 유용한 물건을 만드는데, 이들은 상인보다 서열이 높았다. 상인은 아무것도 생산하지 않을 뿐 아니라 상품의 교환에서 그들이 하는 역할로 인해 물질주의와 이기심을 조장할 위험이 있었다.

중국에서 사회지도층이었던 '관료-학자'가 일본에서는 '무사-관료'로 바뀌었다.[11] 사무라이층은 결코 충분한 법적 근거를 부여받지 못했으며 어느 정도 인위적이고 모호한 집단이었다. 하지만 전문화에 기초한 위계의 관념은 사회조직의 용인된 규범으로 작용했다.[12] 그런 관념은 수많은 미디어, 특히 연극을 통해 수용되고 퍼져 나갔다. 앞으로 다루게 될 서민문화는 도쿠가와 시대 내내 이런 관념과 입장을 강화하고 확산시켰다.

무사는 1580년대와 1590년대에 히데요시의 병농분리령에 의해 폐쇄적인 사회계급으로 남게 되었다. 역사가들은 이 히데요시의 법령이 실은 히데요시 자신의 신분상승을 가능케 했던 그런 종류의 사회적 유동성에 종지부를 찍으려는 조치였다고 믿고 있다. 농촌은 무장해제되었고, 폭력 사용을 독점한 사무라이는 평화를 지키는 전문가가 되었다. 상급 영주는 사회를 동요시킬 수도 있는 타지역 출신의 사무라이들에게 은신처를 제공하지 말라는 경고를 받았고,[13] 사무라이는 자기 영주의 사령부에 모여 있어야 했다. 그 과정에서 가족이 분할될 수도 있었다. 최초의 도사(土佐) 번주 야마노우치 가즈토요(山內一豊)는 원래 오와리(尾張) 사람으로 그곳의 한 고관의 동생이었다. 그의 형은 무사의 지위를 포기했음에도 불구하고 자신의 지역에 계속 머무르면서 야마노우치씨 본가의 수장으로 간주되었다. 반면 히데요시의 전장에 가담한 가즈토요는 한 분가의 수장이 되었다.

각 다이묘의 군대에는 무장(武將)에서부터 병졸에 이르는 계급이 있었

| 신분집단 |

고 영주들은 가신의 명단을 가지고 있었다. 일반 병사의 수가 훨씬 더 많았음에도 불구하고 역사에서는 높은 지위의 사람들이 낮은 지위의 사람들보다 당연히 더 많은 주목을 받는다. 주요 가신들의 계급과 보수를 어떻게 정했는지를 알기 위해 도사 번을 예로 들어 살펴보면 좋을 것 같다. 일본 전체가 그랬던 것처럼 사무라이는 '상급 무사'(上士, 조시)와 '일반 무사'(平侍, 히라자무라이)로 나뉘어 있었다.

  11인의 가로(家老): 수확량 1,500~1만 1,000석의 토지를 받았다. 주요 군사조직을 통솔하고 종종 다이묘가와 통혼했다. 사실상 도쿠가와씨의 후다이다이묘에 상당하는 지위를 도사 번에서 누렸다.
  11인의 주로(中老): 수확량 45~1,500석의 토지를 받았다. 중요한 '실무'를 담당하는 행정관.

도사 번의 '일반' 무사는 다음과 같다.

  800인의 우마마와리(馬廻): 수확량 100~700석의 토지를 받는 '기마호위병'(騎馬護衛兵)으로 행정요원의 상당수를 차지했던 영관급(領官級) 장교.
  고쇼구미(小性組): 수확량 70~250석의 토지를 받았고, 인원은 일정하지 않았으며 대부분 지방행정을 관리했다.
  루스이쿠미(留守居組): 인원은 일정하지 않았고, 수확량 50~200석의 토지를 받은 하급관리.

그 밑에 건축 및 벌목 현장에서 사역병과 십장으로 복무했던 보병인 아시가루(足輕)가 있었다.
  위에서 말한 석수는 과세의 기준액을 반영한 것이지, 사무라이의 실제 수입을 의미하는 것은 아니다. 사무라이의 실제 수입은 이것의 절반 정도였으며 보통 직(職)이 있을 경우 추가수입을 얻을 수 있었다.

'사무라이'에 대한 논의는 대개 상급과 중급 사무라이에 초점을 맞춘다. 이들은 자기가 속한 번에 자기 주택이 있고, 갑옷·칼·말을 가지고 있고 종자를 거느리며, 직(職)을 얻을 수 있는 사무라이였다. 번에서 자신의 위치와 수입에 대한 그들의 권리는 '재산'으로 간주될 수 있었다. 위계의 더 아래쪽에 있는 사무라이는 말단직과 고된 임무를 맡았다가 그만두었다가를 자주 반복했다.

그렇다면 사무라이는 전체적으로 얼마나 되었을까? 전국을 대상으로 그 수를 정확하게 파악하려는 최초의 시도는 19세기에 이루어졌다. 당시 메이지 정부는 전직 사무라이에게 보상금을 줄 경우 그 부담액을 계산해보고자 사무라이의 수를 조사했다. 그 수는 40만 8,823가구였고, 부양가족까지 포함하면 총 189만 2,449명에 달했다.[14] 이는 일본 전체인구의 약 5~6%를 차지하는 수치이며, 특권층으로서는 엄청난 규모였다. 예컨대 대혁명 이전 프랑스의 경우 성직자와 귀족을 모두 합쳐도 전체인구의 0.5~0.6%에 불과했다. 단 프랑스의 귀족은 자신의 토지로 먹고살았던 반면 사병과 보병을 포함해 일본의 군대는 그들의 다이묘로부터 봉급을 받았다.[15]

에도 시대에 '상급' 무사와 '하급' 무사 사이에는 엄청나게 많은 서열이 있었다. 센다이(仙臺) 번은 34계급, 야마구치(山口) 번은 59계급이 있었으며, 메이지 시대 교육가인 후쿠자와 유키치(福澤諭吉)는 규슈의 작은 번인 나카쓰(中津)를 회고하며 100계급을 언급한 바 있다. 후쿠자와에 따르면 종종 일부가 상급 무사와 하급 무사를 구별짓는 경계를 넘어서기는 했으나, 250년 동안 그것에 성공한 사람은 아마도 4~5명 미만일 것이라고 했다. 나카쓰에서 하급 무사는 상급 무사에게 절을 해야 했다. 길에서 우연히 마주치더라도 하급 무사는 신발을 벗고 절을 해야 했다. "따라서 하급 사무라이는 문예나 그 밖의 학문 분야에 무지했고, 품행이 꼭 겸손한 일꾼 같았다"고 후쿠자와는 썼다. 반면 그들의 상급자들에 대해서는 "자연스러운 우아함과 귀족적인 풍모를 지닌 그들의 몸가짐은 가장 교양 있고 세련된 신

| 신분집단 |

사로 간주될 수 있었다"고 평했다.[16] 무사 신분 내에 존재하는 계급장벽에 필적할 만한 것들은 일본 전역에서 볼 수 있었다. 그러나 부수입이 거의 없었던 하급 무사의 계급 이동과 이탈은 훨씬 더 일반적이었다. 존 W. 홀은 오카야마(岡山) 번에 대한 분석에서 양자로 들어가거나 관직 임용을 통한 사회적 이동이 상당히 많았고, 위계의 하단으로 내려갈수록 새로 들어온 사람들의 수가 많아졌음을 알 수 있다고 결론내렸다. 오카야마의 경우 하급 무사인 가치(徒士) 527명 가운데 354명이 1632년 이후에 합류했다.[17]

사무라이는 전투요원으로서 도쿠가와 시대에 진입했지만, 몇 세대가 지나지 않아 행정업무를 담당하는 관리가 된 자신들을 발견하게 되었다. 이런 현상이 심화되자 태평시대에 적합한 예능과 교육에 대한 요구가 표면화했다. 교육을 후원하는 다이묘와 학문으로 유명한 지역에서는 결과적으로 개인의 능력을 인정해주는 폭이 제법 넓었을 것이다. 도쿠가와씨의 분가(分家)이며 17세기 이래 역사학 분야에서 두각을 나타낸 미토(水戶) 번에서는 헌 옷 장사의 아들인 후지타 유코쿠(藤田幽谷, 1774~1826)와 그 아들 후지타 도코(藤田東湖, 1806~1855)가 주위에 박식한 참모를 두는 데 열심이었던 영주의 후원을 받아 정치적·지적으로 큰 영향력을 행사하는 인물이 되었다.[18] 그러나 서민이 실질적인 사무라이 신분으로 상승할 기회를 잡는 경우는 드물었고, 그런 기회를 인정하는 경우는 더더욱 드물었다.

평화시에는 무사가 더 높은 계급으로 승진할 수 있는 역량을 과시하는 일 역시 마찬가지로 힘들었다. 전시에는 용기와 임기응변을 발휘하여 보상을 받을 수 있었지만, 시마바라의 난 이후 일본의 사무라이는 이미 무장해제된 농민들이 간혹 불만에 차서 무리를 지으면 그들과 대치하는 일은 있었지만 그 이상의 위협은 없었다. 결국 사무라이 계급은 한곳에 대대로 머무르게 된 점령군과 비슷했다. 평화시에 서열에 따른 지위와 특권의 구분은 주둔군 생활에서 아주 분명했다. 서민에 대한 사무라이의 비율, 그리고 그에 따른 군사 점령의 강도는 지역마다 달랐다. 사쓰마같이 오래되고 주변부에 위치한 번(藩)들은 막부 초기에 도쿠가와 가신에게 분봉된 번들에 비해 사무라이의 비율이 훨씬 더 높았다. 그러나 사무라이 계급 내에서의 신분과 격식에 따른 엄격한 차등은 일본 전역에서 법칙이나 마찬가지였다.

전반적으로 일정 구획의 군(郡)·촌·토지에 대한 관할권의 보유 여부가 '상급' 사무라이와 '하급' 사무라이를 구별짓는 가장 명확한 기준이었다. 이런 식의 관할권에 대한 재분봉은 도쿠가와씨의 후다이다이묘가 우위를 차지했던 태평양 연안의 중심부보다는 도자마다이묘령에서 더 일반적이었다. 대부분의 지역에서 일종의 행정 합리화가 이루어지면서 각 번은 봉토를 봉록으로 대체하게 되었다. 사무라이의 대다수, 그리고 분명 모든 하급 사무라이가 자신이 속한 번의 곳간에서 나온 포대 쌀로 봉록을 받았다. 그 결과 사무라이는 미곡상의 인심에 의존하게 되었다. 자기가 생산할 수 없는 물건을 사기 위해 봉록으로 받은 쌀을 돈으로 바꾸려면 미곡상에게 부탁할 수밖에 없었기 때문이다. 사무라이들이 거주하는 조카마치의 규모가 크면 클수록 필요한 물건은 더욱더 많아졌다.

17세기 초 그들의 선조들이 받은 상(賞)에 의해 수입이 결정됨으로써 생겨난 생활상의 한계가 정말 어떤 것이었는지 상상하기란 쉽지 않다. 도쿠가와 시대 전 기간에 걸쳐 하타모토(旗本) 4,956명의 인사기록부를 연구한 고조 야마무라는 '상급' 사무라이가 생활여건을 향상시키기는 대단히 어려웠다는 것을 보여주고 있다.[19] 하타모토는 막부의 군사·행정조직의 중심이었다. 대부분은 도쿠가와 초기에 간토 평야에 있는 작은 토지를 받긴 했으나 토지가 너무 작아 한 촌락이 행정구역상 두 부분, 심지어는 세 부분의 과세지역으로 나누어질 수도 있었다.

도쿠가와 시대 전 기간을 통해 하타모토의 55%는 집안의 시조가 하사받은 계급에 머물러 있었다. 단 4%만이 지위와 수입의 상승을 경험했다. 전체에서 과반수를 약간 넘는 수(53%)가 관직을 보유했으며, 그 가운데 41%는 선친이 하던 일을 물려받았다. 464명은 과음·방탕·낭비 따위의 문란한 사생활로 인해 강등되기도 했다. 그 중에서 23명은 추방되고, 5명은 처형되었으며, 8명은 할복명령을 받고 '명예롭게' 생을 마감했다. 추측컨대

| 신분집단 |

40개의 집안은 후사가 없어 대가 끊긴 것 같지만, 1,124명의 가장은 양자를 들여 후사로 삼는 것이 허락되었다. 이처럼 대다수 하타모토의 수입은 그대로 유지되었으나, 그들을 둘러싼 서민사회가 풍족해지자, 그들의 실질적 그리고 심리적 차원에서 인식하는 수입은 감소하게 되었다. 야마무라의 요약대로 하타모토의 "형식상의 수입은 지배층에 적용되는 거의 모든 척도에서 그들을 빈곤한 부류로 분류하기에 충분했다."

세대를 불문하고 생활의 향상을 기대할 수 있는 유일한 희망은 관직에 임명되는 것이었다. 그러면 자신이 유용한 사람이라는 자부심을 가질 수 있었을 뿐 아니라 추가적인 봉록이나 공금횡령을 통해 생활을 향상시킬 수 있었다. 수많은 사무라이의 일기는 자신의 조상에게 부여된 적이 없는 관직에 임명되는 것이 얼마나 어려운 일인지를 보여준다. 오와리(尾張) 번의 한 사무라이가 쓴 일기는 관직에 대한 광적인 그러나 헛된 희구를 생생히 묘사하고 있다. 이 일기의 저자는 너무나 상심한 나머지 직접 고뇌에 가득 찬 청원을 해보기 위해 무모하게 다이묘의 행렬에 뛰어듦으로써 스스로를 구경거리로 만들고 말았다.[20] 도쿠가와 치세가 계속됨에 따라 서열의 경직화는 전반적으로 더 심해졌다. 19세기 초의 하타모토 가쓰 고키치(勝小吉)는 "매일 아침 나는 가타기누(肩衣)와 하카마(袴)를 차려입고 영향력 있는 사람들을 하나씩 찾아 다녔다. 아카사카(赤坂) 구이치가이소토(喰違外)에 있는 오쿠보 고즈케노스케(大久保上野介)의 집에 찾아가 나를 추천해달라고 애원하기도 했다. 임관을 고려해달라는 것과 이제는 잘못을 뉘우쳤다는 내용이 담긴 청원서 외에 심지어 내가 여태껏 저지른 잘못을 쭉 나열해서 제출하기까지 했다. ……그러나 단 한 번도 관직을 받지 못했다"고 씁쓸하게 썼다.[21] (가쓰 고키치의 일기에서 볼 수 있듯이 그를 포함해서) 많은 사무라이들이 공허한 삶에 대한 좌절감을 반사회적인 행동을 통해 표출했다는 것은 그리 놀랄 일이 아니다. 가쓰의 경우, 그가 계속해서 비정상적이고 엉뚱한 행동을 하자 그를 양자로 받아들인 집안에서는 그의 행동거지를 바로잡길 단념하고, 그가 가족 모두에게 불명예를 안겨줄 행동을 하지 않을까 우려하여 여차하면 가둬놓기 위해 새장처럼 생긴 나무우리를 집 안에 만들어놓았다.

본질적으로 비생산적이며 무위도식하는 거대한 사무라이 계급을 부양하기 위해서는 완전고용을 장려했다. 사무라이 상층부에서는 불완전고용이 과도한 사적인 권력의 축적을 어렵게 만들었고, 반면 사무라이 하층부에서는 불완전고용이 일을 분담하게 하고 의존성을 띠게 했다. 막부관료제의 최상층에서는 대개의 경우 한 직책에 다수가 임명되어 관리들이 한 달마다 교대로 근무했다. 중간층과 하층에서는 사무라이들이 신분에 걸맞게 그리고 사회적 기대에 부응하기 위해 자기 밑의 사무라이들을 하인 부리듯 했다. 도쿠가와 시대의 판화물에서는 사무라이가 무언가를, 심지어 우산조차 직접 들고 있는 모습을 찾아볼 수 없다. 그것은 더 낮은 지위에 있는 사무라이가 하는 역할이었다. 그리고 태평시대에 가능한 한 적은 비용으로 상비군을 유지하려 했던 쪽에서는 하급 사무라이 역시 중요했기 때문에 막부와 번은 이런 역할을 법적으로 타당한 것으로 규정했다. 1712년에 막부는 에도의 다이묘 저택에서 유지해야 하는 수행원의 최소한의 수를 정하는 기준으로 석고(石高)를 사용했다. 하타모토 역시 일정한 인원의 가신들을 유지하라는 명령을 받았다. 이론적으로는 군역의 일환이라는 이유를 들었지만, 실제로는 국가적으로 평화로운 시대였기 때문에 하타모토의 가신들은 집안의 하인이나 다름없는 역할을 했다.[22)]

이런 사회질서에서는 사회적 신분에 걸맞게 체면을 유지하는 것이 바람직한 일이었다. 가신은 상인 대금업자에게 빚을 져서는 안되었지만 그렇다고 돈을 모으기 위해 구두쇠처럼 사는 것 역시 부적절한 처신이었다. 하급자의 안전은 상급자의 후한 인심에 달려 있었다. 막부는 "자신의 위치를 살피고 검약을 실천하여 낭비하지 말라"고 모든 배신(陪臣)들에게 지시했다. 그러나 1710년의 무가제법도(武家諸法度)는 "의복과 집, 연회의 음식, 선물품목에 있어 일부는 너무 사치스럽고, 일부는 너무 빈약하다. 둘 다 예의 범절에 맞지 않다"고 지적하고 있다. 이에야스 자신은 "일부에서 검약을 잘

| 신분집단 |

못 이해하여 자기가 해야 할 일을 하지 않고, 자기의 의무를 다하지 못할 때조차 자신이 검약을 행한다고 믿는 자들이 있는데, 이는 크나큰 잘못이다"라고 경고했다고 한다.[23]

하급 사무라이가 이런 균형을 유지하기란 쉽지 않았다. 18세기에 이르면 대다수 사무라이는 체면을 유지하기 위해 심지어 공식 접견을 하러 갈 때조차 서민을 짐꾼이나 수행원으로 고용하는 편이 비용이 덜 든다는 결론에 도달하게 되었다. 결과적으로 하급 '사무라이' 사회는 비(非)사무라이 사회와 명확히 구별되지 않으면서 비사무라이 사회 속으로 점차 사라져버렸다. 에도의 행정체계에서 마치부교(町奉行) 밑에는 요리키(與力)라는 보조자가 있었고, 요리키 밑에는 칼을 한 자루만 차고 다니며 하카마도 갖춰 입지 않은 도신(同心)이라는 더 많은 수의 보조자가 있었다. 도신의 조수들은 모두 비사무라이였다. 군사적 대비와 사무라이의 기강해이를 염려한 당시의 문필가들은 검문소와 다리를 지키는 경비 업무에 도신을 고용하는 추세에 자주 불만을 표했다.

다수의 대규모 조카마치, 특히 에도의 상업화와 물질주의는 결국 당대에 수없이 인용되던 무사 도덕군자들의 엄격한 윤리를 희석시켰다. 반면 소규모 조카마치와 가난한 조카마치에서는 대다수 사무라이가 정해진 수입에 맞추어 살아가기 위해 생활고를 겪었다. 더구나 만약 다이묘가 전쟁 대비태세를 다시 갖추기 위해 지방경제를 '개혁'하기로 마음먹은 엄한 사람이라면 상황은 더 심각했다. 이런 경우 실제적인 부담은 쥐꼬리만한 수입을 먹고살기 위해 최대한 쪼개 써야 했던 사무라이의 아내들에게 돌아갔다. 사무라이의 아내는 베짜기, 바느질, 세탁 같은 노동을 열심히 해야 했다. 자녀교육 역시 아내의 책임이었다. 또한 시집의 대를 잇는 것이 여자의 으뜸가는 의무였고, 시집에서는 며느리가 아이를 낳지 못하면 친정으로 돌려보내는 일이 많았다.

분명 경제적 상황은 시간이 갈수록 나빠졌다. 19세기 미토(水戶) 번의 한 '상급' 사무라이 집안의 딸로 태어난 야마카와 기쿠에(山川菊榮, 1890~

1980)의 어린 시절에 대한 회고는 빈곤과 어려움을 놀라울 정도로 생생하게 묘사하고 있다. 그녀의 어린 시절은 미토 번주(도쿠가와 나리아키〔德川齊昭, 1800~1860〕)가 언젠가 서구세계와 함께 들이닥칠지도 모를 위기에 대비하기로 결정하고 강도 높은 '개혁'을 실시했던 시기 직후에 해당된다. 대략 천 명 정도 되는 미토 번 사무라이 가운데 700명 정도가 100석 미만의 봉록을 받았다고 그녀는 쓰고 있다. 그러나 그들의 실수령액은 정해진 봉록의 절반도 안되어서, 미토 번은 그들과 그보다 못한 수준의 사무라이들이 수입을 보충하는 것을 허락했는데, 대개는 부인들이 부업으로 베를 짜서 충당했다. 어떤 경우에는 수입에 조금이라도 보탬이 되도록 남자들이 우산이나 광주리를 만들기도 했으나 실제적인 부담은 대개 여자들에게 돌아갔다. 세습적으로 조다이(城代) 직에 오를 수 있었던 최상급 가신은 5,000석의 수입을 누렸고 30명의 수행원을 거느렸다. 그러나 대부분의 사무라이는 그보다 훨씬 적은 수의 수행원을 거느렸고, 비용 절감을 위해 농민의 둘째나 셋째 아들을 임시 수행원으로 고용했다. 야마카와가 어렸을 때 미토 번에서 행해진 개혁은 철저한 검약을 요구했으며, 그 일환으로 사무라이 집안의 소녀들이 음악, 다도, 꽃꽂이 같은 전통 예능을 익히지 못하도록 했다. 소녀들은 기본적인 일본어 문자를 깨우치기 위해 학교——이곳의 학생들은 아버지의 수입에 따라 그룹화되었다——에 다녔으나, 일단 읽고 쓰기를 배운 다음에는 가사와 베짜기로 소일했다. 검약령에 따라 비단옷 착용이 금지되었고, 미토 번은 목화밭을 개간했다. 그리고 사무라이 집안 여자들은 실을 잣는 물레를 돌리느라 쉴 틈이 없었다. 가족의 옷은 서로 돌려 입고 수선해서 입는 것이 다반사였다. 검약은 신체와 머리를 치장하는 데까지 확대되었다. 전문적으로 머리치장을 해주는 사람들이 있었으나 이들은 사무라이의 부인을 고객으로 받아서는 안되었다. "여자들은 보통 1년에 두 번, 즉 중복(中伏)과 섣달그믐에 머리를 감았고, 남자들도 마찬가지로 아주 드물게 머리를 감았다. 도쿠가와 시대 초기에 미토 번의 생활은 무척 소박했으며 1690년대까지는 다이묘조차 머릿기름을 사용하지 않았

던 것 같다."²⁴⁾ 야마카와의 가족은 방석을 일절 사용하지 않았으며 이는 식사 때나 잔치 때도 마찬가지였고 음식도 언제나 보잘것없었다. 그 집에서는 유일하게 가장(家長)의 책상 앞에만 방석이 있었다. 음식 투정을 하는 아이들은 어른들에게 사무라이는 언제 전장의 부름을 받을지, 언제 사력을 다해 임무를 수행할 일이 생길지 알 수 없다는 내용의 훈계를 들었다.

다시 말해 일본에서 전쟁이 멈춘 지 2세기가 지난 뒤에도 17세기 초의 군사적 윤리와 언어는 젊은 사무라이들에게 미래의 위기에 대비하도록 호소했다. 영웅적인 과거를 말해주는 가련한 유품들은 평범한 현재에 순응했다. 야마카와의 한 친척은 한때 그의 조상이 선봉대장으로 복무했으나 수입이 500석에서 200석으로 점차 줄어들어 당시에는 소방수의 임무를 맡고 있었다. 그는 화재 발생시 불꽃으로부터 몸을 보호하는 특별한 상의를 입고서, 20명의 보병으로 이루어진 그의 부대원을 소집하여 '적'(불)과 싸우기 위해 출동했다. 그가 화재현장에 나가 있는 동안 집안사람들 역시 그가 소방대원들과 함께 돌아오면 대접할 음식을 준비하고 술을 데우느라 무척이나 분주했다. 야마카와는 자기가 자란 집처럼 19세기에 미토 번의 무가(武家)는 어둡고 홀대받고 적막했다고 썼다. 사무라이 가족들은 그들의 체면을 지키며 살아갈 만한 여유가 더 이상 없었다. 넓은 마당에는 잡초가 무성했고, 다다미(疊)는 낡고 때가 끼었으며 군데군데 헤져 있었다. 그녀의 어린시절에 미토 번의 '상급' 사무라이의 삶은 '지배계급'을 위해 마련된 삶과는 거리가 멀었음에 분명하다. 도쿠가와 시대 중기와 후기의 이런 현실은 늘 바쁜 에도의 관료들이 사무라이의 과도한 지출을 억제하고 신분에 맞게 체면치레를 하도록 하고자 공포한 검약령과는 현격한 대조를 보인다.

3. 농촌의 삶

사회적 명예와 기능에 따라 나누어진 전통적인 네 신분 중에서 농민은 서열상 사무라이에 이어 두 번째였다. 그들이 생산하는 식량은 다른 모든 것을 가능케 했다. 도쿠가와 시대에 전체 일본인의 약 85%가 농업에 종사했고, 그들의 생산성·복리·불만은 막부의 성공 혹은 결점을 비춰주는 거울이었다.

기후·지리·전통은 지역마다 큰 차이를 보였으나 농민이라는 신분은 어디를 가나 대동소이했다. 도쿠가와 시대 일본에는 전국적으로 약 6만 3천 개의 촌락이 있었다. 도쿠가와 시대의 촌락은 부분적으로 일본의 통일자, 특히 히데요시가 센고쿠 시대에 진행한 대규모 토지조사의 산물이었다. 실제로 촌락이 안정된 시기는 지역마다 다르지만,[25] 대부분의 연구자들은 히데요시의 토지조사를 시발점으로 보고 있다. 보통 장원(莊園)으로 불리는 대규모 토지를 행정상 사유화하는 중세의 양식을 파괴하고, 또는 그런 파괴를 끝낸 것이 바로 토지조사였다. 16세기 후반의 토지조사는 중첩된 권리를 더 이상 인정하지 않았다. 또한 무사-농민이라는 존재를 농촌에서 없애버렸고, 무사-농민은 전업무사 또는 전업농민으로 대체되었다. 토지조사는 표준화된 토지측량법을 사용하여 전국적으로 실시되었다. 토지조사의 초점은 개별 농민이 아닌 촌락에 맞춰져 있었지만, 각 촌락의 경작지는 그 경작지의 경작자와 동일시되었다. 이렇게 등재된 사람들은 촌락의 연공(年貢, 세금)을 책임져야 했다. 토지조사는 논뿐 아니라 주거와 고지대의 땅으로까지 확대되었으나, 모든 과세기준은 쌀의 석고(石高)로 환산되었다.

전(前)근대의 촌락생활은 일종의 공동체생활이었다. 땅을 고르게 해서 논을 만들고 관개수로를 설치하여 벼가 자라는 동안 물을 할당하는 일 등은 집단적 협동을 필요로 했다. 벼농사 역시 공동의 활동이었다. 특히 위치가 좋은 곳이 못자리로 정해졌고, 모내기는 마을 전체가 참여하여 이루어졌다. 모내기에 앞서 모내기 작업을 축하하고 그 성공을 기원하는 축제가 신사에서 열렸다. 신축 건물에 지붕을 올리거나 오래된 지붕을 수리하는 일 역시 마을사람들의 협동을 필요로 했다. 공동의 토지에 만들어놓은 퇴비도 공동체가 정한 양만큼만 가져다 쓸 수 있었다.

| 신분집단 |

따라서 농가에게 고립된 삶이란 사실상 불가능했다. 마을의 규범을 어기면 추방형(무라하치부〔村八分〕)까지 받을 수 있었고, 그렇게 되면 당사자는 타격이 너무도 컸기 때문에 제발 마을에 남게 해달라고 애원하는 것이 보통이었다. 공동체생활에서 배제하는 제재조치는 농촌사회 전체에 걸쳐 강력한 구속력을 가졌다. 대부분의 지역에서 장정들은 청년단체 와카모노구미(若者組)에 속해 있었는데 단체의 규범을 어길 경우 구성원의 기강을 잡기 위해 마을에서 추방하는 제재조치를 가했다.(일부 지역에는 젊은 여성들로 이루어진 무스메구미(娘組)라는 단체도 있었다.) 일반적으로 공동체에 다시 들어가기 위해서는 다시는 안 그러겠다고 다짐을 해야 했다. 그 예를 혼례 때 음주난동을 부린 사람이 쓴 다음과 같은 사죄문에서 볼 수 있다.

□ 사죄문 □

본래 제멋대로인 저와 제 두 동생은 과거에 여러분 앞에서 여러 번 난동을 부린 적이 있습니다. 올 호랑이해 2월 26일 제 혼례식에 아사키치가 구경을 왔을 때 작은 소동이 일어나 그를 들판까지 쫓아가 농기구로 두들겨팼습니다. 뿐만 아니라 그를 집으로 끌고 와서는 제 부모님과 함께 그에게 비난과 욕설을 퍼붓고 재차 패주었습니다. 이런 연유로 마을의 청년단체가 우리를 쫓아냈습니다. 우리는 개망나니라는 욕을 들어먹고 나서 깊이 반성했습니다. 청년단체에서 쫓겨난 이후에 저희는 상의할 사람이 아무도 없어서, 결국 중재인을 통해 화해를 청했습니다. 일이 이런 지경이라 의견을 모으기가 쉽지 않으셨겠으나 여러분께서 저희를 가엾게 여겨주셔서 저희는 더할 나위 없이 고마울 따름입니다.

청년단체에서는 저희가 결코 임원직을 맡을 수 없다는 결정을 내렸습니다. 물론 저희는 술자리에서 상석에 앉지 않을 것이며 하급자의 대우를 받을 것입니다. 맹세컨대 무슨 일을 하든 말대꾸하지 않고 여러분의 충고를 따르겠으며, 올바르게 행동하겠습니다. 만에 하나 저희가 또 마음이 변하여 이런 맹세를 지키지 않는다면, 저희는 여러분이 내리는 그 어떤 벌도

달게 받겠습니다. 또한 저희가 개과천선하고 이런 사죄문을 올리는 만큼 앙심이나 원한을 추호도 갖지 않겠습니다. 게이오(慶應) 2년(1866) 오미구니 구리타군 안요지무라(近江國 栗太郡 安養寺村)[26]

촌락은 쌀 외에도 여러 가지를 생산했다. 밭에서는 잡곡, 고구마, 콩, 대마 등을 재배했다. 지방에 따라서는 목화, 인디고, 사탕수수 같은 좀 더 특화된 작물을 생산했고 연안의 염전에서는 소금을 생산했다. 시간이 지나고 시장이 발달하면서 (16세기에 감자와 함께 수입된) 담배 같은 '사치성' 작물들도 목록에 추가되었다. 원래 번 당국은 오직 미곡에만 집중하길 바랐으나, 당시 성장하고 있던 상인집단의 마음은 각종 특수작물의 상업적 가능성에 쏠려 있었다. 18세기에 이르자 각 번의 상인들은 작물을 수입하는 것보다 직접 생산하는 편이 더 이롭다는 주장을 앞장서서 제기했고, 그 결과 번의 재정을 담당하는 사무라이 감독관은 그런 작물의 생산에 대한 편견을 누그러뜨렸고 나중에는 완전히 버리게 되었다.[27]

도쿠가와 시대 초기 농촌사회 구조의 중심은 초기 토지조사에서 경작지와 동일시되던 농민들이었다. 일반 농민인 햐쿠쇼(百姓)와 대비되는 이 혼뱌쿠쇼(本百姓)라는 유력 농민의 상당수는 센고쿠 시대 초기의 특권화된 반(半)사무라이 계층으로부터 유래했다. 그들은 임야에 대한 독점권을 가졌고, 지역의 수리(水利)사업을 지도했으며, 큰 시설물을 유지·관리했다. 그 어느 때도 촌민이 차별 없는 집단으로 구성된 적은 없었다. 토지대장에 따르면 경작자의 보유지는 토머스 스미스가 말했듯이 작은 텃밭에서부터 100석 이상의 토지에 이르기까지 놀랄 만큼 다양했다.[28] 상위집단에 속한 사람들은 분명히 교육의 기회가 더 많았으며, 관리들한테서 호의를 받았고, 비슷한 수준의 집안과 혼인을 맺었다. 오직 그들만이 마을에서 특별한 지위를 가졌고, 마을의 지도자로서 마을이 집단적으로 영주에게 바쳐야 하는 세금을 어떻게 분담할 것인지를 결정했다. 또한 그들만이 촌정(村政)에 참가할 수 있었다. 그들의 토지는 초기의 토지조사에 기록된 본래의 논이

| 신분집단 |

라는 뜻의 혼덴(本田)으로 불렸다.

마을지도자는 세습되거나, 사무라이 관리들에 의해 임명되거나 마을의 유력 집안이 모여서 선출했다. 이들에 대한 호칭은 지역에 따라 달랐으나, 역할은 어디서나 동일했다. 마을에서 가장 가까운 조카마치에 사령부가 있는 관할구역 사무라이 관리들과 햐쿠쇼(百姓)의 가교역할을 했던 것이다. 따라서 마을지도자의 책임은 막중했다. 그들은 일이 잘못되면 양측 모두에 대해 책임을 져야 했다. 도쿠가와 시대 초기에는 촌민에게 마을지도자에 대한 선택권이 별로 없었기 때문에 만약 의무가 지나치게 무거우면 당국에 이의를 제기하는 일은 마을지도자의 몫이었다. 그러나 도쿠가와 시대 중기와 후기에 비교적 평화가 지속되자 점차 변화가 나타나서 촌민들은 그들의 지도자를 선택하고 그들의 문제에 대해 더 큰 목소리를 내고자 하는 욕구를 갖게 되었다.[29]

혼뱌쿠쇼 밑에는 토지 없는 사람들이 있었는데, 그 중 상당수가 소작인이었고 그보다 더 많은 수가 마을 유력자의 집에서 허드렛일을 했다. 일본 농촌의 소작제는 자본주의와 함께 발전한 어떤 것이 아니라, 전(前)근대의 불평등에 그 기원을 두고 있다. 일본의 대다수 농촌지역에서 농민 보유지는 하나로 이어진 넓은 땅으로 이루어진 것이 아니라 하천유역을 따라 여기저기 흩어져 있는 작은 논밭으로 이루어져 있었고, 대부분의 농가에게는 이런 형태가 하나로 이어진 넓은 땅보다 더 바람직한 배치로 간주되었다. 토지가 이렇게 작게 여기저기 흩어져 있으면 날씨·해충·가뭄의 피해를 덜 받았기 때문이다. 심지어 토지의 지형상 굳이 그럴 필요가 없을 때조차 전통적으로 그런 배치를 권장했다. 많은 지역에서 범람원은 과거의 법령에 명기된 할당제도를 떠올리게 하는 과정을 통해 정기적으로 재분급되었다. 그러나 보유지가 여기저기 흩어져 있기 때문에 이쪽 땅과 저쪽 땅 사이를 빈번하게, 실제로 거의 끊임없이 이동해야 했다. 만약 한쪽 필지가 어느 정도 규모가 된다면 초기 토지조사에서 경작자로 이름을 올리지 못한 사람들에게 소작을 주는 편이 훨씬 능률적이고 유리했다. 그러나 소작인은 지주가 보유한 공적인 권리나 의무를 거의 나눠 갖지 못했고 경제적으로 예속된 상태에서 살아가야 했다. 대개 소작지는 너무 작아서 소작인이 부를 축적할 가능성이 애당초 없었고, 소작인의 집과 도구도 자기 것이 아닌 경우가 많았다. 가부장주의가 그들의 언어·처신·복종에 배어 있었고, 그들의 생활은 "물을 먹고 살 정도로 가난한 농민"을 뜻하는 미즈노미(水呑)라는 말에 집약되어 있다. 지주는 소작인의 오야카타(親方), 즉 '부모 같은 사람'이었고, 소작인은 지주의 고카타(子方), 즉 아이였다.[30]

농가는 고닌구미(五人組)라는 연대책임제에 의해 조직되었다. 구성원 중 한 명이 잘못을 저지르면 구성원 전체가 처벌을 받을 수 있었고, 마찬가지로 한 구성원이 체납한 세금은 나머지 구성원에게 부과될 수 있었다. 농촌생활의 단위는 가족이나 이에(家)이지 개인이 아니었다. 17세기에는 마을에 들어갔다 나갔다 하는 일이 법으로 엄격히 금지되어 있었고, 각 개인은 비록 입 밖에 내지는 않아도 자기가 사는 지역 내 모든 농가의 상대적 지위, 역사, 기록, 자산에 대해 확실히 알고 있었던 것으로 보인다.[31]

일본의 농촌에 있어 신분과 부의 성격에 대한 우리의 이해는 지난 50년 동안 이루어진 역사적 조사연구의 성과에 힘입은 바 크다. 제2차 세계대전 전에는 대부분의 역사학자들이 일본의 사무라이 지배층에 관심을 집중했다. 그런 관점에서 농촌은 조카마치에서 하달하는 고압적이고 위협적인 법령이라는 렌즈에 비친 농촌이었다. 농촌의 억압과 희생에 대한 놀라운 이야기들은 근세 일본의 농민 하면 심한 억압을 받으며, 대부분 특징과 개성이 없는 신체를 가진 농민들이 허리를 굽히고 묵묵히 노동하는 모습을 떠올리게 만들었다. 관(官)의 문서들은 당국이 농민을 그런 식으로 보았다는 것을 분명하게 보여준다. 농민으로부터 가능한 한 많은 것을 착취하기 위해서는 씨에서 기름을 짜내듯 그들을 쥐어짜야 한다는 진술이 있는가 하면, 농민은 (낭비가 가능할 정도로 여유 있게) 살아도 안되고 죽을 만큼 (그래서 생산이 중단될 만큼) 못살아도 안된다는 진술도 있다. 주요 법령들, 특히 17세기에 공포된 법령들은 이런 의도를 분명히 드러내고 있다. 도사 번은

| 신분집단 |

도망치는 농민에 대해 불안감을 느꼈는지 1612년 문서에서 "관건은 [농민이] 구니를 떠나지 못하게 하는 것"이며, 도망친 농민에게 은신처를 제공하는 자는 "사형에 처해 마땅하나 너무 심하게 하면 결국 도처의 농민을 이웃 구니로 도망치게 만들 뿐이다"라고 주의를 주었다. 또 "다른 구니로 도망치는 것은 심각한 범죄다. 도주를 방조한 자의 죄질도 이와 똑같다. 양쪽 귀와 코를 모두 잘라내야 한다"고 지적했다. 그러나 "어떤 농민이 도주자라고 해도 그가 만약 우리 영내에 몸을 숨겼다면 그의 죄는 좀 더 가볍다. 그러나 다른 구니로 도망치는 행위는 반드시 근절되어야 한다."[32] 분명 여기서의 초점은 생산력을 유지하는 데 맞춰져 있다. (농민과 관련한) 고전적인 문구는 막부가 1649년에 공포한 법령에서 아마 찾아볼 수 있을 것이다. 32개 조로 이루어진 이 농촌법령*은 정성 들여 파종할 것, 잡초 제거, 조기 기상, 저녁에는 새끼를 꼬고 가마니를 짤 것 등을 언급하고 있으며 농민에게 차나 술을 사지 말라고 경고했다. "아무리 예쁜 아내라도 남편의 일을 소홀히 하고, 차를 마시고 구경을 하러 다니고 들판을 어슬렁거리면 이별해야 할 것"이라는 조항도 있다. 농민은 쌀 대신 기장이나 여타 잡곡을 먹어야 하며, 무명옷이나 삼베옷을 입어야지 비단옷은 절대 입어서는 안되고, "담배를 피우면 안된다. 담배는 건강에 해롭고 시간을 축내 돈이 들 뿐 아니라 화재의 위험이 있다."[33]

이런 것들은 농민이 끊임없는 억압과 고난 속에서 살아갔음을 보여주는 우울한 지표이며, 도쿠가와 시대의 농촌이 강제 노동수용소와 흡사하다는 것을 시사한다. 그러나 이런 (농촌 관련) 법령은 농민의 근면성과 지성을 아주 낮게 평가하던 사무라이 관료들이 만들어낸 것이며, 농민의 실생활과는 어느 정도 차이가 있음을 염두에 둘 필요가 있다. 관료는 농민이 자신의 노동을 통해 이익을 취하는 것을 막아보려고 노심초사했다. 관료들이 정한 검약령은 마을지도자를 제외한 어떤 농민도 면(綿)으로 된 비옷을 입거나

---

* 정식 명칭은 「諸國鄕村江被仰出」이며 보통 「게이안노오후레가키」(慶安御觸書) 혹은 「게이안후레가키」(慶安觸書)라고 한다.

181

우산을 사용해서는 안된다고 못 박아 놓았다. 가죽창을 댄 신발을 신는 것 역시 금지되었고, 귀갑으로 만든 빗을 사용하면 30일의 구금형을 받을 수 있었다. 일부 지역에서는 조카마치로부터 1~2마일 내에서 농민이 말이나 소를 타는 것을 금했다. 사무라이가 지나가면 농민은 모자를 벗고 절을 해야 했다. 한편 또 다른 법령들은 혼례와 잔칫날에 할 수 있는 소비의 한도를 정하고, 가옥 관련 규제사항을 명시하고, 미닫이문과 다다미의 사용도 금했다. 분명 지배층은 농민의 과소비를 감시하고, 농촌의 잉여생산을 자기네 몫으로 챙기는 데 철저했다.[34]

제2차 세계대전 이후 일본의 전문가들은 농촌생활과 농촌경제를 새롭게 상세히 조명하는 데 전념했다. 이들의 작업을 통해 훨씬 더 흥미로운 농촌마을의 실상이 밝혀졌다. 여기서 드러난 농촌마을은 신분과 특권의 복잡한 층위를 갖고 있었고, 다방면에서 전국적 규모의 신분의 위계를 그대로 보여주는 일본사회의 축소판이었다. 이 분야에서 주도적인 역할을 하고 있는 연구자가 결론짓고 있듯이 "농민은 유학자들이 묘사한 것처럼 동질적인 계급이 아니었다. 농민사회 자체는 부와 권력, 법적인 권리에 있어 가장 밑바닥에 존재하는 게닌(家人, 하인)과 소작인으로부터 중소지주를 거쳐 최상층의 호농계급이라고 불릴 만한 농민에 이르기까지 하나의 피라미드를 이루고 있었다."[35]

최근의 여러 연구에서는 그 강조점이 다시 한번 바뀌었다. 이제 논쟁의 초점은 모든 상황을 자신의 통제 아래 두려 했던 17세기 사무라이 통치자들이 그린 경직된 농촌상(像)에서 18세기 일본의 다양한 형태의 성장으로 옮겨갔다. 예컨대 어느 정도의 촌락 자치가 이루어졌다는 사실은 사무라이가 농민을 다그칠 수는 있어도 농민을 완전히 지배할 수는 없었다는 것을 의미한다. 사무라이 대부분은 조카마치에 살았고, 일부 번에서는 사무라이가 질서를 어지럽힐지도 모르기 때문에 농촌에 들어가는 것을 금지했다. 그렇다면 규정상 사무라이 앞에서는 절을 해야 했던 농민이 실제로 사무라이와 우연히 마주칠 가능성이나 빈도는 그다지 높은 편이 아니었다는 결론

| 신분집단 |

을 내릴 수밖에 없다. 더구나 농촌지역은 더욱 많은 생산을 하게 되었고, 나중에 보듯이 생산물 중 더 많은 부분이 농촌지역에 그대로 남았다. 토지 개간과 향상된 각종 농경기술, 예컨대 종자 개량, 관개, 시비(施肥)와 관련된 기술 덕분에 소출이 증가했고 사적인 축적을 위한 새로운 기회가 열렸다. 이와 함께 상업화는 부의 이동을 가져왔다. 대가족의 재산이 잘게 쪼개짐에 따라 각 분가는 철저한 종속에서 부분적인 종속, 그 다음에는 실질적인 독립으로 나아가는 길을 걸어갔다. 도회지의 사무라이 통치자들은 많은 양의 새로운 농업잉여를 뽑아내는 데 실패했음이 분명하다. 세율은 대체로 변화가 없었던 것으로 보이는데, 그것은 아마 농민의 조세저항을 우려했기 때문일 것이다.[36] 농업잉여의 상당량이 농촌에 남게 되자, 당시 성장하고 있던 도시를 위해 생산된 환금작물은 직인(職人)의 전문화와 시골의 정기적 시장의 개선을 가능케 했을 뿐 아니라 필수불가결하게 만들었다. 새로운 유형의 농촌 엘리트는 농업 향상에 투자하는 게 자기에게 유리하다는 것을 간파했고, 여전히 오래된 몇몇 집안에 전적으로 의존하는 독단적인 방식의 촌정(村政)에 염증을 내게 되었다. 농작물 재배에 관한 책들이 등장했고, 글을 아는 농민이 점점 늘어나면서 그들 사이에 이런 책이 수백 부씩 유통되었다. 농민은 자기가 재배한 생산물을 더 많이 축적하게 되자, 더 많이 생산하기 위해 더 열심히 일했다. 경제사가 하야미 아키라(速水融)의 말을 빌리면 '근면혁명'(勤勉革命)은 서구 '산업혁명'의 농촌판이었다.[37] 당시의 텍스트는 햐쿠쇼카부(百姓株)를 언급하기 시작했다. 이것은 '농민의 몫'을 뜻하는 말로 당시에 토지매매를 비롯해 마을회의, 수용 할당, 이런 명칭에 어울리는 자치 등에 대한 제권리의 행사가 가능해졌음을 시사한다.[38] 가부(株)라는 용어에 대해서는 나중에 다시 살펴보겠지만 어쨌든 햐쿠쇼카부가 널리 퍼져 있었다는 사실은 신분 구분에 변화가 있었다는 것을 나타낸다.

4. 조닌

사회적 신분의 세 번째와 네 번째 서열에 위치하는 직인과 상인은 도시의 주민들로 여기서는 이들을 한꺼번에 검토하고자 한다. 그도 그럴 것이 막부와 번의 법령은 이들을 따로 구분하지 않고 '도시민'이라는 뜻의 조닌(町人)으로 명명하고 있기 때문이다. 그러나 이들 사이에는 중요한 차이가 있었다. 이론적으로 직인은 사회가 필요로 하는 주택과 상품을 공급함으로써 사회에 공헌을 하는 반면, 상인과 무역상은 교역에 집중하여 자신이 직접 생산하지 않은 것으로부터 이윤을 얻는다는 점이다. 그래서 유교적인 사회이론은 상인을 최하층에 두었다. 제로섬 게임의 관점에서 보면 사회에 아무 공헌도 하지 않는 상인들의 축적분은 다른 사람들, 즉 생산집단의 손실분이 되는 셈이었다. 그래서 상인은 기생적이고 사리사욕을 추구하는 사람들로 묘사되었다.

직인과 상인은 센고쿠 시대에 그 규모와 중요성 면에서는 엄청나게 성장했다. 일본의 통일자들에게 필요해지기 시작한 물품들이 사카이(堺), 교토, 나고야, 나가사키 등의 항구도시에서 활동하는 그들의 대리인들을 통해 공급되었다. 사카이는 무역과 제조업의 중심지로서 특히 중요했다. 사카이의 부유한 호상(豪商)들은 문화와 다도(茶道)를 주도했다. 노부나가와 히데요시 두 사람의 다도 스승이었던 센노리큐(千利休)는 자신의 상당한 부를 바탕으로 간소하고 절제된 새로운 의식을 만들고 다도를 집대성한 인물이었다. 당시 사카이를 묘사한 그림들은 생동감 넘치는 도시문화를 충족시켜주는 상점과 식당이 늘어서 있는 수로를 보여준다. 도쿠가와 시대 초기 수십 년 동안 이에야스의 다이묘들이 그들의 조카마치 문화를 발전시킴에 따라 많은 다이묘들은 교토-사카이 지역의 중심도시에서 활동하는 상인들을 설득하여 그들의 번으로 데려오려 했다. 비교적 규모가 작았던 그들의 번을 개조하여 기나이(畿內)의 거대도시에서 볼 수 있는 휘황찬란함을 약간이나마 실현해보고 싶었던 것이다. 예컨대 도사 번주 야마우치는

| 신분집단 |

하리마(播磨)라는 상인집안을 설득하여 고치로 오게 하려 했다. 일종의 병참장교 같은 역할을 했던 그런 상인들은 종종 신분의 경계를 넘어 사무라이층에 진입할 수 있었다. 또한 스미노쿠라 료이(角倉了以) 같은 사카이와 오사카의 호상들은 막부가 해외항해를 금지시키기 전까지 국제무역에서 중요한 역할을 했다.

막부와 다이묘의 관료들이 정국 안정을 위해 애쓰던 17세기 초의 수십 년 동안 도시생활은 왁자지껄함과 통합의 다채로운 모습을 보였다. 꽤 많은 다이묘에 대한 전봉과 개역은 무수한 가신들을 오갈 데 없이 만들었고, 일자리를 얻기 위해 혈안이 된 다수의 로닌이 생겨났다. 대규모 영지를 분봉받은 다이묘가 일부 로닌을 수용할 수는 있었으나, 수적으로 훨씬 많은 나머지 로닌은 자신의 임기응변과 칼에 의존하여 살아가야 했다. 이들의 울분은 불발로 끝나버린 1651년의 음모로 표출되었다. 병법교사인 유이 쇼세쓰(由井正雪, 1605~1651)는 에도에 있는 막부의 병기고를 폭파할 목적으로 로닌을 조직했다. 이 밖에 이에야스가 히데타다에게 쇼군 직을 물려준 뒤 머물렀던 슨푸(駿府) 성 방화도 계획했다. 이런 음모는 사전에 발각되어, 34명의 가담자와 그들의 친척이 처형당하면서 막을 내렸다. 아무래도 유이 쇼세쓰의 부관 마루바시 주야(丸橋忠弥)가 계획을 자랑 삼아 떠벌리고 다닌 것이 화근이었던 것 같다. 일이 틀어진 것을 눈치 챈 유이는 체포되기 전에 자살했고, 자신의 목적은 오갈 데 없는 사무라이들의 고통에 막부 당국자들이 관심을 갖게 하려는 것이었음을 설명하는 짧은 유서를 남겼다. 이 사건 이후 개역이 상대적으로 줄어들었기 때문에(그리고 센고쿠 시대를 경험한 전사[戰士]들이 세상을 뜨자) 로닌 문제는 점차 덜 심각해졌다.

아마도 군사적·사회적 공훈에 따른 보상을 더 이상 기대할 수 없는 데 대해 분노와 절망을 느끼고, 평범한 사회윤리와 개인윤리를 경멸하게 된 많은 젊은 무뢰배들 때문에 몇 년간 도시는 몸살을 앓았다. 대개 긴 칼, 장발, 그리고 요란하고 기괴한 옷차림을 하고 큰소리로 허풍을 치고 다니는 청년들은 교토를 비롯해 여타 도시의 거리를 활보하고 다녔으며, 덤빌 테

면 덤벼보라는 식으로 주변 사람들을 윽박질렀다. 이들은 "상도(常道)에서 벗어난 행동을 한다"는 뜻의 동사 '가부쿠'(傾く)에서 파생한 말인 가부키 모노(かぶき者)로 불렸고 상도에서 벗어난 사회적 일탈행위를 자랑스러워 했다. 이는 일시적인 현상이었으나, 이런 현상의 유행은 도시의 당국자에게 큰 문제로 다가왔으며, 도쿠가와 시대의 첫 반세기 동안 도덕과 질서를 강제하는 엄격하고 경직된 법령이 속출하게 된 배경을 이해하는 데 어느 정도 도움이 된다.[39] 비록 이들이 사회문제이긴 했지만, 뜻밖에도 가부키 모노의 문화적 유산을 훗날 가부키(歌舞伎)에서 양식화된 허세 부리는 듯한 동작에서 찾을 수 있다. 가부키 형식은 도쿠가와 시대 초기에 교토에서 시작되었으며, 풍류춤을 추는 일군의 여자들과 관련이 있었다. 이들의 춤은 서민들의 환영을 받은 반면 지체 높은 사람들을 불쾌하게 만들었다. 나중에 가장 많은 인기를 얻은 몇몇 가부키 작품은 가부키모노의 저항정신을 기념하는 데 기여했고, 가부키 애호가들에게 정의를 위해 떨쳐 일어나 당국에 반항하는 용감한 영웅을 보는 짜릿한 대리만족을 선사했다. 이는 17~18세기에 가부키를 통해 불멸의 존재가 된 로닌 이야기에도 해당된다.

이런 현상을 통제하려는 막부의 욕망은 그리스도교 운동에 대한 박해와 일맥상통하는 것이었고, 그리스도교 박해과정에서 개발된 일련의 등록제도와 관련이 있다. 일찍이 호구(戶口)와 견인용 가축에 대한 개별적인 조사는 부역(夫役) 차출을 위한 기초자료로 사용되었다. 앞에서 언급했듯이, 1614년에 막부는 이런 조사를 사찰의 교구민으로 등록하는 것과 결부시키는 조치들을 직할령에 실시했고, 반세기 뒤에는 이 조치가 전국으로 확대되었다. 농촌에서는 이런 조사결과가 호주의 이름, 가족 구성원, 연령, 관계, 호구의 석고(石高), 견인용 가축에 대한 사항을 포함하는 일종의 장부와 결합되었다. 이런 식으로 전 인구는 사찰의 등록부에 기록되었다. 이 등록부는 모든 촌락 혹은 다른 행정단위에 제출되었다. 상호연결된 통제 네트워크는 모든 주민을 분류하는 데 사용되었다.

신분의 범주화에 대한 관심은 전문적인 기능인에까지 확대되었다. 그것

| 신분집단 |

은 교토의 화가 가이호 유세쓰(海北友雪, 1598~1677)가 120명의 전문가를 묘사하고 있는 17세기 화보집을 통해 확인할 수 있다.[40] 여기에는 의복, 음식, 가옥, 오락 도구, 도박, 종교, 마술 등이 망라되어 있다. 비술(秘術)을 믿었던 시대였으므로 역술가와 점쟁이 역시 재단사나 의사와 마찬가지로 적법한 직업이었다. 일부 지역의 문서들은 고도로 구조화된 생산체계가 존재했음을 시사하고 있는데, 예컨대 목수는 영주를 위해 1년에 24일을 일하고 그 대신 공예가로서의 신분을 인정받는 동시에 생계를 유지할 수 있는 그들 몫의 쌀과 가옥을 배정받았다.

쇼군의 도시와 다이묘의 조카마치가 발전함에 따라 건축이 폭발적으로 증가하는 가운데 직인이 각 번에서 부(富)의 중요한 요소로 간주되었다는 것은 별로 놀랄 일이 아니다. 근세 이래 목수의 뜻으로 쓰이는 다이쿠(大工)는 건설하청업자라고 부르는 편이 더 나을지도 모르는 한 인물과 관련된 기원을 갖고 있다. '야마토(大和)의 신(神)'이라 불렸던 나가이 마사키요(中井正淸, 1565~1619)는 이에야스 밑에 자진해 들어가 그를 섬겼는데, 호류지(法隆寺)에서 일하던 그의 전임자에게 히데요시가 교토의 호코지(方廣寺) 건설을 맡겼기 때문에 기회를 잡을 수 있었던 것이다. 이에야스는 나가이에게 후시미(伏見) 성, 교토의 니조(二條) 성, 에도의 지요다(千代田) 성, 그리고 쇼군 직에서 물러난 뒤 머물렀던 시즈오카(靜岡)의 슨푸(駿府) 성 등을 쉴 새 없이 건설하게 했다. 나가이는 많은 지역의 목수조직(大工團)을 거느리고 있었고, 막부의 건축사업을 도맡다시피 했기 때문에 '무가(武家)의 동량'이라는 칭호를 연상시키는 '다이쿠의 동량(大工の棟梁), 즉 '목수의 우두머리'라는 칭호를 얻었다.[41] 따라서 일본사회의 각 부문을 특징지었던 위계는 적어도 그 상급집단에서, 즉 기능과 직업 면에서 재생산되었다. 직인들은 조카마치의 특정구역인 마치카타(町方)에 모여 살았다. 목수와 공구제작자는 농촌에서도 중요했지만, 여러 집단과 계급을 뒤섞는 것을 금함에 따라 촌락등록부에는 그들이 햐쿠쇼로 기재되었다.

상인의 활동은 너무도 중요해서 막부나 번 당국은 그것을 단순히 운에 맡겨둘 수가 없었다. 센고쿠 시대 말기에 통일자들은 센고쿠다이묘에게 이익을 주는 상업활동에 사실상 걸림돌이 되었던 특권집단에 결정적인 타격을 가함으로써 중세사회를 특징지은 상업의 폐쇄성을 깨뜨리기 위해 최선을 다했다. 도쿠가와 시대에는 당국자들이 구조적 안정과 질서에 관심을 가짐으로써 우선순위는 다시 한번 바뀌게 되었다. 가장 중요한 방책은 특정상인들에게 영업독점권을 주는 것이었다. 이렇게 인가받은 상인조합인 가부나카마(株仲間)의 상인들은 시장에서 그들의 품목에 대한 영업독점권을 갖는 대신 막부나 번 당국에 '사례'조로 묘가킨(冥加金)을 납부했다.

상사(商社)는 가장(家長)으로부터 점원과 사환에 이르는 자기 나름의 위계를 이루고 있었다. 예컨대 근대의 미쓰코시(三越) 백화점 제국을 잉태한 에치고야(越後屋) 포목점을 에도에 개업한 미쓰이(三井)가는 점포의 상권 바깥에 있는 여러 마을에서 11~13세의 소년들을 데려와 사환으로 삼았는데, 이는 그들에게 에치고야에 대한 충성심을 확실하게 심어주기 위해서였다. 10~15년이 지나면 이들은 상점 지배인으로 승진할 수 있었고, 그 가운데 소수는 그 이상의 위치에 오를 수도 있었다. 수십 년간 충성을 바쳐 일한 점원은 본사의 분점을 개설해도 좋다는 허락을 받는 혜택을 누릴 수도 있었다. 이것은 그가 미쓰이가의 가치와 가풍을 자기 안에 내면화한 것으로 인정받았다는 증거였다. 각 주요 상가(商家)는 본가·분가·연가(連家)로 구성된 체계를 갖추고 있었고, 본가는 특정 분가나 간부가 전체의 조화를 위태롭게 할 정도의 힘을 축적하지 않도록 세심한 주의를 기울였다. 도시에서 상인조직은 번이나 막부와의 연줄을 통해 특권과 특별한 기회를 누리는 대가(大家)로 성장했다. 이들의 가법(家法)은 무가(武家)의 그것과 흡사했고, 집안을 관리하고 단속하는 데 가장 많은 신경을 썼다. 고노이케(鴻池), 스미토모(住友), 미쓰이(三井)를 비롯한 다수의 호상(豪商)은 사실상 그 가장들이 원래는 사무라이였으나 자기가 섬기던 영주가 절멸된 후 상인 신분으로 바뀌었다. 그로 인해 이들 호상은 행정조직상의 많은 원칙을 상업세계에 도입했다. 분명히 가장 번창하고 성공한 상가(商家)를 포함해서, 대부분의 대상인은 변변치 않은 후계자로 인해 가산이 탕진되는 것을 막기 위해 엄청난 주의를 기울였다. 또한 그런 상가(商家)의 가훈은 당국과 너무 친밀하면 위험하다고 경고하고 있다. 정실(情實)에 의해 큰 이익을 얻을 수는 있지만, 정세가 뒤바뀌었을 때 안게 될 위험부담이 훨씬 더 크다는 것이었다. 미쓰이가의 수장 하치로에몬(八郞右衛門)은 유서에서 후손들에게 "너희는 상인이라는 점을 결코 잊지 말라"고 경고했다. 이따금 막부는 상가(商家)의 사치가 지나치다 싶으면 그 재산을 몰수함으로써 상인들에게 경종을 울렸다. 오사카의 목재상 요도야(淀屋)가는 오사카 성이 이에야스의 수중에 떨어진 1615년에 막부의 신임을 얻었다. 대대로 요도야가의 수장은 여러 다이묘의 재정 대리인 역할을 했고 오사카의 재정적·상업적 중심지인 나카노시마(中之島)의 발전에 공헌했으며, 오사카 미곡시장 개설을 인가받는 특혜를 누렸다. 그러나 1705년에 요도야가는 상인의 부와 과시욕에 제재를 가하려는 쇼군 쓰나요시와 충돌하는 바람에, 재산과 점포를 몰수당했다.

미쓰이가나 요도야가 같은 대가(大家)는 상인조직을 거론할 때면 늘 빠지지 않고 주목을 받지만, 그보다 규모가 작고 덜 화려한 상가(商家)가 수적으로는 압도적으로 더 많았다. 상인층은 농촌에서 정기적으로 열리는 시장에 모습을 드러내는 장돌뱅이에서부터, 거리에서 감자나 방물 따위를 소리치며 팔고 다니는 행상, 그리고 도시의 대점포주에 이르기까지 그 편차가 컸다.

그러나 형식상의 신분 범주로는 포괄할 수 없는 사람들도 있었다. 조카마치와 도시의 조닌 중에는 일거리를 얻어 생활형편을 펴보고자 농촌에서 올라온 엄청난 수의 노동자들이 존재했던 것이다. 수적으로 그들은 전체 도시인구의 대략 10분의 1을 차지했다. 이들 사이에도 계층차가 컸다. 상급 사무라이 집안의 급사로 고용되거나, 종자나 조리토리(草履取, 주인의 짚신을 들고 다니는 하인)로 복무한 사람들—그 중에서 일부는 비단옷을 입고 칼 한 자루를 차고 다녀도 좋다는 허락을 받아 신분상승을 이루려 했다——에서부터 짐꾼, 머슴, 일반 점원에 이르기까지 천차만별이었다. 도쿠가와 시대 초기 신분적인 예속의 정도는 앞에서 언급한 바 있는, 대대로 주인을 섬긴다는 뜻의 후다이(譜代)라는 말에 표현되어 있다. 도쿠가와 시대가 개막되었을 때 후다이 게닌(譜代下人)은 비교적 자유롭지 못한 상태였으나, 1616년 막부는 처음으로 인신매매 금지령을 내렸다.[42] 장기적인 충성을 안정적으로 확보하길 바랐던 히데요시는 일용노동자를 쓰지 말라고 경고했지만, 천하태평과 함께 건설의 파도가 일자 후다이 게닌 대신 일용노동자를 건설에 이용하는 일이 점점 일반화되었다. 다이묘들이 부역으로 인해 농경에 차질을 빚는 일이 가급적 생기지 않도록 하려 했기 때문이다. 원래 사무라이를 가리키던 용어인 호코닌(奉公人)은 점차 근세 유럽의 '하인'(servant)이라는 용어에 함축되어 있는 업무의 범위를 갖게 되었다.[43] 막부의 도시에 이런 노동자가 폭넓게 존재했다는 것은 노동기간과 관련한 법률이 공포된 빈도수를 통해 알 수가 있다. 게리 뢰프의 연구는 도쿠가와 시대의 첫 한 세기 동안 공포된 27개의 법령을 열거하고 있다. 계약기간은 서서히 3년에서 10년으로, 그리고 다시 무기한으로 연장되었다. 그러나 임금이 상승하자 사무라이든 서민이든 수입이 적은 사람은 최소한의 수 이상의 하인을 두기가 더욱 어려워졌다. 여기서 다시 한번, 다이묘의 거성에 사는 엄청난 수의 호코닌, 호상(豪商)이 거느린 많은 종업원, 그리고 차지인(借地人)은 말할 것도 없고 보통 가정의 가장이 거느린 소수의 시중꾼 사이의 대조적인 모습은 사회관계의 위계적 패턴을 예증하고 있다.

5. 하위 신분

도쿠가와 시대의 일본은 사농공상 외에 사실상 별도의 신분집단을 이루고 있던 많은 사람들을 철저히 차별하는 제도를 가지고 있었다. 데이비드 하우얼이 지적한 대로 사회 전반에 걸쳐 신분은 특정한 의무를 가진 어떤 집

| 신분집단 |

단에 소속되는 것을 뜻했다. 사무라이는 봉사와 지도, 농민은 생산과 납세, 직인은 상품생산, 상인은 교역을 책임졌다. 이들 신분간의 경계에는 보다 위로, 또는 더 자주 아래로 이동하게 하는 구멍이 있음에 틀림없지만, 각 집단의 핵심은 뚜렷이 구별되며, 대개 자동 조절되었고, 어느 정도 자율적이었다. 일본은 일종의 카스트 사회는 아니었지만, 이 네 가지 신분집단 외부에 존재하는 일본인 집단은 그들을 하위 카스트(subcaste)라고 불러도 무방할 정도로 충분히 크고 중요했다.[44]

하위 카스트 집단 가운데 가장 많은 수를 차지한 것은 에타(穢多)로 알려진 사람들이었다. 이들은 외관상 여느 일본인과 다를 바 없었지만, 사람들의 마음 속에는 불결과 죽음이라는 그들의 이미지가 확고하게 심어져 있었다. 이들은 살생을 금하는 불교의 계율을 어기고 육식을 했으며, 불교적 감성과는 전혀 어울리지 않는 영역의 일을 했다. 도살, 죽은 가축의 처리, 가죽제품 제조, 그리고 사형수의 목을 치고 그 사체를 처리하는 일 등을 전담했다. 그런 행위를 용납하지 않는다든지, 그런 일에 종사하는 사람을 차별하는 관행은 도쿠가와 시대 이전에도 존재했으나, 각 신분마다 별개의 정체성이 정식으로 구조화된 것은 통일시대에 공포된 신분구별법령에 의해서였다. 병농분리, 통일과정에서 패했음에도 불구하고 저항을 계속한 세력에 대한 무력진압, 그리고 그리스도교 또는 불법적인 불교종단에 가담하는 것을 막기 위해 전 인구를 불교사원의 교구에 등록시키는 정책 등이 사회집단을 재조정하고 분류하는 데 이용되었다.

이런 차별과 멸시가 가져온 결과의 하나는 에타가 사람들의 눈에 잘 띄지 않는 곳에 모여 살게 되었다는 점이다. 그들의 주거는 보통 촌락과 도시 바깥에 모여 있었다. 초기의 토지조사는 아마도 그들을 인근 촌락의 한 갈래로 취급한 듯하지만 드러내지는 않았고, 도쿠가와 시대 동안 지도상에서 그들의 존재는 조용히 그리고 조심스럽게 무시되었다. 그리스도 교도가 아님을 확실히 하기 위해 그들을 인구등록에 기재하기는 했지만, 그 등록자료는 따로 분리해서 다른 방식으로 관리되었다. 비교적 규모가 큰 공동체

사회에서는 이들이 다른 사람들을 오염시키지 못하도록 가능한 한 멀리 떨어진 곳에서 살아가도록 했다. 그러나 동시에 이들은 인구의 중요한 일부였고, 어느 정도 자치를 누렸다. 이들의 우두머리는 당국으로부터 그 지위를 인정받았고 자기 집단의 구성원들에 대해 책임을 졌다. 때때로 하위 신분집단의 우두머리는 '외부인'이 무두질과 같이 전통적으로 자기 집단이 해온 일을 침범할 경우 이에 대해 항의하기 위해 당국을 방문할 수도 있었다. 하우얼의 연구가 보여주듯이 하위 신분집단 우두머리의 관할경계는 다른 신분집단 우두머리의 그것처럼 특정 지역에 국한되지만은 않았다. 전혀 별개에 속하는 여러 지역에 산재하는 에타 공동체 집단을 일괄해서 그 대표성을 주장할 수도 있었는데, 그것은 간토(에도)와 간사이(교토-오사카) 지역에서 특히 두드러졌다.

모든 에타가 그들에게 지정된 천한 일에만 종사했던 것은 아니다. 대다수는 촌락이나 도시 외곽에서 작은 땅을 일구며 살았다. 이 경우 그들은 생산물에 대한 세금을 내야 했고(세금을 낸다고 해서 이들이 촌락의 농민과 똑같은 권리를 누렸던 것은 아니다), 일반 촌민이 부역 의무를 진 대신 이들은 가축의 시체를 처리하는 일 따위를 해야 했다. 하우얼이 지적한 것처럼 이들은 농사를 지었다는 점에서 농민과 다를 바가 별로 없었지만 신분상으로는 농민과 확연히 구별되었고, 인근 촌락의 주민들은 이들을 멀리했다고 보아야 할 것이다. 다시 말해 이들과 다른 신분집단 사이의 관계는 그리 단순하지 않았다. 에타 공동체와 에타의 역할은 사회의 물질적·정신적 기능에 꼭 필요했다. 어쨌든 다른 신분의 사람들에게 그렇게 보였다. 실제로 이들은 많은 지역에서 민간축제 때 지정된 역할을 맡고 있었다. 따라서 그들은 신분사회의 작용에 대한 또 하나의 특별한 예를 제공했던 것이다.

'천민'(賤民) 중에는 '인간이 아닌 자'를 뜻하는 히닌(非人)이라는 또 하나의 뚜렷한 범주가 있었다. 이들은 천한 직업——저속한 형식의 오락, 점(占), 매춘, 구걸 등——에 종사했다. 에타는 세습신분이었던 반면, 히닌은 세습신분이 아니었고 사회의 낙오자나 일시적인 떠돌이가 '취득하는' 신분

| 신분집단 |

으로 분류되었던 것 같다. 히닌의 각종 활동을 공통적으로 이어주는 끈은 그들의 육체적 이동성이었다. 질서 정연하고 구조화되어 있는 사회에서는 자기의 재주에 의지해서 아등바등 애쓰며 살아가는 사람들이 존중받지 못했다. 그렇긴 해도 당국은 그들의 유용성을 인정하고 그들에게 독점권을 허가해주었는데, 그 중에서 가장 일반적인 것이 구걸이었다. 토지 없는 농민들이 돈에 쪼들린 나머지 어떻게든 살아볼 요량으로 도시에 흘러들어 오면 히닌은 이들을 자기 마을로 돌려보내게 되어 있었다. 하지만 그렇게 되지 않을 경우, 이런 농민들은 거지 대열에 '합류'할 수 있었다.

이론상 히닌은 '천대'를 받았음에 틀림없지만, 사무라이의 지배를 받는 사회에서 가능했던 방종 및 탐닉과 관련된 몇 가지 분야에 공헌하기도 했다. 축제에서 민속 가부키와 그 밖의 극들을 공연하는 유랑극단의 단원을 비롯해 거리의 예능인, 매춘을 알선해주고 돈을 받는 사람들이 있었고, 물결처럼 떠돌아다니는 거지떼뿐 아니라 구제불능의 사람들도 히닌에 속했다. 마찬가지로 도시와 조카마치의 어떤 구역은 인가받은 유곽이 되었다. 그들은 또한 가부키 극장이라는 좀 더 큰 규모의 연예계의 중심이 되었고, 도쿠가와 시대 서민문화의 무대에 그들의 문학적·예술적 표현을 추가했다. 그 결과 이들을 판단함에 있어 멸시와 찬양이 혼재하게 되었다. 사무라이 도덕군자와 현실적인 서민들은 결코 동일한 평가를 내리지 않았으나, 두 신분집단의 구성원들은 유흥구*에서 서로 어울렸다.

6. 신분과 기능

이상에서 알 수 있듯이 도쿠가와 사회를 사농공상(士農工商)의 네 범주로 구분하는 것은 결코 단순한 문제가 아니다. 그런 식의 정렬은 네 범주를 벗

---

* 막부나 영주에게 매춘을 허가받은 매춘업자가 집중적으로 모여 있는 곳으로, 일본어로 게이세이마치(傾城町)라고 한다.

어나 그 상위와 하위에 존재하는 사람들, 즉 천황 및 공가 그리고 천민계급을 위한 자리를 주지 않는다. 또한 네 범주 안에 내재하는 복잡성을 감안하지도 못한다. 예컨대 유학자나 의사, 승려가 되려면 교육을 받아야 했기 때문에 그것은 비교적 혜택을 누리는 환경에서 자란 사람들에게나 주로 가능한 일이었지만, 별 볼일 없는 집안 출신도 유학자나 의사나 승려가 될 수 있었다. 또한 같은 신분 범주 안에서도 상대적으로 못 배운 사람들에서부터 다이묘의 후원 아래 교육과 복지 혜택을 받은 사람들에 이르기까지 편차가 있었다.

이를테면 의사에게는 정식 면허가 없었다. 그들은 침술 같은 중의학 전문가일 수도 있었고, 나가사키 무역을 통해 들어온 서양의 외과지식을 어느 정도 갖추고 있었을 수도 있었다. 또는 조산(助産)을 전문으로 하거나 만병통치약쯤으로 여겨진 쑥뜸치료를 하기도 했다. 대개 다이묘를 섬기는 의사는 자기가 치료하는 상급자에 대해 책임을 지는 명의 축에 들었다. 다른 이들은 일자무식의 돌팔이일 가능성이 있었다. 적지 않은 의사들이 자기가 개발한 약으로 부수입을 올렸다. 예컨대 박학다식한 의사 시부에 주사이(澁江抽齋, 1805~1858)는 아편 성분이 있는 물약을 개발했다. 시부에는 10세 때 자신의 다이묘에게 소개되었고, 17세에 도제로 임명되었다. 그는 점차 영주의 신임을 얻어 매일 영주를 방문하고, 영주가 다이묘에서 물러난 뒤에도 함께했다. 따라서 그는 비교적 계급에 구애받지 않은 집단, 즉 학문과 예술에 전념할 수 있었으며, 공식 신분을 비교적 중요하지 않게 여겼던 사람들과 어울릴 수 있었던 집단의 일원을 대표했다. 실제로 문학과 예술은 신분의 제약과는 거의 무관하게 발전했고, 특히 에도에서는 다양한 모임을 통해 전문지식을 가진 많은 교양인이 시, 예능, 다도 등을 위한 정기적인 만남을 가졌다.[45]

그렇다면 일본사회를 사무라이를 정점으로 해서 층을 이룬 사회로 보기보다는, 도쿠가와 시대의 신분사회는 일련의 상호보완적인 복수(複數)의 위계로 구성되었으며, 각각의 위계는 그 내부에서 다시 상·중·하의 계급

| 신분집단 |

을 이루고 있었다고 보는 편이 낫지 않을까? 물론 무사 지배자들은 분명 우위에 있었지만, 무사층 안에서 하급 무사로까지 굳이 눈을 돌리지 않더라도 우리는 그들이 겪었던 다양한 형태의 경제적·개인적 불확실성을 접할 수가 있다. 농업에 종사하는 이들은 마을지도자를 정점으로 해서 위계를 이루었는데, 멋진 벽과 육중한 대들보를 가진 마을 유력자의 저택은 소작농이나 토지 없는 일용노동자의 우중충하고 더러운 바닥의 오두막과는 천지차이였다. 직인은 약정을 맺고 정치 엘리트에게 물품을 공급하는 도급업자와 전문가로 살아가는 사람에서부터 촛물을 입힌 종이 우산이나 생활용 바구니 등을 만들어 팔아 겨우겨우 살아가는 사람들까지 다양했다. 상인의 범주에는 미쓰이가나 스미토모가처럼 부와 영향력을 자랑하는 상가(商家)가 있는가 하면 삶은 감자를 팔아 근근이 입에 풀칠을 하는 행상도 있었다. 각 위계의 상층은 부와 교육의 혜택을 누렸고, 다도, 시, 정원 가꾸기 등의 예능에 정통한 것을 자랑으로 여겼으나, 공손한 태도와 초라한 행색의 일꾼과 별반 다르지 않았던 나카쓰(中津) 번의 하급 사무라이에 대한 후쿠자와 유키치의 묘사는 대다수 사무라이의 초라한 생활을 극명하게 보여주고 있다.

만약 일본사회가 층을 이룬 카스트 사회가 아니라면 어떻게 이해해야 가장 좋을까? 비토 마사히데(尾藤正英)는 일본사회를 일련의 독립적인 역(役, 야쿠)을 통해 이해해야 한다고 주장한 바 있다. 어떻게 해서 병농분리 같은 급진적 변혁이 그토록 원만하게 작용을 하고 그렇게 오랫동안 지속되었는가를 고찰함에 있어 그는 개인이 사회에서 담당했던 '직분'과 그 직분에 따른 책임을 고려해야 할 필요성을 지적하면서 역(役)이라는 용어의 많은 뉘앙스가 그 대답의 일부를 제공하고 있다는 것을 암시했다.

토지로 지급되든 쌀로 지급되든 무사는 적정 수준의 인원과 전투장비를 유지함으로써 자신이 받는 봉록을 정당화해야 했다. 따라서 군역(軍役)이란 농민이 쌀로 납부하는 세금과 보통의 일본인이 부담했던 부역(夫役, 부야쿠)에 상응하는 무사계급의 의무였다. 부역은 1년에 30일—도쿠가와 초기에는 이것이 일반적이었다——을 노력봉사 나가는 것에서부터 현금대납 또는 지정된 간선도로에서 여행에 필요한 말이나 인력을 제공하는 것에 이르기까지 다양했다. 농촌의 죽은 가축을 처치하는 불결한 일은 에타의 역(役)이었다. 부역을 지는 농민은 흔히 역가(役家, 야쿠야)라고 불렸다. 무사는 일본에서 '관리'를 뜻하는 용어로 쓰이는 역인(役人, 야쿠닌)으로 불렸다. 촌락을 책임지고 질서를 유지하는 농민인 혼뱌쿠쇼(本百姓) 역시 촌역인(村役人, 무라야쿠닌)이었다. 이들은 촌락의 세율을 관리하고 세금을 전달하는 일을 책임지고 세금공제를 받았는데, 이는 그들의 행정적인 의무가 일종의 역(役)으로 간주되었기 때문이다. 마찬가지로 조닌(町人)은 자기의 전문적인 수공업 분야의 노동이나 비전문적인 공공근로의 형식으로 책임을 다했다. 일부는 조닌의 연장자로서 행정적인 의무를 다했는데, 이는 마을지도자들이 촌락에서 하던 역할과 어느 정도 비슷했다. 이런 책임은 사적인 성격의 봉건통치에서 시작되었지만, 태평시대에 접어든 이후 이것이 일반화되자 각종 책임은 사적인 동시에 공적이며 봉건적인 동시에 관료제적인 것이 되었다.

따라서 비토는 "이 당시 통치자들의 전반적인 목표는 사회에 필요한 '역'의 체계를 발전시키고 대규모 군사력과 법치의 힘으로 그것을 유지하는 것이었다. 그런 정책은 전 민중의 요구에 부합하고 정치적 안정을 실현했기 때문에 성공할 수 있었다"고 썼다.[46] 계속해서 그는 쇼군이 천황과 공가의 의무를 법으로 정한 것은 군주와 그 측근의 '역'(役)을 표명한 것으로 보아야 하며, 마찬가지로 천황이 쇼군에게 통치의 의무를 정식으로 위임한 것은 결국 군사적 패자(覇者)에게 준 역전된 '역'이었다고 주장한다.

'역'의 전 체계를 이해하는 데 있어 핵심적인 것은 '역'의 '사적인' 성격이 점점 줄어들었다는 사실이다. 극소수 다이묘가 외에는 모두 그들의 영지를 쇼군으로부터 배정받았다. 이 영지는 변동되거나 몰수될 수 있었다. 즉 번은 다이묘의 소유물이 아니었다. 다이묘라는 지위에 따르는 의무는 쇼군의 호의에 대한 감사의 보답이었다. 금액이 많든 적든 세습적으로 봉

| 신분집단 |

록을 받는 사무라이는 자기의 선조를 공경해야 하는 것과 마찬가지로 자신의 상급자에게도 감사와 봉사의 의무가 있었다. 평화로운 시기가 계속되자 점차적으로 농민과 조닌은 통치자의 무용과 공로 덕분에 센고쿠 시대의 혼란을 도쿠가와 시대의 태평으로 대체하게 되었다며 자신들의 통치자를 찬양했다. 이처럼 서로가 서로를 섬기는 상호의존적 체계는 비교적 순종적이고 협조적인 인민을 물려받은 통치자에게 특히 유리했다는 것을 인정해도 좋다. 그러나 형편없는 행정이나 종잡을 수 없는 불합리성은 종종 불만의 목소리와 시정을 요구하는 항의를 불러왔고, 평소에는 고분고분하던 서민들이 물불 안 가리는 사람으로 변하여 상황을 예전으로 돌려놓으라고 요구하며 불평을 쏟아냈다. 신분을 용인한다고 해서 그것이 곧 불의를 용인하는 것을 의미하지는 않았다. 각 신분 사이의 관계와 의무는 호혜적이었고, 명확하게 언명되어 있지는 않았지만 계약(covenant)이라는 일반적인 개념이 존재했다.

이 장을 시작하면서 도쿠가와 사회에 대한 상반된 견해를 제시한 바 있다. 도쿠토미는 격실로 이루어진 폐쇄적인 도쿠가와 사회의 제약을 혐오한 반면, 라프카디오 헌은 그런 배치가 대체적으로 사회 전체의 행복에 이바지했다고 평가했다. 도쿠토미의 지적대로 도쿠가와 체제는 근대 산업사회의 역동성과는 대조적이었다고 할 수 있지만, 동시에 천하태평 이전 폭력이 난무하던 시대의 종잡을 수 없는 불의나 불안과도 대조적이었다고 말할 수 있다. 역사가는 도쿠가와 체제의 성장역량과 변화역량에도 관심을 가져야 하는데, 이것이 앞으로 다룰 과제이다.

도시화와 교통

5

17세기 말엽 도쿠가와 정권이 자신의 영지에 대한 통제를 유지하기 위해 취한 조치들에 의해 일본은 면모를 일신하게 되었다. 사무라이가 조카마치에 집중되면서 가장 하찮은 번을 제외한 모든 번에서 조닌─상인과 직인─이라는 대규모 서비스 계급이 발전하게 되었다. 일본에 평화가 찾아들자 쇼군은 다이묘의 군역을 에도 거주와 근무의 형식으로 대체하고, 자신의 수도인 에도에 봉건영주들이 머물도록 요구했다. 이제 가신들은 자신의 영지와 머나먼 수도 사이를 정기적으로 오고 가는 일정을 관리해야 했고, 이 의무는 곧 그들의 생활에서 중심이 되었다. 이와 관련된 준비사항들이 각 번의 행정과 경제를 좌우하게 되었다. 다이묘는 자신이 가져갈 수 있는 것은 가져가고 부족한 것은 사들였다. 이리하여 지방에서 수도로의 사람과 물자의 흐름은 일본을 여러 영지의 단순한 집합체에서 하나의 국가로 만들었다.

한편 교통로는 그것을 정상화하고 감독하고 통제할 수 있는 수단을 필요로 했다. 에도의 니혼바시(日本橋)를 기점으로 해당 지점까지의 거리를 표시하는 이정표, 공무를 위한 전령, 관소(關所), 숙역(宿驛), 인마(人馬)를 제공하도록 지정된 촌락* 등이 그것이다. 서민은

---

* 이런 마을을 스케고(助鄕)라고 한다.

관소를 지나려면 통행증을 소지해야 했다. 어디를 가든 교차로와 다리에는 예수 숭배를 금하는 경고와 각자 자기의 의무를 다하라고 권고하는 게시판이 있었다. 전국적인 간선도로인 고카이도(五街道)는 막부의 지배 아래 있었지만, 대부분의 번은 자기 영내에 이를 모방한 소규모 도로체계를 운영하고 있었다. 봉건영주는 또한 자신의 조카마치에서 가신과 사무라이를 거느렸고, 상인의 도움을 필요로 했으며, 여행을 규제하고 제한했다. 그러나 이들은 중앙의 막부정권에는 없는 한 가지 문제가 있었다. 그것은 에도의 야시키와 번의 조카마치 두 곳에 나란히 갖춰져 있는 행정구조를 유지하느라 이중으로 돈이 들었다는 점이다. 다이묘의 주기적인 부재로 인해 부재시에도 원활하게 기능할 수 있는 통치구조가 필요했던 것이다.

에도는 권력가들의 중심이 되었고, 오사카는 전국적인 상업중심지로 성장했으며, 교토와 나가사키 역시 오사카 못지않은 상업·수공업·여행의 중심지였다. 1690년대에 나가사키에서 에도까지 두 차례 여행했던 켐퍼는 도로에서 다이묘의 이동행렬을 보고 그 규모에 놀라움을 금치 못했다. 일본은 결합되고 있었다. 이를테면 무사계급은 자신의 주거와 역(役)에 대한 의무에 의해, 각 번은 조카마치와 에도 사이의 연계를 유지해야 하는 필요성에 의해, 각 신분집단은 서로에 대한 필요에 의해 결합되고 있었다. 분쟁은 의식과 소비에 자리를 내주었으며, 서민문화는 도시화의 틈새에서 꽃을 피웠다.

1. 참근교대제

도쿠가와 정권이 확립한 모든 제도 가운데 가장 주목해야 할 것은 다이묘들이 반드시 쇼군의 수도인 에도에서 교대로 몇 년씩 거주하도록 한 제도이다. 참근교대(參勤交代, 산킨코타이)로 알려진 이 제도는 일본의 향후 장래에 중대한 결과를 가져왔다. 참근교대를 통해 지배계급은 에도에서의 생

| 도시화와 교통 |

활에 관심을 집중시켰다. 봉건영주들의 첫 세대 이후 모든 다이묘는 에도에서 태어났고, 성인이 된 다음에야 그들의 번을 방문했다. 이 제도는 또한 일본 전역의 지방경제를 연결·순환시켰으며, 일본 통일에 있어 이에야스의 세키가하라 전투 승리보다 더 많은 공헌을 한 전국적인 교통의 발달을 촉진시켰다. 온갖 종류의 상품이 중앙으로 흘러들었고, 지방경제는 번의 정치적 경계를 넘나들 정도로 성장했다. 에도 생활에 필요한 물자를 보급하고 이를 에도까지 수송하는 과정에서 서민들은 경제적 기회를 잡을 수 있었고, 상인과 직인 계급이 규모와 중요성 면에서 성장을 거듭함에 따라 새로운 서민문화가 출현했다. 예전에는 지방문화에 불과했던 것이 일종의 국민문화로 발돋움하는 일도 생겨났다. 에도는 지배계급의 중추가 되었고, 그곳에서 얻은 정보는 신속하게 일본의 땅끝까지 퍼져 나갔다. 19세기에 서양열강의 접근 소식이 알려지자 사무라이는 정치적 변화의 필요성을 확신하는 중요한 엘리트로 변했다.

　동아시아에서 참근교대제와 유사한 선례가 없었던 것은 아니다. 기원전 2세기 중국제국 성립 이전의 경전에는 제후들이 정기적으로 주(周)나라의 왕, 즉 천자를 방문한 일이 적혀 있다. 일본에서는 아시카가(足利)씨 쇼군이 교토에서 이룩한 눈부신 문화가 일본 전역의 다이묘들을 매료시켜 교토에 거주하도록 만들었고, 그들이 중심부의 일에 정신이 팔려 있던 그 시점에서 센고쿠다이묘들 간의 경쟁이 야기되었으며 이 과정에서 노부나가·히데요시·이에야스가 일본의 통일자로 등장했다. 히데요시 역시 16세기 말의 전란기에 가신들을 자신의 사령부 주위로 모아 들였고, 그들의 등 뒤에서 농촌지역에 근거를 둔 반란이 일어나는 것을 막기 위해 농촌을 무장해제시키고 병농분리를 단행했다. 그러나 이런 조치는 사회적 동란과 전쟁기간에 채택되었던 것들이다. 반면 도쿠가와의 새로운 각종 제도는 전장(戰場)에서 획득한 평화를 유지하기 위해 고안되었다.

　평화 유지를 위한 노력은 이에야스가 세키가하라 전투에서 막 승리를 거둔 직후 가나자와(金澤) 번주 마에다(前田)가 승자에게 경의를 표하기 위해 에도로 향했을 때 시작되었다. 이에야스의 주요 가신들은 오랜 기간 이에야스와 동고동락했지만, 이에야스와 거의 동등한 위치에 있었던 마에다가 에도에 나타나자 이는 새로운 위계의 형성을 의미했다. 얼마 지나지 않아 간사이(關西) 지방의 영주들도 에도에 모습을 드러냈다. 그들의 에도 방문은 그때까지만 해도 강제적인 것이 아니었고 지극히 정치적인 것이었다. 곧 대다수의 다이묘가 자신의 가족을 에도의 이에야스에게 볼모로 보냈다.

3대 쇼군이자 도쿠가와 막부 성립 이후에 태어난 최초의 쇼군인 이에미쓰는 이런 패턴을 정식화하고 의무화했다. 이에미쓰가 1635년에 공포한 무가제법도(武家諸法度)는 이 점을 분명히 하고 있다. "다이묘와 쇼묘(小名, 석고〔石高〕가 적은 다이묘)가 교대로 에도에 주재하는 것을 정하니, 매년 여름 4월 중에 참근해야 한다." 전란기에 요구되었던 군역이 태평시대를 맞아 참근의 형태로 전환되었던 것이다. 260명의 영주들은 1년 교대로 쇼군의 궁정에서 쇼군을 배알하는 자리에 참석해야 했다. 일부 중소 후다이 다이묘는 반년 교대로 참근했다. 영주들은 요구되는 그 밖의 군역으로 참근기간을 조정할 수 있었다. 사가 번주와 후쿠오카 번주는 나가사키에서 수비대를 제공하고 서양세력에 대한 경비 임무를 번갈아 맡았기 때문에 일정이 다른 다이묘들과는 달랐고 쓰시마 번주와 마쓰마에(松前) 번주는 변경에서 각각 대(對)조선 무역과 아이누 무역을 책임지고 있었기 때문에 예외가 인정되었다.* 1622~1665년까지 인질제도는 참근의 요구사항들을 강화시켰다. 다이묘와 그들의 주요 가신들은 그들의 직계가족─아내, 자녀, 때때로 모친─을 에도에 상주하도록 해야 했다.[1]

참근교대가 17세기에 막부정권이 착수했던 대규모 공사와 건설사업에 원조를 제공해야 하는 의무를 대신하는 것은 아니었다. 수백 명의 일꾼, 뱃사공, 거석, 목재에 대한 할당이 이루어졌고, 이 모두가 거대한 에도 성 건

---

* 쓰시마 번주는 3년에 한 번, 마쓰마에 번주는 6년에 한 번 참근했다.

| 도시화와 교통 |

설과 오사카 성 재건에 소요되었다. 일부 지역에는 지방특산물(도사 번의 경우 목재)이 부과되었고, 그 밖의 영주들은 번의 석고에 비례해서 일꾼을 동원해야 했다. 예컨대 쇼군의 주거(오늘날에는 천황의 주거)인 에도 성의 석원(石垣)에 사용된 거대한 돌은 특히 이즈 반도에서 운반되어 온 것들이며 이즈 반도의 암벽에서는 돌을 깎아낸 채석의 흔적들을 지금도 볼 수 있다.

그 대가로 막부는 다이묘에게 에도의 땅을 할당해주었다. 그 위치와 크기는 당연히 (후다이다이묘의 경우) 과거의 공훈과 (도자마다이묘의 경우) 격(格)에 따라 정해졌다. 이렇게 하사된 땅은 에도의 지형과 구획을 특징짓게 되었다.

참근교대제의 시행은 막부의 대규모 관료제를 필요로 했다. 에도를 오가는 다이묘의 행렬은 처음에는 일종의 군사작전처럼 시작되었으나 나중에는 많게는 수천 명이 이동할 수도 있었다. 행렬의 중심에 다이묘가 탄 가마가 있고 사무라이 호위대가 가마를 에워싸고 경호했으며, 가마에 가까운 곳에서 수행하는 가신일수록 지위가 높고 의관이 화려했다. 너무나 많은 영주들이 봄철에 도로를 이용했기 때문에 도로를 따라 제공되는 시설과 자원을 둘러싼 경쟁을 막기 위한 조치가 취해졌다. 영주의 격을 자신의 격의 연장으로 여기는 가신들로 이루어진 각 세력들이 경쟁을 벌이다 보면 공공의 평화를 위태롭게 할 우려가 있었기 때문이다. 이에미쓰는 1635년의 법령에서 "최근 들어 [영주를] 수행하는 가신과 종자들의 수가 지나치게 많아지고 있다. 이는 각 번과 구역의 낭비일 뿐 아니라 이로 인해 주변사람들이 겪는 고충이 이만저만이 아니었다. 향후 이 면에 있어 적절한 축소가 이루어져야 할 것이다"라고 지적했다. 하지만 지나친 축소는 쇼군에 대한 불경으로 비칠 수 있었다. 1648년에는 번의 석고에 따라 대충 그 수행인원을 어림잡는 규칙이 적용되었고(10만 석당 기병 15인), 1660년에는 비용을 들이지 않고 징발이 가능한 짐꾼과 말의 수를 제한했지만, 각 다이묘는 이런 제한을 능가하기 위해 모든 수단과 방법을 다 동원했다. 끝으로 정확하고 정교한 일정을 짜는 것이 중요했다. 특사가 영주의 성과 에도 성 사이를 오가며 출발날짜를 정하고 무사귀환을 보고했다. 에도에서 멀리 떨어져 있는 도자마다이묘 중에는 세력이 막강한 다이묘가 적지 않았으며, 이들이 가장 위풍당당하게 이동했다. 사쓰마의 조카마치인 가고시마(鹿兒島)에서 사쓰마 번주 시마즈(島津)씨가 에도까지 가는 데는 50여 일이 걸렸으며, 돌아올 때 역시 같은 시간이 소요되었다. 일부 영주의 경우 여행 중에 수로(水路)를 이용하는 경우도 있었는데, 구마모토 번주 같은 사람이 이끌었음직한 선단(船團)을 묘사한 그림을 오늘날에도 볼 수 있다. 그러나 대개 여정의 끝은 에도로 이어지는 육로인 고카이도에서 마무리되었으며, 다이묘의 행렬이 에도 외곽에 당도하면 쇼군의 관료들이 마중인사를 나갔다. 또한 무장을 하고 장비를 갖춘 소규모 사무라이 부대를 대동한 다이묘의 행렬은 그들이 통과하는 지역의 다이묘에게 정치문제이자 안보문제로 받아들여졌다. 대규모 행렬이 타 영지에 들어서면 그곳의 관리들은 행렬을 맞이하고 행렬이 영내를 지나 다른 번에 들어설 때까지 함께 동행하며 길을 안내하는 것이 예의였다. 이리하여 경계에 다다르면 다시 통과해야 할 다른 번에서 관리들이 나와 행렬을 맞이했다. 후다이다이묘령이 주요 교통로를 따라 바둑판 모양으로 배치되어 있었던 점을 감안하면, 이런 식의 여정은 살벌하고 시간 소모적인 일이었다.

우타가와 히로시게(歌川廣重) 같은 도쿠가와 후기의 판화가 덕택에 굽이굽이 좁은 길을 따라 한 줄 혹은 두 줄로 이동하는 행렬의 모습이 오늘날에도 별로 낯설지 않게 되었다. 이런 이동은 엄청난 일이었고, 사람들에게 잊을 수 없는 인상을 남겼음에 틀림없다. 1690년 도사 번주는 2,775명의 수행원을 대동했다.[2] 다이묘의 행렬은 19세기의 서양인 관찰자들에게도 굉장한 흥미거리였다. 에도를 향해 가는 오와리 번주 도쿠가와씨의 행렬을 도로보다 높은 곳에서 바라다본 19세기의 미국인 프랜시스 홀은 만약 100년 전이었다면 지금 자기를 올려다보며 인상을 쓰고 있는 사무라이가 부하와 함께 올라와서 예절에 어긋난 행동을 했다는 이유로 즉석에서 그를 처단해버렸을 수도 있다는 것을 알고 있었다. "행렬은 일정하지 않은 간격으로 흩어져 있었고, [행렬을 이루는 사람들의] 하얀 모자가 도카이도(東海道)를 따라 마치 길이가 3km쯤 되는 백사(白蛇)처럼 구불구불 움직이는 것을 볼 수 있었다. ……행렬은 이런 식으로 거의 한 시간을 미적거리며 줄을 지어 나가다가 오와리 번주가 다가오자 좀 더 질서 정연하게 움직였다"고 그는 기록했다. 1년 뒤에 '나이 어린 오와리 공(公)'이 쇼군의 후계자로 선택되자 홀은 다시 한번 이 행렬을 볼 수 있었다. "아침나절 내내 행렬의 짐꾼과 종복들이 지나갔고 정오가 약간 지나고 나서야 오와리 공과 무장한 수백 명의 호위대가 나타났다. 아이들이 입는 내의 차림에 유모에 의지해서 화려한 가마의 창 밖으로 머리를 축 늘어뜨린 4세가량의 꼬마가 쇼군가의 자손을 대표하고 있었으며, 그에게 이 퍼레이드는 꼭 필요한 것이었다."[3]
앞에서 언급한 바 있는 켐퍼는 참근교대제가 절정에 달했던 1690년대에 참근교대 행렬을 목격했으며, 나가사키 무역을 인가해준 쇼군의 은혜에 감사를 표하기 위해 네덜란드 상관장의 인솔하에 매년 에도를 방문하는 행렬에 두 번 동행했다. 이 서양인들이 만났던 한 다이묘의 행렬에 대한 그의 기술은 오늘날 고전이 되었다. 그의 묘사에 의하면 행렬은 성대하고 화려했다. 다이묘가의 고유한 문장(紋章)이 찍혀 있는 큰 상자들을 운반하는 비(非)사무라이 짐꾼, 다이묘가 탄 가마를 중심으로 가마에 가까울수록 높은 지위의 무사가, 멀어질수록 낮은 지위의 무사가 정렬해 있었다. 행렬이 마을에 들어서면 선두에 선 자가 자신의 역할에 한껏 고무되어 '시타니!' (下に, 낮춰라)라고 외쳤다. 서민들은 다이묘의 얼굴을 쳐다보는 대신 자기 얼굴을 땅바닥으로 향해야 했다. 행렬이 마을에 들어서면 행렬의 구성원 중에서 가장 미천한 신분의 사람들이 그 행사의 위엄을 보이기 위해 가부키 극에서 하는 식으로 무릎을 펴고 걷는 걸음걸이를 했다. 켐퍼는 이를 다음과 같이 묘사했다.

더욱 기묘하고 별난 것은 행렬이 큰 마을이나 조카마치를 통과할 때 혹은 다른 다이묘의 행렬 옆을 지날 때, 시동, 야리모치(槍持, 창을 들고 다니는 하인), 가사모치(傘持, 우산을 들고 다니는 하인), 모자를 들고 나르는 운반꾼, 하사미바코(挾箱, 함을 짊어진 하인), 제복을 입은 모든 하인들이 이상하게 흉내내는 행진과 춤을 보는 것이었다. 그들은 한 걸음 움직일 때마다 한쪽 발을 거의 허리 높이까지 쭉 뻗어 올리고 동시에 팔은 반대방향으로 최대한 멀리 쭉 뻗었다. 그리하여 마치 허공에서 수영을 하는 듯한 자세가 되었다. 아울러 창, 모자, 우산, 하사미바코, 바구니 등 그들이 나르던 모든 물건을 몸놀림에 맞추어 일정하게 들어올렸다 내렸다 하곤 했다.[4]

그러므로 의례와 장중함이 가장 중요했다. 그러나 행렬의 중심에 있는 사람들에게는 편안한 캠프 여행이나 별반 다를 것이 없었다. 타운젠드 해리스가 미국에 유리하게 일본과 통상조약을 체결하자 나가사키 상관장이 그것에 상응하는 네덜란드와 일본 사이의 통상조약을 체결하기 위해 에도에 갈 때 상관장의 비서관으로 동행했던 반 폴스브루크는 1858년의 이 여행에서 보고들은 것을 기록으로 남겼다. 그의 기록에서 발췌한 아래 인용문은 중요한 인물들이 어떻게 여행했는지를 예시해준다.

네덜란드 휘장을 단 검은 제복의 기수들이 네덜란드 기를 들고 앞장섰다. 옻칠을 한 깃대 끝은 금박의 사자로 장식되어 있었다. 나는 가마를 타고 갔고 가마 양쪽 옆에서 일본인 관리 한 명과 하인 한 명이 따라 걸었다. 위에 네덜란드 문장(紋章)이 그려진 가마는 검은 옷을 입은 4명의 가마꾼들이 메고 갔다. 네덜란드 상관장은 6명의 가마꾼이 메는 가마를 타고 갔으며 가마 양쪽 옆에 2명의 일본인 하인을 거느렸다. 20명 가량의 일본인 관리, 장교, 통역도 가마를 타고 갔다. 모두 같은 크기에 똑같이 옻칠을 한 60여 개의 함은 짐꾼들이 2인 1조가 되어 대나무 막대를 이용해서 하나씩 메고 갔다. 함 속에는 식량, 음식, 여벌의 옷 등이 들어 있었다. ……가마 안에서 다리를 쭉 펴고 앉는 것이 가능할 듯 했지만 실제로는 그렇지 않았다. 내 가마에는 아름다운 능라로 만든 깔개가 깔려 있었고, 상관장 가마

| 도시화와 교통 |

의 깔개는 노란색 공단이었다. 자리 좌우에는 팔걸이가 있었다. 앞쪽, 그러니까 발이 닿는 끝부분에는 구멍이 3개나 있었는데, 각각 청동 요강, 청동 시가상자, 청동 담배상자가 놓여 있었다. 당시 내 몸상태가 좋았음에도 불구하고 가마 안에서 한 시간을 버티기가 어려웠다. 견디기 힘들어지면, 걷고 싶으니 나를 내려달라고 하인들에게 명령조로 말했다. 그러면 하인들은 내게 신발을 신기고 내가 가마에서 나가기 쉽게 뒤쪽은 그대로 들고 앞쪽은 땅에 닿도록 가마를 비스듬히 내려주었다.……

　우리는 각자 생활용품을 담아놓은 함을 하나씩 갖고 있었다. 나무를 짜 맞춰서 옻칠을 한 아름다운 함이었다. ……밤에는 잠옷을 찾아 꺼내 입었다. 한마디로 아무것도 부족한 것이 없었다. 심지어 약간의 브랜디까지. ……하인 중에는 6명의 요리사가 있었는데, 3명씩 조를 이루어 각각 점심과 저녁을 책임졌다. 우리가 식사를 끝내고 이동을 시작하면, 이들은 옻칠을 한 밥상과 식사도구를 챙겨 다음번 식사장소로 신속히 이동했다. 우리가 식사 예정지에 도착하면 그곳에는 이미 음식을 비롯해서 모든 것이 가지런하게 준비되어 있었다. 음식은 완벽했고 조달 가능한 최고의 것들이었다. 맛있고 신선한 바다생선, 부드러운 육질의 야생조류, 감탄사가 절로 나오는 과일 등 이 모든 것이 대를 이어 수세기 동안 요리를 해온 상관장의 요리사들에 의해 준비되었다.

　……우리는 막부의 관리, 다이묘, 공가(公家)를 위해 설치된 혼진(本陣)*이라는 대규모 숙박시설에 묵었다. 외관상으로는 궁전이나 다름없었다. 내부는 아름답게 꾸며져 있었다. 바닥에는 가장자리를 금빛 가죽으로 마감처리한 고운 다다미가 깔려 있었다. 욕실이 가장 멋졌는데, 수건걸이와 욕실설비가 모두 옻칠에 금으로 장식한 것이었다. 요컨대 모든 것이 고상하고 풍취가 있었다.

　우리가 한 마치(町)에 들어서자 그곳의 우두머리가 장로들과 함께 우리

* 숙역(宿驛)의 일종으로, 다이묘, 공가, 막부의 관리 등이 이용하는 대규모 숙박시설.

를 마중나왔고, 기수들이 그 뒤를 따랐다. 이어서 끝에 쇠고리가 달린 커다란 쇠지팡이를 든 4명의 경비요원이 앞서갔다. 한 걸음 움직일 때마다 그들은 쇠지팡이로 땅을 내리침과 동시에 "시타니!"(下に)라고 큰 소리로 외쳤다. 그 순간 지팡이 끝의 쇠고리도 쨍그렁 소리를 냈다. 그러나 사실 굳이 그럴 필요는 없었다. 주민들은 이미 조용히 자기 집 앞에서 가장 좋은 옷을 갖춰 입고 무릎을 꿇은 채 우리를 두려움의 눈빛으로 쳐다보고 있었기 때문이다. 우리가 그곳을 떠나자 그 우두머리가 다시 우리에게 예를 갖추어 인사를 했고, 우리는 이동을 계속했다.

잘 닦인 도로는 평야를 가로질러 뻗어 있었고, 평야에는 우리가 볼 수 있는 가장 먼 곳까지 벼, 타로토란, 곡물, 평지씨 등이 자라고 있었다. ……우리가 묵었던 여러 마치에서는 주민들이 그들의 영주가 지나갈 때 하던 그대로 우리에게 경의를 표하기 위해 자신들 집 앞에 깨끗한 백사(白砂)를 뿌려 놓았다.[5]

이처럼 지체 높은 여행자는 그들이 대동한 자기 지방사람들과 편리한 생활용품 덕분에 그들이 통과하는 지역과 격리되었다. 도쿠가와 시대 후기의 외국인이 위와 같은 예우를 받았다면, 유력 다이묘의 행렬이 지나갈 때 요구된 의례는 과연 얼마나 대단했을지 상상할 수 있을 것이다.

18세기 중엽 서일본의 조슈 번 같은 경우 에도에 상주하는 번사(藩士, 번의 사무라이)가 2천 명 이상이었다. 이런 대집단에 물자를 공급하느라 모든 가용자금이 사용되었고 번 재정은 바닥났다. 그러나 막부는 번의 지나친 사치를 규제하려고 노력하는 한편 동시에 충성의 표시로서 그런 의무의 수행을 더욱 강력하게 요구했다. 적어도 도쿠가와 시대 초기 수십 년간은 다이묘들이 그들의 자원을 가신으로서의 의무를 다하는 일에 과도할 정도로 많이 사용하게 하는 것이 막부에게 유리했다. 이는 또한 다이묘의 가신 집단 내부에 긴장을 유발할 수도 있었다. 에도에 거주하는 가신들은 에도라는 치열한 경쟁세계에서 비교우위를 확보하려 했던 반면, 번에 남아 있

1. 도쿠가와 이에야스의 지시로 제작된 병풍의 세부. 세키가하라 전투에서 이에야스가 승리하는 광경을 보여주고 있다. 변절하여 도쿠가와측에 합세한 한 다이묘의 부대가 도망치는 병사들을 향해 발포하고 있고, 다른 병사들은 칼·창·활을 들고 싸우고 있다.

2.
1575년 나가시노(長篠) 전투에서 화기로 무장한 노부나가의 보병들이 어떻게 기병의 공격을 막아내고 승리를 거두었는지를 보여주는 병풍화의 세부.

3. 히메지(姬路) 성(1600년 축성). 현존하는 도쿠가와 시대 초기의 천수(天守) 가운데 가장 규모가 크다.

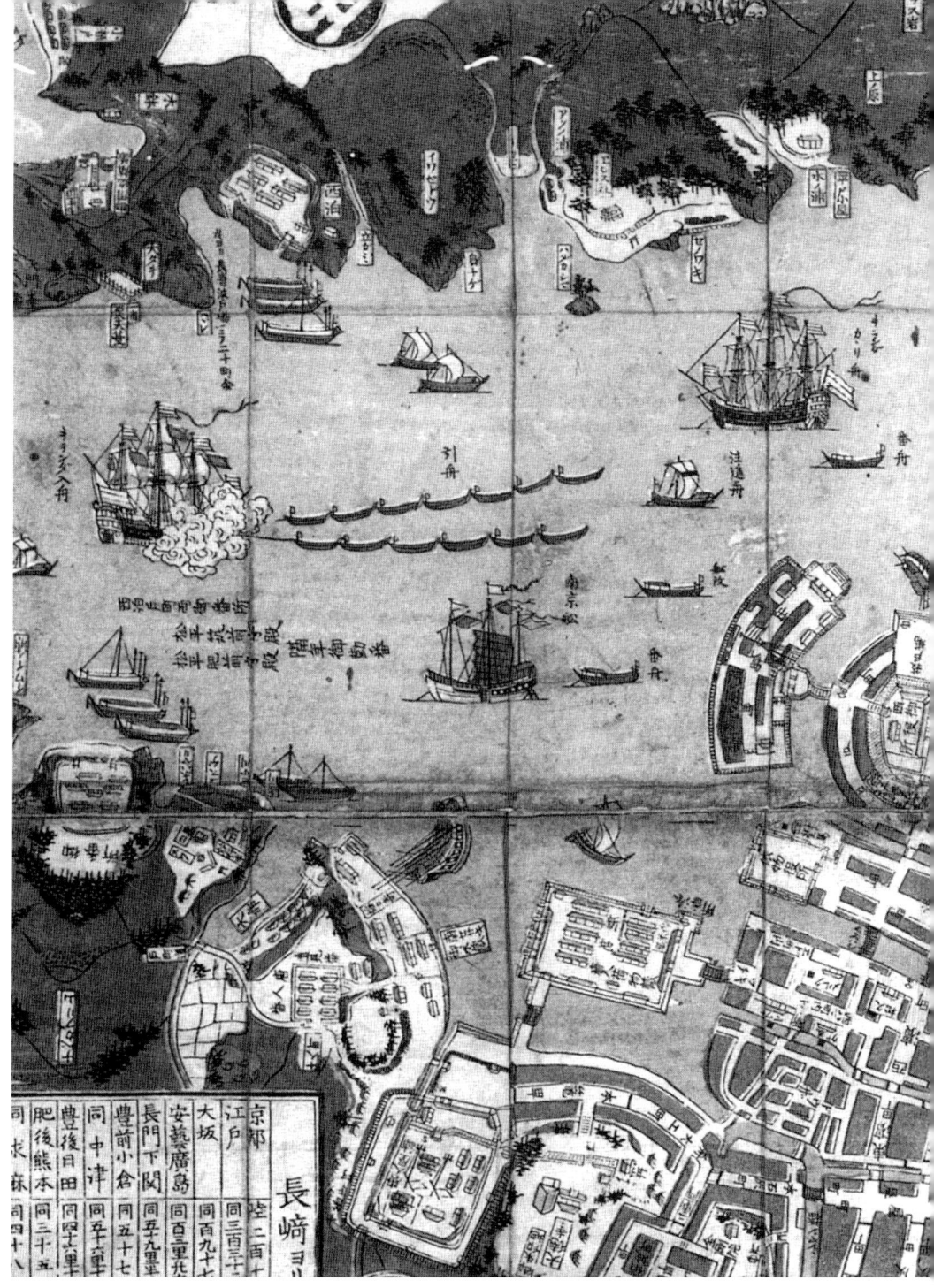

4. 목판 나가사키 지도(1802년 제작). 좌측 하단 모서리의 범례는 나가사키에서 다른 도시까지의 거리를 표시하고 있다. 지도의 우측 중간에 데지마(出島)가 보이고, 좌측 중간의 대형 범선이 네덜란드 배이다. 지도 중앙에 중국배(南京船)가 있고, 중국배 아래쪽 육지가 중국인 거주지역이다.

5. 1792년 마루야마 오쿄(円山應擧, 1733~1795)가 나가사키 항을 그린 그림에 묘사된 데지마(出島).

6. 성모와 아기 예수를 새겨넣은 널판인 후미에(踏繪). 가톨릭 교도가 아님을 증명하기 위해 수많은 사람들이 밟고 지나가서 반들반들하게 닳아 있다.

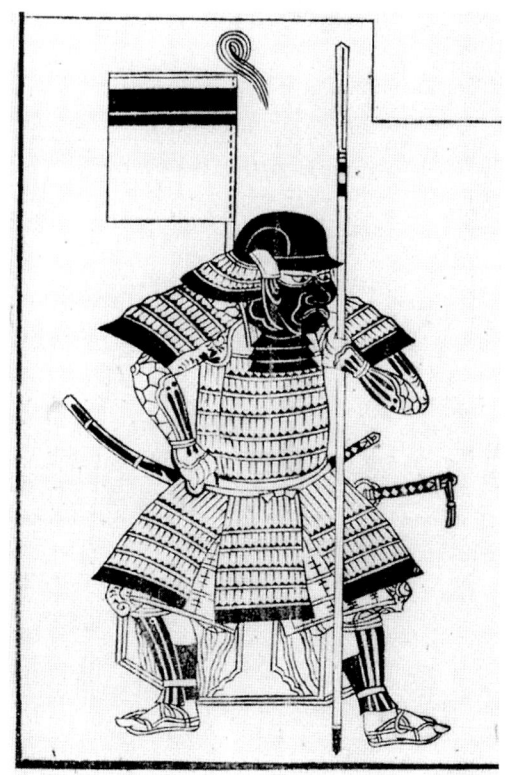

7. 갑옷 일습을 갖춰 입은 사무라이.

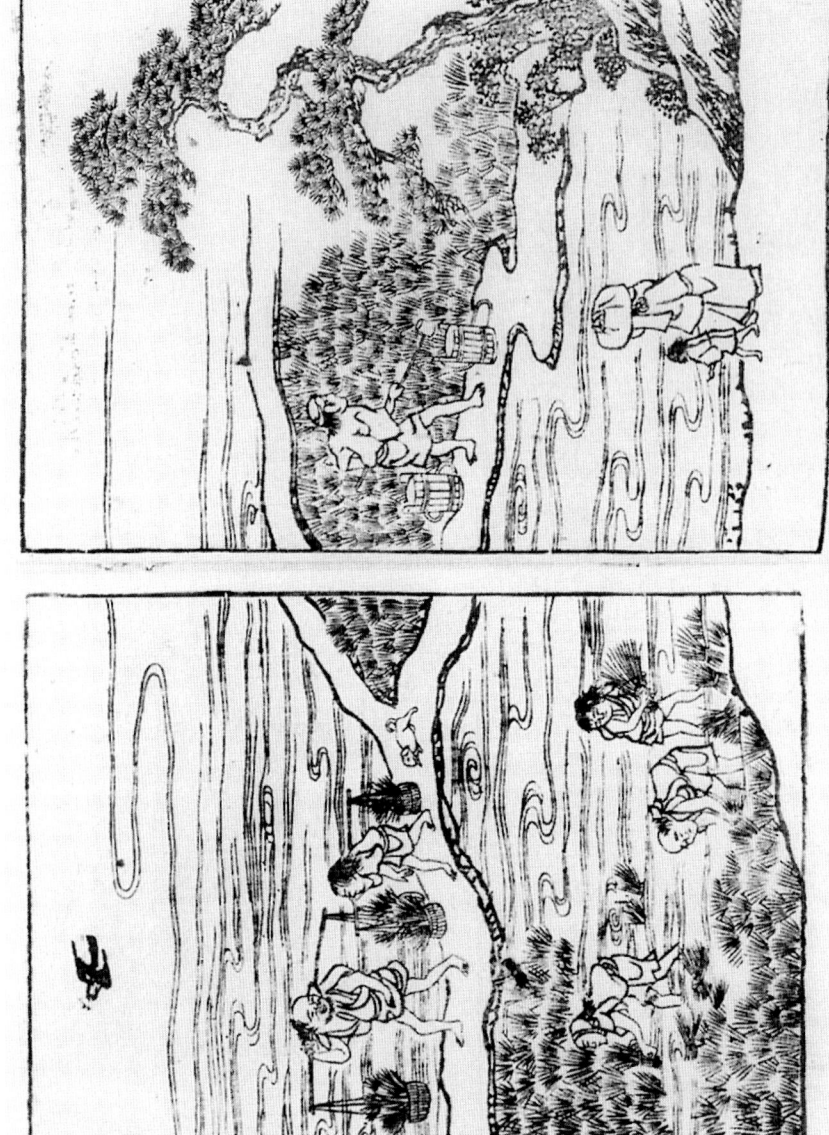

8. 1697년에 처음 발간된 『농업전서』(農業全書, 노교겐쇼)는 광범위하게 유통된 중요한 농서이었다. 배농사는 공동체 전체의 협동이 필요한 일이었다. 농민들이 공동 못자리에서 기른 모를 가져와서 모내기를 하고 있다.

9. 사무라이는 평화가 계속되고, 도시의 오락을 접하게 되면서 전투적인 무사의 풍모를 점점 잃어갔다. 긴 칼에 몸을 기대고 있는 젊은 한량과 그에게 그다지 호감을 느끼지 못하는 한가로운 여인을 묘사하고 있는 이 17세기의 그림은 그런 변화된 사회상을 잘 반영한다.

10. 에도 상업의 중심지인 니혼바시(日本橋)의 어시장.
11. 엘베르트 켐퍼가 에도로 향하는 네덜란드 행렬을 그린 쇼묘, 참근교대를 위한 다이묘 행렬의 규모는 물론 이보다 몇 배는 더 컸을 것이다.

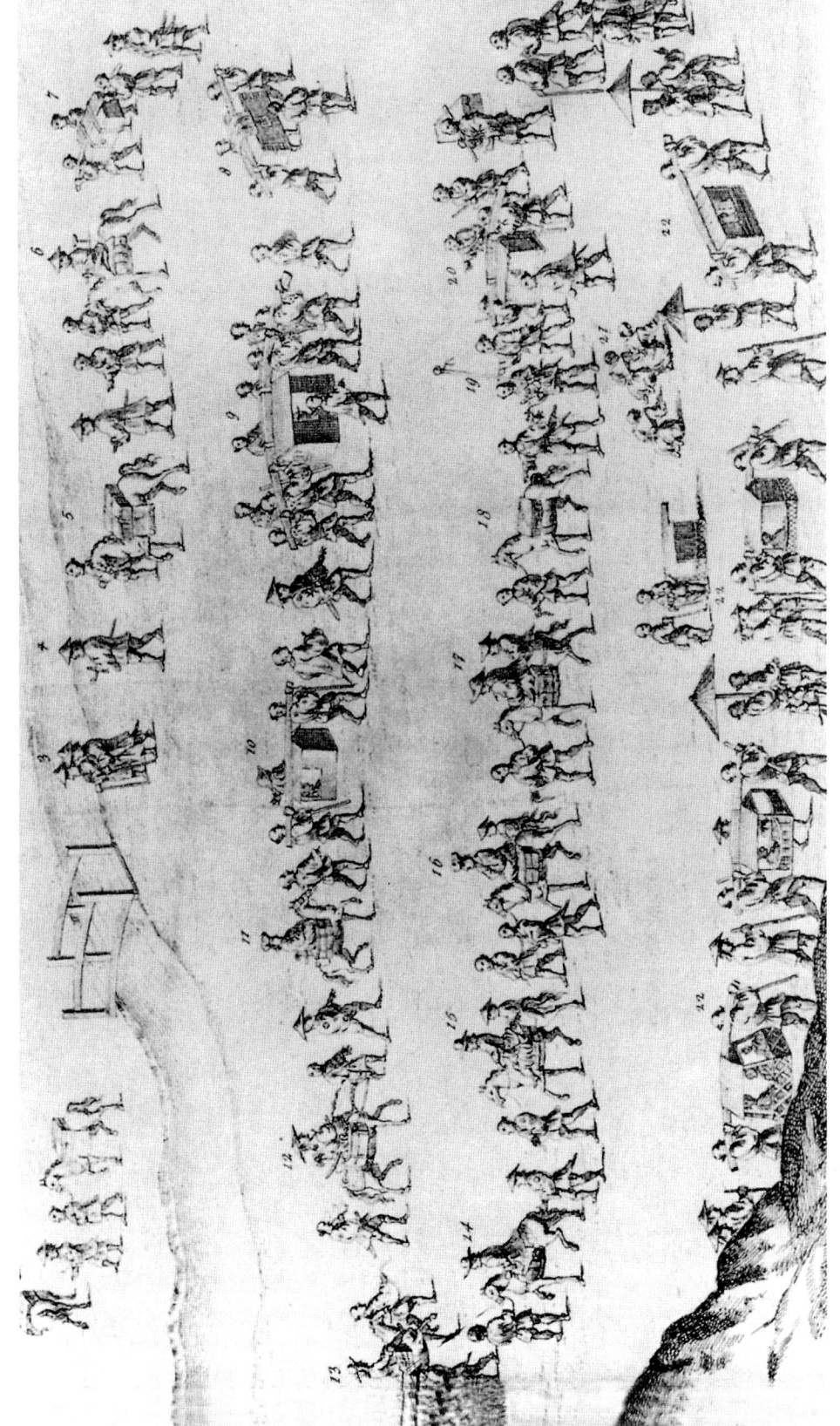

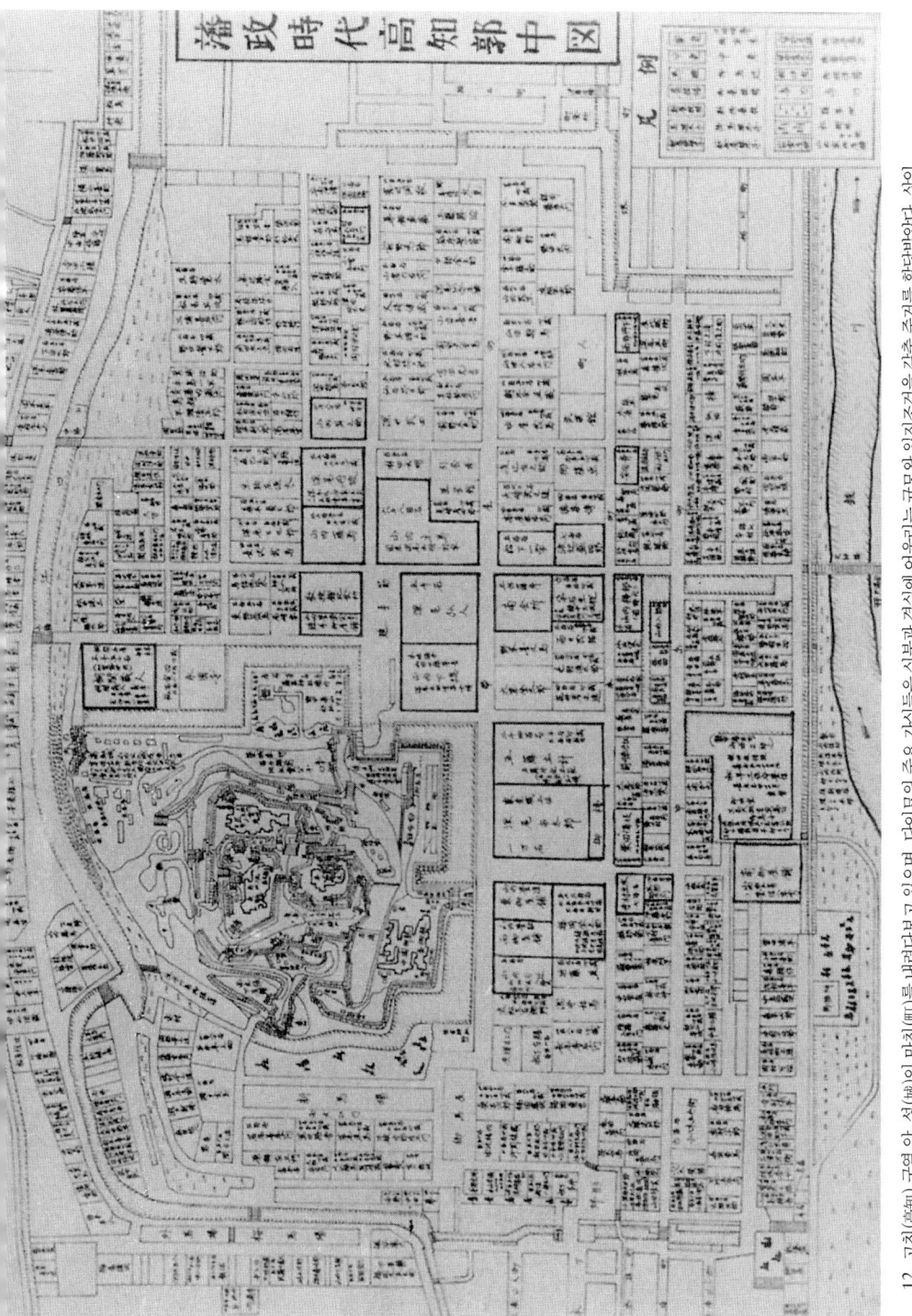

12. 고치(高知) 구역 안. 성(城)이 마치(町)를 내려다보고 있으며, 다이묘의 주요 가신들은 신분과 직사에 어울리는 규모와 입지조건을 갖춘 주거를 할당받았다. 상인들의 점포도 강 근처나 건너편의 환경이 널 좋은 지역에 밀집해 있었다.

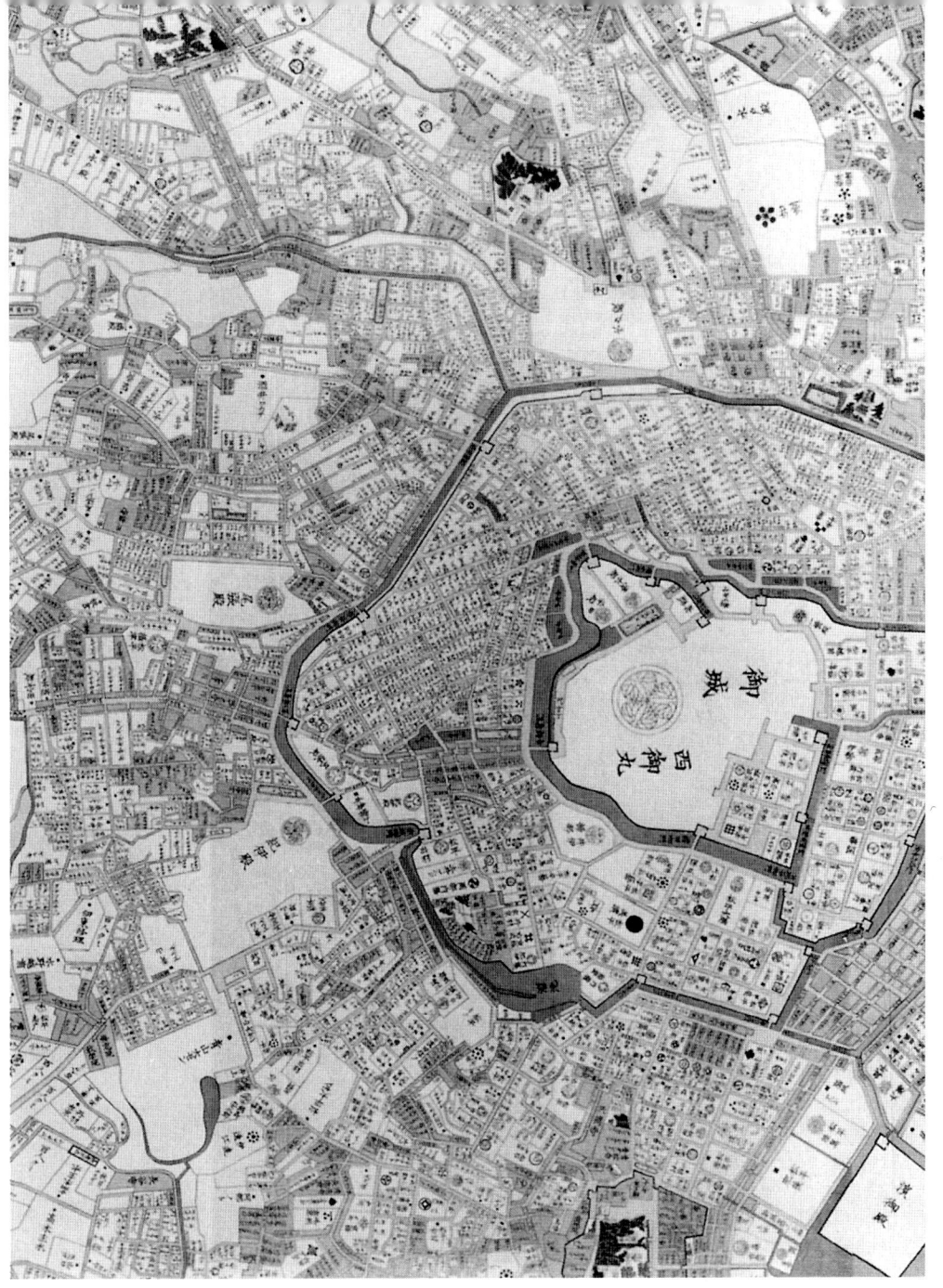

13. 1843년에 제작된 목판지도에서 에도 중심부의 세부. 오늘날에는 어성(御城)이라고 표시된 쇼군의 에도 성이 도시를 내려다보고 있다. 에도 성을 에워싼 수로는 상업적·개인적 운송에 이용되었다. 가장 큰 야시키(室敷, 다이묘의 주거)는 전국에서 가장 큰 번인 가가(加賀) 번 다이묘의 것(우측 상단의 다섯 잎 클로버 표시를 한 부분)이었다. 오늘날 이곳은 도쿄 대학 캠퍼스이다. 메달 모양의 문장을 사용한 도쿠가와씨의 세 분가 오와리(尾張)·기이(紀伊)·미토(水戶)의 야시키는 에도 성 둘레에 배치되어 있다.

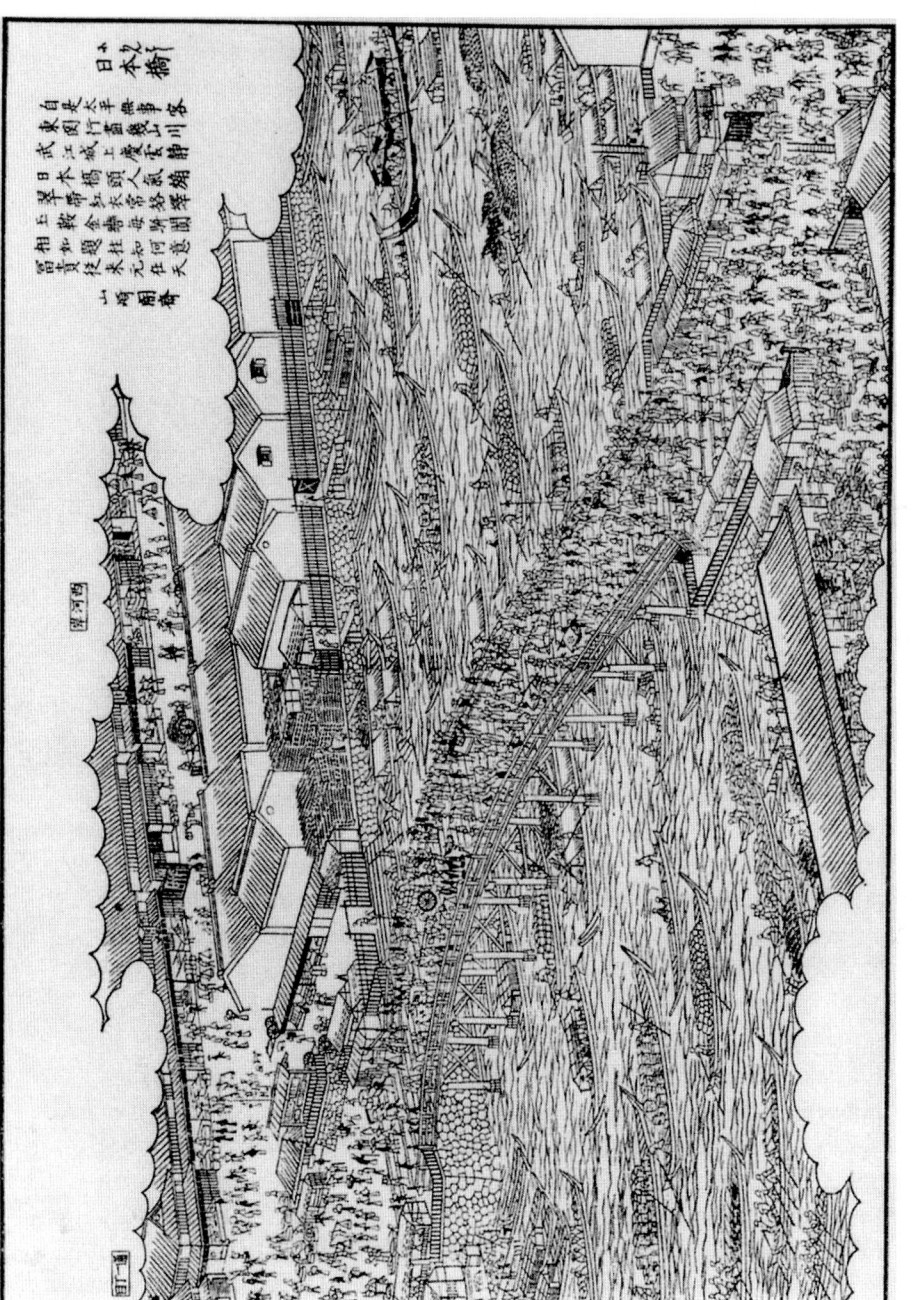

14. 니혼바시에 모여든 인파. 니혼바시는 에도에서 특정지역까지의 거리를 측정할 때 그 기점이 되었다. 좌측 상단에 상점가, 우측 하단에 어시장이 보인다.

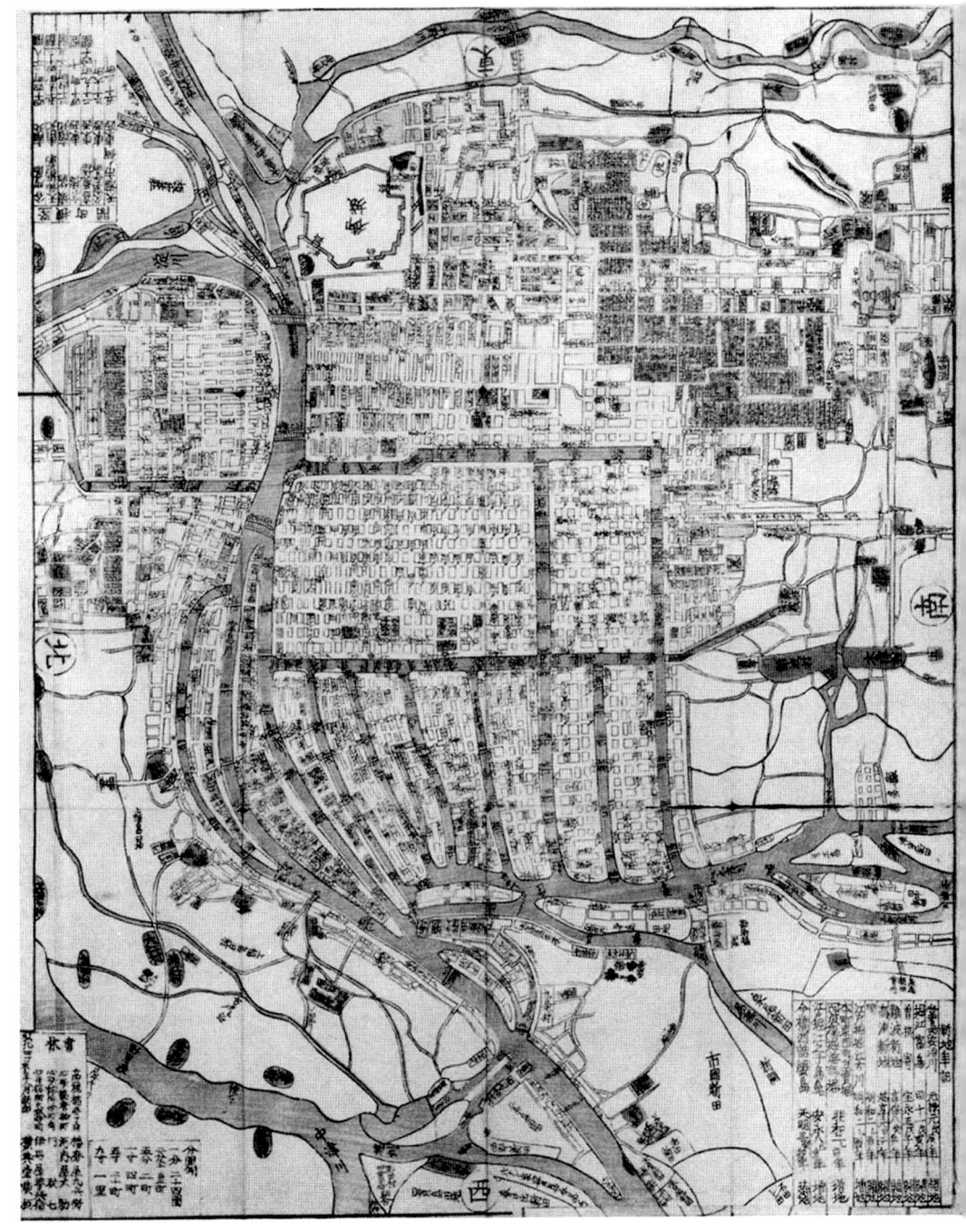

15. 1847년에 제작된 목판 오사카 지도. 하역이 용이하도록 해자를 따라 줄줄이 들어서 있는 다이묘들의 창고는 전국적인 미곡거래의 거점이 되었다.

16. 이 병풍화는 17세기 중반 에도 축제의 흥겨움을 묘사하고 있다. 향락객들이 배를 타고 강변을 따라 형성된 유흥구로 이동하고 있다.

17. 19세기 초 에도의 서적도매상.

18. 오사카에서 쌀 가마니를 하역하는 모습. 사무라이 하나가 작업을 감독하고 있다.

19. 가부키 무대를 그린 목판화. 오쿠무라(奧村)파, 겐로쿠(元祿) 시대. 무대 앞 판광석을 가로지르는 하나미치(花道) 위로 배우들이 등장하고 퇴장함으로써 관객과 배우는 더 가까워질 수 있었다.

| 도시화와 교통 |

는 가신들은 번의 희소자원이 유출되는 것을 제한하려 했기 때문이다.

다이묘가 참근교대 의무를 이행하지 않으면(병을 핑계 삼는 일이 많았다) 불명예를 당하는 것에서부터 영지 몰수에 이르는 견책과 처벌을 받을 수 있었다. 예컨대 앞서 말했듯이 1686년에 친번(親藩)의 하나인 에치젠(越前) 번주가 참근교대 의무를 이행하지 않자, 이를 예의 주시하던 막부는 의례상의 불명예를 안기는 것—마쓰다이라라는 성(姓)과 접시꽃 문양의 도쿠가와 문장(紋章)의 사용을 불허하고, 쇼군을 배알할 때 앉는 자리를 없애버렸다—에서부터 전체 영지의 거의 절반을 몰수하는 벌을 내렸다. 아울러 에치젠 번주의 에도 저택 정문을 폐쇄하고 방문자는 쪽문만 사용하게 했다.[6] 다이묘의 자기 과시와 불경에 대한 이런 극약처방은 해당 다이묘와 그 가신들의 자부심을 앗아갔고, 일부 가신은 다이묘에게 간언을 하려다 뜻을 이루지 못하자 자살했다. 이것은 신분사회에서 '체면'을 잃는 일이 당사자에게 얼마나 치명적일 수 있는지 말해주는 사례이다.

2. 교통망

도쿠가와 초기부터 막부는 안보와 통제를 감안하여 육상여행을 단속하고 규제했다. 그러나 얼마 지나지 않아 그런 관심은 경제적 고려에 밀려나게 되었고, 도쿠가와 시대의 마지막 세기에 이르면 사적인 상업활동과 여행이 공적인 사안들 못지않게 중요한 것으로 대두되었다. 일본은 온 나라를 놀라울 정도로 긴밀하게 연결하는 교통체계를 발전시켰다.

우선 안보에 주안점을 둔 도로체계가 고안되었다.[7] 세키가하라 전투 직후에 이에야스는 자신의 영내에서 시행했던 제도를 신속하게 전국으로 확대했다. 이에야스의 가신 두 사람을 시켜 에도와 교토를 잇는 주요 해안가 도로(도카이도〔東海道〕)를 조사하게 하고 숙역(宿驛)을 설치했다. 이 제도는 곧 다른 주요 도로에도 확대 적용되었고, 마침내 전국 규모의 5개 간선

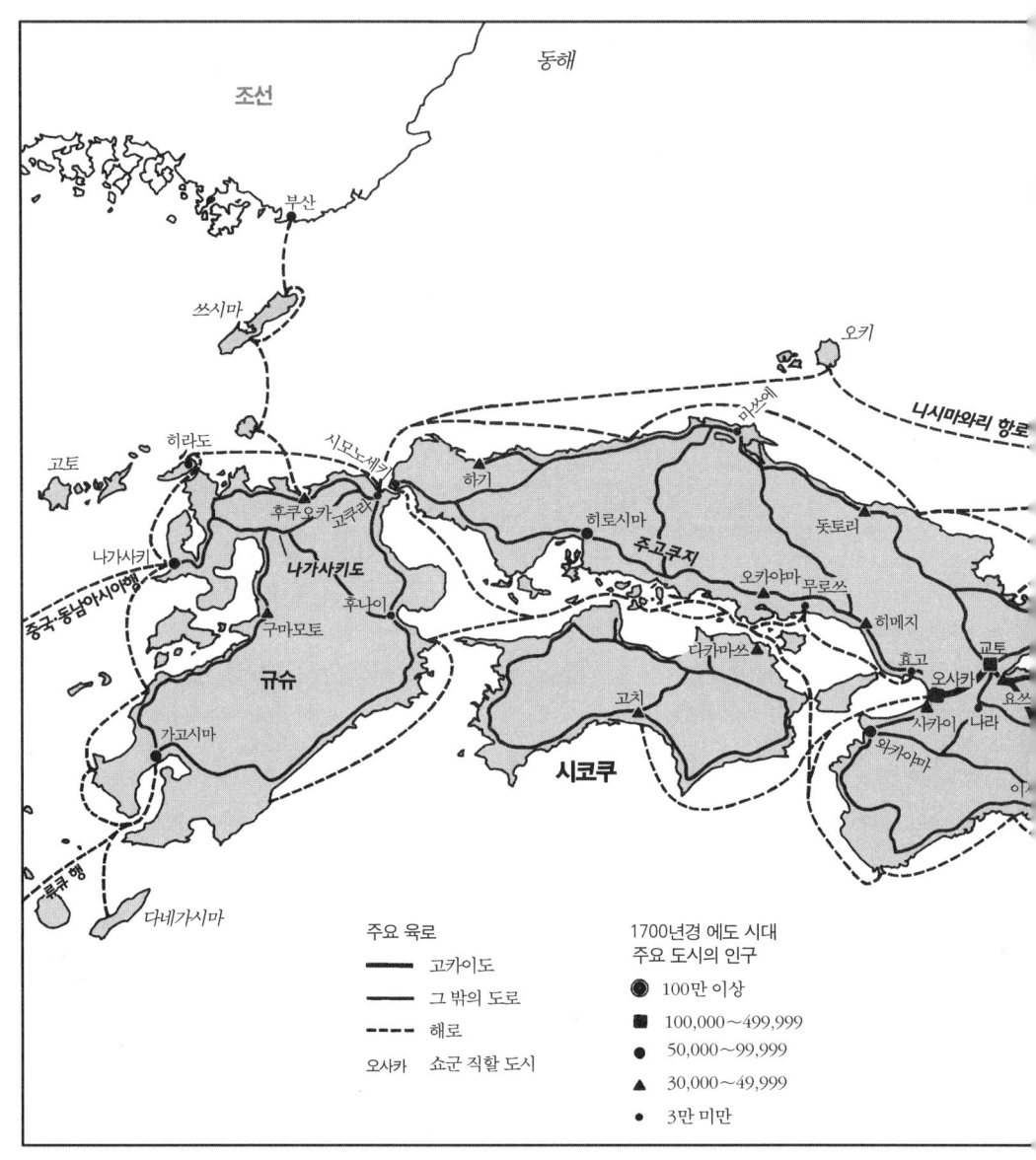

3. 18세기의 대도시와 주요 육상교통로 및 해상교통로

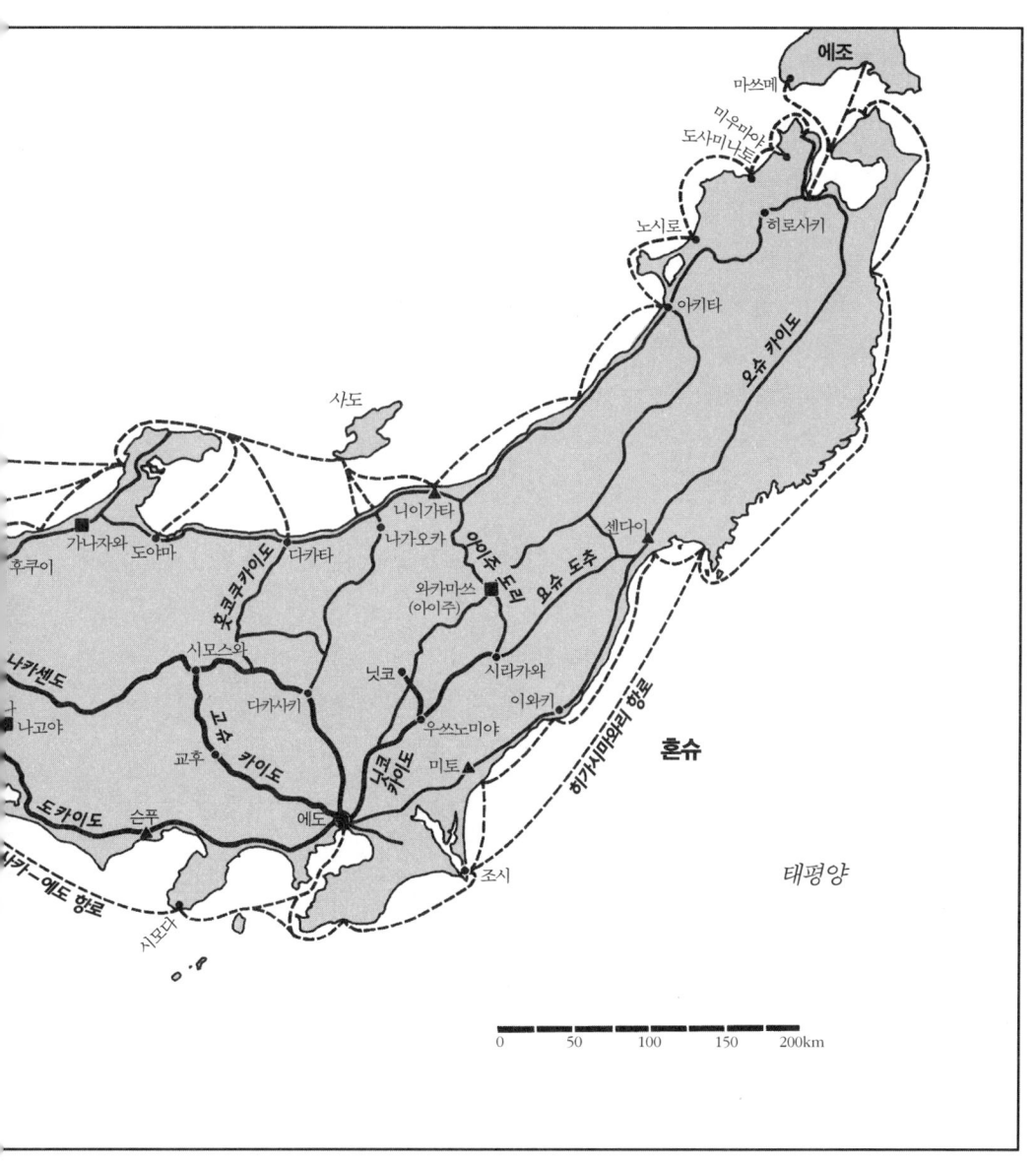

도로(고카이도[五街道])가 탄생했다. 이 중에서 가장 중요한 도로는 동해안을 따라 나 있었고 하나는 일본의 중앙부를 관통했으며 또 하나는 혼슈를 가로질렀고, 나머지는 동북쪽의 쓰가루(津輕) 해협까지 뻗어 있었다.

1630년대에 참근교대제가 공식적으로 확립되자 전국의 교통망을 관리하고, 감독하는 것이 막부의 정책이 되었다. 각 번(藩)은 고카이도가 자기 영내를 통과하더라도 이를 관할하거나 운영에 간섭할 수 없었다. 숙역은 고카이도를 비롯해서 전국의 주요 도로를 따라 설치되었다. 관심의 초점이 었던 고카이도에는 총 248개의 숙역이 있었고 대략 4~12km 간격으로 설치되었다. 여행자들이 가장 많이 이용한 도로이며 19세기의 화가 히로시게가 제작한 일련의 목판화를 통해 우리에게 친숙한 도카이도에는 53개의 숙역이 있었다.

숙역은 숙박·운송·통신의 중심지 역할을 했다. 숙역에는 숙역의 최고책임자인 덴마도이야(傳馬問屋)가 있었고, 그 밑에는 인마(人馬)의 출입과 금전출납을 기록하고 공무 여행자들을 위한 혼진(本陣)을 관리하는 조즈케(帳付)와 우마사시(馬指)가 있었다. 아울러 숙역은 지방특산물·상품·식량의 집산지이자 기분전환 장소이기도 했다.

숙역 대부분이 주요 교통망을 따라 배치되어 있는 후다이다이묘령에 설치되어 있긴 했지만 모두 그런 것은 아니었다. 따라서 숙역의 설치와 운영 및 예산에 관한 막부의 규정들은 막부가 번의 자치권을 침해할 수 있는 근거가 되었고, 이로 인해 막부는 확실하게 번보다 우위에 설 수 있었다. 1659년에 막부는 도추부교(道中奉行), 즉 도로감독관을 신설했고, 시간이 지남에 따라 도추부교의 책임과 중요성은 더욱 커졌다. 한 동안은 각 지역의 막부 대리인들이 도로의 상태와 유지에 관한 보고를 했으나, 18세기부터는 모든 사안을 도추부교가 지배하게 되었다. 참근교대제 성립 이후 숙역의 원활한 운영은 막부의 행정일정과 번의 생활 리듬에 필수적인 것이 되었다. 여행자들과 참근교대 행렬은 경제적·시간적 이유를 들어 일부 숙역을 우회하고 싶어했을 수도 있으나 막부의 관련규정은 이를 금지했다.

| 도시화와 교통 |

우회를 허락할 경우 인기 있는 숙역은 수용능력 이상으로 이용객이 많아질 것이고, 반면에 덜 관심을 끄는 숙역은 제 구실을 못하는 것처럼 보일 수 있었기 때문이다.[8] 이리하여 사람, 행렬, 물자가 일정한 간격을 두고 릴레이하듯이 교통망을 따라 움직였으며, 각 숙역은 다소 균등한 이용빈도와 수입을 보장받았다.

숙역은 적어도 36필(匹)의 말과 적정수의 짐꾼을 준비하고 있어야 했다. 1640년대에는 백인백필(百人百匹)을 갖추어야 한다고 되어 있었지만, 대부분의 숙역은 그 정도의 여건을 갖추기가 불가능했다. 18세기 초에 실시한 조사에 의하면 도카이도(東海道)의 53개 숙역 가운데 겨우 아홉 곳만이 조건을 충족시키고 있었다. 숙역의 유지비용은 막부 직할령에서 부가 징수한 세금*으로 충당했다. 또한 숙역을 중심으로 발달한 슈쿠바마치(宿場町)의 주택소유자들은 앞마당의 크기에 따라 세금을 내야 했는데, 이는 상업적 기회와 의무 사이의 균형을 유지하기 위해서였다. 이것은 도시에 거주하는 서민들에 대한 일반적인 과세원칙이었다. 나가사키에서 상인 소유 건물의 앞마당에 부과한 세금은 데지마 같은 대규모 건설사업의 비용을 충당하는 데 쓰였다. 따라서 도카이도 연변에 위치한 번처럼 주요 간선도로를 따라 엄청난 교통량을 감당해야 했던 번은 자치권뿐 아니라 상당액의 수입도 빼앗기게 되었다. 인마(人馬)에 대한 수요가 증가하자 막부는 숙역의 교통 감당능력을 증대시키기 위해 훨씬 많은 세금을 징수해야 했다.

마을이 숙역의 반경 안에 위치하여 숙역 보조마을, 즉 스케고(助鄕)로 지정될 경우 그 마을은 인마(人馬)를 제공해야 했는데, 이것이 서민들에게는 큰 부담이었다. 막부의 지침에도 불구하고 다이묘의 행렬 규모는 점점 커져갔다. 1690년대에 켐퍼는 "전국의 다이묘 가운데 유력 다이묘의 행렬은 며칠씩 도로를 가득 메웠다"고 기록하고 있으며, 아울러 이미 앞에서 살펴본 바와 같이 웅번(雄藩)은 대개 에도에서 멀리 떨어진 곳에 있었다.

* 특별히 숙역 유지를 위해 징수한 세금을 덴마슈쿠뉴요(傳馬宿入用)라고 한다.

1694년에 막부는 관할 여하에 관계없이 숙역 근방의 마을을 부속 스케고로 지정했다. 그 이후 여러 명의 영주—가장 극단적인 경우는 27명—가 관할권을 행사하는 마을들이 그들의 석고(石高)에 따라 인력·말·배·짐꾼을 숙역에 제공하는 역(役)을 졌다. 대략 100석 당 이인이필(二人二匹)의 인마를 부담했으나, 사정에 따라 특별한 요구가 있을 수 있었다. 교통량이 증가하자, 스케고를 결정하는 반경의 범위가 더욱 넓어졌다. 이렇게 징발된 농민들은 일반 짐꾼에 비해 적은 급료를 받았다. 더구나 다이묘의 행렬이 가장 집중되는 계절이 봄·가을이었기 때문에 농민은 파종과 수확을 해야 하는 가장 중요한 달에 일을 못하게 되는 폐단도 발생했다. 석고에 근거해서 할당이 정해졌으므로 부유한 농민은 가난한 농민을 대신 보내려고 했고, 어떤 경우에는 마을 전체가 이런 식으로 자기에게 할당된 의무를 전가하려 했다. 숙역 보조와 관련된 의무는 종종 저항을 불러일으키는 원인이 되었다. 경제가 발전함에 따라 값은 비싸지만 부피는 작은 상품들의 수송량이 더욱 늘어나면서 상황은 훨씬 복잡해졌다. 상인들은 재정적인 어려움을 겪는 다이묘에게 접근하여 일정한 비용을 지불하고 다이묘 행렬이 운반하는 함에 그들의 상품을 집어넣을 수 있었고, 이렇게 하면 다이묘의 특전인 저렴한 운송비용의 혜택을 이용할 수 있었다.

숙역 유지비용은 또한 여행자들에게 부과한 요금으로 일부 충당되었다. 공무여행자는 요금을 면제받았는데, 79개의 면제조항을 명시한 두툼한 목록이 막부·조정·외교와 관련된 공무를 수행하는 사람들을 위해 마련되었다. 그 다음으로는 정해져 있는 요금을 내야 하는 17가지 범주의 여행자가 있었다. 다이묘의 행렬은 그들의 신분에 상응하는 수행원의 규모에 따라 이런 요금의 적용을 받았다. 일정한 수 이상의 수행원과 짐, 그리고 비공식적이고 사적인 통행에 대해서는 예외없이 모두 요금이 부과되었다. 그러나 그 금액은 정해져 있는 것이 아니라 자유시장체제에서 볼 수 있는 흥정을 통해 결정되었다. 숙역은 이런 수입을 가지고 징발된 사람과 말에 대해 적으나마 보상을 해줄 수 있었다. 사람과 말을 보호하고 어느 정도 수입의 균등성을 보장하기 위해 화물에 관한 추가적인 규정은 사람과 말에 수송을 요구할 수 있는 화물의 양을 구체화했다. 그러나 그런 규정들은 현실에서 무시되기 일쑤였고, 농번기에 인정사정없는 인력 징발은 일반 농민에게 엄청난 부담을 주었다. 다나카 규구(田中丘隅, 1663~1729)가 어려운 시절 농촌의 곤궁을 묘사한 글은 많은 역사학자들에 의해 인용되고 있는데, 다나카 자신이 바로 숙역의 책임자였다는 사실은 아마도 우연이 아닐 것이다.

부피가 큰 화물은 대부분 해안을 따라 배로 운반되었기 때문에 육로에서 마차나 수레를 이용할 필요가 없었다. 바퀴 달린 운송수단은 대규모 공동체에서나 사용되었다. 실질적으로 모든 물자는 가축이나 인간의 등을 이용해 운반되었기 때문에 유럽의 경우와 달리 일본의 도로는 봄철에 도로가 각종 수레바퀴에 파여서 엉망진창이 되는 일이 없었다. 막부는 부피가 큰 화물을 제외하고는 모든 물자가 육로로 운반되는 것을 선호했다. 육로수송이 관리하기 편했을 뿐 아니라 숙역의 수입을 최대화할 수 있었기 때문이다. 그 결과 고카이도(五街道)는 이용객들로 늘 붐볐다. 켐퍼는 1690년대에 이미 엄청난 여행 규모에 놀라움을 표시했다. 긴급한 공무 전갈은 대부분의 규제를 무시할 수 있는 특별전령인 히캬쿠(飛脚)를 통해 전달되었다. 그러나 그 밖의 모든 사람들에게 육로교통은 느리고 비싸고, 이따금 위험하기조차 한 것이었다. 건기에는 쉽게 건널 수 있는 일부 강도 봄철이면 물이 불어나 산비탈을 따라 세차게 흘러내렸고, 이로 인해 강을 건널 수 있는 지점에서 여행객을 실어 나르던 뱃사공과 짐꾼들은 짭짤한 수입을 올렸다. 몇몇 강에는 다리가 있었지만, 도카이도를 따라 흐르는 가장 크고 유명한 강인 오이 강(大井川)에는 다리가 없었다. 다리를 놓지 않은 이유가 오이 강이 천연장벽의 구실을 했기 때문이었는지 아니면 교량 건설이 기술적으로 어려웠기 때문이었는지는 분명하지 않다. 아무튼 도쿠가와 시대 내내 오이 강 건너기는 여행의 짜릿함과 위험성의 상징이 되었다.

도쿠가와 시대 도로체계의 여러 측면 가운데 주요 간선도로에 설치되어 있던 관소(關所)만큼 많은 주목을 받은 것도 없다. 고카이도에는 53개의 관소가 설치되어 있었으며, 대다수는 에도를 둥그렇게 에워싸며 집중되어 있었다. 노부나가를 비롯해 센고쿠 시대의 통일자들은 각 지역의 독립적인 관소를 폐지했고, 이런 관행은 도쿠가와 시대 내내 계속 되었다. 막부는 다이묘가 자기의 영내를 통과하는 주요 간선도로에 독립적인 관소를 설치하는 것을 허락하지 않았으나, 다이묘 영내의 다른 도로와 이웃 번과의 경계에는 독립적인 관소(關所)의 설치를 금하는 막부의 규정을 감안해 번소(番所, 반쇼)라는 검문소를 허용했다. 초기부터 도쿠가와 막부의 관심사는 안보를 위주로 했으며, "에도에서 나가는 여자, 에도로 들어오는 총"을 뜻하는 데온나이리텟포(出女入鐵砲)라는 검열방침에도 그런 의도가 담겨 있다. 이 두 현상 모두 막부에 반항하는 초기단계의 음모를 암시하는 것일 수 있었다. 이를테면 다이묘가 인질 구실을 하는 자신의 가족을 에도에서 데리고 나가거나 또는 에도로 몰래 총을 들여올 수 있다는 것이었다. 하지만 다이묘의 행렬은 검문받지 않았다. 규칙상 관소의 위병은 그렇게 할 수 있었는데도 말이다. 반면 무가(武家)의 여성이 포함된 소규모 일행에 대해서는 통행서류가 제대로 갖추어져 있는지, 구성원이 서류에 적힌 대로인지를 확인하기 위해 주의 깊게 검문이 이루어졌다. 관소를 지키는 위병의 수는 적게는 몇 명에서 많게는 수십 명 정도였다. 야간에는 관소를 닫았고 통행 역시 금지되었다. 그러다 보니 관소의 존재 자체가 교통흐름을 상당히 더디게 만들었다. 여행을 하는 서민들은 관소 통행허가뿐 아니라 통행증이 필요했다. 이들의 여행서류는 세심하게 (그리고 지루하게) 검사를 받았으며, 남장여인이나 여자아이 옷을 입은 사내아이들이 슬쩍 빠져나가는 것을 확실하게 단속하기 위해 종종 몸수색을 병행하기도 했다. 몸에 상처가 있는 사람은 여행서류에 어떤 연유로 상처가 생겼는지, 어느 부위에 있는지를 기재해야 했다. 여행서류 신청에는 많은 시간이 소요되었다. 관소 통행증을 받으려면 대개 에도에서는 마치부교(町奉行) 또는 루스이(留守居)의 승인이 필요했다. 사무라이는 자신의 상급자에게 통행허가를 신청했고, 서민들은 자신이 등록된 사찰이나 마을지도자 또는 고닌구미(五人組)의 우

| 도시화와 교통 |

두머리를 통해 신청서류를 작성했다. 여행서류에는 여행자의 후원자와 보증인을 기재하게 되어 있었으며, 만일 그것을 허위 작성했을 경우에는 모든 관련자가 호된 대가를 치를 수도 있었다.

 18세기에 이르면 다이묘 가족의 도주나 화기 반입으로 인한 안보상의 문제가 더 이상 중요성을 갖지 못했다. 무기의 선호도에 있어 총은 다시 칼에 자리를 내주었으며, 에도 생활에 익숙해진 다이묘와 그 가신들의 가족이 고향으로 돌아가기 위해 에도에서 도망치려 할 가능성은 거의 없었다. 이런 통행검열제도는 신성한 도쿠가와 막부의 창시자에 의해 시작된 유서 깊은 관습, 다시 말해 타성에 젖어서 시행하는 제도를 대표했다. 이는 또한 불완전고용 상태의 사무라이 계층에게 실속은 없지만 꽤 그럴듯해 보이는 일자리를 제공했다. 그러나 바포리스가 지적하듯이 좀 더 기본적인 의미에서 관소제도는 토지에 기초한 고정된 사회—사람들이 정말로 여행을 해서는 안되는 사회—라는 도쿠가와 막부의 가정을 표현하는 것으로 보아야 한다.

 그럼에도 불구하고 사실상 여행은 갈수록 서민들 사이에서 인기를 끌었다. 여행안내서와 통속적인 판화들은 명승지를 그림을 곁들여 상세하게 설명하고 있었고, 점점 늘어나는 독자들은 장거리 여행의 즐거움에 친숙해졌다. 명찰(名刹) 순례는 여행 허가를 받을 수 있는 좋은 구실이 되었지만, 실제 목적은 순례장소와 길에서 얻는 온갖 즐거움이었다. 참배여행은 관광을 신앙과 결합시켰다. 이세 신궁(伊勢神宮) 방문은 주기적인 현상이었다. 대략 반세기 간격—1650년, 1705년, 1771년, 1830년—으로 수십만, 나중에는 수백만의 서민이 종종 지복신앙의 성격을 띤 축제적 열정에 사로잡혀 이세로 향했으며, 많은 사람들은 연도변에 사는 마을사람들의 동정과 호의에 전적으로 의지했다. 이세 신궁 참배가 유행한 시기는 중국식 역법에서 사용하는 60년 주기와 막연하게 연관이 있었지만, 오카게마이리(御蔭參り)라고 하는 이 현상은 통행증 없이 관소를 몰래 통과하는 데 성공한 가난한 농민들에게 잠시나마 다른 세상을 구경하는 경험과 해방감을 맛보게 해주었다. 이런 경우에 관소는 제 역할을 다하지 못했다. 사람들은 샛길을 이용하거나 한밤중에 몰래 관소를 통과함으로써 "경계를 허물게" 되었던 것이다. 그럼에도 불구하고 불시에 실시하는 일제 단속은 불법통행을 위험한 행동으로 인식시켰으며, 위반자는 종종 가혹한 처벌을 받았다. 물론 그런다고 해서 기분전환 삼아 여행을 하고자 하는 사람들의 열정을 가라앉힐 수는 없었다. 마치 정지해 있는 것처럼 다스려졌던 도쿠가와 사회는 놀라울 정도로 유동성과 다양성을 갖춘 사회로 점점 변해갔다. 참근교대제는 여기에 일조했다.

끝으로 에도 같은 대도시를 먹여 살리는 데 필요한 식량의 대량운송에 대해 잠시 언급해야겠다.[9] 식량수송 역시 매우 조직적으로 이루어졌다. 비록 쇄국령이 500석 이상 선적할 수 있는 선박의 건조를 금하기는 했지만, 해상수송의 규모가 커지자 이런 규제는 유명무실해졌다. 1670년대에는 선박들이 니시마와리(西廻り) 항로, 즉 일본 북부로부터 일본해 연안을 따라 시모노세키(下關) 해협을 통과하여 오사카까지 이어지는 항로를 이용했다. 대개 이들 선박은 다이묘가 에도를 오가고 에도에 거주하는 데 필요한 재정을 마련하기 위해 오사카의 시장에 내다 팔 잉여 쌀을 실어 날랐다. 그 다음으로 태평양 연안에 자리한 번들이 위와 같은 목적에 이용할 수 있는 히가시마와리(東廻り) 항로가 개발되었다. 도시가 성장하자 니시마와리 항로와 히가시마와리 항로를 이용하는 선박은 연공미(年貢米), 평지씨 기름, 가공하지 않은 면화, 식초, 사케(술), 그리고 여타 상품을 오사카(나중에는 에도)에 들여왔고, 다시 두 대도시에서 말린 정어리와 생선을 주원료로 한 비료, 공예품 등을 싣고 돌아갔다. 17세기 내내 에도는 상품을 입수하기 위해 오사카에 크게 의존했으나, 오사카에 대한 의존도가 줄어들게 되면서 해상운송 과정이 더 다양해지고 정교해졌다. 두 항로를 이용하는 해운업자들 사이에는 치열한 경쟁이 벌어졌다. 하나는 막부로부터 독점권을 인정받은 10개의 주요 상인조직이 지배했고, 또 하나는 양조업자들이 지배했다. 시간이 지나면서 두 항로에 각각 특정 품목이 배정되었다. 자본 축적은 이

런 사업에서 중심을 차지했다. 니시마와리 항로의 해운업자들은 직접 물품을 구입·판매하는 경향을 보였던 반면, 다른 항로의 해운업자들은 운임 수익에 치중했다. 상업이 발전하면서, 선박의 규모는 더욱 커졌고 종종 법적으로 제한한 선적량 500석의 서너 배가 되기도 했다. 때마침 막부의 개혁파가 상품가격과 상인의 이윤을 통제하려 들자, 상인들의 조직과 수단은 변하게 되었다. 막부와 상인조합 간의 유착관계가 약화되었을 뿐 아니라 자유계약이 17세기 해운업자들이 주도하던 조직을 대체하게 되었다.

3. 조카마치

참근교대 행렬은 조카마치에서 시작하여 조카마치에서 끝이 났다. 도쿠가와 시대의 간선도로는 각 번의 주요 조카마치를 촘촘히 연결했다. 모든 참근교대 행렬의 노정은 이런 조카마치를 지나게 되어 있었다. 앞에서 살펴보았듯이, 1858년 네덜란드 상관장의 에도 여행에 동행했던 반 폴스브루크는 히젠(肥前) 지역을 다스리던 사가(佐賀) 번의 조카마치를 다음과 같이 묘사했다.

> 잘 정비된 이 멋진 성은 수로로 둘러싸여 있으며 잘 지은 성문과 다리를 갖추고 있다. 넓은 거리는 성을 관통해서 성문과 성문을 연결하고 있었다. 이 성을 가로지르는 데 거의 한 시간이 걸렸다. 예복을 차려입은 주민들은 이미 자기 집을 장식하고 집 앞에 무릎을 꿇고 앉아 있었다.[10]

사가는 비교적 고립되어 있었고 사가의 거리를 구불구불 지나가는 이런 행렬은 별로 없었을 것이다. 다시 말하면 나가사키의 외교사절이 이곳 사람들에게는 인기 있는 일종의 기분전환거리였을 것이다. 그러나 도카이도 연변에서는 봄과 가을에 다이묘 행렬을 심심치 않게 볼 수 있었을 것이다.

조카마치는 도시 발전의 독특한 형식을 대표했다. 그것은 상업중심지에서 파생되어 성장했다기보다는 애초에 행정중심지로 설계되었다가 도시로 발전했다. 많은 다이묘는 대도시권의 상인들을 자신의 성에 초빙했다. 막부는 모든 다이묘에게 성을 하나만 두도록 제한했기 때문에 조카마치는 자기 지역에서 독보적인 위치를 차지했다. 또한 사회계급의 구분을 물리적으로 구현하는 역할을 했다. 조카마치의 대부분 지역과 모두가 탐내는 공간은 사무라이의 주거지(武家地, 부케치)와 사원부지(寺社地, 지샤치)에 충당되었으며, 상인과 직인은 그 나머지 지역 즉 조닌치(町人地)로 밀려났다. 그럼에도 불구하고 조카마치는 일본의 도시화를 가속화하는 데 큰 기여를 했다. 18세기에는 사실상 모든 사무라이를 포함해 평균적으로 번(藩) 주민의 약 10%가 조카마치에 살게 되었기 때문이다.

군사권력 중심지로서의 조카마치는 히데요시의 칼사냥과 병농분리 단행에 그 기원을 두고 있다. 센고쿠 시대의 간헐적인 전투기간에 센고쿠다이묘는 자신의 전투력을 늘 유지해야 했으나, 평화가 찾아오자 그들의 사령부는 행정중심지가 되었다. 중세에는 전술상 방어에 유리한 곳, 전략적으로 높은 곳에 성을 세웠으나, 센고쿠다이묘는 통제의 단위가 더욱 커짐에 따라 많은 인구를 통제하고 그들의 노동을 착취할 수 있는 충적평야의 중심에 요새를 건설하기 시작했다.

시코쿠(四國) 지역 도사(土佐) 번의 고치(高知) 성은 표준이라고 할 만한 유형을 보여준다. 이곳은 하천이 해안의 항구와 만나는 곳에 위치하고 있어, 다른 지역 중심지와 접촉하는 통로인 동시에 주변 평야를 지배했다. 환하게 빛나는 하얀 천수(天守)를 보유한 고치 성은 거대한 화강암 반석 위에 세워져 있었다. 성을 에워싼, 격자형으로 정비된 넓은 구역에는 도사 번주의 주요 가신들의 저택과 가옥이 빼곡하게 들어차 있었다. 마찬가지로 그 주위의 훨씬 작은 필지로 이루어진 구역에는 수입과 서열에 따라 상급 사무라이의 집들이 배치되어 있었다. 고치 성은 일종의 계획도시, 바꾸어 말하면 전(前)근대의 '기업도시'였다고 할 수 있다.

| 도시화와 교통 |

　지형상의 환경, 특히 해안지대에서는 순응을 요구했지만, 고지대와 생활환경이 좋은 지역은 모두 상류층의 몫이었다. 나머지 사무라이 주거지가 이용 가능한 공간의 반 이상을 차지했다. 10~15%는 신사(神社)와 사찰에 돌아갔다. 그 가운데 특히 해당 번에서 다이묘가의 선조를 추모하는 등(燈)과 위패를 안치하는 사원이 가장 웅장했기 때문에 이런 사원은 다이묘의 권위를 더욱 높여주는 구실을 했다.

　남은 것은 자연환경이 좋지 않은 저지대였고, 이곳이 상인과 직인의 구역이었다. 번 당국이 중요성을 인정하여 특별히 우대하는 몇몇 상인을 제외하면 조닌의 집은 좁은 골목을 사이에 두고 다닥다닥 붙어 있었다. 흔히 직인은 동종의 기술을 가졌거나 같은 업종의 일을 하는 사람들끼리 모여 살았지만, 소매상과 행상은 어디서나 영업을 했다. 골목은 소나 말이 끄는 수레가 지나갈 수 없을 정도로 좁은 경우가 많아서 주민들의 식량을 생산하는 농지에 분뇨를 실어 나르려면 사람이 분뇨통을 매단 대나무 작대기를 어깨에 지고 매번 논까지 왔다 갔다 해야 했다. 대개 조닌치는 강둑을 따라 형성되어 있는 농지를 매립해서 조성되었기 때문에 장마철이 되거나 질병 혹은 역병이 발생하면 이곳의 주민들이 가장 먼저 고통을 겪었다. 화재나 태풍 같은 대재난은 계급이나 신분에 관계없이 누구나 당할 수 있는 일이었지만, 밀집해 있는 조닌치에 가장 파멸적인 피해를 안겨주었다.

　성안에 사는 다이묘와 그 가신들의 생활은 에도를 왕래해야 하는 참근교대 일정에 좌우되었다. 한동안 도사의 참근교대 행렬은 이웃 번인 도쿠시마(德島)를 지난 다음 배편으로 오사카까지 이동했으나, 18세기 이후에는 먼저 북쪽의 고개를 넘고 그 다음에는 내해(內海)를 통해 오사카까지 가는 배를 탔다. 1658년에 공포된 막부의 규정에 따라 다이묘는 수입 1만 석(다이묘가 되기 위한 최소한의 석고)당 90명의 수행원을 대동할 수 있었다. 따라서 도사 번주는 공식적으로 20만 석의 수입을 가졌으므로(실제 수입은 사실상 그 2배 이상으로 증가했다) 1,800명을 대동할 자격이 있었다. 1645년에는 1,477명이 도사 번주 행렬에 참가했다. 그 수는 1680년에

1,799명으로 늘어났고, 다시 10년 뒤에는 2,775명으로 증가했다. 당시 자료를 분석한 결과 50필의 말과, 46척의 배, 1,313명의 뱃사공, 1천 명을 웃도는 사무라이가 동행한 것으로 나타났다. 유력 무가의 사람들은 그들의 가장(家長)이 정기적으로 이런 여행을 하는 것을 당연한 일로 여겼다. 예컨대 우마마와리(馬廻)*인 모리가는 9대에 걸쳐 두 명의 가장만이 겨우 한 번 도사 번주의 참근교대 행렬에 참가하지 못했다. 게다가 모리가의 기록을 보면 많은 사람들이 다이묘의 행렬에 끼지 않고 소규모 집단을 이루어 여행했다는 것을 알 수 있다. 그런 여행이 훨씬 흥미로웠음은 틀림없다. 그도 그럴 것이 이런 여행에 참가했던 사람들이 남긴 일기나 묘사가 더 가치있는 것으로 판단되기 때문이다. 나 홀로 여행을 하거나 삼삼오오 짝을 지어 여행하는 사람들은 관광을 하고 기념품을 살 수 있는 기회를 가졌지만, 신분과 격식에 신경을 써야 하는 다이묘 행렬의 구성원들은 그럴 수가 없었다.[11] 가장이 오랫동안 그것도 주기적으로 집안을 비우게 되자 가정 대소사와 자녀양육을 여자들이 책임지게 되었다. 일본문학은 젊은 세대에게 모범이 되는 금욕적인 사무라이 부인들의 이야기로 넘쳐난다.

일단 다이묘가의 가족이 에도에 영구적으로 또는 장기간 자리를 잡게 되자, 그들만 에도에 남아 있을 수는 없는 노릇이었다. 한동안 다이묘의 주요 가신과 그 가족들도 마찬가지로 인질이 되어 머물렀으며 이런 규정이 완화된 뒤에도 에도 거주는 관행처럼 계속되었다. 에도 저택에서의 생활은 의례나 격식에서 영주를 비롯하여 영주의 정실과 측실들이 중심을 이루는 그야말로 외부와는 분리된 세상에서 사는 것이나 마찬가지였다. 한 세대가 지나자 미래의 다이묘는 보통 에도에서 태어나고 자랐다. 다이묘의 후계자들에게 에도 생활은 사람을 무기력하게 만드는 귀족적인 생활이었고, 훗날 강력한 지도자가 된 다이묘의 대다수가 방계에서 양자로 들어간 인물이라는 것은 놀랄 일이 아니다. 에도 저택을 관리하고, 인력을 제공하고, 필요

* 쇼군이나 다이묘의 신변을 경호하고 전장에서는 그 친위대 역할을 한 기마무사.

| 도시화와 교통 |

한 물품을 공급하는 일 역시 아주 중요해졌다. 다른 번과 마찬가지로 도사 번은 두 개의 행정구조를 발전시켰고, 그 중 하나는 전적으로 에도의 다이묘 저택과 관련된 사안을 책임지고 있었다.

한편 번의 경제·행정 문제의 핵심은 이런 체제의 유지비용 조달이었다. 잉여 쌀과 잘 팔리는 지역특산물은 오사카로 실려갔고, 오사카에 형성된 상품시장에서 전국으로 팔려 나갔다. 모든 유력 다이묘는 오사카에 자신의 창고와 중개상을 보유하고 있었으며, 오늘날 오사카 시의 도사보리(土佐堀, 도사 해자라는 뜻)라는 지역은 사람들에게 근세 경제를 상기시키는 역할을 하고 있다. 다이묘는 여행경비와 생활비를 지불하기 위해 현금이 필요했다. 여행에는 상당한 경비가 지출되었다. 일종의 판매자시장*이 활발했던 숙역(宿驛)에서 많은 구매를 해야 했기 때문이다. 격식에 맞게 화려함을 유지하며 여행을 하려면 시간도 적지 않게 들었다. 그리고 여행거리 자체가 길어지면 그만큼 시간이 더 걸릴 수도 있었다. 앞에서 언급했듯이 규슈 남부의 사쓰마 번주가 에도까지 가려면 50일이 걸렸다. 이 밖에 받는 사람의 신분과 격식에 걸맞은 선물을 준비하다 보니 선물비용도 만만치 않았다. 도쿠가와 시대 일본은 선물사회였다고 해도 과언이 아니다. 주고받는 선물은 정교하고 섬세한 도자기에서부터 말(馬)에 이르기까지 다양한 사치품이 주종을 이루었다. 다이묘의 부인은 다른 다이묘의 부인들과 선물을 교환했고, 다이묘의 상급 가신들은 막부의 로주(老中)와 선물을 교환했다. 선물교환은 일일이 검열되었고 개인 마음대로 하는 것이 아니었다. "우리는 다음과 같은 사항에 주목하게 되었다"고 막부는 1692년에 공포했다.

수도〔에도〕에 막 도착해서 그리고 연내(年內)의 다른 특별한 날에 다이묘가 공무에 관여하는 소바슈(側衆)나 그 밖의 관리들에게 선사하도록 되어 있는 선물이 양과 질 면에서 형편없어지거나 아예 사라져버렸다. 선물은

* 수요에 비해 공급이 부족하여 판매자에게 유리한 시장.

223

단순히 개인적인 예를 표시하는 것이 아니라 상급자에게 의무적으로 바쳐야 하는 것이다. 이제부터 각 다이묘는 자기 집안의 신분에 걸맞은 선물을 마련해야 하며, 저급한 선물을 해서는 안될 것이다.[12]

물론 선물은 주고받는 것이었다. 쇼군은 최고 상급자로서 선물교환 과정에서 자신의 역할을 했으나, 다이묘가 워낙 많아 선물을 준비하려면 막부재정에 적지 않은 부담이 되었다.

모든 웅번(雄藩)은 에도 주거에 소요되는 엄청난 비용을 마련하기 위해 전국 규모의 중앙시장에 자기 영지의 생산물 수출을 장려하고 다른 번으로부터의 수입을 제한하기 위해 노력했다. 이런 추세는 고쿠에키(國益), 즉 '구니'의 이익을 중심으로 논의되는 일종의 중상주의를 낳았다.[13] 사가 번의 도자기나 가가(加賀) 번의 칠기 같은 공예품 생산은 번 재정에 아주 중요했기 때문에 사실상 그런 공예품 생산을 번의 담당관이 책임지고 관리·감독했다. 생산 비법은 다른 경쟁자들이 알아내지 못하도록 철저한 보안에 부쳐졌다. 관(官)의 통제로 인해 생산가격은 낮게 유지될 수 있었다. 그도 그럴 것이 시장거래를 관이 독점했을 뿐 아니라, 수입대체와 보호무역조치를 통해 최대한 번의 이익을 추구했기 때문이다. 또한 웅번은 독자적으로 자기 영내에서 사용하는 지폐를 (그리고 종종 동전까지) 발행하여 교환수단을 독점했으므로 각 구니의 상회들은 성장이 더뎠고, 번 당국에 속박되었다. 그러나 뛰어난 공예가들은 후원자들에게 없어서는 안될 존재였던 만큼 각종 특혜를 누렸다. 사가 번주가 동료들에게 선사한 훌륭한 도자기는 사가 번에서 각종 혜택을 누리는 위대한 도공들인 가키에몬(柿右衛門)계와 이마에몬(今右衛門)계가 생산한 것이었다. 이들은 재능을 대대로 이어가는 도자기의 명가를 만들기 위해 뛰어난 문하생을 양자로 들이는 것을 당연한 일로 여겼다. 이들의 상급자였던 무사들과 달리 이들 도공의 가계(家系)는 현대에도 이어지고 있다. 그들의 기능은 근대의 자유시장에서 훨씬 더 가치 있다는 것을 입증했다. 한편 거대도시에 인접한 지역들, 이를테면

| 도시화와 교통 |

비교적 규모는 작으면서 상업적 진출기회는 더 많은 번에서는 중상주의 정책이 비실용적이었다. 특히 에도와 오사카 주위의 광대한 평야지대에서는 사적인 이익을 추구하는 사람이 도시의 판매업자와의 긴밀한 유대를 발전시킬 기회를 더 많이 얻었고, 사무라이의 이익과는 거의 무관하게 지역경제 발전에 기여했다.

따라서 도시화의 배경은 상당히 다양했다. 그러나 도쿠가와 통치의 첫 한 세기 동안 일본 전역에서 도시화는 급격히―예전에 비해 4배 정도 빠르게―전개되었다. 조카마치를 갖춘 번 체제는 지방도시가 지역의 생산성에 비례해 비교적 고르게 분포했다는 것을 의미한다. 전국 어디서나 거대도시에서 조카마치로, 조카마치에서 시장이 들어선 소도시와 정기적인 시장을 통해 도시의 영향력이 점차 확산되었다. 지금도 사용되는 일부 도시의 이름은 도쿠가와 시대 당시에 도시화 상황을 반영하고 있다.[14]

4. 에도: 매혹적인 중심도시

쇼군의 도시 에도는 일본 최대의 조카마치였다. 도쿠가와 시대의 대형 지도를 보면 에도의 구도가 복잡하다는 것을 알 수 있다.(그림13을 보라) 천연의 만(灣)을 굽어보는 무사시노(武藏野) 고원의 한 끝자락에 자리 잡은 이곳은 1590년에 히데요시가 이에야스를 이곳으로 전봉(轉封)하기 전까지 어떤 소(小)영주가 차지하고 있었다. 이에야스는 에도에 들어오자 곧 자신의 성을 건설할 계획에 착수했지만, 세키가하라 전투에서 승리를 거두고 쇼군의 자리에 오르고 나서야 유력 영주들에게 에도 성 건설에 필요한 인력과 물자를 제공하라고 명령할 수 있었다. 전국의 영지에서 수천 톤에 달하는 암석, 숲을 그대로 옮겨놓은 듯한 엄청난 양의 목재, 그리고 노동·운송·하역을 제공할 수천의 인력이 동원되었다는 점에서 에도 건설은 사실상 국가적인 과업이었다. 상습침수지역의 원활한 배수를 위해 주변 하천들

의 흐름을 돌려 스미다 강(隅田川)을 통해 에도 만으로 물이 빠져나가도록 하는 대규모 토목공사였던 것이다. 에도 만의 일부는 매립해서 항구로 개발되었다. 간다(神田) 산을 깎아 매립에 필요한 흙을 조달했고 결국은 내륙 깊숙이 강을 따라 이어지는 수로(오차노미즈[お茶の水])가 들어섰다. 운하와 수로 망들은 에도 전역에 운송수단을 제공했을 뿐 아니라 서쪽지역으로부터 용수를 공급했다.[15]

　에도의 상업지역과 유흥구는 강둑을 따라서 그리고 수로를 이어주는 다리 주변에서 발전해 나갔다. 또한 화물과 여객수송은 이들 주요 수로를 따라 이루어졌다. 18세기의 통속적인 판화는 밤중에 유람선을 타고 식당, 극장 그리고 인가받은 유곽에 모여들어 한껏 즐기는 사람들을 보여준다. 선창가는 공적인 공간으로 막부가 관리했다. 선창가의 경사면은 처음에는 잡초와 진흙으로 뒤덮여 있었으나, 도시가 성장하자 튼튼한 석조 지지대가 설치되었고, 창고·상점·시장이 줄지어 들어서게 되었다. 이런 곳들은 관리와 서민의 생활이 교차하는 지역이 되었다. 다리 중에서 가장 유명한 것은 1604년에 완공된 니혼바시(日本橋)였다. 2년 뒤에는 관(官)의 공고판인 고사쓰(高札)가 설치되어 법령과 훈령이 게시되었다. 먼 훗날 바로 이 공고판에 무능한 정부를 비난하는 풍자시가 나붙게 된다. 니혼바시는 곧 대규모 어시장의 중심지이자 상업의 중핵으로 부상했다. 뿐만 아니라 일본의 중심으로 간주되어 거리측량의 기준점이 되었다.

　도쿠가와 시대에 제작된 목판지도는 에도의 수로가 생활의 중심역할을 했다는 것을 보여준다. 근대에는 운하와 수로가 철도와 육로 대신 사람들이 기분전환 삼아 찾는 곳에 지나지 않았고, 옛 수로망의 대부분이 이미 사라지고 없었다. 에도의 안쪽 해자가 에워싸고 있던 고지대의 주변 경계는 현재 도쿄의 국철 순환선인 야마노테선(山手線)의 운행구간에 해당되며, 우타가와 히로시게의 판화에서 장대한 후지 산을 배경으로 눈에 확 띄는 아치 모양의 니혼바시는 이제 현대적인 고가도로 아래 파묻혀 그 빛을 잃었다.

| 도시화와 교통 |

　도시 자체가 그랬듯이 목판 지도는 쇼군의 주거를 둘러싼 성곽에 초점을 맞추고 있다. 성곽의 서쪽과 북쪽 둘레에는 다이묘와 도쿠가와씨 직계 사무라이의 저택이 모여 있었다. 이들이 전체 도시 면적의 거의 70%를 차지했다. 사찰과 신사는 약 15%를 점유했고, 나머지 15%는 마치 또는 조라고 명명된 구역으로 도시민·서민을 뜻하는 이른바 조닌(町人)의 거주지역이었다. 누구나 부러워하는 고지대는 참근교대제에 따라 에도에 살아야 하는 다이묘들에게 그 주거지, 즉 야시키로 할당되었다. 그리고 그 대부분은 쇼군의 성 주변 서쪽 고지대에 위치했다. 이곳은 세 구역으로 나뉘었고 7개의 언덕이 주변을 내려다보고 있으며 5개의 계곡이 교차하는, 에도에서 가장 살기 좋은 주거지역이었다. 산마룻길이 언덕 정상까지 이어졌고 환상(環狀) 도로들이 이들 산마룻길을 연결했으며, 샛길은 좀 더 높은 언덕 주변에 돌출해 있는 작은 언덕들로 통했다. 이와 같은 지리적 특징을 감안하여 서열에 따라 주거지가 정해졌다. 고지대에 다이묘의 저택이 배정되었고, 그 다음에는 도쿠가와씨 하타모토(旗本)의 주거가 있었고, 그 밑에는 일반 보병 사무라이의 주거가 있었다. 지형에 기복이 있기 때문에 완벽한 일관성은 불가능했지만, 이처럼 각 필지를 대충 얼기설기 붙여놓은 것 같은 배치는 사실상 모든 것이 측량을 통해 이루어졌다. 다이묘 저택의 경우 격자형의 360×480×720척은 천황의 역사가 시작되던 시기에 수도 교토를 분할할 때 사용되었던 수치였다.[16]

　다이묘의 땅은 굉장히 클 수도 있었고, 일부에서는 자체적으로 행정이 이루어지기도 했다. 그 규모와 위치는 영지의 석고(石高)와 도쿠가와 막부의 위계 안에서의 신분에 걸맞게 정해졌으며, 적어도 후다이다이묘의 경우 일본 통일과정에서 치렀던 전쟁에서 그들의 조상이 세운 공훈에 따라 결정되었다. 영주 가운데 가장 영지가 컸던 가가(加賀) 번주 마에다(前田)씨는 지금의 도쿄 대학 캠퍼스가 자리하고 있는 지역을 하사받았다. 이들 다이묘 주거지역은 메이지 유신 때 천황의 소유로 넘어갔고, 목판지도에 보이던 다른 대규모 부지는 관공서, 별궁, 부유한 권세가들의 저택이 되었다.

막부의 검약령은 다이묘의 신분을 나타내기 위해 에도 저택의 정문과 쪽문의 적당한 규모를 정했다. 대문 역시 목수들의 우두머리, 즉 다이쿠(大工)가 규정에 맞추어 제작했다.[17] 다이묘의 부지 전체는 담으로 둘러싸여 있었고, 마치 이중벽처럼 번사(藩士)들이 거주하는 나가야(長屋)가 대문 양편으로 담을 따라 늘어서 있었다. 유럽의 초기 도시에서 귀족들은 자기 과시를 위해 자신의 저택이 공공광장을 향하도록 지었던 반면, 에도의 다이묘들은 경제적 여유와 공간만 허락된다면 저택의 담 안쪽에 전원풍의 커다란 정원을 꾸며 놓았다. 정원은 흔히 중국이나 일본의 이름난 명승지를 재현하듯이 꾸며져 있었다. 결국 에도의 고지대 대부분이 녹음으로 우거진 공원이자, 서민들은 출입할 수 없는 휴식공간이었다.[18] 다이묘 주거 내부에서의 생활은 해당 다이묘의 출신지에서의 생활과 다름이 없었고, 에도 야시키(屋敷)는 각 지방에서 온 사람들이 모여 있는 곳이었으므로, 사쓰마·도사·니가타(新潟) 지역의 방언이 널리 쓰였다. 대체로 아주 우아했던 다이묘 주거에는 다이묘의 참모들을 위한 건물이 부수적으로 딸려 있었으며, 사무소, 창고, 마구간, 학교, 도장, 하인들의 처소가 있었다. 그리고 때로는 심지어 감옥도 필요했는데, 이는 다이묘가 거느린 사람들에 대한 처벌은 오직 해당 다이묘만이 할 수 있었기 때문이다.

다이묘의 에도 생활에서 가장 중요한 일은 일정한 간격을 두고 행해지는 쇼군 배알이었다. 쇼군 배알은 결코 개인적인 만남이 아니었으며, 가신이 주군에게 경의를 표하는 방문이었다. 쇼군의 접견실에서 다이묘들은 일곱 범주의 신분에 따라 자리를 배정받았으며, 각 범주는 자기에게 주어진 넓은 방에 들어가 그 안에서 다시 서열에 따라 정해진 자리를 받았다. 수적으로 제일 많은 일곱 번째 범주에는 영지의 석고가 3만 석 이하의 다이묘들이 속했다. 배알이 끝나면 다이묘와 수행원들은 그들의 화려한 야시키에서의 격리된 생활로 돌아갔다. 그곳에서 다이묘는 자신의 가신들로부터 문안인사를 받고, 각종 제사와 명절행사를 주재했다. 다이묘 간에 사교적인 만남이 있기도 했으나(예컨대 도사 번주는 자신의 조카마치인 고치(高知)에서

| 도시화와 교통 |

도공을 불러와 동료 다이묘들에게 그의 솜씨를 자랑 삼아 보여주었다), 그것은 유럽에서 귀족들이 주최하는 화려한 사교행사나 살롱 모임과는 전혀 달랐다. 일부 후다이다이묘들이 막부의 행정관료로서 직책을 맡고 있었는데, 관리기용과 관련된 도표에 따르면 대체로 같은 가문이 대를 이어 우위를 점하고 있음을 알 수 있다. 그러나 신분의 사다리에서 최상층에 속하는 일본 서부지역의 도자마다이묘는 막부의 각종 평의회에서 푸대접을 받았다. 각 번의 관리들은 막부에서 허락한다면 다른 다이묘의 에도 저택에서 자기 영주의 배우자를 구할 수 있었다. 그러나 전체적으로 다이묘 간의 교류는 아주 드물었던 것 같다. 대신 각 다이묘는 자기의 주거 안에서 가능한 한 만족스럽고 친숙한 세계를 만들어내는 경향을 보였다. 영주들은 은퇴한 뒤에도 에도에 거주하는 일이 많았던 것 같고, 어떤 경우에는 별도의 저택에서 살았다. 대부분의 번은 17세기 중반 이후 추가로 저택을 확보했다. 18세기에는 평균적으로 각 번이 가미야시키(上屋敷), 나카야시키(中屋敷), 시모야시키(下屋敷)라는 세 채의 저택을 갖고 있었다.[19] 번의 행정사무소나 관리들을 수용하기 위해 추가로 부지를 구입하는 일도 드물지 않았다. 대부분의 웅번은 식량과 여타 물자를 편하게 입수하기 위해 시모야시키를 선창가에 두었다. 시모야시키라고 명명된 소유지의 일부는 담장으로 둘러싸인 내부가 아닌 그 근방에 있을 수도 있었다.[20] 규제가 느슨해지자 각 번은 막부가 그들에게 하사한 토지의 일부를 매매 또는 교환하기에 이르렀다. 일부 다이묘의 부지는 너무 커서 거기서 소요되는 생필품만 해도 만만치 않았다. 예컨대 조슈(長州) 번주 모리(毛利)씨는 에도에서 약 5천 명의 공동체를 유지했다.

다른 지역 출신들 간의 교류는 서열이 낮아질수록 실현 가능성이 높았다. 각 번의 관리들은 저택을 유지하고 막부와 관계된 문제들을 처리해야 했다. 다이묘가 에도를 떠나 있을 때는 루스이야쿠(留守居役)라고 하는 부재 대리인이 에도에서 벌어지는 일들에 대해 책임을 졌다. 각 번의 관리들 사이에 장차 일종의 대표자회의로 발전할 가능성이 충분하다고 여겨질 수 있었던 평의회가 막 생겨나기도 했으나, 이와 관련하여 우리에게 알려진 것은 그 구성원들이 건설적인 일을 도모하기보다는 서로 어울려 노는 데 더 열심이었다는 막부의 질책이다. 최하급 사무라이는 다른 지역 출신의 사무라이들과 교류할 수 있는 가능성이 더욱 많았다. 검술 도장(道場)과 유흥구에서 남는 시간을 보냈으며, 늘 집안의 경제문제를 걱정했다.

비(非)사무라이는 다이묘 저택을 고상하고 화려한 공간으로 생각했고, 그곳에서 일자리를 얻길 간절히 바랐다. 물론 그것은 쉽지 않은 일이었다. 앞에서 언급한 19세기의 일기작가 프랜시스 홀은 "세습 귀족들이 사는 대저택인 에도의 야시키는 엄청난 수의 하녀를 고용했고, 야시키의 안주인은 한 무리의 하녀들에게 둘러싸여 지냈다. 이런 하녀들의 한가하고 화려한 생활은 순박한 시골소녀들에게 선망의 대상이었다"고 썼다.[21] 소녀들은 야시키에서 무언가 기술과 소양을 교육받으면 남들에게 그럴듯해 보인다는 것을 알고 있었다. 그러나 야시키에 들어가기는 결코 쉽지 않았다. 모리 오가이(森鷗外)는 다이묘 저택에서 일하겠다고 자원한 14세 소녀의 이야기를 들려준다. 소녀는 "31개 음절로 된 고전 일본 시(詩)작법과 음악을 심사받았다. 심사원은 로조(老女, 최고참 하녀)가 맡았다. 벼루, 붓, 형식을 갖춘 종이 한 장이 〔지원한 소녀〕 앞에 놓여 있었다.……" 저택에 고용되자마자 "소녀는 즉시 중간급 하녀, 즉 주로(中老)가 되어 영주의 구역에 배정되었으며, 부수적으로 〔영주 부인의〕 개인비서 역할을 하는 책임도 맡았다." 주로라는 신분에 걸맞게 소녀는 "방이 셋 딸린 거처를 갖게 되었으며, 2명의 하녀를 거느렸다." 그러나 그녀의 봉급은 너무나 보잘것없었고, 자기가 거느린 하녀의 봉급은 자기가 주어야 했다. 사실상 소녀는 아버지가 주는 돈으로 그곳에 살면서 교양을 쌓으며 세련된 중상류 계급의 삶을 살 준비를 하는 셈이었다.[22]

수적으로 훨씬 더 많은 하타모토와 막부의 병사들의 주거는 훨씬 소박했다. 최근의 연구에 따르면 "무가(武家) 지역에 나 있는 거의 모든 길이 예전 모습 그대로 남아 있다. 무가 지역에 대해 가장 특기할 사항은 이곳이 아름답게 구획되어 있다는 점이다. 독립적인 각 단위를 관통하는 직선도로에 의해 만들어진 구역 분할, 똑같이 생긴 집들을 얼마든지 찾아볼 수가 있다."[23] 에도에 교대로 거주하는 상급 사무라이들과 달리 이들 사무라이는 에도의 영주자였다. 물론 그들의 집은 서열과 봉록에 따라 차이가 있었다. 계급이 높은 하타모토(旗本)의 저택은 그 크기와 환경 면에서 중소 다이묘의 저택에 버금갔지만, 하급 사무라이들은 한 거리, 즉 한 구획(조[町]) 양편에 각각 20개 또는 30개의 집이 나란히 줄지어 있는 집단거주지에 살고 있었다. 이들 조(町)는 자치적인 행정단위였다. 도쿠가와 시대의 거의 전 기간 동안 외부인의 출입 자체가 금지되었으며, 야간에는 문이 닫혔다. 에도는 전원적이면서 비교적 공간이 넓은 특권층의 지역이었기 때문에 정원과 잔디밭 조성이 가능했고, 단지 최하급 사무라이만은 몇 가지 채소를 키울 수 있는 공간조차도 얻지 못했다.

도시의 수호자는 방위(方位)와 길흉화복에 관한 도교(道敎)의 풍수사상에 입각해서 결정된 명당자리에 우뚝 서 있었다. 에도를 대표하는 세 개의 대가람(大伽籃)이 그것이다. 가장 위험한 방위인 동북쪽 우에노(上野)에는 간에이지(寬永寺)가 창건되었고, 도쿠가와가의 보리사 조조지(增上寺)는 시바(芝)에서 서남쪽을 수호했으며, 아사쿠사(淺草)의 센소지(淺草寺)는 북쪽을 수호했다. 이들 사찰을 비롯해 강과 운하의 제방은 에도 주민에게는 더할 나위 없이 친숙한 곳이었고, 특히 아사쿠사의 센소지 일대는 관음전을 중심으로 거대한 상업 유흥구를 형성했다.[24]

에도 땅의 나머지 15%가 전체 주민의 절반을 훨씬 넘는 수의 사람들에게 돌아갔다. 서민들이 밀집해 있는 지역은 상류층이 사는 야마노테와 확연히 구분되는 일부 계곡의 저지대에서 찾아볼 수 있었으며, 여기서는 상업이 급속히 발달했다. 오늘날에는 고가도로와 고층 아파트가 들어서면서 대부분 옛 모습이 자취를 감추었지만, 니노하시(二の橋)가 시바 근처의 도로와 만나는 곳에는 옛 모습이 유일하게 남아 있다. 지난날 이곳에 몰려 있던 상점들은 근처의 고지대인 아자부(麻布)의 도리이자카(鳥居坂)에 위치

한 다이묘 저택에 물자를 공급했다. 근래에 이곳 상인들은 옛날 다이묘 저택 부지에 들어선 호텔, 아파트, 대사관을 상대로 음식을 팔고 있다.

대다수 서민들은 에도 만 매립지나 농경지를 생활시설로 전환한 후카가와(深川)와 니혼바시 등의 저지대의 좁은 골목에서 복작대며 살았다. 이곳은 수천 명의 공예가·직인·행상·상인들이 북새통을 이루는 '낮은 동네', 즉 '시타마치'(下町)가 되었다. 상인들의 이층집은 주요 거리를 따라 늘어서 있었고, 집 뒤쪽의 용지도 제법 길었다. 도로에 면한 상인들의 집 뒤에는 방이 두세 개 또는 하나밖에 안되는 주거공간으로 나누어져 있는 공동주택들이 줄줄이 있었는데, 여기에는 더 가난한 직인과 노동자가 살고 있었다. 바깥쪽에는 공동변소, 용수지(우물이나 물을 쓸 수 있는 곳), 쓰레기장 등이 있었다. 뒷골목 역시 상점들이 들어찰 수 있었다. 도로변 건물의 소유주 또는 임차인은 안에 세 들어 있는 사람들로부터 집세를 거두었다. 이렇게 도로변 건물을 소유한 사람들은 조(町)에서 '권리,' 즉 가부(株)를 가지는 구성원으로 인정되었고, 자기 건물 안쪽에서 일어나는 일들에 대해 어느 정도 책임을 졌다. 야간 통행금지와 치안유지를 위해 대개의 경우 기도(木戶)를 설치했다.

그러나 안전과 관련해서 정부조차 어떻게 손쓸 수 없는 일이 있었다. 바로 화재였다. 도시 전체가 목조건설로 이루어져 있는데다 서민들의 주거지역은 골목이 너무 좁아서 화재는 엄청난 재난을 초래했으며, 흔히 화재는 '에도의 꽃'(江戶の花)*이라고 불릴 만큼 빈번히 발생했다. 화재는 지위 고하를 가리지 않았고, 건조기에 겨울바람을 타고 퍼질 경우 도시 전체를 잿더미로 만들었다. 에도의 다이묘 저택에 화재가 발생하면 해당 번은 일일이 물자를 구입 또는 수송하여 저택을 복구해야 했기 때문에 평소보다 비용이 배로 늘어났다. 도쿠가와 시대 268년 동안 가지바시(鍛冶橋)에 있는 도사 번주의 가미야시키는 18번의 화재를 겪었고, 시바에 있는 나카야시

---

* "싸움질과 화재는 에도의 꽃이다"(喧嘩と火事は江戶の花)라는 말에서 인용한 것.

키는 12번 불이 났다. 그 중에서 4번은 에도 전체가 화염에 휩싸인 대화재였다. 상인지역은 2세기 동안 31번 불탔으며, 심지어 쇼군의 에도 성조차 7번이나 화재가 발생하여 큰 피해를 입었다.

에도에서 발생한 화재 가운데 가장 큰 피해를 안긴 것은 아마도 1657년의 메이레키(明曆) 대화재일 것이다. 이 화재는 1923년의 대지진 및 1945년의 B-29기 폭격과 함께 에도 역사에서 가장 중요한 사건으로 기록되고 있다. 제임스 매클레인은 이 화재를 다음과 같이 묘사하고 있다.

> 발단이 된 첫 화재는 메이레키 3년(1657) 정월 18일 이른 오후 도시 북쪽 외곽지역인 혼고(本鄕)에 있는 혼묘지(本妙寺)라는 보잘것없는 작은 절에서 발생했다. 늦은 오후가 되자 화염은 혼고 전체를 삼키고, 유시마(湯島)를 까맣게 태웠다. 공중으로 날아오른 불꽃은 바람을 타고 해자와 운하를 훌쩍 넘어 에도 성 바깥 북쪽에 밀집해 있던 다이묘 저택 수십 곳을 휩쓸어 버리고, 순식간에 수백 채에 달하는 하타모토 거주지를 삼키고, 곧이어 간다 강을 따라 빼곡하게 늘어서 있는 상인들의 가옥을 전소시켰다. 초저녁이 되자 사람들의 기대를 비웃듯 변덕스럽게 불어대는 바람을 타고 화염은 스미다(墨田) 강 제방을 따라 형성된 상인지역으로 재빠르게 파고들었다. ……몇 시간 뒤 고이시카와(小石川)의 한 사무라이 주거에서 저녁밥을 짓기 위해 별 생각 없이 지핀 불이 또 하루를 공포의 도가니로 몰아넣었다. 여전히 맹렬히 불어대는 바람이 불꽃을 부채질하여 또 한번의 대화재가 일어났던 것이다. 첫 번째 피해대상은 몇 곳의 다이묘 저택이었고, 이어서 화염은 에도 성으로 달려들어 혼마루(本丸) 대부분을 먹어치우고, 쇼군의 부와 권력을 상징하며 우뚝 솟아 있는 천수(天守)마저 삼켜버렸다.[25]

이어서 제임스 매클레인은 17세기의 작가 아사이 료이(淺井了意)의 말을 인용한다.

급속히 번지는 불길을 피하기 위해 사람들은 주거지역에서 봇물처럼 쏟아져 나왔다. 버려진 짐들이 곳곳을 가로막고 있었다. 성난 화염의 혓바닥이 서로 밀고 당기며 우왕좌왕하는 군중들을 집어삼켰다. ……다리는 무너지고 잿더미로 변했다. 불길에 포위된 군중들은 처음에는 남쪽으로 우르르 몰려갔다가 다시 북쪽으로 돌아왔다. 속수무책이 되어 발을 동동 구르면서 그들은 동쪽으로 가야 할지 서쪽으로 가야 할지 갈피를 못 잡았다.[26]

이 대화재로 10만 명 이상이 죽었다. 160채의 다이묘 저택, 3,550개의 사찰과 신사, 750곳 이상의 하마모토와 사무라이 주거지, 그리고 약 5만 채의 서민 가옥이 잿더미로 변했다.

이후 에도는 빠르게 재건되었다. 평화로운 반세기 동안 번영과 안락함의 기준은 더 높아졌고, 다이묘 저택은 예전보다 더 호화로워지는 경향을 보였다. 저택을 새롭게 더 보완하지 않은 번은 추가로 별도의 주거를 건설했다. 막부는 화재의 재발을 막기 위해 도시를 재배치하는 데 최선을 다했다. 많은 사찰이 도시 중심부에서 외곽으로 이전되었고, 에도는 북쪽과 서쪽 방향으로 확장되었다. 서민들이 밀집해 사는 지역에서는 방화대(防火帶)를 확보하기 위해 수로와 다리를 따라 주민을 소개(疏開)하고 주변을 정비했다. 그러나 매클레인의 연구에 따르면 이런 노력은 그다지 오래가지 못했던 것 같다. 제일 먼저 이의를 제기한 것은 배편으로 도착하는 상품을 보관할 창고가 필요했던 도매상인들이었다. 그 다음에는 점점 상설상점화되어 가던 임시상점과 재난으로부터 보호해준다는 사원들이 뒤를 이었다. 얼마 지나지 않아 음식점과 유흥구가 우후죽순 격으로 생겨났고 아울러 극장, 예인, 거지들도 다시 등장했다. 매클레인이 기술하고 있듯이, 시간이 지날수록 점진적인 변화가 일어났다. 공간의 불평등은 예전과 마찬가지였음에도 불구하고 공간활용이라는 점에서 서민들은 엘리트 신분집단과 이해관계를 달리하고 있었다.

이것은 두 가지 부가적인 부분에서 확인할 수 있다. 사무라이 도시 에도

의 드넓은 공간에서 소방활동은 애당초 무사의 특권이었다. 다이묘는 자신의 저택을 책임졌고, 막부의 가신 역시 자신의 거주지를 책임졌다. 그러나 불은 인간이 만들어놓은 관할구역 따위는 아랑곳하지 않으므로 책임 분할은 오히려 비효율을 낳게 되었다. 따라서 다이묘들은 그들의 주거가 화재의 위험에 노출되기 전에 불길을 잡을 수 있도록 허락해달라는 청원을 막부에 제출하기에 이르렀다. 18세기 초 막부는 명확하게 규정된 지역별 책임제를 확립하고 그 위에 에도 전체를 총괄하는 기구를 두려 했다. 당시의 소방기술은 물을 퍼다 붓는 방법보다는 불길의 예상진로에 자리잡고 있는 집들을 미리 무너뜨리는 방법이 널리 사용되었다. 이런 소방활동은 권위주의와 민영화의 결합을 가져왔다. 서민들은 소방활동에 부역 나가듯이 강제 동원되었고, 상인들은 이런 조치에 반대했으나 뜻을 이루지 못하자 사람을 사서 대신 내보냈다. 상황이 이렇다 보니 점차 직업적인 소방대가 생겨났다. 19세기 초엽 이들은 상당한 저돌성을 보여주었고, 자신들은 도쿠가와 시대 초기 가부키모노(かぶき者)의 전통을 따른다고 주장했으며, 매년 열리는 그들의 힘 자랑은 전통축제처럼 되었다. 또한 이들은 불길의 예상진로에 있는 집들을 무너뜨릴 수 있는 권한과 장비를 갖추고 소방활동에 비협조적인 집주인들에게 사회를 대신해 협박을 가할 수 있는 수단까지 보유하게 되었다.[27]

　서민들과 지배층 사무라이 사이의 이해관계가 점점 격차를 보이게 된 또 하나의 부분은 급수(給水)였다. 에도를 설계할 때 이에야스의 토목기사들은 다이묘의 조카마치에서 택하고 있는 급수방식을 따르다 보니, 주로 성을 지키는 사무라이 수비대의 이해관계를 고려한 수로체계를 만들어 방비와 안전에 역점을 두었다. 추가 공급이 필요한 지배층은 지하수로를 통해 에도 서부지역 및 간다 강의 편리한 장소에서 식수를 가져왔던 반면, 서민들은 그들이 사는 동네의 좁은 골목 뒤에 있는 우물에 의존해야 했다. 우물은 공동으로 관리되었으며 계속해서 사용할 수 있도록 정기적으로 청소를 했다. 그러나 '공공' 급수시설을 이용하는 게 너무 부담스럽고 물맛도 없었기 때문에 상류층 사람들은 자신의 넓은 땅에 우물을 파서 그 물을 사용했고, 반면에 서민들은 물맛은 덜하지만 상대적으로 양이 풍부한 '공공' 급수시설에 더 많이 의존하게 되었다. 점차 공공 급수시설을 유지하는 부담은 사무라이에게서 인근의 상인과 직인들에게 돌아갔다. 마치부교(町奉行)는 건물을 소유한 서민들에게 세금을 부과하고, 급수시설 유지를 위해 사람들을 징발했다. 소방활동과 마찬가지로 안정적인 급수 역시 서민들의 일상생활을 복잡하게 만들었다. 사람들이 용수로의 밑바닥을 준설하는 중노동에 진저리를 내자, 관리를 위한 세금을 올려 그런 중노동을 할 일용노동자를 고용할 수 있었다.[28]

에도 사회구조의 복잡성은 이리저리 짜 맞춘 행정조직에 반영되어 있다. 다이묘는 자신의 주거지역과 가신들에 대해 책임을 졌다. 서민들이 사는 조(町)의 행정은 농촌의 촌역인(村役人) 제도와 유사한 형태를 띠었다. 치안활동은 비교적 엄하지 않았고 규정대로 이루어지지도 않았지만, 숙역, 관소, 기도(木戶) 등이 있었기 때문에 야간 통행금지를 어기는 것은 현명한 행동이 아니었다. 그러나 위와 같은 원칙과 제도를 통해서 에도 사회는 마치부교의 감독 아래 통합과 단결이 강화되는 방향으로 변화해갔다. 이런 변화 유형은 일본사회에 대해 많은 것을 말해주고 있으며, 그 중에서 몇 가지 점은 특히 주목할 필요가 있다. 시간이 흐르면서 도시가 성장하고 변화하자, 사회질서와 효율성을 제고하기 위한 막부의 대응방식도 변해갔다. 우선 메이레키(明曆) 대화재가 발생한 17세기 중반의 수십 년이 한 시기를 이룬다. 18세기 초에는 쇼군 요시무네의 개혁행정관 오오카 다다스케(大岡忠相)가 일개 조카마치에서 거대도시가 된 에도를 조직화하기 위해 분투함으로써 큰 족적을 남겼다.[29] 메이지 유신의 격동기에 앞서 에도 사회를 재고(再考)했던 19세기 초가 세 번째 시기에 해당된다.

한 가지 변함 없는 패턴은 불완전고용 상태의 가신들이 넘쳐나고 있음에도 불구하고 막부는 별다른 조치를 취하지 않았고 다이묘든 무사든 개별 거주 단위에서 자신의 일을 스스로 처리하길 바랐다는 점이다. 쇼군은 막

| 도시화와 교통 |

부와 직접 관련이 없는 분쟁에 개입하는 것을 꺼렸고, 분쟁 당사자들이 스스로 알아서 합의하고 해결을 보도록 강력히 권했다.[30] 막부는 사람들이 일을 처리하는 방식에 관한 정보를 원했고, 지방관리들이 막부의 각종 법령을 밑으로 전달하도록 했지만, 막부 자체는 기능적인 관료제를 갖출 준비가 되어 있지 않았다. 각 번과 마찬가지로 에도의 다이묘 주거인 다이묘 야시키 역시 실제로 자치적이었다. 만약 말썽꾼들이 사회질서를 심각하게 어지럽히는 행위를 저지르고 그것이 보고될 경우에는 쇼군의 관리와 번의 관리가 함께 논의할 수도 있었으나, 사쓰마 번주나 도사 번주 같은 도자마 다이묘는 에도에서 실질상의 치외법권을 누렸다. 마치부교 휘하의 경관도 다이묘 구역 안에서 또는 심지어 막부 가신들에게 배정된 지역 안에서 누군가를 체포할 권한은 없었다. 로주(老中)는 다이묘 관련 사안을 다루었으며, 다이묘가 막부 자체의 규정과 합리적으로 일치하는 규정들을 제정·시행할 것으로 기대했다. 막부의 가신으로서 하타모토와 일반 사무라이는 와카도시요리(若年寄)의 감독을 받았다. 사찰과 신사는 지샤부교(寺社奉行)의 행정 아래 있었으며, 조닌은 마치부교가 담당했다. 조닌은 에도 전체인구에서 큰 비중을 차지하고 있었기 때문에 이들과 관련된 행정망을 좀 더 면밀히 살펴보는 것이 유익할 것이다.

1640년대에 거리로 나앉은 사람들의 수가 많은 데 놀란 막부는 사무라이 지역(武家地)에 쓰지반(辻番)이라는 경비초소를 세우도록 명령했으며, 오래지 않아 900개 이상이 생겨났다. 수백 군데는 다이묘가 인력과 재정을 지원했으며 나머지는 하타모토가 맡았다. (근대 일본의 파출소의 전신이라고 볼 수 있는) 이 시설을 중심으로 경비담당자들이 인근지역을 순찰하고 수상한 자나 건달들을 붙잡아두었다. 상인구역에는 마치부교가 수백 개의 서(署)를 설치하고, 대개는 세습적으로 자리를 물려받는 순찰자들이 업무를 맡았다. 그들은 민심을 보고하고 도덕적인 행위를 권장했으며, 에도의 치안인력 부족을 보완하는 존재였다. 조닌 지역(町人地)에는 지신반(自身番)이 설치되어 조(町)를 순찰하고, 야간 혹은 검문검색 기간에 기도(木戸)를 닫아걸어 출입을 통제했다. 또한 조닌 지역에는 새로운 역인들이 생겨났다. 제일 위에는 3명의 마치도시요리(町年寄)가 있었는데, 이들은 칼을 차고 다니는 것이 허락되었으며 신년 초에 쇼군을 배알할 수도 있었다. 그들은 봉급을 받지는 않았으나, 작은 땅을 받았고 대개 그 땅을 임대했다. 마치도시요리 밑에는 나누시(名主)라는 역인이 있었다.(나누시라는 명칭은 농촌마을의 역인에게도 쓰였다.) 나누시 역시 세습되었다. 처음에는 각 조(町)에 한 명씩 나누시를 두었지만 17세기 말 이후에는 나누시 한 사람이 몇 개의 조에서 10여 개의 조를 관할했으며, 18세기 중반에는 약 250명의 나누시가 있었다. 최말단에는 다섯 가구를 하나의 단위로 조직한 고닌구미(五人組)가 있었고 재산을 가진 사람(길가에 면한 가옥의 소유자)들이 그 구성원이 되었다. 이들에게는 세입자와 식객들이 막부의 법령을 준수하게 할 책임이 있었다. 고닌구미는 거리의 질서유지와 관리를 맡고 있었다. 또한 소방활동과 급수시설 유지와 관련된 세금, 그리고 축제, 지신반(自身番), 기도(木戶) 등에 필요한 경비를 거둬들였다. 각 조의 책임자인 고닌구미토(五人組頭)는 돌아가면서 맡았다. 사람들은 (여행 허가 같은) 각종 민원, 구명(究明)이 필요할 때면 곧바로 이들을 찾아갔다.

이처럼 마치부교 이하 일반 주민까지 책임의 수행과정이 매우 복잡하게 단계화되어 있었다. 어떤 이가 지적했듯이 막부는 아마도 "더 많은 사람을 연관시킨다면 모두가 더욱 무거운 책임감을 느끼게 될 것이고, 각자가 나라 전체와 에도의 법령을 책임지고 준수할 것"이라고 기대했던 것 같다.[31]

그럼에도 불구하고 의심할 바 없이 에도는 다른 조카마치와 마찬가지로, 특히 야간에는 늘 조심해야 하는 도시로 남아 있었다. 그렇게 된 이유 중 하나는 자기보다 신분이 낮은 사람을 협박할 수 있었기 때문이다. 하타모토 신분의 한량이 쓴 자서전 『몽취독언』(夢醉獨言)에는 저자가 어떻게 해서 자신의 신분을 내세워 깡패를 조직하고 세력다툼을 벌이며, 주변사람들을 공포로 몰아넣을 수 있었는지 묘사하고 있다. 부분적으로 이런 일들은 관직을 얻지 못한 좌절감에서 비롯되었던 것 같다. 실제로 그는 "한번은 효조쇼(評定所)의 손님방에서 오쿠사 노토노카미(大草能登守)의 요리키(與力) 가미우에 야타로(神上八太郎)와 대판 싸움을 벌였다. 효조쇼루스이(評定所留守居) 가미오 도에몬(神尾藤右衛門), 오카치메쓰케(御徒目付) 이시자카 세이자부로(石坂淸三郎), 효조쇼도신(評定所同心) 유바 소주로(湯場宗十郎) 등이 안으로 들어와 야타로의 여러 가지 무례한 점을 사과하므로 오쿠사에게 말하지 않고 돌아왔다. 약 1각(2시간) 정도의 다툼이었는데, 그동안 효조쇼의 손님방 안은 아수라장이 되었지만, 기분은 통쾌했다"라고 썼다. 상대의 신분이 낮을 경우 상황은 훨씬 더 좋지 않았다. "……우리는 거리를 활보하며 툭하면 싸움을 걸었고, 그런 식으로 료고쿠바시(兩國橋)까지 갔다. 그날 저녁 특별히 할 일이 없어 나는 집으로 향했다."

지체 있는 집안에서는 이런 사고뭉치에 대해 나름의 규제를 가해야 했다.[32] 어느 날 『몽취독언』의 저자는 다음과 같은 일을 겪었다.

> 집으로 돌아와 보니 사랑방 한가운데에 다다미 3장 크기의 우리가 설치되어 있었다. 나는 그 안에 처박혔다. 그 안에서 나는 우리의 창살을 슬쩍슬쩍 흔들었는데, 한 달이 채 못 되어 두 개를 제거할 수 있는 방법을 알아냈다. 한편 나는 내 과거의 행실을 반성하고 모든 일이 다 내 탓이라는 결론에 도달했다.[33]

이런 종류의 사적인 처벌과 예방조치가 치안이 잘 이루어지는 사회에 대한 대안이 되기는 힘들었다. 권위가 와해된 도쿠가와 시대 후기에, 메이지 시대 교육가 후쿠자와 유키치는 양학(洋學)을 공부하는 사람들과 함께 즐거운 저녁 한때를 보내고 밤 늦게 집으로 돌아가던 길을 회고한 바 있다. 참석자들은 재미있게 이야기를 나누다가 시간 가는 걸 까맣게 잊고 있었다. 항간에 반외세 감정이 고조되고 있던 터라 좌중은 뒤늦게 위험에 처했음을 깨달았다. 만일의 사태를 대비해 후쿠자와는 칼을 지니고 다녔다. 초대한 집주인이 사태의 심각성을 알고 부랴부랴 근처 강에서 가옥처럼 지붕이 있는 배(屋根舟)를 빌렸다. 사람들이 수상하게 여기지 않는 이 배를 타고 우리는 강과 운하를 따라 이동했다. 근처에 사는 사람들이 먼저 내렸고, 차례차례 자기 집 가까이에 다다르면 누군가가 하선했다. 마지막에 도쓰카(戶塚)라는 나이 많은 의사와 내가 신바시(新橋)에서 내렸다. 도쓰카는 아자부(麻布)로 향했고, 나는 신센자(新錢座)의 숙소로 발길을 돌렸다.

숙소까지는 1km 정도였다. 시각은 이미 새벽 한 시를 지났고, 머리 위로 달이 밝게 비추는 차갑고 투명한 겨울밤이었다. ……나는 넓고 텅 빈 거리를 따라 걸었다. 사방을 둘러보아도 사람은 아무도 없었고 주변은 쥐 죽은 듯 고요했다. 이 무렵에는 로닌들이 배회하며 여기저기서 거의 매일 밤 쓰지기리(辻斬り)* 한답시고 쉽게 사람을 베는 일이 있었다. 나는 여차하면 언제든지 달아날 수 있게 하카마의 넓은 끝단을 말아 올리고는 계속해서 매우 빠른 속도로 걸었다.

별안간 후쿠자와는 자기 쪽으로 다가오는 한 남자를 보았다. "달빛 아래에서 엄청난 거구로 보이는 사내가 내 쪽으로 오고 있었다. ……요즘 같으면 도움을 청할 수 있는 순사도 있고 아니면 좀 보호해달라고 남의 집에 뛰어들어가 볼 수도 있으련만" 그 당시에는 그렇지 못했다. 후쿠자와는 한번 붙어 보는 수밖에 달리 방법이 없다고 판단하고, 길 한복판으로 나갔다. 그런데 후쿠자와의 가슴이 덜컥 내려앉을 일이 벌어졌다. 상대방도 똑같은 행동을 취했던 것이다. 그들은 거의 맞붙기 직전이었다.

한 걸음 뗄 때마다 우리는 더욱 가까워졌고 마침내 절체절명의 거리를 두게 되었다. 그는 물러서지 않았다. 물론 나도 물러서지 않았다. 그렇게 우리는 서로를 지나쳤다. 그 순간 나는 걸음아 날 살려라 하며 뛰었다. 얼마

---

* 무사가 칼을 시험하거나 검술을 수련하기 위해 밤거리에 나가 행인을 베던 일.

| 도시화와 교통 |

나 빨리 뛰었는지 기억도 나지 않는다. 약간의 거리가 벌어지자 나는 뛰면서 살짝 뒤를 돌아보았다. 그랬더니 그 역시 자기가 가던 방향으로 뛰고 있는 게 아닌가. ……그는 무척 겁을 먹었음에 틀림없다. 나도 마찬가지였지만.[34]

물론 이 일화는 불안정하고 위험했던 특별한 시기에 관한 것이다. 그러나 이 일화는 몇 가지 사실, 즉 사무라이 지역에서의 경찰의 부재, 에도 전역을 배로 이동할 수 있었다는 것, 그리고 야간 통행금지를 예시해주고 있다. 도쿠가와 시대의 목판화에서 축제의 불꽃놀이를 배경으로 선상에 밝게 등을 켠 채 화려한 옷차림의 여자들과 함께 거나하게 취한 승객들을 태우고 밤을 즐길 유흥구로 향하는 배를 우리는 흔하게 볼 수 있다. 그러나 후쿠자와 당시의 밤길은 에도의 또 다른 일면을 알려준다.

폭력과 무법, 사적 구금, 숙역, 스케고(助郷), 신앙심 못지않게 방종과 탈선을 조장했던 광적인 참배여행 등 이 모든 것이 근세 일본사회를 다채롭게 만들어주었다. 그러나 이런 표면적 현상 밑에서는 일본을 다른 나라들과 구별짓는 독특한 상호관계의 유형이 발전하고 있었다.

첫째는 도시 성장의 엄청난 규모였다. 사무라이를 조카마치와 도시에 거주하게 한 정치적 조치의 결과, 일본 전역에서 엘리트층은 행정중심지에 집중적으로 모여 살게 되었다. 따라서 각 행정중심지는 자연스럽게 상업적인 서비스를 필요로 했고, 그 덕분에 도시와 조카마치는 신속하게 지방, 구니, 나아가 전국적 차원의 제조·무역·상업의 중심지로 변모했다. 도쿠가와 시대의 첫 세기가 거의 끝나갈 무렵 실제로 어느 번이나 번 인구의 10분의 1가량이 도심지에 살았다.

둘째, 참근교대제는 사무라이 엘리트의 상층부를 번갈아가며 역(役)을 수행하는 계급으로 변형시켰고, 쳇바퀴 돌듯 끊임없이 반복되는 여행과 그 준비과정이 그들의 생활에서 가장 중요한 부분을 차지했다. 참근교대 행렬이 지나는 노정을 따라 이들 행렬에 서비스를 제공하여 돈을 벌려는 숙박

업소와 상점이 우후죽순으로 생겨났다. 또한 에도 정부의 요구를 충족시키기 위해 교통망이 발전했다. 에도는 그 신경망의 중심이 되었고, 에도의 이야기와 관심사는 성벽으로 둘러싸인 거성에서 일렬종대로 나갔다가 원래의 지점으로 다시 돌아오는 일련의 과정을 통해 퍼져 나갔다.

셋째, 참근교대제는 번과 지역과 국가 경제에 뚜렷한 영향을 미쳤다. 많은 인구가 사는 도심지는 식량과 원자재가 필요했고, 일정 규모의 인구를 계속 유지해야 했다. 다이묘는 자신의 대리인이 세금으로 거둬들인 쌀의 일부를 팔아야 했고, 청과물 상인은 채소와 과일을 구하기 위해 농촌을 찾아다녔고, 농민들은 경지에 거름을 주기 위해 도시의 분뇨가 필요했다. 촌락에서 번까지 전 일본은 자급자족보다는 교환에 더욱 치중하게 되었다.

넷째, 지역문화와 거대도시 문화 사이의 상호교류는 일종의 국민문화의 발전을 가속화시켰다. 참근교대제는 수천 명의 사람들이 여행 중에 지나는 각 구니의 상황을 인식하게 만들었고, 이런 경험은 비교와 평가의 근거를 제공했다. 그들은 에도에서 얻은 물품과 지식을 가지고 고향으로 돌아갔다. 검술에서부터 유학(儒學)에 이르기까지 모든 분야에서 거대도시의 중심부에 사는 교사들은 각 구니에 제자를 두게 되었고, 도시로 올 수 있는 학생들에게 매력적인 존재가 되었다. 센고쿠다이묘의 자손들은 다도와 서예에 정통함을 자랑으로 여기는 도시귀족으로 서서히 변해갔다. 조선 조정이 신중에 신중을 기하여 일본에 보낼 사절을 선발했던 것과 마찬가지로, 일본의 다이묘는 자신의 에도 저택에서 없어서는 안될 사람이 평화롭게 각종 예능을 꾸준히 연마할 능력이 있는 사람들이라는 사실을 깨닫기 시작했다.

서민문화의 발전

6

17세기에는 사회의 상층에서 하층으로 식자(識字)능력과 문화가 퍼져 나갔다. 도시의 경우 무사들이 영주의 조카마치에 집중적으로 거주하게 되자, 무사가 필요로 하는 각종 물자와 서비스를 제공하는 호코닌(奉公人)·직인·상인이 그 뒤를 이었고, 이런 정착상의 순서에 영향을 받아 조카마치 특유의 지형적 배치가 생겨났다. 식자능력과 문화의 발전과정도 대체로 이와 유사했다. 세키가하라 전투가 벌어졌던 시기에는 제대로 배우지 못해 거의 문맹이나 다름없었던 보통의 사무라이들에게 초기 쇼군과 영주들은 무기뿐 아니라 문자도 배우라고 명했다. 도시생활은 후자를 강조했고, 17세기 말에는 대다수 사무라이가 어느 정도 식자능력을 갖추게 되었다. 사람과 상품이 넘쳐나던 새로운 도시사회는 식자를 가능케 했고, 식자능력이 점점 필수적인 것이 되었다. 종교적·윤리적 가르침, 적절한 예절과 품행, 그리고 효율적인 상행위와 농경에 대한 목판본 텍스트가 일본 전역에 퍼져 나갔다. 종교와 인구, 소작료와 세금의 정기적인 등록을 요구함으로써 가장 기본적인 일본문자에 대한 식자능력이 널리 확대되었다. 식자능력의 필요성이 오사카, 에도 등의 대도시 인근에서 가장 일찍 그리고 가장 강하게 피부에 와 닿았던 것처럼 서민대중의 문화 역시 바로 그런 대도시 지역에서 탄생했다. 17세기 말에 등장한 새로운 형식의 시, 새로운 취향의 독서, 새로운 취미로서의 연극은 근대

민중문화의 여명을 알리는 것이었다.

1. 지배계급의 개명

도쿠가와 시대의 첫 세기 동안 교통로를 따라 점점이 들어선 조카마치와 쇼군의 도시 에도를 지배한 것은 사무라이였고, 이들의 주거가 도시의 대부분 지역을 차지했다. 사무라이를 잔인한 야수로 만들었던 수십 년간의 전쟁이 종결된 후 사무라이를 문민정부의 유용한 인재들로 탈바꿈시키기 위해서는 어느 정도 시간이 필요했다. 유력 장수들 대다수는 글을 읽고 쓸 줄 알았지만 일부는 거의 문맹이었다. 예컨대 초기의 한 도사 번주는 『효경』(孝經)을 애독한다고 해서 비웃음을 샀고, 자기 번을 다스리는 도구로서 『효경』의 유용성을 설명하는 데 어려움을 겪었다. 이에야스는 자신의 사무라이들을 개명(開明)시키는 일의 중요성을 의식하고 있었으며, 선례를 연구하기 위해 기존의 도서관을 활용했고, 자신의 막료들 사이에 식자 능력의 보급을 장려하는 것이 바람직하다고 생각했다. 그럼에도 불구하고 1715년까지 고작 20개의 번에만 사무라이를 위한 공립학교가 설립되었다. 초기에는 대부분의 교육이 개인교사와 불교승려에 의해 이루어졌는데, 전자는 주로 상층 사무라이를, 후자는 소집단 안에서 가르쳤다. 그러나 17세기 말에 문필가 사이카쿠(西鶴)는 글을 읽지 못하는 사무라이는 한참이나 시대에 뒤떨어진 존재라고 지적하면서 "글을 쓰지 못하는 것만큼 부끄러운 일은 이 세상에 없다"고 직설적으로 말했다.[1]

무가의 어린이들은 도덕성과 충성심을 함양하기 위해 중국고전에서 발췌한 문장을 가지고 읽기와 쓰기를 배우기 시작했다. 한자의 기본적인 서법(書法)과 유교의 사서(四書), 즉 『논어』『맹자』『대학』『중용』 외에 품행, 다도, 그리고 몇 가지 기본적인 노(能)의 노래와 북을 배웠다. 청소년기가 되면 검술, 기마, 궁술 등을 지도받았다. 18~19세 무렵이면 무사에서 그

| 서민문화의 발전 |

야말로 사(士)가 되어 한시와 하이쿠(俳句), 바둑, 군사행정에 대한 능력을 갖추고 있어야 했다. 다시 말해 개명시대에 일본의 젊은이들이 배웠던 것은 아마도 같은 시기 서유럽의 상류층 젊은이들에게 요구되었던 능력과 비슷했을 것이다.

개명은 또한 화평을 수반했다. 초기의 쇼군들은 도시 거리에서 가부키 모노라고 불리는 건달들이 멋대로 휘두르는 폭력을 제압해야 했다. 혈기왕성한 청년들이 서민의 일상을 위협하며 도시를 휘젓고 다니게 하는 것보다 책상머리에 앉혀두는 편이 훨씬 나았다. 1657년의 메이레키 대화재는 평화로운 생활양식에 훨씬 더 알맞게 재건할 기회를 줌으로써 이런 문제들을 수면 아래로 가라앉히는 하나의 분수령이 되었다.

조카마치의 사무라이 청년들은 쇼군의 수도에서 파급된 개명의 영향을 부분적으로만 받았지만, 크게 보면 비록 더디기는 해도 개명된 에도와 보조를 맞추어 나갔다. 에도에 살면서 자신의 임무를 수행할지도 모른다는 기대는 위와 같은 종류의 학식과 예능을 습득하게 하는 인센티브를 제공했을 것이다. 17세기 말에는 개인교습소와 검술도장에서 정해진 서열보다 개인의 성취를 더 중요하게 평가함에 따라 점차 사무라이 사회의 성격이 변화하기 시작했다.

도쿠가와 시대에는 건축, 회화, 조각, 서예, 연극에 대한 후원이 유례가 없을 정도로 많이 이루어졌다. 사무라이가 후원하는 사원, 고위 가신들의 거주지, 에도의 다이묘 저택을 문화적으로 풍요롭게 해주는 활동의 폭발적인 증가는 직인들과 예술가의 명인기(名人技)가 발전하는 배경이 되었다. 예술가와 건축가들은 예전에는 꿈도 못 꾸었던 수준의 후원을 향유했다. 화가들은 사원·궁전·성을 장벽화의 병풍화로 장식했는데, 이런 그림은 지금도 상류계급의 취향과 세련됨의 지표로 손색이 없다. 조경건축가들 역시 의뢰받은 새로운 저택과 재건된 사원의 정원에서 자신의 기술을 시험해볼 수 있었다.

새로운 주거지의 사적인 공간을 장식할 그림을 선택할 때 사람들은 교육과정에서 중국 고전을 읽으며 상상했던 중국인의 생활을 묘사한 장면을 대체로 선호했다. 이런 테마를 다룬 선두주자는 무로마치(室町) 시대 말기와 센고쿠 시대에 세상의 주목을 받은 가노(狩野)파 화가들이었다. 오다 노부나가와 도요토미 히데요시 모두 가노파 화가의 후원자였고, 이에야스의 승리와 함께 가노파는 사실상 어용(御用)화가가 되었다. 가노파를 주재하고, 이에야스와 히데타다를 개인적으로 배알했던 가노 단유(狩野探幽, 1602~1674)는 에도 성 밖에 있는 저택을 받았을 뿐 아니라 다이묘의 전유물인 조정의 관위(官位)까지 하사받았다. 많은 화가들이 가노의 여러 작업실에서 그림을 그렸고, 그 주인인 가노는 마무리 손질과 가노파의 작풍을 드러내주는 가필을 했다.[2] 단유와 그의 동료들은 에도·나고야·교토(니조)의 도쿠가와 궁전 그리고 닛코도쇼(日光東照) 궁, 교토의 많은 대사찰 등에 후스마에(襖繪, 맹장지에 그린 그림)를 그렸다. 노년기에 가노는 화가에게 부여되는 최고의 칭호인 호인(法印)이라는 명예로운 법호를 받았다. 가노파가 쇼군의 후원을 받자, 다이묘와 상급 가신들도 가노파의 작품과 작풍을 선호했다. 또 하나의 화파인 도사(土佐)파는 중국화풍의 영향을 덜 받았고(도사파와 도사 번은 아무 관련이 없다), 선과 동작에 대한 명쾌한 감각이 특징이었다. 뛰어난 화가들은 이 두 화파의 특징을 결합하거나 따로따로 사용하곤 했다. 두 화파는 엘리트층이 애호하는 미술적인 기준을 세웠다.

건축 역시 나라가 평화로워진 덕분에 지배계급의 많은 후원을 받았다. 거의 모든 주요 사찰이 도쿠가와 시대 초기에 재건되었다. 대부분의 경우 무로마치 시대를 특징지었던 가라몬(唐門, 중국풍의 문) 같은 중국 건축양식을 맹목적으로 모방하던 것에서 벗어나 더욱 단아하고 덜 요란한 접근법을 보였다. 그러나 두 가지 예외가 있었다. 나가사키를 통해 들어온 중국 선불교의 한 종파인 황벽종(黃檗宗)의 대본산으로 나라(奈良) 근처 우지(宇治)에 창건된 만푸쿠지(萬福寺)는 중국 명대(明代) 건축양식을 거의 그대로 따랐다. 아울러 17세기 전반기 동안 중국에서 건너온 승려들이 만푸쿠지의 주지를 맡았다. 만푸쿠지보다 훨씬 유명한 두 번째 예외는 도쿠가와 이에미쓰가 할아버지 이에야쓰를 도쇼다이곤겐(東照大權現神)으로 신격화해서 위패를 안치한 신사(神社) 닛코도쇼구이다. 이곳에는 호화로운 조각들로 장식하려는 열망이 현란한 색채로 표현되어 있는데, 이는 일반적으로 채색하지 않은 원형 그대로의 목재를 선호하는 일본인의 취향과는 상당히 대조적이다. 태양의 여신 아마테라스오미카미(天照大神)에게 봉헌된 이세 신궁과 동등한 명예를 부여받은 닛코도쇼 궁에 이르는 특별한 도로를 닛코오나리미치(日光御成道)라 부르며, 도로변 양옆에는 다이묘들이 기증한 삼나무가 심어졌다. 이후 역대 쇼군과 조정의 사절단, 조선 통신사들이 이 도로를 따라 구불구불 행렬을 이루었다. 닛코도쇼 궁의 "모든 건물을 최대한 호화롭게 만들려는 건축가들과 목공들의 노력은 건물 내부와 외부에 정교하고 화려한 도장(塗裝)이 이루어지면서 더욱더 빛을 발하게 되었다. 핵심 건물은 거의 야만적으로 보일 정도였는데, 검은 옻칠을 바탕으로 그 위에 진홍색과 강렬한 담청색이 더해지고 간간이 황금색 악센트가 가미되었다. 시각적 충격은 눈부신 하얀색으로 도장한 핵심구역에서 절정에 달했다." 하지만 여기서도 중국풍의 화려함은 건축물을 둘러싸고 있는 배경에 압도되고 말았다. 만약 중국이었다면 이런 시각적 사원 건축물은 탁 트인 하늘을 배경으로 삼고 그 진입로에는 반들반들한 대리석이 깔려 있었겠지만, 닛코에서는 높이 솟아 있는 삼나무가 짙은 그늘을 드리우고, 그 그늘 아래서 요란하게 장식된 건물들이 전혀 튀지 않고 차분히 가라앉아 있었다.[3]

도예 분야 역시 장족의 발전을 이루었다. 교양인이라면 기본적으로 습득해야 하는 다도는 도공들에게 절호의 기회를 안겨주었다. 유력자들이 틀에 박힌 공적 생활과 의무에서 벗어나 휴식을 취할 수 있도록 다도 환경이 간소화됨에 따라 도공들은 단순 소박함이 돋보이는 다기를 만들어냈다. 센고쿠 시대의 통일자들 모두 완전무결한 자연미를 갖춘 찻주전자와 찻잔에 찬사를 아끼지 않았다. 일부 다기는 고유한 이름을 갖고 있었으며, 도쿠가와 사회의 최상층 사람들은 앞다투어 그것을 소유하려 했다. 몇몇 장인들은 화려하지 않으면서도 우아한 다기를 개발했다. 자신의 작품에 날인을 한 최초의 인물로 보이는 17세기 초의 도공 노노무라 닌세이(野々村仁淸)는 새로운 세련미를 보여준 예술가로 간주되었다. 대담한 장식 양식으로 제작된 노노무라의 찻주전자와 향로는 새로운 지배계급의 호화로움을 한층 돋보이게 해주었다.

앞에서 말한 도시의 생필품 수요 증가와 여행의 증가는 평범한 도공들에게도 자신의 생산물을 전국의 시장에 내다 팔 수 있는 기회를 가져다주었다. 많은 지역에서 지방 고유의 유약과 점토를 개발함으로써 서민들 역시 더 이상 목기가 아닌 도자기를 사용할 수 있게 되었으며, 그 결과 서민들의 생활과 건강이 향상되었다. 이제 자기는 질그릇과 함께 생활필수품이 되었다. 규슈 북부 히젠(肥前)의 사가(佐賀) 번주 나베시마(鍋島)는 1590년대에 히데요시의 조선 침공시 자신의 군대가 일본에 데려온 일군의 조선인 도공들을 이용했다. 17세기 초 사가 번의 도공들은 새로운 자기를 시험해볼 수 있는 풍부한 고령토 지맥을 발견했다. 도자기 생산은 사가 번의 핵심사업이 되었고, 번의 면밀한 감독과 통제하에 운영되었다. 주요 가마인 아리타(有田) 가마에서 조금 떨어진 곳에서 제작된, 다이묘들 사이에서는 나베시마라고 알려진 아주 특별한 도자기는 제작기법이 유출되지 않도록 군사보호를 받으며 생산되었고 사가 번주가 에도의 쇼군에게 바치는 선물로 사용되었다. 한편 아리타 가마에서 생산된, 중국 명대의 청화백자를 모방한 자기들은 이마리(伊万里) 항을 통해 나가사키로 실려 갔고, 다시 나가사키에서 전 유럽으로 퍼져 나갔다. 한편 그보다 훨씬 더 많은 양의 자기가 일본의 연안 무역로를 따라 운송되어 모든 대도시 지역에서 국수사발과 접시로 사용되었다.

질적으로 그저 쓸 만한 정도에 불과했음에도 불구하고 대규모 시장을 겨냥한 이런 종류의 자기가 보급되자 도쿠가와 사회 전체에서 도자기의 도안과 도자기에 대한 취향이 일치하는 현상이 생겼다. '민중'문화를 '고급'문화와 완전히 구별되는 어떤 것으로 말하는 것은 다소 오해의 소지가 있다. 최고급 도자기와 회화가 비용과 관행에 의해 지배층에 국한되었다면 노(能) 극을 비롯한 일부 오락은 확실히 법령에 의해 지배층에 국한되었다. 그러나 널리 확산되고 공유되었던 문화가 특별히 분리되었던 문화보다 훨씬 더 중요했다. 시대가 진보함에 따라 진정한 의미의 서민문화가 나타나기 시작했던 것이다.

2. 서적과 식자

평화기의 일본에서 사무라이만이 식자능력이 필요했던 것은 아니다. 고닌구미(五人組)의 책임자는 법령을 제대로 알고 시행했는지 보고해야 했으며, 촌락의 지도자는 인구를 파악하고 사찰에 등록할 주민들의 인적사항을 관리하고 문서화해야 했으며 상인은 회계장부를 기록해야 했다. 왕래가 많은 교차로와 다리에 설치된 고사쓰(高札)의 공고문을 사람들이 이해하지 못한다면 고사쓰 자체가 무의미했다. 17세기 초의 수십 년이 지나자 일본인은 꾸준히 증가하는 서적—종교서적, 오락서적, 실용서적—을 접할 수가 있었고, 인쇄매체를 이해할 수 있는 능력을 중요시하는 사회에서 인쇄물에 둘러싸여 성장했다.

처음에 막부나 번 당국은 서민들에게 글을 배우라고 장려할 이유가 별로 없었고, 일부 지역에서는 전혀 없었다. 그렇다고 당국이 글을 못 배우게 방해하지도 않았다. 그들 자신이 유교적 가치에 점점 물들게 되면서, 기본적인 도덕적 경구를 모아놓은 책을 더 많은 사람들이 읽을 수 있다면 그들의 통치가 훨씬 쉬워지리라는 것을 깨닫게 되었던 것이다. 도쿠가와 치세의 첫 세기 이후 서민 교육기관인 데라코야(寺子屋)의 설립에서 알 수 있듯이 서민들 사이에 식자능력이 급속히 향상되었다. 사실 그 이전에도 지방의 유력자들에게 식자능력은 중요했다. 17세기 말의 시인 마쓰오 바쇼(松尾芭蕉)는 일본의 방방곡곡을 찾아 여행을 했는데, 방문하는 곳마다 그의 명성을 익히 알고 있는 마을지도자들이 그를 환영했고, 마쓰오에 비하면 보잘것없으나 나름대로 혼신의 힘을 다해 저명한 손님과 시작(詩作) 경연을 벌였던 사람도 드물지 않았다. 독서의 파급효과는 독서능력을 가진 집단을 훨씬 뛰어넘어 많은 사람들에게 영향을 주었다. 지방의 유력자와 마을지도자들은 중국에서 촌장들이 촌민들을 모아 놓고 황제의 유지를 읽어주도록 한 것과 어느 정도 비슷한 방식으로 마을사람들에게 마땅히 지켜야 할 본분을 가르쳐주어야 했다.

 활자인쇄술은 히데요시의 군대가 조선에서 들여왔다. 아니 헨리 스미스의 표현에 따르면 조선에서 훔쳐왔다.[4] 종교서적뿐 아니라 이솝 우화까지 다양한 작품을 번역·출판했던 나가사키의 예수회 인쇄소에서도 활자인쇄술을 이용했다. 17세기의 첫 10년 동안 목활자나 금속활자로 인쇄된 책은 대략 300권 정도 그 제목이 알려져 있다. 그러나 1626년에 이르면 출판업자들은 더 전통적인 방식인 목판인쇄로 돌아갔다. 일본은 오래전부터 목판인쇄에 익숙했다. 일본어처럼 엄청나게 복잡한 문자체계―한자를 이용하고 두 가지 체계의 발음기호로 보완된―에는 목판인쇄가 더 적합했던 것 같다. 목판인쇄에서는 필기체 문자와 삽화를 넣는 게 가능했다. 일본의 출판업자들은 순전히 한자로 되어 있거나, 한자와 일본어가 섞여 있거나, 또는 순전히 일본어 음절로 된 인쇄물을 제작했다. 이런 기술은 처음에는 다른 곳보다 비교적 유서 깊은 문화 중심지 교토와 오사카에서 발전했다. 도쿠가와 시대의 상당기간 동안 교토는 한자가 압도적으로 많이 들어간 불교와 유교 관련자료의 인쇄를 선도했다. 상업출판 역시 교토에서 급성장했다. 17세기 중반에는 오사카에서 상업출판이 발전하게 되고, 18세기에는 에도와 비교적 큰 조카마치로 퍼져 나갔다. 이 분야의 권위자에 따르면 17세기에 제작된 출판물의 총 수는 7,200종에 달하며, 어떤 해에는 100종 이상이 출판된 것으로 추정된다. 도쿠가와 시대 중반과 후기에는 이보다 대여섯 배 증가했다.

 목판인쇄에 필요한 기술은 활자인쇄에 쓰이는 기술과 다르며, 목판인쇄

| 서민문화의 발전 |

에서 관건은 기술적인 것보다는 인적인 문제였다. 우선 화선지에 깨끗하게 정서할 서예가가 필요했다. 그 다음 단계들은 첫 단계보다 훨씬 어려웠다. 조각가들은 판목(板木)을 준비하고, 그 판목에 정서본을 뒤집어 붙여 글자와 그림을 돋을새김하여 인쇄용 목판을 완성했다. 인쇄공은 완성된 목판에 먹물을 바른 다음 그 위에 종이를 갖다 대고 인쇄물을 찍어냈다. 서양책은 제본과정에서 면지와 커버 등이 추가되어 중량이 늘어나지만, 일본책은 그렇지 않았다. 인쇄물을 취합하여 꿰매는 마지막 장정단계는 비교적 단순해서 흔히 여자들이 집에서 하곤 했다. 이렇게 완성된 책은 유럽의 책보다 견고성 면에서 약점이 있었다. 인쇄에 사용된 얇은 종이는 좀이 쏠기 일쑤였으나, 제작과정 자체는 신속한 생산을 가능케 했다. 하나의 목판으로 찍어 낼 수 있는 양은 인쇄물 도안의 복잡성이나 목판 재질에 따라 달랐다. 벚나무가 단단했기 때문에 벚나무를 목판의 이상적인 재료로 간주했다. 한자만 들어 있는 무미건조한 형식의 책은 같은 목판을 사용해서 몇 번이고 찍어 낼 수 있었으나, 삽화와 함께 필기체 글씨를 정교하게 새긴 목판은 시간이 지나면 사용하기가 어려웠다. 일단 글자를 새긴 목판도 그 표면을 평평하게 대패질하면 재활용할 수 있었고, 다음 번 인쇄 때 또 사용하기 위해 보관해둘 수도 있었으나, 단 이 경우에는 목판이 휘어질 염려가 있었다. 스미스가 말한 대로[5] 책을 만드는 데 필요한 기술과 자본은 일본과 서양이 크게 달랐다. 서양의 인쇄업자는 인쇄기를 비롯해서 크기와 모양이 같은 서체가 필요했으나 일단 이것이 갖추어지면 기술은 비교적 쉽게 터득할 수 있었다. 반면 일본의 인쇄업자는 자본은 거의 필요 없었으나 조합의 방침에 따라 장기간의 수련이 필요했다. 판목과 조각칼은 충분히 있었겠지만, 섬세하고 아름답게 선을 새겨 넣을 수 있는 기술자를 찾기란 쉬운 일이 아니었다.

　인쇄업이 개인사업이었다는 사실은 특별히 언급할 필요가 있다. 막부는 출판물이 안보를 위협하지 않는지 혹은 공중도덕에 너무 어긋나는 것은 아닌지를 적당히 경계하긴 했지만, 출판물을 철저히 통제한다거나 출판물을 선별적으로 승인한다든지 하는 조치를 취하지는 않았다. 그러나 독서인구가 증가하면서 명백한 금서로 낙인찍힌 책들이 생겨났다. 정기적으로, 특히 '개혁'기간에 공포된 법령은 원래 금지되어 있던 그리스도교 관련 출판물에 대해 더욱 강력한 경고를 보냈다. 중국에서 수입되는 서적을 검사한 것은 예수회 번역물이 중국책인 양 가장해서 들어오는 것을 방지하기 위해서였다. 두 번째 범주의 금서는 공공질서를 해칠 수도 있다고 판단되는 것들이었다. 도쿠가와가(家)와 현실정치에 대한 논의도 금기사항이었다. 세 번째 범주는 공중도덕과 관련되어 있었는데 주로 도색물이 여기에 해당되었다. 검열제도는 없었지만 출판업자와 작가는 이런 금기사항들을 어길 경우 책이 출판된 뒤에 처벌받기도 했다. 출판업자에게는 겁을 먹게 하기 위해 목판이나 여타 다른 설비를 파괴하여 경제적 타격을 주었고, 작가에게는 더 이상 집필을 하지 못하도록 목과 손에 칼을 채웠다. 이런 잠재적 위험은 출판업 종사자에게 경각심을 불러일으키기에 충분했다. 사실 막부는 이런 조치를 실행에 옮길 필요가 거의 없었으며, 이와 관련된 사건들은 막부가 정책적으로 개혁과 중흥을 추구했던 세 기간(1729~1736, 1787~1793, 1837~1843)에만 있었다.[6]

젊은이들에게 읽기를 가르치는 데 사용한 교과서는 서양의 교과서와 마찬가지로 대개 교훈적이었다. 그 내용은 유교적 훈계와 불교의 도덕주의가 섞여 있었다. 17세기 후반에는 좀 더 실용적인 입문서, 즉 독본이 등장하게 되었다. 흔히 오라이(往來)라고 불린 이 책들은 대개 상업 관련 용어와 지식을 제공했다. 이와 비슷하게 농사에서 가정살림에 이르기까지 세상사의 전반적인 지식과 정보를 제공하는 책들도 등장했다. 17세기가 끝나갈 무렵에는 이런 오라이류의 책이 약 7천여 종이나 있었다. 또한 1600년대 말에는 중보기(重寶記)라는 또 다른 범주의 책이 일반화되었다. 이 범주의 책들은 남녀노소 가릴 것 없이 사회 여러 계층에서 필요로 하는 개인적인 솜씨나 사교술에 대한 지식을 담고 있었다. 한편 세쓰요슈(節用集)라고 불린 책들은 평화기의 일본에서 생활하는 데 아주 요긴했다. 여기에는 편지

쓰기 견본, 명승지 목록, 세 대도시(에도·교토·오사카)의 지도, 일본역사 개관, 연례행사를 표시한 달력 등이 포함되어 있었다. 요컨대 이런 책들은 서양의 가정용 백과사전에 가까웠다.[7]

3. 오사카와 교토

에도는 18세기에 일본의 최대 도시가 되었다. 그 전까지는 서쪽의 두 도시 오사카와 교토가 훨씬 더 발전하고 앞서 있었다. 에도가 두 도시를 따라잡은 이후 세 도시는 흔히 산토(三都), 즉 '세 수도'로 불렸다. 교토와 오사카는 공간 배치와 배정 면에서 에도를 정점으로 하는 여타 조카마치와는 완전히 달랐다. 조카마치는 군사 중심지로서, 이용 가능한 공간의 반 이상이 사무라이의 몫이었다. 반면 교토와 오사카에서는 사무라이의 존재가 미미한 수준이었다. 막부와 번이 그곳에 체류하게 한 소수의 사무라이 외에 다른 집단이 우선적이었다.

교토는 고도(古都)였고, 도쿠가와 시대를 통틀어 조정과 공가(公家)의 고향이었다. 공가의 저택들은 어소를 에워싸고 밀집해 있었으며, 남북으로 난 중앙의 큰 도로를 따라 정남향을 바라보고 있었다. 교토의 외곽은 거대한 사찰들의 차지였다. 두 개의 어원(御園, 미소노)인 가쓰라(桂) 이궁과 슈가쿠인(修學院) 이궁은 각각 교토의 서쪽 교외와 북쪽 교외에 있었음에도 불구하고 천황이 그곳을 방문하려면 막부의 승인을 얻어야 했다. 16세기 내내 계속된 전란으로 부분적으로 또는 전체적으로 손상되었던 많은 대사찰이 재건되었다. 직인과 상인들의 거주지와 사업장은 공가의 구역 남쪽에 기하학적으로 배치된 거리에 자리 잡고 있었다. 원래 전문분야를 나타내는 거리에 기능별로 모여 있도록 배치되었고 일부는 여전히 원형을 유지했지만, 대부분은 다양한 생산품과 전문분야가 혼재해 있었다. 오랜 기간 계속된 정치적 불안정이 낳은 기이하게 얽혀 있는 후원관계 속에서 각 지역은 자기와 관련 있는 신사(神社), 사찰, 공가에게 의무를 지고 기부를 했다. 통일자, 특히 사실상 교토를 수도로 삼았던 히데요시는 이런 혼란을 평준화하고 여건을 균일하게 만들었다. 교토는 그 주민과 생산품이 세련되기로 유명했다. 섬세한 능라와 여타 직물, 정교한 칠기와 금속세공 등이 교토의 명물이었다. 1593년의 토지조사에 따르면 교토 북부의 상업 중심지인 레이센(冷泉)-무로마치(室町)에는 59개의 공방과 상점이 있었고 그곳에서 숙련된 일꾼들이 기름, 은, 구리, 주석, 바늘, 비단과 옷감, 군데군데 금으로 장식된 칠기, 칼집, 갑옷, 가죽제품, 칼날, 대발, 붓, 부채, 우산, 찻숟가락, 그림, 약재, 끈 등을 생산했다. 교토는 과거에도 오랫동안 사치품의 중심지였고 도쿠가와 시대에도 그 명성을 지켰다.[8]

교토를 더 유명하게 만든 것은 사찰이었다. 막부는 아미타(阿彌陀)를 강조하는 진종(眞宗)의 본산을 히가시혼간지(東本願寺)와 니시혼간지(西本願寺)로 분리했으며, 두 사찰은 각기 자신의 지역을 압도하는 대가람의 중심을 형성했다. 진종 못지않게 열성적으로 아미타를 염불하는 정토종(淨土宗)은 히가시야마(東山)의 대가람 지온인(知恩院)을 앞세워 교토 중심부의 혼간지와 자웅을 겨루었다. 이들 사찰은 내부를 모모야마(桃山) 궁을 모방하여 화려하게 장식했다. 실제로 유명한 화가 가노 에이토쿠(狩野永德)의 작품인 니시혼간지의 장벽화는 원래 히데요시 시대의 유산으로 간주되는 다른 건축물들과 마찬가지로 오사카 함락 이후 막부가 해체해버린 히데요시의 주라쿠테이(聚樂第)를 위해 제작된 것이었다. 주라쿠테이의 거대한 지붕을 떠받치고 있는 기념비 같은 기둥들은 대단히 인상적이었다. 이들 사찰에서 주재하는 불공은 단순히 아미타불의 이름을 반복해서 외우는 것뿐만 아니라 대다수 사찰을 둘러싼 주변 조경의 장엄함과 접목되어 극적인 효과를 연출했다. 의식은 전체적으로 대규모 집단의 교화를 위해 구성되었다. "가부좌를 한 스님들 뒤편의 순금색 제단 위에서 등불이 빛나고 있었다. 실내는 향내가 가득하고 100명의 목에서 울려나오는 염불소리로 진동하는 듯했다. 그 광경은 불자들의 상상 속에서 서방정토의 아름다움과 장엄함에 대한 확실한 약속으로 다가왔다."⁹⁾ 이런 사찰들을 일본의 다른 곳에서는 찾아볼 수 없었다.

절집을 짓고 유지하기 위해서는 수많은 숙련된 공예가의 재능이 필요했다. 교토가 권력의 중심지로서의 지위를 잃어버리고 한참이 지난 뒤에도 참배의 중심지가 되어 그 명맥을 유지했다는 사실은 그다지 놀랄 일이 아니다. 교토의 거리는 사무라이, 승려, 시종, 학생, 순례자들로 북적였다. 계층구분은 행정중심지인 조카마치에 비해 덜 중요했다. 막부는 유서 깊은 도시 출신의 경험 많은 서민들의 중요성을 깨달았다. 이 점은 다이묘 역시 마찬가지여서, 많은 다이묘들이 옛 중심도시의 주민들을 자신의 조카마치로 끌어들이고자 전력을 다했다. 1634년에 이에미쓰는 오사카·사카이·나라(奈良)의 토지세를 면제해주었다. 교토(와 에도)에서는 이미 그 이전에 토지세가 없어졌다. 막부는 상업에 거의 제약을 가하지 않았다. 16세기에 존재하던 성가신 관세와 세금이 폐지되었고, 조닌들은 전란기에 발전시킨 자치의 전통을 유리하게 이용했다.

막부는 교토의 조정을 입맛대로 통제하기 위해 마치부교를 두었다. 서쪽 구역의 웅장한 니조 성은 토대를 이루는 석벽, 방어용 해자, 출입문과 실내장식의 규모, 그리고 성의 정문 통과를 허락받은 중요한 방문객들이 제일 먼저 대면하게 되는 거대한 소나무 그림의 장중함 등을 통해 자신의 권력을 과시했다. 니조 성은 조정과의 접촉을 담당하는 교토 주재 막부 관리인 쇼시다이(所司代)의 관서였다. 도쿠가와 통치 초기에는 쇼군이 교토를 찾았으나, 1634년 이에미쓰가 30만 명이라는 어마어마한 인원을 대동하고 별안간 교토를 방문한 이후로는 1860년대까지 쇼군의 교토 방문은 없었다. 교토에 사무라이 경비부대는 있었어도 사무라이 거주지역은 없었다. 86명의 다이묘는 자기에게 필요한 또는 동료들과의 선물교환용으로 쓸 사치품을 구하기 위해 교토에 연락소나 사무소를 두었지만 결코 그들 자신이 교토에 거주하지는 않았다.

교토는 일찍이 출판의 중심지였고 한자로 된 출판물에 관한 한 타의 추종을 불허했다. 1650년경 여행이 활발해지고 자기가 사는 곳 이외의 지역에 대한 관심이 커지면서 지도 출판이 성행했다. 많은 상인구역(町)의 위치와 특징을 교토에 대한 정보와 결합시킨 목판인쇄물 덕분에 교토의 지도는 아주 상세해졌다.[10] 출판업자들은 경쟁적으로 더욱더 상세하고 화려한 색깔을 사용한 지도를 만들었다. 유사한 형태를 한 다른 도시의 지도들, 특히 오카사 지도와 에도 지도가 등장하여 인기를 끌었다. 이런 지도가 판매·유통될 수 있었다는 사실에 대해 주목하는 사람은 별로 없지만, 이것은 대단히 중요하다. 바다 건너 중국 대륙의 만주족 정부의 관료들은 만약 반란세력들이 그토록 쉽게 상세한 지도를 입수한다면 아마도 아연실색했을 것이다. 만주족이 대륙 정복을 실현하기 오래전에 이미 도쿠가와 정권은 그런 두려움을 떨쳐버린 상태였다.

'산토'(三都)의 세 번째 도시 오사카는 교토나 에도와는 판이하게 달랐다. 오사카는 항구와 상업을 통해 일본역사에서 늘 중심적인 역할을 해왔다. 중국과 류큐에서 온 선박들이 오사카에 입항했고, 함께 들어온 상품들은 하천을 따라서 고대 수도인 나라와 교토로 운송되었다. 또한 오사카에는 일본 최초의 사찰인 시텐노지(四天王寺)가 있었다. 16세기에 혼간지를 본산으로 한 종파는 오사카로 이전하여 노부나가에게 저항했고, 히데요시에게 무릎을 꿇기 전까지 평민 저항의 대담한 전통을 유지했다. 히데요시는 오사카를 군사사령부로 사용했다. 히데요시의 거대한 오사카 성은 비록 1615년에 도쿠가와가 최종 승리를 거두면서 불에 타버렸지만 막부는 자신의 권력을 과시하기 위해 오사카 성을 재건했다.

도쿠가와 통치 첫 세기에 오사카는 급속하게 일본경제의 중심이 되었다. 일본 전역의 봉건영주들은 전국적인 시장을 형성한 오사카로 잉여 쌀을 운반하여 판매했다. 그렇게 얻은 이익으로 참근교대에 소요되는 비용을 충당했다. 오사카는 번창하는 시장 덕분에 도쿠가와 시대 이전에 이미 '일본의 부엌'이라는 별칭을 얻긴 했으나, 그 별칭이 확고부동해진 것은 도쿠가와 막부 성립 후 몇 십 년 안의 일이다. 오사카의 수많은 수로—일부는

| 서민문화의 발전 |

특정 번의 이름을 따서 명명되었다(예를 들면 도사보리〔土座堀〕)—를 따라 창고(藏屋敷, 구라야시키)들이 줄지어 있었다. 오사카는 강과 수로를 가로지르는 150개의 다리로 유명했다. 다리의 건설과 보수는 지역 주민들의 의무 가운데 중요한 부분을 차지했다. 처음에는 각 번마다 사무라이 관리를 대리인으로 파견하여 오사카에 주재시켰으나, 그들의 임무는 얼마 지나지 않아 구라모토(藏元)라고 부르는 서민 출신의 창고 관리인들에게 인계되었다. 일부 구라모토는 여러 번의 창고를 동시에 관리했다. 물론 창고 관리에 관여하는 번사(藩士)도 있었겠지만 쌀 거래에 대해 잘 알아야 했으므로 전문적인 대리인이 꼭 필요했다. 대다수 사무라이는 숫자와 계산을 '상점 주인의 도구'라며 경시했고, 이런 사고방식을 갖고 있는 한 이들은 결코 서민상인에 필적할 수가 없었다.

오사카에서 구라야시키를 관리하는 대리인들은 세 가지 역할을 했다. 요컨대 이들은 번의 대리인으로서 번의 잉여 쌀과 여타 물품을 판매하고, 번의 상층 사무라이를 위해 무기·의류·사치품을 구입하며, 다른 상인들로부터 돈을 융통했다. 쌀은 가을에 오사카로 수송되었고, 500명이 넘는 허가받은 쌀 중개인이 참여하는 가운데 쌀 시장에서 입찰이 이루어졌다. 낙찰자는 은으로 계약금을 지불하고 잔금은 나중에 완불했다. 반면 그들은 창고에 보관되어 있는 쌀, 즉 구라마이(藏米)에 대한 증표(證票)를 받았다. 이런 증표는 30일 내에 지불하겠다는 것을 약속하는 문서로 시작되었으나, 얼마 지나지 않아 선도(先渡)에 대한 보증서가 되었고, 주식처럼 양도와 판매가 가능해졌다. 채무 불이행의 경우 막부의 도움을 받을 수 있었기 때문에 시장거래가 가능한 일종의 유가증권처럼 통용되었던 것이다. 이렇게 해서 오사카의 대리인들은 번에 필수적인 존재가 되었다. 그들은 번의 연공(年貢)을 예상해서 선금(先金)을 제공할 수도 있었는데, 시간이 지나면서 선금은 연리 10~20% 장기융자로 발전했다. 이런 모든 조건이 갖추어진 가운데 선물(先物)시장이 탄생하고 성장했다. 구매자들은 쌀의 선물 가격 동향을 예의 주시하고 위험을 최소화하는 선에서 투기를 할 수 있었

다. '현물'시장과 선물거래는 대단히 복잡한 자본주의적 교환을 위한 물적인 토대를 제공했다.[11]

　오사카 시장의 쌀값은 전국 쌀값의 기준이 되었다. 오사카 시장의 시세는 비둘기와 파발꾼에 의해 전국으로 전해졌다. 17세기 중반 막부의 관료는 일부 시장기능에 대해 불편한 심기를 드러냈고, 그들 자신이 직접 가격조작을 하거나 또는 막대한 개인적 이익을 얻을 수 있다는 것을 깨달았다. 막부는 가신들의 봉록을 지교(知行)의 석고를 기준으로 지불했기 때문에 쌀값을 높게 안정적으로 유지하는 것이 큰 관심사였다. 17세기 말 쓰나요시의 개혁안은 특히 호상(豪商)들을 재산 몰수의 대상으로 삼았다. 1705년 상인 요도야가(淀屋家)의 재산을 몰수하는 과정에서 서민집안이 축적할 수 있는 재물의 종류가 놀랍도록 상세하게 밝혀졌다. 막부의 관료들은 상인이 얼마나 사치스럽게 사는지를 보여주는 증거들에 경악을 금치 못했으며, 상인의 부가 도를 넘어서지 않도록 하기 위한 조치를 단행했다. 때때로 법령은 데가타(手形), 즉 어음 인수와 선물계약을 하지 말라고 경고했으나 대개는 아무 소용이 없었다.

　오사카는 무사 거주지역(武家地)이 없는 상인들의 도시였고, 막부는 오사카를 계속 그런 식으로 유지하기를 원했다. 교토와 마찬가지로 오사카 역시 막부 직할지였고, 에도의 로주(老中)에게 보고할 의무가 있는 행정관들이 오사카를 관리했다. 오사카 주변의 농촌지역에서 거둬들인 연공은 막부의 하타모토(旗本)에게 돌아갔다.

　교토와 오사카는 대규모 상사(商社)의 설립을 주도했다. 이런 점포들의 대부분이 직물 거래를 중심으로 하고 있었다. 미쓰이가(家)의 경우 포목상과 환전상을 겸했다. 은화를 기본으로 사용하는 오사카에서 금화가 기준인 에도로 자금을 이전하는 일이 막부와 번 모두에게 필요했기 때문에 공인 환전상(兩替商, 료가에쇼)*들이 화폐교환 서비스를 제공했다.

---

* 공인 환전상의 집단조직을 료가에나카마(兩替仲間)라고 한다.

| 서민문화의 발전 |

　교토나 오사카의 상점은 일종의 본점 역할을 하며 다른 지역, 이상적으로는 에도에 지점을 거느리고 있는 경우가 많았다. 이런 식으로 이들 상점은 생산의 중심지에서 소비의 중심지로 상품을 유통시키는 데 기여했다. 거의 확실히 이들 거대 상점은 당시 세계에서 가장 큰 규모였고, 당대 판화가들의 작품에서 볼 수 있듯이 도시의 명물이었다. 교토에 본점을 둔 미쓰이에치고야(越後屋)는 훗날 미쓰코시 백화점 체인이 되었다. 시로키야(白木屋), 마쓰자카야(松坂屋), 에비스야(えびす屋) 등도 이와 유사한 역사를 가지고 있다.

　이 가운데 가장 큰 상점은 점포면적만 큰 것이 아니라 고용인도 굉장히 많았다. 호코닌이라 불리는 고용인은 전형적으로 점포에서 기숙하는 젊은 미혼남자들이었다. 호코닌이 100명 이상인 상점도 심심찮게 볼 수 있었고, 어떤 상점은 500명 가까운 호코닌을 거느리고 있었다.[12]

　이런 대규모 상점의 구조와 조직에서는 무가(武家)와 서민사회를 연결하는 다리 같은 것을 찾아볼 수 있다. 상점의 창업자들은 그들의 후계자에게 가훈(家訓)을 남겼고, 계승절차를 명기했으며, 후계자들이 집안의 이익을 늘 잊지 말도록 당부했다. 무가와 상가(商家) 사이에는 흥미로운 차이점이 있었다. 무가의 가훈은 공적인 봉사와 임무의 중요성을 강조한 반면, 상가의 가훈은 자기의 분수를 지키고 사적인 이익을 명심하게 하는 경향이 있었다. 상가의 계승은 입양을 통해 남성 후계자를 들이는 것이 더 일반적이긴 했지만 간혹 여성에게 상속되기도 했다. 이따금 행하는 자선은 집안에 득이 될 수 있지만, 종교적 열정은 정부의 일을 맡아 하는 것만큼이나 위험할 수 있었다. 한편 출가하여 중이 되는 것은 상인 집안의 무능력자들에게 유용한 안식처일 수 있었다.

　미쓰이가는 1673년 교토와 에도에 포목점을 개설하고 10년 뒤에는 환전업과 고리대금업에도 진출했다. 1691년에는 오사카점이 문을 열었다. 바로 그해 막부의 어용상인(御用商人, 고요쇼닌)이 됨으로써 미쓰이는 막부의 공금을 오사카에서 에도로 송금하는 임무를 맡았다. 막부의 재정대리

『쇼치쿠이쇼』(宗竺遺書, 1722)* 발췌

- 후손들은 다음의 가법(家法)을 꼭 지켜야 하느니라.
- 미쓰이가의 사람들은 한마음으로 공동의 이익을 모도해야 할 것이다. 윗사람은 아랫사람에게 은혜를 베풀고, 아랫사람은 윗사람을 존경해야 한다. 가법을 예로서 지킬 때 집안은 한층 번영할 것이다. 자기만을 내세워 상대방의 마음을 생각하지 않으면 겉으로는 조화를 이루고 있는 것처럼 보여도 안으로는 불화와 분란이 일어나게 된다. 사치가 생겨나 가업을 등한시한다면 어떻게 번창할 수 있겠는가.
- 상인으로서의 마음가짐이 흐트러지면 사업은 남에게 넘어갈 것이니 반드시 주의하라.
- 영구히 하치로에몬가(八郎右衛門家)를 총령가(總領家)로 함이 나의 뜻이니라. 그러므로 하치로에몬의 아들이 비록 나이가 어릴지라도 충분한 능력만 있으면 아버지를 이어 미쓰이가의 총령이 되어야 한다.
- 총령가의 대를 이을 자식이 없을 시에는 다른 본가의 아들을 양자로 들여도 좋다. 아들이 없을 시에는 딸이 계승해도 괜찮다.
- 장남이 집안을 계승하는 것이 원칙이나 만약 그 행동거지가 집안에 해를 끼칠 때에는 비록 독자라 할지라도 출가(出家)시키고, 대신 집안의 다른 자손을 입양해야 할 것이다. 동족(同族) 중에 자신의 집안을 이끌 능력이 안되거나 그 행동거지가 부도덕한 자가 있다면 그 역시 출가시켜야 한다.
- 동족 중에 건강이 좋지 않아서 가업의 의무를 다하지 못하는 자가 있다면 생활비로 책정된 몫에서 20%를 삭감해야 한다. 이 돈은 공들여 일한 동족의 다른 자들에게 상여금으로 배분하도록 저축해 두어야 한다.
- 대개 공직에 있는 사람은 번영하지 못한다. 그도 그럴 것이 공무 수행에 전념하다 보니 자기 집안의 일을 등한시하기 때문이다. 우리가 상인임을 절대로 잊지 말거라. 정부와의 거래는 어디까지나 부업으로 간주해야 한다. 그러므로 가업을 내팽개치고 정부의 일을 일차적인 의무로 여기는 것은 크나큰 잘못이다.
- 제신(諸神)과 부처를 믿고 유교의 가르침을 따르는 것은 인간의 도리이다. 하나 극단으로 흐르는 것은 좋지 않다. 종교적 극단론자는 결코 성공적인 상인이 될 수 없다.
- 제신과 부처는 사람의 마음 안에 있다. 그러므로 금과 은을 바치고 그 대가로서 특별한 은총을 기대해서는 안되며, ……기부는 가난하고 고통받는 이들에게 해야 한다. 그러면 만 배의 보답을 받을 것이다.

Eleanor M. Hadley, "Concentrated Business Power in Japan" (Ph.D. dissertation, Radcliffe, 1949)의 부록을 수정해서 인용.

* 미쓰이 상점 창업자 미쓰이 다카토시(三井高利)의 장남인 미쓰이 다카히라(三井高平)가 제정한 미쓰이가의 가법.

| 서민문화의 발전 |

인으로서의 이 역할은 어용상인에게 큰 이익을 안겨줄 수 있었고 실제로 그런 일이 벌어졌다. 공금을 에도에 화폐로 송금하는 것이 아니라 환어음을 발행하여 송금함으로써 상납기한 동안 공금을 이용할 수 있었기 때문이다.

미쓰이가의 관심과 활동이 확대되면서, 미쓰이가 동족(同族)의 당주(當主)들로 구성된 가업총괄기관이 교토에 만들어졌다. 미쓰이가의 당주들은 집안의 이익을 개인의 이익보다 우선시하는 교육을 받았다. 무가의 수장과 마찬가지로 미쓰이가의 역대 당주들은 동족의 중요성을 귀에 못이 박히도록 들었으며 자신을 재산의 소유자라기보다는 관리자로 여기도록 배웠다.

이를 보여주는 한 예가 가훈(家訓, 가쿤)과 가법(家法, 가호)이다. 가훈과 가법은 헤이안 시대에 늘 귀족을 나타내는 기준이었으며, 무가(武家) 역시 초기부터 이것을 중시했다. 예컨대 에치젠(越前)에서 상권을 획득한 아사쿠라 도시카게(朝倉敏景, 1428~1481)는 후손들에게 17개조의 지침을 남겼다. 아사쿠라는 보좌역을 뽑을 때 경력보다는 능력을 중시하라고 당부하고, 계속해서 절제와 검소를 강조했으며 부(富)를 과시하지 말라고 가르쳤다. 자기가 사는 번을 꼼꼼하게 돌아보고 점검해야 하며, '여론'이 중요하다는 것을 경고했다. "사찰, 신사 또는 조닌의 주거지역을 지날 때는 잠시 말을 멈춰 세우라"고 조언했다. "그곳이 보기 좋으면 칭찬을 하거라. 만약 빈곤한 상태이면 동정심을 보여라. 그렇게 하면 좋은 결과가 있을 것이다."[13]

미쓰이가의 규율과 절차는 초창기에 미쓰이가를 이끌었던 미쓰이 다카토시(三井高利, 1622~1694)의 자손들에 의해 18세기 초에 정식으로 형태를 갖추게 되었다. 말년에 미쓰이 다카토시는 손자 미쓰이 다카후사(三井高房, 1684~1748)에게 자신의 회고를 받아쓰게 했다. 북가(北家)의 당주로서 미쓰이가의 경영을 조직화하는 데 중추적인 역할을 한 인물인 다카후사는 그것을 재정리해 '조닌에 관한 몇 가지 고찰'이라는 뜻의 『조닌코켄로쿠』(町人考見錄)를 썼다. 이 글은 미쓰이 동족집단 9개 가(家)*의 당주들

* 미쓰이 동족집단은 6개 본가(本家)와 3개 연가(連家)로 이루어졌으며, 6개 본가 중 북가(北家)가 총령가(總領家)가 되어 오야붕(親分) 역할을 했다.

에게 필사본으로 전해오다가 19세기에 출판되었다. 다카토시의 고찰은 교토의 50개 유력 조닌의 흥망에 관한 것이었다. 이 가운데 다카후사는 몰락한 조닌에 특별히 관심을 갖고, 이를 미쓰이가의 장래 당주들을 위한 타산지석으로 삼았다. 다카후사의 글에 따르면, 몰락한 조닌 가운데 절반 이상이 다이묘에게 돈을 빌려주는 실수를 범하여 망했다. 그 외에 방탕한 생활을 하거나 아니면 상인으로서의 분수를 망각한 채 자기가 선비라고 생각했던 후손들이 있었다. "이런 사례들을 면밀히 관찰함으로써 우리는 교토의 유력 조닌이 2대 내지 3대 만에 몰락하여 무대에서 사라졌다는 것을 알 수 있다"고 다카후사는 썼다. 이런 사례들을 계속해서 보여준 다음, 그는 "대단한 인물은 방탕해지면 자신의 영역을 잃고, 별 볼일 없는 인간들은 생계를 잃는다"고 덧붙였다.[14]

　미쓰이에치고야의 창업자 다카토시는 다른 상인들의 불행을 보면서 가법 제정의 필요성을 절감했다. 그의 장남이자 후계자인 다카히라(高平, 불명〔佛名〕은 소치쿠〔宗竺〕, 1653～1737)는 이 일을 이어받아 1722년에 가법을 제정했다. 이 가법은 1900년에 근대식 기업으로서 미쓰이 법인이 탄생할 때까지 가법의 기능을 했다. 가법의 핵심사항은 동족간의 단결을 역설하는 것이었지만, 미쓰이에치고야 창업자의 경험과 회고에 근거한 좀 더 일반적인 지침들은 상인의 가치관을 잘 보여준다.(『소치쿠이쇼』 발췌 참조) 상인과 관련된 사항을 제외하면, 이들 가법은 계승절차를 명시하고 능력이 연공에 우선함을 나타낸다는 점에서 사무라이의 그것과 매우 유사했다. 또한 겉치레와 모든 종류의 과도함을 경계하고 있는데 종교에 많은 돈을 들이는 것도 여기에 포함되어 있다. 아마도 공개적으로 빈자들에게 자선을 베푸는 것이 사찰이나 신사에 시주를 하는 것보다 더 나은 투자였기 때문일 것이다. 미쓰이의 상속자들은 막부와 너무 밀접한 관련을 맺을 경우 비용과 위험부담이 커질 수 있었기 때문에 이를 피하도록 단단히 경고를 받았다. 미쓰이의 가법은 아마도 다음의 명료한 문장으로 가장 잘 요약될 수 있을 것이다. "우리가 상인임을 절대로 잊지 말거라. 정부와의 거래는 어디까지나 부업으로 간주해야 한다."[15]

이 밖에 다른 상가(商家)의 창업자들도 다카토시의 가르침과 비슷한 유훈을 남겼다. 노인들이 다 그렇듯이, 그들은 자신이 젊은 시절에 얼마나 전력을 다해 몰두하고 헌신했는지 강조하고 이를 후손들의 귀감으로 내세우는 경향이 있긴 했지만, 그들 모두 정직하고 중요한 상인으로서의 자부심

하카타(博多)의 상인 시마이 소시쓰(島井宗室)의 유서(1610) 초록

- 일부 점원들이 밤에 나돌아 다닌다고 들었다. 이를 금하고 있는 규정을 새삼 언급할 필요도 없을 것이다. ……야간외출은 엄격히 금한다.
- 도제(徒弟)는 상가(商家)의 중요한 존재이므로 그들이 충성을 다할 수 있도록 친절하게 대해야 한다.
- 마흔이 되기 전에는 모든 종류의 사치를 피하고 결코 자신이 실제보다 높은 지위에 있는 사람인 양 행동하거나 생각해서는 안된다. ……고급 취미를 갖지 말라. 너희는 다도, 칼, 단도(短刀), 좋은 옷 따위를 피하여라. 다른 사람한테 받은 칼이나 갑옷 따위가 있으면 팔아서 대신 돈으로 지녀라.
- 절대 상점 밖을 헤매고 다니지 말 것이며 볼일이 없는 장소를 찾아가지 말라.
- 집안과 집 뒤에 있는 폐품들을 줍도록 해라. 새끼줄 토막과 나뭇가지를 잘게 잘라두면 회반죽에 쓸 수 있고, 긴 끈 조각을 모아두면 줄을 만들 수 있다. 5분(分) 이상 되는 나무, 대나무 조각은 모아두었다가 깨끗이 손질해서 땔감으로 써라. ……내가 여태껏 해온 대로 해야 하며 절대로 낭비하지 마라.
- 필요한 물건은 흥정을 해서 가능한 한 최대의 싸게 구입하되 물건마다 어느 정도면 살 수 있는지를 기억해라. ……그래야만 하녀에게 필요한 만큼의 정확한 액수의 돈을 줄 수 있다.
- 하인들에게 [이런 저런 남은 음식을] 주면 너희 부부도 함께 그것을 먹어야 한다. 비록 나중에 쌀밥을 먹을지라도 처음에는 적어도 먹는 시늉이라도 해라. 그러지 않으면 하인들이 원망할 것이다.
- 약간의 재산이라도 가진 사람들은 평생 가정과 가업에 헌신할 의무가 있음을 명심해야 한다. ……사무라이는 자기의 보유지에서 나오는 수확물에 의지해서 먹고살 수 있지만 상인은 사업에서 얻은 이윤에 의지할 수밖에 없다. 이윤이 없으면 전대(纏帶) 속에 든 돈은 곧 사라질 것이므로…….
- 어떤 모임에 참석했든지 간에 격렬한 다툼이 벌어지면 당장 그 자리를 떠나라. ……싸움을 피한다고 남들이 너를 겁쟁이라고 놀리거든 [이를] 어기는 것은 맹세를 깨뜨리는 것과 같다고 말해주어라.

J. Mark Ramseyer, "Thrift and Diligence: House Codes of Tokugawa Merchant Families," *Monumenta Nipponica*, 34(1979)에서 수정하여 인용.

을 보여주었다.[16]

미쓰이 같은 대점(大店)에서는 조직과 규율을 제도화하여 인사관리에 세심한 주의를 기울였고 아무에게나 함부로 일을 맡기지 않았다. 미쓰이가는 호코닌(奉公人)의 개인기록을 꼼꼼히 관리했다. 사무라이의 근무일지처럼, 이 문서들은 호코닌 개개인의 이력과 수련과정을 상세하게 보여준다. 예컨대 1810년 이치카와 주사부로(市川忠三郎)는 14세에 미쓰이가에 들어가 일을 하게 되었다. 그가 미쓰이가에 들어갈 수 있었던 것은 처음 일을 시작할 때 드는 비용을 부담했을 뿐 아니라 그의 자질을 서면(書面)으로 확인해준 부모와 여러 보증인의 후원 덕분이었다. 5~6개월의 견습기간이 지나서도 아무 문제가 없자 그는 정식으로 미쓰이 호코닌 중에서 최하위 등급(114위)의 호코닌이 되었다. 17세 때 91위로 승진하고 18세에 겐푸쿠(元服), 즉 성인식을 치렀으며, 19세 때 하쓰모토(初元, 72위)가 되었다. 3년 뒤에는 헤이(平, 52위)로 승진했다. 이후 그의 직급과 책무는 점점 높아졌다. 31세에 야쿠가시라(役頭, 20위), 34세에 구니가시라(組頭, 15위), 그리고 37세에는 시하이(支配, 8위)가 되었다. 이치카와는 44세가 되던 해인 1839년에 혼례를 치렀고 이후 정상의 위치에 올랐다. 47세에 4위인 간조묘다이(勘定名代, 회계대리인)가 되었고 61세가 되던 해에 최고 등급인 모토지메(元締, 1위)에 오르면서 결정권과 함께 미쓰이 상점의 가한(加判, 인장)을 쥐게 되었다. 이치카와는 미쓰이 상점에 입사한 지 56년 만인 1865년 69세의 나이로 세상을 뜰 때까지 이 책임 있는 자리에 있었다.[17]

물론 미쓰이 규모의 조직은 도쿠가와 일본에서 예외적인 것이었다. 가족경영 상점이 보통이었기 때문이다. 호상(豪商)은 사업규모 면에서 다른 상인들을 완전히 압도했다. 전형적인 가족경영 상점은 하나의 마치(町) 안에 포함된 일원이었다. 촌락과 마찬가지로 마치는 대개 직접 서로 얼굴을 맞대고 결정을 내리는 조닌들 간의 긴밀한 통합에 의한 합의제 방식으로 관리되었다. 이런 방식은 상점 부지, 자산, 인원 면에서 단연 돋보였던 미쓰이 규모의 조직에는 분명 비현실적이었다. 상점의 주인은 해당 마치의 오랜 거주민이 아니었고, 사실상 부재자였다. 호코닌 역시 마찬가지였다. 이들은 본점 소재지 인근에서 선발되어 온 경우가 많았기 때문이다. 미쓰이의 경우, 교토 남부의 야마시로(山城) 구니 출신이 많았다. 그럼에도 불구하고 재산이 적은 상인들이 그렇듯이 호상 역시 흥망을 경험했다. 이런 이야기는 통속소설이 선호하는 주제가 되었다.

4. 겐로쿠 문화

겐로쿠(元祿) 시대는 1688년부터 1704년까지를 가리킨다. 이 시기에 일본문화는 결정적인 변화를 맞기 시작했고 그래서 겐로쿠라는 용어는 도쿠가와 서민문화와 맞바꾸어 쓸 수 있다. 켐퍼가 네덜란드 사절의 일원으로 에도를 방문한 것도 바로 이 시기의 일이었다. 또한 이 시기에 5대 쇼군 쓰나요시는 동물보호령을 내리고 이를 통해 사회환경을 개선하려 했으나 본래의 의도와는 다르게 도시주민들에게 엄청난 부담을 안겨주었다. 한편 에도의 엘리트에게는 쓰나요시의 지도 아래 유교지식을 심화시켰던 시기였다. 서민들은 이 시기에 동물보호령으로 고통을 겪은 동시에 상인의 부(富)와 대도시의 유흥구에서 엿볼 수 있듯이 번영도 누렸다. 특히 후자의 현상은 너무나 현저해서 겐로쿠는 몇 세기가 지난 뒤 경제적 성장을 가리키는 은유가 되었다. 그러나 무엇보다도 이 시대의 특징을 단적으로 보여주는 것은 봇물 터지듯 쏟아져 나온 시와 산문, 화려하게 꽃을 피운 목판화와 연극이었다.

우선 일상의 평범한 단어의 사용과 극도의 간결함을 특징으로 하는 시 장르 하이카이(俳諧, 또는 하이쿠[俳句])의 발전을 들 수 있다. 가난한 사무라이의 차남으로 태어난 시인 마쓰오 바쇼(松尾芭蕉, 1644~1694)는 상류계급의 주변부에서 별다른 혜택을 받지 못한 채 성장했다. 상층 사무라이에 속하는 친구와의 우정이 한동안 그에게 도움이 되었다. 그러던 차에 마쓰오는 에도로 옮겨 상하수를 관리하는 부서의 하급직을 얻었다. 1680년 그는 아담한 암자로 거처를 옮겼다. 제자 한 명이 그 집 문 밖에 파초(芭蕉, 바쇼)를 심었다. 이 암자를 비롯해 나중에는 이 암자에 거주하는 사람까지 모두 바쇼로 불리게 되자 마쓰오는 자신의 이름을 아예 바쇼로 바꾸었다. 바쇼가 아직 젊었을 때 서로 다른 시파(詩派) 간에 활기찬 토론과 경쟁이 있었다. 바쇼는 벗들과 함께 2행과 3행의 시구를 번갈아 돌아가면서 짓는, 조금은 두서없으나 의미 있게 이어 나가는 연가(連歌, 렌가) 경연을 즐겼다. 점차 그는 5·7·5음절로 구성된 삼행시에 마음을 두게 되었고, 이런 형식을 이용해 시를 완성했다. 이렇게 별나게 짤막한 범위 내에서 다(多)음절의 일본어로는 한 장면을 간략히 묘사하고 어떤 느낌을 넌지시 암시하는 정도밖에는 할 수가 없었다. 그러므로 바쇼가 종종 그랬듯이 일상적이고 평범한 존재 속에서 보편적 의미에 대한 선(禪) 같은 순간적인 깨달음을 전달할 수 있었다는 것은 더욱더 경이로울 따름이다. 아울러 어휘와 배경의 단순함이 단연 돋보인다. 개구리가 고풍스러운 연못에 뛰어드는 소리, 헐벗은 나뭇가지 위의 까마귀, 전설적인 전장의 여름 풀밭 등이 배경이 될 수 있었고 그 안에서 시의 독자나 청중들은 스스로 감동의 물결에 휩싸였다. 시각과 청각에 의해 감정이 고조됨에 따라 감정의 전이가 이루어지곤 했던 것이다.

    1684년 바쇼는 다섯 차례의 여행을 시작했고, 각각의 여행에 대한 시적 기행(紀行)을 남겼다. 자신의 외로움과 불안 또는 슬픔과 평정을 표현하는 뛰어난 시를 짓거나 주변 환경을 묘사하면서 한 번에 몇 달 동안 일본 구석구석을 방랑했다. 그는 걷거나 말을 이용했으며 어떤 물건도 소유하지 않았다. 가끔씩 붓글씨를 써서 팔기는 했지만 당시에 많은 사람들이 그러하듯 학비를 받고 학생을 받아들이지는 않았다. 그럼에도 불구하고 그의 명성은 높아져만 갔다. 그가 가는 곳마다 지방의 유력자들은 그를 환영하고 정성스럽게 대접했다. 저녁에는 그에 비해 솜씨는 보잘것없지만 최선을 다해 시 경연을 벌이는 지방사람들과 시를 교환하는 일도 많았다. 외진 산촌

(山村)에도 이런 모임이 있었다는 사실은 시가 도시의 중·상층 계급 사람들의 전유물이었을 것으로 생각하는 사람들에게 지방 엘리트의 교양 수준과 다양한 정보의 통로에 대해서 많은 것을 말해준다.

시는 일본문화에서 항상 중심적 위치를 차지해왔고, 바쇼는 그런 위대한 전통의 한 장(章)을 장식하고 있다. 이런 사실은 바쇼 자신이 다음의 유명한 구절에서 잘 말해주고 있다. "하나의 공통점이 사이교(西行)의 와카(和歌), 소기(宗祇)의 연가, 셋슈(雪舟)의 그림, 센노 리큐의 다도에 흐르고 있다. 이 모든 예능의 공통점은 이들 예술가가 자연을 따르고 사계절과 벗이 되었다는 사실이다. 예술가가 보는 것은 다름 아닌 바로 꽃이며, 그가 생각하는 것은 다름 아닌 바로 달이다. 보이는 것이 꽃이 아니면 그는 야만인보다 나을 바가 없다. 마음속에 그리고 있는 것이 달이 아니라면 그 사람은 금수(禽獸)와 같은 족속이다. 내가 이르노니, 야만의 상태에서 자유로워지라, 금수의 상태에서 벗어나라. 자연을 따르고 자연으로 돌아가라!"[18] 나중에 다시 거론하겠지만, 몇 십 년 뒤에 학자 모토오리 노리나가(本居宣長)는 자신의 감정을 와카를 통해 전달할 줄 모르는 사람은 불완전하고, 심지어 금수만도 못하다고 단언할 정도로 시에 심취했다. "새와 벌레조차 때때로 자신의 선율로 노래를 한다. 하물며 인간이 되어서 와카 한 수 제대로 짓지 못한다면 이 어찌 부끄러운 일이 아닐 수 있겠는가?"라고 모토오리는 썼다. 또한 "모든 인간이 고상함을 음미할 줄 아는 감각을 지녀야 한다. 이것이 없으면 '모노노아와레'(もののあわれ)를 이해할 수 없을 것이다."[19]

모토오리가 말하는 모노노아와레는 단순하면서도 복잡한, 그의 가론(歌論)의 핵심으로 주목을 받아왔다. 글자 그대로는 '사물에 대한 지각'이란 뜻이지만 조지 샌섬은 'lacrimae rerum,' 즉 '사물의 비애'라고 정의를 내렸다. 어떤 이들은 '사물에 대한 연민'(the pity of things), 즉 사물이 가지는 감정적 또는 연상적 힘에 대한 감수성이라고 제시했다. 이 점을 더할 나위 없이 잘 상기시켜주는 것은 바쇼가 부여하는 기가 막히게 감칠맛 나는 일상의 이미지들이다. 따라서 바쇼가 동시대인 사이에서 우상(偶像)이 되다시피 했고, 그가 가는 곳마다 극진한 대우를 받았으며, 제자들이 그의 임종 자리를 빙 둘러 지켰다는 것은 그다지 놀랄 일이 아니다. 그의 삶은 겐로쿠 시대에 어떻게 일본의 농촌지역에까지 식자능력과 문화가 파고들었는지를 보여준다.

산문에서는 일상생활에 대한 사실적인 묘사가 돋보였다. 이것은 시가들에 박힌 형식과 어휘에서 탈피한 것에 견줄 만한 현상이었다. 일종의 새로운 리얼리즘이라고도 할 수 있는 이런 변화는 점진적으로 진행되었으며 독자층의 성장과 함께 확대되었다.

한자로 쓰인 책보다 훨씬 읽기 쉽도록 가나로 쓴 책인 가나조시(仮名草子)가 도쿠가와 시대 초기에 출판되기 시작했다. 낡은 형식의 몇 가지 전기(傳奇)류가 활자인쇄를 통해 소형판으로 간행되기도 했다. 그러나 점차 목판본이 매체로서 우세해졌다. 처음에는 교훈서가 다른 종류의 책들을 압도했다. 작가는 공가(公家)나 의사 출신이 많았고, 그 다음으로는 가난한 사무라이들이 많았으며, 개중에는 유학을 가르치는 선생이나 불승도 있었다. 가장 많은 책을 쓴 가나조시 작가는 파문당한 불승의 아들이었다. 아사이 료이(淺井了意, 1612?~1691)는 글을 써서 먹고살았기 때문에 일본 최초의 전업작가로 불린다.[20] 그는 20여 권 이상의 책을 썼으며 그 종류도 도덕지침서에서부터 소설과 여행서에 이르기까지 다양했다. 그의 가장 유명한 작품 『우키요 이야기』(浮世物語)는 1661년 이후 어느 시점에 쓰였다. 이 책의 제목은 '우키요'(浮世)의 의미에 변화를 주었다는 점에서 중요하다. 원래 우키요는 속세의 덧없음과 무상함에 해당하는 불교적 용어로 사용되었다. 그러나 아사이는 "조류에 휩쓸린 조롱박처럼 어디로 향할지 알 수 없는 흐름에 몸을 맡긴 채 신나게 아래위로 움직이며 순간순간을 살아가는 유쾌한 시대의 흥미진진한 삶의 불확실성"이라는 느낌을 주는 '부유하는'의 의미로 이 용어를 사용했다.[21] 이전에는 슬픔이나 고통과 연관되었던 무상함이란 말이 이제는 수시로 변하는 현재의 쾌락을 뜻하게 되었다. 바로 이것이 겐로쿠 시대와 그 이후의 문학과 통속예술에 점착된 의미이다.

| 서민문화의 발전 |

　1682년에 이하라 사이카쿠(井原西鶴, 1642~1693)는 유흥가의 미인들을 섭렵하고 결국에는 여자들만 사는 섬으로 항해를 떠나는 젊은 호색한에 관한 이야기『호색일대남』(好色一代男, 고쇼쿠이치다이오토코)을 출판했다. 이 책은 우키요조시(浮世草字)라는 새로운 소설양식의 효시로 알려져 있다. 사이카쿠는 조닌의 아들로 태어났으나 가업인 장사에는 관심이 없었다. 그는 수년간 일본을 두루 돌아다녔다. 여행을 하면서 시를 배웠고 시 경연에서 보여준 놀라울 정도의 순발력과 끈기 덕분에 대가급의 명성을 얻었다. 그러나 오늘날 그를 유명하게 만든 것은 소설이었다. 그의 첫 작품은 일본소설사에서 완전히 새로운 개념을 펼쳐 보인 것으로 호평을 받고 있다. 그는 어휘와 문체의 우아함을 겐로쿠 시대 조닌에게 친숙한 테마들과 결합시켰다. 그는 일상의 언어를 사용해 간결하면서도 수수께끼 같은 산문을 썼고, 오사카에서 인쇄된『호색일대남』초판은 1천 권 이상 팔려 나갔다. 사이카쿠는 시를 쓸 때와 거의 같은 속도로 소설을 썼다. 때로는 진정한 의미에서 일본 역사상 최초의 통속소설 작가로 추앙받기도 한다. 그는 많은 냉담함을 가장한 아이러니와 초연함을 희극적 효과로 보완한 호색한과 매춘부들의 이야기로 독자들을 즐겁게 했다. 그의 책이 많이 팔려 나가자 걸출한 화가들은 자연스럽게 그의 책에 관심을 갖게 되었고, 종종 삽화를 그려주었다.『호색일대남』초판에는 사이카쿠 자신이 직접 삽화를 그렸으나 그 다음에 출간된 에도판에서는 우키요에(浮世繪) 발전에 중추적인 역할을 한 화가 히시카와 모로노부(菱川師宣, ?~1694)가 삽화를 그렸다. 대가급 판화가들은 우키요조시(浮世草字)라는 양식의 책에 삽화를 그려주었고, 어떤 경우에는 삽화 안에 본문이 인쇄되기도 했다. 결과적으로 겐로쿠 문화에서 말과 이미지는 서로 밀접한 관계를 맺고 있었던 것이다. 우키요에와 마찬가지로 사이카쿠가 그린 인물들은 심오함이나 내면의 성장을 보여주는 것이 아니라 선화(線畵), 즉 화류계를 소재로 그린 깊이 없는 펜 초상화에 해당한다. 인물들 대부분이 덧없이 사라지는 미색과 순간의 기쁨으로 넘쳐나는 유곽에서 오직 쾌락에만 몰두하고 있다. 작가 자신은 계속

해서 독자들의 귀에 대고 작품 속 인물들의 행위에 대한 반어적인 평가와 거짓 비난을 속삭여댄다. 소설은 빠르게 서민들 속으로 퍼져 나갔지만, 분명히 여유 있는 사무라이에게도 관심의 대상이 되었다.

사이카쿠는 상인의 생활을 다룬 이야기도 썼다.『일본영대장』(日本永代藏, 니혼에이타이구라)과『서학직류』(西學織留, 사이카쿠오리도메) 같은 작품이 전하는 메시지는 돈의 소중함과 후대의 자손들이 창업세대가 축적한 가산(家産)을 지킬 때 겪게 되는 어려움이다. 사람들은 이런 책을 미쓰이 다카후사가『조닌 고견록』(町人考見錄)에서 자신의 후손들에게 전하는 (훨씬 더 심각한) 조언 같은 문서로 활용했을 수도 있다.

부잣집 아들들의 성격상의 약점은 사이카쿠 이후 많은 작가들에게 매력적인 주제가 되었다. 생전에 출판계의 중심이 교토·오사카에서 에도로 이동하는 것을 지켜본 에지마 기세키(江島其磧, 1666~1735)는 그의 출판업자와 같이 일을 하다가 나중에는 경쟁을 벌였으며, 결국에는 다시 협조하면서 작가로서의 이력을 쌓아갔다. 기세키 작품의 등장인물들은 "풍자적이고 묘사적인 의도를 가지고 형상화되었다. ……기세키는 초상화가가 아니었다. 그의 강점은 우키요에서 흔히 볼 수 있는 그런 종류의 친밀한 광경이다. 부유하는 세상에 대한 그의 소묘에서, 기세키는 [판화가] 히시카와 모로노부와 니시카와 스케노부(西川祐信)의 화집(畵集)에서 볼 수 있는 그런 일상의 정경 속에서 탕자(蕩子), 배우, 기녀, 평범한 조닌을 즐겨 다루었다"고 하워드 히벳은 썼다.[22]

도쿠가와 시대를 가늠해볼 수 있는 또 다른 척도는 목판화의 거장들의 괄목할 만한 발전이었다. 가나조시에는 대개 익명의 화가들이 삽화를 그렸다. 17세기에 사무라이 출신의 화가 이와사 마타나베(岩佐又兵衛)는 도사파와 가노파의 요소들을 모두 채용한 새로운 화풍을 발전시켜 유흥구의 일상과 생업에 종사하는 서민들의 모습을 화폭에 담았다. 이런 그림들은 우키요에(浮世繪)로 알려지기 시작했다. 앞에서 말한 히시카와 모로노부를 비롯해서 이후의 화가들은 삽화에서 그들의 예술을 발산할 수 있는 새로운

| 서민문화의 발전 |

출구를 찾았다. 얼마 지나지 않아 좀 더 품위를 갖춘 족자처럼 장식용으로 걸어두거나 병풍에 붙일 수 있는 형태의 우키요에를 거래하는 시장이 발달했다. 화가들은 이제 삽화가 가진 여러 가지 제약으로부터 해방되었다. 집안을 장식하고 싶어 하는 조닌을 위해 인쇄물 그림이 제작되기 시작했다. 그림의 종류는 매우 다양했다. 예를 들면 히시카와 모로노부의 작품으로 전해오는 인상적인 그림들은 (1682년 조선통신사의 일원이었던) 마상재꾼들이 그들이 수행한 통신사와 일본 관리들 앞에서 벌인 공연장면을 묘사하고 있다. 목판화가들은 시나 고전에 나오는 이야기를 장식해주는 목판화를 제작하기도 했으나 실제로 그들이 선호하는 (그리고 제일 큰 목판화 시장의) 대상은 극장과 유흥구의 단골손님들이었다. 18세기 후반이 되면 이들 목판화가는 더할 나위 없이 우아하고 완벽한 작품들을 만들어냈다.

우키요에는 에도 시대의 조닌을 즐겁게 했고 19세기에는 서양의 수집가들을 자극했다. 서양인 미술사가들이 그랬던 것처럼, 인상파 화가들은 우키요에의 선명함과 색채에 매료되었다. 우키요에를 상당히 저속하다고 생각했던 19세기의 일본인과 일본의 고전주의자들에게는 다소 놀라운 일이겠지만, 서양의 박물관과 현대의 취향이 우키요에를 선호함에 따라 에도풍의 그림은 면밀히 연구되고 있다. 최고 수준의 우키요에는 섬세한 선과 우아한 장식적 도안을 결합하고 있다. 그림 속의 여인들은 얼굴표정이 풍부하지 않고(판화가는 표정을 살리기가 쉽지 않았을 것이다) 미니멀리즘적인 소묘로 표현되었다. 여인들은 우리의 시선에는 아랑곳없이 눈도 깜박이지 않고 어딘가를 바라본다. 우리는 그림 속 여인들을 감상하며 경탄해 마지않지만 결코 우리 자신들과 여인들을 결부시키지는 않는다. 마치 사이카쿠의 독자들이 사이카쿠 작품 속의 인물들에 대해 그러했던 것처럼. 우리는 단지 그림 속의 미인들과 그들을 우리에게 데려온 화가와 판화가들의 거장성(virtuosity)을 감상하고, 숭배하고, 종종 즐거움을 맛보면 그만이다.

상인에게 위험천만한 일이 사무라이와 다이묘에게 돈을 빌려주는 것이었다면, 그들의 아들을 위험에 빠뜨리는 성벽(性癖)은 유흥구의 여자들에게 돈을 탕진하는 것이었다. 유흥구는 에도 시대의 서민문화에 지대한 영향을 미쳤다. 주요 거대도시에는 모두 유흥구가 있었다. 교토의 시마바라(島原), 오사카의 신마치(新町), 에도의 요시와라(吉原)가 유명했다. 도쿠가와 시대 초기에 당국은 사무라이 관리들을 시켜 유흥구를 조성했고, 유흥구의 고객인 사무라이들이 술에 취해 난동을 부리는 일이 없도록 철저하게 순찰을 돌게 했다. 사무라이가 거의 없는 교토와 오사카에서는 유흥구의 질서유지가 별로 문제 되지 않았지만, 에도에는 참근교대를 위해 수천 명의 사무라이가 장기간 가족과 떨어져 살고 있었고, 뻔질나게 유흥구를 드나드는 남자들 대다수가 이들 사무라이였다. 에도의 경우 처음에는 도심지에 유흥구를 두었으나 메이레키 대화재 이후 외곽지대로 이전시켰다. 도시가 팽창하자 이런 '외곽지대'와의 거리가 점점 좁혀졌고, 센소지(淺草寺)가 위치한 아사쿠사(淺草) 일대는 한바탕 유흥을 즐기려는 향락객들의 사전 집결지 같은 곳이 되었다.

　유흥구의 매춘업소는 그 화려함과 비용 면에서 천차만별이었고, 업소 옆에는 찻집, 주점, 식당이 줄지어 있었다. 유흥구의 여자들 역시 다양했다. 가난한 촌민들이 먹고살기 위해 하는 수 없이 팔아넘긴 여자들이 있는가 하면, 마음에 드는 고객을 선택할 수 있는 사치스럽고 교육받은 미인들도 있었다. 일본은 위계적인 사회였고, 유흥구의 여자들도 정식 등급이 있었다. 총 308명이 있는 교토에서는 4등급, 760명이 있는 오사카에서는 5등급, (1700년경에 이루어진) 동일한 조사에 의하면 1,750명이 있는 에도에서는 7등급으로 나누어져 있었다.[23] 그러나 이런 통계에는 대도시에 산재하던 소규모의 수많은 아쿠쇼(惡所, 나쁜 곳)의 유녀(遊女)들이 포함되어 있지 않다.

　최상위 유녀인 다유(大夫, 또는 太夫)는 어릴 때부터 그녀의 소유자로부터 처신·품위·고상함을 배우고, 대개는 그녀의 시녀 같은 역할을 하는 나이 어리고 낮은 등급의 여자들을 거느렸다. 다유는 돈 많은 호상(豪商)들만 접대했고, 사이카쿠와 그의 문하생들은 이 최상위 유녀들이 중심역할을

| 서민문화의 발전 |

하는 호화로운 주연(酒宴)을 경쟁적으로 벌이다가 경제적 재난을 맞게 되는 호상들을 자주 이야기 소재로 삼았다. 돈에 관한 한 사무라이는 호상의 경쟁상대가 아니었다. 유명한 (그리고 비싼) 미인들은 판화가들의 관심대상이었다. 가이게쓰도(懷月堂)파의 판화가들과 도리이 기요나가(鳥居清長)가 그린 일군의 눈부신 미인들 중에서 최상위 유녀인 다유의 차가운 도도함을 느낄 수가 있다. 그 밖의 판화가들과 효반키(評判記)*나 여행안내서를 쓰는 작가들은 서민과 사무라이 사회에서 넘쳐났던 이상적인 여성미에 대한 관념을 제시했다.

유교적 도덕관에서 보면 방탕과 특히 통제 불가능한 '아쿠쇼'는 눈살 찌푸릴 일이었지만, 전반적으로 도쿠가와 사회는 매춘업과 도덕적 불명예를 거의 결부시키지 않았다. 농촌여성의 경우 부모의 권위와 요구에 순종하여 유흥구에 팔려 가는 것은 자기희생적인 덕행으로 간주되었고, 좀 더 운이 좋아서 예능인이 된 여성의 경우에는 후견인 겸 스승이라는 매니저 역할이나 공연 알선을 통해 독립의 기회를 얻을 수 있었다. 도쿠가와 사회는 남성 중심 사회였고, 비록 농촌과 상인지구에서 볼 수 있는 서민의 가족구조는 장남이 계급과 수입을 물려받는 무가의 관행만큼 확고하게 남성지배적이지는 않았지만, 도시의 경우 무가의 법도는 사무라이가 아닌 많은 서민들도 부응해야 하는 사회적 기대의 규범을 만들었다. 상인의 아내는 남편의 사업에 없어서는 안될 존재이며 심지어 재정을 효율적으로 관리하는 역할을 했을 수도 있으나, 체면이라는 사회적 기준은 적어도 형식적으로는 남편에게 순종할 것을 요구했다. 결혼은 중매로 이루어졌다. 정혼한 남녀나 부부가 공공장소에서 애정을 표현하는 것은 부적절한 행위였던 반면 남성의 유흥구 출입은 취향과 식견을 반영하는 행동으로 받아들여졌다. 그러나 유흥구 출입이 지나치면 재앙이 될 수 있었다.

겐로쿠 연극에서 이런 관계가 잘 나타나 있는데, 집안의 분란을 다룬 몇

* 에도 시대에 유녀나 배우의 용모와 재능을 비평하는 책.

몇 연극은 모든 계층의 일본인을 속박했던 위계화된 의무에 대한 가장 뛰어난 통찰력을 보여준다. 멜로드라마를 구성하느라 일부 과장된 부분이 있긴 하지만, 그렇더라도 이런 가정비극은 일본사회사의 귀중한 자료가 되고 있다. 겐로쿠 가부키는 세키가하라 전투 직후 몇 년 동안 활동했던 이즈모노 오쿠니(出雲阿國)라는 여성이 춘 춤에서 시작되었다고 한다. 가부키라는 말의 본뜻은 틀에서 벗어난 마구잡이 식의 이상한 행동을 가리킨다. 기억해두어야 할 것은 가부키가 기괴한 옷차림에 긴 칼을 차고 교토 거리를 배회하던 청년들, 즉 가부키모노(かぶき者)라는 통제되지 않는 무리들과 결부되었다는 점이다. 오쿠니의 춤은 사창가를 찾은 한 청년의 행동을 흉내 냈고 세간에 떠들썩한 반응을 일으켰다. 오쿠니는 1607년 에도에 가서 그곳 성에서 공연을 했다고 한다. 얼마 지나지 않아 매춘업자들은 교토의 가모(賀茂) 강변에 가부키 무대를 설치하고 고객을 유흥구로 끌어들이는 공연을 기획했다. 한동안은 최상위 유녀인 다유까지 무대에 등장했다.

춤의 인기가 높아지자 사무라이들이 소동을 일으켜 극장이 난장판이 되고 종종 심각한 결과가 빚어지기도 했다. 결국 막부는 유녀들이 무대에 오르는 것을 금지하고 오직 유흥구 안에서만 활동하도록 했다. 이후 소년들로 구성된 극단이 그들의 자리를 대신했다. 불교승려들 사이에서 흔히 그랬던 것처럼 센고쿠 시대에는 사무라이들 사이에서도 동성애가 널리 퍼져 있었는데, 오래지 않아 사무라이들은 남자배우들을 차지하기 위해 서로 싸우고 가부키에 여자들이 출연할 때 못지않게 광적인 행동을 표출했다. 쇼군 이에미쓰는 특히 말년에 가부키 공연을 관람하기 위해 극단을 초청하곤 했다. 1651년에 그가 죽자 막부는 한동안 모든 가부키 공연을 금지했다. 또한 사무라이들 사이의 동성애도 금지했는데 이것은 가부키 금지만큼 성공적이지 못했다.

남성 예능인*의 활동은 가부키 무대에 국한된 것이 아니었다. 겐로쿠 시

---

* 이들을 호칸(幇間) 또는 다이코모치(太鼓持)라고 불렀다.

| 서민문화의 발전 |

대에 춤, 음악, 라쿠고(落語, 만담)에서는 남성 전문가가 일반적이었다. 이런 예능 분야에서 수련을 쌓고, 오키야(置屋)*에 소속된 여성 예능인이 게이샤(藝者)로 알려지기 시작한 것은 18세기 중반 이후의 일이었다. 원래는 여성 예능인을 가리키는 용어가 여러 가지 있었으나 1750년대 이후 교토와 에도에서는 '게이샤'라는 용어가 표준적으로 사용된 것 같다. 게이샤는 노래, 춤, 시(詩), 재담 등 각종 예능을 수년 동안 도제식으로 엄격한 반복 연습을 통해 익혔다. 어떤 의미에서 이런 예능은 고급 기술에 속했고, 고객이나 후원자를 위해 장기간 접대기술을 연마한 여성들은 종종 그들과 성관계를 맺기도 했다. 실제로 만찬을 계획하는 주인은 교토의 기온(祇園)이나 에도의 아카사카 같은 유흥구에 자리한 수많은 연회장 가운데 한 곳에 공간, 요리, 술, 여흥 등을 예약했다. 예약을 받은 연회장은 다시 전문음식점에서 요리와 술을 주문하고 예능인을 불러모았다. 주연이 끝나면 주인은 정해진 비용 외에도 후하게 별도의 수고비를 주어야 했기 때문에 이런 만찬에는 돈이 많이 들었다. 게이샤에게 지불하는 화대는 한 시간에 네 개가 타는 향의 개수에 따라 지불했다. 이처럼 연회의 방식은 매우 체계화되어 있었고, 향응에 종사하는 사람들과 그 스승은 자신들이 갈고 닦은 예능의 수준을 높게 유지했다. 18세기 말에 우키요에의 대가들은 이런 예능인들을 즐겨 그렸다. 게이샤는 술과 요리로 넘쳐나는 저녁에 만담으로 흥을 북돋우며 여흥에서 중심적인 역할을 했다.[24]

그러나 겐로쿠 시대의 가부키 무대는 남성들의 세계가 되었고, 그 상태가 지속되었다. 가부키 공연이 재개되면서 남자배우들이 모든 역을 도맡아 하게 되었다. 여자 역할을 하는 전문 남자배우들은 성적으로 덜 매력적으로 보이게 하려고 사무라이처럼 앞머리를 밀어버리게 했으나 판화가들의 작품은 이런 조치가 별로 성공적이지 못했다는 것을 보여준다. 유녀의 등급을 매기듯이 배우들에게도 등급이 매겨졌다. 1680년대에는 배우들이 연

* 요정이나 찻집에 여성 접대부를 파견하던 집.

기력에 따라서 3~6등급으로 분류되었다. 이 무렵에 전쟁무용담, 인형극, 초기의 고전적인 노(能)를 각색한 가부키가 등장했다. 겐로쿠 시대의 몇몇 특출한 배우들이 가부키를 변형시키고 사무라이와 서민을 모두 사로잡은 무대극을 창조했다.

사람들은 저마다 자기가 좋아하는 배우에 열광했다. 배우가 가부키 자체를 압도했고, 배우들의 사치·허영·스캔들에 대한 이야기가 일상적인 대화와 판화의 소재가 되었다. 대본은 대충 개요가 잡히면 최종적으로 배우가 마무리를 했다. 배우들이 선호하는 가부키는 아라고토(荒事)*에서부터 교토와 오사카처럼 서민들이 주도하는 세계에서 더 인기가 많았던 감상적인 와고토(和事)†까지 다양했다. 개인적인 만족감을 추구하는 작가들은 대본에 충실하게 공연되는 조루리(淨瑠璃, 인형극)에 치중했다. 이제 인형 동작의 완급(緩急)에 맞추어 자신의 샤미센(三味線, 오키나와에서 들어온 현악기)을 연주하며 노래를 부르는 사람들이 인기를 얻었다. 조루리 작가들은 19세기 이탈리아 작곡가들이 특정한 소프라노 가수를 위해 오페라를 작곡한 것과 마찬가지로 특정한 조루리 가수의 장점을 염두에 두고 극을 썼다. 가부키는 점점 더 많은 소재를 조루리에서 끌어왔다. 이렇게 해서 다양한 내용의 지다이모노(時代物)와 세와모노(世話物), 즉 시대극과 세태극이 만들어졌다.

겐로쿠 시대에 연극의 잠재력을 최대한 구현한 인물은 지카마쓰 몬자에몬(近松門左衛門, 1653~1724)이다. 그의 세태극은 서민들의 생활 속에서 인정(人情, 닌조)에 반하여 의리(義理, 기리)를 따라야 하는 상황을 그려냈다. 그러나 인정과 의리 사이의 단순한 양극성만 부각된 것은 아니었다. 어떤 사람이나 상황에 따라서 의리로 간주되는 것이 동시에 다른 사람의 의리와 갈등을 일으킬 수 있었기 때문이다. 상인은 사업상의 계약을 지켜야 할 의무가 있었지만 다른 의무와도 맞닥뜨려야 했다. 극작가의 역량은 사

---

* 용맹한 인물의 행동을 표현하는 연극 양식.
† 연애나 정사(情事)를 표현하는 연극 양식.

| 서민문화의 발전 |

회적 기대에 걸맞게 정의된 도덕적 원칙과 전통에 순응하며 살아가는 것이 얼마나 어려운 일인지를 보여주는 것이었다. 사회관계 속에 형성되어 있는 의무구조는 너무도 포괄적이어서 선악(善惡)이라는 추상적 개념으로서가 아닌 도덕률의 기초로서 기능했다. 넓은 의미에서 볼 때 의리는 개인이 속한 전체 사회환경을 포괄할 수 있었다.[25] 여기서 야기되는 딜레마에서 벗어나려면 자살을 통해 사회 또는 삶에서 도망치는 것이 대체로 실현 가능한 유일한 방법이었다. 유곽의 젊은 여인과 희망 없는 사랑에 빠져 가족과 채권자에게 다해야 할 의무를 방기한 상인에게는 연인과 신주(心中), 즉 동반 자살하는 것이 천국에서 함께 다시 태어나리라는 바람을 가질 수 있는 '행복한' 결말이 되었을 수도 있다. 이렇게 빈번한 사랑과 의무 사이의 갈등이 극의 긴장감을 고조시켰다. 그런 대목에서 지카마쓰의 작중 인물들은 대체로 개성이 없어 보인다. 거미줄에 걸린 나방처럼 사회의 속박에서 벗어나기 위해 절망적으로 애를 쓸 따름이었다.

지카마쓰의 인물들——영웅이라고 부르기에는 망설여지는——은 자신의 이름을 더럽히지 않으려고 안간힘을 다했고, 그들의 아내 역시 남편의 실수를 덮어주려고 애를 썼다. 남편에 대한 의리 때문에 아내가 모든 희생을 감수하는 영웅적인 행동을 하는 경우도 있었다. 오산이라는 여인은 유흥구에서 난봉질을 하는 남편의 행동을 덮어주기 위해 자신의 혼례복을 전당잡히고, 남편이 처음 상점을 열 때 밑천을 대준 친정 부모한테까지도 자신의 곤경을 말하지 않았다. 한편 너무나 비참했지만 정부(情婦)와의 관계를 끊을 수 없었던 남편은 남편대로 자신의 명예·가족·인생이 눈앞에서 사라져가는 것을 지켜보았다. 남편의 정부인 창녀도 고통스럽기는 마찬가지였다. 같은 여자로서 생각해도 의리 있는 상대인 오산에 대한 연민과 자기가 일하는 업소의 주인이나 계약자로부터 받았던 계약금을 변상해야 하는 자신의 부모에 대한 가책 때문에 그녀의 죄책감은 더욱 복잡해졌다. 모든 면에서 이럴 수도 저럴 수도 없는 상황이었다. 당사자에게는 동반자살 외에 달리 해결책을 찾을 수 없을지 모르지만, 남은 사람들은 그대로 고통만 안

고 살아가야 했다.[26)]

　가능한 또 하나의 해결책은 상점주인인 남편 쪽에서 양심의 가책과 강한 의지에 힘입어 분별력 있게 행동하는 것이었다. 그러나 기본적인 의리에 충실한 삶을 살지도 못하고 자신의 사회적 명예를 지킬 수도 없다는 것을 알고 있는 지카마쓰의 남자주인공은 인정(人情)으로 기울었다. 과단성 있게 자신의 의무를 다하며 살아가는 여자들과는 대조적으로 남자들은 우유부단한 경우가 많았다. 이런 남성 중심 사회에서 너무나 자주 여성이 더 강한 모습을 보여주었다는 사실은 대단히 인상적이다. 아마도 자기희생이 여성의 성격의 기초가 되었던 것 같다. 도쿠가와 사회는 일본인을 전체적으로 철저히 압도했다. 심지어 동반자살을 준비하는 절체절명의 순간에도 연인들은 사람들이 자신들에 대해 무슨 말과 생각을 할지, 그리고 아침에 나붙을 공고문에 자신들의 자살사건이 어떤 식으로 알려질지 신경을 쓸 만큼 사회는 사람들의 의식 속에 군림하고 있었다.

　일본에서 사랑을 위한 동반자살은 새로운 현상이었으며, 그것이 흔해지는 것은 1660년대 이후의 일이었다. 1712년에 막부는 동반자살 미수자들을 엄벌에 처할 것이라고 엄명을 내리고 소설이나 연극이 동반자살을 언급하는 것을 불법으로 규정했지만, 이런 조치가 실행에 옮겨진 적은 없었다. 실제로 17건의 동반자살 사례를 모아놓은『신주오카가미』(心中大鑑)가 출판되었던 것이다. 여기에 기록된 남자들의 신분을 보면 로닌(浪人)과 농민이 각 1명, 직인 7명, 상인이 8명이었다. 조닌들은 그런 사건 소식에 귀를 곤두세웠고 지카마쓰는 이런 사건을 재빨리 각색해서 무대에 올리곤 했다. 1703년에 소네자키(曾根崎) 신주의 경우 실제 사건은 4월 13일에 있었고 바로 다음날 일반에 알려졌다. 지카마쓰가 이 사건을 극화하여 무대에 올린 것은 불과 몇 달 뒤였다. 극적 효과를 내기 위해 실제 사건의 내용을 자의적으로 바꾸곤 했지만 지카마쓰가 당대의 사회적 사건에 관심을 갖고 반응했다는 것만은 분명하다.[27)]

　지카마쓰의 세태극은 평민들의 사회에 가해진 사회적 제약을 어느 정도

| 서민문화의 발전 |

과장한 점이 없지 않다. 한편 가부키 시대극은 충성과 용맹을 보여주는 초인적 행동을 묘사함으로써 평민들 사이에 무사의 이상을 찬미하고 퍼뜨리는 결과를 가져왔다. 이것은 47인의 로닌 이야기 「주신구라」(忠信藏)를 통해 유명해졌다.[28] 이 이야기는 역사적 사실에 근거하고 있다. 1701년 히로시마 근처의 소규모(35만 석) 번인 아코(赤穗)의 젊은 번주 아사노 나가노리(淺野長矩)는 막부의 관료인 기라 요시나카(吉良義央)로부터 칙사를 접대하는 올바른 예법을 배우고 있었다. 기라는 아사노의 선물이 너무 형편없다고 생각하여 아사노에게 창피를 주고 굴욕감을 느끼게 했던 것 같다. 이에 분개한 나머지 혈기 왕성한 젊은 번주는 주변 사람들이 말릴 겨를도 없이 칼을 뽑아 기라에게 경미한 상처를 입혔다. 이유야 어찌됐든 에도 성 안에서 자신의 관리에게 감히 무기를 휘둘렀다는 사실에 격노한 쇼군 쓰나요시는 아사노에게 할복을 명하고, 그의 혈통을 멸절시키고, 아코(赤穗) 번을 다른 사람에게 넘겨버렸다. 미래가 없는 로닌으로 전락한 아사노의 가신들은 기라에게 복수하기로 결의했다. 기라가 완전히 경계심을 풀도록 그들은 모든 자부심을 잃은 양 행동했다. 유흥구에서 방탕한 생활을 하며 가족들을 버렸다. 겐로쿠 시대의 마지막 해 마지막 달 어느 눈 내리는 날 마침내 기회가 오자 이들은 기라의 저택을 포위하고, 경호망을 뚫은 뒤 기라의 목을 베어 센가쿠지(泉岳寺)에 있는 주군의 묘로 가서 기라의 목을 바쳤다. 그리고 처벌을 받기 위해 당국에 자진 출두했다.

이 극적인 봉건적 충성의 표출은 도시와 상업의 발전이 엄격한 무가의 법도를 대체하고 있는 듯 보이는 시점에 일어났다. 일본 전역이 감동에 휩싸였다. 봉건적 가치관의 쇠퇴를 개탄하고 있던 전통주의자들은 적합한 처벌방법을 놓고 갑론을박을 벌였다. 막부는 유력한 유학자들에게 자문을 구했다. 로닌들은 명백히 법을 어겼다, 그것도 아주 극적으로. 사실 일족과 관련된 복수를 하더라도 관(官)에 알리고 등록을 하도록 되어 있었다. 하물며 막부의 관료를 살해했다. 이들은 처벌받아야 하는가? 그렇다면 어떤 식으로? 한편 로닌들은 무사의 가치관이 결여된 시대에 가장 순수한 자기

희생을 보여주었다. 그들은 칭찬받아야 하는가? 그렇다면 어떤 식으로? 솔로몬의 해결책이 결국 이 문제를 풀었다. 그들은 결국 죽을 것이나 사형집행인의 손이 아닌 할복을 통해 명예로운 사무라이로서 최후를 맞을 것이었다. 그리고 센가쿠지에 있는 자신들 주군의 묘 주위에 묻힐 것이었다.

극작가들은 곧 이 이야기를 무대용으로 각색하기 시작했다. 그러나 당대의 사건을 무대에 올리는 것은 금지되어 있었다. 사건의 시대적 배경을 8세기로 바꾼 첫 번째 시도는 무슨 사건을 이야기하는지 뻔히 알 수 있어 금지되었다. 그 대본은 현존하지 않는다. 1706년 지카마쓰는 14세기 인물들로 신중하게 각색하여 무대에 올리고자 했다. 이 극은 살아남았고, 후대의 극작가들이 1748년에 완성한 훨씬 더 뛰어난 작품의 모체가 되어주었다. 이 작품은 곧 조루리와 가부키 무대의 가장 인기 있는 상연물이 되었다. 이 극은 전통적으로 아사노의 가신들이 기라의 저택을 공격했던 그날에 맞추어 상연되었고, 또한 이날은 많은 사람들이 센가쿠지를 방문하여 이들의 묘 앞에서 분향했다. 영화와 텔레비전용으로 만들어진 현대판 「주신구라」도 여러 가지가 있다.

이 이야기는 무사의 절개에 관한 교과서적인 요약이 되었다. 아사노의 가신들은 주군의 복수를 결의한 충신의 전형이다. 또한 복수를 계획하고 지휘한 가로(家老) 오이시 요시오(大石良雄)에게도 절대적으로 복종했다. 이들은 사심이 없고 자기 가족을 등한시함으로써 가족 중심의 태도를 버렸다. 그러나 이들의 가족과 상인조직은 이들의 태도를 원망하기는커녕 이들의 대의(大義)를 이해하고, 이들에게 도움이 될 수 있게 해달라고 간절히 기원하고, 이들의 절개를 우러러보았다. 사람들을 감동시킨 이 이야기의 또 다른 본질적인 측면은 반드시 무사 중심의 것만은 아니다. 자신이 부분으로 존재하는 보다 큰 조직에 대한 이들 인물 각각의 충절이 지닌 아름다움이 바로 그것이다. 자신이 속한 공동체의 이익을 위해 자신을 철저히 죽이는 자세는 당시 이 이야기의 독자들과 관객들에게 공동체의 이익과 그 안에서 이루어지는 그들의 역할에 대해 시사했으며, 그것은 오늘날에도 마

| 서민문화의 발전 |

찬가지다.

  요컨대 겐로쿠 문화는 이전보다 훨씬 큰 새로운 국가적인 문화의식이 형성되기 시작한 시점을 나타냈다. 식자능력의 광범위한 보급은 봇물처럼 쏟아지는 목판화와 인쇄본 서적을 위한 시장을 탄생시켰다. 책과 무대를 통해 서민들은 몰락한 사무라이들에 대해 공감할 수 있었으며, 사무라이 역시 서민들이 겪는 고충을 어느 정도 이해할 수 있게 되었다. 게다가 당시의 상업주의적 조류는 일부 사무라이와 대다수 상인들이 소비 부문에서 거의 대등한 경쟁을 벌일 수 있게 해주었다.

교육·사상·종교

7

　18세기의 일본은 거의 정치적 변화를 겪지 않았다. 나라는 평화로웠다. 초기 5명의 쇼군에 의해 진행되었던 다이묘의 재배치가 마무리되었고, 막부와 각 번은 각기 자신의 행정기구를 정비하고 공고히 했다. 사무라이 가신들은 전쟁에서 공을 세워 포상을 받을 수 있는 기회를 상실한 대신 조상들이 남겨준 신분과 명예를 계승했다. 용맹과 진취성보다 의례와 선례가 우선시되었고, 관직에서의 업무 수행 실적—또는 사적인 편애—이 인정과 보상을 받을 수 있는 유일한 길이 되었다. 이제 사무라이는 예전과는 다른 능력이 필요했고, 다수의 사무라이들이 이런 새로운 요구조건들을 무사계급의 일원으로서의 정체성과 조화시키는 데 어려움을 겪었다.
　한편 도시화의 증가와 상업적 농경의 발전 덕분에 서민들은 기본적으로 식자능력이 있어야 가능한 기능들을 요구하는 새로운 기회와 도전에 나설 수 있게 되었다. 도쿠가와 시대 초기에는 사무라이까지 포함시키더라도 글을 읽고 쓸 줄 아는 사람이 많지 않았다. 그러나 18세기 말엽에 이르면 이런 추세가 급변했다. 외적으로 일본사회는 잠잠한 듯했으나, 실제로는 변용되고 있었다. 지적 르네상스의 성과들이 사회 전역에 속속들이 파고들었다. 새로운 시민종교(civic religion)가 가치와 신앙의 형태를 통해 사회를 하나로 묶었다. 예전에는 사분오열되어 있던 땅에서 하나의 국민이 출현하고 있었다.

1. 교육

도쿠가와 시대 이전에는 귀족, 불교 승려, 상급 무사만이 개인적으로 교육 받을 기회가 있었고, 대다수 일본인은 그렇지 못했다. 초기 통치자들은 이런 상황을 바꾸기 위해 거의 노력하지 않았으나, 겐로쿠 시대에 이르러 5대 쇼군 쓰나요시는 유교적 성인(聖人)이자 불교적 통치자를 자임하면서, 평화를 이룩하는 통치술의 중심요소로서의 학습을 권장하기 위해, 교훈과 사례를 제시하며 자기가 할 수 있는 모든 것을 했다.

사반세기가 지나서 사무라이 계층의 정신과 태도를 회복시키기로 결심한 8대 쇼군 요시무네 역시 교육의 중요성을 인식했다. 뒤에서 논의하게 될 화학자(和學者)* 가다노 아즈마마로(荷田春満, 1669~1736)는 학문소 설립을 청원했다. 일군의 오사카 상인들은 막부에 학문소 설립인가를 요청했다. 그 결과 설립된 가이토쿠도(懷德堂)는 정치·경제 문제를 논리적으로 분석하는 데 있어 영향력 있는 근거지가 되었다.[1]

교육과 관련한 세 번째 시기는 간세이(寬政) 시대(1789~1801)에 해당하는 18세기 말로 개혁정부는 막부의 학교를 재정비하고, 정통적 가르침과 모순되거나 체제 전복의 가능성이 있는 가르침을 교육과정에서 배제했으며, 집안만 좋은 무능한 자들이 관직을 독식하지 않도록 하고 그 대신 유능한 인재를 요직에 기용하는 운동을 대대적으로 전개했다.

교육과 관련된 노력은 먼저 사무라이에 대한 관심과 함께 시작되었다. 각 번에서 설립한 번교(藩校)에는 대개 지배층의 자제들만 입학할 수 있었다. 18세기에는 이런 번교가 급격히 증가했다. 1750년 이전에는 40개에 불과했지만, 1751~1788년에 48개, 1789~1829년에 78개, 1830~1867년에 56개의 번교가 각각 추가로 설립되었다. 대부분의 번교는 유학자들에 의해 주도되었다. 약 60개의 번교는 교내에 공자 사당을 설치하고, 매년

---

* 에도 시대에 일본의 고전·고어(古語)에 관한 학문인 화학(和學, 와가쿠)을 연구하는 학자.

| 교육·사상·종교 |

춘분과 추분에 공자를 제사 지냈는데, 이것은 배움의 중요성을 학생들에게 각인시키기 위해서였다. 대개 학교 행정업무는 학문에 조예가 있는 나이 많은 가신이 담당했다. 교과 내용은 활력과 자극을 줄 만한 것은 아니었으며, 학생들은 한자로 된 텍스트에 대한 독해능력을 기르는 데 치중했다. 수업의 목표는 한자와 일본어를 혼합하여 '낭독'하면서 텍스트에 대한 독해능력을 기르는 데 있었다. 의례적이고 형식적인 관료주의적 규칙을 엄하게 적용한 것은 학생들에게 배움의 진지함에 대한 인식을 고취시키기 위해서였다. 선생들은 이렇게 묘사되었다. "질문에 새로운 가지를 더해가면서 발전시켜 나가는 참여자가 아닌 잘 포장된 지식을 파는 소매상에 불과했으므로 이들에게 지적 자극을 전달해주길 기대하기는 힘들었다."[2] 학생들은 출신계급에 상관없이 나이에 따라서 자리가 정해졌고, 나이 많은 학생들은 어린 학생들을 보살폈다. 어떤 면에서 이들 번교는 학문에 대해 이상하리만치 애매한 태도를 보여주고 있었는데, 그것은 군사적 사명을 우선시했기 때문이다. 선생들은 상류층 출신이 아니었으며, 일반적으로 군사기술 관련 가르침이 책을 통한 배움보다 훨씬 높게 평가되었다.

 시숙(私塾, 시주쿠) 역시 급격히 퍼져 나갔다.[3] 시숙의 설립자는 대부분 개인이었으며, 개중에는 어린 학생들에게 불굴의 이상을 불어넣고 사제간의 도리와 신의를 지키기 위해 애쓰는 상당한 카리스마를 지닌 학자들이 적지 않았다. 당시의 그리고 훗날의 대중소설에서는 이런 영향력 있는 인물들의 일화를 흔하게 볼 수 있다. 그들은 흠모를 받았고, 흔히 괴팍스러우며, 하나같이 자신의 어린 제자들에 대한 요구가 엄격했다.[4] 이런 시숙들은 앞으로 상세히 기술할 여러 학파 가운데 하나를 전문화했다.

 마지막으로 그 중요성 면에서 위에서 기술한 시숙이나 번교에 전혀 뒤지지 않는 서민학교가 있었는데, 데라코야(寺子屋)*나 향교(鄕校, 고코) 등이 여기에 해당한다. 데라코야는 간혹 마을의 절에서 수업을 하기도 했지

---

* 최근에는 '데나라이주쿠'(手習塾)라고도 많이 부른다.

만, 사찰 관계자들이 지원을 해준다거나 학교업무를 담당하거나 하는 일은 결코 없었다. 이런 학교들을 '사찰'과 결부시키게 된 것은 아마도 데라코야나 향교를 새로운 학교체계로 대체하기 위해 열을 올렸던 메이지 정부가 데라코야라는 명칭을 경멸적으로 사용하게 된 이후의 일인 것 같다. 이런 서민학교들은 사무라이 학교에서 주로 공부하던 중국 고전에 중점을 두지 않았고, 단순한 도덕성을 키우는 동시에 실제적인 기술 습득에 주안점을 두었다.

일본사회에서 일어난 여러 변화로 인해 서민에게 교육은 중요한 부분이 되었다. 상업활동의 복잡성과 마을의 지도자들이 수행해야 하는 여러 의무 때문에 앞에서 이미 살펴보았듯이 식자능력이 널리 보급되고 출판이 성장했다. 사숙, 데라코야, 향교 등은 이런 요구에 부응하여 출현했다. 19세기 초에 일본은 농업사회들 중에서 식자능력이 가장 높은 나라 가운데 하나였

어떤 데라코야의 훈시

- 사람으로 태어나 글을 쓸 줄 모른다면 사람 이하라 볼 수밖에 없다. 문맹은 장님이나 마찬가지다. 이는 너희 스승과 부모 그리고 네 자신에게 부끄러운 일이다. 옛말에도 세 살 적 버릇 백 살까지 간다 하였다. 입신을 결심하고 최선을 다해 공부할 것이며, 실패의 부끄러움을 결코 잊지 말라.
- 책상 앞에 앉아 쓸데없는 잡담을 한다거나, 하품을 한다거나 기지개를 켠다거나, 꾸벅꾸벅 존다거나, 코를 후빈다거나, 종이를 씹는다거나, 붓끝을 깨문다거나 해서는 안된다. 게으른 자를 흉내 내는 것은 나쁜 버릇을 들이는 지름길이다.
- 붓과 종이를 함부로 다루는 사람은 결코 정진할 수 없다. 낡고 닳을 대로 닳은 붓일지라도 조심스럽게 사용하는 학생이 장래에 성공할 학생이다. 붓을 소중히 다루어라.
- 사치스러운 습관은 밥상에서부터 시작된다. 투정을 부리거나 불평하지 말고 음식을 먹어라. 몰래 먹을 것을 사는 학생은 부정한 행동을 한 것으로 간주되어 퇴학을 당할 수도 있다.
- 옛말대로 항상 스승과 7척의 거리를 둘 것이며, 스승의 그림자도 밟지 말라. 네가 아는 글자 하나 하나가 모두 스승의 덕이다. 부모와 스승에게 말대답하지 말라. 사람의 도리를 다하기 위해 스승과 부모의 훈계를 잘 따르고 그들의 가르침을 구하라.

출처: R. P. Dore, *Education in Tokugawa Japan* (Berkeley: University of California Press, 1965) p. 323f.

| 교육·사상·종교 |

다. 이를 알기 쉽게 수량화하는 것은 불가능하다. 예컨대 근세 영국의 경우 학자들이 일반적으로 간주하는 식자능력의 기준은 자신의 이름을 쓸 줄 아는 능력이었으며, 아울러 이는 알파벳 자모를 다 알고 있다는 것을 가정한 상태에서의 행위를 의미했다. 그러나 일본의 경우에는 작은 도장으로 '서명'을 대신하고 있었다. 또한 일본 문자 체계의 특징은 영국식 기준을 적용할 수 있는 요소가 배제되어 있기 때문에 영국에서 계발된 기준을 사용하는 것은 불가능하다. 다시 말해 일본인의 '이름'은 2개나 3개의 한자로 이루어져 있었고, 이름을 써보고자 하는 이들 가운데 한자 두세 개를 외워 자신의 이름을 쓰는 것이 어려울 정도로 우둔한 사람은 흔치 않았다. 또한 어쨌든 메이지 시대(1868~1912)에 각종 개혁이 시행된 뒤에야 일본에서 평민들 사이에 성이 일반화되었다. R. P. 도어는 그의 기념비적인 연구에서 전체인구수 대비 학생수를 추산했다. 도어의 추산에 따르면 에도 시대 말에 사내아이의 40%, 여자아이의 10%가 가정 바깥에서 어떤 형태로든 교육을 받고 있었다. 이것을 토대로 생각하면, 서민의 식자능력과 교육기회 면에서 일본은 불과 두세 개의 서양 나라에만 뒤처져 있었을 뿐 나머지 다른 나라들보다는 크게 앞서 있었다고 볼 수 있다. 게다가 아래의 표가 보여주고 있듯이 일정 기간이 경과할수록 학교의 수와 비율이 꾸준히 증가했다는 점도 주목해야 할 것이다.

설립연대에 따른 학교수				
연도	사숙	데라코야	향교	번교
1750년 이전	19	47	11	40
1751~1788	38	47	11	40
1789~1829	207	1,286	42	78
1830~1867	796	8,675	48	56
합계	1,076	10,202	118	225

출처: Richard Rubinger, *Private Academies* (Princeton: Princeton University Press, 1982) p. 5.

2. 유교의 보급

정치학자 마루야마 마사오는 유교를 가리켜 "이를 통해 사람들이 자신의 세계를 바라보게 하는 한 묶음의 범주들"이라고 특징지은 바 있다. 도쿠가와 시대에 이런 범주들은 우선 충(忠)에서 출발하여 점차 효(孝), 은(恩), 의(義), 화(和), 성(誠) 등을 포함하게 되었다. 물론 이런 가치들이 유교만의 것은 아니었으나(세상에서 이런 가치를 하찮게 여긴 문명은 드물다), 일본인에게는 이 가치들이 유교적인 용어와 본보기로 표현되었다. 이를테면 그들은 '오륜'(五倫)의 관점에서 이야기했고, 개인이 이런 관계구조 가운데서 자신의 위치를 실현하는 데 요구되는 책임에 따라 살 수 있도록 해주는 '정명'(正名)을 위해 애썼다. '자기수양'은 도덕적 삶의 필수적인 덕목이었고 또한 사회질서와 조화의 관건이었다.

이런 가르침은 유교경전에 깊숙이 뿌리 박혀 있는데다가 인쇄를 통해 마구 쏟아져 나오는 윤리 입문서에 의해 더욱 강화되었다. 또한 유교의 가르침은 위정자들을 더 훌륭한 위정자로 만들고 인민을 더 다스리기 쉽게 만듦으로서 사회의 권위구조를 뒷받침하고 막부관료들의 전폭적인 지지를 얻었다. 그렇다손 치더라도 그것은 기본적인 상호성도 가정하고 있었기 때문에 배타적으로 일방적인 과정은 아니었다. 혹자는 이를 두고 '계약'이라고까지 표현했다. '인'(仁)을 보여주는 윗사람의 도덕적 자세는 아랫사람들로 하여금 은(恩)을 떠올리게 했다. 반면에 피지배자가 보인 존경 어린 협력은 마찬가지로 윗사람에게 그만한 의무감을 부여했다. 그 결과 형성된 관계망은 사회 전체로 확장되어 지배자와 피지배자, 주인과 종, 지주와 소작인, 그리고 말할 필요도 없이 영주와 가신의 관계를 아우르고 있었다. 양편은 상호간에 은혜를 갚아야 했던 것이다.

이런 종류의 가르침은 기본적으로 세속적이고 이성적이었다. 가르침을 이행하기 위해 초자연적 힘을 가진 존재의 상벌이 필요하지도 않았고, 그것을 받아들이지도 않았다. 그렇지만 한편으로는 정신수양이라는 측면도 존재했다. 윤리도덕을 위한 자기수양 및 그것의 추구는 불교적 깨달음이나 선(禪)적 깨달음을 위한 자기수양 및 그것의 추구와 마찬가지 성격을 갖는 것으로 일본의 전통 속에서 크나큰 반향을 불러일으켰으며, 유교뿐 아니라 불교와 신도에도 공통되는 어떤 진리를 표현했다.

불교를 비롯해 유교사상은 중국의 영향을 받은 것으로 도쿠가와 시대보다 훨씬 이전에 일본에 들어왔다. 초기 문헌 가운데 하나인 7세기 쇼토쿠(聖德) 태자의 「헌법 17조」(憲法十七條)에는 유교와 불교의 가르침이 혼합된 내용이 포함되어 있으며, 사실상 이들 두 사상 사이의 대화라고도 볼 수 있다. 불교적 세계관이 조정을 지배했던 반면 공가(公家)의 학습은 유교 경전을 기본으로 하고 있었다. 중세에는 주로 사찰에서 학습이 지속되었고, 유교적 전통을 보존한 이들도 다름 아닌 불교 승려들이었다. 당시 그리고 그 이후 중국으로 불교 순례를 다녀온 이들이 12세기 송대(宋代)의 유학자 주시(朱熹)의 학문을 들여왔다. 서양의 성 토마스 아퀴나스와 동시대인인 주시는 도교와 불교의 형이상학 안에 유교의 가르침을 집어넣어 강력한 종합사상을 창시했다. 이제 도덕적 원리는 우주론적 형이상학의 '태극'(太極)에 다다르는 더욱 고차원적이고 보편적인 원리를 반영하는 것으로 기술되었다. 특정한 사물을 연구함으로써 보편적 원리를 터득할 수 있다고 보았기 때문에 '격물'(格物)에 새로이 주안점을 두게 되었다. 바로 그 연장선상에서 이는 권위구조의 원리로까지 확장될 수 있었다. 성(誠)의 필수적 요소인 자기수양은 통치자와 신민(臣民) 상호간의 적절한 관계를 최상의 상태로 만들 수 있었다. 이런 원리를 준수함으로써 개인과 우주 사이의 조화를 가져올 수 있었다. 이는 엄청난 노력을 필요로 하는 탐구였으며, 성리학은 진리를 추구하고 획득함에 있어 종교적이고 신앙고백적인 차원으로까지 발전하기도 했다. 많은 사람들에게 주시의 저작과의 만남은 선(禪)불교적인 깨달음에 다가가고 있던 개인적 자아의 발전과정에서 하나의 전환점이 되었다.

성리학은 근세 중국과 조선에 강력한 종합사상과 이데올로기를 제공했다. 중국에서 과거제도는 인재들에게 사회적·정치적 보상을 제공했고, 송대 유학자들의 저작은 공식 진리가 되었다. 마찬가지로 조선에서도 비록 과거에 응시할 수 있는 자격이 점차 양반이라는 사회적 특권층에 제한되기는 했지만 유사한 포상이 과거제를 통해 주어졌다. 임진왜란 때 히데요시 수하의 장수들이 조선에서 가져온 문화재 중에서 퇴계 이황의 저작이 일본에 널리 알려지고 영향을 미치게 된 것은 중요한 의의를 갖는다.

고정된 신분제도에 의한 제약과 세습적 특권이 존재하는 일본에서 이런 유교적 이상을 따르는 것은 기대할 수 없는 일이었을 것이며, 실제로도 그랬다. 그럼에도 불구하고 센고쿠 시대의 전쟁이 끝나고 찾아온 도쿠가와 시대의 평화는 유교의 여러 요소들이 사회의 권위구조에 기여할 수 있는 유리한 여건을 제공했다. 그러나 일본에서의 유교는 불교의 승복을 입고 처음 등장했다. 따라서 유교적 가르침에 사찰로부터 독립된 역할을 부여하는 데는 시간이 필요했다. 막부의 '어용학자'(御用學者)로 종사한 일본 유학자 계보의 시조 하야시 라잔(林羅山, 1583~1657)은 이에야스로부터 불교식 삭발을 하라는 명령을 받았지만, 하야시의 후학들은 제도화된 불교와 어느 정도 거리를 두는 데 성공했다. 일례로 나카에 도주(中江藤樹, 1608~1648)는 개인적으로는 불교를 비판했지만 병든 어머니를 위해서는 불교경전을 읽어줄 만큼 효성이 지극하여 사람들의 칭송을 받았다.

무가사회의 상류층 사람들 사이에서 '유학자'(儒者, 주샤)는 고문과 교육자로서 엘리트 기구의 일원이 되었다. 1630년에 하야시 라잔은 에도에 가숙(家塾)을 열었다. 다이묘들은 막부의 학교 설립정책을 본받았고 17세기 중반에는 대부분의 조카마치에서 유학자 출신의 고문을 찾아볼 수 있었다.

유학자는 대개 적당히 평범한 집안이나 그보다 신분이 더 낮은 집안 출신의 사람들이었다. 주자학 전문가들의 명단을 보면 소수의 평민, 상당히 많은 수의 의사 그리고 그보다 더 많은 유학자들의 자제가 포함되어 있지만 대다수는 그다지 지체가 높지 않은 사무라이들이었다. 그들은 능력은 있었지만 무사 사회에서 주변적 위치에 있는 사람들이었다. 이들이 학문의

| 교육·사상·종교 |

중요성을 강조하고 유능한 인물에 의한 통치를 옹호한 것은 다분히 자신들의 지적 신조뿐 아니라 개인적인 좌절감을 반영한 것임에 틀림없다.[5)]

다이묘의 고문으로 종사한 유학자들은 자신의 도덕적 잠재력, 한 발 더 나아가 정치적 잠재력을 증진시키는 수단으로서 유교 고전에 대한 지식에 정통해야 했다. 도쿠가와 시대의 두 번째 세기에 이르면 쇼군과 다이묘는 단순한 권위적 존재 이상의 상징이 되었고, 현재의 일본 천황이 받는 것과 같은 방식으로 엄청난 수련을 쌓아야 했으며, 고전과 학문을 존중하고 있다는 것을 보이기 위해 극도의 인내심을 길렀다. 아라이 하쿠세키(新井白石, 1657~1725)는 자신의 글에서 19년 동안 자신의 영주에게 1,299번의 강의를 했다고 쓰면서 강의 중에 보인 영주의 태도와 인내를 칭송했다. 아라이가 강의했던 고전에 경의를 표하기 위해 미래의 쇼군 이에노부는 한겨울 추위와 여름 모기에도 불구하고 미동도 하지 않고 앉아 있었다고 한다.[6)] 몇몇 다이묘는 학자들로부터 '명군'(名君, 메이쿤)이라는 찬사를 받았다. 미토 번주 도쿠가와 미쓰쿠니(德川光圀, 1628~1700)는 유교사당을 세우고 주로 사찰에서 담당하던 호구 등록업무를 유교사당에 맡겼다. 또한 멸망한 명조(明朝)에 충성하기 위해 청조(淸朝)를 거부하고 중국을 떠나온 학자에게 안식처를 제공했고, 중국의 정사(正史)를 모방하여 방대한 분량의 '왕조사'(王朝史)인 『대일본사』(大日本史, 다이니혼시)를 편찬하는 장기 계획에 이들을 참여시켜 중요한 역할을 맡겼다. 『대일본사』의 편찬자들은 조정에 대한 충성을 강조하면서도 신중하게 도쿠가와 시대 개막 전까지의 역사만을 서술했다. 오카야마(岡山) 번주 이케다 미쓰마사(池田光政, 1609~1682)는 영내 사찰의 절반을 폐쇄하여 불교를 약화시키고 또한 사람들에게 사찰 대신 신사에 등록하도록 했다. 이케다는 "위정자는 효행을 가장 중시해야 하며……[위정자는] 사무라이와 농민에게 인정(仁政)을 펼치고 나라가 번영하도록 해야 한다. ……진실로 학문을 배운 자는 다른 이들을 다스리기 전에 먼저 스스로를 수양하는 법이다"라고 공언함으로써 자기 자신에게 엄격한 기준을 부여했다. 미쓰마사는 중국식 유교의 포상 사례를 따라 뛰어난 효행에 명예를 부여했다. 3년에 한 번씩 그는 효도, 충성, 성실, 모범을 보인 각계각층의 사람 1,684명에게 공식적으로 상을 내렸다.[7] 이런 사례들에서 알 수 있듯이, 다이묘들은 명조(明朝)의 지방관이나 조선의 양반들이 했던 것과 유사한 형태로 거의 유교의 선전자처럼 행동했다고 볼 수 있다. 그러나 적지 않은 다이묘가 유교사당을 세우고 유교식 제례를 행했다고 하더라도 대다수 다이묘는 여전히 막강한 힘을 갖고 있던 불교 종파의 양식을 따랐다.

쇼군 쓰나요시의 중국 관련 학문, 특히 『역경』(易經)에 대한 열정은 이미 앞에서 주목한 바 있다. 47인의 로닌 사건이 야기한 긴급상황에 어떻게 대처할 것인가 하는 문제가 생겼을 때 쓰나요시가 유학자들에게 자문을 구한 것은 당연한 일이었다. 일부 유학자는 막부의 관리에 대한 공격을 일종의 반란으로 규정하고 엄벌에 처할 것을 주장했고, 다른 이들은 47인의 로닌이 보여준 경이로운 충성심을 감안할 때 그들에게 치욕적인 죽음을 안기는 것은 적절하지 않다고 역설했다. 앞에서 보았듯이 최종 해결책은 명예로운 자결이었다. 중국의 선례에 근거한 주장은 사람들을 감복시키는 경우가 많았지만, 그런 주장들을 선별해서 복잡한 현실상황에 적용시키는 것은 결코 단순한 문제가 아니었다. 이 같은 사례를 아라이 하쿠세키에게서 볼 수 있다.

아라이 하쿠세키는 한 부인이 남편의 실종을 신고한 사건에 대해 조언을 해달라는 요청을 받았다. 조사 결과 남편은 장인에게 살해되었다는 것이 밝혀졌다. 이 사건은 효행과 관련된 문제가 되었다. 그녀는 단지 남편의 실종을 신고했을 뿐인데, 결과적으로 자신의 아버지가 재판을 받게 되는 사태가 벌어졌다. 그렇다면 그녀는 효에 어긋나는 행위를 한 것일까? 하야시가의 지도자는 『당률소의』(唐律疏議)에 근거해서 부모의 죄를 밀고하는 자는 죽어 마땅하다는 논리를 펴며 그녀를 사형에 처해야 한다고 주장했다. 그는 "정(鄭)나라 제중(祭仲)의 딸이 어머니에게 '아버지와 남편 중

| 교육·사상·종교 |

어느 쪽이 더 소중합니까?'라고 묻자 어머니는 남편은 어떤 남자도 될 수 있지만 아버지는 오직 한 사람밖에 될 수 없다고 대답했다"는 구절을 인용했다.

 그러나 아라이는 그렇지 않다고 주장했다. 그 여인은 상황이 만들어낸 희생자일 뿐이며 그녀의 아버지와 오라버니가 그녀의 남편을 죽였다는 사실을 모르고 있었다. 이는 그들을 일방적으로 밀고한 것과는 전혀 다른 사안이다. 그래서 아라이는 이렇게 주장했다. "이 여인을 사형에 처할 이유가 전혀 없다. 만약 그녀의 아버지와 오라버니가 그녀의 남편을 살해한 범행이 드러난 바로 그날, 그녀가 스스로 목숨을 끊었다면 그녀는 남편에게는 지조를 지키고 아버지에게는 효를 다하며 오라버니에게는 누이로서의 의리를 다하는 셈이 되었을 것이다. 하여 우리는 보기 드문 도덕성을 발휘한 단적인 이 사례에서 그녀가 크나큰 미덕을 보여주었다고 말했을 것이다." 그러나 안타깝게도 이상적으로 완벽한 상황이란 세상 사람들을 피해가게 마련인바, 대신 아라이의 좀 더 "현실적이고 적절한" 대안이 받아들여졌다. "만약 개인적으로 그 여인에게 아버지와 남편을 위해 비구니가 되길 권유하여 그녀를 절로 보내 머리를 깎게 한 다음 아버지와 남편의 모든 재산을 절에 기증하도록 한다면, 그녀를 가난의 위험에서 구제할 수 있을 뿐 아니라 국법과 여인의 지조 두 가지 모두를 지킬 수 있을 것이다."[8]

유학자는 흥미롭고도 중요한 집단이었다. 그들은 아주 진지하게 스스로를 학자의 도덕성을 실천해 나가는 사람으로 생각했다. 유학자들은 자신의 다이묘를 위해 문예교육 기획을 수행했고, 족보·법전·행정사례를 편찬했다. 많은 이들이 '격물치지'에 부합하는 일로서 자기 지방의 식물을 연구하고 분류했다. 그리고 적지 않은 수의 사람들이 자신이 이룩한 성과에 대한 개인적인 기록을 남겼다. 그들의 활약상, 학문적·교육적 배경, 사적인 기록들이 연구대상이 되어온 것은 자연스러운 일이다. 하지만 그럼에도 불구하고 이들이 자신이 섬겼던 현실 권력구조의 일부가 결코 아니었다는 점은 기억해 두어야 할 중요한 부분이다.

3. 학자와 학문

도쿠가와 시대의 유교는 절충적 다양함을 지닌 환경에서 발전했으며, 최고의 능력을 지닌 독립적인 전문가들의 노력으로 많은 덕을 보았다. 그들은 어떤 특정 가신집단도 구속되기 마련인 권력구조에 얽매이지 않았기 때문에, 여러 다양한 가르침을 추구하는 데 유리했고 다른 번에서 초빙 제안이 오면 거기에 응할 수도 있었다. 한편 집단적으로 그들은 위기의식 및 좌절감과 싸워야 했다. 위기란 도덕과 행위 사이의 직접적인 상관관계를 알고 있었던 먼 과거—엄밀히 말하면 상상된 과거—의 이상이, 의례와 신분을 중요시하면서도 과거보다 훨씬 복잡해진 현실사회와 격차를 보임으로써 비롯되었다. 상업주의는 자신들이 숭상하는 검약의 가치를 무용지물로 만드는 것처럼 보였고, 번정과 막정은 나날이 성장하는 상인들의 힘에 대항하면서 동시에 의존하고 있었다. 또한 학자들은 자신들이 무사 사회의 결정적인 중심부에서 멀리 떨어진 주변부에 존재하고 있으며 위정자의 관심사와는 무관한 경우가 많다는 점을 인식하면서 좌절감을 느끼기 시작했다. 그럼에도 불구하고 아니 어쩌면 그렇기 때문에 도쿠가와 시대의 유학자들은 선배들로부터 물려받은 지혜에 크나큰 공헌을 했고, 그들의 업적은 궁극적으로 일본의 정치와 정책 관련담론에 일대 변화를 일으킴으로써 일본의 지적 르네상스라고 간주될 만큼 높은 가치를 갖게 되었다. 지면 관계상 활력을 부여한 시대적 배경까지 다룰 수는 없지만, 그 주요 특징과 인물들은 언급할 필요가 있다.

야마자키 안사이(山崎闇齋, 1618~1682)는 로닌의 아들로 태어났으며 처음에는 몇 개 사찰에서 승려생활을 했다. 교토에서 도사로 옮긴 후 안사이는 그 지방의 유학자들이 가르치는 송대 유학을 접하게 되었고, 환속하여 교토에서 자신의 학교를 열었다. 그 뒤에는 다시 에도로 옮겨갔다. 그곳에서 안사이는 신도를 연구하는 한 학파로부터 큰 영향을 받게 되었으며, 상당부분 안사이 자신의 고유한 사상이라고 할 수 있는 유학과 신도의 융합사상을 주창하고 가르치는 데 여생을 바쳤다. 이것을 평가할 때 당시 자국의식의 고양 속에서 외래사상에 대한 안사이의 열의가 감소한 것으로 볼 수도 있을 것이다. 자신을 일본의 주시쯤으로 여겼을 안사이는 어떤 다이묘를 위해 『대화소학』(大和小學, 야마토쇼가쿠)을 썼다. 이 책은 충성과 조정 역사에 대한 초기 문헌을 바탕으로 해서 쓰였다. 더 나아가 그는 일본을 주자학의 우주론적 도해에 편입시키고자 했으며, 고대 일본의 우월성에 대한 증거들을 정교하게 고안해냈다.[9] 안사이는 한창때 약 6천 명의 제자를 거느렸다고 한다. 그가 주창한 유교와 신도의 융합사상은 고대 일본에 대한 연구를 부활시키는 데 기여했다.

어느 날 야마자키 안사이는 제자들에게 질문을 던졌다. "만약 중국이 공자를 장군으로, 맹자를 부장군으로 삼아 수십만의 기마군사를 이끌고 우리나라를 쳐들어온다면, 우리 같은 공자와 맹자의 학생들은 어떻게 해야 하겠느냐?" 제자들은 대답하지 못하고, "저희는 어찌 해야 할지 잘 모르겠습니다"라고 말한 뒤 "선생님께서는 어찌 생각하시는지 부디 가르쳐주십시오"라고 청했다. 안사이는 "만약 그런 일이 정말로 벌어진다면 나는 우리나라를 위해 갑옷을 입고 창을 들고 나가 싸워서 그들을 생포할 것이다. 이것이 공자와 맹자가 우리에게 하라고 가르친 것이다"라고 대답했다.

훗날 한 제자가 [친중국적인] 이토 도가이(伊藤東涯)를 만나 그 이야기를 전하며 자기 스승의 공자와 맹자에 대한 이해는 아무도 능가할 수 없다고 덧붙였다. 그러나 도가이는 미소를 지으며 공자와 맹자가 우리나라를 침략하는 일일랑 걱정하지 말라고 했다. "내가 장담컨대 그런 일은 결코 없을 것이다."[10]

가이바라 에키켄(貝原益軒, 1630~1714)*은 후쿠오카(福岡) 번주의 가신 집안 출신이었으나, 이런 배경이 가이바라의 인생에서 다른 많은 도쿠가와 시대 사무라이의 삶을 특징지었던 관료세계의 이력에서 겪는 부침을 피해 가도록 하지는 못했다. 그의 부친은 의사 수련을 받았다. 에키켄 역시 아버지와 같은 길을 갈 즈음 불교에서 주자학으로 방향을 전환하는 데 성공했다. 후쿠오카 번주의 가신 집단의 일원으로서 에키켄은 나가사키(후쿠오카는 사가 번과 번갈아 가며 나가사키 방어를 책임졌다)에서 근무할 기회가 있었고, 참근교대 의무를 다하기 위해 에도에서도 생활했으며, 교토에서는 번의 후원을 받는 학자로서 7년간 공부했다. 이처럼 가이바라는 17세기 일본에서 얻을 수 있는 가장 폭넓고 다양한 교육기회를 얻었을 뿐 아니라 좀 더 성숙한 뒤에는 로닌으로서 정처 없이 떠돌아다닌 시기도 있었다. 에키켄은 주자학의 정통적 신봉자가 되어 그 길을 고수했으며, 자신이 받은 의사 수련과 개인적 취향으로 인해 '격물'에 대해 대단히 엄격한 태도를 갖게 되었다. 의학을 공부한 덕분에 그는 본초학에도 관심을 가졌으며, 후쿠오카 번의 식물계와 동물계에 대한 고전적인 연구가 된 저작을 집필하기도 했다. 또한 그는 풍토기, 농서, 여행기, 후쿠오카 다이묘가의 가보(家譜) 등으로도 유명하다. 물론 가이바라는 강의와 후진양성을 통해 확고한 명성을 쌓았으며, 19세기 초 네덜란드 상관에서 근무했던 독일인 의사 필립 프란츠 폰 지볼트는 가이바라를 가리켜 '일본의 아리스토텔레스'라고 칭송했다.[11] 모든 훌륭한 유학자들과 마찬가지로 에키켄은 도덕군자이자, 영향력 있는 효의 지침서를 쓰기도 했다. 그가 주창한 것으로 알려져 있는 여성교육에 관한 담론은 19세기까지도 영향력을 발휘했다. 원래 상류층 여성을 위한 지침서로 쓰인 『여대학』(女大學, 온나다이가쿠)은 여성에게 가족제도의 굴레를 씌움으로써 에키켄이라는 이름은 20세기 페미니스트들의 증오의 대상이 되었다.

---

* '가이바라 엣켄'이라고도 한다.

| 교육·사상·종교 |

나이가 차면 시집을 가서 시부모께 순종하며 사는 것이 여자의 운명임을 감안할 때 아들보다 딸이 모든 성심을 다하여 부모의 가르침을 받들어야 할 것이다. 부모가 너무 오냐오냐 한 탓에 딸이 자라 제멋대로 행동하면 틀림없이 시집가서 변덕을 부릴 것이고, 그러면 지아비와 불화하게 된다. 반면에 시아버지 되는 이가 예의범절을 제대로 아는 사람이라면 그녀는 예의범절의 속박을 견딜 수 없다는 것을 알게 될 것이다.

여자는 예쁜 얼굴보다 후덕한 마음이 더 중요하다. ……여자에게 유익한 자질은 순종, 정절, 자애, 침착이다. ……어릴 때부터 여자아이는 남녀의 구별을 준수해야 한다. 또한 부적절한 것은 아무리 하찮은 것이라 할지라도 잠시라도 보거나 듣게 해서는 안된다. ……생명이 위태로운 순간에도 마음을 바위나 쇠같이 단단히 해야 할 것이다. ……여자는 따로 섬기는 영주가 없다. 따라서 여자는 지아비를 영주와 같이 떠받들 것이며, 지아비를 무시하거나 업신여겨서는 안되며, 정성과 공경을 다해 섬겨야 할 것이다. 여자의 일생일대의 의무는 순종이다. 지아비를 대할 때는 얼굴표정과 말씨 모두 예의 바르고 겸손하게 지아비의 기분을 맞춰주어야 하며, 까탈을 부리거나 고집을 세워서는 안되며 무례하거나 오만하게 굴어서도 안된다. ……질투는 꿈도 꾸어서는 안될 일이다. 만약 지아비가 바람을 피우면 조용히 타이를 것이며, 노여움을 품거나 화를 내어서는 안된다. 여자의 질투가 극에 달하면 안색이 붉으락푸르락해지고 말투가 쌀쌀맞아져서 지아비를 소원하게 만들 뿐이다. ……여자의 마음을 괴롭히는 가장 나쁜 다섯 가지 폐해는 불순종, 불평, 중상, 질투, 우둔함이다. 의심할 나위없이 이 다섯 가지 폐해는 여자들 사이에 십중팔구 만연해 있으며, 여자가 남자보다 못한 것도 바로 여기서 연유한다.

부모들이여! 위에서 말한 교훈을 딸이 강보에 싸였을 때부터 가르치라! 딸들이 읽고 결코 잊지 않도록 틈틈이 이 교훈을 베껴 두라.[12]

아마 18세기 유럽의 교육자들도 딸의 결혼준비를 하는 부모들에게 대략

297

이와 비슷한 충고를 했겠지만, 가이바라의 훈계에서 찾아볼 수 있는 특별함과 일본다움이란 바로 가족제도가 강요하는 굴레이다. 그렇지만 가이바라가 현실적으로 여자들 가운데 열에 아홉은 그가 목표로 삼고 있는 절대적 순종에 이르지 못하고 있음을 깨닫고 있었다는 점을 지적해둘 필요가 있다.

모든 유학자 중에서 아마도 오규 소라이(荻生徂徠, 1666~1728)가 가장 뛰어나고 영향력 있는 학자였을 것이다. 그의 사상은 저명한 학자 마루야마 마사오를 비롯해 일련의 사상사 연구자들과 정치학자들에 의해 매우 조심스럽게 분석되었고 영문으로도 접근이 비교적 용이하다.[13]

소라이의 경력은 도시화가 불러온 사회적 변화들──행운아들의 높은 생활수준, 사치의 증가, 사무라이 계층의 부채 증가──이 뚜렷해지기 시작한 겐로쿠 시대와 교호(享保) 시대에, 통치자로 보면 쓰나요시와 요시무네의 집권기에 걸쳐 있다. 소라이의 생애는 가장 뛰어난 학자들조차 마주칠 수 있는 불확실한 운명이 어떤 것인지를 잘 보여준다. 의사의 둘째 아들로 태어나 유년시절 대부분을 부친이 말려든 정쟁 때문에 시골에서의 유배생활로 보냈다. 불교 승려들에게 고전을 가르치는 작은 학교를 세운 뒤 소라이는 쇼군 쓰나요시의 고문 야나기사와 요시야스(柳澤吉保)의 주목을 받게 되었다. 그는 곧 쇼군의 수도에서 친(親)중국 학자들 모임의 중심인물이 되었다. 소라이의 봉록은 15인의 종자를 둘 수 있는 액수에서 300석으로, 그리고 다시 500석으로 늘어났다. 그는 47인의 로닌 사건이 있었을 때 쇼군이 자문을 구한 사람들 가운데 하나였고, 최종적으로 채택된 해결책, 즉 로닌들에게 할복을 명하는 중도적인 안(案)이 바로 소라이가 제시한 것이었다.

쓰나요시의 사망으로 소라이의 후원자는 권세가 꺾였다. 몇 년간 소라이는 다시 비교적 불투명한 상황에 처했고, 아라이 하쿠세키의 그늘에 가려졌다. 1716년 요시무네가 쇼군 직에 오르자 상황은 또다시 반전되어 소라이는 쇼군의 두뇌집단의 일원이 되었다. 소라이는 황벽종(黃檗宗) 승려

| 교육·사상·종교 |

들과의 교류를 재개했고 명조(明朝)의 조상(彫像) 연구를 이끌었다. 그리고 마침내 당대의 정치 경제상의 문제에 대한 글을 썼다. 이 밖에 열정을 품고 있었던 언어학 연구에도 몰두했다. 그의 필력은 문학, 사상, 법, 역사, 병법, 음악 등에 관해서도 막힘이 없었다. 소라이는 중국 것에 대한 열의를 당당히 드러냈다. 그는 언젠가 에도로 이사를 하게 되었을 때 중국에 좀 더 가까워졌다며 기뻐했고, 언젠가는 자신을 '동이'(東夷)라고 불렀다. 훗날 국수주의 경향의 비방자들은 이를 트집 잡아 소라이를 용서하지 않았으나, 사실 소라이가 한 진술의 맥락은 비중국인인 소라이 자신이 중국의 가장 뛰어난 학자와 어깨를 나란히 할 수 있게 된 것에 대한 만족감을 표현하려 했던 욕망에서 찾을 수 있다. 그러나 이 모든 것에도 불구하고 소라이는 자신의 재능에 대한 대가로서 높은 사무라이 신분을 얻지는 못했다. 소라이가 중국 출신의 선(禪) 수도승들에게 보낸 편지에서 표현한 겸손의 말이 완전히 기만적인 것은 아닐 것이다.

소라이는 일본문화에서 커다란 의의를 갖는 유학의 새 학파의 지도자였다. 송대의 신유학자들은 모든 사물과 정신에 깃들어 있는 궁극적 원리의 존재에 자신들의 논거를 두었다. 모든 물질적·비물질적 사물의 원리, 즉 이(理)는 바로 이 궁극적 원리에서 비롯된다. 인성(人性), 대인관계의 정신, 정치질서 등 이 모든 것이 우주적 원리의 반영이다. 무생물과 생물의 '물성'(物性)도 마찬가지로 태극의 발현 또는 반영이다. 결과적으로 어떤 것이라도 철저히 고찰하는 것은 전체를 깨닫는 시작인 것이다. 데쓰오 나지타가 말했듯이 자연은 모든 것을 포용하며, 궁극적으로 하나이다. "비(非)중앙집권적인 막번체제를 '원리화된' 존재로 확립하기 위해 센고쿠 시대의 카오스적인 전란을 초월해 있는 영원하고 절대적인 규범을 역사적 시간 바깥에서 불러들였다."[14] 겐로쿠 시대의 송학(宋學)*이 이데올로기의 구실을 하게 되는 것은 도쿠가와 시대 말기의 일이며 더구나 그때 가서도

* 송대(宋代)의 유학

중국과 조선에서처럼 막강한 구속력을 발휘하지는 못했다. 그럼에도 불구하고 주자학은 이미 겐로쿠 시대에 어느 정도 호응을 얻었고 주도적인 위치를 차지하기 시작했던 것 같다.

소라이와 그의 추종자들은 이런 사상에 강력히 반발했다. 소라이에 따르면 주자학은 역사를 왜곡했다. 주자학은 유교경전에 덧붙여진 후대의 주석들에 근거하고 있다. 설상가상으로 일본의 유학자들은 그것을 세 다리 건너, 심지어 네 다리 건너서 취하고 있었다. 대부분의 문제는 언어와 관련이 있었고, 이는 꼼꼼하게 언어학을 연구함으로써 공략할 수밖에 없었다. 12세기 송대 학자들의 텍스트와 전통적인 유교정전 사이에는 천년의 시간적 거리가 있었다. 더욱이 일본학자들은 이들 주자학 텍스트의 기표(記標)와 표지(標識)를 일본어의 규칙에 끼워 맞추기 위해 텍스트의 문법을 왜곡시킨 일본식 중국어, 즉 한문훈독법(漢文訓讀法)으로 읽었다. 그 결과 "무슨 말인지 도무지 알 수가 없는" 횡설수설하는 저급한 번역을 초래했다.[15] "중국어는 본질적으로 일본어와 다르다. 그리고 중국어 자체도 고대 중국어와 지금 사용하고 있는 중국어 사이에 차이가 있다"고 소라이는 덧붙였다. 그는 각고의 노력을 기울여 당대(當代) 중국어를 공부하는 동시에 꼼꼼하게 고대 중국어를 연구함으로써 이 문제를 해결하기로 결심했다. 그는 당대 일본어로 풀이를 적은 사전과 용어집을 편찬했다. 그 점에서 소라이는 서민 산문 분야의 사이카쿠나 운문 분야의 바쇼에 견줄 수 있는 위치를 언어학 분야에서 차지했다.

그러나 소라이는 거기에 만족하지 않았다. 고전의 궁극적인 이해는 정전(正典)을 거의 2천 년 전 사람들이 읽던 방식으로 읽음으로써 고문(古文)으로 돌아가는 노력을 필요로 했다. 흔히 '고학'(古學)이라고 불리는 고문사학(古文辭學)은 고대인을 만나기 위한 노력의 일환으로서 고대인의 입장과 용어를 통해 신유학에서 말하는 '이'(理)와 '성'(性)의 이면에 있는 진리를 탐구했다. 이리하여 소라이는 유학의 창시자들, 즉 먼 옛날의 '성인'들이 이룩해놓은 것, 사회의 질서를 잡는 예악(禮樂)은 송대 학자들이

| 교육·사상·종교 |

주장하는 것처럼 도덕적 원리의 반영이라기보다는 성인들의 천재성과 창조의 산물이라는 견해를 갖게 되었다. 이는 일본의 막부 제도의 경우에도 해당된다. 고대의 성인 못지않은 '성인'인 이에야스가 이 제도를 고안해냈다고 보았기 때문이다.

따라서 소라이는 정치에 대한 의지와 창의성을 회복시켰다. 후대인들은 이에야스의 업적에 기초해서 그가 과거에 이룩해놓은 것을 계승해 나갈 수 있다는 것이다. 지금의 사람들은 이 옛 성인들이 창작한 말을 통하여 고대인과 직접 접촉함으로써 지혜의 우물에서 지혜를 길어 올릴 수 있는 것이다. 스미에 존스의 표현을 빌리면 소라이의 "도덕과 무관한 근대주의"는 과거에 직접성과 현실성을 부여했고, 그의 유교적 텍스트는 객관화되고 표준화된 역사적 사실의 기록이 되었다. 주자학파의 도덕론에 의거한 해석은 소라이 저작의 요점과는 동떨어진 것이었다.

언어학적으로 고문(古文)과 씨름하는 일은 자신감을 필요로 했고, 종종 오만함으로 이어지기도 했다. 소라이와 그의 제자들이 보여준 자신들의 사상에 대한 단언과 남의 비판을 두려워하지 않는 의견 표출은 이탈리아 르네상스 시대의 로렌초 발라 같은 학자들의 설전을 방불케 하는 반향을 일으켰다.

이로써 소라이가 보여준 중국학에 대한 열정과 중국 출신의 불교 승려들에 대한 깍듯한 대우의 동기를 이해할 수 있을 뿐 아니라 몇 십 년 후 쇼군 요시무네를 위해 당대의 사회적·정치적 병폐에 대한 치유책을 제시할 준비가 되어 있었음을 이해할 수 있다. 아울러 그가 쇼군 쓰나요시의 궁정에서 취할 수 있었던 지도적 역할을 이해하는 것도 가능해진다. 그러나 불행하게도 소라이의 제안들은 이에야스의 집권기와 제도를 되돌아보는 것이 가능하다는 가정하에서 만들어진 것이었다. 소라이의 눈에는 에도에서 참근교대 의무를 하는 다이묘와 사무라이들은 마치 여관에 머물고 있는 여행객들처럼 자기의 시간과 돈을 허비하고 있는 것으로 보였다. 그래서 그들을 농촌으로 돌려보내야 하며, 그래야만 일본 전역으로 퍼져 가는 도시화와 상인의 성장세를 역전시킬 수 있을 것이라고 주장했다. 예악 역시 개조되어야 하며, 고학(古學)은 정치질서 재건의 지침이 될 수 있다는 것이 그의 지론이었다.

사실 이런 제안 가운데 실현된 것은 하나도 없다. 학자는 더 많은 고대 텍스트에 의존할 수 있지만, 정부는 사회적 추세를 뒤집을 수가 없었던 것이다. 도쿠가와 시대의 제도는 다이묘에 대한 쇼군의 통제와 가신들에 대한 다이묘의 통제를 공고히 하기 위해 설계되었고, 쉽사리 포기할 수 있는 것이 아니었다.

결국 유학자들은 일본사회의 현실에 불완전하게 기여했다. 유학자들과 유교적 지식을 갖춘 고문(顧問)들은 후대에 남긴 글에서 자신이 섬긴 무사들에게 끼친 영향을 과장하는 경우가 많았다. 도쿠가와 시대 초기에 이에야스는 일본뿐 아니라 중국의 과거 정권과 제도의 선례에 관해 상당한 관심을 보였고, 중국학 전문가들은 종종 발탁의 기회를 얻었다. 하야시 라잔—훗날 그의 후손은 교육자와 어용학자가 된다—의 말에 따르면, 그는 이에야스와의 면접 때 중국역사와 선례에 대한 비범한 지식을 선보이고 자리를 얻었다. 그 후 11년간 그는 이에야스를 섬겼다. 그러나 이에야스는 선승(禪僧) 이신스덴(以心崇傳)과 덴카이(天海)에게 더 자주 조언을 구했고, 앞에서 지적했듯이 하야시는 강제로 불교의 관례에 따라 삭발을 해야 했다. 어떤 학자의 말대로 하야시 라잔은 막정에 적지 않게 관여했지만 그의 활동은 어디까지나 보조적인 것이었으며 결코 주도적인 것은 아니었다. 막부가 그에게 조언을 구하지 않을 때도 간혹 있었다.[16]

위정자와 교육자들이 매력을 느꼈음에도 불구하고 유교는 국가 이데올로기가 되지 못했다. 무가사회에서는 반(反)지성주의가 지속되었고, 책에 의존하는 학문이나 인자함보다 충성심과 용맹을 더 높이 평가했다. 고대의 성인들이 사회에 질서를 부여하는 예악을 창안했다는 소라이의 주장은 도쿠가와 막부 창시자들을 사회적 입안자로서 찬미하는 것을 가능하게 했고 그 점에 한해서는 건설적으로 여겨졌지만, 에도의 위정자들은 통치의 토대로 예악을 개혁하고 확립해야 한다는 아라이 하쿠세키 또는 오규 소라이와 그 추종자들의 제안을 따를 것 같지 않았다.[17]

고학파는 18세기의 상당 기간 동안 대단한 지적 신망을 얻었으나, 파벌 간의 다툼과 반대파와의 논쟁이 난무하면서 상황이 변했다. 사상적 혼란상을 좌시할 수 없었던 무사통치자들은 학문에 규제를 가했다. 요시무네의 손자이자 막부의 로주(老中)였던 마쓰다이라 사다노부(松平定信)는 1790년에 '이학'(異學) 금지령을 내렸다. 이 금령은 "주자학은 게이초(慶長) 연간 이래 대대로 쇼군의 전폭적인 신뢰를 받아왔다. ……너희 학교(쇼헤이코〔昌平黌〕, 막부의 관학)뿐 아니라 다른 모든 학교에서도 공무(公務)를 담당할 인재양성의 근본으로서 오직 정학(正學)만을 가르치도록 권고하는 바이다"(원문과 정확히 일치하지는 않는다—지은이)라고 말한다.[18] 이후 막부의 관학인 쇼헤이코를 시작으로 교육기관은 본질과 도덕에 관한 주자학적 해석에 집중했다. 도쿠가와 시대 말기에 소라이의 저작이 다시 주목을 받기 시작했을 때 막부의 학자들은 그의 책을 거의 체제전복적인 것으로 간주했고, 그 중 일부 학자들은 소라이의 저작을 읽으면서 느꼈던 소라이의 대담함을 글로 써서 남기기도 했다.[19] 그러나 새로이 공포된 이학 금지령이 사생활에서까지 대안적 형태의 표현들을 단속하는 것은 아니었다. 쇼헤이코의 많은 선생들은 공식적으로는 주자학을 따르면서도 다른 한편으로는 유교의 다른 학파들에 대한 개인적 관심을 유지해 나갔다.

4. 중국이라는 문제

전통 중국문화에 대한 해박한 지식을 바탕으로 영향력을 갖게 된 사람들이 동포들로부터 외래문명을 찬양한다는 비판을 받는 것에 민감한 반응을 보인 것은 당연하다. 물론 양측의 대화를 세세한 부분까지 추적하는 것은 필시 장황한 일이 될 테지만, 적어도 지도급 유학자들이 이 문제에 어떤 반응을 보였는지 잠시 살펴보면 그들 나름대로 많은 갈등과 고민이 있었음을 알 수 있다.

케이트 와일드먼 나카이가 지적하듯이,[20] 초기에 유학자들은 일본과 중국의 전통이 완전히 일치한다고 주장했다. 이에야스를 섬기고 이후 히데타다 치하에서 영향력을 잃었다가 2대 쇼군이 죽은 뒤 다시 등장한 하야시 라잔은 신도를 유교의 '왕도'(王道)와 동일시했고, 일본의 신화를 신유학의 우주론에 끼워 맞출 정도로 유학과 신도 사상 간의 일치를 시도했다. 다시 말해 중국의 성인들이 주장했던 단계들이 이미 과거 일본에서 실현되었다는 것이다. 하야시는 또한 성인들이 신봉했던 사상은 보편적이며 모든 인류에게 적용되기 때문에 경전이 중국어로 쓰인 것은 단지 우연에 불과하다고 주장했다. "중국에서는 성인의 도(道)이고 일본에서는 '가미'(神)의 도라고 말할 수 있을 것이다." 다른 곳에서는 "일본사람 중에 중국사람보다 우월한 이들이 있다. 가르치는 위치에 있다고 우월한 것도 배우는 위치에 있다고 열등한 것도 아니다. 우월성이란 지(知), 인(仁), 용(勇) 같은 덕을 누가 더 잘 실천하는가에 좌우될 따름이다"라고도 했다.

고대 중국은 18세기 중국과 구별되어야 한다는 주장도 있었다. '동이'라고 자처한 오규 소라이는 자신이 당대 중국인조차 어려워하는 텍스트에 정통(精通)하다며 자랑스러워했다. 그런 점에서 중국은 더 이상 중국이 아니었다. 중국이라 불리던 곳은 야만인인 만주족의 지배 아래 있었다. 게다가 중국은 늘 반란에 의한 흥망성쇠와 왕조교체를 경험해왔다. 어떤 점에서 종교와 정치를 결합한 '일본의 도'는 중국의 정복왕조들보다 고대 중국 성인들의 지혜에 더 잘 부합한다는 것을 표상했다. 소라이의 제자 다자이 슌다이(太宰春臺, 1680~1747)는 이런 주장에서 한 걸음 더 나아가 정치·경제 면에서 동시대의 중국은 이류라는 논의를 펼쳤다. 그에 따르면 중국은 봉건제에서 중앙집권적 정부로 변화한 반면 일본은 8세기 이래 이와는 반대의 진보를 해왔다. 출신지에는 절대로 배치되지 않고 임지를 순회하는 지방관 제도를 가진 중국의 중앙집권화는 관료와 백성 사이의 유대를 형성

| 교육·사상·종교 |

할 수 있는 여건을 결여했던 반면 도쿠가와 시대 일본의 번(藩)에서는 그것이 가능했다. 지방주의를 기반으로 세워진 일본의 질서가 덕(德)에 더 좋은 것 아닌가? 그리고 이것이야말로 공자가 익히 알고 있으며 찬미한 제도에 더 가까운 것 아닌가?

다른 유학자들은 일본적인 것에 대한 확고한 자부심을 이끌어냈다. 야마가 소코(山鹿素行, 1622~1685)는 처음에는 주자학을 공부하다가 도교와 불교를 거쳐 종국에는 유교와 신도를 융합하는 입장에 다다랐다. 그는 지대한 영향력을 가진 교사였다. 47인의 로닌들은 자신들이 야마가 소코의 전략을 따르고 있다고 생각했다. 야마가는 사무라이 계급이 또 다른 계급인 농민의 노동에 의지해 살아가는 체제의 정당성을 설명하는 것을 자신의 과제로 삼았다. "사무라이는 농사를 짓지 않으면서 밥을 먹고, 도구를 제조하지도 않으면서 그것을 사용하고, 사거나 팔지 않으면서 이윤을 취한다. 이것을 정당화하는 것은 무엇인가?"

그는 사무라이라는 직분이 높은 도덕성을 필요로 한다는 점에서 그 정당성을 찾았다. 그가 보기에 사무라이가 하는 일은 사회에서 자신의 지위를 숙고하고, 주인에게 충성을 다해 봉사하고, 친구와 신의를 두텁게 하고, "그리고 무엇보다 가장 중요한 것은 자신의 의무에 헌신하는 것"이었다. 요컨대 이 세상에서 다른 사람들은 자기 자신을 위해 살아가지만 사무라이는 자신을 존경하고 자신을 살아 있는 교훈으로 여기는 세 계급의 서민들을 위해 도덕적 이상으로서 우뚝 서야만 했던 것이다. "사무라이의 가르침을 따름으로써 그들[서민]은 무엇이 근본적인 것이고 무엇이 부차적인 것인지 이해할 수 있다."[21] 야마가 소코는 이런 사상을 가장 만족스럽게 설명했으며, 그가 살았던 시대부터 무사도(武士道, 부시도)는 표준적인 용어가 되었다.

그러나 중국에 관한 문제는 여전히 남아 있었다. 중화주의는 중국문명에 뿌리박혀 있었다. '중국' 또는 '중화'라고 불린 나라의 왕조들은 왕조 이름 앞에 '대'(大) 자를 덧붙였다. 일본의 유학자들은 이것을 어떻게 다루었을까? 소라이는 멸망한 왕조에 '대' 자를 붙여서는 안된다고 잘라 말했으며, 대신 자신의 조국에 대 자를 붙여 '대일본'(大日本)이라고 하는 편이 낫다고 생각했다. 야마가 소코의 경우 용맹을 지식 및 인자함과 한데 뭉뚱그려서 기본적인 유교 덕목을 일본에 유리하게 재정리했다. 그런 관점에서 야마가 소코는 '중국'(中國)이라는 이름을 가질 수 있는 자격은 중국이 아니라 일본에 있다고 주장했다.

미토 번에서 발전한 국학(國學)과 유학이 혼합되면서 이런 일본 중심적 사상을 열렬하게, 그리고 최종적으로 확립하는 길이 19세기에 마련되었다. 그 무렵 중국은 새롭게 떠오른, 더욱 강력해진 서양에게 추월당했다. 아이자와 야스시(會澤安, 1782~1863)는 1825년에 쓴 『신론』(新論)에서 일본을 중화(中華, 주카), 즉 중앙의 꽃이라고 단호히 말했다. "우리 신국(神國)은 태양이 뜨는 곳이다. 모든 생명과 질서를 지탱하는 원동력의 근원이다. 태양의 여신 아마테라스(天照)의 자손이신 우리 천황은 대대로 황위에 오르셨으며, 이는 결코 변할 수 없는 특수한 사실이다. 우리 신국은 마땅히 세상의 머리와 어깨를 이루어 모든 나라를 지배한다"는 확신에 찬 주장으로 『신론』의 서두를 열었다.[22]

여기서 새롭고 중요한 음(音)이 터져 나왔다. 유학은 천황에 대한 충성을 강조하기 위해 왜곡되었다. 일본의 특수성은 더 이상 사무라이의 고결함이 아닌 천황가의 연속성, 즉 만세일계(萬世一系)에서 나오게 되었으며, 신화와 종교는 정권과 정치에 봉사하게 되었고, 더 나아가 사실상 일체화되었다고 할 수 있다. 유교의 '정명'(正名)이 거론되면서 정치적 정통성의 근거는 막부에게 불리하고 천황에게 유리한 방향으로 바뀌었다. '미토학'(水戶學)으로 알려진 이 학문은 천황제의 미래를 보여주었다.

도쿠가와 사회의 권력구조에서 다소 주변부에 있던 학자들의 옹호를 받은 일본문제에 대한 유교식 해법은 상당한 심리적 긴장을 낳은 것이 분명하다. 막부와 번에 권력이 집중되면서 나타난 여러 제약으로 인해 사무라이의 자신감과 자율성이 크게 고조되다 보니, 이런 긴장을 더욱 고조시키는 사무라이 옹호론과 일본 옹호론이 고개를 들 수밖에 없었던 것이다. 나카이가 지적하고 있듯이, 도쿠가와 시대 유학자들은 중국이라는 보이지 않는 적과 벌이는 우월성 경쟁에 휘말려드는 경향을 보였고, 이는 18세기에 벌어진 논쟁의 상당부분에 그림자를 상대로 싸우는 듯한 성격을 부여하게 되었다.[23] 목전의 위기상황에서 민족적 정체성의 긍정은 민족적 변명의 충동을 능가하기 마련이다.

요컨대 이런 상황은 18세기 중국 중심의 학문이 국학이라는 새로운 학파에 의해 고조된 격렬한 반(反)유학, 반(反)중국 논쟁 같은 추가적인 문제에 직면하고 있었다는 사실에 영향을 받았던 것이다.

5. 국학

'국학'(國學, 고쿠가쿠)은 18세기를 특징짓는 풍성한 학문과 사상의 융단을 직조하는 또 하나의 씨줄이었다. 국학은 유학을 중심으로 하는 '한학'(漢學, 간가쿠)에 대한 의식적인 저항을 배경으로 발전했으며, 일본과 일본문화의 우월성을 주장했다. 그것은 17세기의 고전연구와 함께 시작되었으나, 19세기 초에는 강력한 정치적 메시지까지 담게 되었다.

학문적으로 국학은 당시의 다른 사상운동에 부속된 것으로 보아야 한다. 중국 '고학'(古學)에 대한 오규 소라이와 그 밖의 사람들의 열정을 고려해 볼 때 고대 일본을 연구하는 학자들 사이에서 그에 상응하는 열정의 존재를 충분히 예견할 수 있거니와, 미토 번의 『대일본사』 편찬 후원자들이 보여준 천황을 향한 일종의 유교적 충성 역시 고대 일본 천황의 역할을 평가하는 데 영향을 미쳤을 것이다. 겐로쿠 시대의 쇼군 쓰나요시는 고대 일본 연구의 진흥을 자신의 사명으로 여겼고, 천황의 능을 수리하고 각 능의 주인을 확인하는 작업을 후원했다. 많은 지도적 국학자들이 도쿠가와 일족이나 쇼군으로부터 후원을 받았다. 국학이 당시의 지성계에서 찾아볼 수 있는 다른 많은 경향들과 공명하고 있었다는 점에서 국학을 훗날의 천황에 대한 충성이나 반란과의 관련성에 국한시키는 것은 큰 잘못이다.

국학 창시자들의 첫 번째 관심사는 초기 일본문학, 특히 시였다. 이들이 시에서 발견한 자연에 대한 환기와 감정에 대한 찬미는 이들이 알고 있는 대다수 유교적 가르침의 형식적인 교훈주의와는 상당히 거리가 있었던 것 같다. 흔히 길이가 긴 중국시(中國詩)와 달리 일본시는 환기적인 단순함을 특징으로 하듯이 규범적 '형식'은 '자연'과 정반대되는 것으로 보였다. 일본 시야말로 일본의 정신을 가장 잘 포착하고 있으며, 일본시의 유일한 기준은 아름다움과 감정에 대한 것이었다. 도덕성과 의무의 문제는 아름다움의 문제와는 아무 상관이 없다고 모토오리 노리나가(本居宣長)는 썼다. "시는……공자나 붓다의 가르침을 침범하려는 것도 도덕적 판단을 간과하려는 것도 아니다. 시의 목적은 단지 인간존재의 감수성을 표현하는 데 있다." 학자나 군자가 가을 단풍잎에는 감탄하면서도 아름다운 여인을 못 본 척 지나가는 것은 진실하지 못하며 거짓된 것이라고 그는 주장했다. "이는 백 냥의 금을 탐내면서 천 냥의 금을 마다하는 것이나 마찬가지다."[24] 아름다움은 존재의 이유 그 자체이며, 모든 도덕적 설교를 불필요한 것으로 만들어버린다.

일본 전통의 부활이라는 맥락에서 고대 일본문학에 초점을 맞춘 국학자들은 대다수 일본 유학자들의 중국 중심적 세계관과의 충돌을 피할 수 없었다. 가다노 아즈마마로(荷田春滿, 1669~1736)는 신관(神官, 신도의 승려)의 아들로 태어났으며 과거의 언어와 텍스트로 돌아가자는 소라이의 주장에 영향을 받았다. 일본 최초의 시가집『만엽집』(萬葉集, 만요슈, A.D. 759)에 대한 연구에서 가다노 아즈마마로는『만엽집』의 시들은 중국의 영향을 별로 받지 않았다고 주장했다. 그 시들은 "우리 고대 유산의 자연스러운 발로이며 우리 신주(神州)*의 목소리이다." 이는 그가 혼합주의 및 다문

* 신국(神國)과 같은 의미

화주의와 평생 동안 벌인 전쟁의 출발점이었다. 소라이는 고대 중국에 대한 진정한 이해와 학자 사이에 가로놓인 중세 텍스트의 영향을 없애기 위해 고군분투했던 반면, 가다와 그의 제자는 모든 중국 전통의 때를 벗겨내기 위해 애썼다.

1728년 가다는 쇼군 요시무네에게 교토에 학교를 열도록 허락해달라는 청원을 했다. 화학(和學)은 한학(漢學)과 불학(佛學)에 압도되고 있는 실정이므로 자신의 학교가 필요하다고 생각했다. 유교 용어는 일상적인 말들이 되었으나, "신황(神皇)의 가르침은 서서히 사라져 해가 갈수록 그 정도가 심해지고 있다. 화학은 몰락하고 있다." 고대 일본 용어에 정통한 이가 더 이상 거의 없어서 이제 심각한 지경에 처해 있다. "고어(古語)를 이해하지 못하면 고어의 의미가 명확해질 수 없다. 고어의 의미가 명확해지지 않으면 고학(古學)은 부활할 수 없을 것이다. ……만약 우리가 지금 고문(古文)을 가르치지 않으면 그 손실은 결코 적지 않을 것이다."[25] 이 말은 소라이의 말과 아주 비슷하게 들린다.

국학의 가르침은 빠르게 퍼졌고, 따라서 더욱 광범위한 집단의 학생들이 일본의 문화적 통합을 입증했다. 가다의 제자 중에서는 가모노 마부치(賀茂眞淵, 1697~1769)가 가장 유명했다. 스승과 마찬가지로 가모 역시 신관의 아들이었다. 1738년 가모가 에도에 학교를 열자 수많은 학생들이 몰려들었고 가모는 유력한 도쿠가와가 사람들에게도 강의를 했다. 그 학생들의 충성서약을 보면 그의 가르침이 거의 종교적 신앙처럼 받아들여졌음을 알 수 있다. 모든 학생들은 "가모 선생님이 훌륭히 가르쳐주시는, 그 옛날 천황이 다스리던 신국(神國)시대의 도(道)를 배우려는 불타는 열정을 가지고 있으며, ……만족할 만한 수준에 이르러 허락을 받을 때까지는 배운 것을 남에게 절대 발설하지 않을 것이다. 또한 선생님을 마지못해 따른다거나 선생님과 반대되는 생각을 한다거나 하지 않을 것이다. 이 서약을 어길 시에는 천지신명께서 나를 벌할 것이다"라고 스승에게 다짐하는 서약서에 서명했다.[26]

가모는 1760년에 학교를 닫고 신도의 전통적 성지인 이세와 그 밖의 장소들을 여행하기 시작했다. 그 결과 가모는 더 많은 학생들을 모으게 되었고, 그 중에는 훗날 다른 어떤 국학자보다 큰 명성을 떨치게 되는 모토오리 노리나가도 있었다. 1765년에 가모는 가장 중요한 저작인 『국의고』(國意考, 고쿠이코)를 집필했다. 『국의고』는 1806년에 가서야 출판되었지만, 그 전에 이미 필사본이 널리 유포되었다. 이 책은 유교에서부터 문자체계에 이르기까지 중국 전통을 정면으로 공격했다. 가모의 동시대인들이 그토록 숭상하는 중국역사는 사기에 불과하고 반란과 음모를 은폐하기 위해 날조된 것이라고 주장했다. 중국의 왕조교체는 만세일계를 자랑하는 일본 전통의 순수함과는 놀라울 정도로 대조적이다. 가모는 중국의 전통 중에서 형식주의와 조직을 거부하는 노자(老子)의 『도덕경』만을 높게 평가했다. 아울러 중국의 이성주의와 일본의 헌신과 신앙을 비교했다. 가모에 따르면 인간의 지성은 사물을 이해하고 설명하는 능력에서 한계가 있기 때문에 (신을) 순순히 믿고 따라야 한다. "신들의 행위는 무한하고 경이롭다." 한마디로 신앙이 이성보다 강하다는 것이다.

모토오리 노리나가(本居宣長, 1730~1801) 역시 대부분의 국학자들과 마찬가지로 무가(武家) 출신이 아니었다. 노리나가는 태양의 여신 아마테라스에게 봉헌된 이세 신궁 근처에 살던 상인의 아들로 태어났다. 그는 평생토록 오직 시문과 고전을 연구했다. 신들의 기원, 창조신화, 태양의 여신이 자신의 후손들에게 일본 섬의 통치를 위임한 경위 등을 연대기적으로 기술한 일본 최초의 역사서로서 712년에 완성된 『고사기』(古事記, 고지키) 연구에 그는 자기 인생의 30년을 바쳤다. 그 다음에는 10세기의 여류작가 무라사키 시키부(紫式部)의 걸작 『겐지 이야기』(源氏物語)를 치밀하게 연구했다.

모토오리는 정치보다는 개인의 문제에 더 관심이 많았다. 국학은 불교나 유교처럼 사람을 개조하려 드는 대신 사람을 있는 그대로 받아들인다고 그는 주장했다. 도덕적 훈계란 결국 헛되고 진실하지 못하다. 문학 연구의

| 교육·사상·종교 |

목적은 모토오리가 모노노아와레(物の哀れ)—우리가 앞에서 살펴보았듯이 사물의 정념(情念)이나 비애에 대한 동정의식을 뜻하는 용어—라고 명명한 어떤 것이다. 여기서는 감정에 대한 소박하고 진심 어린 표현을 통해 전달되는 직관적이고 미적인 공감이 필요하다. 어떤 종류의 것이든 마음 깊은 곳에서 우러나오는 감정—행복, 기쁨, 슬픔—은 아와레로 간주할 수 있다. 그런 감정을 사무라이의 엄격함이나 '중국식' 합리론이라는 이름 아래 단속하거나 억제하거나 숨기는 것은 속임수에 지나지 않는다. 예를 들면 『겐지 이야기』는 오랫동안 알레고리적으로 해석되거나 아예 비도덕적인 것으로 비난받았다. 그러나 이 작품은 모든 진정한 문학처럼 선악과 관계 있는 것이 아니라 단지 모노모아와레와 관계가 있다. 어떤 문학 부문도 시보다 더 잘 이런 의식을 표현하지는 못한다. 더 중요한 점은 여자가 남자에 비해 감정억제가 안되긴 하지만 진정한 감정을 더 정확히 판단한다는 것이다. 사실상 시는 본질적으로 여성적이다. 만약 일본시가 일본적인 표현의 핵심이라면, 결국 일본인의 '정신' 전반, 특히 천황과 관련된 부분 역시 여성적이라고 할 수 있다.[27]

모토오리 노리나가는 엄밀한 문헌학 연구의 대가였지만 『고사기』의 신화가 역사적 진정성을 지니고 있다는 매우 비이성적인 믿음을 굳게 갖고 있었다. 『고사기』에 기록된 것은 진실이어야만 했으며, 그 가르침을 고수하는 것이 '도'를 구성한다고 주장했다. '도'(道)라는 글자를 표기하면서 모토오리는 중국식 읽기로 '도'라고 하지 않고 일본어로 '미치'(みち)라고 했다. 또한 '古事記'도 '고지키'라고 읽지 말고, 순수한 일본말로 대체해서 '후루코토부미'라고 읽어야 한다고 주장했다. 한자와 함께 일본어에 도입된 새로운 것들에 굴복하는 것은 '잘못된' 진심(眞心, 마고코로)을 위해 '순수한 일본의 마음'(大和心, 야마토고코로)을 잃는 것이며, 형식주의·기만·반역의 외국 전통을 받아들이는 위험을 감수하는 일이라는 것이다. 신들에 관한 이야기는 진실임에 틀림없다고 그는 주장했는데, 그것은 사람이 그런 이야기를 지어낼 수는 없기 때문이었다.

해리 하루투니안은 도쿠가와 시대의 국학자들이 이토록 중국 전통에 민감했던 것은 문자 그대로의 사실이라기보다는 일종의 은유이며, 그들은 단지 '중국'을 합리성과 논리에 대한 간략한 기표로 사용했다고 보아야 한다고 주장했다.[28] 이런 주장에는 일리가 있다. 그러나 실제로 국학자들이 상대해서 싸운 유학자들은 고지식한 사람들이라는 평판에 걸맞게 살아가는 일본의 유학자들이었다. 그럼에도 불구하고 일본문화에서 잘못된 모든 것을 중국과 밀접히 연관시키는 것은 향후 중요한 결과를 가져오게 된다.

모토오리는 임종 무렵 40개 구니(國)에 500명의 제자들을 거느리고 있었다고 한다. 그러나 모토오리의 이런 인상적인 네트워크도 히라타 아쓰타네(平田篤胤, 1776~1843)의 영향력 앞에서는 왜소해 보였다. 히라타의 지도 아래 국학은 신도와 확고하게 연계되었고 전국으로 퍼져 나갔다. 히라타에 의해 국학은 종교적·정치적 성격을 띠게 되었다. 고대의 기원(祈願)과 고대의 마쓰리고토(祭り事, 제정일치)를 새롭게 강조했다. 이런 고대의 개념에서 신의 후손이라는 후광에 힘입어 인민을 다스리는 존재는 바로 천황이었다. 천황은 신들을 섬기고, 신들은 천황과 함께 통치의 부담을 나눠 갖는다. 고대의 이런 원시적인 사상의 부활은 국학이 19세기 메이지 국가에 기여한 여러 미심쩍은 공헌 가운데 하나이다. 국학은 본질적으로 국지성과 특수성이 강했다. 실제로 국학의 한 주장에 따르면 일본열도가 생성될 때 쓰이지 못한 저급한 물질들로 다른 나라들이 만들어졌다고 한다.

아울러 이런 주장과는 다소 모순되게 히라타는 다른 나라의 전통에서 유익한 것은 무엇이든지 기꺼이 수용하려 했다. 고대 중국에 초점을 맞춘 중국 중심적 사고에서 벗어난 일본의 국학자들은 중국 이외의 전통에서는 그 장점을 찾아낼 준비가 되어 있었던 것이다. 특히 히라타는 일본의 우월성을 강조하는 논의를 전개했다. 그 자신은 한때 의사 수련을 받았고, 나가사키 주재 네덜란드인들에 의해 수입된 책들을 통해 흘러나온 약간의 서양 의학지식을 갖고 있었다. 그는 이런 의학지식의 차이도 쉽게 정당화할 수 있었다. 신들은 모든 나라에 의학지식을 가르쳤으나, 고결한 일본은 일본

| 교육 · 사상 · 종교 |

보다 더 오염된 나라들의 의학만큼 많은 치료법을 만들어낼 필요가 없었다. 그런데 사악한 외국의 교리를 접하여 자신의 고결함에 손상을 입은 뒤부터 일본은 외국의 치료법이 필요하게 되었다. 어쨌든 '외'국에서 유용한 것은 무엇이든 궁극적으로 일본 것이다. 히라타는 천문학에서의 코페르니쿠스 혁명을 배우자, 그 이론이 아마테라스의 위대함을 증명한다고 주장했다. 일본에 들어온 예수회 번역서를 통해 노아의 홍수 이야기를 접한 히라타는 그 이야기가 일본은 (그런 큰 홍수를 경험한 적이 없으므로) 다른 나라들보다 훨씬 높은 곳에 자리하고 있음을 증명한다고 했다. 심지어 그는 신도의 신 중에서 다카미무스비노카미(高皇産靈神)를 창조신으로 보았다. "이런 사실들은 결코 일본에 국한해서 입증되는 것이 아니다. 다른 많은 나라에서도 인간과 기타 여러 생물의 씨가 다카미무스비노카미의 권능에 의존해 탄생했다고 믿는다"라고 그는 썼다.

그리고 궁극적으로 일본학은 많은 지식의 강이 모여 이루는 바다를 대표하기 때문에 다른 지식보다 우월하다. 히라타에 따르면 "중국뿐 아니라 인도와 네덜란드의 학문조차 화학(和學)이라고 해도 과언이 아닐 것이다. 외국학문에 빠져든 모든 일본인이 이 사실을 숙지해야 할 것이다."[29]

이상에서 알 수 있듯이 다른 나라의 전통에서 유익한 것을 받아들일 자세가 되어 있었다고 하더라도, 히라타는 외국학문을 자의적으로 흡수하는 능력이 있었기 때문에 그가 외국인에 대해 호의적이었을 것으로 생각해서는 곤란하다. 그는 지독히 중국인을 싫어했고 나가사키의 네덜란드인을 경멸했다. "네덜란드인을 한 명이라도 본 적이 있는 사람이라면 다 알고 있듯이 [네덜란드인은] 면도를 하고 손톱을 짧게 깎기 때문에 중국인처럼 불결하지는 않다. ……[그러나] 그들의 눈은 꼭 개 눈깔 같다. 분명 발뒤꿈치가 땅에 닿지 않기 때문에 네덜란드인은 나무굽을 신발에 붙이는데, 그래서 그들은 더 개처럼 보인다. ……[이것이] 그들이 개처럼 음탕한 이유일 것이다. ……네덜란드인은 과도한 성생활과 술에 중독되어 장수하는 자가 없다"[30]고 히라타는 독자들에게 단언했다.

그럼에도 불구하고 히라타의 과장된 수사법에 근거해 그의 논지를 완전히 무시해버리는 것은 잘못이다. 히라타의 저작에 나타난 국학의 한 가지 아주 중요한 특징은 그의 영향력이 일본의 광범위한 농촌지역에 뿌리를 내렸다는 점이다. 히라타와 그의 제자들은 벼농사라는 고도로 실천적인 논의로 발전된 생산성—원래는 『고사기』의 신화에 묘사된 우주의 생산성—을 강조하는 주장을 발전시켰다. 언제나 민간축제의 한 부분을 차지하고 있던 의례와 기원은 촌락이나 공동체 주민의 안녕에 초점을 맞추었다. 농업은 지난날에 비해 훨씬 생산성이 높아졌고, 이는 부분적으로 오쿠라 나가쓰네(大藏永常, 1768~?) 같은 농학자의 저술들을 통해서 이루어졌다. 규슈에서 직인(職人)의 아들로 태어난 오쿠라는 처음에는 학자가 되려고 했지만, 책으로 하는 학문은 농업으로부터 정신을 딴 데로 돌려 결국 파멸에 이르게 할 것이라는 부친의 경고에 따라 진로를 바꾸었다. 그는 "비록 내가 경전을 공부하지 않아 치국(治國)의 비결을 배우지 못한다고 하더라도, 가치 없는 일을 하면서 인생을 허비하고 싶지 않았다. 그래서 농사기술을 배우는 데 야망을 불사르고 다년간 그것을 공부했다"[31]고 스스로를 위로했다. 오쿠라는 『농업전서』(農業全書)를 쓴 미야자키 야스사다(宮崎安貞, 1623~1697)를 비롯하여 일련의 영향력 있는 저술가들과 어깨를 나란히 하게 되었다. 오쿠라는 자신의 저작에서 농업을 더욱 효율적이고 생산적으로 만드는 방법들, 예컨대 알맞은 시기에 이루어지는 경작, 좋은 씨앗, 양질의 농기구, 보조 작물, 양잠 등을 역설했다. 다행히 그는 혼자가 아니었다. 시장이 성장함에 따라 상업적 농업의 기회가 많아지고 식자능력이 보급되자 농촌지도자들을 중심으로 일종의 독서계층이 생겨났으며, 여기에 고무된 출판업자들은 농촌 독자들을 상대로 하는 책의 초판을 2천~3천 부씩 찍어내게 되었던 것이다.

히라타의 국학을 신봉하는 사람들은 농촌독자들 속으로 파고들었으며 정기간행물과 서적에 자신들의 사상을 피력했다. 그들의 책력(冊曆)은 신도의 의식(儀式)에 관한 내용과 농사에 유용한 조언을 함께 담고 있었다.

국학의 전도사들은 또한 그런 가르침이 마을지도자들 사이에서 인기를 얻도록 실용적이고 유사과학적인 조언을 마구 쏟아냈다.[32]

18~19세기 일본의 국학 전통은 역설로 가득 차 있다. 국학은 고학(古學)에서 시작하여 문헌학적 엄밀성을 갖춘 기념비적인 많은 연구성과를 낳았으나, 국학의 지도자들은 황당무계한 주장의 무비판적 수용을 옹호했다. 국학은 태고의 일본이 간직했던 진실함이 외국, 특히 중국사상에 의해 오염된 것을 개탄하는 한편 유용해 보이는 외국사상은 무엇이든 원래 일본 것이라고 천연덕스럽게 주장했다. 이렇듯 외국사상을 자기 입맛대로 취하는 경향은 외국인들에 대한 경멸과 결합되었다. 도쿠가와 시대의 평화, 그리고 막부의 빈번한 후원은 궁극적으로 황실의 권리 주장과 메이지 일본의 근대적인 국가종교 창설에 강력한 버팀목이 되는 연구를 가능케 했다.

6. 난학 또는 양학

지금까지 살펴본 도쿠가와 시대의 다양한 지적 경향이 서로 거의 배타적이지 않았다는 사실이 이제 분명해졌을 것이다. 교육받은 사람들은 모두 중국 고전전통에 대한 충분한 지식을 갖고 있었는데, 그것은 중국 고전이 학문적인 식자능력을 전달하는 매체였기 때문이다. 한편 의사소통이라는 실제적인 필요성 때문에 일본어에도 중점을 두게 되었다. 당대의 가장 탁월한 한학자였던 오규 소라이는 쇼군에게 올린 치국책에 관한 상소문을 일본어로 썼다. 18세기에 국학이 발전하면서 일본어로 쓰인 저작은 존엄과 깊이를 더하게 되었지만, 그럼에도 불구하고 가다노 아즈마마로는 국학 연구를 위한 학교 개설을 허가해달라는 청원서를 고전 한문으로 썼다. 서민문화와 민간전승은 물론이고 도시와 농촌에서 유통되던 실용적인 수많은 입문서와 지침서 역시 일본어로 표현되었다. 엄청나게 많은 사람들이 가보(家譜)와 일기를 일본어로 썼다. 그들에게 중요한 것은 실용성과 유용함이었다. 18세기에는 전문화된 특별한 하나의 학파가 나가사키를 통해 스며든 양학(洋學)의 명백한 실용성과 합리성에 반응을 보이며 발전해 나갔다.

난학(蘭學, 란가쿠)은 의학과 함께 시작되었다. 17세기 유럽 의학은 완전히 과학적이고 믿을 만한 것은 아니었지만, 신체 연구에 바탕을 두고 있었다. 해부학 공부를 위해 해부용 시신 주위에 모여 있는 한 학급의 학생들을 그린 네덜란드 그림들은 동아시아에서는 흔치 않은 직접 관찰을 재현하고 있다. 중국의 고전적인 의서(醫書)들은 우주론과 조화에 관한 이론을 토대로 했고, 치료법도 여기에 따르고 있었다. 의사들은 사회질서의 유지와 회복에 적용되는 규범에 순종하여 음양오행(陰陽五行)의 적절한 조화를 유지하는 의술을 행했다. 서양의학에서는 초기부터 수술이 기본적인 것이었지만 동아시아에서는 수술이 조상으로부터 물려받은 몸에 상처를 내는 위험한 기술이라고 보았기 때문에 수술 자체를 아예 무시했다.

데지마에 위치한 작은 네덜란드 상관은 초창기부터 의학기술—특히 수술—을 전하는 창구 역할을 했다. 데지마의 간부들은 매년 교체되었지만 상관에 소속된 의사들은 여러 해 동안 머물렀다. 켐퍼와 달리 그들은 민족지적인 기술(記述)을 남기거나 역사서를 편찬하지 않았다. 그들의 이름은 전해지고 있지만, 아쉽게도 그들의 편지는 남아 있지 않다. 그렇지만 호기심을 갖고 네덜란드인의 의학기술을 배우려고 했던 일본인과 네덜란드 상관의 의사들이 정보를 교환했던 것은 확실하다.[33] 예를 들면 이른바 카스파르류 외과(カスパル流外科)로 알려진 카스페르 스함부르헤르*의 외과 치료법이 전해졌다. 역설적이게도 18세기 초 네덜란드와의 무역량은 감소했지만, 네덜란드(=서양)의 각종 기술에 대한 관심은 증대되었다.

수입에 의존할 수밖에 없는 물품의 국내 생산을 늘리는 데 열심이었던 쇼군 요시무네는 1720년대에 나가사키를 통해 수입되는 서적에 대한 규제를 완화했다. 쇼군의 서양문물에 관한 호기심은 점점 커져서 에도 방문을

---

* Casper Schaemburger. 생몰년 미상. 1649년 9월부터 1650년 가을까지 나가사키의 네덜란드 상관에서 근무했던 네덜란드인 외과의사.

| 교육·사상·종교 |

명령받은 어떤 네덜란드인이 선보인 말과 승마술로까지 이어졌다. 그 무렵 요시무네는 중국에서 본초학자와 의사를 초빙했다. 또한 서양력에 대해 많은 것을 알고 싶어 했고, 젊은 학자 몇 명을 나가사키에 보내 네덜란드인과 함께 연구를 하도록 했다. 18세기에 들어서 그런 관심은 더욱 증대되었다.

난학은 점차 일본의 일부 교양인들 사이에서 유행처럼 번져 나갔다. 18세기 후반 네덜란드 상관장 이자크 티칭*은 유럽으로 돌아간 뒤 그가 일본에 체류할 때 알게 된 몇몇 다이묘들과 네덜란드어로 서신을 교환할 수 있었다. 네덜란드 상관에서 매일 기록한 일지를 보면 '산푸'(參府)라고 부르는 에도 방문기간에 네덜란드인은 그들과의 면담을 허가받은 일본인 의사들로부터 많은 질문을 받았다는 것을 알 수 있다.

일본인이 네덜란드인을 통해 서양에 대해 더 많은 것을 알기 위해 노력했던 이야기는 세계 문화교류 역사상 가장 눈길을 끄는 대목 가운데 하나이다. 두 집단의 일본인이 이런 교류에 관련되어 있었다. 한 집단은 네 집안이 이끄는 통역조합으로 나가사키에 자리 잡고 있었다. 네 집안 밑에는 다시 열두서너 집안이 있었는데 이들은 모두 통역이라는 직업을 세습하는 권리를 누렸다. 그리고 각 집안은 하급자들을 거느리고 있었다. 1690년대에 켐퍼는 도합 140명가량이 이 조합에 등록되어 있었을 것으로 추정했다.

에도에는 그보다 훨씬 규모가 작은, 주로 의사들로 이루어진 집단이 나가사키의 통역들과는 거의 완전히 유리된 상태에서 활동했다. 에도의 의사들은 대부분 의사 집안 출신으로 그들이 알고 있는 중국 의학지식에 서양의 일부 수술기술을 추가하는 데 흥미를 가지고 있었다. 나가사키의 통역들은 네덜란드어에 대한 그들의 독점권이 깨지는 것을 원하지 않았기 때문에 이들 두 집단 사이의 교류는 거의 찾아볼 수 없었다. 게다가 개인이 이용할 수 있는 국내 우편제도가 없었으므로, 통신은 이런저런 이유로 일정한 목적지를 향하는 각종 행렬이나 선적에 참여하게 된 사람들을 통해서만

---

* Isaac Titsingh. 1744~1812. 도합 세 번(1779~1780, 1781~1783, 1784)에 걸쳐 나가사키의 네덜란드 상관장으로 근무했다.

가능했다. 그 결과 에도의 학자들은 모든 것을 책에 의존해서 연구하는 수밖에 없었다. 그러나 다이묘의 주치의가 되는 행운을 잡은 사람들은 다이묘에게 자신들이 필요로 하는 품목을 구입해달라고 요청할 수도 있었으며, 일본에 이미 들어와 있는 책을 입수하거나 막부관료들이 네덜란드인에게 발주하는 '주문서'에 원하는 책을 추가할 수 있었다. 그러나 네덜란드 상인에게 주문한 물품을 입수하는 데는 적어도 1년이 걸렸고, 그 진행과정은 미치고 환장할 정도로 더뎠음에 틀림없다. 에도의 의사들은 네덜란드인이 수도를 방문하는 동안에만 진짜 네덜란드인을 볼 수 있다는 희망을 가질 수 있었고, 네덜란드인의 에도 방문은 1764년 이후에는 2년에 한 번 그리고 1790년 이후에는 4년에 한 번씩 이루어졌다.

일찍이 이런 의사 가운데 한 명인 오쓰키 겐타쿠(大槻玄澤)는 네덜란드 의사들에게 질문을 할 수 없게 되었다는 것을 알고는 다음 기회를 위해 4년을 기다려야 한다고 안타까운 심정을 적었다.[34] 이용 가능한 네덜란드 책은 점점 귀해졌고, 그러자 사람들은 네덜란드 책을 직접 베껴서 보는 경우가 많았다.

그러나 이런 책들을 해독하는 것은 어학도구가 없었기 때문에 어려움이 더했다. 처음에는 불어-네덜란드어 사전을 사용해서 불어 단어를 일본어 단어로 대체시켰다. 그러나 이런 사전조차 1796년에야 필사본을 이용할 수 있었고, 1855년이 되어서야 비로소 출판되었다. 아주 드문 일이긴 하지만 에도의 학자가 나가사키에서 공부할 수 있는 허가나 명령을 받기도 했다. 그것은 '해외유학'에 버금가는 가치를 지닌 절호의 기회였고, 그 기회를 잡은 행운아들은 대개 미래의 지도자로 성장했다.

1771년에 일본 의학사상 하나의 이정표가 되는 사건이 발생했다. 소수의 에도 학자들이 한 나이 많은 여인의 사형집행 현장에 참석하여 도쿠가와 사회에서 천민으로 취급되는 사형집행인이 사형수의 시체를 분해하는 작업을 감독할 수 있는 허락을 얻었다. 그전에도 몇 번 사체해부를 실시한 적이 있었으나 그때는 정교한 인체해부서를 지참하지 않은 채 진행되었고

| 교육·사상·종교 |

특정한 목적의식이 없는 단순한 호기심 차원에서 이루어진 일이었다. 그러나 1771년의 경우 학자들은 『타펠 아나토미아』라는 제목의 네덜란드어 해부학 책(독일어책을 네덜란드어로 번역한 책)을 손에 들고 있었다. 이 책에는 인체 각 부분에 대한 그림과 명칭이 나와 있었다.

이 모임을 조직한 사람은 스기타 겐파쿠(杉田玄白, 1733~1817)라는 의사로, 그의 이름과 경력이 난학의 발전과 거의 동일시될 만큼 중요한 인물이었다. 뿐만 아니라 모든 학문에서의 철저한 준비를 역설한 오규 소라이의 영향을 받았다는 점에서 그의 삶은 앞에서 논의했던 도쿠가와 시대의 지적 경향의 상호의존성을 예증하고 있다. 스기타의 자서전은 그날 있었던 사체 해부에 대해 표준적인 설명을 제공하고 있는데, 이날이야말로 일본 지성사와 과학에 있어 중대한 날이라고 해도 아마 과언이 아닐 것이다.

시체가 된 죄인은 교토 출신으로 아오차 바바라는 별명을 가진 50세가량의 여인이었다. 해부를 한 것은 한 나이 많은 에타(穢多)였다. 원래는 사체를 절개하는 기술이 좋은 것으로 유명한 도라마쓰라는 이름의 에타가 오기로 되어 있었으나 탈이 나는 바람에 도라마쓰의 조부가 대신 왔던 것이다. 그는 아흔 살이나 되었는데도 정정했으며, 어릴 적부터 이 일을 해왔다고 말했다. 그의 말에 따르면 지금까지 사람들은 사체를 전적으로 그의 손에 맡겼으며 그는 폐, 신장, 그 밖의 장기가 어디에 위치해 있는지 사람들에게 보여주지 않았다고 한다. 그래도 사람들은 인체의 내부구조를 직접 공부한 것처럼 행세했던 것이다. 그러다 보니 인체의 각 기관에는 명칭이 부여되지 않았으며, 사람들은 그저 그가 가리키면 가리키는 대로 만족했음에 틀림없다. 그는 각 장기가 어디에 위치하는지 알고 있었으나 장기의 정확한 명칭을 배우지 못했다. ……우리가 가지고 있던 〔네덜란드어〕 해부도에 따르면 일부는 동맥, 정맥, 부신(副腎)인 것으로 판명되었다. 우리는 폐와 간의 구조 및 위의 위치와 모양이 옛 중국 의학이론에 따라 믿어왔던 것과는 판이하게 다르다는 것을 알았다.[35]

집으로 돌아가는 길에 스기타와 그의 친구들은 인체에 대한 정확한 사전지식도 없이 의사로서 영주에게 봉사하려 했던 것이 얼마나 부끄러운 일이었는지 반성했다. 그날 이후 그들은 실험을 통한 사실만을 추구하기로 맹세했다고 스기타는 적었다. 이어서 스기타는 이렇게 썼다. "나가사키에 사는 통역의 도움 없이 『타펠 아나토미아』를 해독하려면 일본어로 번역해야 한다고 내가 제안했다. 다음날 우리는 한자리에 모여 논의를 시작했다. ……이렇게 해서 점차 우리는 하루에 열 줄이나 그 이상의 분량을 해석할 수 있게 되었다. 열성을 다해 매달린 지 2~3년이 지나서 우리는 모든 것을 명확히 알게 되었다. 그 기쁨이란 마치 사탕수수를 씹는 것처럼 달콤했다."

　이로써 번역의 새로운 시대가 도래했다. 이전에는 중국어를 번역하는 기획이 있었으나 이제는 네덜란드의 과학·기술 관련 서적의 번역에 초점이 맞추어졌다. 중국 학문의 본체를 번역하고자 했던 초기의 노력은 불교 승려 신분의 학생을 중국에 파견하곤 했던 조정의 지원을 받았으나, 지금은 그보다도 훨씬 적은 수의 사람들이 모든 것을 자력으로 해결해야 함을 스기타는 인식하고 있었다. 요컨대 스기타와 그 친구들은 역사적으로 중요한 사업을 함께 하는 협력자로서의 의식을 공유하고 있었다. 동시에 그는 아마도 이전의 전통이 지금의 사명을 "다할 수 있는 마음가짐을 갖게 한 것 같다"고 인정했다. 1815년에 스기타가 회고록을 쓸 무렵에는 스기타 자신도 난학(蘭學)의 확산에 경탄했을 뿐 아니라 보상과 관심을 한 몸에 받았던 자신의 삶을 되돌아보게 되었다. 개업의로서 행한 진료와 공적인 의료활동에 대한 공로를 인정받아 그는 상급 사무라이에 버금가는 수입을 올렸다. 스기타는 손자손녀, 제자, 성공을 큰 낙으로 삼았다. 그는 이렇게 썼다. "처음에 연구계획을 세우기 위해 모인 사람은……겨우 3명뿐이었다. 그러나 50년이 지난 지금 난학은 방방곡곡으로 퍼졌고 매년 새로운 번역서가 나오는 것 같다. ……그리고 특별히 기쁜 것은 일단 난학의 길이 활짝 열린 이제부터는 향후 수백 년 아니 수천 년간 의사들이 진짜 의학에 통달할 수 있으며, 그것을 이용하여 사람의 생명을 구할 수 있을 것이라는 생각

| 교육·사상·종교 |

이 들기 때문이다. 이로써 얻게 될 공익을 생각하면 너무나 기뻐 덩실덩실 춤이라도 추고 싶은 심정이다."36)

이런 외국학문의 새로운 물결은 중국학의 지배에 반기를 들었던 국학의 이데올로기적 공격을 강화해주는 것이었다. 국학자들은 중국학이 이질적이며 일본의 '순수성'에 정신적으로 해를 끼친다고 주장하는 선에 그쳤지만, 스기타와 그의 친구들은 신체형태학에서 알 수 있듯이 중국의 학문이 틀린 경우도 있으며 비실용적이라는 것을 증명할 수 있었다. 그리고 물론 각 학파의 대표적 학자들은 자기 학파가 추구하는 바를 상징적으로 구현했던 것 같다. 18세기 말 일본에서 '중국'은 보수주의, 심지어 몽매주의와 연관되기 시작했다. 1775년에 난학에 거부감을 갖고 있던 한 의사가 스기타에게 편지를 썼다.

"이보세요. 조선과 류큐는 중국이 아니지만, 적어도 동일한 중국 성인의 가르침을 받았습니다. 당신이 가르치는 의학은 중국에서 9천 리 떨어진 서북쪽 변방에 있는 나라들에서 온 것입니다. 이들 나라의 말은 중국말과 다르고 이들 나라는 성인들에 대해 아무것도 알지 못합니다. 이 나라들은 야만인의 나라 중에서 가장 먼 곳에 있습니다. 저들의 가르침이 도대체 우리에게 무슨 득이 된다는 말입니까?"

스기타는 이런 요지의 대답을 했다. 중국인이 야만인에 대해 공공연히 경멸을 표하는 것은 괜찮지만, 현재 중국을 지배하고 있는 이들이 다름 아닌 야만인 만주족임을 주목하라! 더욱 중요한 것은 이 세상사람들은 다 마찬가지며 중국 자체는 단지 사해(四海) 가운데 동방의 바다에 위치한 한 나라에 불과하다. 진정한 의학지식은 몇몇 사람들의 지혜보다는 좀 더 보편적인 근거에 기초해야 한다. 실험은 해부에 대한 성인들의 생각이 옳지 않다는 것을 증명했고, 따라서 네덜란드인이나 그들의 학문을 깊이 생각하지 않고 방기해버릴 수는 없다.37)

난학은 18세기의 마지막 사반세기에 빠르게 퍼져 나갔다. 임종 무렵 스기타는 35개 구니에서 온 104명의 제자를 거느리고 있었다. 그 밖의 많은 이들이 난학을 연구하고 있었다는 점에서 스기타의 처지는 그 자신의 생각만큼 그렇게 고립되어 있었던 것은 아니다.

의학이 난학을 주도하긴 했으나 다른 분야가 배제되지는 않았다. 나가사키는 예술적 영감이 들어오는 항구이기도 했다. 소실점을 이용한 원근법이 판화와 지도의 특징으로 자리 잡았고, 동판을 이용한 실험적인 조판이 도쿠가와 중기 및 후기 예술의 절충적인 성격에 더해졌다. 다시 말해 많은 사람들이 궁극적으로 모든 것이 '화학'(和學)이라고 한 히라타 아쓰타네의 주장을 좇아 행동할 준비가 되었다. 여기서 예술이든 의학이든 또는 19세기 일본의 수학이든 물리학이든 간에 공통점은 정확성과 실용성이었다. 실생활에 적합한 것과 신유학세계의 보편적 원리에 부합하는 것이 서로 경합을 벌이기 시작했다.

그렇다고 해도 일부에서 주장하듯 난학의 발전이 도쿠가와 봉건체제의 조종(弔鐘)을 울렸다고 하는 것은 너무 지나친 주장이다. 난학자들은 자신의 연구를 가능케 하는 자원을 얻기 위해 윗사람에게 의존해야 했다. 그들은 자신이 혁명적 역할을 하고 있다고 상상하기는커녕 새로운 전문지식이 개인적으로 자기에게 득이 되고 자신이 속한 사회를 강하게 만든다고 생각했다. 어떤 경우에는 당국에서 그들에게 '주샤'(儒者), 즉 유학자라는 지위를 부여하기도 했는데, 여기서 주샤라는 용어가 내포했던 재능의 조합이 얼마나 다양했는지도 알 수가 있다. 처음에는 난학자들의 글은 일반 공중(公衆) 사이에 거의 유포되지 않았다.

제1세대 난학자들은 전통을 뒤엎지 않았다. 실제로 난학자들은 스기타가 생각했던 것만큼 빠르고 깊이 있게 일본의 전통의학을 근대화시킨 것도 아니었다. 이는 양자택일의 문제가 아니었다. 대부분의 의사들은 그들이 사용하는 중국식과 일본식이 혼합된 치료법에 서양 의학지식의 일부분을 추가했을 뿐이다. 게다가 번역할 책을 선정하는 과정은 과학적 방식과는 거리가 멀었으며 그야말로 마구잡이 식이었다. 어쨌든 18세기 유럽에서 의학은 빠르게 변하고 있었다. 간혹 번역가들은 유럽에서는 이미 한물 간 저작들을 번역하는 데 여러 달을 허비하기도 했다.

보다 엄밀히 말해서 제1세대 난학자들의 중요성은 그들이 보여준 태도와 마음가짐에 있다. 난학은 새로움과 색다름과 어려움 속에서 얻는 기쁨을 알게 해주었다. 난학은 지금까지 알고 있던 것과 근본적으로 다른 새로운 것이었으며, 그 기본 가정에 있어서 중국 중심의 세계관에 기초한 고전적인 지식과는 최대한 동떨어진 일련의 학문에 대해 눈을 뜨게 해주었다. 또한 난학은 교육이나 학문도구 및 사전에 대한 접근이 용이한 오늘날의 학자들로서는 상상을 초월할 만큼 어려웠다. 난학은 도쿠가와 시대의 지적인 활동에 의해 직조된 풍성한 융단에 중요한 씨줄과 날줄을 더했다. 또한 미래에 심오한 여러 결과를 초래했다.

7. 종교

18세기 일본에 나타난 지적 흐름이 중요하다고는 해도 농촌과 도시에 살고 있던 수백만의 일본인에게 의미를 가졌던 각종 신앙을 등한시해서는 안 된다. 초기 일본의 종교전통은 불교와 민간신앙에서 명맥을 유지하고 있었으나, 불교와 민간신앙 모두 국가의 지침과, 앞에서 논의한 여러 학자들의 사상이 확산되거나 약화되는 과정에 따라 큰 변화를 겪었다.

불교는 도쿠가와 이에야스가 일본 통일을 완성하기 오래전부터 일본의 종교였으며 도쿠가와 시대에도 그 영향력은 여전했다. 17세기의 전환기에 그리스도교가 일부 지역에서 심각한 위협으로 대두하고 그리스도교 박해 후에도 일본의 서남쪽 지방에서 비밀 지하종교로서 명맥을 이어가긴 했지만, 가톨릭의 여러 분파에 대한 도쿠가와 정권의 억압은 그리스도교가 불교와 경쟁을 벌일 수 있는 가능성을 없애버렸다. 일본사회 전체에서 업

(業), 환생, 그리고 금욕 같은 불교교리는 수백만 일본인의 세계관을 형성하는 토대였다.

또한 불교는 권력구조와 긴밀하게 관련되어 있었다. 사회의 최상층에 해당하는 공가(公家)는 승려의 위계와 밀접하게 얽혀 있었다. 통상적으로 천황가에서는 장자 이외의 나머지 아들들은 몬제키(門跡)*로 출가했다. 사무라이 엘리트 가운데 상당수가 선불교의 엄격한 신체적·지적 규율의 영향을 받았다. 학식 높은 선불교 정치가 겸 승려들은 대륙과의 외교에서 중심적인 역할을 했고 가마쿠라(鎌倉)와 교토 같은 인구밀집지역에서 엄숙함과 정관(靜觀)을 상징하는 가장 이름 높고 아름다운 사찰과 정원 몇 곳에 후원자를 연결시켜주었다. 도쿠가와 초기에 실시된 새로운 토지 처분 과정에서 대부분의 사찰이 소유토지를 몰수당하고 정치적 영향력에 타격을 입긴 했으나 노부나가가 엔랴쿠지(延曆寺)에 가했던 그런 무시무시한 공포는 옛이야기가 되었다. 이제는 다이묘들이 허물어지고 소실된 사찰을 재건하기 위해 후원과 시주를 아끼지 않았다. 이에야스 자신도 불교승려들에게 자문을 구했고, 도쿠가와가의 묘도 서민들이 많이 믿는 정토진(淨土眞, 조도신)종의 사찰인 에도의 조조지(增上寺)에 있었다.

그러나 노부나가와 히데요시에게 반항한 대가로 큰 타격을 입은 정토진종 자체는 그리스도교를 금지시키려는 목적의 신앙 조사인 슈몬아라타메(宗門改め)를 위해 호구등록 업무를 맡음으로써 점차 지배구조 안에 흡수되었다. 개인의 신앙을 자신이 등록된 특정 사찰인 단나데라(檀那寺)가 증명해주는 데라우케(寺請) 제도는 18세기에 자리를 잡았다. 그런 다음에는 개인이 아닌 호(戶)를 단위로 단나데라에 등록해야 했다. 또한 혼인, 취직, 주거지 이전, 여행을 하려면 단나데라의 증명서가 필요했다. 이런 식으로 불교조직은 국가 통제의 오른팔이 되었다. 또 일부 지역에서는 반란 전력이 있는 불교종파가 불법화되었다. 막부는 니치렌종의 일부 분파를 차별했

---

* 천황가나 공가(公家)의 자손이 출가하여 살 수 있도록 지정된 사찰.

고, 모든 평민에게 나무로 만든 신분증을 소지하도록 한 사쓰마 번에서는 잇코(一向)종을 금지했다.

막부는 종교조직을 활용하는 동시에 다른 한편으로 그것을 통제하기 위해 전력을 다했다. 사찰과 신사를 감독하는 지샤부교(寺社奉行)의 활동을 용이하게 하기 위해 각 종파의 사찰들은 위계에 따라 조직되었다. 거대한 혼간지(本願寺) 분파도 관리가 더 쉽도록 동·서 두 지부로 나뉘었다. 사찰들은 교의를 단순화하고 다듬어야 했으며 상호 반목을 피하라는 명령을 받았다.

전제적인 정부와 그런 식으로 긴밀한 관계를 맺는 것이 종교의 도덕적 열정이나 정신적 깊이에 보탬이 되지는 않았다. 후원을 보장해주고 상호경쟁을 못하게 하자 사찰과 승려들은 존경이나 높은 신망을 얻는 경우가 드물어졌다. 도시의 인기 있는 작가나 판화가들은 불교 승려의 기행(奇行)을 빈정대곤 했고, 사무라이 지식인들은 불교의 교의를 멸시했다. 17세기의 유학자 구마자와 반잔(熊澤蕃山)은 "그리스도교 금령이 공포되고 나서부터 신앙 없는 불교가 횡행하게 되었다. 과거와 달리 전국의 모든 사람들이 단나데라에 등록되자, 중들은 자기 수양이나 학문에 신경 쓰지 않고 세속에 물들게 되었다. ……그들의 육식과 여색 밝히기는 속세 사람들을 능가한다"라고 썼다. 이런 흐름을 바꾸고 손상된 이미지를 개선하기 위해 전심전력을 기울인 유능하고 출중한 불교개혁가와 학자들은 현실에 안주한 불교계와 힘든 싸움을 벌였다. 이들이 위에서 살펴본 도쿠가와 시대의 다양한 지적 경향을 반영하는 가르침을 제시한 것은 주목할 가치가 있다. 예를 들면 지운 온코(慈雲飲光, 1718~1804)는 도쿠가와 사회에서 불교의 계율을 부흥시키기 위해 노력했고, 그런 노력의 일환으로 산스크리트어를 연구하고 효(孝) 같은 유교 도덕을 지지했다. 그는 탁월한 서예가이자 화가였으며, 이토 도가이(伊藤東涯)한테 유교를 배우고, 참선을 행했다. 그리고 무엇보다도 그는 산스크리트어학의 선구자였다. 지운 온코 이전에 일본인은 한역(漢譯) 불경에 의존했으나, 지운은 중국어라는 칸막이를 걷어내고 직접 원전 안으로 들어갔다. 이렇게 해서 그는 소라이와 노리나가를 고무시킨 문헌학과 고대에 대한 열정을 불교계에서 보여주었다.[38]

그러나 불교가 일본의 종교로서 존속되는 동안 다른 한편에서는 원래의 활력을 상당부분 상실하고 있었다. 일본 인구의 대부분을 차지하는 촌민 사이에서 불교는 조상숭배, 전조(前兆), 점, 인자하면서도 변덕스러운 자연에 대한 염려 등이 조합된 민간신앙과 뒤섞여 있었다. 도쿠가와 후기에는 이런 혼합의 상당부분이 이른바 신도라는 것을 구성했는데, 그렇더라도 신도가 군데군데 구멍이 뚫린 불교라는 커다란 우산 밑에서 빠져 나오는 데는 상당한 시간이 걸렸다.

도쿠가와 지배의 마지막 해인 1868년에 일본에는 8만 7,558개의 사찰과 7만 4,642개의 신사가 있었다.[39] 당시 약 7만 개의 마을(村)이 있었던 것을 감안하면 평균적으로 한 마을에 사찰과 신사가 적어도 하나씩은 있었던 셈이다. 그러나 사찰과 신사가 별개로 분리된 경우는 드물었다. 대부분의 신사는 규모가 작고 관리를 도맡아 하는 신관도 부족했다. 흔히 신사는 사찰 경내나 인근에 자리하고 있었고 사찰의 주지가 신사를 감독했다. 이런 혼합은 태양의 여신 아마테라스에게 봉헌된 이세 신궁에서도 마찬가지여서 이세 신궁은 거의 300개의 관련 사찰을 거느리고 있었다. 대부분 '신도'의 승려들은 불교의 등록법을 따르도록 되어 있어 법적으로는 '불교도'였다.

또한 민간숭배도 넘쳐났다. 대다수가 지역에 기반을 두었고, 참배객이 모여드는 장소에 집중되어 있었다. 후지 산, 와카야마(和歌山) 반도의 구마노(熊野), 이와시미즈(石淸水) 신궁 등이 이런 장소들의 대표격이다. 이들의 지역 중심적 성격에도 불구하고 꽤 멀리 떨어져 있는 지역까지 퍼져 나가기도 했다. 예컨대 후지 산 숭배는 신도 집단인 고(講)를 조직하고 정기적으로 돌아가며 각 고를 방문하는 순회 신관인 오시(御師)로 구성된 복잡한 조직을 갖추고 있었다. 정해진 신분과 안정에 기초한 도쿠가와 사회에서 예외적으로 여기저기 떠돌아다녀야 했던 오시는 분명 특별한 사회적

| 교육·사상·종교 |

범주였으며, 따라서 관료들이 그들에 대한 경계를 늦추지 않았으리라는 것을 충분히 짐작할 수 있다.

신도의 무정형적 특성 때문에 신도에 대한 정부의 규제는 상당히 느슨할 수밖에 없었다. 주요 신사는 보통 세습적으로 신분을 이어가는 신직(神職)을 두었고 가끔씩 참배를 위해 조직된 단체들을 거느리고 있었다. 다이묘가와 관련된 수호 신사에도 마찬가지로 세습적인 신직이 있었다. 이런 혼란을 바로잡기 위해 1665년에 막부는 모든 신사와 소속 신직에게 직급과 칭호를 나타내는 승복을 착용할 수 있으려면 고대에 의례를 담당했던 씨족의 후손인 요시다(吉田)가에 신청하라는 법령을 공포했다.

신도와 관련한 이런 복잡한 양식 중에서도 이세 신궁은 조직과 지원의 크기 면에서 단연 돋보였다. 왜냐하면 오시와 이세 신궁이 의존하고 있던 촌락의 자매단체인 고(講)로 이루어진 네트워크를 일본 전역에서 찾아볼 수 있었기 때문이다. 오시는 전국의 주요 교통로를 따라서 지속적으로 이동했고 관할지역 전체를 1년에 한두 번 순회했다. 많게는 한 명이 1만여 호(戶)를 살피는 경우도 있었다. 오시는 농경생활의 주기와 밀접한 관계가 있었다. 그들은 건강, 풍작, 정화(淨化), 복 등을 기원하는 단순한 징표 즉 부적뿐만 아니라 가장 중요한 농사일정과 간지(干支)의 진행에 대한 정보를 담고 있는 책력을 배포했다. 그들은 각 촌락의 연공액에 따라 적당한 금액의 돈을 후원받았다. 이세 신궁의 내궁은 309명의 오시가 딸려 있었고, 외궁은 555명이 있었다.

(간지에 기초한) 60년 주기는 중국에서 전래하여 이미 7세기에 일본에서 사용되었으며 그에 따라 천황가의 시작은 기원전 660년으로 소급되었다. 개인의 삶에 있어서든 당대 사회의 연대에 있어서든, 60년 주기의 완성은 재생을 의미하는 상서로운 일이었다. 에도의 경우 이 경사는 이세 신궁 참배와 결합되었다. 오시(御師)는 참배객들을 이세에 있는 여관에 맞아들였다. 가구라(神樂) 연주에 맞춰 춤을 추고, 그 후에 참배객들은 자유롭게 관광을 하거나 휴식을 취했다. 그들은 복을 가져다준다는 부적, 즉 '후다'(札)

를 가지고 돌아갔다. 때때로 이런 참배는 축제의 성격을 띠기도 했다. 건강과 풍년을 약속하는 부적의 신비한 효험에 대한 소문이 퍼지면 그것을 얻으려고 사람들이 우르르 몰려들기도 했다. 단순히 베풀기 위해 그랬든 아니면 군중으로부터 자신을 보호하기 위해 그랬든 부자들이 제공하는 술은 가무에 신명을 더해주었다. 오시가 배포한 책력은 사람들에게 가까운 시일의 날짜를 알 수 있게 해주었고, 그들의 참배여정을 안내하고, 여행자들을 도로변에 위치한 허름한 숙박집인 '이세야'(伊勢屋)로 인도했다. 앞장에서 말한 바 있듯이 여행의 확대로 인해 이세 신궁 참배는 일생일대의 경험으로 점차 인식되기 시작했다. 모든 사람들이 참배를 위해 축제가 있는 해가 오기만을 기다렸던 것은 아니다. 실제로 대형 참배사고가 있었던 해와 북새통을 이루었던 해 사이에는 단지 미미한 상관관계가 있었을 뿐이다. 18세기에 이르면 50만 이상의 참배객들이 매년 이세를 찾았다. 축제가 있는 해가 가까워졌다는 입소문이라도 퍼지면 엄청난 수의 사람들이 이세로 향했다. 겐로쿠 시대에는 대략 350만 명의 사람들이, 1771년에는 200만 명, 1830년에는 300만~400만 명의 사람들이 이세를 방문했다. 여기서 주목해야 할 것은 이세에서 벌어지는 행사의 초점이 아마테라스였다는 점을 제외하면 이런 참배현상이 구체적으로 신도와 관련된 것은 아니었다는 점이다.

대부분의 사람에게 이세 신궁 참배는 일상에서는 맛볼 수 없는 흥겹고 심지어 광란에 가까운 일종의 막간극이었다. 이와는 정반대로 일본 구석구석에서 생활의 일부처럼 여겨진 축제인 마쓰리(祭り)는 정기적으로 향토애를 구현하는 행사로서 사람들과 지역사회 간의 연대를 재확인하는 구실을 했다. 연중 농사일정 가운데 적당한 시기에 행해졌던 이들 신사 중심의 행사는 각 고장에 자기 나름의 환희와 자부심을 갖게 했다. 모든 연령집단이 합심하여 축제를 준비하고 진행했기 때문이다. 마을지도자와 어른들은 조직적으로 음식과 의상을 장만했으며, 혈기 왕성한 청년들은 한껏 힘을 발휘하여 육중한 '우지가미'(氏神), 즉 고장의 수호신을 시끌벅적하게 이쪽 신사에서 저쪽 신사로 나르고, 신이 난 아이들은 이들의 뒤를 쫓아 뛰어다

| 교육·사상·종교 |

녔다.

　불교, 민간신앙, 자연숭배, 참배여행이 혼합된 또 다른 경우는 일본 농촌에 널리 퍼져 있던 민간종교 슈겐도(修驗道)에서 찾아볼 수 있다.[40] 오랜 옛날부터 일본에서 산은 종교적 의미를 가지고 있었다. 천황과 공가는 산악지역, 특히 구마노(熊野)와 요시노(吉野)에 참배하러 갔고, 속세로부터 신성한 세계로의 이행을 상징하는 입산을 통해 자신을 정화하려 했던 수도자들도 여기에 모여들었다. 사찰을 창건하는 것 또한 개산(開山, 가이산)이라고 했다. 입산 수도자들은 수행을 통해 더위와 추위를 견딜 수 있는 마력, 공중부양, 극락을 왕래할 수 있는 능력을 얻으려고 했다. 이들이 수행을 마치고 하산하면 심령치료사 같은 역할을 했다. 이런 수행을 제도화함으로써 구마노와 요시노는 슈겐도의 중심지가 되었다. 두 곳은 서로 경쟁을 벌였지만, 둘 다 밀교인 진언종(眞言宗)과 관련이 있었다.

　여기서 다시 막부는 정지작업에 나섰다. 민간종교를 지배체제 안에 끌어들이고 합법화하기 위해 막부는 1613년에 모든 '야마부시'(山伏し, 입산수도자)는 슈겐도(修驗道) 본산 두 곳 중 한 곳에 귀속하도록 명했다. 한편으로 이제 슈겐도는 자유로이 일반사람들과 연계하면서 교세를 키울 수 있게 되었다. 권위를 얻게 되자 야마부시는 금욕주의를 버렸다. 가정을 갖고 육식을 했다. 이러저리 떠돌아다니는 탁발승으로 남는 대신 마을에 정착해서 정기적으로 고객들을 상대로 의식을 집행해주었다. 입산수도의 목적도 개인의 신비주의적 체험이나 참회를 위한 것에서 비금욕적인 속세의 사람들을 치료해주기 위한 것으로 변했다. 또한 슈겐도를 따르는 주민들은 참배여행을 하고 특정한 신의 숭배를 후원하는 신도회로 조직되었다.

　슈겐도의 추종자들은 거대한 집단이 되었다. 한 연구에 따르면 19세기에는 추종자의 수가 17만 명에 달했던 것으로 추정된다. 슈겐도의 지도자들은 사찰이나 지역 신사의 주지를 겸하고 있는 경우가 많았다. 간혹 그들은 학교를 열기도 했고, 많은 면에서 마을의 유력 지주들과 친밀한 관계에 있거나 아예 그 일원이 되었다. 유력자들 중에는 슈겐도가 촌락생활의 질서와 규율을 유지하는 데 기여할 수 있을 것이라는 믿음에서 슈겐도를 따르는 자가 적지 않았다.

19~20세기 일본의 신흥종교가 그러했듯, 슈겐도는 여성에게 주어진 위치와 역할이 있었다. 사원기록을 보면 때때로 여성은 승려의 아내로 등록이 되어 있기도 했지만 대개는 같은 동료로서의 역할을 했다. 여자무당인 '미코'(巫女)는 야마부시와 함께 치유의식을 집행했다. 엄격하고 완고한 야마부시는 명령을 내리고 유연하고 감정이입이 용이한 미코는 영매가 되어 신령의 계시에 해당하는 보상이나 징계를 전달했다. 미코는 그들만의 정해진 영역이 있었고, 그들에게 심령술을 전수하는 여자스승 밑에서 훈련을 받았다. 여자무당 중에서 이타코(いたこ)라고 하는 일본 동북부의 여자무당은 맹인이었다.

슈겐도 의식은 임신, 출산, 분실물 찾기, 병 치료, 악령(惡靈) 추방, 제사, 참배 등과 떼려야 뗄 수 없는 관계에 있었다.[41] 의식은 대개 일종의 마을행사처럼 떠들썩했고, 의식을 치르는 집안에서 마을사람들에게 음식물을 제공해야 했는데 부잣집이 아니면 이것은 상당한 부담이 되었다.

이상의 모든 것이 종교 사상과 의례의 다양성뿐 아니라 조화를 잘 보여주고 있다. 거기서 사용되는 언어와 심상은 전부 불교에서 유래했지만, 자연숭배와 샤머니즘 관습 등의 요소는 분명 더 많은 부분을 고대의 민간신앙에 뿌리를 두고 있다.

8. 서민 교화

농촌에서 마을사람들을 매료시켰던 가르침의 혼합주의적 성질은 지방 도시나 조카마치에서 행해졌던 서민 교화나 강연에서도 찾아볼 수가 있다. 일본에서 서민 교화는 오랜 전통을 가지고 있었다. 서민들은 만담가들이 풀어내는 중세 무사들의 무용담에 친숙했고, 가마쿠라 시대의 불교개혁가들은 방방곡곡을 돌아다니며 엄청난 수의 군중을 끌어 모으곤 했다. 그러나 도쿠가와 시대만큼 서민 교화가 일상의 현실적인 문제들에 초점을 맞추고 서민 교화를 접하기 쉬웠던 적은 없었다. 연사들이 수백 명의 청중을 앞에 두고 강연을 하는 일은 그다지 드문 일이 아니었다. 호소이 헤이슈(細井平洲, 1728~1801)는 자신의 경험을 이렇게 적었다. 그가 일본 북부의 어떤 지역에서 강연일정을 마치자 "마을사람들은 모두 울어서 목이 메였고, 특히 연로한 분들은 내가 떠나는 모습을 지켜보는 것이 얼마나 슬펐는지 내가 요네자와(米澤)를 향해 떠날 때 칠팔백 명이 눈 덮인 길에 주저앉아 대성통곡을 했다."[42] 호소이의 메시지는 그를 초청하여 강연을 맡긴 그 지역 당국자들을 흡족하게 했던 내용임에 틀림없다. 성실·검약·겸손·근면은 생활의 핵심이며, 촌 역인(役人)이 촌민의 재정문제에 얼마나 세심한 주의를 기울이고 있는지 알게만 된다면 촌민들은 촌 역인의 은혜에 기꺼이 보답할 것이었다. 여하튼 당시 농촌주민들에게 가능했던 교육 또는 기분전환의 대안적 형식이 부족했다는 점을 감안하더라도 청중을 연사 앞으로 불러 모은 것은 결국 자기 향상을 꾀하려는 청중들의 자발성이었다.

연사들 중에는 선불교의 보급에 앞장선 선승(禪僧)들이 있었다. 이들은 속세의 청중을 직접 찾아 나서거나, 한자가 아닌 이해하기 쉬운 일본어로 글을 썼다. 그리고 선불교 가르침의 정수만을 추려내려 했고, 청중들의 관심사에 대해 직설적으로 이야기했다. 세키가하라 전투와 오사카 전투에 참전했던 스즈키 쇼산(鈴木正三, 1579~1655)은 서민들이 생활 속에서 경험하는 평범하고 일상적인 일이 깨달음을 줄 수도 있다고 주장했다. 중요한 것은 내면의 태도였다. 내면의 태도를 바로 하고 정신을 집중하면, 모든 상거래가 해탈에 이르는 길이 될 수 있다는 것이었다. 그가 말하는 깨달음은 '진심'에 도달하는 데 초점을 두고 있었고, 진심이란 말은 신유학의 유심론과 통하는 면이 있었다.

이런 사상은 농민의 아들로 태어나 교토의 상인집안에서 고용살이를 했던 이시다 바이간(石田梅岩, 1685~1744)의 가르침에 의해 강력하게 표현되었다. 고용살이를 하면서 몰래 불교·신도·유교를 연구한 바이간은 1729년에 교토에서 자신의 사상활동인 심학(心學, 신가쿠)의 출발점이 된 일련의 강연을 했다. 드러내지는 않았지만 대개는 주자의 가르침에 근거를 두고 바이간은 학(學)을 지적인 활동이 아닌 개인의 경험과 성찰을 통해 인간성을 연구하는 하나의 도전으로 간주했다. 도덕의 보편성을 확신하게 되자 바이간은 도덕적 수행에서 이른바 도쿠가와 신분사회의 최하층을 이루는 상인이 다른 계층에 비해 열등한 것으로 생각해서는 결코 안된다고 주장했다. 이는 사실상 사무라이의 무사도(武士道)에 비견할 만한 상인의 윤리, 즉 '조닌 도'(町人道)를 상정한 것이다.

이런 사상은 많은 제자들, 특히 데지마 도안(手島堵庵)에 의해 한층 더 발전했다. 바이간의 사상은 "철학체계라기보다는 조닌과 상인의 존재의식을 설명하는 하나의 유형이자 방법이었다."[43] 자신이 담당하는 이들의 정신적 향상을 평가하는 공인받은 대가의 지도 아래 운영된 독서모임과 연구모임이 늘어나면서 심학 역시 성장했다. 모임은 극도로 간소하게 이루어졌고, 스승은 선물이나 사례를 받지 않았다. 이는 상인들의 가치관인 근면과 검약에 대한 강조와 완전히 부합하는 것이었다.

전통적으로 멸시되던 상인계급에 가치를 부여했다는 점에서 다소 과격해 보일 수도 있었겠지만 심학은 결코 정치적이거나 체제전복적이지 않았다. 실은 정반대였다. 데지마 도안은 관에서 설치한 공고판인 고사쓰(高札) 앞을 지날 때면 우산을 내리고 절을 했으며, (권위에 반항하여 지팡이를 들어올린 것처럼 보이는 일이 없도록) 가급적 지팡이 사용을 삼갔다는 일화가 전해진다. 개혁기간에 막부의 관료들이 심학 강연자들을 군중집회와 공연을 금하는 법령에서 제외시키는 경향을 보이고, 메이지 유신 및 신분제 철폐와 함께 심학이 종말을 맞게 된 것도 사실상 심학이 봉건적 권위에 순종하는 듯이 보였기 때문이다.

그러나 심학의 중요성은 에도 시대 일본의 정신수양에 대한 추구가 어쩌면 사무라이 사회에서보다도 서민사회에서 훨씬 더 특징적으로 나타났

| 교육·사상·종교 |

다는 것을 다시 한번 보여주었다는 데 있다. 진심을 구하는 것이든 성불(成佛)하려는 것이든, 아니면 (신도의) 신처럼 되고자 하는 것이든, 다양한 유형의 일본인들은 자신의 '이기적' 욕망과 계산을 억제하려 애썼으며, 성(誠, 마코토)에 대한 해설과 권고를 한없는 인내심을 가지고 경청했다. 자의적인 경우가 많았던 봉건적 신분제와 법령이 가하는 제약에도 불구하고 일본사회 내의 모든 집단이 추구하는 가치들은 일치하게 되었고, 각 집단은 더 큰 전체에 기여하는 일의 중요성을 이미 납득하고 있었다.

변화 · 저항 · 개혁

8

유교철학을 위해 관직을 사퇴한 사무라이 관료 오시오 헤이하치로(大鹽平八郞, 1793~1837)는 1837년 2월 19일 추종자들에게 봉기를 일으키라는 신호로 오사카의 자기 집에 불을 질렀다. 농민들은 세금 장부를 탈취해 불사르고, 도시빈민들은 호상(豪商)의 재산을 빼앗아 분배하기로 했다. 그 다음단계에 무엇을 할지는 명확하지 않았으나, 그들 사이에서 도쿠가와 지배라는 악(惡)이 태양의 여신 아마테라스와 그 자손인 천황의 절대적 고결함과 대비되었음은 의심의 여지가 없다. 불길은 오사카의 상인 중심지 전역에 걸쳐 이틀간 맹위를 떨쳤고, 빈민들은 막부의 군대가 반란자들을 진압할 때까지 부자들의 집과 창고를 약탈했다. 오시오는 주자학과 경쟁관계에 있는 (그리고 금지된) 학파이며 지행합일(知行合一)을 권면하는 양명학(陽明學)을 선택하고 정통 주자학을 버렸다. 그는 자신의 깃발에 쓰인 문구대로 '구민'(救民)을 위해 목숨을 바칠 각오가 된 성인이라 자처했다. 오시오에 대한 기억과 그의 이상 및 사상은 그가 죽은 뒤에도 살아남아 훗날 각계각층의 일본인을 직접 행동에 나서도록 했다. 예컨대 메이지 유신을 주도한 지사(志士)들, 무사의 순수함이 이기심으로 타락하는 것을 거부한 노기 마레스케(乃木希典) 같은 사무라이, 제2차 세계대전 발발 전 몇 년간 성행했던 급진 학생세력, 그 뒤를 이은 1960년대의 급진 학생세력, 1970년에 극적인 자살로 생을 마감한 소설가 미시마 유키오(三島由紀夫) 등을 들 수 있다. 이들과 마찬가지로 오시오의 행동도 정치적 욕구보다는 도덕적 동기에서 비롯되었다. 실패로 막을 내린 그의 반란은 저항이라는 도쿠가와 시대의 전통에서 절정을 이루었고, 이후의 허무주의적 폭력의 표출을 예고했다. 따라서 오시오의 반란은 도쿠가와 사회가 위기에 직면했다는 피력인 동시에 위기에 대한 반응인 셈이다.

도쿠가와 시대의 모든 정치경제에 대한 논의와 신앙상의 변화는 사회와 권위에 나타난 점진적인 변화들을 배경으로 해서 일어났다. 위계와 복종이라는 외적 형태는 예전 그대로였으나, 그 이면에서는 변화가 끊이지 않았다. 또한 그런 변화는 때와 장소에 따라 달랐는데, 그것은 일본이 결코 획일적이지 않았기 때문이다. 거대도시에서의 경제적 변화는 상대적으로 낙후한 구니(國)의 경제적 변화보다 훨씬 빨랐지만, 그렇다 하더라도 모든 면에서 도쿠가와 시대 초기의 생활 패턴을 유지하고 있는 지역은 거의 없었다. 당대의 사람들은 세상만사가 자꾸 변하는 것에 대한 아쉬움을 적잖이 기록으로 남겼다. 콘래드 토트먼의 말대로 "18~19세기의 통치자들은 도쿠가와 막부 창시자들의 시대를 찬양했고, 도시민들은 1657년 이전의 에도가 보여주었던 경이로움을 회상했으며, 상인들은 겐로쿠 시대를 비할 바 없는 풍요의 시대로 소중히 여겼다."[1] 중심으로서의 막부와 주변부로서의 번 사이의 균형에 점차 변화가 생겼고, 지배계급과 피지배계급 간의 균형에도 변화가 생겼으며 촌락의 지도자와 촌민들 사이에도 비슷한 변화가 있었다. 이와 같은 변화는 19세기 중반 막부의 붕괴를 초래한 사건들에 영향을 주었고, 근대 메이지 국가와 사회의 동력에도 기여했다.

1. 인구

대체적으로 경제적·사회적 고난이 저항에 불을 붙이는 충분조건이라고 한다면 저항과 관련된 근원적 원인에 대한 고찰은 사람과 토지 사이의 균형

| 변화·저항·개혁 |

에 대한 것으로부터 시작해야 한다. 인구성장과 경제발전 사이의 관계는 중요한 문제들을 제시한다. 20세기의 저발전세계에서는 인구성장이 투자를 위한 잉여를 남겨두지 않은 채 농업사회의 자원을 소비해버리는 사례가 비일비재하며, 인구성장에 수반하는 도시환경의 황폐화가 경제적 발전을 저해하는 것처럼 보이는 경우가 많다.

불과 수십 년까지만 해도 학자들은 도쿠가와 일본을 대개 이와 유사한 관점에서 기술했다. 17세기의 급격한 인구증가는 맬서스의 인구론에서 말하는 한계에 이르도록 만들었고, 이로 인해 이용 가능한 자원은 고갈되고 농촌지역에는 과도한 세금이 부과되면서 더 이상의 성장을 불가능하게 만들었다고 이들은 주장했다. 도쿠가와 당국자들은 짜낼 수 있는 최대한까지 농민들을 착취했던 것으로 간주되며, 농민들은 살 수도 죽을 수도 없는 상황까지 세금에 허덕였던 것으로 보였다. 마르크스주의자들의 가정에 많은 영향을 받은 20세기 초 일본의 역사가들은 기근이 일본 땅을 휩쓸 당시의 절망적인 상황을 기록한 당대 관찰자들의 저작에서 설득력 있는 구체적 증거를 찾아냈다. 하지만 그들의 이런 관점은 다른 기록들과는 별로 일치하지 않는다. 1850년대와 1860년대에 일본에 왔던 외국인 여행자들은 밝고 번영하는 농촌을 묘사했다. 또한 맬서스가 강조하는 내용은 19세기 후반 일본의 역동적인 성장과 양립하기가 어려웠다.

촌락의 기록과 막부의 명령으로 이루어진 소속 종교집단에 대한 전국적인 조사를 가지고 연구를 행한 보다 최근의 인구학자들은 이전과는 다른 결론에 도달했다. 이들은 우선 예전 연구들이 세키가하라 전투가 있었던 시대의 인구규모를 과대평가하는 우를 범했다는 주장과 함께 논의를 시작한다. 예전의 연구는 1600년의 일본인구를 약 2천만 명으로 추산했다. 그러나 지금은 대략 1,200만을 더 타당한 수치로 보고 있다. 하야미 아키라(速水融)가 주도하는 인구학자들은 이런 새로운 수치를 토대로 17세기의 인구급증을 부각시켰다. 관련기록들이 상층 사무라이와 도시의 유민을 제외하고 있기 때문에 여전히 추정치에 불과하긴 하지만 일본의 인구는 도쿠가와 시대 전체를 통틀어 3배 증가한 것으로 보인다. 인구급증의 가장 큰 요인 가운데 하나는 농가(農家)가 가부장적인 확대가족에서 핵가족으로 변화한 것과 관련이 있다. 더 작은 가족단위가 더 빠른 인구성장을 유도하기 때문이다. 토지가 부족해지자 새로운 논밭이 개간되었고, 심지어 경작이 거의 불가능할 것 같은 산비탈에까지 밭과 계단식 논이 들어섰다. 17세기에 다이묘들은 농민에게 세금 혜택을 주거나 어떤 경우에는 농경지를 확장한 공로를 인정하여 특정한 신분인 향사(鄕士, 고시)*를 부여함으로써 농민의 토지개간을 장려했다. 1720년부터 막부는 막부대로 6년에 한 번씩 토지조사를 명함으로써 토지개간에 관심을 보였다. 18세기에는 그런 확장이 주춤했는데, 이는 얼핏 맬서스주의의 정체(停滯)를 정당화해주는 것처럼 보였다. 그러나 오늘날의 인구학자들은 중요한 지역적 차이를 부각시키고 있다. 일부 지역, 특히 에도를 중심으로 한 동북부지역은 처음에는 인구가 굉장히 빠른 속도로 성장하다가 나중에는 감소를 보이기 시작했다. 반면 예전의 '낙후된' 지역들의 인구가 비록 상대적으로 더디긴 했으나 지속적으로 성장했다. 결국 가장 도시화되고 경제적으로 앞선 지역들은 인구의 안정화 또는 심지어 감소를 보인 반면 덜 '발전한' 지역들은 계속해서 인구가 증가한 셈이다. 훗날 19세기에 이르면 대부분의 지역에서 다시 인구성장이 시작되었다.

다른 학자들, 특히 고조 야마무라와 수잔 핸리[2)]는 우리가 도쿠가와 시대 인구성장의 억제요인들을 이해하는 데 중대한 공헌을 했다. 이따금 자연재해가 심각하게 인구를 억제했다. 지역의 자치(自治)를 기반으로 한 번(藩) 제도하에서는 다른 지역에서 곡식을 들여와 기근과 싸운다는 것이 어려운 일이었다. 1732~1733년의 교호(享保)기에는 기상이변에 더하여 곤충떼의 습격으로 일부 지역에서 미곡의 거의 절반이 유실되었고, 관련 당국자들은 사망자가 부지기수이고 영양실조에 걸린 사람이 수백만 명이라

* 농촌사무라이

고 보고했다. 1783년(덴메이[天明] 3년)에는 화산이 폭발하여 화산재가 비옥한 토지를 뒤덮고 인근 마을들을 폐허로 만들었으며 뒤이은 기상악화는 일본 동북부지역의 벼농사를 거의 망쳐 놓았다. 이런 재해는 필연적으로 해당 지역에 대규모 기아와 인구감소를 초래했다. 그 후 덴포(天保)기인 1837년과 1838년에는 냉해로 인해 다시 한번 흉작이 들었고, 오사카 성에서는 덴포기의 기근 동안 전염병이 번져 성 인구의 10분의 1 이상이 목숨을 잃었다.[3] 그렇지만 인구학자들은 이런 종류의 특정한 재난들은 (근대식 전쟁에서 발생하는 엄청난 수의 민간인 희생자의 경우와 마찬가지로) 한 세대 안에 다시 회복된다고 주장한다. 여하튼 토양침식에서 비롯된 생태계의 손상과 목화 같은 상업작물 재배가 곡물 재배를 대체한 결과 농촌주민들은 심각한 기후변동에서 살아남기가 더욱 힘들어졌다.

어떤 면에서 일본 인구의 상대적인 안정은 훗날 19세기 후반의 인구증가를 위해서는 다행스러운 일이었다. 중국의 인구는 18세기에 거의 두 배로 증가했지만 일본은 그렇지 않았다. 20세기 초반에 이르러 일본의 정치 평론가들은 과잉인구에 대해 걱정하면서 이민과 정착이 가능한 지역들에 대해 논의했지만, 실제로 상황이 그 정도로 심각해지기까지는 거의 반세기 이상의 시간이 더 걸렸다.

또한 최근의 연구들은 도쿠가와 시대에 시행되었던 인구조절 수단들에 초점을 맞추고 있다. 일본에서 결혼은 비교적 늦은 편이었고, 그 결과 여성들의 출산 가능기간이 단축되었다. 일본의 많은 지역에서 젊은 남자들은 농번기가 끝나면 도회지로 일자리를 찾아 떠났는데, 이런 관행은 데카세기(出稼ぎ, 일정 기간 타향에 가서 돈벌이를 함)라고 하며 근대에도 계속되었다. 18세기에는 막부의 고닌구미(五人組) 제도와 토지 매매 및 구획 금지 조치가 사람들의 일상생활에서 실질적인 의미가 거의 없는 사문조항처럼 되었다고 하야미는 주장한다.[4] 그러나 상속은 여전히 불평등하여 장남 이외의 자식들은 다른 곳에 가서 돈벌이를 해야 했다. 예전부터 전해 내려오는 여러 방식의 낙태도 흔한 일이었다. 기근이 들거나 먹고살기 힘든 해에

는 당대의 도덕군자들이 영아살해를 개탄했으나 최근의 연구는 영아살해가 일반적이었다는 주장을 반박한다.[5] 통치자들은 이런 관행이 자신의 도덕성을 함축적으로 반영하고 있다고 보았기 때문에 수시로 영아살해를 단속했다. 영아살해가 얼마나 자주 행해졌는지 모르지만 영아살해 관행은 지역마다 차이가 있었고, 동일 지역 안에서도 자식을 모두 키울 수 있는 여유가 있는 사람과 그렇지 못한 사람을 가르는 기준이 되는 수입과 계층에 따라 차이가 있었다. 영아살해를 뜻하는 마비키(間引, 작물이 잘 자라도록 '솎아낸다'는 뜻의 농사용어에서 유래)는 부유한 사람들보다는 찢어지게 가난한 사람들 사이에서 더 일반적으로 행해졌을 거라고 미루어 짐작할 수 있는데, 토머스 스미스는 이런 짐작이 맞다는 것을 입증하고 있다. 한 촌락에 대한 그의 연구는 사람들이 (토지 소유 여부에 따라) 경제적으로 부유해지기도 하고 몰락하기도 하는 모습을 보여줌으로써 근대 일본사회를 '정체'와 무기력으로 특징짓는 이론들을 보기 좋게 논박했다.[6]

2. 지배자와 피지배자

에도 시대에 일어난 구조적 변화의 또 다른 측면은 상층 사무라이 내부의 구별이 모호해졌다는 것이다. 17세기에 막부는 조정과 다이묘 사이의 접촉을 차단하기 위해 애썼고, 초기에 후다이다이묘와 도자마다이묘 간의 구분도 매우 중요했다. 전쟁이 끝나 평화가 찾아오고, 문민적인 생활과 신분에 어울리는 의식이 폭력적인 방식을 대체하자, 조정은 무가의 수장들을 새롭게 매료시켰다. 다이묘들은 정략결혼에 열을 올렸다. 다이묘가의 혼인은 막부의 허락을 얻어야 했지만 막부 역시 천황의 능에 관심을 갖기 시작했다. 후다이다이묘든 도자마다이묘든 상관없이 모든 다이묘는 영지의 관리와 경제적 안정에 더욱 몰두했다. 막부의 고위직은 비교적 적은 수의 후다이다이묘가 출신이 독점하는 경향을 보였고 다른 다이묘들은 관직에 연연하지 않고 자유롭게 자신의 이익을 추구하게 되었다. 혼인과 양자 결연을 통한 집안간의 제휴 역시 마찬가지였다. 수많은 측실과 자녀를 둔 쇼군 이에나리는 기회만 있으면 어디든지 자신의 아들을 양자로 보냈다. 이에나리 자신은 도자마다이묘인 (사쓰마 번주) 시마즈(島津)의 딸을 측실로 맞아들였는데, 그녀는 이에나리와 정식으로 혼인을 올리기에 앞서 공가인 고노에(近衛)가의 양녀가 됨으로써 귀족의 격식을 갖추었다. 이에야스 시대에 공가(公家)와 무가(武家)로 양분되어 있던 특권층이 다시 융합되기 시작한 것이다. 1880년대에 신생 메이지 정부는 이런 융합을 공식화하여 화족(華族)이라는 새로운 계층을 만들어냈다. 하지만 '구'귀족과 '신'귀족이라는 미묘한 구별이 있었으며, 전(前) 다이묘로 구성된 신귀족은 돈이 더 많은 대신 격이 떨어졌다.

그러나 도쿠가와 체제에서 신분과 명예는 비싼 대가를 치러야 했다. 각 번과 번주는 영지의 석고(石高)에 따라 서열이 매겨지고 그에 걸맞은 명예와 의전상의 혜택이 주어졌다. 그런데 시간이 갈수록 각 번의 실제 석고, 즉 내고(內高, 우치다카)와 공식적으로 합의된 석고, 즉 표고(表高, 오모테다카) 사이의 격차가 점점 더 커지게 되었다. 도쿠가와 체제가 요구하는 명예와 위계상의 정교한 구별은 물론 상대적인 것이었다. 그 결과 서열이 한 등급만 바뀌어도 다른 부분에까지 즉각적인 영향을 미칠 수밖에 없었다. 2세기 동안 경제적 성장과 농업생산량의 증가로 많은 영주들의 과세 기반은 원래보다 거의 두 배로 늘어난 반면, 각 영지의 표고는 이에야스 시대의 것 그대로였다. 예를 들면 일본 서남쪽에 위치한 도사 번의 경우 도사 번주의 내고는 표고인 20만 2,600석보다 적어도 25% 이상 많았다. 그러나 도사 번주가 조정으로부터 받은 관위, 에도에 있는 저택의 크기와 위치, 에도 성에서 쇼군을 배알할 때 앉는 자리, 거느릴 수 있는 가신의 수, 의식상의 의무 등 이 모든 것이 표고를 기준으로 정해져 있으므로 다른 다이묘들의 서열을 바꾸지 않은 채 그의 서열만 바꾼다는 것은 어려운 일이었다. 17세기에 다이묘와 영지를 재배치할 당시 많은 다이묘가 서열상의 큰 변화를 겪었지만 대체로 다른 다이묘가의 지위를 물려받거나 또는 원래 자기 집안의 지위를 상실하는 과정을 순순히 따랐다. 간혹 강력한 쇼군은 자신보다 세력 면에서 우위를 점하는 다이묘들을 견제하기 위해 자신이 총애하는 다이묘를 그들보다 높은 지위에 단번에 올려주는 특혜를 베풀 수도 있었고, 종종 젊고 야심찬 다이묘들이나 그들의 고문 역할을 하는 가신들이 서열상승을 위해 공작을 벌이는 경우도 있긴 했다. 그러나 그런 공작이 성공을 거두기 위해서는 값비싼 대가를 치러야 하는 수도 있었으며, 신중하고 보수적인 조언자들은 그것이 수지 맞는 일이라고 거의 생각하지 않았다.

이보다 더 놀라운 것은 대부분의 번에서 각 촌락의 공식 석고, 즉 촌고(村高)도 마찬가지로 바꾸지 않고 그대로 두었다는 점이다. 11개 촌락의 세금자료에 관한 토머스 스미스의 연구에 따르면, 농학의 발전으로 촌락의 생산성이 크게 향상되고 농민들의 부지런한 쟁기질 덕분에 경지면적이 늘어났음에도 불구하고 촌고는 1700년부터 1850년까지 전혀 변하지 않았음을 알 수 있다. 1700년 이후에는 체계적인 토지조사가 실시되지도 않았다. 따라서 "19세기 중엽에 이르면 한 세기에서 한 세기 반 정도 전에 마련된 과세산정액에 기초해서 세금을 징수하고 있었던 셈이다."[7] 사실이 이렇다면, 관개시설·종자·시비법(施肥法)의 개선, 널리 유포된 농서의 참조 등에 의해 늘어난 수확은 적어도 부분적으로 해당 촌락의 몫으로 돌아갔다고 볼 수 있다. 물론 현금·특산물·노동의 형태로 부과된 다른 종류의 세금도 분명히 있었고, 이런 세금은 농민에게 큰 부담을 주었을 것이다. 뒤에서 상세히 다루게 될 마쓰다이라 사다노부(松平定信)라는 사람은 "존재하는 각종 세금과 잡다한 강제징수금을 일일이 말하는 것도 입이 아프다. 텃밭과 공터, 건물, 문과 창문에도 세금을 물렸고, 심지어 일정한 나이에 이른 여자들에게 물리는 세금까지 있다. 또한 옷, 술, 약초, 참깨에 물리는 세금도 있다"고 적었다.[8] 그럼에도 불구하고 스미스가 연구한 촌락의 사례를 보면 기본적인 토지세인 연공(年貢, 넨구)은 원래의 과세산정액 그대로 또는 근접한 수준으로 남아 있었다. 인정사정 봐주지 않고 가혹하기로 유명한 사

| 변화·저항·개혁 |

무라이 관리들이 어째서 하나하나 따지지 않고 그렇게 대충 넘어가 주었는지 설명하기란 쉽지 않다. 사소한 이유임에는 틀림없지만 여하튼 한 가지 이유는 선대(先代)의 지혜와 통치방식에 대한 존경에서 그렇게 했으리라는 것이다. 이보다 더 중요한 이유는 지역의 연공을 대대적으로 다시 산정하는 데 따르는 비용과 어려움에 있었던 것 같다. 나중에 다시 언급하겠지만 농민반란 관련기록을 보면 새롭게 연공을 재산정하겠다는 위협만으로도 불평과 저항을 초래하는 경우가 많았음을 알 수 있다.

그렇지만 촌락세계는 대개 자치적이었고, 토지를 소유하고 흔히 자신의 이름과 배경에 상당한 자부심을 가진 집안들의 지배를 받았다. 유력 집안은 '평범한' 농민들과 손을 잡기보다는 끼리끼리 혼인관계를 맺었으며 대개 성(姓)과 칼을 가질 수 있는 특권을 허락받았다. 또한 이들은 자신의 토지에서 산출한 잉여를 획득하고 보유할 수 있었다. 잉여의 일부를 보유할 수 있다는 것은 부지런하게 계획을 세워 잉여를 늘려보려는 사람에게 틀림없이 좋은 인센티브로 작용했을 것이다. 농사를 잘 지으면 농부는 그만한 보상을 얻었다. 하야미는 일본이 비록 '기계혁명'(機械革命)을 경험하지는 못했지만 부지런히 일하다 보면 미래에는 놀라운 이익을 얻을 수 있는 '근면혁명'을 일으켰다고 주장했는데, 이 말이 어쩌면 틀린 말은 아닐 것이다.

번영을 누리던 도시상인들과 마찬가지로 유력 농민과 마을지도자들은 자기가 얻는 잉여의 몫을 계속해서 늘려 나갔지만, 사무라이는 대부분 그렇지 못했다. 물론 운 좋은 사무라이는 에도의 문화계에 들어가 생활의 지루함을 달랠 수 있는 경제적 여유가 있었다. 1770년대 에도 문화는 당대의 변화하는 가치 및 양식에 코드를 맞춘 장난스러운 풍자소설 장르인 게사쿠(戱作)를 쓰는 작가들의 모임을 탄생시켰다. 서로 마음이 통하고 경제적 여유가 있는 청년 사무라이들이 연극전문가나 취미가 고상한 상인들과 한데 어울려 다양함과 쾌락을 추구하는 호사가들의 가볍고 재기 발랄한 모임을 만들었던 것이다. 이런 모임은 많은 사무라이들에게 격식을 차리느라 질식할 것 같은 생활에서 잠시 벗어나 안도의 숨을 내쉴 수 있는 기회였고,

상인의 아들들에게는 이익을 좇아 부지런히 일해야 하는 일상으로부터 자유로워질 수 있는 기회였다. 모임을 만든 사무라이 작가들의 필명은 흔히 그들의 좌절감을 드러내는 자조로 가득했다. '야간 통행금지 때문에 곤란,' '취중 실수,' 어떤 다이묘의 아들의 경우, '엉덩이에서 썩은 내가 나는 원숭이' 등을 사용했다.

 일본 북부의 아키타(秋田) 번이 막부로부터 특혜를 받기 위해 협상을 벌이던 무렵 그곳 출신의 '신원 미상'의 사무라이가 1773년에 젊은 사람들에게 도시생활이 어떤 것인지 알려주기 위해 쓴 안내서(「최근 유행의 핵심」)에서 사무라이에게 의복에 관한 조언을 해주는 부분을 살펴보면 대단히 인상적이다. 이 책은 각 신분집단에 적합한 복장에 대한 세속적인 조언으로 가득하다. 사무라이에게는 가미시모(裃) 바지를 고래수염으로 빳빳하게 만들고 바깥에 주름이 잡히도록 꿰매는 방법을 알려주고 있다. 이 책에 따르면 허리띠인 오비(帶)는 앞부분을 살짝 솟게 해서 배꼽 높이로 매야 한다. 아울러 "제대로 효과를 보려면 허리를 살짝 굽혀야 한다"는 조언까지 하고 있다. 칼에도 유행이 있었다. "가미시모를 입고 있는 경우에는 와키자시(脇差, 허리에 차는 작은 칼)를 앞으로 당겨서 칼집 끝이 몸 앞으로 삐죽 튀어나오도록 하라. 그러나 그냥 하오리(羽織)만 입고 있다면 평상복의 가벼운 멋을 위해 칼이 몸과 일직선을 이루도록 하라." 그리고 삽화를 넣어 설명을 보충했다. 기모노에 관해서는 "가문(家紋)이 박힌 검은 비단, 세련된 갈색의 안감, 옷단의 안감이 대략 7푼(分) 정도 밖으로 보여야 한다. 너무 많이 보이면 천박해 보인다. ……형식을 갖춘 의복의 일반적인 원칙은 우아함이기 때문에 고대의 형식을 고수하라. 그러나 지나쳐서는 안된다. 그렇게 하면 거드름 피우는 것처럼 보일 것이다. 비결은 고대와 현재 사이에서 균형을 이루는 것이다. ……이른바 문무(文武)의 조화 같은 식으로."[9] 이것은 신성모독이나 다름없다. 도쿠가와 막부의 건설자들 이래 모든 무가(武家)의 법령에서 강조되었던 칼과 붓, 즉 문(文)과 무(武)라는 유구하고 신성한 무사의 가치관이 이제는 도시의 밤을 즐기기에 적당한 복장에 대한

| 변화·저항·개혁 |

지침으로 제멋대로 제시되고 있는 것이다.

그러나 이런 쾌락은 여유가 있는 사무라이들한테만 해당되는 일이었다. 보잘것없어도 그나마 자기 영지를 소유한 운 좋은 사무라이들은 영내의 농민을 더욱더 쥐어짤 수 있었지만 대부분의 사무라이는 자신이 섬기는 영주의 창고에 저장되어 있는 쌀(藏米, 구라마이)로 지급되는 봉록에 의지하여 살아가야 했다. 그들에게는 풍년이 좋은 소식이 아니었다. 풍년이 들면 쌀값이 떨어졌기 때문이다. 일용품을 구매할 수밖에 없는 입장에 있었던 도시거주자로서 그들은 아내에게 내다 팔 수 있는 수공예품을 만들어보라고 채근해볼 수도 있었으나, 성공한 상인이나 토지 보유 농민에 비해 상대적으로 불리한 자신들의 처지를 만회하기에는 역부족이었다. 고조 야마무라의 말을 빌리면, 수천 명의 사무라이는 "더 이상 빚을 늘리지 않고 하루하루를 근근이 견뎌내는 것이 발등에 떨어진 불이었다. ……일본의 전통적 무사계층은 대다수 사회지배층에게 적용되는 거의 모든 기준에 비추어 보더라도 빈민으로 분류될 정도의 명목소득밖에 없는 사람들로 이루어진 혼성집단이었다는 사실을 분명히 인식해야 한다"[10]

그러나 문제는 하타모토의 경우 자신의 명예에 걸맞은 품위 있는 생활 수준을 유지해야 했다는 점이다. 1855년에 한 문필가는 에도의 사무라이들은 "시골에서 갓 올라온 사람들을 촌뜨기 취급하고 시골에서 올라온 사람들은 조닌이 되고자 안달을 한다"고 푸념했다. 한편 또 다른 이는 하타모토의 수입으로 살아가기가 점점 더 어려워지고 있다고 썼다. "1633년에 정해진 법에 따라 하타모토는 300석의 봉록으로 사무라이 2명, 갑옷운반꾼·창운반꾼·함운반꾼 각 1명, 마부 2명, 신발관리인 1명, 군역인 2명을 거느려야 했다. 게다가 하녀를 포함해 4~5명인 가족의 생활비로 30냥(兩, 료)이 더 들었다. ……만약 봉록이 300석인 하타모토가 600냥의 빚을 지고 있다면 1년 이자로 30냥을 지불해야 했기 때문에 연간 순수입은 17냥 정도로 줄어들게 된다."[11]

야마무라의 연구는 막부의 많은 행정실무를 담당했던 하타모토에 초점을 맞추고 있으며, 그들이 겪는 어려움에 대한 많은 예를 보여주고 있다. 하타모토는 시간이 지날수록 그들의 경제적 지위가 그들이 다스리는 서민보다 못하게 되자 부양가족의 수를 줄이기 위해 할 수 있는 일은 무엇이든 다했다. 장남 이외의 아들들을 양자로 보내기도 했고, 낙태는 물론이고 심지어 영아살해까지 했다. 다이묘는 가신들의 봉록을 '빌려' 비용을 줄이려 했고, 가신들은 가신들대로 가능하다면 언제든지 아랫사람들한테 미래의 세금을 면제해주는 조건으로 돈을 빌리려 했다. 야마무라는 1850년대 중반에 3인의 마을지도자*가 그들의 상관이며 700석의 수입을 가진 한 하타모토를 상대로 어떻게 대응했는지를 보여준다.

1. 경비를 줄이도록 하겠다는 귀하의 약속을 믿고 지난 몇 년간 연공을 미리 당겨서 빌려드렸습니다. 그러나 경비를 줄이려는 어떤 노력의 징후도 우리의 눈에는 보이지 않습니다.
2. 귀하의 동생은 비도덕적이고 쓸모 없는 인간입니다. 귀하가 그런 인간을 먹여 살리려 하는 한 비용을 줄일 수 있는 가능성은 추호도 없습니다. 지난겨울 우리는 귀하께 귀하의 동생에 대해 모종의 조치를 취해달라고 요청한 바 있습니다. 귀하의 계획은 무엇입니까?
3. 하녀와 마부를 포함해 귀하는 6명의 종을 두고 있습니다. 그 중 몇 명은 내보내야 할 것입니다.
4. 귀하의 대리인이 우리에게 돈을 더 빌려주면 좋겠다고 요청해 왔습니다. 하지만 귀하께 낮은 이자로 돈을 빌려드린다 해도 귀하가 아무짝에도 쓸모 없는 아우를 데리고 있는 한 그것은 밑 빠진 독에 물 붓기가 될 것입니다. 귀하가 지금 돈을 좀 빌리려고 하는 사찰에서는 귀하가 이미 200냥의 빚을 지고 있는 사실을 모르고 있지만 귀하 자신은 잘 알고 계시지 않습니까?

---

* 마을을 대표하는 3인의 촌역인 나누시(名主), 구미가시라(組頭), 햐쿠쇼다이(百姓代)를 말하며, 이들을 한꺼번에 일컬어 무라카타산야쿠(村方三役)라고 한다.

| 변화·저항·개혁 |

5. 도대체 왜 빚을 지는 것입니까? 우리가 아는 한 귀하는 충분한 수입이 있습니다. 그리고……

6. 귀하가 동생을 데리고 있는 것은 돈만 낭비하는 것입니다. 아무런 조치를 취하지 않으면, 우리는 촌역인 직을 그만둘 작정입니다.[12]

이 일이 있기 얼마 전에 막부도 다이묘, 심지어 후다이다이묘와도 상명하달식의 관계에 변화가 생겼음을 알게 되었다. 앞에서 이미 언급했듯이 11대 쇼군이었던 이에나리는 1840년에 자신이 총애하는 측실이 낳은 아들에게 영지를 마련해주기 위해 쇼나이(庄內) 번의 영주에게 쇼나이 번의 절반 정도밖에 안되는 다른 영지로 옮길 것을 명했다. 막부의 명령에 따라 쇼나이 번주와 함께 새 영지로 옮겨야 하는 쇼나이 번의 가신들은 유력 상인들과 지주들로부터 돈을 빌리지 않을 수 없었다. 한편 쇼군의 아들을 양자로 들여 쇼나이 번에 새로 오게 될 다이묘가가 사치스럽기로 악명 높았기 때문에 상인과 지주들은 몹시 심난해했다. 사실 이 다이묘가가 2세기 동안 11번이나 여기저기 옮겨 다녔다는 사실을 감안하면 이들의 반응은 납득할 만한 것이었다. 이런 어수선한 상황에서 이듬해인 1841년에 이에나리가 죽었다. 하지만 위신을 앞세운 막부의 관료들은 막명(幕命)이 유효하다고 선언했다.

그러자 쇼나이 번의 유력 서민들이 행동에 나섰다. 그들의 뜻을 전하기 위해 몇 명의 청원자들이 자기네 영주를 찬양하는 노래를 부르며 에도에 갔지만 일언지하에 거절당했다. 여기에 굴하지 않고 이번에는 더욱 용기를 내어 고위 관료들에게 직접 탄원서를 제출하기 위해 떼 지어 에도로 갔다. 이들이 받은 벌은 예상보다 경미하여 오히려 다른 이들까지 행동에 나서도록 만들었다. 이웃 영주들에게 도움을 청하기 위해 청원자들이 파견되었다. 한편 다른 일군의 사람들은 신의 도움을 구하기 위해 신사와 사찰로 향했다. 그러던 와중에 공교롭게도 영지 변경의 수혜자로 지정되었던 젊은 영주가 죽었다. 일이 이렇게 되자 에도 성의 한 접견실에서 쇼군을 배알할 수 있는 특권을 가진 23명의 유력 도자마다이묘들이 사태의 전말을 묻는 공동상소문을 막부에 제출하여 이 사건에 개입했다. 상소에는 "저희들은 막부로부터 아무런 통보도 받지 못했고 또한 관련 정보를 하나도 갖고 있지 않기에 삼가 이런 방법으로라도 여쭤보고자 합니다. ……사카이(酒井)〔다다카타(忠器)〕 사에몬노조(左衛門尉)〔전봉(轉封)을 명령받은 다이묘〕는 후다이다이묘 혈통인데 어찌하여 영지를 옮겨 나가오카(長岡) 성을 접수하도록 명령을 받았습니까? 삼가 그 진의를 알려주시기를 간청드립니다"라고 쓰여 있었다.[13] 결국 전봉명령은 취소되었다.

이 일을 1세기 전 쇼군인 이에미쓰가 보았다면 얼마나 어처구니없어 했을지 가히 상상할 수 있다. 다이묘의 개입, 유력 서민들의 항의, 새 영주를 상대하는 위험부담을 안기보다는 계속해서 기존의 영주와 좋게좋게 문제를 풀어 나가기를 원하는 지방 상인들의 성향, 이 모든 것이 막부가 서서히 약화되고 있으며 권위를 둘러싼 관계에 극적인 변화가 생기고 있다는 전조였다.

3. 민중의 저항

당국이 농촌에서 산출된 잉여의 대부분을 우려내지 못했다고 해서 그런 시도 자체를 별로 안 했을 것으로 생각한다면 큰 오산이다. 사실은 전력을 다 했음에도 불구하고 그런 시도들이 성공하기보다는 좌절되는 경우가 더 많았다. 일본에 관한 많은 글은 일종의 '합의' 모델을 강조한다. 이런 주장을 액면 그대로 받아들이면 지배층에 대한 경의와 피지배층에 대한 온정주의가 윤활유 구실을 해서 일본이라는 사회적 유기체가 원활하게 작동했던 것처럼 보이게 된다. 그러나 이는 역사적 사실과 부합하지 않는다. 도쿠가와 시대에 분쟁은 일본 전역에서 유행병처럼 만연했다. 현대의 학자인 아오키 고지(靑木虹二)는 1590년부터 1877년까지 발생한 총 7,664건의 사회적 충돌과 정치적 저항을 도표화했으며, 더 최근에는 제임스 화이트가 온전하게 정식절차를 밟아 이루어진 333건의 탄원을 제외한 나머지 7,331건의 분쟁에서 어떤 결론이 도출되었는지 알아보기 위해 분류를 시도했다.[14] 화이트는 간단한 비교를 통해 일본은 특정 기간에 발생한 농민과 영지 관련, 그리고 그 밖의 민중저항 면에서 유럽보다는 덜 소란스러웠지만, 명대(1368~1644) 중국보다는 훨씬 분란이 심했던 것 같다는 결론에 도달했다.[15]

여기서 도쿠가와 시대에 발생한 저항의 압도적 다수가 비폭력적이었다는 사실을 강조할 필요가 있다. 이런 저항은 '혁명적' 내용을 담고 있는 경우가 드물었고, 일본이 통치되는 방식 또는 일본사회의 구조를 지탱하는 방식에 근본적인 변화를 꾀하고자 한 것도 아니었다. '공정한' 사회에 내재하는 '권리'가 관리들에 의해 침해되었다는 이야기는 거의 없었다. 그러나 그럼에도 불구하고 좀 더 광범위하면서도 덜 준법적인 '정의'와 상호주의의 개념은 존재했다.[16] 아랫사람의 협조적이고 공손한 행실은 윗사람들로부터 '온정 어린' 배려를 받을 가치가 있다는 것이다.

대부분의 분쟁은 피지배층으로부터 현재 얻어내고 있는 것보다 더 많은 것을 우려내고자 하는 집권층의 시도들—토지 재평가 제의, 지방 생산물의 시장거래에 대한 새로운 독점적 규제 강요, 또는 탐관오리에 대한 제재 실패—때문에 발생했다. 분쟁은 (기본적인 토지세를 최종적으로 농민에게 할당하는) 촌역인(村役人)이 보여준 불공정성에 초점을 맞췄을 수도 있고, 부가세나 부역의 지나친 요구에 대항하는 집단적 항의를 나타내는 것일 수도 있었다. 주요 간선도로를 따라 설치된 숙역을 '보조하는' 마을인 스케고(助鄕)의 주민들은 특별히 많은 교통량을 감당하기 위해서 인력과 말을 공급하라는 요구에 불만을 품었을 수도 있다.

촌역인은 마을사람들을 대표해 상관에게 이의를 제기할 책임이 있었고, 제대로 이 책임을 다하지 못하면 사람들로부터 큰 불만을 살 수 있었다. 촌역인의 역할은 결코 쉬운 일이 아니었다. 그들은 마을사람들과 사무라이 관료들 사이의 연결고리였고, 마을사람들을 "대표하는 일"—잘못할 경우

나라에서 벌을 받을 수도 있는 역할——이나 성난 민중의 표적이 되는 일, 그리고 군중이 그들의 재산을 파괴할지도 모르는 위험 사이에서 늘 쉽지 않은 선택을 해야만 했다. 물론 마을사람들 간의 또 다른 성격의 분쟁도 있었다. 마을의 경계를 놓고 의견이 충돌할 수도 있었고, 건축재료나 논밭에 뿌릴 퇴비를 구하기 위한 마을사람들의 임야 이용권과 관련된 분쟁도 있었다. 극단적인 경우 분쟁은 지역 전체의 문제로 비화되기도 하고, 간선도로 혹은 시간이 지나면서 경제수역을 따라 여러 마을에서 공분을 자아내기도 했다. 그런 경우 외부인, 즉 거의 알려지지 않은 개인들이 민중의 열정과 불만을 결집시킬 수 있었다. 화이트의 표현을 빌리면 이런 '기업가형 지도자'(entrepreneurial leader)들은 반란의 정신을 창조하거나 강화하는 데 도움을 주었다.

도쿠가와 시대의 촌락은 비교적 자치적이었으며, 연공이 순순히 걷히고 저항이 별로 없고 질서가 유지되는 한 당국자들은 촌락의 장로들과 역인들이 그들 나름대로 일을 처리하도록 내버려두었다. 예방 차원의 강압적인 조치는 실행하기 힘들었다. 한편 대규모 저항이 발생할 경우 당국의 가장 큰 관심사는 농민들을 생활터전인 농사현장으로 돌려보내는 것이었다. 그래서 전형적인 대응 패턴은 우선 농민을 달래는 것으로 시작했다. 당국자들은 부당한 연공징수가 있었다면 낱낱이 조사해서 재고할 것이라고 약속했다. 심지어 부당한 요구가 아예 번복되는 경우도 적지 않았다. 그런 다음 일단 질서가 회복되고 조사할 시간이 생기면 죄를 물을 수 있었다. 저항을 주도한 것으로 판단되는 사람들은 엄한 처벌을 받았다.

촌역인들은 이러지도 저러지도 못하는 딜레마에 직면해 있었다. 군중의 뜻을 거스르면 촌장으로서의 역할을 성공적으로 수행하는 데 필수적인 위신과 명예를 잃게 될 것이고, 군중과 협력해서 그들을 '지도하면' 자신의 목이 날아갈 수도 있었다.

명예를 소중히 하는 이들은 필사적인 상황에 처했을 경우 흔히 후자를 선택했다. 그렇게 하면 죽은 다음에라도 명성을 남길 수 있었던 것이다. 희생적인 인물은 간혹 영웅담의 주인공이 되기도 하며, 심지어 지방 신사에서 그를 기리고 자기희생적이며 자비로운 다이묘진(大明神)으로 신격화되기까지 했다. 그런 인물들을 칭송하는 농민들의 이야기는 사회적 불의를 기억하고 개인의 자기희생을 추모하는 텍스트를 낳았다.[17] 고전적인 예는 억압받는 촌민들을 위해 영주와의 중재에 나선 촌역인 사쿠라 소고로(佐倉惣五郎)의 이야기다. 중재가 실패하자 소고로는 탄원서를 갖고 에도에서 쇼군의 행렬을 가로막으려 했다고 하는데, 이 때문에 소고로는 아내와 자식들과 함께 말뚝에 박혀 죽었다. 소고로의 위패는 현재 국립역사민속박물관 소재지인 사쿠라(佐倉) 시의 한 신사에 안치되었다. 그의 이야기는 전설적 성격을 띠고서 가부키 무대에서 상연되었다. 이 이야기는 또한 오늘날 나리타 국제공항 건설 때 자신의 농지가 공항부지에 포함되는 것에 완강하게 저항한 농민들에게도 영감을 주었다. 이처럼 '기민'(義民), 즉 '의로운 사람'은 농민의 기억 속에서 저항, 탄압, 그리고 궁극적 승리의 전통과 결부되었다.[18]

화이트가 추적한 대로 저항운동의 리듬을 통해 도쿠가와 시대 정치경제의 건강상태에 대한 심도 있는 통찰이 가능하다. 도쿠가와 시대 초기에 발생한 저항운동은 사무라이 주거의 도시집중, 촌락의 무장해제, 다이묘 재배치에 따른 가신들의 동요 등에 의한 포괄적인 변화에 큰 영향을 받았다. 초기에 있었던 일부 저항은 농민병사에 의해 주도되는 경우도 있었으나, 여하튼 섬겨야 할 영주가 바뀌는 것은 그 비용을 부담해야 하는 농민들에게는 마음 편한 일이 아니었다. 때때로 농민들은 집단적으로 도망쳐서 이웃 번의 경계를 넘어 들어가 그곳에서 협상을 벌이기도 했다. 인구가 계속 감소하면 다이묘는 논밭을 경작할 농민이 없어 속을 태워야 할 뿐 아니라, 최근에 더 넓은 영지로 전봉된 다이묘들은 거느린 관원이 부족하여 강제력을 행사할 수가 없었다. 17세기 초의 법령들을 보면 영주들이 처한 곤경을 적지 않게 확인할 수 있다. 도사 번의 한 법령에는 도주한 자를 은닉하면 "사형에 처할 수도 있으나 이런 규정을 너무 엄하게 적용하면 결국은 이웃 구니로 다들 도망치는 결과를 초래할 수도 있다. ……중요한 것은 주민들이 우리 구니를 떠나지 못하도록 하는 것이다"라고 적혀 있다.[19] 자신들이 소속된 번을 떠나 다른 번으로 들어간 농민들은 때로는 마치 죄인을 보호해주는 성역 같은 주거지를 제공해달라고 해당 영주에게 청하기도 했다. 그러나 도망친 농민의 원래 영주는 가재는 게 편이듯 동료 영주들이 자기 편을 들 수밖에 없다는 것을 잘 알고 있기에 자신의 가신을 파견하여 타결을 보았다. 그러고 나서 일단 도망친 농민들이 돌아오면 주모자를 가려내어 가차 없는 보복을 가할 수가 있었다.

다이묘령이 제도적으로 확립되고 관원이 적당히 늘어난 이후에는 농민의 집단적인 도주 가능성이 많이 줄어들긴 했지만, 그런 사례는 18세기와 19세기에도 여전히 있었다. 1780년대에 도사 번이 영내 촌락의 종이제조업자들에게 번에서 정한 공정가격으로 특허상인조합에 종이를 납품하도록 강요하자 반발이 일어났다. 500명 이상의 주민들이 번 경계를 이루는 산악지대를 넘어 마쓰야마(松山) 번으로 도망쳤다. 원래 그들은 마쓰야마 번에 남기를 원했으나, 그런 희망이 받아들여지지 않자 도사 번의 당국자들과 다시 도사 번으로 돌아가기 위한 협상을 벌였다. 마쓰야마 번은 협상이 진행되는 동안 그들에게 안전을 보장해주었고, 한 사찰이 중재역으로 나섰다. 도사 번의 당국자들은 도주자들이 제기한 17가지의 불만사항을 들어주기로 약속한 가운데 마침내 '최종' 협상을 위해 도주자들은 도사 번으로 돌아갔다. 그 후 3명의 농민 주모자가 처형되었다. 몇 년이 지나자 종이 전매가 다시 시행되었다.[20] 또 한 예로는 1853년에 일본 북부의 난부(南部) 번 농민 수천 명이 이웃의 센다이(仙台) 번으로 도주한 사건이다. 그들은 공공사업에 동원되는 부담스러운 부역, 지나치게 많은 수의 관료들을 부양해야 하는 것, 과도한 액수의 부가세를 부담하는 것 등에 관해 항의했다. 여느 경우처럼 그들은 항의자들에 대한 사면을 요구했다. 번 당국이 논쟁이 되고 있는 사안에 대해 양보하자 주민들은 촌락으로 돌아갔다. 그 후 번은 마을대표이자 주모자인 미우라 메이스케(三浦命助)를 추적해서 체포했다.[21]

촌락 내부에서도 분쟁은 존재했는데, 대개는 부역과 연공을 불공평하게 할당하거나 거만하고 부정직한 촌 당국자들에 대항하는 것이었다. 촌락과 촌락 사이에도 관개용수 및 임야의 자원에 대한 사용권, 그리고 경계(境界) 문제를 둘러싸고 분쟁이 있었다. 여러 가지 분쟁요인이 있었지만 의심할 여지없이 대부분의 항의는 연공과 관련이 있었다. 기존의 연공, 부가세, 토지재조사 계획 등에 저항했다. 토지재조사로 인해 예상되는 결과뿐 아니라 토지재조사를 담당하는 관리들에게 숙소와 여흥을 제공하기 위해 촌민들이 부담해야 하는 비용 때문에 토지재조사 절차는 의심의 여지없이 논쟁을 야기하는 사안이었다. 또한 잘 알지 못하는 새 영주의 등장은 현상황을 더욱 악화시킬지도 모른다는 공포를 촌민 사이에 불러일으켰다. 농민들이 관료사회를 접하게 되는 지점인 관서에 새로 부임한 사무라이 관리들에 대해서도 촌민들은 마찬가지의 공포를 느꼈다.

이러한 촌민들의 각종 저항을 잇키(一揆)라고 부른다. 잇키는 이따금 반란을 의미하기도 하지만, 학자들 간에는 이 용어에 대한 수정이 필요하다는 데 의견의 일치를 보고 있다고 말하는 편이 더 정확할 것이다. 화이트는 잇키를 "개인적으로 싸우거나 정상적인 언로를 통해서는 성취할 수 없는 목적을 달성하기 위해 엘리트나 민중 사이에서 상호 계약적으로 결성된 자발적이고 특별한 조직"이라고 정의했다.[22] 잇키는 가담자들이 평등하게 책임을 공유하는(대개 가담자 전원이 자신의 이름을 동그라미를 그려 서명했다) 비교적 평등주의적인 원칙에 기초해서 작성된 명확한 서약과 맹세를 표상했다.[23]

어떤 성격의 잇키가 어느 정도 비율로 발생했는지 알려면 2,051건의 분쟁을 분류해보면 된다. 첫 번째로는 대개 실무를 담당하는 관리로부터 만족스러운 대답을 얻지 못한 마을지도자들이 불만사항을 상층 관료에게 호소하는 옷소(越訴)—화이트는 이것을 '건너뛰기'(end runs)라고 묘사했다—가 552건, 촌민이 마을지도자를 통하지 않고 불만사항을 직접 제시하는 고소(强訴)가 783건, 도주 사례가 230건, 폭력으로 이어진 항의 즉

호키(蜂起)가 78건, 그리고 도시에서 빈민들이 부자들의 집과 재산을 파괴하는 우치코와시(打ち壞し)가 408건 있었다. 이 모든 행위가 불법이었음은 말할 필요도 없다. 실제로 도쿠가와 시대 법령은 당국의 허가를 받지 않은 집회를 금하고 있었다. 이런 집회에 참가하는 이들은 도당(徒黨, 도토), 즉 반란무리로 규정되었다.(도당이라는 용어 때문에 근대적 의미의 정당을 가리키는 용어를 사용하는 데 문제가 발생할 가능성이 있었다. 19세기 정당인들은 자신의 단체를 신중을 기해 '공적인' 당, 즉 공당(公黨, 고토)이라고 불렀다.)

화이트가 제시한 숫자들을 보면 18세기의 첫 사반세기부터 도쿠가와 시대 말기까지 분쟁은 빈도수와 규모 면에서 지속적으로 증가했음을 알 수 있다. 이에 대응하여 18세기 중엽 막부 관리들은 모든 다이묘에게 필요할 경우 반란을 진압할 때 상호 협조하라고 통고했다. 분명 이 무렵에 이르러 일본의 인구는 비약적으로 증가했고, 일본 중부에서는 농업이 일종의 생산성 한계에 다다랐으며, 도시의 발전이 예전에는 제각기 분리되어 있던 지방들을 통합된 경제지역으로 만들었다. 다이묘 간의 협력을 금했던 예전의 법령은 다이묘보다도 서민들이 가하는 위협이 더 커지자 유명무실해질 수밖에 없었다. 자연재해 또는 흉년과 기근이 드는 때에는 지속적인 증가추세에 있던 분쟁이 폭발적으로 증가했다. 1780년대, 1830년대, 1860년대는 엄청난 잇키의 소용돌이에 휩쓸렸다.

그러나 이런 분쟁의 양상 속에서 진정으로 '혁명적인' 목적을 찾아보려 한다면 그것은 헛수고에 불과하다. 실제로 기존과는 다른 사회질서를 계획하고 궁리하려는 생각은 거의 찾아볼 수 없었다. 간혹 두 건의 예외적인 사건이 거론되기도 한다. 도쿠가와 통치의 마지막 수십 년 동안 막연한 천년왕국적 성격을 띤 요나오시(世直し, 세상 바로잡기) 운동이 주요 도시를 휩쓸었다. 그러나 흔히 이 운동의 본모습은 그 의도만큼이나 우스꽝스러운 축제적 성격을 띠고 있었다. 이 운동이 일어날 때면 하늘에서 성스러운 징조가 주로 부자들의 집에 신비하게 내려왔다는 소문이 퍼지곤 했다. 그러면 사람들은 흥분에 들떠 춤을 추면서 축제를 연출하곤 했다. 신의 축복을

| 변화·저항·개혁 |

받은 부자들은 대개 그들의 음식, 특히 술을 무리 지은 사람들과 함께 나누는 것이 분별 있는 행동임을 알고 있었다. 사람들 사이의 이런 열광은 지역 전체를 휩쓸기도 했다. 그러나 흥분에 들뜬 사람들에게 '세상' —요(世)— 이란 사회 이상의 우주를 의미했고, 이들 대부분은 자신이 알고 있는 세상보다 더욱 정의롭고 도덕적인 세상이 당장에 도래할 것이라고 믿었던 것 같다. 혁명적 성격을 띠었다고 볼 수 있는 더 나은 예로는 이 장을 시작하면서 언급한 1837년 사무라이 출신 관료 오시오 헤이하치로의 계획적인 반란을 들 수 있다. 그러나 이것은 특별한 경우이며, 이에 대해서는 뒤에서 더 자세히 설명하겠다. 일단 여기서는 오시오의 반란조차 국가 경제와 유통의 중심지인 오사카의 상당부분을 파괴한 대화재말고는 거의 성취한 것이 없었다는 점을 밝혀둔다.

시간이 지날수록 반란 진압은 제대로 이루어지지 않았다. 봉기를 묘사하는 민중설화에서 사무라이 관료들의 엄청난 무능과 소심하고 나약한 모습을 엿볼 수가 있다. 이런 이야기는 대개 사실에 근거하고 있다. 예를 들면 1761년 우에다(上田) 번에서 사무라이 관료들은 폭력사태로 번질 수 있는 대치상황의 위험을 감수하기보다는 자신들의 방어선 뒤로 물러나 장대에 서신을 달아서 군중들과 의사소통을 하는 방법을 택했다. 어떤 곳에서는 당국자들이 특정 분쟁을 진압하는 과정에서 산발적으로 보복성이 강한 잔학행위를 했을 수도 있지만, 강압적 대응은 그다지 일관되게 행해지거나 지속되지 않았다. 막번 체제 아래에서 조각조각 나누어진 주권은 심지어 인접한 번들 사이에도 연공 부담 면에서 엄청난 차이가 나게 했다. 결과적으로 사무라이에 대한 존경심은 줄어들고 불만은 늘어났다. 여하튼 막부와 번의 관료들은 저항의 조류를 인식하고 우려하는 동시에 자신들의 통제를 굳건히 할 수 있는 방안을 모색했다.

4. 막부의 대응

겐로쿠 시대와 그 후의 시대에 나타난 도시의 풍요로움과 저항으로 점철된 농촌의 고난 사이의, 그리고 성공한 상인들의 안락함과 궁핍한 사무라이들의 불안 사이의 극명한 대비를 지켜보며 무언가 균형이 허물어졌다는 사실을 의심하는 사람은 거의 없었다. 사무라이들에게 생활의 행복은 그들이 받는 쌀을 환전해서 넉넉한 돈을 손에 쥐어야만 가능했다. 흉년이 들면 쌀값은 오르지만 연공을 거두어들이기가 힘들었고, 반면에 풍년이 들면 쌀값이 떨어졌다. 야마무라의 주장에 따르면 도쿠가와 통치의 첫 세기와 이후 얼마 동안은 토지가 노동보다 상대적으로 더 많은 가치가 있었다. 그러다가 상업화로 인해 인디고, 기름, 깨 등 다른 생산품을 수용할 수 있는 새로운 시장이 등장하자 토지에 대한 노동의 상대적 가치가 상승하게 되었다. 소규모 토지를 소유한 이들은 더 많은 토지를 소유한 부유한 농민(豪農, 고노)에게 토지를 팔고 소작인이나 임금노동자가 되거나 도시 빈민층에 합류했다. 환금작물을 재배하면서부터는 값비싼 비료가 필수적이었다. 오사카에서 자금 지원을 받는 한 비료상점은 일본 농촌의 논밭에 뿌릴 비료의 재료로 홋카이도의 먼 북쪽에서 잡아들이는 정어리를 이용했다.[24]* 목화·담배·직물 생산의 확대는 부수적인 고용의 가능성을 증대시켰다. 이제 문필가들은 경작 가능한 땅을 놀리고 있다든지, 땅도 없으면서 제대로 말도 듣지 않고 뻔뻔스러운 농민들에 대해 불만을 토로하기 시작했다. 한편 빈농들은 새로이 등장한 호농층에 대해 불평했다. 물론 이런 변화들은 서로 다른 지역에서 각기 다른 속도로 발생했고, 이런 변화들이 가져다주는 혜택도 불균등하게 분배되었다. 일본의 통치자들과 그 조언자들은 사무라이의 복지를 최우선으로 여겼지만, 그들 가운데 사무라이의 복지를 더 증진시킬 수 있는 방법에 대해 알고 있는 사람은 거의 없었다.

---

* 정어리에서 기름을 짜낸 다음 말려서 가루로 만든 비료를 호시카(干鰯)라고 한다.

| 변화·저항·개혁 |

일본의 역사가들은 쇼군의 통치기간 가운데 세 시기를 '개혁기'로 구분 짓고, 그런 다음 1868년의 메이지 '유신'을 언급한다. 그러나 많은 점에서 그것은 '제(諸)유신'의 시도로서의 '제개혁'이라고 하는 편이 더욱 의미가 있을 것이다. 개혁이든 유신이든 이 모든 노력이 17세기의 재정적·행정적 안정과 활력을 회복하려는 것이었기 때문이다. 아울러 메이지 시대의 변화들은 일본의 체제에 항구적인 변화를 가져왔다는 점에서 '혁명'이라는 용어에 더 잘 부합한다. '제개혁' 가운데 어느 것도 그 목적을 달성하지 못했으나, 각각의 개혁은 일본사회의 점점 더 복잡해지는 문제들을 처리하려는 시도를 통해 제도적인 혁신을 더해 나갔다.

교호(享保)

8대 쇼군 요시무네(1716~1745)의 통치는 그가 '교호'(享保)기에 실시한 개혁으로 유명하다. 요시무네가 권좌에 오를 무렵 쇼군의 직계혈통은 끊어질 상황에 있었다. 요시무네는 이에야스의 현손(玄孫)이며 이에미쓰의 살아 있는 마지막 손자라는 신분 덕에 쇼군 직을 승계했다. 그러나 중요한 사실은 쇼군 직을 승계했을 때 요시무네는 이미 '고산케'(御三家)의 하나인 기이(紀伊) 번주로서 원숙하고 노련한 인물이었다는 점이다. 많은 경우 쇼군이든 다이묘든 지배층 혈통에 원기 왕성한 '외부인'을 양자로 받아들이는 것은 유년시절에 세상풍파에서 격리되어 때묻지 않은 의식만을 알고 온갖 총애를 받으며 자란 응석받이들보다 훨씬 더 힘찬 활력을 지닌 인물들을 수용할 수 있는 기회였다. 요시무네는 사무라이 사회의 각종 제도에 새로운 생기를 불어넣기 위해 자신이 할 수 있는 일을 실행에 옮겼다는 점에서 개혁의 좋은 사례를 보여준다. 우리는 앞에서 이미 요시무네가 중국과 네덜란드의 학문을 힘껏 지원한 사실을 지적한 바 있다.

단단히 마음먹은 지도자의 실제 지시사항은 막부의 행정에 반영되었다. 요시무네는 로주(老中)의 결정 덕분에 쇼군 직을 승계할 수 있었지만, 사망으로 인해 결원이 생겨도 후임자를 임명하지 않음으로써 로주의 힘이 자연스럽게 약화되도록 만들었다.[25] 요시무네는 능력은 있으나 가록(家祿)이 역고(役高)*보다 낮아 특정 관직에 오르지 못하는 사람들을 기용할 수 있도록 길을 열어주는 족고제(足高制, 다시다카세이)를 만들었다. 또한 로주의 동태를 파악하여 알려주는 오소바고요토리쓰기(御側御用取次)를 두었다. 폭넓은 의사소통을 위한 노력의 일환으로 1721년에 제안과 불만사항을 누구나 서면으로 제출할 수 있는 '투서함'(目安箱, 메야스바코)을 설치했고, 이 방책은 곧 많은 다이묘들도 따라하게 되었다.[26]

행정을 조직화하고 더욱 효율적으로 만들기 위해 쇼군 요시무네는 행정과 법령에 각별한 주의를 기울였다. 1742년에 막부는 이후의 모든 행정과 재판의 기준을 정한 포괄적인 법전을 완성했다.† 이 법전은 일반에 공개되지 않았고 관료들만 볼 수 있었다. 심문과정에서 고문의 사용을 금지한다거나 유죄로 판명된 죄인의 친척을 처벌대상에서 제외하는 조항은 좀 더 합리적인 법체계를 향해 진일보했음을 보여준다. 그러나 한편으로 요시무네의 막부는 서민들의 사소한 분쟁에 대응하느라 자신의 고유 업무영역에서 벗어날 의도는 없었다. 정부는 상거래나 금전관계를 둘러싼 소송을 일절 접수하지 않았고, 당사자끼리 알아서 문제를 해결하도록 했다.[27] 서민들에게는 자신의 본분을 다하도록 독려했다. 요시무네는 당시 일본 전역에서 생겨나고 있던 데라코야(寺子屋)를 통해 중국에서 사용되던 유지(諭旨)를 배포하라고 명했고, 아이들은 유교적 가족관계의 중요성을 익혔다. 유용한 식물과 기술이 중국에서 수입되었을 뿐만 아니라 많은 전문가들을 초빙하여 일본에서 가르치게 했다. 1721년에는 중국어로 번역된 서양서적의 수입을 허락했다. 오규 소라이 같은 유학자들에게는 경세론(經世論)을 집필하게 했다.

이 모든 것을 아우르는 표어는 실용성이었다. 쓰지 다쓰야(辻達也)는 나아가 요시무네의 통치는 일본의 사상을 사변적인 철학에서 자연과학, 고전

* 각 직(職)의 기준이 되는 봉록의 총액.
† 『공사방어정서』(公事方御定書).

학, 텍스트 분석의 영역으로 방향 전환시켰으며, 이런 "전환은 18세기의 지적 혁명으로 나아가는 길을 여는 데 일조했다"고까지 주장한다.[28] 요시무네는 또한 오사카에 상인학교인 가이토쿠도(懷德堂)를 설립하도록 지원했다. 이 학교의 학자들은 실용적이고 합리적인 태도로 당대의 문제에 접근했다는 점에서 두드러졌다. 야마가타 반토(山片蟠桃)라는 필명으로 글을 쓴 한 뛰어난 인물은 실생활에서는 센다이 번주의 상업대리인이었으며, 따라서 복잡한 오사카의 상거래와 금융에 조예가 깊었다.[29]

요시무네 정부가 직면한 경제문제는 1732년의 흉작으로 더 악화되었다. 흉년에 이어 이듬해에는 에도 최초의 잇키가 발생했다. 이보다 앞서 1722년에 막부는 농촌에서 더 많은 세금을 거둬들이기로 결정하고 모든 다이묘에게 쌀을 헌상하게 하는 아게마이(上米)를 명했다. 농민들로부터도 더 많은 연공(年貢)을 징수하기 위해 매년 농작물의 수확량을 조사하는 대신 몇 년에 걸쳐 산출된 평균수확량을 기초로 해서 연공액을 산정하는 방식으로 전환했다. 이로써 매년 농작물의 수확량을 조사하는 데 드는 비용은 절감되었지만, 자연재해가 있는 해에는 농민들이 무거운 부담을 지게 되었다. 1721년에 요시무네는 모든 청원을 금지하고 농민의 집단도주를 억제하는 조치를 취함으로써 농민들이 의지할 수 있었던 몇 안되는 수단마저 박탈해버렸다. 연공징수원들이 인정사정없이 가혹하게 연공을 거두어들인 덕에 한동안 세수가 증가했지만, 결과적으로는 오사카 곡물창고에 재고가 늘고 사무라이에게 불리한 쌀값 하락을 초래했다. 게다가 막부가 화폐를 다시 주조해서 통화의 질을 높이고 또한 각 번의 지폐 발행*을 막으려 했다는 것은 화폐의 유통량 감소뿐 아니라 쌀값의 추가적인 하락을 의미했다. 이런 과정을 통제하기 위해 막부는 환전상들에게 인가받은 환전상 조합을 조직하여 개별 환전상들을 통합하라고 명령했고, 1721년에는 이 정책을 더욱 확대하여 96개 업종의 상인들에게도 조합 결성을 명령했다.

* 번에서 발행하는 지폐를 한사쓰(藩札)라고 한다.

요컨대 교호 개혁은 상업주의의 발흥이 일본의 정치경제에 초래한 변화들을 반영하고 있다. 사무라이 관료들은 이런 변화에 대처할 수 있는 확실한 방안을 갖고 있지 않았다. 막부가 시도한 방안들을 보면 막부와 다이묘 간에 새로운 연대가 이루어졌다는 것을 알 수 있다. 단적인 예로 막부는 가가 번에서 돈을 빌렸을 정도다. 다이묘의 불충을 막기 위해 설정된 예전의 안보문제는 점차 비현실적인 것이 되었다. 검약을 지향했던 요시무네는 에도의 거대한 성을 둘러싸고 있던 견고하지만 값비싼 성벽을 상록수로 이루어진 병풍림으로 대체했다. 무거운 세금에 저항하는 농민들에 대응하기 위해 다이묘와 협력하는 것이 점점 중요해졌다.

재직 말기로 갈수록 요시무네는 재직 초기에 자신이 채택했던 조치 가운데 일부에 대해서는 한 걸음 뒤로 물러섰던 것 같다. 막부는 각 번 내에서 지폐를 사용하지 못하게 했던 조치를 철회했고, 또한 상인조합에 관한 정책에 있어서도 갈팡질팡하는 모습을 보였다. 1736년에 막부는 동전 주조시 사용되어야 하는 비싼 금속의 비율을 줄임으로써 그동안 양화(良貨)의 강화를 위해 기울였던 노력을 포기했다. 그 무렵 금광과 은광은 고갈되었다. 1818년까지는 더 이상 금화가 주조되지 않았고, 은화도 1820년에야 비로소 다시 주조되었다. 그 대신 새로운 동광(銅鑛)이 대대적으로 채굴되었고, 10년이 채 되기도 전에 막부는 도쿠가와 시대 전 기간에 걸쳐 주조된 동전량의 절반 이상을 주조했다. 그러나 결과적으로 보았을 때 교호 '개혁'은 막부의 통치력이 어느 정도 영향력을 발휘하고 사회기강을 확립하는 과정에서 막부를 좀 더 강력한 행정조직으로 거듭나게 했다. 요시무네가 단행한 조치들은 당시에 발생한 경제적 변화를 다루기 위해서는 행정절차상에도 변화가 필요하다는 사실을 막부의 관료들이 인식하게 되었음을 보여주며, 이 점에서 요시무네의 리더십은 활력과 혁신의 통치로서 단연 돋보인다. 그러나 불행하게도 당시 일본의 문제는 행정적인 조치를 통해 정권이 해결할 수 있는 수준을 이미 넘어선 상태였고, 깊이 뿌리내린 모순들은 막부의 개혁가들에게 계속해서 좌절감을 안겨주었다. 얼마 동안 막부는 각 다이묘에게 아게마이를 부과하여 그 어느 때보다 재정수입이 늘어나기도 했지만, 그런 조치들은 실질적인 해결책을 도출하기 위해 꼭 필요한 체제 변화와는 거리가 먼 것이었다. 도시의 상업경제에 좌지우지되도록 만든 '여인숙 신세'를 다이묘가 면하게 해주어야 한다고 오규 소라이는 주장했으나, 막부 초기의 상태를 재창출하는 것은 더 이상 불가능했다.

덴메이(天明)

도쿠가와 시대의 정책은 내핍과 소비 사이를 큰 폭으로 왔다 갔다 했다는 특징이 있다. 요시무네의 교호 개혁이 있은 지 수십 년이 지나자 일본은 다시 덴메이기(1781~1789)의 사치라는 새로운 물결에 휩싸였다. 그러다가 도쿠가와 시대 최악의 기근을 겪고 나서 또다시 새로운 행정적·정책적 변화의 막간에 도달하게 되었다는 사실은 그다지 놀라운 일이 아니다. 당시 주요 정책입안자는 쇼군의 총애를 받는 다누마 오키쓰구(田沼意次)였다. 그는 일개 시동에서 시작하여 소바요닌(側用人) 겸 로주의 자리에 오르기까지 초고속 승진을 했으며, 그로 인해 막부의 전통주의자들에게 시기와 혐오의 대상이 되었다. 다누마는 자신의 아들을 와카도시요리(若年寄)의 일원으로 임명하고, 막부 재정담당 부서 내에 자신의 파벌을 만들어 모든 청구사항에 대해 자의적인 영향력을 행사했다. 또한 스스로 정실(情實)정치의 중심이 되었다. 많은 경우 선물을 주고받는 행위는 막부 행정체계 내에 자리 잡은 관행이었지만, 다누마의 경우는 그 수준을 새로운 단계로 끌어올린 것으로 보인다. 분명히 다누마는 부정부패 혐의를 받을 만했지만, 다른 각도에서 보면 막부의 전통을 고수하는 후다이다이묘 세력을 제거하고, 최근에 갑작스럽게 정치 전면에 등장한 신진세력을 이용하여 쇼군의 권력을 강화하려 했던 다누마의 시도는 반대파의 반발을 불러올 수밖에 없었으며 따라서 그의 입장에서는 나름대로 특단의 조치를 강구해야 했을 것이다.

얼마간 막부와 다이묘 사이의, 즉 중앙과 주변부 간의 주도권 쟁탈전은 한쪽의 이익이란 다른 쪽의 손실에 의해서만 얻을 수 있다는 일종의 제로 섬 게임이 되었다. 다이묘, 특히 크고 통합된 웅번의 영주들은 재정압박을 타개하기 위해 중앙의(즉 쇼군 직할의) 도시에 대한 수출을 극대화하여 고쿠에키(國益), 즉 구니의 이익을 증대하는 중상주의적 방책을 전개했다. 이와는 대조적으로 막부의 경우 대도시들을 에워싼 전국적 시장에 대한 책임을 져야 하는 중압감에 시달리고 있었지만, 시장에서 거래되는 제품들의 원산지는 막부의 영향력 밖에 있었다. 소비중심지들과 함께 막부는 생산물을 '보내주는' 지역들에 의존할 수밖에 없었으나, 반면에 이런 지역들은 자기 번의 경제를 위해 수출에만 전력하고 수입은 억제하는 조치를 취할 수 있었다. 한 세기 이상 동안 경제적·정치적 자치를 경험한 번의 행정관료들과 상인들은 자신의 번을 일본이라는 보다 큰 '영역'에 대립하는 구니(國)로 인식하는 데 익숙해 있었다.[30]

이런 문제를 해결하려는 과정에서 다누마는 혁신을 두려워하지 않았다. 예전의 개혁들은 고정된 것으로 간주되는 기존의 자원을 적절히 배분하는 것에 중점을 두었으나, 다누마는 경제성장 정책을 통해 자원의 증대를 꾀했다. 그는 대외무역량을 늘리는 조치를 취했는데, 심지어는 국내시장에서 구리 가격이 상승하더라도 나가사키 무역에 구리를 집중시키기 위해 아키타 동광(銅鑛)에 생산할당량을 책정할 정도였다.[31] 다누마의 관료들은 대개 수수료를 챙기기 위해 철, 놋쇠, 유황, 장뇌(樟腦), 진사(辰砂), 인삼, 등유 등과 그 밖의 제품에 대해 전매권을 허가했다. 이는 막부를 다이묘들의 이해관계와는 완전히 상반된 입장에 서게 하는 조치였다.[32] 다누마는 또한 경작지를 늘리기 위한 대규모 공공배수 시설 공사에 많은 재원을 투입했다. 이 사업이 실패하고 가뭄에 이은 홍수로 흉작이 들면서 심각한 기근이 발생하자 일본 전역은 불만으로 들끓었고, 1787년에는 사실상 에도를 사흘 동안 무정부상태에 빠뜨릴 만큼 격렬했던 농민반란과 도시폭동이 발생했다. 전통주의자들은 이런 일련의 사태에 대해 그들 나름의 해석이 준비되어 있었다. '하늘의 뜻'이 '민심'으로 이어진 것이다.[33] 다누마가 사직한

| 변화·저항·개혁 |

후 그의 영향력은 오래 지속되지 않았다. 다누마를 후원했던 쇼군이 사망하고 다누마의 아들이 암살당하자 그의 지위는 급격히 하락하여 치욕스럽게 생을 마감했다.

다누마의 집권기에 도시 중산층의 문화가 새로이 꽃을 피웠다. 앞에서 언급했듯이 네덜란드 의학서적의 영향을 받은 해부학 실험도 바로 이 시기에 있었다. 도시화된 사무라이와 부유한 서민들은 재치 넘치고, 풍자적이면서 냉소적인 문학작품인 게사쿠(戱作)를 즐겼다. 아울러 금전적 여유가 있는 조닌들에게 여행·연극·유곽의 흥겨움을 전하는 채색목판화 니시키에(錦繪)가 성행했다. 한편 전통주의자들이 이런 문화적 번영을 지배층의 정치적 부패와 도덕성 결핍의 결과로 간주한 것은 어쩌면 당연한 일이었다. 따라서 내핍이라는 새로운 물결의 도래가 예견되었다.

간세이(寬政)

'간세이'(1789~1801) 개혁은 마쓰다이라 사다노부(松平定信, 1758~1829)에 의해 주도되었다. 그는 요시무네의 손자이자 나이 어린 쇼군이었던 이에나리(家齊)의 명을 받아 막부의 로주가 되기 전까지 일본 북부에 위치한 번—시라카와(白河) 번—의 다이묘였다. 1773년에 태어난 이에나리는 1787년부터 1837년까지 쇼군 직에 있었으며 1841년 사망하기 전까지 최고 권력자로 군림했다. 50년이라는 그의 재직기간은 도쿠가와 쇼군 가운데 가장 길었다. 이에나리는 한 권세 있는 도자마다이묘의 딸을 아내로 맞아들임으로써 이후 반세기 동안 지배층 내의 혈통상의 구분이 더욱 모호해지는 결과를 가져왔다. 쇼군의 배우자가 되기 위한 자격을 갖추기 위해 그녀는 우선 공가인 고노에 집안의 양녀가 되었다. 이에나리는 조정과 돈독한 관계를 유지하는 데 적극적이었다. 그는 조정의 여러 명예직을 가지고 있었고, 최종적으로 태정대신(太政大臣, 다이조다이진)에 임명되었다. 또한 그는 수많은 측실과의 사이에서 55명의 자녀를 두었는데, 이 자녀들은 이에나리가 일본 전역의 다이묘들과 정략결혼을 추진할 때 이용되었고, 그 결과 전반적으로 혈통상의 구분이 없어진 귀족계급을 창출하는 데 기여했다. 막부 초기의 우아한 칭호들은 더 이상 그때와 같은 많은 의미를 갖지 않게 되었다.

의지가 강한 쇼군이 등장하고 4년 남짓 후에 사임했으므로 마쓰다이라 사다노부가 영향력을 행사한 기간은 그다지 길지 않았다.[34] 마쓰다이라는 에도와 교토 조정 간의 관계는 에도의 주도권을 전제로 해야 하며 이를 반영하는 적절한 용어가 유지되어야 한다고 주장했다. 양자로 입양된 뒤 권좌에 오른 천황이 자신의 생부에게 선황(先皇)의 지위를 부여하려 하자 마쓰다이라는 교토 조정과 벌인 유명한 논쟁 끝에 자기의 뜻을 관철시켰다. 그러나 불행하게도 그 다음번에는 자신의 쇼군과 피할 수 없는 논쟁을 벌이게 되었다. 왜냐하면 이에나리도 마찬가지로 도쿠가와가의 분가에서 입양되어 쇼군 직에 오른 뒤 자신의 생부에게 은퇴한 쇼군에 준하는 의례를 갖추려 했기 때문이다. 사다노부는 이 역시 저지하는 데 성공했지만, 결국 쇼군과의 사이가 멀어져 사임하고 말았다.

사다노부는 쇼군의 정책을 주도하는 위치에 불과 몇 년밖에 있지 못했지만, 그가 취한 조치들은 19세기 도쿠가와 행정의 중추가 되었다고 볼 수 있을 만큼 상당히 지속적이고 중요했다. 그는 우선 다누마 시대의 부패와 사치풍조를 억제하는 조치로부터 개혁에 착수했다. 검약은 다시 한번 시대의 명령이 되었다. 강력한 숙청을 통해 많은 관료들이 교체되었다. 구역의 관원들은 촌민들을 대상으로 근면·자제·효의 중요성을 강조하는 훈령을 준비해야 했다. 출판업자들은 또 한번 검열의 눈치를 보아야 했고 검열에 걸릴 시에는 장비를 몰수당했다. 작품이 부도덕한 것으로 판명된 몇몇 작가들에게는 칼이 채워졌다. 그러나 이런 문제와 관련해서 모든 개혁가들은 보편적으로 도덕성을 역설하기 마련인바, 간세이의 개혁가들이 취한 조치들은 결코 새로운 것이 아니었다.

사실 이보다 더 흥미로운 것은 국가경제에서 에도의 경제적 위치를 강화하려는 사다노부의 노력이다. 간사이 지방의 오사카와 교토로부터 들여

온 상품의 소비지로서 출발한 에도는 이제 간토 지방의 경제 중심지가 되었다. 사다노부는 오사카 경제가 은에 기초함으로써 누리는 가격상의 이점을 상쇄시키기 위해 통화를 재평가했다. 또한 에도 주변 지역을 더욱 자급자족적으로 만들어 간사이 지방으로부터의 수입을 줄이려 했다. 어떤 면에서 그는 웅번들에 의해 전개된 중상주의적 정책을 막부의 목적에 순응시키고 있었다. 사케, 면화, 기름, 종이 등과 같이 전통적으로 간사이 지방에서 들어오는 상품을 간토 지방에서 직접 생산하는 방안을 추진했다. 식량 수요를 줄이기 위해 사다노부는 근래에 이주해 온 사람들에게 귀농을 권고했다〔舊里歸農獎勵令〕. 에도 자체는 행정개혁의 중심이 되었다. 사다노부는 구휼사업을 담당하는 에도마치카이쇼(江戶町會所)를 설치했다. 그는 쌀값을 조절하기 위해 곡물창고를 세우고 연공의 일정 비율을 비축하게 했다. 관리들에게는 체계적인 기록 보존, 화재 단속, 도로와 교량 관리 등에 만전을 기하라고 명령했다. 이제 도시문제의 해결방안에 관심을 갖기 시작했던 것이다.

도시의 상업주의가 가져온 결과들을 처리하기 위해 고군분투하는 과정에서 사다노부는 세련되지 못한 방법을 사용했다. 막부는 사무라이의 채무를 무효화하고 집세 또한 규제할 것이라고 발표했다. 그러나 당시 사무라이가 상인들에게 의존하고 있던 현실을 감안하면 상인을 처벌하려는 시도는 실질적으로 사무라이에게 득이 되지 않았기 때문에 이런 조치는 그다지 효과를 보지 못했다.

유학을 공부한 사다노부는 교육계와 지성계를 정비하는 특별한 조치들을 취했다. 여기서 사다노부는 비교적 많은 성공을 거두었다. 그는 '간세이 이학 금지령'(寬政異學の禁)을 공포하여 주자학을 정학(正學)으로 삼았다. 과거의 쇼군들은 학파간의 이념적 구별성에 대해 비교적 무관심했고, 사다노부 자신도 실무를 담당하는 행정가에게 중요한 것은 어떻게 사느냐이지 자신의 철학적 기호가 아니라고 쓴 적이 있다. 그러나 일단 권력을 잡고 질서를 세우는 데 관심을 갖게 되자 상호경쟁적인 학파들의 증가는 혼란을

초래할 뿐이라고 확신하게 되었다. 이렇게 해서 1790년의 '이학 금지령'이 탄생했다. 근래의 '신규 학설'은 풍속을 파괴한다고 사다노부는 공언했다. 따라서 중심이 되는 학문으로 '회귀'해야 한다는 것이었다. 이 운동은 막부의 학문소에 내린 지침과 함께 시작되었다. 당시 급성장하고 있던 번교(藩校)들도 막부의 학문소에 내려졌던 중앙의 지침을 곧 따랐다. 19세기 중반에 이르면 오규 소라이의 저작은 막부의 학문소인 쇼헤이코(昌平黌)에서 거의 체제전복적인 것으로 간주되었다. 그러나 다른 학파의 사상과 해석이 사멸한 것은 아니었다. 많은 선생들이 학교에서 가르치도록 되어 있는 것과 자기가 생각하는 것을 구분했다. 게다가 국학자들의 가르침은 계속해서 양적으로 팽창하면서 인기도 치솟고 있었으며 국학(國學)이 일본의 농촌지역에 광범위하게 퍼지기 시작했다. 난학도 빠르게 성장하고 있었다. 사다노부는 난학을 후원했고 막부 자체에서 서양서적을 수집하도록 권장했다. 그러나 다른 한편으로는 난학을 통제하여 오직 공적인 경로를 통해서만 연구할 수 있도록 했다. "야만국 사람들은 과학에 능숙하여 군사무기, 내과학과 외과학적인 방법뿐 아니라 천문학, 지리학에 관한 그들의 책에서도 도움이 될 만한 것을 많이 얻을 수 있다. 그러나 양서(洋書)는 쓸데없는 호기심을 유발하거나 유해한 사상을 퍼뜨릴 위험성이 있다"[35]고 사다노부는 썼다. 이런 관점에서 해결책이란 나가사키에 유입되는 바로 그 시점에 정부가 유용한 서적을 선별하고 공인받지 않은 이들의 손에 책이 들어가지 못하도록 단속하는 것이었다. 사다노부는 또한 인가받은 대외무역의 규모를 줄이고 네덜란드인의 정기적인 에도 방문의 간격을 늘렸다. 물론 이런 조치들은 다누마 오키쓰구의 정책을 폐기하는 것이기는 했지만, 상당수는 도쿠가와 초기 정책의 연장선상에 있었던 것으로 볼 수 있다.

많은 면에서 간세이기는 교육 부문의 눈부신 성장과 일본에서 차지하는 교육의 중요성을 상징적으로 보여주는 시대이다. 정학에 대한 사다노부의 관심은 보다 책임감 있고 제대로 교육받은 관료를 양성하고자 하는 그의 욕망과 관련이 있다. 그는 많은 지역에서 학자들을 모집하여 쇼헤이코에서

| 변화·저항·개혁 |

가르치게 했다. 다이묘들 역시 자신의 영지 내에서 교육에 많은 관심을 기울였다. 일본 전역에 걸쳐 학교 수가 꾸준히 증가한 것은 새로운 기대와 요구가 작용하고 있었음을 보여준다.

한편 막부는 자신의 '전통'에 대한 태도를 정하고 이를 정의하려 했다. 이제는 '종래와 같이'(從來の如く)라는 말이 대외무역이든 철학적 연구든 분야에 상관없이 실험과 혁신을 억제하기 위해 적용되었고, 이 말은 실험과 혁신을 강력히 금지하는 경고문으로 존재하게 되었다. 지금 돌이켜보면 당시의 정권은 그전보다 더 완고해지고 덜 탄력적이며 덜 모험적으로 되어갔던 것으로 생각할 수도 있다.

가세이 시대: 분카와 분세이

분카(文化, 1804~1818)와 분세이(文政, 1818~1830)를 합쳐 일명 가세이(化政) 시대로 불리는 19세기의 첫 30년은 도쿠가와 시대에서 마치 인디언 섬머* 같은 시기라고 흔히 묘사된다. 이때는 흉년이 없었다. 농민들의 저항이 있긴 했지만 18세기 말엽처럼 규모가 크거나 격렬하지 않았다. 학교 건물은 계속해서 늘어났다. 당시 사숙과 데라코야는 엄청나게 발전했다. 이 '인디언 섬머'는 지금까지 기술한 도쿠가와 사회의 많은 경향이 무르익을 때까지 계속되면서 분명한 모습을 드러냈다.

사회의 최상층에서는 17세기에 다이묘를 그토록 중요한 범주로 만들었던 충성심에 대한 병적인 집착이 다이묘들보다 훨씬 분화되지 않은 귀족계급에게 넘어갔다. 이들 귀족계급은 전쟁을 알지도 못했고 막부의 정책이 유도하는 대로 도시문화에 깊이 뿌리를 내리고 있었다. 최상층보다 낮은 계층들, 특히 도시지역에서는 지배층인 사무라이 계급 대다수와 부유해진 서민 사이에 별반 차이가 없었다. 부분적으로 이것은 이전에는 단색적인 모습을 띠고 있던 촌락 내부에 다양한 분화가 이루어지면서 나타난 결과였

---

* Indian summer. 원래는 늦가을에 경험하는 봄날 같은 화창한 날씨를 가리키는 말이지만, 비유적으로 평온한 만년(晩年)을 뜻하기도 한다.

다. 아울러 상업화와 농업의 발전은 점점 가시화된 마을 엘리트를 낳았고, 벽에 회반죽을 바른 창고, 육중한 목조가옥, 조심스레 가꾼 상록수와 정원은 이들의 경제적 풍요를 여실히 보여주었다. 마을의 많은 분쟁은 특권적인 지위를 누리는 부자들에 대한 적개심에서 비롯되었다. 이런 부자들은 마을의 대소사를 좌지우지했고 이들의 목표는 촌역인의 교체나 선출에 있었다. 서민 엘리트의 몇 가지 열망은 궁핍한 사무라이들이 필요로 하는 것과 중첩되었다. 사무라이가 신분을 파는 것은 흔한 일이 되었다. 일본 북부의 모리오카(盛岡)에서는 심지어 사무라이 신분에 대한 가격표까지 나돌았다. 완전한 사무라이 신분을 사는 데는 620냥이 필요했고, 칼을 휴대할 수 있는 특권을 사는 데는 50냥이면 충분했다. 그러나 마을의 청년조직 와카모노구미(若者組)는 그런 식으로 사무라이 행세를 하고 다니는 것에 매우 분개했다. 촌락의 청년조직은 그들 나름의 위계를 유지하기 위해 의례와 강제를 통해 구성원들을 결집시켰다. 1827년에 막부는 청년조직을 금지하려 했으나 성과는 제한적이었다. 그럼에도 불구하고 금지령에서 언급하는 이유들은 시사하는 바가 크다. 법령은 부유한 촌민을 해코지하는 행위에 대해 엄중 경고하고 그 동기가 그들의 부를 시기하는 데 있음을 시사했다. 또한 조직적으로 마을의 법질서를 어지럽히는 행위를 금지하고 '쇼군의 은덕'에 더 많은 존경과 감사의 마음을 갖도록 촉구했다.[36]

그러나 이런 종류의 명령 대부분이 쇠귀에 경 읽기였다. 일본의 봉건관료들은 주권이 막부와 다수의 번으로 조각조각 나누어져 있는 체제에서 운신하고 있었으므로 그들의 관할지역까지 여파를 미치는 경향들의 근원지나 근본적 요인들을 통제하는 것이 불가능했다. 막부는 막부의 중심도시들에 대해서는 자신에게 유익한 방안들을 고안해낼 수 있었지만, 그런 도시의 배후지를 지배하고 있던 가신들과 다이묘는 막부와는 다른 생각을 가지고 있는 경우가 많았다. 도사와 조슈 같은 웅번의 번주들은 자신의 번에서 생산한 제품을 최대한 내다 팔고 외부로부터의 수입을 억제하는 정책을 유지하는 데 나름의 어려움이 있었지만, 적어도 자신의 영내에서 일어나는 일만큼은 확실하게 통제할 수 있었다. 반면 막부는 직할령 내에서조차 뜻대로 되지 않는 어려움에 봉착하기도 했다. 19세기 초 거대도시의 배후지들은 막부의 인가를 받은 대도시의 상인조합의 통제를 벗어나 농업기술과 가공기술을 발전시켜 나가고 있었다. 1820년대에 오사카 주위의 평야에 위치한 촌락들은 막부가 각 촌락에 평지씨 기름을 짜지 못하게 하고 그 대신 대도시의 기름가공업자들에게 평지씨를 팔고 그들이 제조한 평지씨 기름을 구입하게 하자 크게 동요했다. 1천여 곳의 촌락에서 자유시장을 요구하는 탄원이 줄을 이었고, 막부는 폭력사태를 피하기 위해 점진적으로 이에 대한 통제를 완화했다.

예전에는 인가받은 도시 상인조합들에 제한되어 있던 경제적 역할을 농촌의 기업도 공유하게 되면서 거대도시의 중요성은 다소 줄어들었지만, 이는 어디까지나 거대도시들이 주변지역 경제성장의 견인차 역할을 했기 때문에 가능했다. 1800년경 일본에는 거주자 10만 이상의 세계적 규모의 도시가 다섯 곳이나 있었고, 그 가운데 세 곳은 거주자 30만 이상을 보유한 전세계 20개 도시에 포함되었으며, 당시 세계에서 인구가 가장 많은 도시였던 에도에는 아마도 100만 명 이상이 거주했을 것이다.[37]

일본 북부지역이 발전하면서 운송과 시장의 중심지로서 에도의 중요성 역시 커졌다. 여행과 참배는 계속해서 늘어났고, 이와 더불어 다른 거대도시 지역들 간의 훨씬 더 밀접한 통합이 이루어졌다. 초기부터 막부는 신속하고 믿을 수 있는 교통·통신을 제공하기 위해 간선도로와 숙역제도를 구상했다. 관의 전령이 오사카에서 출발하여 500km 떨어져 있는 에도에 도착하는 데 걸리는 표준시간은 6일이었다. 한편 에도와 교토에서 사적으로 전령 역할을 했던 사람들이 민간의 통신수요를 보충하고 관의 통신망과 경쟁하기 시작했다. 치안이 안정되고 경제가 발전하자 에도와 교토에서 활약했던 이 사적인 전령들은 신속한 우편 서비스를 제공하게 되었고, 소요기간은 6일에서 5일로, 4일로 그리고 마침내 3일 반으로까지 단축되었다. 특히 노련한 전령들은 관의 통신망을 파고들어 갔으며, 상업적 운송을 위해

관의 휘장을 얻고 부착하고 드러낼 수 있는 권리를 사들여 통신 서비스의 생산성을 향상시켰다. 19세기 초엽 교토-에도 간 특급통신 서비스는 2일의 장벽을 깼다. 게다가 사적인 특급운송과 화물운송 사업을 하는 사람들 역시 그들의 네트워크를 대도시 주변의 농촌지역까지 넓혀 나갔다. 공무상의 여행뿐 아니라 사적인 여행도 이에 비례하여 증가했다.[38]

더욱이 식자능력이 향상되면서 출판업자들의 역할도 커졌다. 각종 안내서들은 독자들에게 먼 곳에서 맛볼 수 있는 즐거움을 전해주었고 교토에 있는 300여 개 사찰에 관해서도 이야기해주었다. 또 다른 좀 더 통속적인 책들은 오사카의 식당, 토산품, 유곽 등 여행객들이 누릴 수 있는 즐거움을 묘사했다. 통속소설의 대표적 작가 산토 교덴(山東京傳)과 다키자와 바킨(瀧澤馬琴)은 그들 작품의 다음 회(回)가 출판되기를 손꼽아 기다리는 독자들이 있을 만큼 인기가 있었다. 바킨은 책을 팔아 번 돈으로 과거 자신의 가족이 누렸던 사무라이 신분을 다시 사서 손자에게 물려주었다. 책은 비교적 싼 편이었으나 책대여점의 보급으로 책을 보는 데 드는 비용은 더욱 저렴해졌다. 에도에는 책대여점이 800곳이나 있었고, 일본 전역에서 순회 책대여상들이 책꾸러미를 등에 지고 외딴 오지까지 찾아 들었다.

당시의 사회평론가들이 이런 변화에 주목하지 않을 리 없었고, 충분히 짐작할 수 있는 일이지만 대개는 현실을 개탄했다. 로닌이었을 것으로 추정되는 부요 인시(武陽隱士)라는 필명의 한 작가가 1816년에 우리가 지금까지 살펴본 변화들을 조리 있게 요약해서 일종의 장광설을 펼쳤다. 다이묘들은 에도 저택의 화려한 생활에 흠뻑 빠져 있고, 한때는 검소했던 사무라이들이 교토의 귀족들처럼 안일하고 호사스러운 생활을 한다고 그는 썼다. 이렇게 앞 다투어 소비를 일삼던 사무라이들은 불고체면하고 상인의 아들을 양자로 들이거나 에도에 있는 자신의 집을 서민들에게 세를 놓는 일이 많아졌다. 또한 귀중품을 팔고도 엄청나게 높은 이자로 거액의 돈을 빌렸다. 그들의 군사기술은 오래전에 녹슬었고, 군복무는 거의 하지 않았다. 부요 인시가 보기에 농촌지역의 상황도 개탄스럽기는 마찬가지였다.

| 변화·저항·개혁 |

빈자들은 더욱 가난해지고, 부자들의 콧대는 하늘 높은 줄 몰랐다. 부자들은 자신의 재산으로 관리들에게 뇌물을 먹여 세금을 피하거나 사소한 개인적 일이라도 재판으로 몰고 가는 것이 가능했다. 소수의 행복은 다수의 고통에 기반했던 것이다. 이런 상황은 대도시 인근에서 최악이었다. 에도 주변의 호농들은 건수만 있으면 지체 없이 재판소로 향했고, 그곳의 관리를 눈곱만큼도 무서워하지 않았다. 요컨대 평화롭고 비교적 번영했던 분카·분세이 시대에도 부요 인시처럼 닥쳐올 불행을 예고하는 사람들이 있었던 것이다.[39]

덴포(天保)

1833년에 일어난 일련의 새로운 자연재해는 위와 같은 경고가 옳았음을 입증하는 것 같았다. 일본은 다시 한번 위기를 맞았다. 개혁정책은 막부와 심지어 후다이다이묘 간에, 도시주민과 무능한 관리들 간에, 그리고 관료제 내부에 존재하는 심각한 분열상을 드러냈을 뿐이다. 덴포(天保, 1830~1844)의 개혁은 분명 소기의 목적을 달성하는 데 실패했고, 흔히 덴포 시대 자체는 막부의 종말이 보이기 시작한 시점이라고 묘사되고 있다. 해럴드 볼라이소는 "덴포 시대는 상서로운 개막, 개혁, 문화적 업적 등에도 불구하고 일본의 일반 민중과 그들을 다스리는 통치자들 모두에게 참담함을 안겨준 시대로 판명났다. ……도쿠가와 일본의 지배체제가 입은 손상의 정도라는 면에서 덴포 시대는 미증유의 시대였다"고 썼다.[40]

손상을 가장 많이 입은 부문은 공공질서와 정부에 대한 만족감이었다. 막번 체제가 한 지역에서 다른 지역으로의 곡물 이동을 어렵게 만든 것은 사실이지만 1833년에 시작되어 1836~1837년에 최고조에 달한 흉작은 기후가 원인이었다는 점에서 막부에 모든 비난의 화살을 돌릴 수는 없다. 어쨌든 벼농사의 필수조건인 기온과 강우량 사이의 섬세한 균형을 파괴한 비정상적인 냉해가 여러 해 계속된 뒤인 1836년에는 피해가 최초 발생지인 일본 동북부에서 일본 중부와 서부로 확산되었다. 기근이 일본 전역을 휩쓸었다. 미토 번에서는 관리들이 미토 번주 도쿠가와 나리아키(德川齊昭)가 에도에 가는 길에 보지 못하도록 길가의 시체를 치웠다. 도시에서는 쌀값이 천정부지로 치솟았다.

 이런 곤경에 처하자 민중의 저항이 터져 나왔다. 연평균 저항 발생건수는 이전까지 최고 기록이었던 1780년대의 수치보다 훨씬 많았다. 가장 신중하게 도표화한다 해도 덴포기에는 465건의 '분쟁,' 445건의 봉기, 그리고 101건의 도시폭동이 있었다. 폭력사태는 1836년의 흉작으로 인해 절정에 달했다. 폭동과 반란의 규모가 상당히 컸다. 많은 지역에서 발생했을 뿐 아니라 과거 그 어느 때보다 가담자가 많았다. 기후, 굶주림, 분노는 정치적 경계를 아랑곳하지 않았다. 모든 경제구역과 교통망이 저항의 물결에 휩싸였다.

 바로 이런 상황에서 오시오 헤이하치로가 오사카에서 반란을 일으켰다. 오시오는 도덕적이고 농담을 할 줄 모르는 대쪽같은 사무라이 관료였지만, 막부관료들의 비도덕성과 무관심을 알고는 관료사회에 환멸을 느껴 관직을 사퇴했다. 그러고는 고향에 돌아와 학교를 열어 각계각층의 학생들을 받아들였다. 엄격한 선생이었던 오시오는 학생들에 대한 체벌을 주저하지 않았다. 그는 주로 역사적 유비(類比)를 통해 학생들을 가르쳤으며 그의 강의는 중국 명조의 충신들 이야기로 가득했다. 그의 지성·정직·학식 덕분에 그는 폭넓게 존경을 받았다.

 자신의 가르침에서 오시오는 지행합일을 주장한 유교 학파의 가장 대표적 인물인 왕양명(王陽明, 1472~1529)의 양명학을 따랐다. 도쿠가와 시대 초기에도 몇몇 뛰어난 철학자들이 양명학을 가르쳤다. 생전에 성인으로 추앙받았던 나카에 도주(中江藤樹, 1608~1648)는 소싯적에 신봉했던 주자학을 버리고 양명학을 택했고, 그의 제자 구마자와 반잔(熊澤蕃山, 1619~1691)은 막부의 실정(失政)을 신랄하게 비판하여 막부의 심기를 건드렸다. 그러나 점차 이들의 가르침은 체제전복의 함의를 띤 것으로 간주되었고, 1790년에 마쓰다이라 사다노부가 주자학을 막부의 정학으로 지정하자 양명학 추종자들은 완전히 그 힘을 잃은 듯이 보였다. 그러나 오시오는 정통 유교 따위에는 신경을 쓰지 않았다. 오히려 그가 보기에 지행합일이라는 주장이야말로 당시의 사회병폐를 치유하는 데 절대적으로 필요한 가르침이었다. 오시오는 일종의 참배여행으로서 나카에 도주의 집까지 여행을 했다. 그는 자신이 사회를 개혁할 운명을 타고난 성웅(聖雄)이라고 생각했다.[41] 성웅의 사명은 구민(救民)이었으며, 이것이 그가 반란의 명분으로 내건 기치였다. 오시오는 사람들을 교화한 내용 그대로 살았다. 그는 자신이 소장하고 있던 방대한 양의 책을 팔아 식량을 사서 사람들에게 나누어 주었다. 물론 그것으로는 턱없이 부족했다. 또한 오시오는 약간의 화기와 작은 대포 한 대를 입수했다. 그런 다음 격문(檄文)을 준비해서 오사카 주변지역에 은밀히 배포했다. 오시오의 격문 일부는 다음과 같다.

셋쓰(攝津)·가와치(河內)·이즈미(和泉)·하리마(播磨) 구니의 촌역인·장로·호농·소농·소작인에게 고함.
　아시카가(足利) 시대부터 천황은 격리되어 상벌을 내릴 힘을 잃었고, 따라서 인민은 어려움을 호소할 곳이 없어졌다.……
　사해(四海)가 빈곤으로 도탄에 빠지면, 하늘의 보살핌도 오래갈 수가 없다.……
　……고향을 벗어날 수 없는 우리는 지금의 상태를 더는 참을 수가 없다고 생각한다. 우리는 〔고대 중국의〕 탕왕(湯王)과 우왕(禹王) 같은 힘이 없다. 공자나 맹자의 덕도 없다. 우리는 의지할 사람도 없고 우리의 가족이 처벌받을 수 있다는 것을 알면서도 천하만민을 위해 한마음으로 뭉친 우리는 다음의 사항을 결의하는 바이다. 첫째, 우리는 미천한 사람들을 못살게 굴고 괴롭힌 관리들을 처형할 것이다. 다음으로 사치향락에 빠져 사는 오사카의 호상(豪商)들을 처형할 것이다. 그리고 그들의 곳간에 숨겨놓은 쌀가마니뿐 아니라 그들이 긁어모은 금은보화를 찾아낼 것이다. 그리하여 셋쓰·가와치·이즈미·하리마 구니에 사는 땅 없는 사람들과 땅은 좀 있으

나 부모, 처자식, 기타 식솔을 먹여 살리기 힘든 사람들에게 그것을 나누어 줄 것이다. 위에서 말한 모든 돈과 쌀은 다 나눌 것이다. 따라서 오사카에 난리가 났다는 소식을 듣자마자 거리를 불문하고 한달음에 오사카로 오라.

우리가 하는 일은 천명에 따라 천벌을 내리는 것뿐이다.[42]

이 격문에서 오시오는 자연재해를 도쿠가와 정부에 대한 하늘의 불만을 보여주는 확실한 신호로 지적하고 있다. 정부는 인민의 곤궁에 나몰라라 하는 관료들의 손안에 있었던 것이다. "천명을 존중하고 하늘의 분노를 집행하는 것"이 반드시 필요하다고 오시오는 썼다. 그는 농민들에게 관서를 습격하여 세금기록을 없애버리도록 했다. 한편 다른 사람들은 궁핍한 사람들에게 쌀을 나눠주기 위해 오사카의 거대한 창고들을 장악했다.

오시오의 유교적 확신에 힘을 더해준 것은 신도 신앙과 천황에 대한 막연한 충성이었다. 구민(救民)은 일본 황실의 전설상의 개조(開祖) 진무(神武) 천황의 도덕적 지배를 회복하는 것과 맥을 같이했다. 근본적으로 선한 사람들이 겪고 있는 기근·무지·고통은 조정을 업신여기는 막부의 태도와 관련이 있었다. 오시오는 아마테라스를 모시는 이세 신궁의 이름을 걸고 이야기했다. 그러나 자주 '하늘'을 언급하긴 했어도 그는 자신이 알고 있는 네 구니에만 관심을 가졌으며, 그의 계획은 악인을 죽이고 그들의 부를 나눠주는 것 이상으로 나아가지 못했다.

막상 거사를 일으키자 오시오의 반란은 가담자 모두에게 대실패로 끝나고 말았다. 정보원 한 명이 비밀을 누설하여 당국의 의심을 샀기 때문에 오시오를 비롯하여 오시오와 함께 반란을 준비한 수백 명의 공모자들은 그들의 일정을 앞당겨야 했다. 마침내 오시오는 자신의 집에 불을 질러 추종자들에게 신호를 보냈고, 추종자들은 '구민' '아마테라스 오미카미'(天照大神)라고 쓴 깃발을 높이 들고 결전에 나섰다. 그들은 힘들게 모은 얼마 안 되는 무기조차 제대로 사용할 줄 몰랐지만, 막부군 사령관들도 미숙하기는

| 변화·저항·개혁 |

마찬가지였다. 그들은 말에서 굴러 떨어지는 바람에 순간적으로 병사들의 사기에 찬물을 끼얹었다. 이들은 곧 항간의 웃음거리가 되었다. 그러나 얼마 지나지 않아 막부군의 힘이 우세를 보였다. 결국 오시오가 성취한 것이라고는 3천여 채의 집과 3~4만 석가량의 쌀을 집어삼킨 맹렬한 화재뿐이었다. 그는 산으로 피신했고, 그의 추종자들은 자살하거나 사방으로 도망쳤다. 오래지 않아 오시오는 꼬리를 잡혔고, 그의 은신처는 추적자들에 의해 포위되었다. 추적자들이 그를 생포하기 전에 오시오는 은신처에 불을 질러 아들과 함께 화염 속에서 불타 죽었다. 당연히 막부는 가차 없는 보복을 가했다. 선고를 받기 위해 남아 있던 29명의 반란 음모자들 가운데 오직 5명만이 구금과 심문에서 살아남았다. 막부는 십자가형을 선고받은 그들을 소금에 절였다가 십자기둥에 매달았다.

 이 모든 것에도 불구하고 오시오의 정치적 강령과 전략이 무엇이었는지는 매우 불분명하다. 그는 사회의 계층화와 도덕성의 추락을 유교적 보편주의에 근거해서 반대했다. 이 반란의 함의 때문에 그는 진정한 혁명가로 보일 수도 있을 것이다. 실제로 훗날 도쿠가와 체제에 불만을 품은 사람들은 그런 식으로 그를 칭송했다. 다른 한편으로 그가 도덕적 성명(聲明)을 내고자 했던 바람 이상으로 무언가를 계획했다는 증거는 없다. 그의 불만은 '부도덕'의 과잉과 사악한 관료들을 향하고 있었다. 이것은 일본역사에서 끊임없이 등장하는 패턴이며, 이 점에서 오시오는 대부분의 저항운동에서 찾아볼 수 있는 지도자와 흡사하다.

 그렇다고 하더라도 오시오의 반란은 정말 새로운 어떤 것을 시사한다. 그것은 보기 드물게 청렴한 사무라이 관료가 반란을 지도했다는 점이다. 오시오가 일으킨 화재는 일본의 배급망에서 중추적 역할을 하는 오사카의 특정 구역을 잿더미로 만들었는데, 일본의 모든 번이 그곳에 일종의 연락사무소와 창고를 가지고 있었다. 결과적으로 이 사건은 일본 전역의 모든 사람들에게 신속히 알려졌다. 오시오의 격문 역시 내세의 삶을 살았다. 필사본이 널리 퍼져 나갔기 때문이다. 오시오가 비난했던 그 사악한 존재들은 일본 전역의 사람들에게 인식되었다. 게다가 이 나라는 다시 한번 국제정치의 소용돌이에 점차 빠져들고 있었으며, 사회·경제적 문제의 처리를 더 이상 미루어서는 안될 것 같았다.

덴포기에 개혁은 규모에 상관없이 거의 모든 번에 시급한 문제로 다가왔다. 에도 막부는 산적한 현안들을 앞에 두고 미적대고 있었다. 오고쇼(大御所)인 이에나리가 여전히 실권을 장악하고 있었고, 그는 자신의 안락함을 희생할 생각이 추호도 없었다. 하지만 각 번과 번주들이 곤란에 빠졌다는 것은 널리 인식되었다. 현명하게 공개적으로 출판은 하지 않았지만 혼다 도시아키(本多利明)는 일찍이 어떤 글에서 "최근 들어 영주가 상인들에게 빌린 돈을 갚아야 한다는 핑계로 가신들에게 배정된 재산을 몰수하는 진풍경이 벌어지고 있다. 그러나 그렇게 빚을 갚고도 빚이 줄기는커녕 더욱 늘어만 가는 것 같다. ……상인들에게 돈을 빌리지 않은 사람〔다이묘〕은 단 한 명도 없다. 얼마나 한심한 일인가? 이런 진풍경을 바라보는 상인들의 마음은 마치 자기 그물에 걸려드는 물고기를 반기는 어부와 같은 심정일 것이다. 관리들은 농민에게 돈을 뜯어내면서 다이묘의 빚을 갚는 데 필요하다고 주장하지만 빚은 줄지를 않는다. 대신 다이묘는 해마다 상인들을 찾아가 새로이 돈을 꾸고 있다"고 썼다.[43]

번의 지배자들은 별로 선택의 여지가 없었다. 가신의 봉록을 줄이거나 심지어 압류하는 방식으로 돈을 '빌릴 수도' 있었지만, 그것은 그들의 사기를 크게 떨어뜨리거나 아예 심복을 잃을 수 있는 위험을 감수해야만 가능한 일이었다. 많은 사무라이들에게 사무라이라는 신분의 이점은 겨우 입에 풀칠할 만한 수입과 틀에 박힌 일상이 반복되면서 거의 사라졌고, 개인적 자유와 혹시 있을지 모르는 경제적 기회를 잡기 위해 아예 사무라이 신분을 포기하는 사람도 있었다. 지배자들은 또한 인민으로부터 더 많을 것을 얻어내려고 했다. 번이건 막부건 농민의 세금을 늘리려고 했지만 여기에는 분명 농민의 저항이라는 위험부담이 있었다. 더구나 농민들로부터 더 이상 짜낼 게 별로 없는 경우도 많았다. 심지어 마쓰다이라 사다노부조차 자신

| 변화·저항·개혁 |

이 다이묘였을 때 "농민들은 관료를 호랑이와 여우처럼 무서워한다"고 썼다. 그렇다고 가만히 있을 수는 없었으므로 대부분의 번은 전력을 다했다. 언제나 '개혁'은 '검약령'과 함께 시작되었다. 예전의 개혁조치가 그랬듯이 내핍생활은 통치자와 피치자 모두에게 똑같이 요구되었다. 그 다음 문제는 빚과 이자 비용에 관한 것이었다. 다이묘는 돈을 빌린 상인들에게 빚 자체가 무효라고 선언할 수 있었지만, 막부의 법적 보호를 받고 있는 거대도시의 상인들에게 빌린 돈은 문제가 그렇게 간단하지 않았다. 대개는 좀 더 나은 상환조건을 끌어내기 위해 재협상을 벌였다. 그러나 여기에도 위험이 따랐다. 일단 신용을 잃으면 다음 번에 돈을 빌리려고 할 때 빌리기가 쉽지 않았으며 과거보다 더 높은 이자를 지불해야 했기 때문이다. 도처에서 번의 수입을 늘리기 위한 방책이 강구되었다. 그 방책은 번의 상상력이 얼마나 뛰어난가, 사용 가능한 강제수단은 무엇인가, 어떤 자원을 최대한 이용하는가에 따라 서로 달랐다. 어떤 번에서는 생산자들을 자극하고 새로운 경제 행위자에게 돈을 받고 인허가를 내주기 위해 전매를 폐지했으며, 또 일부 번에서는 상인들이 환금작물 거래를 통해 이윤을 얻는 것을 막기 위해 전매를 실시했다. 몇몇 계획은 확실하게 성공을 거두었다. 반면 일부 계획은 확실한 실패로 끝났다. 훗날 일본정치에서 큰 역할을 하게 되는 일본 서남부의 사쓰마 번과 조슈 번은 비교적 성공을 거두었다. 도사 번과 사가 번의 개혁은 그다지 성과가 없었다. 도사 번에서는 오사카 수출에 대한 번 차원의 관리감독을 강화하는 조치들을 취했으나, 많은 부분이 관료 내부의 당파싸움으로 인해 제대로 추진되지 못했다. 사가 번은 만성적으로 빚에 쪼들렸다. 19세기 초에는 에도 상인들로 이루어진 빚쟁이들이 사가 번의 에도 저택을 에워싸고 진을 치는 바람에 사가 번주가 자기 번으로 떠나지 못하는 웃지 못할 상황이 벌어지기도 했다. 덴포 '개혁'기에 사가 번은 에도의 채권자들에게 250년에 걸쳐 빚을 상환하겠다는 재협상안을 제시하기도 했는데, 사실상 이것은 파산선언이나 마찬가지였다.

향후의 군사적·정치적 중요성을 고려할 때 사쓰마 번과 조슈 번에서 취한 개혁조치는 좀 더 주목할 만한 가치가 있다. 앞에서도 말한 바 있지만 두 번 모두 인구구성에서 사무라이의 비율이 높을 뿐 아니라 면적이 크고 통합된 지역이었다. 사무라이의 비율이 높다는 이야기는 강제수단을 사용할 수 있는 잠재력을 보유하고 있음을 뜻한다. 또한 두 곳 모두 해상무역을 유리하게 활용할 수 있는 해안지방을 갖고 있었다. 사쓰마 번은 규슈 남쪽에 위치한 많은 섬을 거느리고 있었으며 류큐와는 조공관계를 맺고 있었고, 조슈 번은 엄청난 물량의 상품이 이동하는 시모노세키 해협을 지배하고 있었다.

사쓰마 번은 500만 냥 가까운 빚을 졌다. 즈쇼 히로사토(調所廣鄕)의 주도 아래 사쓰마 번 정부는 이런 난국을 무사의 저돌성으로 돌파했다. 번 정부의 채무상태를 조사한다는 명목하에 즈쇼는 모든 채권자에게 그들이 보관하고 있는 사쓰마 번 정부 발행 약속어음을 제출하도록 한 다음 그것을 모두 소각해버리고는 부채가 정리되었다고 선언했다. 상인들은 사쓰마 번 같은 웅번이 배 째라는 식으로 나오면 어찌할 도리가 없었다. 오사카의 수많은 상가(商家)들이 파산지경에 이르렀지만 즈쇼는 막부로부터 사건의 전말을 보고하라는 소환장을 받지 않았다. 더 나아가 사쓰마 번 정부는 채무와 관련해서 더 이상의 협상은 필요없다는 것을 보여줌으로써 행여 나중에라도 상인들이 딴소리를 못하도록 못을 박아버렸다. 한편 사쓰마 번은 자신의 지리적 이점을 이용하는 조치를 취했다. 류큐와의 관계 덕분에 대(對)중국무역을 늘릴 수 있었고, 머지않아 번의 무역소는 나가사키를 통한 서양무기 수입을 확대했다. 또한 사쓰마 번은 남쪽에 위치하고 기후가 따뜻했기 때문에 사탕수수 재배에 유리했으며 실질적으로 사탕수수에 관한 한 독점적 지위를 누렸다. 즈쇼는 규슈 남단의 섬들에 명령하여 모든 논을 밭으로 바꾸어 사탕수수를 심도록 했다. 식량을 수입에 의존해야 했던, 그 지역 일대는 흔히 '사탕지옥'(砂糖地獄, 사토지고쿠)이라 불리는 거대한 사탕수수 플랜테이션이 되었다. 엄격한 감독 아래 생산할당량이 정해져 심지어 아이들이 사탕수수에서 묻은 당분을 맛보려고 손가락을 빠는 행위조차 처벌대상으로 간주되었다. 어른의 경우 사탕수수를 밀반출하거나 전용(轉用)하다 붙잡히면 사형을 당할 수도 있었다. 즈쇼는 또한 사쓰마 번이 수출할 수 있는 다른 상품들의 질을 향상시키기 위해 무진 애를 썼다. 칠기, 평지씨, 밀랍, 약초, 사프란, 진사(辰砂), 종이, 가축 등에도 전매를 실시했다. 결국 1840년대에 사쓰마 번의 재정은 흑자로 돌아섰다. 이로써 사쓰마 번은 군사력을 키울 수 있는 힘을 갖게 되었다.[44]

조슈 번에도 군사적 강제력을 동원할 수 있는 많은 사무라이 계층이 존재했다. 한 추정에 따르면 사무라이, 배신(陪臣), 그들의 식솔을 합한 수가 5만에 달했는데, 이는 조슈 번의 서민 47만 176명의 10%를 상회하는 수였다. 조슈 번은 1831년과 1836년에 대규모의 봉기를 겪으면서 파멸의 위기에 처했고, 확실히 이를 계기로 번의 관료들은 당면 문제들을 첨예하게 인식하게 되었다. 이에 대처하는 과정에서 관료들은 그들이 놀라울 정도로 독창적이고 체계적임을 입증해 보였다. 번의 비상자금 비축과 투자를 담당하는 부서인 부이쿠카타(撫育方)가 일찌감치 1762년에 설치되어 간척과 항만시설 공사 등 수익성 사업에 대한 투자를 주도했다. 특히 항만시설 공사 투자는 시모노세키 해협을 통해 들어오는 간사이 지방의 선박들을 끌어들이기 위한 것이었다. 조슈 번은 꼼꼼하고 체계적인 계획을 세우는 데 단연 뛰어났다. 예를 들어 1841년에 작성된 조슈 번의 식량생산 능력에 대한 조사표에는 각 하위 구역마다 상세한 수치가 기재되어 있었다. 이런 관 주도의 사업계획들은 에도를 비롯한 막부 직할령으로부터 멀찌감치 떨어져 있다는 조슈 번의 지리적 이점과 함께 작용하여 조슈 번의 부채를 경감시키고 조슈 번의 재정이 도쿠가와 시대 말에도 비교적 안정적인 상태를 유지하게 만들었다.[45]

막부의 덴포 개혁은 1841년에 오고쇼인 이에나리가 죽고 나서야 실행될 수 있었다. 당시의 주도적 인물은 막부의 로주 미즈노 다다쿠니(水野忠邦)였다. 개혁은 예전 개혁조치들의 전통에 근거하여 신중하게 이루어졌다. 1842년에 막부의 법령은 "교호와 간세이 시대의 정치로 복고한다"고 공포했으며, 예전과 마찬가지로 그런 정책들은 검약·절제·청렴 등의 요구를 그 출발점으로 삼았다. 그러나 개인적으로 추구했던 완벽주의가 종교적 수준에까지 이르렀던 엄한 규율가 요시무네나 도덕주의자 마쓰다이라 사다노부와는 대조적으로,[46] 미즈노는 "소문난 대식가, 난봉꾼, 호사가에 수시로 뇌물을 챙기는 자였다."[47] 이런 자가 개혁을 외쳤으니 개혁이 공염불에 지나지 않을 것임은 충분히 예상할 수 있었다.

그럼에도 불구하고 미즈노는 나름대로 주어진 역할에 충실했다. 막부는 과거 어느 때보다 강력하게 부적절한 풍속과 도덕을 단속했고, 외설로 판명된 공연자들을 체포했으며, 음탕한 목판화를 금지했고, 도색소설을 쓰는 인기작가에게 칼을 채워 본보기로 만들었다. 검약은 유례가 없을 만큼 강요되었다. 쏟아지는 법령들은 호화생활을 금지했고 에도 사람들에게 머리를 해주는 미용사, 평민의 복장, 특선 음식, 축제 때 쓰는 장난감 등에 영향을 미치는 법령들을 통해 사람들을 통제하려 했다. 관료들은 다시 한번 조사대상이 되었고 비행이 적발되면 쫓겨났다. 농민은 도시로의 이주가 금지되었다. 요컨대 모든 사람에게 자기에게 걸맞은 지위와 신분을 회복하고 유지하라는 명령이 내린 것이다.

도시의 세속적 경박함에 반대한 것 외에도 막부는 상인의 이윤을 억제하고 물가를 낮추는 방안을 모색했다. 미즈노는 인가받은 상인조합, 즉 가부나카마(株仲間)의 해산을 명령했다. 이것은 미즈노의 오판이었다. 예전에는 가부나카마가 이윤을 최대화하기 위해 생산자가격을 억제하는 기능을 했지만, 이제 자유시장에서는 판매가격 대신 생산자가격이 상승했다. 독점을 금지하는 미즈노의 개혁은 다이묘의 사업에까지 확대 적용되었고, 미즈노의 막정(幕政)은 새로운 방향으로 치달았다. 상인조합의 전매행위를 금지시킨 지 1년 만에 막부는 다음과 같이 각 번의 전매행위를 금지하는 법령을 공포했다.

기나이·주고쿠·사이고쿠·시코쿠의 다이묘들은 다양한 수단을 통해 자기

| 변화·저항·개혁 |

번의 생산품뿐 아니라 다른 번의 생산품까지 사들이고 있다. ……그렇게 사들인 생산품을 창고에 쌓아두고 시장가격이 오르면 파는 것이다. …… 이것은 가장 큰 위법행위이며, 특히 가격을 내리라는 막부의 지속적인 훈령을 고려했을 때 더욱 그러하다.[48]

이 같은 시도들에서 알 수 있듯이 미즈노는 유력 다이묘들이 갖고 있는 어느 정도의 자치권을 이에야스가 남긴 전통으로 해석한 요시무네와 여타 개혁가들의 전례를 뒤집고 있었다. 전국적 상업의 중앙집중화와 합리화는 막부와 고쿠에키(國益)를 추구하는 번 사이의 모순을 초래했다. 미즈노가 자기 방식을 고수할수록 그만큼 각 번은 타격을 입었다. 조슈에서는 무라타 세이후(木田淸風)의 번정(藩政) 개혁이 곧 힘을 잃었다.

막부의 수입을 늘리려는 미즈노의 노력은 다이묘에게 재정부담을 안겨주었다. 1843년에 막부는 에도 북부의 도네 강(利根川)을 따라 늪지대를 이루고 있는 인바누마(印旛沼)를 간척하기 위해 배수공사를 시도했다. 이 간척사업은 과거에도 요시무네와 다누마 오키쓰구가 각각 1714년과 1785년에 시도한 적이 있었다. 1843년의 공사에서는 5명의 다이묘가 비용을 부담해야 했다. 그러나 미즈노는 이 공사가 완료되는 것을 볼 수 없었다. 이듬해에 파면되었기 때문이다. 결국 세 번째 시도도 실패로 끝난 이 사업은 제2차 세계대전이 종결된 뒤인 1946년에야 성공할 수 있었다.

그러나 어떤 각도에서 보더라도 가장 야심적이고 논란의 여지가 많았던 미즈노의 계획은 후다이다이묘를 막부와 소원하게 만든 조치였고 이것이 직접적인 화근이 되어 미즈노는 실각했다. 1843년에 막부는 다이묘와 하타모토에게 에도와 오사카 주변의 개인 영지를 막부에 넘기라는 법령*을 공포했다. 이것을 정치적 효율과 중앙집권화라는 차원에서 논의할 수도 있었을 텐데, 막부는 그렇게 하지 않고 단순히 "작금에 막부 직할령보다 사령

* 상지령(上知令, 아게치레이)

(私領)이 수확률 높은 토지를 더 많이 갖게 된 것은 이치에 맞지 않다"고 지적했다. 만약 이 시도가 성공했더라면 막부의 수입은 엄청나게 늘어났을 것이다. 이 시도는 17세기 이래 다이묘의 자치권에 대한 가장 직접적인 도전이 되었다. 더구나 쇼군의 최측근 가신들인 하타모토와 후다이다이묘를 희생시켜야 가능한 일이었다. 그러나 불행하게도 그들이 바로 막부의 각료회의와 각종 경로를 통해 저항과 계략을 꾸밀 수 있는 가장 좋은 위치에 있었으므로, 그해가 가기 전에 미즈노는 실각하게 되었다. 그는 대외정책상의 위기를 처리하기 위해 몇 달 뒤에 잠시 복직되기는 했지만, 막부 내에서 더 이상 힘을 발휘할 수 없었다. 그 무렵 미즈노는 많은 사람들에게 미움을 샀고, 그가 실각하자 서민들이 그의 에도 저택에 돌을 던졌다.

우리는 이런 번영과 저항의 교차적인 순환을 어떻게 평가해야 할까? 지금까지 살펴본 사건들은 도쿠가와 사회의 근본적인 안정 또는 모순들에 대해 무엇을 말해주고 있는가?

지금의 우리는 막부가 1860년대에 멸망한다는 사실을 알고 있으므로 당시에 주기적으로 되풀이되는 위기들을 임박한 재앙의 조짐으로 쉽게 생각할 수 있다. 서민들의 비참함과 사무라이의 어설픈 대응에 관한 당대의 기술(記述)을 보더라도 농민반란과 도시폭동은 분명히 막번 체제가 머지 않아 붕괴되리라는 것을 시사한다. 그러나 각 주기가 끝난 뒤에는 수확이 늘어나고 도시가 재건되고 질서가 회복되면서 막번 체제는 다시 살아날 것만 같았다. 사회 변화는 계속되었으나 변화하는 사회에 적합한 제안은 너무나 부족했던 것이다.

변화의 충격을 완화시켜주는 장치는 어디에나 있었다. 촌락은 대체로 자치를 누렸고, 가장 이상적인 상태에서는 공동체적 방식으로 운영되었다. 농업은 끊임없이 능률적이고 생산적으로 변모했다. 신분의 등급화와 분수에 맞게 사는 것은 원활하게 기능하는 이 유기체의 겉모습을 단적으로 보여주었다. 상호주의, 의무, 관용 등의 관념은 모든 공적인 기능에 의해 확산되었다. 어떻게 하든 현실로부터 벗어나거나 탈출할 수 있는 가능성이 없었기 때문에 아마도 일본인은 상황이 악화되지 않은 것에 감사하며 불평등과 불공평을 감내했을 것이다. 따라서 농촌이 불만으로 들끓고 있었다고 생각하면 오산이다. 그렇다고 농촌의 표면적인 평온함을 실질적인 만족으로 착각하는 것 역시 오산이다. 겉으로 드러난 복종은 유사시에 쉽게 터져버리는 불신과 긴장을 숨기고 있었다.

각각의 개혁기는 문제 처리가 더 힘들어지고 선택의 여지가 더 줄어들었음을 분명하게 보여주고 있다. 일본 중부 ― 막부의 심장지대인 오사카-교토와 에도 평야 ― 는 점점 '봉건적' 색채를 탈피해갔다. 정부의 선언은 위태로울 정도로 공염불에 가까워졌다. 서민문화는 허례허식에 대한 조롱으로 가득했다. 상업화된 농촌은 도시 상인조합의 배를 불려줄 뜻이 더 이상 없었다. 힘없는 다이묘와 하타모토는 행정합리화와 중앙집권화에 드는 비용을 부담하려 들지 않았고, 수입이 절실했던 막부는 자신이 거느리는 가신들에 대한 지원을 줄여야만 겨우 수요를 충족시킬 수 있었을 것이다. 관직을 얻을 수 있었던 극소수를 제외한 나머지 사무라이들은 소비만 할 뿐 부를 생산하지 않는 쓸모 없는 존재가 되어갔다.

일본 서남부와 동북부는 상황이 약간 달랐다. 상업주의와 도시화는 중부 일본에 비해 덜 진행되었다. 전체인구 가운데 사무라이의 비율이 중부보다 더 높았다. 상급자들의 협력을 얻는 데 성공한다면 그들의 노력은 번의 경제력을 강화시키는 의미 있는 개혁을 할 수 있었다. 물론 그들의 과제는 막부의 그것보다 덜 복잡했다. 가고시마 또는 야마구치를 다스리는 문제는 막부가 오사카와 에도에서 직면한 문제만큼 어렵지는 않았다. 이들 번이 막부 직할령보다 군사적 성격이 강하기는 했지만, 그렇다고 해서 이들 번이 더 '봉건적'이지는 않았다. 각 번의 개혁정부는 재정문제와 군사문제에 잘 대응하고자 조사와 계획에 관심을 돌렸다.

이런 이유 때문에 덴포 개혁의 의미는 오랫동안 논쟁의 중심이 되어왔다. 많은 역사가들은 덴포 개혁에서 보여준 정부 차원의 리더십 ― 사쓰마와 조슈는 성공을 거두었고 막부는 실패한 ― 은 새로운 원(原)근대적

(proto-modern) 절대주의를 건설하는 과정에서 신분의 구분과 제약을 타파할 준비가 된 한층 저돌적인 새로운 정권을 특징짓는다고 주장한다.[49]

그러나 외부의 충격으로부터 일본이 자신의 주권과 국가적 통합을 유지하려면 기존의 제도로는 감당할 수 없는 그런 근본적인 변혁이 요구된다는 점이 확실해지기 전까지, 막번 체제는 아마도 순전히 관성에 의존해서 제법 길게 목숨을 이어 나갈 수 있을 것처럼 보였다.

이런 내부 개혁이 일어나는 동안 국제정세에 정통했던 일부 일본인들은 일본이 외부로부터 야기된 문제들에 대처할 수 있는 준비가 되어 있지 않다는 우려 섞인 인식을 하게 되었다. 미즈노 다다쿠니는 그의 동료들에 비해 이런 문제를 논의하고 국제정세를 연구하고 근대적 군비(軍備)를 연구하는 사람들의 말에 어느 정도 귀를 기울일 만큼 개방적이긴 했지만, 효과적인 행동을 취하기 위해서는 미즈노 자신이 집권 중에 행사하려 했던 것보다 더 강력한 중앙권력을 필요로 했다. 볼라이소가 지적한 대로 이 과정에서 막부는 자강(自强)을 위해 노력하고 있던 번을 보호해주기에는 너무 나약했고, 번이 스스로 방어태세를 갖추도록 허락해주기에는 너무 강했음을 입증했던 것이다.

개국

9

19세기 무렵 일본은 도쿠가와 시대 초기에 비해 섬나라 특유의 고립성이 더욱 심화되었다. 난학이 발전하고 서양서적이 수입되었지만, 외부인과의 개인적 접촉은 거의 전무한 상태였다. 일본경제가 국내수요를 충족시킬 수 있을 만큼 충분히 다각화되자, 외부세계와의 상거래는 점차 감소했다. 네덜란드인은 반은 이익을 좇아서, 반은 타성에 젖어서 일본과의 무역을 계속했다. 그들은 독점권을 갖는 한 일본무역을 포기할 이유가 없었으나, 무역 증대나 이익에 대한 기대도 없었다. 일본 내에서 대도시 중심의 풍부한 문화발전은 검열제도의 영향을 받았다. 외부로부터의 침투를 차단하는 일종의 보호막을 만들어내기 위해 국내정세와 국제정세에 대한 모든 논의에 검열이 적용되었기 때문이다.

그러나 1800년부터는 큰 영향을 미친 외부인들의 등장이나 그들의 지식에 의해 일본의 국가의식은 주기적으로 구두점을 찍게 되었다. 일부는 실질적인 침투였고, 일부는 그냥 한번 쿡 찔러보는 것에 불과했다. 일부는 가까운 곳에서 일부는 먼 곳에서 왔으나, 일본의 고립성은 거리의 멀고 가까움을 거의 무의미하게 만들었으므로 일본인에게는 전자든 후자든 무시할 수 없는, 위협적인 것으로 간주될 수 있었다. 그 중에는 러시아의 일본침공 계획에 대한 소문을 가지고 들어온 떠돌이 헝가리 귀족, 막부에 무역 허가를 요청하는 러시아 사절단, 난파선의 선원, 일본 남쪽에 나타난 영국의 프리깃함, 표류자들을 데리고 들어오는 인가받은 상선 등이 있었다. 해안가에서는 낯선 선박들이 더 자주 눈에 띄었고, 난파된 포경선도 볼 수 있었다. 별안간 네덜란드 국왕의 친서가 날아들고 그 뒤에는 나가사키에 주재하는 네덜란드인들로부터의 경고가 더 잦아졌다. 이 모든 이상 징후는 태평양을 건너온 거대한 흑선(黑船)의 등장과 함께 절정에 달했다. 흑선은 지금까지 일본 해안에 나타난 그 어떤 배보다 몇 배는 더 컸을 뿐 아니라 일본의 관행을 무시하고 광범위한 변화를 요구했다. 이 모든 일은 앞에서 언급한 사회적·정치적 사건들 사이사이에 발생했으며, 도쿠가와호(號)가 이대로 침몰하게 될 것이라는 불길한 예감을 낳았다.

1. 러시아

러시아와의 조우는 상호 경계가 매우 불분명한 일본 북방에서 시작되었다. 이 조우와 함께 일본과 러시아에는 한 가지 문제가 생겼다. 쿠릴 열도의 주권을 둘러싼 논란이 그것이다. 19세기에 불거진 쿠릴 열도 주권문제는 제2차 세계대전 결과 쿠릴 열도가 러시아 영토로 정식 편입된 이후 논쟁이 더욱 치열해졌다. 그러나 도쿠가와 시대에는 쿠릴 열도를 뒤덮고 있는 안개 속에서 모든 것이 희미해 보일 뿐이었다.

도쿠가와 시대 일본의 최북단에 위치한 영지는 마쓰마에(松前) 번이었다. 이에야스는 세키가하라 전투에서 아군에 가담한 한 무사에게 이 땅을 하사했는데, 이 번은 아주 유별났다. 기본적으로 이 북방지역의 기후조건에서는 벼농사가 불가능했기 때문에 마쓰마에 번은 공식 석고, 즉 표고(表高)조차 없었다. 마쓰마에는 가신들에게 토지 대신 토착민인 아이누와의 교역권을 주었다. 교역권은 아이누가 물물교환을 하러 오는 특정한 지역인 바쇼(場所)를 할당하는 방식으로 부여되었다. 물물교환 과정은 아이누 전통에 뿌리를 둔 고도로 조직화되고 거창한 의례를 동반한, 대략 동일한 가치를 지닌 상품 간의 교환행위였다. 아이누의 족장들은 이제 점점 그들에게 중요해진 일본 물품—사케, 쌀, 연장, 옷—을 얻기 위해 정기적으로, 대개는 1년에 한 번 일본인 정착지에 모습을 드러냈고, 일본 물품에 대한 대가로 그 섬에서 많이 나는 생선, 모피, 해초를 주었다. 아이누 마을과의 교역을 관리할 능력도 없고 흥미도 없던 마쓰마에씨의 가신들은 교역의 경영을 오사카와 센다이 지역 상인들에게 일임하게 되었다. 그 결과 아이누와의 무역뿐 아니라 연안어업에 눈독을 들이고 있던 오사카 자본의 투자를 받아 여러 사업체가 생겨났다. 이들은 풍부한 양의 정어리를 확보하게 되었고, 이렇게 확보된 정어리는 일본 중부의 논에 뿌리는 소중한 (그리고 값이 매겨진) 비료의 원료가 되었다.

당시에는 에조(蝦夷)라고 알려진 홋카이도 자체에 관심을 갖는 일본인이 별로 없었으며, 일본인이 많이 거주하고 있지도 않았다. 18세기 후반 일본의 문필가들은 여전히 홋카이도를 별개의 땅으로 여겼다. 마쓰마에 번의 거성(居城)이 위치한 남쪽 경계는 '화인'(和人, 와진) 즉 일본인이 지배하고 있었기 때문에 '화인의 땅'(和人地, 와진치)으로 간주되었다. 반면 와진치보다 훨씬 광범위한 지역의 '에조의 땅'(蝦夷地, 에조치)에는 아이누가 거주하고 있었다. 어비(魚肥) 산업이 성장하자 여기에 자극받은 일본인들은 조금씩 조금씩 더 북쪽으로 이동해갔다. 영세 어민들은 빈곤에 못 이겨 고향을 등진 이주민들이었다. 그러나 날이 갈수록 이런 이주민들은 오사카 상인들의 자금과 계약노동자의 인력이 결합된 크고 정교한 조직들과 경쟁을 벌여야 했다. 북부의 해양자원에 대한 상업적 개발은 계속해서 더욱 활발해졌다.[1] 그런데 일본의 북방지역은 일본 중부의 금융업자들에게 중요해진 것과 마찬가지로, 러시아인에게도 매력적으로 보였다. 당시 러시아는 중앙아시아 북방에서 장기적인 영토확장을 진행하던 중에 설치되었던 태평양 연안기지를 교두보로 삼아 남방 진출을 모색하고 있었다.

러시아인의 중앙아시아 탐사는 우랄 산맥에서 시작하여 종국에는 북아메리카까지 확대되었다. 러시아인 선발대는 캄차카 반도와 쿠릴 열도 북방에 도달하자 검은 담비와 여우 모피를 얻기 위해 아이누와 교역을 했다. 그러나 이들 불모지에 위치한 전초기지들은 지속적으로 식량자원이 필요했고, 따라서 일본 쪽으로 남하하게 되었다. 한편 동쪽으로는 최종적으로 북캘리포니아 해안까지 도달했다. 이것은 표트르 대제가 열성적으로 후원한 지리학적·민족학적 연구에서 기인한 확장이었다. 1725년에 표트르 대제가 사망한 뒤에도 이런 노력은 계속되었다. 비록 그 과정에서 이루어진 접촉은 대부분 우연한 것이기는 했지만 말이다. 1728년에 사쓰마를 출발하여 오사카로 향하던 1천 석의 곡물운반선이 항로를 이탈하여 캄차카 반도 남쪽 지점에서 난파했다. 17명의 선원 가운데 15명은 코사크 부대에 살해되었으나, 상인 한 명과 항해사의 도제였던 11세 소년은 살아남았다. 그로부터 5년이 지난 1734년경의 어느 날 두 사람은 상트페테르부르크에서 예카테리나 여제를 만났고, 여제는 그들에게 그들의 나라 일본에 대해 물었다. 러시아에서 살려면 러시아 정교로 개종해야 했다. 청년으로 성장한 곤자(이제는 다미안 포모르체프)는 러시아 정부의 지원을 받아 공부를 했으며, 러시아 과학원의 안드레이 보그다노프의 후원에 힘입어 평생토록 일본어 교사를 하면서 일본에 관한 책 여러 권을 집필했다.[2] 이처럼 어느 정도 거리를 두고 접촉이 있었지만 이런 접촉이 일본 북방의 섬들에서의 직접적인 잦은 조우로 이어지지는 않았다. 모피 교역을 제외하면 쿠릴 열도는 러시아에서 온 정착민들에게 그다지 매력적인 곳이 아니었으며, 그것은 일본인에게도 마찬가지였다. 그곳에서 생을 마감한 소수의 사람들은 존 슈테판의 표현대로 "내키지 않은 개척자, 주어진 상황의 잊혀진 희생자"와 같은 존재가 되는 경향이 있었다.[3] 게다가 일본인 표류자들은 만약 고향으로 돌아가면 체포되어 처형될 가능성이 있었다. 그래서 18세기 후반에 러시아인 개척자·선원·모피상인과 난파선의 일본인 조난자들 사이에 분명 접촉이 있었음에도 불구하고 러시아 정부와 일본정부 어느 쪽도 이런 진전에 큰 관심을 보이지 않았다.

| 개국 |

접촉이 너무 드물었기 때문에 문서로 입증될 수 있는 접촉은 비상한 관심을 받아왔다. 현재 일본과 러시아의 역사학계는 이런 초기의 시도들을 많이 다루고 있는데, 이는 부분적으로 '북방 영토'에 대한 주권을 둘러싼 분쟁에서 좀 더 유리한 위치를 선점하기 위해서이며, 실제로 20세기의 관심사를 탐욕스러운 코사크 모피상인이나 일본인 표류자에게 돌리는 것은 정당화하기 어렵다. 이와 관련해 가장 흥미로운 사례가 1788년과 1792년 사이에 러시아에서 4년을 보낸 일본인 선원 다이코쿠야 고다유(大黑屋太夫)의 경우이다. 종종 그는 러시아가 일본에 관심을 갖게 된 출발점으로 간주되곤 한다. 고다유는 우여곡절 끝에 일본에 돌아오긴 했지만 1828년에 죽을 때까지 연금형(軟禁刑)을 받았다. 물론 그는 러시아에서의 경험과 외부 세계에서 얻은 지식에 대해 주도면밀한 심문을 받아야만 했다.

그러나 18세기 말엽 간세이(寬政) 개혁기에 막부는 북방에 대한 좀 더 과학적인 지식을 얻게 되었다. 이런 지식은 위대한 지리학자 이노 다다타카(伊能忠敬, 1745~1818)의 저작이 있었기에 가능했다. 이노는 다카하시 요시토키(高橋至時)—유명한 다카하시 가게야스(高橋景保)는 그의 아들이다—라는 막부의 덴몬카타(天文方)* 밑에서 공부를 시작했다. 스승으로부터 전수받은 수학과 과학 지식으로 무장한 이노는 1800년 막부의 의뢰를 받아 본격적인 홋카이도 지리탐사를 행했다. 이를 계기로 이노는 일본 전역을 아우르는 일련의(214장의) 훌륭한 지도를 작성했다. 이노는 위도를 계산했고, 천황이 사는 교토를 경도 0으로 하는 체계에서 각 지점간의 정확한 거리도 계산했다. 그의 지도는 20세기에 들어서도 일본군에서 상당수를 계속 이용할 만큼 대단히 정교했다. 이노의 작업에 이어 쿠릴 열도 남부에 대한 직접 탐사도 추가되었는데, 이는 이노를 도와 함께 임무를 수행했던 측량기사 모가미 도쿠나이(最上德內)에 의해 이루어졌다.

1800년을 전후해서 쿠릴 열도와 일본 쪽에 대한 러시아의 남방 탐사는

---

* 주로 책력 문제를 담당하는 관직.

그 목적이 한층 분명해졌다. 1799년에 러시아는 새로운 회사인 러시아-미국 회사(Russian-America Company)에 남방 탐사를 맡겼다. 2세기 전 영국 동인도회사 및 네덜란드 동인도회사와 마찬가지로, 러시아-미국 회사는 무역뿐 아니라 해당 영토를 관리하는 권한까지 공식적으로 부여받았다. 중앙아시아의 광활한 땅을 횡단해서 머나먼 기지까지 물자를 공급하는 일이 너무나 어려웠으므로 태평양 연안지역 개발에 새로이 역점을 두게 되었다. 이 정책대로라면 우선 중국과, 그 다음에는 일본과의 교역 가능성이 있었다. 이리하여 통상 허가를 요청하는 내용이 담긴 알렉산드르 1세의 친서를 전달할 니콜라이 레자노프의 탐사대가 탄생했으며, 이들은 1804년 나가사키 항에 도착했다. 레자노프는 나가사키에서 6개월 동안 지루하게 기다렸지만 에도를 방문하고 돌아온 막부관료의 대답은 한마디로 안된다는 것이었다. 격분한 레자노프는 일본정부가 무력행사에는 반응할 것으로 생각하여 부하 2명에게 1806~1807년에 쿠릴 열도 남부와 사할린의 일본인 정착지를 기습하도록 명령했다. 그러나 결과는 그가 기대했던 것과 사뭇 달랐다. 일본인은 경계를 더욱 강화하게 되었던 것이다. 1811년에 러시아 탐사선이 북방해안에 나타나자 일본인은 그 배의 지휘관인 바실리 골로브닌을 생포하여 2년간 억류한 뒤 나가사키의 네덜란드 상관을 통해 그를 러시아로 돌려보냈다.[4] 훗날 유명해진 그의 책 『일본유수기』(日本幽囚記)에서 골로브닌은 억류생활이 처음에는 고달팠지만, 1806년과 1807년의 습격이 모스크바의 승인하에 이루어진 것이 아니라는 사실을 일본인에게 납득시킨 뒤부터는 호기심 많은 간수들에게 수학과 천문학을 가르쳐주는 것을 허락받을 만큼 여건이 나아졌다고 기술했다. 그러나 일본인은 교역에 관심이 없음을 분명히 했다. "우리나라는 외국과 어떤 교역도 바라지 않는다. 우리는 아무것도 부족한 게 없기 때문이다"라는 반응을 보였던 것이다. 이런 반응은 네덜란드인과의 교역에도 마찬가지로 적용되어 "우리는 수익을 바라고 네덜란드인과 교역을 하는 것이 아니고 다른 중요한 어떤 것들 때문에 하는 것이다"라는 입장을 견지했다. 사실상 상대방에 대한 관심이

| 개국 |

멀어진 것은 러시아도 마찬가지였다. 러시아는 유럽에서 발발한 나폴레옹 전쟁에 휘말렸으며, 이로 인해 태평양 연안 진출 노력은 1840년까지 중단되었다.

러시아의 팽창시도가 일본 수도의 지식인들 사이에 회자되었다. 앞에서 말했듯이 네덜란드 해부학 책을 번역하기 위해 노력했던 의사 스기타 겐파쿠(杉田玄白)는 레자노프 사건을 통해 일본이 러시아 같은 강력한 신흥강국과 대면하게 되었다는 경각심을 가졌다. 그는 러시아의 요구를 들어주거나 아니면 그들과의 일전을 불사하는 것 외에 대안이 없다고 보았으며, 만약 전쟁이 나면 일본이 승리할 가능성은 거의 없다고 생각했다. 그의 판단은 사무라이 계급의 전투정신이 쇠퇴했다는 점에 근거하고 있었다. 무사도(武士道)는 방어의 최전선에 나서야 할 쇼군의 직속 가신인 하타모토(旗本)와 고케닌(御家人) 사이에서조차 무의미해졌다. 스기타가 1807년의 한 문답에서 언급한 바와 같이 "[사무라이] 열 명 가운데 일여덟 명은 여자 같다. 그들의 정신은 마치 상인의 정신처럼 천박하다." 그들은 2척 이상 멀리 화살을 쏘지 못하고, "말 등이 아니라 고양이 등에 올라탄 것처럼 안장 위에서 안절부절못한다."[5]

북방 경계에 대한 일본인의 우려는 자연스럽게 에조 지역에 대한 방어 구상으로 연결되었다. 당시 몇몇 문필가들은 러시아인을 '아카에조'(赤蝦夷)*라고 묘사하며 흥미를 보였는데, 이런 흥미를 불러일으킨 사람은 센다이 번의 의사 구도 헤이스케(工藤平助)였다. 1783년에 구도는 다누마 오키쓰구가 집권하고 있던 막부에 러시아인의 남진 저지를 촉구하는 상소를 올렸다. 다누마 집권기의 개혁적인 사회분위기는 북방에서의 상업 가능성에 대한 관심도 고조시켰다. 1785년에 막부는 북방 조사를 허락했고, 그로 인해 이노의 상세한 지도가 제작될 수 있었다. 그 밖의 학자들은 북방의 식물·동물·천연자원에 대한 목록을 편찬했다. 마쓰마에씨가 지배하는 동안

---

* 직역하면 '붉은 털의 아이누'라는 뜻으로, 캄차카 반도에 진출한 러시아인을 가리키는 말이다.

위탁교역 형식의 바쇼(場所) 제도와 함께 발전한 이상한 관행의 성격이 이제야 비로소 명확해졌다. 이런 탐구열은 러시아인의 접근에 대한 자각과 맞물렸다. 다누마의 실각은 이 같은 적극적인 관심에 종지부를 찍었지만, 간세이 개혁기간에 재건된 막부는 1799년에 동(東)에조치를, 그리고 1807년에 에조치 전 지역을 막부의 직할령으로 삼았다. 그 대신 마쓰마에 번주는 혼슈 북부의 보잘것없는(9천 석) 영지로 전봉되었다. 이제 북방의 교통과 행정에 이목이 집중되었다. 간단한 법규가 마련되었고, 마쓰마에씨의 가신들이 대도시 상인들에게 사업을 위임했던 착취적 제도가 아이누와 지방특산물을 물물교환하는 형태로 대체되었다.[6] 막부의 관리들은 아이누의 수장들을 마쓰마에와 하코다테(函館)에서 매년 열리는, 이제는 조공사절의 성격을 띠게 된 우이마무(ウイマム) 의식에 소집했다. 이러한 여러 접촉 지점에서 아이누가 일본인에게 동화되는 것은 흔한 일이 되었다. 일본 북부의 번들은 북방지역의 방어를 위한 군사력을 제공해야 했다. 사할린이 만주대륙의 일부가 아니라 별개의 섬이라는 사실을 확인하기 위한 조사가 행해졌는데, 조사단은 쿠릴 열도의 북쪽, 그러니까 러시아의 팽창활동에서 최남단 거점이 된 우루프 섬까지 도달했다.

얼마 지나지 않아 도쿠가와 막부는 러시아와 마찬가지로 북방에서 일어나는 일보다 나폴레옹 전쟁의 여파에 대해 더 염려하게 되었다. 유럽에서 일어난 전쟁이 네덜란드와 자바, 그리고 나가사키에도 영향을 미치자 모호하기만 한 북방 경계의 문제는 중요성 면에서 뒤로 밀렸다. 1821년에 에조치는 다시 마쓰마에씨에게 반환되었다. 마쓰마에 번은 막부가 에조치를 직할령으로 삼았을 때 이룩한 성과를 물려받았지만, 사실상 경제개혁을 유지할 수 있는 여력이 없었다. 교역은 곧 다시 바쇼 제도를 통해 상인들에게 위임되었고 아이누에 대한 착취는 더욱 심해졌다. 일본인 주민이 증가하면서 각종 유행병이 아이누 인구를 유린했고, 1854년에 막부가 다시 에조치를 직할령으로 했을 때는 예전에 2만 7,000명이었던 아이누 인구가 1만 9,000명으로 감소해 있었다.

| 개국 |

 이런 사태에 대한 지식인의 반응은 이런 사태가 몰고 온 정치적 파장보다 훨씬 주목할 만한 가치가 있다. 지식인의 반응은 두 사람의 저작에 집약되어 있는데, 이들의 인생역정 자체가 위에서 언급한 당시의 역사상황을 생생하게 보여준다. 하야시 시헤이(林子平, 1738~1793)는 막부 하급 관리의 차남으로 태어났다. 그의 부친이 당국의 노여움을 사 사무라이 신분을 상실하자 하야시와 형제자매들은 시골 의사였던 삼촌에게 입양되었다. 하야시의 누나가 센다이 번의 상층 사무라이의 측실로 들어가면서, 하야시의 형은 간신히 센다이에서 사무라이 신분을 얻을 수 있었으나, 얼마 지나지 않아 누나의 남편이 죽으면서 하야시 가족의 짧은 번영도 끝이 났다. 하야시는 보잘것없는 신분과 수입에 의존할 수밖에 없는 처지에 놓였다. 그러나 사무라이의 의무에서 자유로웠기 때문에 하야시는 센다이 번을 두루 여행할 수 있었다. 심지어 나가사키를 세 차례나 여행할 수 있었다. 운 좋게도 그는 서양세계에 조예가 깊은 전문가들과도 교제할 수 있었는데, 그 중에는 막부에 러시아를 경계하라는 상소를 올린 바 있는 구도 헤이스케를 비롯해서 가쓰라가와 호슈(桂川甫周)와 오쓰키 겐타쿠(大槻玄澤) 같은 난학자들, 그리고 하야시에게 세계지도를 구해준 나가사키의 통역자 등이 있었다. 하야시는 물론 한학(漢學)을 공부했으며, 오규 소라이의 가르침에 경도되었던 것처럼 보인다. 일본이 위기에 직면했다고 확신한 하야시는 당시 센다이 번주에게 자신이 예상하는 재난에 대비하기 위해 군사와 지배구조의 개혁을 촉구하는 상소를 세 번 올렸다. 여기에 그치지 않고『삼국통람도설』(三國通覽圖說, 산코쿠쓰란즈세쓰)이라는 조선·류큐·에조 3국의 지리와 풍물에 관한 책을 쓰고, 이어서 그의 대표작『해국병담』(海國兵談, 가이코쿠헤이단)을 집필했다.『해국병담』에서 하야시는 러시아뿐 아니라 중국으로부터도 일본이 직면할지 모르는 위험들에 대해 경고했다. 당시 청나라는 근대중국의 국경을 확립하게 되는 대규모 군사원정을 통해 내륙아시아에 대한 지배를 공고히 해놓은 상태였기 때문이다. 일본은 13세기 몽골함대의 침략과 같은 위험에 다시 한번 직면할 수 있으며, 따라서 방비태세

에 소홀함이 없어야 한다고 그는 경고했다.

불행히도 막부는 내부 단속에 더 신경을 쓰고 있었다. 간세이 개혁 때 출판 통제에 나선 마쓰다이라 사다노부는 하야시를 표적으로 삼았다. 그가 출판단속령을 위반하고 주제넘게 이설(異說)을 퍼뜨렸다는 이유에서였다. 하야시의 책과 목판은 압수되어 불태워지고, 하야시는 센다이의 집에 가택연금을 당했다. 절망에 빠진 하야시는 이듬해 사망했다. 하야시의 생애를 놓고 볼 때, 유능한 개인이 장소와 신분의 제약을 극복하고 당국의 정책에 도전하는 일은 사실상 불가능했다고 결론지을 수 있다. 적어도 공개적으로는 그렇게 하는 것이 무리였다. 앞에서 살펴본 대로 사다노부는 난학을 후원하고 홋카이도를 직할령으로 하는 조치를 취했지만, 공개적인 논의나 충고 따위는 원하지 않았던 것이다.

혼다 도시아키(本多利明, 1744~1821) 역시 일본의 문제에 대해 배우고 심사숙고하기 위해 관(官)이 세워 놓은 침묵의 벽을 깨부수려고 애쓴 감동적인 사례로 꼽히는 인물이다. 혼다의 가정환경과 어린시절에 대해서는 거의 알려진 바가 없다. 그는 18세에 에도에 가서, 수학과 지리학을 공부하고, 자신이 구할 수 있었던 서양서적의 중국어 번역판에 점차 몰두하게 되었다. 혼다가 배운 철학은 주자학과는 거리가 멀었다. 그는 구마자와 반잔과 오규 소라이의 글을 주로 애독했으며, 덴메이 기근의 참상을 목격한 뒤에는 어떻게 하면 일본이 토지에 대한 인구압을 극복하고 일본의 부(富)를 늘릴 수 있는지 고민했다. 그는 오규 소라이가 칭송했던 사쿠이(作爲), 즉 꾸밈이나 적극적인 행위 같은 것이 필요하다고 결론내렸다. 폭약 개발은 하천의 수로를 내는 기술로 응용될 수 있고, 또한 채굴을 통해 귀금속을 발견하는 데 이용될 수도 있다. 이렇게 해서 생산된 귀금속은 더 이상 나가사키에서 일본 밖으로 수출되어서는 안되며, 그 대신 일본이 자체적으로 생산할 수 없는 재화를 얻을 수 있도록 활발한 대외무역의 재원으로 활용되어야 한다. 일본은 영토를 북방으로 확장해 나갈 수 있는 기회가 있으며, 북방의 기후는 서유럽 해양국가들을 자극해온 공기와 유사하다. 실제로 수

| 개국 |

도를 북방의 캄차카 반도로 이전함으로써 일본은 무역과 부를 증진시켜 서양의 영국과 견줄 만한 동양의 여왕이 될 수도 있다. 그러므로 러시아가 일본에 앞서 북방을 선점할지 모른다는 막연한 예감은 빈약한 지리학적 지식과 결합하여, 안개 자욱하고 건강에 좋은 기후를 갖춘 북방 땅을 신일본의 중심으로 삼자는 제안을 낳았던 것이다. 혼다는 현명하게 자신의 글을 출판하지 않았고, 덕분에 하야시 시헤이와 같은 운명을 겪지 않았다.[7]

2. 서유럽

막부는 북방으로부터의 위험에 대한 공포를 떨쳐버릴 수 있었으나, 서유럽에 대해서는 그렇지 못했다. 프랑스 혁명의 불꽃이 네덜란드로 번졌고, 그 결과 1794년에 보수적인 정치 지배구조가 타도되고 신생 바타비아 공화국이 들어섰다. 그 여파는 즉시 자바는 물론이고 나가사키의 데지마 상관에도 밀려왔다. 1798년에 영국은 바타비아 공화국과 전쟁을 벌여 남아프리카와 인도네시아의 네덜란드 식민거점을 차지했다. 바타비아 공화국은 나폴레옹의 그늘 아래에서 왕국으로 바뀌었고, 나폴레옹은 자기 동생을 네덜란드 국왕 자리에 앉혔다. 네덜란드가 나폴레옹의 몰락과 함께 독립을 되찾자, 영국으로 망명했던 전(前) 스타드호우데르(stadhouder, 네덜란드 행정관)의 후손이 네덜란드의 왕이 되기 위해 돌아왔다.

이 일련의 사건들은 나가사키 무역체제에 직접적인 영향을 미쳤다. 네덜란드 동인도회사의 자치권은 1766년과 1791년의 행정개혁 조치에 의해 이미 축소된 상태—회사라기보다는 관청에 가까울 정도로—였고, 네덜란드가 왕국이 되어 주권을 되찾자 동인도회사는 일종의 식민지 사무소가 되었다.[8] 그러나 본국과의 직접 접촉이 단절되어 있는 동안 바타비아(오늘날의 자카르타) 당국은 데지마에 물품을 공급하기 위해 중립국의 무역선과 협상을 해야 했다. 이후 영국의 토머스 스탠퍼드 래플스가 자바를 점령하고 자바 부총독이 되었을 때, 데지마는 네덜란드 국기를 게양하고 있는 마지막 기지였으며, 상품공급 계약은 데지마 상관장이 직접 담당했다. 이제 상관장의 교대 부임은 불가능해졌다. 상관장 한 명이 임기 중에 일본에서 사망했고, 1798년에 헨드릭 두프가 데지마 상관의 지휘권을 인계받은 뒤 그와 그의 동료들은 네덜란드가 주권을 회복하기 전까지 데지마에서 유배와 다름없는 고립된 생활을 하게 되었다. 1797~1817년까지 20년 동안 데지마는 중립국의 특허 선박으로부터 최소한의 상품을 공급받았다. 이들 중립국 선박 가운데 8척이 미국 선박이었으며, 그 중 한 척은 데지마에 두 번 입항했다.[9] 특허 선박이 들어올 때마다 매번 데지마의 네덜란드인들은 해당 선박의 선장에게 네덜란드 국기를 게양하고 그들이 소지한 성서와 무기를 감추도록 하는 등 모든 것이 정상적인 것처럼 꾸몄다.

그 결과 나가사키 당국은 무언가 일이 벌어지고 있다는 것을 당장에는 눈치 채지 못했다. 외부세계에 대한 보고를 할 의무가 있었던 데지마 상관장은 미적미적하다가 대충 얼버무려서 설명을 했는데, 그것은 자신이 외국 선박을 빌리고 있다는 사실을 숨기고 싶었기 때문이다. 일본인이 들은 내용은 파리에서 폭동이 일어났지만 사태가 일찍감치 진정되었다는 것이었다. 그러나 1808년에 래플스는 자바에 이어 데지마 상관까지 접수하길 원하여 페이튼호(號)를 나가사키에 급파했다. 페이튼호의 선장은 물품 보급을 요구했다가 거절당하자 닥치는 대로 약탈을 하고 달아나버렸다. 이로 인해 난처한 입장에 처한 막부의 한 관료는 자신의 의무를 다하지 못한 데 대한 속죄로 할복을 했다. 이 사건 이후 일본인은 대답하기 어려운 질문을 던지기 시작했다. 항구에 머무르고 있는 미국인 선원들은 영국인을 닮았는데, 그렇다면 그들은 더 큰 꿍꿍이속이 있는 것 아닌가? 일본 당국은 두프를 다그쳐 다음과 같은 사실을 알아냈다. 미국혁명의 결과 미국은 영국으로부터 독립했으며, 유럽에서는 시끄러운 사건들이 일어나고 있었다는 것을. 이 조사를 통해 어렴풋하게나마 새로운 영웅들에 대한 인식이 일본에 퍼졌다. 그 중 한 명이 의지와 강인함을 겸비한 거인 나폴레옹이었다. 또

| 개국 |

한 명은 조지 워싱턴으로, 그는 군대를 양성하여 외국인을 몰아내고, 영국 왕을 섬기기를 거부하고 공화국(共和國)을 건설한 것으로 알려졌다. 일본인은 처음에 나폴레옹을 근대적 군벌, 워싱턴을 유교의 성인 같은 존재로 생각했던 것 같다.

이런 사실을 알게 된 막부는 서양의 지식을 하나의 프로젝트로 삼았고, 후원자를 두고 또는 혼자서 서양의 지식을 연구하던 전문가들을 기용했다. 이를 위한 최초의 관직이 덴몬카타(天文方)였다. 천문학과 개력(改曆)을 위해서는 외국의 지식이 중요했고, 이 때문에 18세기에 요시무네는 서적 수입에 대한 규제를 완화했던 것이다. 덴몬카타는 개력 작업 외에 지리학 업무도 맡게 되어 1785년 이후에 실시된 각종 북방 탐사를 진행했다. 또한 외국의 역사, 제도, 군사기술 등도 열심히 연구했다. 데지마의 네덜란드인들이 본국과의 연락을 재개하게 되자, 덴몬카타는 수입서적 주문목록을 준비하는 과정에서 필요한 것이 무엇인지를 자연스레 막부에 인식시킬 수 있었다. 1811년에 막부는 덴몬카타 밑에 반쇼와게고요(蠻書和解御用)를 설치하여 프랑스 학자 노엘 쇼멜의 백과사전—이 책은 1778~1786년에 네덜란드어로 번역 출판되었고, 그 네덜란드어 번역판이 일본에 들어왔다—을 번역하도록 했다. 이 책의 번역과 관련해서 누차에 걸쳐 명령이 하달되었는데, 1819~1849년의 번역 명령 목록들을 보면 규칙적으로 이 책이 등장하고 있다. 쇼멜의 백과사전에는 개인의 건강과 가사(家事)에서 제조와 상거래에 이르기까지 방대한 항목의 정보가 담겨 있었다. "일반 사전처럼 알파벳 순서대로 정렬된 항목 안에서 누구나 자신이 원하는 것을 찾아보며 온갖 진실을 확실히 알 수 있다"고 이 책의 서문은 독자들에게 단언했다.[10] 이 책의 번역작업을 위해 덴몬카타는 많은 언어학자를 기용했다. 작업이 끝난 1846년경에는 많은 항목이 번역되어 일본식으로 장정한 권수가 164책이 되었다.* 그러나 이 책은 출판되지 않았다. 이것은 정부의

---

* 네덜란드어 번역판을 일본어로 번역한 이 백과사전의 제목은 『후생신편』(厚生新編, 고세이신펜)이다.

397

업무용으로 활용되는, 기밀사항에 속하는 지식이었다. 하지만 이 백과사전에 대한 번역명령이 빈번하게 있었던 것으로 보아, 많은 다이묘들이 자신이 거느린 학자들의 요청에 응하여 필사본 전질을 입수하고 있었음에 틀림없다.

이런 작업이 이루어지는 동안 서양의 지식과 언어에 대한 일본인의 자신감이 향상되었다. 나가사키의 네덜란드 상관은 프랑스어·러시아어·영어의 기초를 배우는 매개장소가 되었다. 일본인의 눈에는 세로쓰기가 아닌 가로쓰기를 하는 언어들이 서로 관련이 있는 것처럼 보였다. 게다가 민족 고유의 의상을 입는 중국·일본·조선과 달리 유럽인이 서로 비슷한 복장을 하고 있다는 사실은 유럽의 국가들이 단 하나의 초강대국에 의해 뭉뚱그려져 있는 형국임을 시사하는 것이었다. 일본인은 이것이 위험천만한 상황이라고 생각했다. 각 민족이 출신지를 속이고 다른 곳에서 온 것처럼 행세했기 때문이다.

이런 연유에서 1825년에 막부는 서양인을 망설이지 말고 내쫓으라는 '외국선박 격퇴령'*을 공포했다.

우리는 지금까지 누차에 걸쳐 외국 선박을 어떻게 처리해야 할지 지침을 하달해왔다. 분카 시대에는 러시아 선박을 처리하는 법에 관한 법령을 공포했다. 그러나 몇 년 전에 영국 선박이 나가사키에서 난동을 부렸고, 좀 더 최근에는 그들의 단정(短艇)이 땔감, 물, 식량을 구하기 위해 상륙했다. 2년 전에는 멋대로 해안에 난입하여 가축을 훔치고 쌀을 강탈했다. 이렇게 그들은 점점 더 난폭해지고, 게다가 우리 인민들에게 사교(邪敎)를 퍼뜨리고 있다. 우리는 이런 상황을 더 이상 좌시할 수가 없다.

영국인뿐 아니라 모든 남만인(南蠻人)†과 서양인은 우리 땅에서 금하고 있는 사교인 그리스도교를 신봉하고 있다. 따라서 앞으로 외국선박(異國

---

* 정식 명칭은 '이국선타불령'(異國船打拂令).
† 일본에서는 포르투갈인과 스페인인을 남만인이라고 불렀다.

| 개국 |

船)이 우리 해안 어디라도 접근하는 것이 눈에 띄거든, 그 자리에서 동원할 수 있는 모든 인력이 외국선박을 향해 발포하여 내쫓아야 한다. 만약 외국선박이 외해(外海)로 진로를 돌리면 더 이상 쫓아갈 필요가 없다. 그냥 도망치게 내버려두라. 그러나 만약 외국인들이 제멋대로 해안으로 밀고 들어오거든 잡아서 투옥해도 좋으며, 그들의 모선(母船)이 접근할 경우에는 상황에 따라 모선을 파괴해도 좋다.

중국인·조선인·류큐인은 외모나 선박의 생김새를 보고 분간할 수 있지만 네덜란드 선박은 〔다른 서양인의 선박과〕 구별이 안된다는 점을 명심하라. 그러니 실수로 〔네덜란드 선박에〕 발포하더라도 자책할 필요는 조금도 없다. 일단 의심스러우면 망설이지 말고 내쫓아버려라. 절대 경계를 늦추지 말라.[11]

표면적으로는 2세기 전에 이에야스가 공포한 칙령과 일치하는 것처럼 보이는 이 정책은 사실상 훨씬 단호했다. 초기의 정책은 외국인을 잡아들이기 위해 해안지대의 다이묘를 동원하는 것이었다. 그러나 이제는 해안의 경비병들도 외국인을 목격하는 즉시 '망설이지 말고'(二念無く) 발포해야 했다. 그러나 이런 결정은 무지한 반계몽주의의 소산이 아니었으며, 외국어를 공부하던 한 뛰어난 지식인의 조언으로 이루어진 것이었다. 그가 바로 다카하시 가게야스(高橋景保, 1785~1829)다. 그는 일본 북방 측량을 조직했던 다카하시 요시토키의 아들로 아버지의 뒤를 이어 덴몬카타가 되었다. 다카하시 가게야스는 독서를 통해 외국의 해안은 임의적인 입항을 허락하지 않는다는 사실을 알았다. 입항을 요청하는 선박은 적법한 외교의례를 거쳐 항구에 접근하지만, "외교관계가 없는 국가의 선박이 입항하려 할 때는 해안에서 가장 가까운 대포로 공포탄을 발포한다. 이런 식으로 입항이 거절되었음을 통보받고 나면 그 선박은 항구를 떠나는 것이 관례다".[12] 다카하시 가게야스는 자신도 자기가 막부에 제안한 정책이 좀 엄격하다고 생각했지만, 외국인들이 마치 "밥그릇 주변에 날아드는 파리떼처

399

럼" 몰려들었기 때문에 이런 단호한 조치들은 정당화되었다. 다카하시와 그 동료들은 그렇게 일본이 해볼 테면 해봐라는 식으로 나가면 외국인들은 꼬리를 내리고 가버릴 것이며 일본을 평화롭게 놓아둘 것이라고 생각했다.

1823~1828년에 데지마 상관에 주재했던 독일인 학자이며 앞에서도 언급한 바 있는 필립 프란츠 폰 지볼트(1796~1866)와 다카하시가 나누었던 우정에서 볼 수 있듯이 다카하시는 감정적인 '양이'(攘夷)론자가 결코 아니었다. 네덜란드인은 지볼트가 비범한 재능의 소유자라는 인식을 일본 관료들에게 심어주었고, 그에게 "일본의 자연사(自然史)에 대한 연구활동을 정식으로 인정받은 일급 외과의사"라는 호칭을 부여했다. 한편 일본 당국은 지볼트가 나가사키 외곽에 학교를 개설할 수 있도록 허가해주었고, 그곳에서 그는 총 56명의 학생들을 가르쳤다.[13] 지볼트는 일본 의학에 주요한 공헌을 했으며, 다카하시에게 러시아인 크루젠슈테른의 책뿐 아니라 네덜란드어로 번역된 영국인 탐험가들의 보고서를 구해주었다. 4년에 한 번 행하는 네덜란드 사절의 에도 방문 때 동행한 지볼트는 에도에 머무르는 동안 모가미 도쿠나이를 매일같이 만나서 아이누의 생활·문화·언어에 관한 정보를 얻었다. 그러나 1828년에 지볼트가 일본을 떠날 준비를 하던 무렵 다카하시가 그와 선물을 주고받으면서 이노 다다타카의 지도를 준 사실이 발각되었다. 막부의 대응은 단호했다. 지볼트의 학생 23명이 감금되었다. 지볼트는 체포되었다가 추방되었다. 다카하시는 탁월한 재능과 업적에도 불구하고 심문을 받다가 옥사했다. 막부는 그의 사체를 소금에 절여 에도로 싣고 와서 법에 따라 참수했다.

10년 뒤의 상황은 모리슨호(號) 사건과 반샤노고쿠(蠻社の獄), 즉 난학자 탄압사건으로 인해 서양연구 전문가들을 더욱 낙담시켰다. 레자노프의 통상 요구를 막부가 거절한 것에 대해 스기타 겐파쿠가 경종을 울렸던 때만 하더라도 이런 경고는 이미 지나가 버린 위험에 대한 지나친 염려와 더불어 잘못된 정보에 기초하고 있었다. 그러나 스기타의 경고는 충분히 새겨들을 만한 것이었다. 1838년에 미국인 소유의 상선 모리슨호(號)가 난파

당한 일본인 7명을 태우고 혹시나 자신들의 관용에 대한 대가로 통상 허가를 받을 수 있지 않을까 하는 기대 속에 일본 해안에 도착했다. 노력은 실패로 끝났다. 1825년의 '외국선박 격퇴령'에 따라 에도 해안의 포대 그리고 다시 가고시마의 포대가 불을 뿜었으며, 파손된 모리슨호는 부상자들을 싣고 중국 광저우로 돌아갔다. 네덜란드인이 실수로 모리슨호가 영국 선박이었다고 보고한 후, 자칭 '반샤'(蠻社)라고 부르던 일군의 학자들이 이 사건의 의의를 논의하기 위해 모임을 갖기 시작했다. 그 모임의 중심에 소규모 후다이다이묘령인 다와라(田原) 번의 가로(家老) 와타나베 가잔(渡辺崋山, 1793~1841)이 있었다. 서양에 대한 와타나베의 관심은 서양회화(繪畵) 연구와 함께 시작되었으며, 이어서 광범위한 독서와 서양연구 전문가들과의 상담을 통해 국방문제에 관심을 기울이게 되었다. 와타나베가 자문을 구한 서양연구 전문가들 중에는 지볼트의 수제자가 포함되어 있었는데, 그는 지볼트가 추방된 뒤 지하에 잠적해 있었다. 이들은 당시 일본에서 찾아볼 수 있는 가장 유능하고 국제적인 감각을 가진 집단이었다.

지볼트의 제자 다카노 조에이(高野長英)는 『무술년의 꿈이야기』(戊戌夢物語, 보주쓰유메모노가타리)에서 외국인에 대한 무분별한 혐오를 반영한 막부의 정책이 영국을 적으로 만들 것이며, 외교무대에서 일본의 명예를 실추시킬 것이라고 우려했다. 이것이 화근이 되어 다카노는 무기징역을 선고받았으나, 몇 년 후 탈옥하여 네덜란드 책을 번역하며 생활했다. 그의 동료 고세키 산에이(小關三英, 1787~1839)는 체포되어 심문과 고문을 당하는 고통을 감수하기보다는 자살을 택했다.

와타나베 가잔은 중상과 비난의 좋은 표적이 되었다. 조사관들은 와타나베가 쓴, 서양의 힘을 감안할 때 일본의 완고한 저항은 재난을 초래할 뿐이라는 논지의 글을 찾아냈다. 와타나베는 "서양인을 오랑캐라고 부를 수는 있지만 그들이 아무 이유 없이 무력을 사용하지는 않는다"고 썼다. 그의 주장에 따르면 중국조차 이미 17세기에 만주족의 손에 넘어갔기 때문에 아시아 전체에서 주권을 유지하고 있는 국가는 일본이 유일하다는 것이었다. 한편 서양은 발전된 과학과 기술 그리고 개방적인 계급구조와 효율적인 정치제도로 인해 다른 경쟁자들에게는 결여되어 있는 역동성을 갖추고 있다는 점에서 아시아가 지금껏 알고 있던 것보다도 훨씬 강력한 약탈자라고 주장했다.

와타나베의 소책자가 발견되자, 그는 고발되어 유죄를 선고받고 고향인 다와라 번을 벗어날 수 없는 종신칩거형에 처해졌다. 2년 뒤 와타나베는 칩거형 규정을 어기고 판매목적으로 에도에 그림을 보낸 것이 발각되자, "불충, 불효하였노라"라는 비탄에 사무친 유명한 말을 남기고 다와라 번주에게 더 이상 누가 되지 않도록 할복했다.[14]

서양 사정을 알고 있었다는 이유 때문에 가혹한 대가를 치러야 했던 이들에 대해서는 연민을 느끼지 않을 수 없다. 스기타 겐파쿠의 손자이며 막부의 네덜란드어 번역가로 일했던 스기타 세이케이(杉田成卿)는 번역작업을 하면서 접하게 된 '자유'라는 말을 결코 마음속에서 지울 수가 없었다. 난학의 역사를 편찬한 한 동시대인은 다음과 같이 썼다.

> 다카하시, 와타나베, 다카노, 다카시마, 그리고 그 밖의 사람들이 외국의 사상을 퍼뜨렸기 때문에 체포되었다는 사실을 전해 들은 스기타 세이케이는 자기 역시 그런 곤경에 빠지게 될까 두려웠다. 세이케이는 스스로를 억누르고, 입 밖으로 [네덜란드어로 자유라는 말이] 새어 나오지 않게 아주 조심했다.
>
> 이런 중압감으로부터 벗어나 위안을 얻기 위해 그가 찾아낸 유일한 방법은 술이었으나, 술에 취했을 때는 자신도 어쩔 수 없이 '프레이헤이트'(Vrijheit, 자유)라고 외치고 말았다.[15]

그러나 이들이 종종 반대파로부터 비난받았다고 해서 예외 없이 '친서양적'이었다거나 당시의 사회를 변화시키려 했다고 단정짓는 것은 잘못이다. 몇몇 사람은 가치 있는 능력과 지식을 통해 폐쇄적인 사회체제 내에서 급진적인 혁신방안을 추진하여 일본을 부강한 나라로 변화시키길 꿈꾼 것이 확실하지만, 그보다 훨씬 더 많은 사람들은 당국의 뜻에 따라 자신의 지식을 사용했고, 그렇게 해서 일본의 국방이 강화되기를 열망했다. 사실 그들은 새롭게 침투해 들어오는 서양을 두려워하고 있었다. '밥그릇 주변에 날아든 파리떼' 또는 '굶주린 야수' 같은 비유는 평화로운 일본 해안을 어지럽히는 서양인들에 대한 그들의 혐오감을 반증한다.

앞에서 언급한 적이 있지만, 당시에 가장 영향력이 컸던 글은 아마도 미토 번 사무라이 아이자와 야스시가 1825년에 쓴 (그러나 출판은 되지 않은) 『신론』(新論)이었을 것이다. 아이자와 자신은 중국철학에도 박식하고 서양 지식에 대해서도 무지하지 않았으나, 동시에 "온전히 세상의 머리와 어깨를 이루고 다른 모든 나라를 지배하는" '신국'(神國) 일본의 우월성을 떠받들었다는 사실을 잊어서는 안될 것이다. 그는 일본의 우월성이 끊어지지 않고 이어져온 천황의 혈통에 내재해 있다고 생각했다. 한편 야만인은 "세상 저 끝 가장 낮은 곳에 위치한 자신들의 비천함도 망각한 채 사해(四海)를 건너 다른 나라들을 짓밟는 경거망동을 일삼아 왔다. 그리고 이제는 무례하게도 세상에서 숭고한 위치를 차지하고 있는 우리에게 도전하려 하고 있다. 이것이 무슨 오만방자한 짓인가?"[16]라고 질타했다. 아이자와는 난학에 내재하는 위험성에 대해서도 경고했다.

최근에 등장한 해악의 한 근원은 난학이다. 난학은 번역작업에서 싹텄다. 요컨대 특별히 훈련받은 통역사들이 네덜란드 책을 독해하는 과정에서 발생한 것이다. 난학 자체에는 아무런 해악이 없다. 해악은 외국 정세에 대한 간접적인 지식을 수박 겉 핥기 식으로 알고 있는 멍청한 자들이 서양 오랑캐들이 늘어놓는 얼토당토않은 관념들을 잘못 예찬하거나, 그렇지 않으면 우리나라를 오랑캐 식으로 바꾸려는 의도로 책을 출판한다는 데 있다. 게다가 해외에서 들어온 신기한 물건과 날조된 이야기들이 눈을 어지럽히고 우리 인민을 유인하여 외국문물을 찬미하게 하고 있다. 만약 머지 않아 이 교활한 오랑캐들이 이런 상황을 이용할 마음을 먹고 우리의 어리석은 서민들을 유혹하여 저들의 악취 나는 신앙과 풍습을 따르게 한다면, 그것을 어떻게 막을 수 있겠는가? 『역경』에 이르기를〕 "〔초겨울에〕 우리가 밟고 지나는 살얼음은 머지않아 단단한 얼음판으로 변하기 마련이다." 너무 늦기 전에 우리는 당장 저들의 노림수를 꺾어버릴 적절한 조치를 취해야 한다.[17]

3. 중국으로부터의 소식

막부가 와타나베 가잔과 그의 동료들을 일제히 단속한 지 몇 년이 지나지 않아 청천벽력 같은 소식이 나가사키에 전해졌다. 오랫동안 정부가 시키는 대로 해왔던 동인도회사를 아예 완전히 인수해버린 영국정부는 사유재산권의 신성함을 주장하며 광저우에서 청조가 아편을 몰수하여 폐기한 조치를 묵과할 수 없다는 입장을 취했다. 결국 1838년에 전쟁이 발발했고, 1842년에는 난징(南京) 조약이 체결되었다. 이후 중국은 조약항 체제로 알려지게 되는 일련의 새로운 제도적 관계를 강요받게 되었다. 당시 차 무역에서 야기된 무역적자를 만회하고 싶었을 뿐 아니라 공산품을 팔기 위한 시장을 갈망했던 영국과 그 뒤를 따르던 서양국가들에게 이 새로운 제도가 의미하는 바는 선별된 항구에서 전면적인 무역이 허용된다는 것이었다. 조약항을 통해 들어오고 나가는 상품에는 저율의 관세가 보장되었다. 또 무역종사자들은 영국인 판사가 주재하는 영사재판에서 치외법권 형태로 이루어지는 서양법의 보호를 누릴 수 있었다. 그러므로 이런 조건에서 '자유무역'이란 서양이 요구하는 조건에 따라 이루어질 수밖에 없었다. 이 사건은 중국의 주권에 큰 손상을 입혔다. 최혜국 대우 조항으로 인해 어느 한 서양국가가 얻은 특권은 다른 모든 서양열강에도 똑같이 적용되었다.

일본인이 난징 조약의 모든 의미를 명확하게 이해하기까지는 시간이 걸렸지만, 중국과의 지리적 근접성과 섬나라의 고립성으로 인해 일본인의 충격과 위기의식은 증폭되었다. 덴포 개혁에 실패했음에도 불구하고 아직 관직에 있던 미즈노 다다쿠니는 "이 사건은 외국의 일이지만 우리를 위한 유용한 경고로 삼아야 한다고 생각한다"고 썼다.

나가사키에는 관련 소식을 전하는 두 경로가 있었다. 첫 번째 경로는 네덜란드인이었다. 막부는 그들을 면밀히 심문했고, 심문 결과 얻은 정보가 새나가지 못하도록 통제했다. 그러나 두 번째 경로인 중국책의 경우는 사정이 달랐다. 교육받은 일본인이라면 누구나 중국책을 읽을 수 있었기 때문이다. 게다가 막부가 나가사키에서 시행한 수입품 검사제도를 통해 입수된 정보는 중앙의 관료들에게 경각심을 불러일으켰다. 마치 중추신경계를 통해 자극이 전달되듯이 소식은 중앙을 거쳐 전국으로 퍼져 나갔다.

이와 관련해서 웨이위안(魏源)의 책이 유포된 것은 좋은 사례이다. 반란과 국경분쟁으로 인해 중국이 처한 군사문제에 대해 기술한 웨이위안의 책은 1842년에 완성되었고, 1844년에 나가사키에 도착했으며, 얼마 지나지 않아 새 수좌(首座) 아베 마사히로(阿部正弘)를 비롯한 로주 전원의 손에 들어갔다. 이 책보다 훨씬 더 영향력 있는 책으로 해양국가의 지리와 사정을 설명한 『해국도지』(海國圖志)는 중국에서 1844년에 처음 출간되었다. 『해국도지』 3부가 나가사키에 도착했을 때 검열관은 불온서적으로 간주하여 상관에게 황급히 보고하고 지침을 내려달라고 요청했다. 곧 『해국도지』 3부는 3명의 로주 손에 들어갔다. 몇 년이 지나서 추가적으로 7부가 다른 당국자들의 손에 들어갔고 또 다른 8부가 시중에 판매되었다. 그리고 나서 얼마 안 있어 한학자 시오노야 도인(鹽谷宕陰)이 편집한 일본판이 유포되었다. 일본판 덕에 이 책은 주요 관료들뿐 아니라 사무라이 지식인들 사이에도 널리 읽히게 되었고, 그들은 이 책을 통해 서양의 팽창을 알게 되었다.[18] 일본 해안 방비에 좀 더 주의를 기울일 것을 촉구하는 상소를 올린 사무라이 지식인 사쿠마 쇼잔(佐久間象山)은 이렇게 썼다.

영국 오랑캐들이 청 제국을 침략하고 있는 동안……나는 작금의 사태를 통탄하며 상소를 통해 한 가지 방안을 제출했다. ……나중에 청조의 웨이위안이 쓴『성무기』(聖武記)를 접하게 되었다. 웨이위안의 저작 역시 최근의 사건들에 대한 비통함에서 나온 것이었다. ……내가 상소를 올리기 불과 넉 달 전에 웨이위안이 쓴 이 책에는 우리가 사전에 서로 상의한 적도 없었지만 완전히 의견의 일치를 보이는 대목이 드물지 않게 눈에 띄었다. 아! 우리는 서로 다른 곳에서 태어나 서로의 이름조차 몰랐건만, 둘 다 같은 해에 시대를 애통해하는 글을 썼고, 일면식도 없으면서 서로의 견해가 일치했으니 참으로 기이한 일이 아닌가?[19]

웨이위안 저작의 일본판을 (한문으로) 편집했던 시오노야 도인은 여기에 그치지 않고 중국의 통치자가 보여준 안이한 대비를 한탄하는 자기 나름의 이야기를 썼다. 시오노야의 눈에는 중국의 운명이 서양에 의해 야기된 문화적·정치적 위협을 명백히 드러내는 것으로 보였다. 아이자와 야스시와 마찬가지로 시오노야 역시 서양이 유교사회에 침투하여 사악한 술책으로 무지한 서민들을 타락시키려 한다고 경고했다. 중국의 지혜에 통달하고 이를 적용하는 데 일생을 바친 학자로서 그는 자신이 이상적으로 생각했던 국가가 서양에 효과적으로 대응하지 못하는 무능한 모습을 보이자 정신적으로 큰 충격을 받았으며, 심지어 서양식 문체의 글만 보아도 질색을 할 만큼 그의 비탄은 깊이 사무쳐 있었다.

웨이위안의 작품이 지식인들 사이에서 중요하긴 했지만, 더 많은 독자들을 사로잡은 것은 대중적으로 쓴 이야기였다. 미네토 후코(嶺田楓江)가 1849년에 집필한『해외신화』(海外新話, 가이가이신와)는 삽화를 곁들여 대중적으로 풀어 쓴 책으로, 거의 모든 내용이 중국의 자료를 근거로 하고 있으며 일본의 고전적인 전쟁이야기 양식으로 서술되었다. 봅 와카바야시는 이 책이 "도쿠가와 시대 말기에 널리 유포되었으며," 도쿠가와 시대 말기뿐 아니라 메이지 초기까지도 성행했던 "아편전쟁과 태평천국의 난에 대한 허구화된 또는 반(半)허구화된 이야기의 모든 장르를 창조했다"고 지적한다.[20] 이 책을 통해 독자들은 비록 일부 엉성한 부분이 있긴 했지만 그 전쟁에 대한 연속적인 이야기를 만날 수 있었다. 게다가 『해외신화』에 따르면 전쟁은 서양인이 (그리고 일본 지도자들이) 생각하듯이 서양기술의 압도적인 승리가 결코 아니었다. 일반 중국 병사들은 용감하게 싸웠지만, 외국인 못지않게 자기네 백성을 두려워했던 비겁한 중국 관리들이 병사들의 대의(大義)를 저버렸다는 것이다. (용감한 병사들이 비겁한 관리들에게 배신당했다는 이런 식의 설명은 10년 후 망령처럼 되살아나 막부의 협상자들을 괴롭히게 된다.) 처음에 미네토는 이 책의 출판을 허가받지 못하고 2년 동안 감옥살이를 했으나, 고생은 그것으로 끝이었다. 마침내 책이 출판되었기 때문이다. 웨이위안 저작의 일본판을 편집했던 시오노야는 중국의 운명이 어떻게 일본의 지식인을 고뇌에 빠뜨렸는지에 대한 인상적인 증거를 보여준다.

> 중국인은 말한다. "외국은 중국과 6~7만 리 떨어져 있다. 그들이 여기까지 와서 우리를 강탈하지는 않을 것이다." 그러나 중국인은 외국인이 평지풍파를 일으킨다는 것도, 그들의 식민지가 아주 가까이 있다는 것도 알지 못했다. ……무장한 배들이 마치 산과 같다는 것도, 중국인 반역자들이 파리떼만큼이나 많다는 것도 깨닫지 못했다. ……지금 외국 오랑캐들은 사람들의 마음을 사로잡는 데 매우 능숙하다. 다음과 같은 술책을 쓰기 때문이다. 병사가 땅을 정복하는 데 능숙하다 하더라도 그것이 전 인구를 굴복시킬 수 있음을 의미하지는 않는다. ……사람들을 그리스도교 신앙으로 유인하는 편이 그들에게는 훨씬 더 유익하다. 그리하여 나중에 그 나라를 침략할 절호의 기회가 생긴다면, 단 한 명의 병사도 잃지 않고, 한 조각의 금도 쓰지 않고 그 나라 사람들을 충실한 종으로 만드는 것이다. 〔그렇다손 치더라도〕 외국인이 우리 백성의 마음을 정복할 수 있는 것은 우리 스스로 우리 백성들을 경원시했기 때문이다. 이 말은 우리 자신이 우리 백성의 마음을 잃지 않았다면, 설령 외국인이 온갖 수단을 동원하여 그들을 꾀

어내려고 해도 우리 백성을 정복할 기회를 얻지 못할 것이라는 뜻이다. ……[무엇보다도 가장 안 좋은 것은 지금 외국인들이 우리의 언어를 배워서 침투하고 있다는 점이다.] ……우리나라 외에 안남(安南), 조선, 그리고 몇 나라만이 한자를 차용하고 있다. 그 밖의 다른 나라는 한자를 모르는데 어떻게 그들이 [한자로 기록된] 가르침을 이해할 수 있었겠는가?

이제 한 걸음 더 나아가 시오노야는 서양의 문자와 동양의 문자를 대비시킴으로써 서양의 사악함과 동양의 우아함 사이의 깊은 골을 상징하는 것처럼 보이는 양자의 차이를 드러낸다.

우선 외국문자의 형상을 보면, 마치 뱀이나 장구벌레처럼 꾸불거리는 것이 혼란스럽고 제멋대로다. 직선으로 된 문자는 개 이빨 같고, 둥그스름한 문자는 지렁이 같다. 구부러진 모양의 문자는 사마귀 앞다리 같고, 옆으로 뻗은 문자는 달팽이가 기어 지나간 희미한 줄 같다. 외국문자는 마른 뼈다귀나 부패한 해골, 죽은 뱀의 썩어 문드러진 배때기나 말라붙은 독사하고 닮았다. 점과 선의 구성에 있어 외국문자는 그림 같은 문자의 균형미, 그 의미의 함축성, 암시적인 [중국]문자의 깊은 뜻을 결여하고 있다. ……[한자는] 고르게 균형이 잡혀 있고 비례가 잘 맞으며, 그 형상이 화려하고 우아하며, 품격이 흠잡을 데 없는 학자의 그것과 같고, 아름다운 여인이 뒤나 옆을 쳐다보는 듯하며, 황금궁전이나 금으로 만든 제기(祭器)처럼 정묘하게 구성되었다. ……[이 사실을 알았기에] 러시아인은 베이징에 유학생을 보냈고, 영국인은 러시아인의 예(例)를 따르게 해달라고 요청했다. ……여기에 불길한 징조가 있다.[21]

막부관료들은 그들이 중국으로부터 입수한 자료를, 나가사키의 네덜란드인에게 보낸 질의서의 답변을 가지고 보충했다. 네덜란드인의 답변을 통해 막부는 중국에 주둔하고 있는 영국군의 규모와 증기선의 성능을 알게 되었

| 개국 |

다. 질의서의 한 항목은 "만주족은 제법 용맹하다고 들었는데 왜 전쟁에서 졌는가?"라고 물었다. 답변은 직설적이었다. "용기 하나만으로는 충분하지 않다. 병법은 그 이상의 무언가를 요구한다. 불과 4천 명의 병사로 중국의 거대한 영토를 정복한 데서 볼 수 있듯이 모든 변방의 나라는 유럽의 어떤 나라와도 경쟁상대가 될 수 없다."[22]

잠시 수좌에 복귀한 미즈노 다다쿠니는 그런 실망스러운 소식을 접하자, 1825년의 '외국선박 격퇴령'이 폐지되어야 한다는 결론에 도달했다. 막부관료와 각 번에 전달되고 데지마의 네덜란드 상관장까지 읽은 회람 공문에는 쇼군이 측은지심에서 막부 초기의 정책으로 되돌아갔다고 설명되어 있었다. "외국 선박이 물자가 부족하다거나 좌초되었다거나 악천후로 고생을 하는데도 무조건 외국선박이라는 이유로 쫓아내는 것은 적절치 않다고 생각한다. 따라서 앞으로는 1806년에 공포된 법령에 의거해, 외국 선박이 나타나면 전후사정을 조사해보고 필요시에는 그들에게 식량과 연료를 주고서 돌아가라고 권유해야지, 외국인이 상륙하게 해서는 절대로 안된다. ……그러나 물자를 받고 우리의 지침을 통보받은 뒤에도 물러가지 않으면 당연히 필요한 조치를 취해 그들을 내쫓으라." 쇼군의 목적은 쇄국체제를 포기하는 것이 아니라, 준비상태가 형편없는 시점에서 전쟁과 같은 최악의 상황을 피해보려는 것이었다.

일본은 전쟁을 치를 준비가 되어 있지 않았던 것만큼 결단을 내릴 준비도 되어 있지 않았다. 이 점은 1844년에 네덜란드 국왕 빌렘 2세가 쇼군에게 보낸 친서에 대한 막부의 반응에서 엿볼 수 있다. 네덜란드 상관장이 대독한 이 친서는 군함 팔렘방호(號) 편으로 나가사키에 도착했다. 빌렘 2세는 친서에서 우선 막부가 외국선박 추방조치를 완화해준 것에 대해 감사를 표시했다. 그런 다음 나폴레옹 전쟁이 끝나고 제조와 무역이 엄청나게 증가했다고 설명했다. 현재 모든 정부는 교역을 촉진하기 위해 애를 쓰고 있다. 영국도 결국 무역 증대를 위해 중국과 전쟁을 벌였고, 그 전쟁에서 수천 명의 중국인이 죽고 많은 도시가 파괴되었을 뿐 아니라, 중국은 승자인 영국에 수백만 은 달러의 전쟁배상금을 지불하게 되었다는 것이다. 아울러 빌렘 2세는 지금 일본도 이와 유사한 위험에 처해 있다고 경고했다. 예전에 비해 훨씬 더 많은 외국선박이 일본 근해에 있으며, 사실상 세계는 신기술에 의해 긴밀하게 결합되고 있다는 것이었다.

> 이런 과정은 불가항력적이며 모든 사람을 다 같이 끌어들이고 있습니다. 거리는 증기선의 발명으로 극복되고 있습니다. 이 과정에서 초연해 있고자 하는 국가는 다른 국가의 적대감을 살 위험을 자초하는 것입니다. 우리는 폐하의 개명하신 선조들께서 정하신 법령이 외국인과의 교역을 엄격히 제한하고 있다는 것을 알고 있습니다. 그러나 노자(老子)는 "현인이 왕위에 오르는 곳에 평화가 계속된다"고 말한 바 있습니다. 옛 법을 엄수함으로써 평화가 위협받는다면, 현인은 그 법을 완화시킬 것입니다.[23]

나가사키에서 답변을 기다리고 있던 네덜란드 제독에게 마침내 에도 당국이 회신을 보냈다. 로주는 답장에서 빌렘 2세에게 그의 제안은 현실적으로 도저히 불가능하다고 말하고, 다시는 서신을 보내지 말라고 당부했다. 얼마 지나지 않아 미즈노는 또다시 관직에서 물러나야 했으며, 앞에서 이미 보았듯이, 아베 마사히로가 수좌에 올랐다.[24]

네덜란드의 경고가 옳았다는 것은 곧 입증되었다. 막부가 빌렘 2세의 친서에 답장을 보낸 직후 외국선박이 일본 해안의 여러 곳에 나타났다. 사쓰마 번주는 프랑스 선박 한 척이 영국을 앞지르기 위해서라고 설명하면서 류큐 나하(那覇) 항에 정박해 있다는 보고를 했다. 1846년에는 프로테스탄트 선교사들이 그곳에서 활동하기 시작했다.

궁극적으로 일본의 통상개방을 위한 노력은 영국이 아니라 미국이 주도하게 되었다. 최혜국 대우라는 명목 아래 모든 열강은 어느 한 국가가 보장받은 이권을 모두가 똑같이 누리게 되어 있었다. 서양인이 운반해 온 아편을 받아들이도록 중국에 강요하면서 겪었던 전쟁을 의식해서인지 영국은 일본에서 2등 자리에 머무르는 데 그런대로 만족했다. 영국은 중국에서 이미 상당한 도박을 벌인 뒤였다. 일본과의 무역 전망은 보잘것없는 듯이 보였고, 런던의 외무장관은 태평양지역 영국군 사령관에게 "미국정부가 일본에서 해나가는 실험을 그냥 내버려두는 편이 더 낫다고 생각한다. 만약 그 실험이 성공적이면 여왕 폐하의 정부는 그 성공을 유리하게 이용할 수 있다"고 통보했다.[25]

4. 페리 내항

미국의 일본에 대한 관심은 영국의 갑절이었다. 1858년에 펜실베이니아에서 유전을 발견하기 전까지 미국은 고래기름을 사용하는 램프로 어둠을 밝혔다. 태평양에서 고래 포획을 하는 포경선들은 간혹 불가피하게 일본 해변까지 도달하게 되는 경우가 있었다. 최근에는 국제적으로 포경을 엄격히 규제하고 있기 때문에 독자들은 의아해할 수도 있겠지만, 당시의 미국인들은 고래를 보호하는 것보다 포경선의 선원을 보호하는 데 훨씬 열심이었다. 그러다 보니 일본사람들이 난파당한 선원들을 학대하고 곤경에 처한 배들을 도와주지 않는다는 이야기는 미국인들 사이에 분노를 자아냈다. 미국은 대(對)중국무역을 둘러싼 경쟁에도 뛰어들었다. 대권(大圈) 항로를 따라 중국을 향하는 쾌속선은 마침 일본이 이 대권 항로에 걸쳐 있었기 때문에 오랫동안 일본 해변에 근접해서 이동해왔다. 더구나 증기선의 출현으로 태평양에서 석탄공급지가 필요했고, 중국으로 가는 도중에 석탄을 공급하는 정박지가 있었으면 하는 바람 때문에 일본과의 접촉이 중요해졌다. 기업가들은 지구를 일주하는 항로를 꿈꾸게 되었다. 미국이 멕시코와의 전쟁에서 승리를 거두고 캘리포니아를 장악하자 태평양 연안에서 미국의 위치는 공고해졌고, 뒤이은 골드러시로 더 많은 미국인이 서부로 모여들었다. '명백한 운명'(Manifest Destiny)이라는 슬로건은 대중의 상상을 자극했고, 사람들을 쉽게 태평양 모험에 나서게 했다. 이런 모든 이유 때문에 일본은 영국인보다는 미국인에게 훨씬 더 중요했다.

1832년에 앤드루 잭슨 대통령은 영국에 의해 개방된 중국무역에 미국을 참여시키기 위한 조치를 지시했고, 마침내 1844년에 청조와 왕샤(望厦)조약을 체결함으로써 지난날 영국이 힘으로 얻어냈던 이권을 미국도 누릴 수 있게 되었다. 동시에 샴과도 외교관계를 맺었다. 이보다 앞서 미국 해군 사령관들은 위험부담이 없으면 일본과 회담을 개시하라는 지시를 받았으나, 뒤이은 유일한 행동은 1837년 모리슨호(號)의 개인적인 일본 항해뿐이었다. 의미심장하게도 중국에서 온 이 배에는 선교사가 승선하고 있었고, 문호개방 요구와 선교사 파견이라는 패턴은 향후 접촉에서도 반복된다.

1845년에 중국 주재 미국 대표부는 일본에 사절단을 파견하라는 훈령을 받았다. 제임스 비들 함장이 1846년에 군함 두 척을 이끌고 에도 만에 당도하여 외교관계 수립을 기대했으나, 무력 사용 권한이 없었던 제임스 함장은 대외관계는 나가사키에서만 수행할 수 있다는 일본 당국의 설명을 듣고 순순히 물러갔다. 그 과정에서 어쩌다 일본 호위병이 비들을 무례하게 밀쳤는데도 비들이 그것을 빌미 삼아 어떤 양보를 요구하지 않자, 일부 일본인들은 자신들의 규정을 바꾸지 않은 것이 잘한 일이었다고 생각했다.

그 뒤 1853년에 찾아온 페리 원정대는 좀 더 면밀하게 준비를 했고 강력하게 운영되었다. 페리 원정대 이야기는 자주 그리고 충분히 언급되어 왔다. 그 이야기는 아이러니로 가득하다. 일본을 '개국'시킨 인물로 명성을 얻게 되는 매슈 페리 제독은 자기에게 주어진 임무를 수락하긴 했지만 애당초 썩 내켜하지 않았다. 그 일이 자신에게 큰 명예를 가져다줄 것 같지 않았기 때문이다. 그는 지중해 사령관직을 더 선호했을 것이다. 그래도 어떻게든 최대한 잘해볼 요량으로 일단 자신에게 주어진 임무의 성공을 보장해 줄 수 있을 만큼 충분한 병력을 요청하고, 일본에 대해 알려진 사실들을 숙지하고 일본 근해를 여행한 경험이 있는 사람들로부터 정보와 조언을 구하는 등 준비에 만전을 기했다. 뉴욕 공립도서관에는 페리에게 도움이 될 만

| 개국 |

한 서적이라고 해봐야 네덜란드인의 경험을 바탕으로 한 책 몇 권밖에 없었다. 이 책들과 비들 함장의 예를 타산지석으로 삼아 페리는 자신의 위엄을 최대한 내세우기로 했다. 그는 비굴해 보일 수도 있는 네덜란드 식의 태도를 버리고, 특히 나가사키를 무시하면서 최고위급 당국자들만을 상대할 작정이었다. 이를 눈치 챈 일본 당국은 '높은' 관료들을 파견하여 페리를 만나게 했다. 이들은 페리에게 자신이 대화상대가 될 만한 지위에 있다고 소개했다. 이럴 때 조정의 명예칭호 제도는 편리한 위장수단이 되었다. 현지에 가본 적이 없는 사람이라도 '데와(出羽) 영주'라고 불릴 수 있었기 때문이다.

페리는 자신의 공식 보고서에서 밝히고 있듯이 "한 문명국이 또 다른 문명국으로부터 받아 마땅한 대우를 호의가 아닌 권리로서 요구하기로" 마음먹었다. 또한 "막무가내 식으로 굴수록 그리고 엄격하면 엄격할수록, 형식과 의례를 따지는 이들 일본인들은 더욱 경외심을 보일 것"이라는 점을 잘 알고 있었다. 페리가 취해야 할 당당한 어조에 관해서는 그에게 하달된 지시사항에도 언급되어 있는데, 페리는 분명히 이 지시사항 작성에 영향을 미쳤을 것이고 어쩌면 페리가 직접 그것을 썼을지도 모른다.

의심할 여지없이 모든 국가는 다른 국가와 어느 정도 상호교류를 할 것인지 스스로 결정할 권리가 있다. 그러나 이 권리를 행사하는 국가를 보호하는 바로 그 법이 그 국가가 무시해서는 안되는 일정한 의무를 그 국민에게 부여하고 있다. 이런 의무 가운데 대양(大洋)에서 조난을 당하여 해안에 표류해 온 사람들을 구해주고 돌봐줄 것을 요구하는 의무보다 긴요한 것은 없다. 이런 의무가 공법(公法) 연구자들 사이에서는 법적 효력이 없는 것으로 판정된 의무의 하나이며, 이 의무를 수행하도록 다른 국가에 요구할 수 있는 권리가 부여되어 있지 않은 것은 사실이다. 그렇지만 어떤 국가가 이 의무를 습관적으로, 제도적으로 무시할 뿐만 아니라 재난을 당한 사람들을 마치 극악무도한 흉악범 다루듯 한다면, 그 국가는 마땅히 인류

공통의 적으로 간주될 것이다.

그런 다음 페리의 목적—선원과 재산의 보호, 물자를 얻을 수 있는 허가, 가능하다면 석탄보급소의 제공, "판매나 물물교환에 의한 화물 처리를 위해 하나나 그 이상의 일본 내 항구에 대한 입항" 승인—을 구체적으로 언급하고, 지시사항은 아래와 같이 이어진다.

> 만약 모든 논의를 다하고 모든 수단을 동원해 설득한 뒤에도 제독이 일본 정부로부터 그 배척을 완화하는 조치나 조난당한 우리 선원들을 인간적으로 대우하겠다는 보장을 받아내지 못한다면, 제독은 그 어조를 바꿔 그들에게 가장 분명한 말로 장차 배가 난파되어 그들의 해안에 도달하거나 악천후 때문에 그들의 항구에 입항하게 된 미국의 모든 시민과 선박은 어쩔 수 없이 그곳에 머무르는 동안 인간적인 대우를 받아야 한다는 것이 미국 정부의 단호한 의지이며, 만약 앞으로 일본정부든 일본주민이든 본국의 시민에게 잔혹한 행위를 하면 가차없이 응징할 것임을 밝혀야 할 것이다.

사실 페리는 "모든 논의를 다할 때까지" 기다렸다가 자신의 어조를 바꾼 것이 아니었다. 회담 벽두에 페리는 엄포를 놓는 개인 서신과 함께 백기(白旗)를 일본측 협상자들에게 보냈다. 만약 자신의 요구를 듣지 않을 경우 일본이 패할 수밖에 없는 전쟁이 발발하게 될 것이며, 그때 가서 항복을 표시할 때 자신이 보내준 백기가 유용하게 쓰일 것이라고 경고했다. 이렇게 약간의 허세를 부리며 페리는 아마도 자신이 지시받은 것 이상의 행동을 했던 것 같다. 어쨌든 기대했던 자신의 업적에 흠집을 낼 수도 있었기 때문에 페리는 자신의 공식 보고서와 사적인 보고서에서 그 서신에 관한 모든 언급을 은밀히 삭제해버렸다.[26]

페리는 61문의 대포로 무장하고 967명이 승선한 4척의 선박을 이끌고 1853년 7월 2일에 에도 만에 진입했다. 16년 전 중국어 통역으로 불운의

| 개국 |

모리슨호에 타고 있었던 선교사 S. 웰스 윌리엄스를 대동했으나, 윌리엄스는 문서를 번역하는 데 도움을 주었을 뿐 실제 회담은 네덜란드어로 진행되었다.[27] 도중에 페리는 류큐의 나하(那覇) 항에 들렀는데, 미국인이 그곳에서 느낀 공포를 그 지역 전제군주제의 악정(惡政) 탓으로 여긴 페리는 워싱턴의 미국정부에 류큐를 직접 점령하는 방안을 고려해보라고 건의했다. 이때뿐 아니라 돌아가는 길에도 페리는 필요한 짐꾼과 물품 보급을 요구하면서 류큐 섬 일대를 돌아보겠다고 주장했다. 그러나 페리의 임무는 물론 그 북쪽에 있었다. 미국 선박은 규모 면에서 일본의 그 어떤 선박보다 6배 혹은 그 이상 컸으며, 검게 칠한 선체 때문에 속칭 '흑선'(黑船, 구로후네)이라고 불리게 되었다.[28]

  일본 당국은 여느 때와 다름없이 나가사키로 가라는 명령을 내렸으나 페리가 반응을 보이지 않자, 이번에는 나가사키로 가달라는 요청을 했다. 그제서야 페리는 자신은 미국 대통령으로부터 일본 황제에게 국서(國書)를 전달하라는 명령을 받았으며 그 명령을 어길 수 없다고 밝혔다. 구리하마(久里濱)에서 페리의 국서 전달의식 준비가 한창일 때, 일본 중부와 북부의 다이묘들이 막부의 명령을 받고 파견한 수천 명의 병사들이 해변에 집결했다. 페리의 함대는 여차하면 대포로 해변을 쓸어버리기 위해 갑판을 깨끗이 청소하고 대응태세를 갖춘 다음 해안에 접근했다. 통역들은 페리가 태평양 해상에서 50척 이상의 군함을 동원할 수 있으며 캘리포니아에서는 그보다 더 많은 군함을 불러들일 수 있다는 경고를 전했다. 양측 모두 상대를 믿지 않았고, 서로 기선을 제압하기 위해 전력을 다했다. 일본 당국은 회담을 위해 대형 접대용 천막을 세웠고, 미국측 대표단은 부싯돌로 점화하는 17세기의 화승총으로 무장한 일본병사들의 긴 대열 사이를 지나 이동했다. 페리 좌우에는 그의 부하 중에서 가장 키가 큰 흑인 하사관 두 사람이 기수로서 동행했고, 장교들이 페리의 뒤를 따랐다. 두 명의 하사관이 봉인된 국서가 담긴 황금경첩의 자단(紫檀)나무 상자를 운반했고, 기수 역할을 했던 흑인 하사관이 국서를 꺼내기 위해 상자를 열었다.

의식은 매우 형식적이었고, 영어를 네덜란드어로 그리고 다시 일본어로 통역하고 이어서 그에 상응하여 일본어를 네덜란드어로, 그리고 다시 영어로 통역하며 번거롭게 진행되었다. 페리는 당시 거의 바닥이 난 물자를 보충하기 위해 하루빨리 중국 해안으로 돌아가기를 원했다. 그래서 그는 자신이 전달한 국서에 대한 일본측의 회답을 듣기 위해 이듬해 4월이나 5월경에 다시 돌아오겠다고 선언했다. 그러고 나서 일본의 금지령 따위는 안중에도 없다는 것을 과시하기 위해 함대를 에도 쪽으로 움직였고 (그러나 에도까지 가지는 않고) 에도 만 일대를 살펴보았다.

페리는 자신이 생각했던 것보다 일찍 그리고 분명 일본인들이 예상했던 것보다 일찍, 이듬해 2월에 돌아왔다. 러시아 푸티야틴 제독의 지휘 아래 한 러시아인 선교사가 나가사키에서 일본과 협상을 추진하려 하고 있다는 사실을 알게 된 페리는 다른 나라가 정해놓은 조약을 따르지 않을 것이며, 또한 자신이 이를 따를 것이라고 남들이 기대하도록 만들지도 않을 것이라고 결심했던 것이다. 당시 페리의 함대는 러시아의 함대보다 강했다. 3척의 증기선이 각각 범선 한 척을 예선(曳船)하고 있었다. 어느 해안에서 회담을 할지에 대해 또 한번 긴 논쟁이 벌어졌다. 일본측은 가마쿠라(鎌倉)나 에도에서 제법 먼 우라가(浦賀)에서 하길 원했고, 페리는 지금의 요코하마인 가나가와(神奈川)를 고집했다. 결국 페리의 뜻대로 되었다. 지난번과 마찬가지로 어느 모로 보나 결코 화려한 행렬이라고는 할 수 없었다. 미국 대표단은 다시 일본인 호위병 사이를 지나 이동했고, 이번에는 페리가 뒤편에 서고 6명의 흑인 하사관이 그의 뒤를 따랐다. 일단 시작되자 회담은 지난번보다 순조롭게 진행되었다. 이미 일본 당국은 어떤 형태의 조약이든 그것을 거부할 수 있을지도 모른다는 희망을 버리기로 결심한 터였다.

실무협상은 막부의 교육기관인 쇼헤이코(昌平黌)의 교장 하야시에게 위임되었다. 협상은 23일 동안 계속되었고, 하야시는 협상의 약자 역할을 하면서 상당한 수완을 발휘했다. 페리는 고압적인 자세를 고수했다.[29] 페리가 중국도 개항이 엄청난 이윤을 가져다준다는 사실을 알게 되었다고 역설하면서 통상 허가를 요구하자, 하야시는 페리가 인도적인 행위와 이윤을 혼동하고 있다며 그를 질타했다. 일본 해안에 표류해온 사람들에게 도움과 물자를 제공해달라는 것이 내항의 목적이 아니었단 말인가? 마침내 양측은 일본이 에도 만의 입구 격인 시모다(下田)와 홋카이도의 하코다테(箱館) 두 항구를 여는 데 합의했다. 류큐의 나하 항에 대해서는 구체적으로 결정된 바가 없었지만, 이미 많은 선박이 멋대로 입항하고 있었다. 협상을 통해 지정된 두 항구에서 미국 선박은 물자와 석탄을 공급받을 수 있게 되었고, 조난당한 선원들은 도움을 받고 고국으로 돌아올 수 있게 되었다. 미국인에게는 일본인으로부터 공급받은 물자에 대해 대가를 지불하도록 했다. 페리는 이것이 무역개방의 첫 단계이며, 교역상의 특권을 부정하는 일본정부의 입장을 유지하게 해주는 방식이라고 생각했다. 미국인은 미국 영사가 시모다에 주재하게 될 것이라고 확신했다. 일본인은 그 점에 대해 덜 명확한 입장이었으나, 결국 미국측의 해석이 이겼다. 양측 모두 협상결과에 만족할 이유가 있었다. 페리는 최소한의 목표를 달성했고, 일본은 여하튼 중국이 불평등조약에 예속되면서 맞이했던 운명을 피할 수 있게 되었기 때문이다.

그러나 그것도 오래가지 않았다. 미국 대표로 시모다에 온 타운센드 해리스는 중국에서 일어난 새로운 전쟁소식을 알려주고, 일본인은 저항을 해도 피할 수 없으므로 국제정세에 자발적으로 순응하는 편이 좋을 것이라는 경고를 전했다.

5. 내부에서의 전쟁

일본의 군사적 낙후성과 전쟁에서 패한 중국의 사례는 쇄국정책을 포기하는 것 외에는 대안이 없는 것처럼 보이게 했을 수도 있지만, 실제로 도쿠가와 권력구조 내에서 책임 있는 관료들은 광범위한 조언과 비판을 접하고 있었다. 그 중앙에서는 1845년에 후쿠야마(福山) 번주 아베 마사히로(1819~1857)가 미즈노 다다쿠니에 이어 로주 수석이 되었다. 아베는 만 10년 동안 그 자리에 있었지만, 시간이 갈수록 문제가 많아지면서 아베의 후임자들은 누구도 그만큼 오랫동안 자기 자리를 지킬 수 있을 것 같지 않았다. 막번 체제는 고도로 권력의 균형과 견제를 이루고 있었기 때문에 유례없이 강력하고 유능한 쇼군이 등장하지 않을 때는 결단력 있는 통치행위가 어려웠으며, 1857년 아베의 죽음 이후 몇 년 동안 정책이 오락가락하면서 관료들은 전전긍긍할 수밖에 없었다. 대외관계를 담당하는 관료들은 자신의 목표를 성공적으로 달성하지 못하면 파리 목숨이나 마찬가지였다. 관료들의 보신주의로 인해 눈치 보기, 우유부단, 책임 회피 등의 행태가 만연했고, 미국인들은 이런 관료들의 자세를 부정직과 업무태만으로 받아들였다. 상황은 실행단계에서 특히 불안정했다. 1858년에 막부는 외교업무를 전담하는 직책인 가이코쿠부교(外國奉行)를 설치하고, 서로 합심해서 업무를 수행하는 5명의 가이코쿠부교를 임명했다. 이후 10년간 74명의 관료가 이 자리를 거쳐 갔다. 가이코쿠부교가 바뀔 때마다 정책과 관원이 바뀌었으며, 없어서는 안될 극소수 외교전문가들——외국인들이 그들과 같이 일하는 데 익숙해졌기 때문에——을 제외하면 재직기간도 짧았다.

1845년에 로주 수석이 된 아베는 전임자인 미즈노를 실각에까지 이르게 했던 덴포기의 정책 대부분을 신속히 폐지하고, 미즈노를 고립시킨 에도 주변의 개인 영지에 대한 중앙흡수법령〔上知令〕도 철회했다. 아베의 목적은 다이묘들에게 정보를 제공하고 그들을 회유하는 데 있었지만, 그런 호의 때문에 그는 곧 심각한 곤경에 빠졌다. 막부의 결정은 오랫동안 광범위한 자문이나 일방적인 행동보다는 로주 구성원들의 동의를 통해 이루어졌다. 페리에 의해 야기된 위기의 여파로 에도 정부는 자문을 구하는 쪽으로 전략을 바꾸었다가 이것이 실패하자 일방적인 결정 쪽으로 돌아섰다. 이 과정에서 막부는 비판, 논쟁, 폭력에 휩싸였다.

아베는 고산케의 하나인 미토 번주 도쿠가와 나리아키(德川齊昭)가 네

| 개국 |

덜란드 국왕의 친서에 대해 알려주지 않았다는 이유로 막부에 이의를 제기한 적이 있다는 사실을 알고는 같은 실수를 반복하지 않기로 했다. 1849년에 그는 해안 지역의 다이묘들에게 '외국선박 격퇴령'을 다시 시행하는 것이 현명한 처사라고 생각하는지 물었다. 그들은 그렇다고 응답했으나 여기에 근거해서 실제로 취한 조치는 아무것도 없었다.

페리 함대의 내항은 훨씬 더 긴급한 문제를 야기했다. 아베는 미국의 요구사항을 모든 다이묘, 모든 고위 관료, 심지어 일부 서민들에게까지 회람시키기로 결정했다. 이보다 더 놀라운 것은 아베가 교토 조정에까지 이 사실을 알렸다는 점이다. 사실상 페리는 그때까지 일본의 항구만큼이나 폐쇄적이었던 일본정치를 '개방시킨' 셈이 되었다.

아베는 이런 조치를 통해 합의가 이루어지기를 기대했으나, 실제로는 전혀 그렇지 못했다. 오늘날까지 남아 있는 다이묘들의 응답을 보면, 그 중 단 2개만이 미국의 요구를 받아들이는 것에 찬성하고 있다. 또 다른 2개는 일시적으로 그렇게 하는 것이 좋겠다는 의견을 내놓았고, 3개는 전쟁을 치르기 전에 방비태세를 갖출 시간을 벌 수 있는 정도의 기간만 미국과의 통상을 허락하자고 했다. 4개는 미국인이 결국에는 제 풀에 지쳐 포기하도록 협상을 지연시키자고 했으며, 3개는 어떤 결정을 내려야 할지 모르겠다고 고백했고, 11개는 일전불사의 태도를 보였다. 더구나 다이묘들은 응답에 앞서 휘하의 상급 가신들에게 일단 자문을 구했기 때문에 이 같은 응답에는 대다수 지배층 사무라이의 혼란상이 반영되어 있다는 것을 잊어서는 안 된다.

아베를 가장 격렬히 비난한 사람은 강력한 의지의 소유자이며 일전불사를 주장한 미토 번주 도쿠가와 나리아키였다. 아베는 반복적으로 그를 회유하기도 하고 무시하기도 했다. 나리아키(1800~1860)는 다이묘 계사(繼嗣)문제를 놓고 열띤 논쟁이 있은 뒤인 1829년에야 비로소 미토 번주의 자리에 올랐으며, 거침없이 자신의 의견을 피력하는 그의 태도는 여러 차례 막부의 심기를 건드렸다. 그는 다이묘가 되자마자 엄격한 검약의 기준을 마련했다. 나리아키는 천황에 충성하는 미토 번의 전통도 이어받았으며, 머지않아 이런 대의(大義)에 헌신하는 인재들로 구성된 개혁파를 후원하게 되었다. 그의 생전에 미토 학파는 (아이자와 야스시의 글에서 이미 살펴본 것과 같이) 일본 천황제의 우월성을 주장하는 일종의 민족적 배외주의를 기반으로 했다. 1841년에 나리아키는 실천적인 학문을 육성하기 위해 고도칸(弘道館)이라는 학교를 설립했다. 나리아키의 기품 있는 필치로 석비에 새겨진 이 학교의 건학취지*는 훗날 정치운동의 표어가 되는 '존왕양이'(尊王攘夷)였다. 외국의 전함이 더 가까이 접근해 오자, 나리아키는 사찰의 종을 녹여 대포를 제작하는 등 자신의 번을 군사화하기 위해 노력했다. 아베가 집권하기 직전인 1844년, 나리아키의 간언에 골치가 아파진 막부는 그에게 은퇴와 근신을 명령했다. 아베가 권력을 잡고 제일 먼저 한 일 가운데 하나는 이 명령을 철회한 것이었다. 1849년에 아베는 나리아키를 해상방어 고문으로 임명하고, 은퇴한 상태에서 미토 번의 실질적 통치를 재개할 수 있도록 해주었다. 막부가 페리의 내항에 어떻게 대응하면 좋을지 자문을 구하자, 당연히 나리아키는 전쟁을 택했다. 일본이 제대로 전쟁준비가 되어 있지 않다는 점을 인정하면서도, 그는 전쟁이 사람들의 의지를 자극하고 사기를 북돋울 것이라고 생각했다.

……전쟁과 화평의 손익을 따져볼 때, 만약 우리가 전쟁에 뜻을 두면 온 나라의 사기가 진작될 것이며, 비록 처음에는 패할지라도 종국에 가서는 외국인들을 몰아낼 수 있다고 본다. 반면 화평에 뜻을 두면 당분간은 평온할지 몰라도 나라의 사기가 크게 떨어지고, 종국에 가서는 완전히 멸망하고 말 것이다.

……최근에 내항한 미국인들은 막부가 입항을 금하고 있다는 것을 잘 알면서도, 평화의 상징으로 백기를 게양하고 우라가(浦賀)에 들어와서는

* 정식 명칭은 「고도칸키」(弘道館記).

서면으로 요구사항을 제시하겠다고 주장했다. …… 오만방자한 무뢰한의 짓거리가 아닐 수 없다. 그야말로 유사 이래 최대의 치욕이었다.

…… 비록 서민이라 할지라도 외국인의 최근 작태를 목격한 이들은 모두 외국인을 혐오한다고 들었다. 만약 막부가 이 무례한 외국인들을 모조리 쫓아내지 않는다면, 도대체 무엇 때문에 포대를 설치해 놓았느냐고 반문하면서 은밀히 불평을 늘어놓는 자들이 있을 수 있다.

…… 그러나 만약 막부가 지금부터라도 솔선해서 외국인을 격퇴하려는 결의를 보인다면, 당장 그 효과가 나타나 나라의 사기를 열 배는 높일 것이며, 심지어 명령을 내릴 필요도 없이 군사준비가 완료될 것이다.[30]

미국에 양보할 것을 주장한 다이묘 중에서 가장 중요한 인물은 유력 후다이다이묘인 히코네(彦根) 번주 이이 나오스케(井伊直弼)였다.(이이는 자신이 주장한 내용을 실행에 옮기는 임무를 맡게 된다.) 일본은 미국의 요구를 받아들여야 하고 사실상 17세기에 폐지된 주인선(朱印船) 무역으로 돌아가야 하며, 그렇게 함으로써 앞으로 미국과의 대결을 준비할 시간을 벌어야 한다고 그는 썼다.

…… 오늘날 처한 상황을 신중히 검토해보고 …… 나는 이런 믿음에 도달했다. …… 현재 직면한 위기 속에서 우리가 예전에 취한 대로 단순히 쇄국을 고집해서는 나라의 안전과 평화를 보장할 수 없다.

…… 우리는 오사카, 효고(兵庫), 사카이(堺) 같은 곳의 부유한 상인들에게 무역에 관여하게 함으로써 〔17세기 초반에〕 존재했던 주인선을 부활시켜야 한다. 우리는 새로운 증기선, 특히 강력한 군함을 만들어야 하며, 여기에 일본에서는 불필요한 물건들을 실을 것이다. …… 이들은 상선(商船)으로 불리겠지만 사실은 해군을 훈련시키는 은밀한 목적을 수행하게 될 것이다. 이렇게 외국인보다 선수를 치는 것이야말로 장래에 막부가 쇄국령을 다시 내리고 외국인이 일본에 들어오지 못하도록 할 수 있는 기회

를 보장하는 최상의 방법이라고 나는 믿는다. ……내가 듣기로는 미국과 러시아가 최근에 와서야 항해술에 능해졌다고 하므로, 영리하고 눈치 빠른 우리나라 사람들도 일단 배우기 시작하면 서양인들보다 못할 것이라고는 절대로 생각하지 않는다.[31]

비록 자신의 주장이 채택되진 않았지만, 나리아키는 막부에 대한 간언을 멈추지 않았다. 그는 아베에게 많은 건의를 했고, 그 건의 가운데 상당수가 비판적이고 실천 가능성이 거의 없는 것이었다. 아마도 나리아키를 달래볼 심산이었는지, 아베는 또 한번 양보를 해서 다음 10년 동안 핵심적인 역할을 하게 될 한 청년을 밀어주기로 했다. 아베는 나리아키의 일곱째 아들이 히토쓰바시(一橋)가에 양자로 들어가 쇼군의 후사가 될 수 있는 위치에 있도록 허락해주었다. 이 청년이 바로 (이제는 히토쓰바시라고 해야 하는) 도쿠가와 요시노부(德川慶喜, 1837~1913)로, 유능하고 평판이 좋은 인물이었다. 요시노부는 얼마 지나지 않아 일본정치에서 주요 인물이 되었다.

1858년에 아주 무능했던 젊은 쇼군 도쿠가와 이에사다(德川家定)가 죽자 계사를 둘러싼 논쟁이 벌어졌고, 이 논쟁은 곧바로 외교정책과 맞물리게 되었다. 외교정책이라는 한 가지 문제를 놓고도 합의를 도출해내지 못했던 에도의 당국자들은 이제 두 가지 문제를 놓고 씨름해야 했다. 신임 쇼군은 고산케에서 나와야 했는데, 한 가지 가능성은 기이(紀伊)가에서 뽑는 것이었지만, 일본이 중대한 시국을 맞아 국가적 비상사태가 코앞에 닥친 만큼 이제 12세 된 기이 번주보다는 21세의 요시노부를 선택하는 일이 벌어질 수도 있었다. 한편 따지기 좋아하는 요시노부의 아버지는 이 계사문제가 정치화될 것이라고 장담했으나, 결국 막부의 전통주의자들은 기이의 어린 소년으로 낙점을 보는 데 성공했고, 이 소년이 미래의 쇼군 도쿠가와 이에모치(德川家茂)다. 이번에는 이이 나오스케도 다수의 편에 섰다. 어느 정도 본심을 감춘 채 나오스케는 대세를 따르는 것이 중요하며, 그것이 곧 일본식이라고 주장했다. 덕분에 이에모치는 미래의 쇼군이 될 수 있었다.

| 개국 |

이어서 막부는 반대자들을 제거했고, 나리아키는 다시 한번 근신처분을 받았다. 그러나 고산케의 미토 번주였던 나리아키를 무시하기는 어려웠고, 그가 강력히 주창한 존왕양이는 향후 일본정치에서 미토학파의 사상과 미토 번 사무라이가 주도적인 힘을 발휘하게 만들었다.[32]

이런 논쟁을 더욱 뜨겁게 만든 것은 미국과의 통상조약 문제였다. 타운센드 해리스는 1856년에 미국영사로서 시모다에 도착했다.[33] 다른 나라들이 페리가 받은 것과 똑같은 것을 요구하리라는 것은 일찌감치 현실화되었다. 첫 번째는 영국이었다. 크림 전쟁이 발발하고 나서 나가사키에 도착한 영국 제독은 일본에 러시아 선박의 입항 금지를 요청할 계획이었으나, 대신 페리와 맺은 화친조약과 같은 내용의 제안을 받고 이를 수용했다. 러시아인도 곧 그 뒤를 따랐다. 푸차친 제독은 무역 특권을 얻기 위해 여러 차례 시도했으나 결국 페리가 맺은 것과 같은 형태의 화친조약을 1855년 초에 받아들이는 데 만족해야 했다. 일본과 러시아 양측은 사할린 문제를 논의했으나 결론에 이르지 못했고, 대신 쿠릴 열도의 분할에 대해서는 합의를 보았다.

이런 화친조약은 각국의 대표 교환과 무역활동을 보장하는 정식 조약이 아니었기 때문에 해리스가 시모다에 도착했을 때 품고 있었던 목표는 바로 조약체결이었다. 해리스는 교역을 위해 4개 항구를 개항하고 이들 개항장뿐 아니라 오사카와 에도에서 미국 대표들의 거주권 보장을 요구했다. 1855년에 아베(2년 뒤 38세의 나이로 병사)의 뒤를 이어 로주 수석이 된 사쿠라 번주 홋타 마사요시(堀田正睦, 1810~1864)가 해리스와의 교섭에 임했다.

막부의 교섭 대표들은 해리스를 만류하고 혼란시키기 위해 가능한 모든 일을 다했으나, 해리스는 자기 의견을 고수했고 자신의 제안을 쇼군에게 직접 전달하겠다고 우겼다. 해리스의 일지를 보면 그가 당시 자신을 지원해줄 수 있는 군함이 없다는 사실을 안타까워했음을 알 수 있다. 해리스는 막부의 교섭대표들이 자신을 대하는 태도로 미루어 보건대, "저들은 전권

대사인 내가 나의 주장을 관철시키기 위해 함대에 지원을 요청하여 대포알을 먹이지 않는 한 어떤 협상도 하지 않겠다"는 식으로 행동한다고 생각했다. 그러나 사실 그에게는 대포만큼 유용한, 아니 그보다 더 나은 것이 있었다. 그것은 바로 프랑스까지 가세한 전쟁에서 영국이 중국에 예전보다 훨씬 더 큰 굴욕을 안겨주었다는 소식이었다. 광저우는 1857년에 함락되었고, 전쟁의 제2라운드가 끝난 그 당시 베이징 자체가 영불 연합군의 수중에 있었다. 이런 정황에서는 어떠한 막부측 교섭자도 일본이 성공적으로 서양에 저항할 수 있을 것으로 기대할 수 없었다. 네덜란드인도 충고를 했다. 그들은 이미 자신들의 통상조건 개선을 확보한 터라, 이제는 막부에게 강압에 의한 조약을 체결하는 것보다는 차라리 협상에 응하라는 편이 낫다고 조언했다. 해리스는 네덜란드와 러시아가 나가사키 무역에 대한 제한적인 협정을 추진 중이라는 소식을 듣고 더욱 자극을 받았다. 해리스는 이를 부당하고 '불명예스러운 것'으로 비난하는 한편 자신의 방식대로 일을 추진해야겠다는 결심을 더욱 굳혔다. 1857년 가을에 해리스는 에도에 머물면서 (얼마 후 세상을 떠나게 되는) 쇼군 이에사다를 배알하고, 홋타에게는 영국인이 중국에서처럼 보호하고 싶어 하는 아편무역의 위험성에 대해 설교했다. 미국은 그런 행위를 묵과하지 않을 것이며 따라서 유럽의 제국주의자들을 저지할 수 있는 사례를 마련할 것이라고 해리스는 주장했다. 미국과의 조약은 일본의 국익에 부합하는 일이 될 것이었다. 1858년 초 해리스와 홋타는 일본이 1859년과 1863년 사이에 다섯 곳의 항구를 미국인의 거주와 무역을 위해 개항한다는 조항을 포함한 조약을 체결했다.*

이때까지만 해도 해리스는 쇼군의 승인만 얻으면 된다고 생각했다. 따라서 천황의 칙허를 받기 위해 교토를 방문해야 한다는 홋타의 말을 듣고 깜짝 놀랄 수밖에 없었다. 처음에 해리스는 이 말을 시간을 끌려는 또 다른 술책쯤으로 생각했다. 그러나 실제로 조정이 돌연 이면공작과 논쟁의 중심

---

* 이 조약을 미일수호통상조약(美日修好通商條約)이라고 한다.

| 개국 |

으로 떠올랐다.

  일본의 지도자들은 새로운 통상조약에 반대했고, 특히 도쿠가와 나리아키는 대표단을 교토에 파견하여 외국인을 혐오하는 공가(公家)들에게 해리스의 조약승인 요청을 거부하라고 권유했다. 홋타는 직접 교토를 방문하여 막부의 영향력을 행사했고, 한편 몇몇 중요한 도쿠가와씨 다이묘들은 조정에 대리인을 보내 '유능한' 쇼군의 계승을 조정에서 적극적으로 권하도록 했다. 유능한 쇼군이란 기이계의 소년이 아닌 21세의 요시노부를 뜻하는 것이었다. 사람들은 당연히 나리아키도 자기 아들의 쇼군 직 계승을 지지할 것으로 예상했을 것이다. 홋타가 도착했을 때 교토의 상황은 극도로 복잡했다. 양편 모두 조정의 지지를 얻고자 애를 쓰고 있었던 것이다. 따라서 대외위기는 전통적인 자제력과 신중함을 무용지물로 만들어버렸다. 아베 마사히로는 해양 방비에 관한 천황의 질의에 신속하게 응답하고, 또한 페리의 요구에 어떻게 대응하면 좋을지에 대한 천황의 자문을 구함으로써 이런 추세에 간접적으로 기여했으나, 반면에 막부의 관료 어느 누구도 천황이 쇼군의 계사문제까지 간섭할 것이라고는 상상조차 하지 않았다. 그러나 홋타가 조약의 칙허를 요청하자 이 문제는 수면 위로 떠올랐고, 도쿠가와 나리아키에게 목청을 높일 수 있는 기회를 제공했다. 나리아키는 해리스의 요구사항을 접하고는 더욱 경계심을 품고 있던 터였다. 몇 달 전인 1857년 12월에 나리아키는 자기자신, 장남을 제외한 자신의 모든 아들, 그리고 ('어디서든 필요로 하지 않는') 로닌 등으로 구성된 제법 많은 수의 사절단을 미국에 파견해달라고 막부의 로주에 제안하면서, "내가 미국인이 교역하기 원하는 물품의 중개인 역할을 맡도록 해주면 좋겠다"고 말했다. 설령 자신들이 모두 살해된다 하더라도 외국인의 에도 거주를 허락하는 것보다는 나으리라는 것이었다. 나리아키는 이어서 만약 막부가 일찍이 에조의 일을 자기에게 맡겼더라면 러시아인과 아무런 문제가 없었을 것이라고 주장했다.[34] 따라서 홋타가 교토로 향했을 때, 이미 나리아키는 반외세적이며 정보도 빈약했던 공가들—그 대다수는 정치세계와 접촉이 없었

425

다—에게 전갈을 보내 홋타가 요구하는 칙허를 지연시키고 결국에는 거부하도록 만들었다.

조정은 홋타를 넉 달 동안 기다리게 한 뒤에야 답을 주었다. 내용인즉슨 다이묘들에게 다시 자문을 구하고, 특히 (나리아키의 미토가를 비롯한) 고산케의 의견을 경청하고, 정책문제에서 늘 배제되어온 도자마다이묘들의 견해에 각별히 주의를 기울이라는 것이었다. 결국 홋타는 사임했다. 한편 에도에 머물고 있던 타운센드 해리스는 점점 초조해졌다.

이 모든 사건을 통해 막부와 다이묘 간의 정치적 틈이 크게 벌어졌다. 쇼군직 계사를 둘러싸고 이전투구가 벌어지는 가운데 이 문제는 더욱 복잡해졌다. 다수의 유력 다이묘들이 가신들을 조정에 파견하여 조정이 '유능한,' 다시 말해 성숙한 후계자를 밀어달라고 로비를 벌였다. 막부의 리더십은 바로 그 핵심부에서 도전을 받고 있었던 것이다.

홋타가 실각하자 막부의 리더십은 이이 나오스케(1814~1860)의 수중에 들어갔고, 그는 다이로(大老)에 취임하여 로주를 이끌었다. 전술 차원에서 자문을 구한 것이 소기의 목적을 달성하지 못하고 실패하자, 막부는 독재적인 명령체제로 전환했다. 타운센드 해리스가 중국에서 발생한 전쟁 때문에 일본도 실질적 위험에 직면해 있으며 더 이상 늑장을 부려서는 안 된다고 일본측 교섭자들을 설득시키고 난 뒤, 이이 나오스케는 자신이 직접 조약에 서명하기로 결심했다. 조정에서는 고메이(孝明) 천황이 자신의 명령을 능멸했다며 노발대발했고, 나리아키가 파견한 미토 번의 대표들에게 이 노여움을 그대로 전했다. 막부는 미토 번에 이 사실을 외부에 누설하지 말라고 단단히 주의를 주었으나 통하지 않았다.

일이 이렇게 되자 이이 나오스케는 국정에 강력한 중앙집권적 리더십을, 그리고 마찬가지로 막부 평의회에는 후다이다이묘의 지배적 위치를 회복시키기 위해 분주히 움직였다. 천황은 조약을 승인하라는 압력을 받았고, 결국 상황을 돌이키기에는 너무 늦었다는 명목으로 마지못해 그렇게 했다. 쇼군 직은 히토쓰바시(도쿠가와) 요시노부가 아닌, 기이가의 소년 이에모치에게 돌아갔다. 교토에 있는 자신의 측근, 나가노 슈젠(長野主膳)에게 보낸 서신에서 이이 나오스케는 이 일을 간단명료하게 설명했다. 명군(明君)을 택하는 쪽보다 혈통을 따르는 쪽이 더 중요하고 이 나라의 전통에 더 부합한다고 볼 수 있는데, 그것은 후자가 "온전한 중국식"이기 때문이다.[35]

그 다음에는 교토에서 이면공작을 벌였던 유력 다이묘들이 처벌되었다. 나리아키에게는 근신처분이 내렸다. 도사·후쿠이·오와리 번주들을 포함한 많은 다이묘들이 같은 운명을 맞았다. 이 일에 연루된 공가들도 마찬가지였다. 영주가 처벌을 받게 되자 그 밑의 가신들도 정치적 각성을 하게 되었다. 중심의 파문이 사무라이 사회 전체로 급속히 확산되었다.

이 일련의 정치탄압사건이 당시의 연호 '안세이'(安政)—아이러니컬하게도 이 연호를 직역하면 '평화로운 정치'다—를 따서 명명된 '안세이의 대옥'(安政の大獄)이다. 로비를 위해 교토에 머물렀던 졸개들은 붙잡혀서 죄인을 가두는 새장 모양의 수레에 실려 에도로 압송되었다. 일부는 단순히 영주의 명령에 충실했을 뿐이었지만, 이런 사정은 전혀 고려되지 않았다. 판결문에 따르면 그들은 영주의 마음을 돌리기 위해 노력했어야 했다는 것이다. 100명 이상이 처벌을 받았고, 8명이 사형에 처해졌는데 이 가운데 6명은 일반 죄인들처럼 참수를 당했다. 일본은 17세기 이래 막부가 이토록 엄하게 자신의 지배력과 권력을 행사한 경우를 본 적이 없었다. 그러나 이이 나오스케는 얼마 안 있어 자신의 목숨으로 응분의 대가를 치러야 했다.

6. 지사

다이묘는 결정을 내릴 수 있었고, 반면에 그 밖의 사람들은 제안을 할 수 있었으며, 이른바 우국지사라 할 수 있는 일군의 대단히 흥미로운 사무라이 학자들은 당시에 벌어진 내부 논쟁의 방향을 설정했다. 그들의 사상은 가신들이 자기 영주에게 올리던 제안의 형태로 시작되었으나, 다가올 격동의 시기에는 열정적인 믿음과 행동의 진원지가 되었다.[36]

나리아키의 수석고문이었던 후지타 도코(藤田東湖, 1806～1855)는 우리가 이미 살펴보았던 『신론』의 저자 아이자와 야스시와 더불어 당대 미토학파의 대표적 인물이었다. 후지타는 영주인 나리아키가 처벌을 받았을 때 같이 처벌을 받고 훨씬 더 열악한 환경에서 지내야 했지만, 이후에도 전혀 식지 않은 열정으로 나리아키와 함께 다시 투쟁에 나섰다. 나리아키가 세운 학교의 건학취지를 초안할 때 존왕양이를 역설한 사람도 바로 후지타였다. 그의 사상은 우선 적대적인 서양이라는 획일적인 이미지에서 시작하고 있다. 그가 목격한 네덜란드인은 자신이 그림에서 본 17세기 네덜란드인과 다른 복장을 하고 있으며 사실은 1804년에 레자노프가 나가사키에 데리고 들어온 러시아인의 입성과 같았기 때문에, 후지타는 일본이 사방에서 일본을 포위하려는 동종(同種)의 기만적인 유럽에 의해 위협받고 있다는 결론을 내렸다. 그는 나리아키에게 좀 더 강력한 해상방비를 주장하는 상소를 여러 차례 올렸다. 그는 상소에서 에조는 미토 번에 위임되어야 한다고 제안했다. 그리고 각 번, 아니면 적어도 웅번과 고산케에는 원양항해가 가능한 선박의 건조가 허락되어야 하며, 보다 나은 군사장비의 개발이 장려되어야 한다고 주장했다. 아이자와 야스시와 마찬가지로 후지타 역시 그리스도교를 용납할 수 없는 적으로 간주했다. 외국인이 어리숙한 서민들을 타락시키고 예속시키기 위해 '사교'(邪敎)인 그리스도교를 이용하고 있다는 것이었다. 미토 번은 이교(異敎)를 물리치기 위해 중국 명조 때 쓰인 반(反)그리스도교 저작들을 모아 선집을 발간했다. 후지타는 일부 사람들에게 외래 학문을 가르치는 것을 인정했으나, 그들이 다시 서민들 사이에 그것을 유포하는 행위는 금지되어야 한다고 주장했다. 또한 외래 학문과 관련된 모든 조치는 토착적인 것의 우월성을 강화하는 것이어야 하며, 교육기관에서 지급하는 봉급은 일본의 학문을 중국의 학문보다 우위에 두고,

| 개국 |

서양학문은 중국학문보다 하위에 두는 지적 위계를 반영하여 책정되어야 한다고 지적했다.

일본의 국가 위신에 부합하는 방식으로 서양과의 전쟁을 피할 수 있다면 당연히 그래야겠지만, 일본이 외래 학문을 이용하여 방비태세를 갖추는 동안에는 어떤 상황에서도 서양인이 일본에 발을 들여놓게 해서는 안된다고 나리아키는 생각했다. 그런 점에서 나가사키의 네덜란드인도 보다 철저한 통제 아래 두어야 했다. 페리의 편지가 다이묘들 사이에 유포되었을 때, 미국인이 백기(白旗)를 주며 일본을 모욕한 것에 화가 머리끝까지 치밀어 오른 나리아키는 페리의 제의를 거부해야 하며, 일단 미국인이 상륙하면 죽음을 두려워하지 않는 수많은 사무라이들이 틀림없이 미국인들을 전멸시킬 수 있을 것이라고 말하면서 일전불사를 역설했다. 설령 당분간 상황이 나쁜 쪽으로 흐르더라도 일본인의 사기는 10배로 높아질 것이며 온 나라가 방비태세를 갖출 것이라고 주장했다. "오직 이렇게 함으로써 쇼군은 자신에게 주어진 '정이'(征夷)의 의무를 다할 수 있을 것이다."[37]

서양인을 배척하면서 동시에 일본의 방어능력을 서양식으로 향상시켜야 한다는 미토 번 사무라이들의 주장에는 모순이 없지 않았다. 신식무기로 재무장해야 한다고 주창하는 사람들은 나리아키보다는 훨씬 일관성이 있었다. 그런 부류의 '전문가'는 비교적 한정되어 있었기 때문에 얼마 지나지 않아 이들 국방전문가로 이루어진 특별한 단체가 만들어졌다.

다카시마 슈한(高島秋帆, 1798~1866)은 나가사키의 환경이 만들어낸 인물이었다. 10세의 소년 다카시마는 페이튼호가 일본인에게 선박과 항해에 필요한 물자의 공급을 요구했다가 거절당하자 그것을 약탈하는 과정에서 보여준 무자비함에 충격을 받았다. 다카시마의 아버지는 나가사키의 마치도시요리(町年寄, 마치의 역인)였고, 그가 단독으로 연구와 실험을 했던 것으로 보아 분명 재산이 좀 있는 집안이었던 것 같다. 독서를 통해 다카시마는 나가사키의 방어능력이 매우 취약하며, 1825년 막부의 '외국선박 격퇴령'은 현실적으로 실천하기 어려울 것이라는 결론을 내렸다. 그는 데지마를 통해 서양무기—야포, 박격포, 최신 화기—를 입수하고 그 사용설명서를 친구들과 제자들한테 번역하게 했다. 그리고 조만간 보병 2개 중대와 소규모 포병대를 보유하게 되었는데, 이런 성과를 바탕으로 서양식 무기를 심도 있게 연구한 최초의 학자라는 명성을 얻게 되었다. 한편 미토 번 사무라이들도 근대적 무기를 구입하고 제조하는 데 관심을 보였지만, 그들은 기본적으로 백병전에서 일본도(日本刀)와 정신의 우월성에 의존했다. 다카시마의 저작과 활동은 1841년에 에가와 다로자에몬(江川太郞左衛門)이라는 한 진취적인 막부 관리의 주목을 받게 되었고, 에가와는 동료 사무라이 관료들 앞에서 다카시마의 포병술을 시연하는 기회를 마련했다. 다카시마는 125명을 데리고 연병장에서 포병술 시범을 보였다. 이들의 시범은 네덜란드 책에서 배운 것이며, 구령도 네덜란드식이었다.

　예상대로 다카시마의 시범은 비판의 도마에 올랐다. 어떤 이들은 어린애 장난 같다며 비웃고 네덜란드어 용어를 사용한 발상을 질타했다. 그러나 막부는 다카시마에게 더 많은 인원을 훈련시키는 권한을 주고, 처음에는 훈련대상을 막부의 가신에 국한했다가 나중에는 다른 번에서 온 젊은이들도 이 새로운 학교에서 훈련받는 것을 허락했다. 그러자 다카시마의 적들은 반란과 역모 혐의를 날조했고, 결국 1846년부터 1853년까지 다카시마는 중추방(中追放)형*에 처해졌다. 페리의 내항은 다카시마에게 또 한번의 기회를 주었고, 많은 전도유망한 학생들이 그의 과업을 이어갔다. 여기서 주목해야 할 것은 바로 도쿠가와 나리아키, 후지타 도코, 다카시마 같은 다양한 인물을 불명예와 처벌이라는 주기적인 위험에 빠뜨린 일본의 정치적 내분이다. 자신의 모든 정체성이 서양문물에 위협당하고 있다고 생각한 사람들은 급변하는 세계에 적응하기 어려웠기 때문에 정치는 혼란에 휩싸였다. 국가적 차원에서 진실인 것은 지방적 차원에서도 진실이었다. 오래지 않아 여기저기 번에서 스스로 '의롭다'고 주장하는 일군의 사람들은 그

---

* 추방(追放, 쓰이호)은 거주지와 특정지역에 대한 출입을 금지하는 형벌. 그 경중에 따라 중추방(重追放)·중추방(中追放)·경추방(輕追放) 등으로 나뉘었다.

| 개국 |

들이 '진부하다'거나 '수구적'이라고 비웃는 사람들과 반목하게 되었다. 사무라이는 감정이 앞선 나머지 서로 상대방의 동기를 세심하게 구별할 만한 여유를 갖기가 어려웠다.

이것은 자신의 소신 때문에 죽음을 맞이한 사쿠마 쇼잔(佐久間想山, 1811~1864)의 경험이기도 했다. 그는 서양식 안장을 얹고 말을 탔다는 이유로 반외세 열혈분자들에 의해 살해당했다. 사쿠마는 뛰어난 능력과 대단한 자신감을 겸비한 시대의 이단아였다. 사쿠마는 산지가 많은 마쓰시로(松代) 번에서 태어났으나, 에도에서 공부했고 고전 한학에 정통했다. 그는 또한 서예와 그림의 대가였다. 사쿠마는 에가와 다로자에몬과 함께 포술(砲術)을 공부하다가 근대 화기는 비가 올 때도 사용할 수 있다는 사실을 발견하고 무척 놀랐다. 그는 신분제의 장벽에 부딪칠 때마다 참지를 못하고 격분했는데, 이 때문에 높은 사람들에게는 눈엣가시 같은 존재였다. 그럼에도 불구하고 거의 모든 사람이 그의 능력을 인정했고 덕분에 성공가도를 달릴 수 있었다. 특히 마쓰다이라 사다노부의 아들이며 마쓰시로 번주 직을 계사한 현(現) 영주로부터 총애를 받았다. 영주가 1844년에 로주에 취임하여 해상방위를 책임지게 되자, 그를 따라 에도에 간 사쿠마는 자신이 다른 사람들에게 영향을 미칠 수 있는 자리에 전략적으로 배치되었다는 것을 알았다. 난학자들과 쉽게 어울릴 수 있어서 난학 연구에 착수했고, 영주를 설득하여 외국학문이 집대성되어 있는 책을 주문하고 수집했다.

사쿠마는 책을 읽다가 실험대상을 찾아냈다. 당시 일본에서 대단한 주목을 끌었던 쇼멜의 백과사전을 보고 사쿠마는 유리를 만들어보려 했으며, 대포를 주조하고, 은광·동광·납광을 찾아다녔고, 심지어 새로운 요리를 실험해보았다. 또한 나폴레옹 통치기에 데지마에 고립되었던 네덜란드 상관의 두프가 그동안 진전시킨 네덜란드어-일본어 사전의 번역본을 출판할 수 있는 승인을 받으려 했으나 실패했다. 이후 자신이 하사받은 땅을 번에 반환하고 그 돈으로 에도에 학교를 세우고 싶다고 간청하여 영주를 놀라게 했다. 승낙을 받은 사쿠마는 에도의 마쓰시로 번저(藩邸) 구내에 학교를 열고 일본 전역에서 학생을 받아들였는데, 사쿠마의 말에 따르면 전부 5천 명의 학생들이 있었다. 사쿠마는 학생들을 고무시키는 스승임에 분명했으며, 그의 제자들 가운데 많은 수가 정진을 계속하여 도쿠가와 말기 및 메이지 초기 일본정치와 지성계에서 주요한 인물이 되었다. 페리의 내항 때 사쿠마는 예측 가능한 수준에서 에도 만의 방비를 위한 조언을 준비했으나, 막부는 그의 조언을 깡그리 무시해버렸다. 에도 만에서 시모다가 차지하는 전략적 위치 때문에 사쿠마는 막부가 타운센드 해리스의 시모다 주재를 승인하는 협약에 동의했다는 소식을 듣고 울분을 터뜨렸다.

'적을 아는 것'의 중요성을 오랫동안 확신하고 있던 사쿠마는 이제 적의 소굴까지 따라가서 직접 서양의 힘의 원천을 연구해보려는 계획을 세웠다. 그의 제자 중에는 앞으로 우리가 살펴보게 될 요시다 쇼인(吉田松陰)이라는 조슈(長州) 번의 젊은 사무라이가 있었다. 요시다는 번의 속박에서 벗어나 로닌이 되었고, 사쿠마는 그에게 해외여행을 해보라고 권했다. 요시다는 우선 나가사키로 향했는데 도착해보니 러시아 선박이 막 출항한 뒤였다. 그런데 마침 페리 함대가 에도 가까운 곳에 정박하고 있어 그는 또 한 번의 기회를 잡을 수 있을 것 같았다. 요시다 쇼인은 한밤중에 거룻배를 타고 페리의 미시시피호에 접근했으나, 자신의 원대한 목표를 성취하는 데 방해받고 싶지 않았던 페리는 그의 승선을 거절했다. 결국 거룻배가 발견되어 요시다는 체포되었다. 이 밀항 미수자가 스승의 이별시를 가지고 있었던 것이 알려지면서 사쿠마에게까지 해가 미쳤다. 연행된 사쿠마는 심문을 받으면서도 대담하게 해외여행과 유학의 이점을 주장했다. 사쿠마의 재능을 존중한 막부의 하급관리들은 비교적 가벼운 처벌인 칩거형을 내렸다. 이후 8년 동안 사쿠마는 마쓰시로 번 바깥으로 나가지 못했다. 칩거 중에 사쿠마는 유명한 『성건록』(省譽錄, 세이켄로쿠)을 집필하여, 그 자신의 어려움과 일본이 당면한 위험에 대해 논했다. 아래의 다소 긴 인용문은 이 책에서 가려 뽑은 것이다.

| 개국 |

모든 배움은 쌓이고 쌓여 이루어지는 것이다. 하루아침에, 하루저녁에 깨닫게 되는 그런 것이 아니다. 효율적인 해상방비는 그 자체가 방대한 연구 분야이다. 여태껏 그 기초를 제대로 닦은 자가 아직 없기에 해상방비의 요점을 신속히 파악하는 일이 쉽지 않다.……

……지난여름 미국 오랑캐가 우라가(浦賀) 만에 도착했을 때 〔당시〕……그들의 태도와 말투가 오만불손하기 이를 데 없었으며, 이로 인해 우리나라의 국가적 위엄이 적잖이 손상되었다. 이 이야기를 들은 사람들은 이를 갈 수밖에 없었다. ……어떤 사람은……묵묵히 이 모욕을 참았다가 미국 오랑캐가 물러간 뒤에 저들이 선물로 남긴 대장〔페리〕의 초상화를 칼로 난도질해버렸다.

……국방의 주된 요지는 외국 오랑캐가 우리를 업신여기지 못하게 하는 것이다. 기존의 해안 방비시설은 전반적으로 엉성하다. 포대는 부적절한 자리에 설치되었다. 외국인과 교섭한 관료들은 전쟁에 관해 눈곱만큼도 모르는 문외한들이었다. 상황이 이러한데, 우리가 오랑캐에게 업신여김을 당하지 않으려 한들 어찌 그렇게 되겠는가?

……나는 실질적으로 서양식 군비를 따르고, 또한 무사계급이 아닌—사무라이 한 명은 보통 사람 10명에 맞먹는다—공가(公家)의 충성스럽고 용맹스러우며 강인한 남자들을 단결시켜 호국안민을 유일한 목표로 삼는 의용단의 결성을 숙원해왔다.

……수학은 모든 학문의 기초다. 서양세계에서는 수학이 발견된 이후 군사전술이 엄청나게 향상되어 이전 시대의 군사전술을 훌쩍 넘어섰다.

……배워도 도움이 안되고 안 배워도 해될 것이 없는 학문은 아무짝에도 쓸모 없는 학문이다. 유용한 학문이란 여름철의 가벼운 삼베옷, 겨울철의 외투처럼 사람들에게 꼭 필요한 없어서는 안될 그런 학문이다.[38]

이 무렵 많은 번들은 번의 방비를 강화해줄 수 있는 전문가를 찾고 있었고, 1862년에 사쿠마가 사면되자, 도사 번과 조슈 번을 비롯해 여러 번이 그에

게 자리를 주겠다고 제의했다. 그러나 그는 에도에 머물기로 결정했고, 일본이 서양과의 문제로 더욱 곤경에 처함에 따라 막부 내에서 그의 위상이 올라갔다. 사쿠마는 쇼군 이에모치의 밀사로서 교토에 파견되었다. 이미 당시에 사쿠마는 자기 시대에 적합하다고 믿는 다음과 같은 정식을 구상했다. 일본은 서양의 학문과 서양의 기술을 수용해야 하지만, 전통적 도덕관에 기초한 근본을 유지해야 한다. 즉 세이요노게이, 도요노도토쿠(西洋の藝, 東洋の道德). 이것은 이성과 도덕성을 결합하고 있다.[39] 사쿠마는 자기 주변에서 고조되고 있는 반외세 감정에 대해 의연한 태도를 취했다. 그는 측실에게 이렇게 썼다.

> 말을 타고 나갈 때마다 나는 항상 서양식 안장을 사용한다. ……이곳에 온 뒤로 내가 단 한 번도 이 나라에서 제작된 안장을 사용하지 않았더니, 그걸 가지고 나를 비난하는 우매하기 짝이 없는 인간들이 있다. 그러나 나는 일부러라도 서양식 안장만 사용한다. 이는 무엇이든 좋은 물건은 이 나라에서 받아들여야 한다고 믿기 때문이다. ……나는 나의 이런 행동이 궁극적으로 전(全) 일본의 영원한 이익을 도모하는 데 이바지하리라는 것을 믿는다. ……세상에는 이른바 천도(天道) 같은 것이 있기 때문에 나는 다른 사람들이 나를 해치기 위해 손을 쳐들 것이라고는 생각하지 않는다.[40]

사쿠마의 예상은 빗나갔다. 오늘날 교토의 묘신지(妙心寺) 경내에 있는 작은 표지가 그가 칼에 맞아 쓰러진 장소를 말해주고 있다.

사쿠마의 수많은 제자 가운데 페리의 전함을 타고 미국으로 밀항하려다 실패한 청년 요시다 쇼인(1830~1859)만큼 중요한 혹은 흥미로운 인물도 없다. 요시다는 진지한 유학자이자 뛰어난 스승이었고 말보다는 행동이 앞서는 사람이었다. 3세 때 요시다가에 양자로 들어가 가독(家督)이 되고, 얼마 후에는 당시의 엄격한 세습체계에 의해 가업을 이어받아 야마가 소코(山鹿素行, 1622~1685)류 병학(兵學) 사범에 임명되었다. 확실히 이런 경력 탓에 요시다는 무척 조숙했다. 물론 지금의 우리는 경전에 대한 탁월한 이해로 영주를 경탄하게 만든 이 천재소년에 대한 전설을 한 귀로 듣고 한 귀로 흘려버릴 수도 있지만, 요시다가 대다수 무가의 아이들이 대나무칼을 가지고 놀 나이에 이미 뛰어난 학자였다는 사실만큼은 의심의 여지가 없다. 요시다는 그의 나이 20세 때 규슈 여행을 허락받았고, 여행 중에 처음으로 아이자와 야스시의 『신론』을 접했다. 주요 조카마치를 둘러본 데 이어 나가사키를 방문했으며 그곳에서 네덜란드 선원의 초대를 받아 그들의 배에도 타보았다. 돌아오는 길에는 이후 그의 다이묘에게 올리게 될 수많은 상소 가운데 첫 번째 상소를 썼는데, 여기서 전쟁과 평화를 아우르는 기술에 대한 질 높은 교육의 중요성을 역설했다.

몇 달 뒤 다이묘는 요시다를 참근교대 수행원으로 뽑아 에도에 데려갔다. 에도에서 요시다는 다수의 박식한 학자들을 만났는데 그 중에 사쿠마 쇼잔이 있었다. 집에 돌아와서 요시다는 "사쿠마 선생은 영웅적인 도량을 지니신 비범한 분이다. ……포술(砲術)을 배우러 온 사람에게는 한학도 공부하게 하고, 한학을 배우러 온 사람에게는 포술도 공부하게 한다"고 썼다.[41] 그리고 여기에 만족하지 않고, 쇼인은 일본의 나머지 지역도 둘러보기로 결심했다. 영주의 허가가 지연되자 요시다는 기다리지 않고 그냥 길을 떠났는데, 이는 무사로서 심각한 범법행위였다. 미토 번에서 요시다는 아이자와 야스시와 그 밖의 학자들을 방문하고 일본을 횡단하여 사도(佐渡)에서는 금광의 갱도 안에 들어가 보고, 그 다음에는 에조까지 올라갔다. 그의 꼼꼼한 일지에는 쓰가루 해협에 출몰한 외국 선박들을 보고 느낀 당혹감이 기술되어 있다. 에도에 돌아온 그는 여행 규칙을 어긴 죄로 자진 출두했다. 쇼인은 곧 하기(萩) 번* 조카마치로 송환되었다. 그럼에도 불구하고 쇼인의 명성이 워낙 높았기 때문에 처벌은 가벼웠다. 사무라이 명부에서 제명되고 많지 않았던 봉록을 박탈당했으나, 이후 10년 동안 그는 자기

* 조슈 번의 다른 이름.

가 원하는 곳에서 마음껏 공부할 수 있었다.

요시다가 에도의 활기찬 생활로 돌아간 그 무렵 사쿠마는 요시다에게 서양을 배우려면 해외에 나가보는 것이 중요하다는 말을 했다. 우리가 이미 살펴보았듯이 요시다는 나가사키에서 그 첫 번째 시도를 했다가 실패하고 페리의 내항 직전 에도로 돌아왔다. 페리의 전함에 승선하려던 시도마저 다시 불발로 끝나고, 그는 감옥에 갇혔다. 그가 딱한 처지에 놓였음을 우연히 보게 된 페리 사절단의 미국 해군장교들은 마음이 뭉클해졌다. 요시다는 그들에게 얇은 나무쪽 하나를 건네주었다. 거기에는 "[일본의] 60개 구니를 다 돌아볼 수 있는 자유도 성에 차지 않아 5개 대륙을 일주하고 싶었다. ……계획은 한순간에 물거품이 되었다. ……그저 바보처럼 훌쩍이고 건달처럼 껄껄 웃을 뿐이다. 어쩌겠는가! 입을 다물 수밖에 없으니"라고 쓰여 있었다.[42]

(사쿠마가 한동안 바로 옆 감방에 있던) 에도의 감옥에서 몇 달을 보낸 뒤 요시다 역시 사쿠마의 경우와 마찬가지로 고향 번 당국에 인계되었다. 사쿠마의 『성건록』처럼 쇼인의 『유수록』(幽囚錄, 유슈로쿠)도 참회보다는 개혁안에 초점을 맞추고 있었다. 그의 제안 중에는 막부를 교토로 이전하고, 교토에 서양 학문과 기술을 가르치는 신식 학교를 세우자는 의견도 있었다. 요시다는 조슈로 압송된 뒤에도 14개월 동안 감옥에 있었다. 옥중에서 그의 결의는 더욱 굳건해졌고, 그의 사상은 훨씬 더 주목을 받게 되었다. 석방되자마자 그는 제자들을 가르치기 시작했고, 곧 자신의 학교를 열었다.

요시다가 '소나무 아래 서당'(松下村塾)이라고 명명한 학교에는 미래의 지도자가 될 우수한 학생들이 70명가량 모여들었고, 이들은 요시다의 엄한 가르침에 빠져들었다. 요시다는 배움을 실천을 위한 도덕적 지침으로 여기지 않고 그 자체를 업적으로 삼을 경우의 위험성을 역설하는 동시에 죽음은 중요한 것이 아니라고 늘 가르쳤다. 도덕적인 사람은 무엇을 위해 공헌할지 숙고하면서 언제든지 죽음을 염두에 두어야 하며, 그렇게 하면 자신의 노고와 평판에 명예와 궁극적인 성공이 뒤따를 것이다. "그렇지 않

| 개국 |

으면 우아함도 없고 능력도 없는 인생을 살게 될 것이다"라고 그는 썼다. 그러나 불행하게도 당시의 지체 높은 사람들은 편안함만 추구하고 결단력이 부족했으므로 나라를 구하기 위해서는 '민초(民草) 영웅들'의 열의가 필요했다.

지도자에게 중요한 것은 불굴의 의지와 결단력이다. 사람이 다재다능하고 박식하더라도 의지와 결단력이 부족하다면, 그를 어디다 쓰겠는가? ⋯⋯ 삶이 있으면 죽음이 있고, 만남이 있으면 이별이 있는 법이다. 의지를 제외하면 아무것도 변치 않는 게 없으며, 그 사람의 업적을 제외하면 아무것도 지속되는 게 없다. 이것들만이 인생에서 중요하다.

⋯⋯타인과의 관계에서 원한과 분노가 있거든 터놓고 솔직하게 표현해야 한다. 만약 그런 감정을 터놓고 솔직하게 표현할 수 없다면, 할 수 있는 일이라곤 그냥 잊어버리는 것뿐이다. 〔그렇게 하는 것은〕 비겁하다고밖에 말할 수 없다.

⋯⋯병학(兵學)을 연구하는 자는 고전에 통달하지 않으면 안된다. 무기는 위험한 도구이며 꼭 선(善)을 위해 쓰이지만은 않기 때문이다.

⋯⋯우리는 먼저 우리 번의 상황부터 바로잡아야 하며, 그런 연후에야 다른 번의 상황을 바로잡을 수 있다. 이것이 완료되면 조정의 상황을 바로잡을 수 있으며, 궁극적으로 전세계의 상황도 바로잡을 수 있다. 솔선수범하면 다른 사람들도 이를 본받을 것이다. 이것이 내가 말하는 '구학'(求學)이다.

⋯⋯사정이 지금과 같은데도 봉건영주들은 수수방관하고 있고, 막부는 고압적인 태도로 일관하고 있다. 영주들도 쇼군도 의지할 수가 없으니, 결국 우리의 유일한 희망은 민초 영웅들에게 달려 있다.

⋯⋯만약 17세나 18세에 죽는 게 싫다고 한다면, 그 사람은 30세에도 마찬가지로 주저할 것이고, 분명 80세, 90세까지 살아도 인생이 너무 짧다고 말할 것이다. ⋯⋯인간의 수명은 보통 50년이다. 70세까지 사는 것

은 드문 일이다. 죽기 전에 사람들에게 흐뭇함을 안겨주는 일을 하지 않으면, 그 사람의 영혼은 편히 잠들 수 없을 것이다.[43]

너무 준엄하다는 느낌이 들긴 하지만, 이런 지침은 유교와 사무라이의 전통 양쪽에 확고히 자리 잡고 있었다. 이런 가르침을 기억할 수 있게 만든 것은 요시다가 자신의 계획을 실행할 때 몸소 보여주었으며 제자들에게도 가르쳐준 불타는 치열함과 이상주의였다. 이것이 의미를 갖게 된 까닭은 바로 당시 일본이 직면한 위기 때문이었다.

막부가 영 내켜하지 않는 조정에 해리스와의 조약을 승인하도록 강요하고 있다는 소식을 듣고, 더 이상 자유로이 여행을 할 수가 없었던 요시다는 이미 정치활동 현장에 진출해 있던 제자들에게 상소, 건의서, 편지 등을 썼다. 요시다는 국가 위기시에 드러난 상급 사무라이의 천박한 생활모습을 개탄했고, 번은 인재등용에 있어 서열과 심지어 신분까지 무시할 것을 제안했다. 만약 개국을 할 수밖에 없는 운명이라면, 막부가 지금처럼 소심하게 미적거리는 것보다는 적극적으로 목적의식을 갖고 개국을 추진하기를 바랐다. 학생들을 해외에 파견하고, 함대를 보유하고 교역을 해야 하며, 희생자가 되길 거부하고 세계무대에 뛰어들어야 한다는 것이었다.

또한 요시다는 사회에 경종을 울리고 사회를 근본적으로 변화시키기 위해 의로운 테러를 감행할 계획을 세웠다. 이를 위해 그는 자신의 추종자들에게 막부의 고위관료 마나베 아키카쓰(間部詮勝)를 급습하자고 제안했다. 마나베는 조정과 고메이 천황의 분노를 누그러뜨리기 위해 교토를 방문 중이었다. 지금까지 요시다의 계획이 다 그랬듯이 이 암살음모 역시 실패했다. 막부는 이이 나오스케의 지도 아래 다시 목소리를 높이면서, 안세이의 대옥에 착수했다. 요시다는 조슈 번에서 에도로 압송되어 참수를 당했다.

요시다에게 선고된 판결문에 따르면 그는 미국으로 밀항하려는 죄를 범했고, 옥중에서는 주제넘게도 국방에 관한 충고를 하겠다고 나섰고, 관직

| 개국 |

의 세습을 반대했고, 막부에 외교정책에 대한 조언을 하려는 계획을 세웠으며, 이 모든 범죄를 칩거형이 집행 중인 상태에서 저질렀다. 요컨대 그는 고위 당국을 능멸했다는 것이다. 죽음과 함께 요시다는 순교자이자 영웅이 되었으며, 죽음은 두려워할 것이 못된다는 자신의 가르침을 그대로 증명해 보였다.

막부의 멸망

10

도쿠가와 막부는 타운센드 해리스와 미일수호통상조약을 체결한 지 10년 만에 멸망했다. 막부의 멸망은 근세 막번체제뿐 아니라 700년간 이어져온 무가정치의 종말을 의미했다. 페리와 해리스가 망설이는 막부측 협상자들을 윽박질러 체결한 협약은 일본이 쇄국정책을 포기하고 서양의 방식으로 규정된 국제질서에 진입하게 만들었다. 이후 주권 회복이라는 힘든 싸움에서 일본은 근대 국민국가 건설을 위해 중앙집권화와 제도적 혁신을 목표로 개혁에 착수할 수밖에 없었고, 이를 위해서는 국내사회의 근본적인 재편이 불가피했다. 이런 전개과정은 국민국가들의 경연장에 혈기왕성한 또 하나의 새로운 선수를 등장시키는 결과를 가져왔기 때문에 아시아 역사뿐 아니라 세계사에서도 중요한 사건이었다. 일본의 내정개혁은 국제질서의 재편으로 이어졌다. 당면한 서양의 위협을 피하기 위한 방어수단으로 시작했던 일이 머지않아 일본을 일본과 적대적이었던 군사적·경제적 세계질서의 한 구성원으로 만들어주었고, 나중에는 그 질서에 일본이 도전장을 내밀게 했다.

역사가들은 이런 전개과정을 메이지(明治) 유신이라는 용어로 뭉뚱그려 분류해왔다. 전체적으로 보았을 때 메이지 유신은 일본사에서 중추적 단계를 이루고 있다. 메이지 유신에 대한 평가는 근대 일본사의 모든 국면을 아우르고, 또한 동시에 바로 그 모든 국면에 의해 영향을 받는다. 각각의 의견, 각각의 시기는 그 소란스러운 사건들에 대한 나름의 내러티브를 가지고 있다. 과거에 대한 향수 덕분에 당시 그 무대에 섰던 주역들에 대한 오늘날의 평가는 유연해졌지만, 그들의 업적에 대한 평가는 지금까지도 논란이 많다. 메이지 유신기의 중대 사건들을 논의함에 있어, 이 장은 우선 정치적 내러티브와 연대기를 간략히 살펴보고, 다음으로 외부세계의 역할, 사상과 슬로건의 재평가, 정치형태의 통일을 결의한 강령, 평범한 일본인의 메이지 유신 참여와 관련된 문제 등을 다룰 것이다.

1. 정치적 내러티브

이이 나오스케의 승리는 오래가지 않았다. 그의 정책이 미토 번 사무라이들 사이에 격렬한 반발을 불러일으킴으로써 나오스케는 실각했다. 이 당시 미토 번주 도쿠가와 나리아키가 페리와 해리스의 요구에 대한 일본의 대응방식에 이의를 제기하는 데 두드러진 역할을 했다는 사실을 기억해야 할 것이다. 아이자와 야스시의 『신론』으로 대표되는 '미토학'은 천황제 전통의 순수성에 기초하여 국가 정체(政體)를 발전시키는 일의 중요성을 역설했고, 미일수호통상조약에 대한 반발을 조정과 연계시킨 인물도 다름 아닌 나리아키였다. 나리아키는 천황에게 조약체결 반대의견을 표명하도록 부추겼고, 공가와 공모하여 천황의 반대의견을 미토 번에 전했으며 아울러 다른 번에도 이 소식을 알리라는 천황의 지시를 받아냈다. 심상치 않은 분위기를 눈치 챈 막부는 천황의 메시지가 더 이상 퍼져 나가지 못하도록 차단했으며, 이이 나오스케는 안세이의 대옥을 통해 자신의 권력을 공공히 했다. 다시는 막정(幕政)에 관여하지 말라는 명령을 받은 나리아키 역시 안세이의 대옥에서 처벌받은 다이묘 가운데 한 명이었다. 1860년 그의 사망으로 막부와 극단적으로 대립하던 그의 영향력도 사라졌다.

| 막부의 멸망 |

윗사람들이 천황의 조약체결 반대에 무관심한 반응을 보였다는 사실을 알게 된 미토 번 사람들은 사무라이든 서민이든 모두 분개했다. 번의 관료들이 천황의 메시지 유포를 금한 막부의 명령을 따르고 대신에 천황의 조서를 지참한 사자(使者)를 교토로 돌려보내자, 분노한 사무라이들이 거세게 항의하면서 천황의 사자들을 교토까지 호위해가는 사람들을 가로막고 나섰으나 소용이 없었다. 한편 번에 대한 충성과 조정에 대한 충성 사이에서 번민하던 이들은 자결을 했다. 몇몇 사람은 반격을 결심했다. 1860년 3월의 눈 내리던 어느 날 이이 나오스케 일행은 쇼군의 에도 성으로 향하고 있었다. 호위병들의 칼은 눈을 맞지 않도록 덮개에 싸여 있었다. 수적으로 많지 않았던 이들 일행을 미토 번 사무라이들이 급습했다. 몇몇이 호위병들을 상대하는 동안 나머지 몇 명이 다이로(大老) 이이 나오스케를 가마에서 끌어내 목을 자르고, 그 수급(首級)을 들고 다른 로주의 저택으로 돌진했다. 마침 집에 있던 로주는 스스로 할복했다.

이 대담한 행위가 폭력으로 점철되는 10년의 서막을 열었다. 몇 십 년 전 스기타 겐파쿠(杉田玄白)는 막부 가신들의 나약함을 지적한 적이 있었다. 막부 가신들은 전투능력이 정말로 없으며 무사의 모든 사명감을 상실한 것 같다고 스기타는 생각했다. 그러나 당시에 벌어진 일들은 스기타의 생각이 틀렸음을 입증하고 있다. 무사 지배의 마지막 10년 동안 무사정신이 부활했다. 서양 침입자들로부터 기인한 위기감은 곧 교토의 천황을 중심으로 하는 민족의식을 일깨웠다. 이는 또한 영주와 번에 대한 개별적인 충성심을 능가하게 되었다. 사람들은 그들의 동료 그리고 특히 상급자들이 범죄적 수준의 태만과 위법행위를 저질렀다고 비난했다. 문제가 단순하면 단순할수록 폭력행사는 한층 즉각적이었다.

이이 나오스케의 암살자들은 그들의 목적을 진술한 성명서를 사전에 준비해두었다. 성명서는 도쿠가와 시대 일본에서 교육받은 사람이라면 누구나 사용하는 한문 일색의 격조 높은 문체로 쓰였다. 이들은 시정잡배가 아니었다. 나오스케의 암살자들은 우라가에 미국 오랑캐가 나타남에 따라 정이대장군(征夷大將軍)으로서 쇼군은 일부 개혁의 필요성을 알고 있었다고 주장했다. 그렇지만 지금까지 해온 그 많은 양보—통상관계, 쇼군의 성 안에서 외국인들에게 베푼 연회, '사교'(邪敎) 금지조치의 완화, 외국 대표부의 일본 거주 허가—는 "정녕 고대로부터 이 나라를 이끌어온 무사의 전통을 하루아침에 내팽개치는 것이다. 그것은 또한 국체(國體, 고쿠타이)를 더럽히고, 옛 조상들이 후손들에게 남겨준 지혜로운 가르침을 무시했다."[1] 이 성명서는 자주 천황, 조정, 아마테라스, 이세 신궁 등의 이름으로 호소하고 있으나, 아직까지는 막부의 권위 자체에 손상을 입히지 않았다. 그보다는 조정의 의견을 무시하고 간언을 하는 다이묘들의 사상을 검열하며 도쿠가와 이에야스에 의해 예시된 지혜로운 통치를 더럽힌 독재자인 이이 나오스케 개인에게 문제가 집중되었다.

이 충격적인 사건은 곧 모든 곳에 알려졌다. 이전에 오사카에서 일어났던 오시오 헤이하치로의 반란소식도 빠르게 퍼져 나갔지만, 오사카보다는 에도가 사무라이 사회의 진정한 중심지였던 만큼 그 파급력은 예사롭지 않았다. 검열제도가 얼마 동안은 암살소식의 확산을 지연시킬 수 있었으나, 에도 성 바로 앞에서 막부의 다이로가 살해당했다는 소식을 계속해서 숨기기에는 역부족이었다.

막부는 위축되고 당황하는 모습을 보였다. 막부는 우선 이이 나오스케가 주요 다이묘에게 내린 처벌을 철회함으로써 상황을 진정시키려 했다. 그 다음에는 천황가(天皇家)와의 새로운 유대를 모색했고, 세 번째로 1862년에는 (당시의 연호를 따서) 분큐(文久) 개혁으로 알려진 일련의 조치를 취하여 다이묘에 대한 통제를 완화했다. 이로써 주도권은 이이 나오스케를 반대하던 세력에게 넘어갔다. 관료들의 교체가 더욱 빈번해졌고, 정책수행 의지는 약화되었다.

이이 나오스케가 처벌하려 했던 다이묘 가운데 몇 사람이 나오스케 사후에 막정을 장악했다. 근신 중에 사망한 나리아키는 정치무대에서 사라졌지만, 쇼군 직 계승에 실패한 그의 아들 요시노부가 점차 두각을 나타내기

| 막부의 멸망 |

시작했다. 도쿠가와씨의 분가이며 요시노부를 쇼군으로 만들기 위해 로비를 벌였던 후쿠이 번주 마쓰다이라 요시나가(松平慶永) 역시 마찬가지였다. 에도와 교토의 관계 회복도 중요해 보였다. 쇼군 직을 계승한 나이 어린 기이 번주 이에모치는 아직 승부사가 못되었다. 교토의 고메이 천황은 이이 나오스케가 자신의 뜻을 무시한 데 대해 아직도 분개하고 있었으나, 천황 역시 이이 나오스케 암살의 대담성에 경악을 금치 못했으며 서양의 위협에 직면하여 에도와의 관계를 좀 더 원만하게 할 필요가 있음을 깨달았다. 얼마 지나지 않아 서양의 압력은 더욱 거세졌다. 가나가와 근처의 어촌 요코하마(橫浜)가 대외무역을 위한 항구로 개발되고 있었다. 요코하마는 1859년에 개항했다. 그러나 타운센드 해리스의 주도 아래 외국 대표들은 조약에 명시된 에도 거주권을 행사하겠다는 뜻을 내비쳤다.

다이묘를 통제하기 위해 개발된 번거로운 수단들을 유지하는 것보다 서양에 맞서 힘을 쌓는 것이 더 중요해지고 있었으나, 내정의 혼란은 각 번에도 반영되기 시작했다. 도사 번주 야마우치 요도시게(山內豊信)는 각 번이 당분간 군사력 강화에 전념할 수 있도록 참근교대 임무를 7년 동안 유예해 줄 것을 제안했다. 일본 서남부의 조슈·사쓰마·사가 번은 신식무기로 재무장하기 위한 긴급계획에 이미 착수한 상태였다. 그러나 안세이의 대옥으로 계획에 제동이 걸렸고, 야마우치 같은 경우에는 이이 나오스케로부터 다이묘 직에서 은퇴하라는 명령을 받았다. 야마우치가 정치무대에서 물러나 있는 동안 일군의 사무라이들이 다케치 즈이잔(武市瑞山)이라는 카리스마 넘치는 인물 주위에 모여들었다. 그들은 피로 맹세한 서약서에서 천황과 다이묘에 대한 충성을 내세워 비밀집단* 결성을 정당화했다. "신성하고 숭고한 우리나라"가 오랑캐의 손에 유린되는 굴욕을 당하자 "우리의 전(前) 영주[야마우치 도요시게]께서는 비탄에 잠기시어 집권자들과 이 문제에 대해 이야기하고 논의하셨으나, 실행에 옮기지 못하시고 오히려 죄를

---

* 정식 명칭은 도사 근왕당(土佐勤王黨).

추궁받고 처벌당하셨다." 충성심이 있는 자라면 무엇을 해야 할까? 답은 간단하다. "일단 황기(皇旗)를 올리면, 우리는 천황 폐하를 평안케 해드리고 전 영주님의 뜻을 받들어 우리 인민에게서 악의 세력을 제거할 것임을 천지신명께 맹세하는 바이다."[2] 막부에 순응하는 신중한 태도를 유지하는 한편 번의 경제개혁에 힘쓰고 있던 도사 번의 고위 관료가 이들의 첫 번째 표적이 되어 이이 나오스케와 같은 운명을 맞았다. 다이로 이이 나오스케의 암살이 있은 지 몇 달 뒤에 도사 번의 고위 관료가 암살자들에게 목이 잘렸다. 암살자들은 죄목을 상세히 열거한 목판을 암살현장에 세우고 죽은 자의 머리를 목판 위에 매달아 놓았다. 흔히 존왕(尊王)운동이라고 불리는 이런 운동의 첫 단계에서는 아직 충성스러운 행위에 대한 갈등이 없었다. 높은 자리에 앉아 있는 사악한 존재와 비겁한 관료들은 처단되어야 하며, 이는 교토의 천황과 그 천황의 뜻을 제고(提高)하고자 하는 번주들의 이름으로 가능했다.

그러나 '잘못을 저지른' 영주들이 다시 복귀하여 번의 고위 관료들이 공격받은 일에 대해 분노와 경고를 표하면서, 존왕양이파(줄여서 존양파)는 자신들의 충성행위에 대해 갈등하기 시작했다. 쇼군의 눈 밖에 났다가 다시 정치무대의 중심으로 돌아온 다이묘들은 여전히 어려운 입장에 처해 있었다. 막부체제 안팎에서 동료들로부터 질투와 의심을 살 수 있었기 때문에 복귀한 다이묘들은 자기에게 주어진 역할 이상의 것은 하려 들지 않았다. 게다가 막부 지지세력이 어쩌면 다시 다이묘에 대한 통제를 강화할 수도 있었기 때문에 다이묘들은 신중하게 처신해야 했다. 그들은 또한 점점 가마솥처럼 끓어오르는 번 사무라이들의 의견을 통제하는 입장에 있었다. 많은 경우에 다이묘들은 오랫동안 이해관계를 함께 했던 유력 가신들에게 조언을 구했다. 그러나 한편으로는 정치참여가 사회적 위계의 낮은 부분까지 확대되었기 때문에 다이묘들은 사무라이의 공론에도 귀를 기울이는 생색을 내야 했다. 1853년에 막부는 페리의 서신을 배포하고 다이묘들에게 자문을 구했다. 답변을 준비하면서 다이묘들은 자신의 상급 가신들에게 조

| 막부의 멸망 |

언을 구했고, 외교문제에 대한 번 로주들의 참여는 권력구조의 가장자리에서 잠자코 있던 사무라이들까지 활동하게 만들었다. 가장 격렬해지기 쉬운 계층인 하급 사무라이는 자세한 사정에 대해서는 빈약한 정보밖에 가지고 있지 않았지만, 일본이 위기에 직면해 있다는 점만은 분명하게 인식하고 있었다. 교통로를 따라 들어선 마을과 숙역의 역인(役人)들은 과거 어느 때보다 훨씬 더 많은 자원 징발을 요구받았다. 농촌 전역에서 성장하고 있던 국학(國學) 열성파들의 네트워크는 자발적으로 정치에 참여하고자 하는 사람들을 결집시켰다. 다시 말해서 다이묘들은 자유로운 행위주체가 아니었다. 그들은 여론에 귀를 기울여야 했고, 그들의 관료들은 뒤를 살펴야 했다.

일본 서남부의 몇몇 웅번은 국정(國政)에 영향을 주는 계획을 세웠으나 그 이데올로기와 정치는 서로 엇갈렸다. 번의 정치가들은 조정의, 그리고 당연히 번의 영향력을 증대시킬 수 있는 시책을 마련하기 위해 공가(公家)와 보조를 함께했다. 처음에는 조슈 번이 이 일을 주도했으나 조슈 번의 제안은 사쓰마 번이 제시한 시책에 밀려났고, 사쓰마 번의 제안이 검토되는 동안에는 도사 번이 보다 포괄적인 시책을 내놓았다. 사실 이 세 번의 다이묘들은 그들이 개인적으로 알고 있는 공가들이 대개 이렇다 할 정보도 가지고 있지 않고 현실감각도 없으며 무조건 외국인을 혐오하고 있었기 때문에, 조정의 국정 참여라는 생각에 냉담한 반응을 보인 경우가 많았다. 예를 들어 도사 번의 야마우치 도요시게는 툭 하면 공가를 '나가소데'(長袖)*라고 하며 거들떠보지도 않았다. 반면 경쟁 번에 대항하여 승산을 높일 속셈이었던 각 번의 가신들은 조정의 활동가들과 공조를 취함으로써 얻을 수 있는 이점을 다이묘들보다 더 긍정적으로 평가했고, 일반 사무라이, 특히 천황의 실질적 부활을 주장하는 존양파 사무라이는 천황이 그들의 계획에 종교적인 요소를 더해주길 기대하면서 천황과 가까운 오래된 혈통을 가진

* 귀족은 늘 소매가 긴 옷을 입는다고 해서 이렇게 불렸다.

우아한 공가와의 협력에 열을 올렸다. 적지 않은 수의 사무라이들이 교토에서 공가를 보좌하기 위해 자신의 번을 떠났다. 감정이 고조되고 감수해야 할 대가도 커지면서, 계획이 실패할 경우에는 불명예는 물론이고 죽음을 당할 수도 있었다. 제일 먼저 조슈 안을 작성했던 나가이 우타(長井雅樂)는 그의 안이 채택되지 않자 할복명령을 받았다. 에도에 파견할 도사-조정 연합사절단을 조직했던 다케치 즈이잔은, 도사 번주가 번정(藩政)에 복귀하여 다케치가 월권을 자행했다고 결정하자 나가이와 똑같은 운명을 맞이했다. 실제로 다케치의 '죄'는 존양파의 열의가 어떤 식으로 봉건적 위계질서를 위협할 수 있는지를 여실히 보여주고 있다. 다케치에게 내려진 판결에 따르면, 교토-오사카 평야 전체를 조정이 관리해야 하며 방어에 필요한 재원을 오사카 상인들이 제공하도록 해야 한다는 상소가 조정에 유포되었는데 다케치가 이 상소에 자신의 영주 이름을 무단 도용했다는 것이다. 만약 다케치의 제안이 실행되었다면 외국인을 쫓아낼 수 있었을지도 모른다.

공무합체

역사가들(과 19세기 당대인들)은 당시 일본정치의 그 다음 단계를 조정(公)과 막부(武), 즉 교토와 에도의 연합을 의미하는 공무합체(公武合體, 고부갓타이) 시기라고 말한다. 공가와 무가 양측 모두 이이 나오스케가 두 권력 중심 사이에 조성한 난국을 타개하기 위해 노력했다. 전통적으로 막부의 최고위직을 차지해왔던 후다이다이묘들이 지금까지 고위직과는 거리가 멀었던 사람들에게 밀려났다. 문제는 교토와의 관계였기 때문에 새로 기용된 사람들은 교토에서 많은 시간을 보냈고, 막부 안에서 일종의 파벌을 형성했다. 도쿠가와씨의 분가인 후쿠이 번주 마쓰다이라 요시나가(松平慶永)는 안세이의 대옥 때 이이 나오스케로부터 칩거·근신 처분을 받았으나, 1862년 여름 마쓰다이라는 근신 처분에서 풀려나 정사총재직(政事總裁職, 세이지소사이쇼쿠)에 임명되었다. 정사총재직이라는 그럴듯한 이름의 이

| 막부의 멸망 |

관직은 심기가 상한 조정을 달래기 위해 만들어진 것으로 정해진 업무나 기능이 있는 것은 아니었다. 한편 쇼군 계사의 후보로서 이이 나오스케를 그토록 긴장하게 만들었던 히토쓰바시 요시노부는 어린 쇼군 이에모치의 후견인, 즉 고켄(後見)에 임명되었다.

마쓰다이라 요시나가는 여러 안(案)을 가지고 직무에 임했고, 그런 안의 대부분은 그의 조언자이자 당대 지사 가운데 가장 뛰어난 인물이었던 요코이 쇼난(橫井小楠)이 입안한 것이었다. 마쓰다이라는 우선 이이 나오스케한테 징계를 받은 모든 사람에 대한 사면을 실시하고 징계에 동조한 관리들에게는 처벌을 명했다. 안세이의 대옥을 주도한 에도의 후다이다이묘들이 이 조치에 얼마나 대경실색했을지 짐작할 수 있을 것이다. 그 다음에는 이이 나오스케의 심복인 교토의 나가노 슈젠(長野主膳)이 할복을 명령받았다. 그리고 마쓰다이라 중심의 새로운 인사개편이 단행되기 이전에 막부 지도부가 계획해두었던 조치를 실행에 옮겼다. 이이 나오스케의 전(前) 부관이었으며 장차 발생하게 될 암살기도 사건에서 심한 부상을 입어 관직을 사임하게 되는 안도 노부마사(安藤信正)는 당시 조정과 어린 쇼군 간의 혼인을 성사시키는 것이 교토와의 관계를 공고히 할 수 있는 최상의 방법이라고 주장했다. 그러나 실질적으로 이 혼인은 거의 정반대의 결과를 가져왔다. 고메이 천황의 이복여동생 가즈노미야(和宮)는 아리스가와노미야 다루히토(有栖川宮熾仁) 친왕과 이미 약혼한 사이였음에도 불구하고 어린 쇼군 이에모치의 정실로 간택되었다. 가즈노미야는 1861년 말과 1862년 초 사이의 한겨울에 에도로 향했다. 온갖 물품과 상자가 앞서거니 뒤서거니 하는 가즈노미야의 행렬은 약 480km를 여행하는 데 80일이 소요되었다. 막부는 행렬 호위에 엄청나게 신경을 썼고, 행렬이 지나는 도로변에 위치한 숙역들은 평소보다 수천 명이나 더 많은 짐꾼을 제공해야 했다.

고메이 천황이 자신의 여동생을 에도로 보내는 데 반대했다는 사실이 알려지면서 이 정략결혼은 교토 조정에서 반(反)막부 압력을 증대시켰다. 분위기가 험악해지자 교토의 정치적 영향력을 증대시키기 위해 이 혼인에

도움을 주었던 공가는 궁지에 몰리게 되었다. 장래에 일본 근대국가 건설자의 한 사람이 될 이와쿠라 도모미(岩倉具視)도 그 중 하나였다. 이와쿠라와 그의 동료 5명은 '사간이빈'(四奸二嬪, 시카니힌)이라고 매도되었고, 조정은 한층 과격해져서 이와쿠라는 파직당하고 교토 외곽에 은거해야 했다. 바로 이런 상황에서 일본 서남부 여러 번의 사무라이들로 구성된 강력한 부대와 함께 교토 사절단이 양이(攘夷)를 요구하며 에도에 도착하기 시작했다. 이들 사절단 가운데 제일 먼저 800명의 사쓰마 번 사무라이들이 공가 오하라 시게토미(大原重德)를 수행하고 교토로 돌아가던 중에 이들의 행렬을 말을 탄 채 쳐다보고 있던 일군의 영국인들과 조우하게 되었다. 격분한 사쓰마 번 사무라이 하나가 리처드슨이라는 영국 상인을 칼로 베었고, 이 사건은 막부의 대외관계에 좋지 않은 결과를 가져왔다.[3]

공무합체 주창자들은 천황을 일단 손에 넣으면 향후 정치적 승부에서 유리한 위치에 설 수 있다는 의미에서 그를 '보배'로 칭하기 시작했다. 막부는 자신의 안위를 생각하여 도쿠가와씨의 친번인 아이즈(會津) 번의 젊은 영주 마쓰다이라 가타모리(松平容保)를 신설된 교토수호직(京都守護職, 교토슈고쇼쿠)에 임명했다. 가타모리의 임무는 막부 외의 다른 세력, 짐작컨대 막부에 적대적인 세력이 조정을 지배하는 일을 막는 것이었다. 마쓰다이라는 자신의 역할을 훌륭히 완수했으며, 자신에 대한 한 차례의 암살 시도가 있었음에도 불구하고 임명된 날부터 막부가 멸망하는 그날까지 교토수호직을 지켰고, 막부와 조정 그 어느 쪽도 소원하게 만들지 않았다. 그는 교토에서 아이즈 번 사무라이 1,500명을 거느렸으며, 자신과 마찬가지로 다이묘인 동생에게 원조를 요청할 수가 있었다. 막부 말기에 마쓰다이라보다 유능한 인물은 거의 없었으며, 이 때문에 미래의 메이지 지도자들은 그를 결코 용납할 수가 없었다.[4]

1862년 말에 막부는 참근교대 규정을 완화했고 덕분에 다이묘들은 예상되는 외국인과의 전쟁에 대비할 수 있었다. 이제 다이묘들은 3년 중 1년만 에도에 거주하면 되었고, 가족들을 에도에서 데리고 나가는 것도 허용되었다. 이 개혁조치로 인해 다이묘의 가솔, 호위대, 짐을 실은 말들이 간선도로를 따라 천천히 이동함으로써 행렬이 수백 개는 더 늘어났다. 따라서 이들 행렬을 감당해야 하는 간선도로의 숙역과, 숙역에 인마(人馬)를 제공해야 하는 스케고(助鄕)의 부담이 더욱 커졌다.[5] 그러나 이보다 더 나쁜 상황이 그들을 기다리고 있었다.

새롭게 자신만만해하는 조정에 경의를 표하기 위해 어린 쇼군이 직접 교토 여행길에 나섰던 1863년에 교통문제는 가장 심각했다. 1634년에 이에미쓰가 엄청난 수의 수행원을 이끌고 교토를 방문한 이래 어떤 쇼군도 교토를 찾은 적이 없었다. 그러나 이에미쓰는 조정과 다이묘를 압도하는 위세를 갖추고 교토를 방문했던 반면, 이에모치는 힘을 얻길 바라며 화해를 청하는 약자의 입장에서 교토를 방문했다.

어린 쇼군은 교토에서 예를 갖춘 정성스런 대접을 받았지만, 많은 의식이 추가되면서 원래 계획했던 짧은 방문일정이 늘어나게 되었고, 결국에는 양이(攘夷)를 위해 신의 도움을 구하는 기도를 올리러 가모 신사(賀茂神社)로 향하는 화려한 천황의 행차 — 쇼군과 많은 수의 공가, 다이묘, 사무라이들이 동행했던 — 가 방문일정에서 절정을 장식했다. 국정을 책임지고 있는 쪽은 막부가 아니라 조정임이 분명했다. 아이러니컬하게도 이 사실은 천황이 쇼군에게 '서정위임'(庶政委任)을 인정한 데서 드러났다. 이전에는 쇼군 입장에서 통치와 관련하여 이런 식의 천황으로부터의 위임 따위는 전혀 필요하지 않았다. 사실 이 책 앞에서 말한 도쿠가와 국가에 대한 논의와 비교해보면 이런 통치권 '위임'은 상당부분 미토학과 그 이데올로기의 보급에서 비롯된 도쿠가와 말기의 개념이었다. 이후 이에모치는 교토를 두 번 더 방문했다. 1864년에 이에모치가 일군의 다이묘들과 함께 어떤 의식에 참석했을 때, 조정의 한 시종은 "작금의 시국으로 밤잠을 못 이루고 음식을 넘길 수가 없다"는 취지의 천황의 말을 인용한 문서를 낭독했다. 이에모치는 세 번째로 간사이(關西) 지방을 방문한 1866년에 오사카에서 사망했다.

그러나 '서정위임'은 막부로서 사실상 치르기 힘든 대가를 요구했다. 막부를 대표하여 도쿠가와 요시노부는 1863년 6월까지 일본 땅에서 외국인을 몰아내야 한다는 조정의 지시를 받아들였다. 물론 이것은 불가능한 일이었고, 대부분의 관계자들 역시 그것을 알고 있었다. 그러나 '성심'(誠心)을 다하는 것이 현명한 처사로 보였다. 막부 지도부는 지시사항의 이행을 늦추고, 아울러 서양열강을 설득하여 개항 시기를 어느 정도 연기할 수 있기를 바랐다. 막부는 후자를 먼저 시도해보기로 했다. 우선 유럽에 사절단을 보내 런던 의정서(London Protocol)라고 알려진 협약을 통해 에도·오사카·고베·니가타의 개항을 5년 뒤로 연기하려 했는데, 영국과 프랑스는 여기에 협조하는 대신 일본 거주 자국민의 안전을 위해 1863년 여름에 1,500명의 병력을 일본에 파견했다. 상황은 더 이상 감당할 수 없는 방향으로 흘러갔다. 쇼군을 대신하여 요시노부는 막부가 외국인을 몰아낼 것이라고 조정에 약속했으나 실제로 이를 이행할 의지는 없었으며, 서양열강에 개항 연기를 허락해달라고 간청했으나 정작 그들이 그렇게 해줄 것이라고는 기대하지 않았기 때문이다. 이를 막부 지도부 나름대로 최선을 다한 증거라고 생각할 수 있을지도 모른다. 이런 유의 지연전술은 막부가 페리 제독과 해리스를 상대할 때 반외세 극단주의가 비등해지는 것을 막기 위해 시도했던 바로 그 전술이었던 것이다. 결국 이 기회주의적 전술은 미래에 대한 불길한 징조가 되었다.

이제 정책 동요는 몹시 복잡한 양상을 띠었다. 서로 얽혀 있는 일련의 내러티브는 긴 안목에서 전체적 과정을 살피는 것보다 지역적 또는 이데올로기적 관점에서 각각의 전개과정을 따라가는 것을 더 수월하게 해준다. 이들 내러티브는 다음과 같은 각종 투쟁을 포함하고 있다. 사쓰마·조슈·도사에서 번정의 주도권을 둘러싸고 벌어진 투쟁, 교토의 조정과 공가를 지배하고 통제하기 위한 투쟁, 막정의 노선 투쟁, 조약에서 보장한 특권을 실현하려는 서양대표들 간의 투쟁 등이 바로 그것이다. 천황과 외세배격을 연계시킨 존양파는 그들의 반대자들을 '막부 지지자'라고 공격한 반면, 막부의

| 막부의 멸망 |

대오는 단결과는 거리가 멀었으며, 몇 안되는 외국의 대표단들도 외교문제에 대해서는 한결같이 강경한 입장을 취했으나 유럽의 다른 경쟁국들이 일본 근해에 다시 등장하자 상호간의 반목과 분열이 심해졌다. 이들이 조정·번·막부 내의 변화를 가속화화기 위해 어떻게 협력하고 음모를 꾸몄는지 살펴보려면 사건들을 일목요연하게 도표화하는 것이 유용할 것이다.

얼마 동안은 협조적인 막부와 이전에 비해 합리적인 조정 사이의 공무합체가 소기의 성과를 거두는 듯이 보였다. 1863년 여름에 조정 경호를 위임받은 마쓰다이라의 아이즈 번 병사는 사쓰마 번 병사와 협력하여 궁성문을 통제하는 임무를 수행했다. 사쓰마와 조슈는 예로부터 의심이 많고

막부 말기

1860년	최초의 막부 사절단이 조약 비준을 위해 도미(渡美). 이이 나오스케 암살(사쿠라다 문 밖의 변〔櫻田門外の變〕).
1861년	교토에서 조슈 번 사무라이 나가이 우타(長井雅樂)가 공무합체를 건의.(그로 인해 할복명령을 받음.) 러시아 군함이 쓰시마에 무단 정박했으나 영국의 요구로 물러남. 가즈노미야(和宮)가 교토에서 에도로 출발.
1862년	로주 안도 노부마사 피습(사카시타 문 밖의 변〔坂下門外の變〕). 마쓰다이라 슌가쿠, 히토쓰바시 요시노부 막정 참여, '분큐(文久) 개혁. 참근교대 규정 완화.
1863년	조정이 양이(攘夷)를 명령하기 위해 사절단의 에도 파견을 허락. 쇼군 이에모치가 교토를 방문. 조슈 번이 조명(朝命)에 '복종하여' 시모노세키 해협에서 미국 상선을 포격. 아이즈 번과 사쓰마 번의 군대가 교토에서 조슈 세력을 축출. 영국이 리처드슨 살해에 대한 보복으로 가고시마 포격.
1864년	조슈 번 부대가 조정 장악을 시도했으나 실패. 막부가 조슈 정벌을 명령. 영국, 프랑스, 네덜란드, 미국 함대가 시모노세키 포격.
1865년	조슈 번이 막부에 굴복. 번 내 과격파가 번론(藩論)을 바꾸자 막부는 응징을 위한 2차 조슈 정벌을 명령.
1866년	사쓰마-조슈 연합세력이 막부에 대항. 쇼군 사망으로 전투 중지.
1867년	요시노부가 쇼군에 취임. 고메이 천황 사망. 프랑스인 로슈의 도움으로 막정 개혁 추진. 에에자나이카라고 하는 대중군무(大衆群舞)가 확산. 요시노부가 조정에 쇼군 직 사표 제출.
1868년	왕정복고 대호령(王政復古の大號令) 선포. 막부를 옹호하는 세력과 사쓰마·조슈 번을 중심으로 하는 신정부군 사이에 도바(鳥羽)·후시미(伏見) 전투가 벌어지고 보신 전쟁(戊辰戰爭)이 발발.

경쟁의식이 강한 전통이 있었다. 번의 관료들은 반외세 열성분자들의 불경(不敬)행위에 촉각을 곤두세웠다. 조슈를 제외한 일본 서남부 지역의 번주들은 자기 번의 과격파를 억압하는 조치를 취하고 있었다. 1862년에 사쓰마 번 군사가 후시미의 한 여관을 급습하여 일군의 존양파를 소탕했고, 도사 번주 야마우치 도요시게는 자기 번의 존양파 조직을 분쇄하고 그 책임을 물어 다케치 즈이잔에게 할복을 명령했다.

　서양열강의 군함들도 일본인을 단결시키는 데 한몫했다. 사실 다이묘와 사무라이에 대한 막부의 통제력이 불완전했음에도 불구하고 막부는 존양파의 모든 테러행위에 대해 자신이 책임져야 한다는 것을 알았다. 그러나 두 가지 사건에서 서양열강은 외세를 일본에서 몰아내는 것이 결코 쉬운 일이 아님을 여실히 보여주었고, 열강은 막부가 아닌 번 자체를 직접 응징했다. 1862년 상인 리처드슨 살해사건에 대한 응징으로 1863년에 영국 군함이 사쓰마 번의 조카마치 가고시마(鹿兒島)를 포격하고 불태웠다. 그리고 존양파가 주도권을 쥐고 있던 조슈 번은 1863년 시모노세키(下關) 해협을 통과하던 외국선박에 발포하여 오랑캐를 몰아내라는 조정의 명령을 실행에 옮기자, 이듬해에 영국·프랑스·네덜란드·미국 군함들로 구성된 소규모 함대가 조슈 번의 포대를 파괴했다. 교토에서도 스스로 천황의 추종자라고 주장하는 세력이 드러낸 극단주의와 불경의 증거 때문에 조정은 동요했다. 젊은 공가들은 과격 존양파와 힘을 합쳐 천황의 기치를 높이 들고 몇 차례 기발한 계획을 시도했다. 급기야 1864년 여름에는 조슈 번 병사들이 아이즈-사쓰마 번 병사들이 지키는 궁성 주위의 방어선을 침범하는 지경에까지 이르렀다. 그들은 대패했고, 과격한 공가들은 교토를 빠져 나가 규슈에 몸을 숨겼다. 천황은 이 명백한 불경행위와 교토의 피해상황에 격분했고, 조슈 번은 '조적'(朝敵)으로 낙인찍혔다. 조정은 여기에 그치지 않고 조슈 번이 저지른 만용과 정도를 벗어난 행위를 문제 삼아 막부가 조슈 번을 응징하도록 요구했다.

| 막부의 멸망 |

막부의 재강화

분큐(文久) 개혁안은 개항 준비를 위한 막부와 웅번의 번주들, 특히 사쓰마·도사·조슈 번주 간의 협력 가능성에 대한 기대를 그 중심에 두고 있었다. 이전에는 막정에서 배제되어 있었지만 이제는 이들 다이묘가 존재함으로써 막부가 자기 멋대로 '이기적인' 방향으로 나가는 것을 막을 수 있을 것으로 기대되었다. 그러나 불행히도 각 번에서 소(小)천황이나 다름없었던 이들은 평등한 협조체제에 익숙하지 않았다. 상황이 악화되자 이들은 교토를 떠나 자기 번으로 돌아가서 마음속에 담아두고 있던 자기 지역의 이익을 도모할 작정이었다. 이런 움직임의 선두에는 다름 아닌 분큐 개혁안의 설계자 마쓰다이라 요시나가가 있었다. 그는 정사총재직을 사퇴한 후 허락도 받지 않고 후쿠이(福井)로 돌아갔으며, 그로 인해 근신 처분을 받았다. 마쓰다이라는 1863년 여름 무렵 사면을 받았으나, 에도를 기반으로 하는 세력과 웅번의 번주로서 막정 개혁에 참여했던 사람들 사이의 불신은 더욱 깊어졌다. 사쓰마 번주 시마즈 히사미쓰(島津久光), 도사 번주 야마우치 도요시게 두 사람 모두 에도를 떠남으로써 자신의 의견을 굽히지 않았다. 어쨌든 이들 역시 그들이 제지하려 했던 막부만큼이나 '이기적인' 존재였다. 비현실적인 양이론은 일본 내 다른 세력간의 공조계획을 좌절시켰으며, 바깥세상을 상대해야 하는 에도 막부의 행정가들을 동요시켰고, 조슈 번에서 주도권을 장악한 일군의 과격 존양파는 타협을 거부했고, 이는 조슈 번에 '조적'이라는 오명을 안겼다.

이런 상황에서 사쓰마와 도사 번 관료들이 번 내 과격 존양파에게 등을 돌림으로써 분명하게 드러난 합리성의 승리와 조슈의 존양파가 자기의 힘을 과신하여 만용을 부린 증거들은 막부관료들에게 막부 권위의 회복에 대해 적극적으로 생각하게 하는 계기가 되었다. 규율 회복에 대한 논의는 1864년에 일어난 미토 번의 반란 덕분에 더 이상 미룰 수 없게 되었다. 미토 번의 반란은 도쿠가와 나리아키 시대에 형성된 이데올로기적·분파적 전통에 그 기원을 두고 있었다. 쓰쿠바(筑波) 산 인근에 모여든 존양파 사무라이와 로닌들은 점차 규모와 잠재력이 커졌다. 요코하마를 급습하여 오랑캐를 몰아내는 것이 목적이라고 주장하는 이들을 진압하기 위해 막부는 14개 번에 동원령을 내렸다. 미토 번 관리들은 혼비백산했다가 겨우 정신을 차렸다. 혼란이 가중되면서 막부는 휘하의 군사력이 턱없이 부족하다는 것을 깨달았고, 따라서 더 많은 번에 지원을 요청했다. 몇 달 뒤 교토를 침범한 조슈 번 병사들이 궤멸당할 무렵, 미토 번의 반란도 서서히 진압되기 시작했다. 난색을 표했던 다이묘들도 막부의 명령대로 지원에 나서기로 결정했다. 결정적인 전투에서 패한 미토 번 반란자들은 지리멸렬하여 교토로 도주하는 수백 명의 로닌 무리로 전락했다. 그들이 대규모 군대 앞에 마침내 무릎을 꿇자, 막부는 무자비한 보복을 가했으며 반란에 가담한 수백 명을 참수시켰다.[6]

미토 번의 반란과 교토-오사카 지역을 혼란에 몰아넣은 사건들은 수구파에게 지금이야말로 도쿠가와 막부의 권위를 재천명할 때가 되었다는 확신을 심어주었다. 간사이와 간토 지방에서 과격 존양파의 패배는 사쓰마와 조슈 번의 존양론에 제동을 거는 결과를 가져왔다.

막부는 이 상황을 자신에게 더 유리한 방향으로 몰아갔다. 21개 번에 조슈 정벌을 위한 동원령이 떨어졌다. 오와리 번주가 원정대를 지휘하게 되었고, 사쓰마 번도 적극적으로 협력했다. 그러나 싸울 필요조차 없음이 곧 드러났다. 일촉즉발의 위기상황은 조슈 번 내에서 파벌간의 교전을 초래했고 결국에는 막부가 제시한 요구사항을 받아들인 보수세력의 승리로 끝이 났다. 교토 진군을 이끌었던 조슈 번의 로주 3명은 할복명령을 받았다. 이 세 사람과 이들을 보좌했던 참모 네 사람의 수급은 막부 지휘부에 전해졌다. 조슈 번 군대와 함께 교토에서 도망친 존양파 공가들은 규슈로 압송되어 유폐되었다.

또한 막부는 이미 몇 주 전에 참근교대제를 부활하기로 결정했다. 이동이 어려운 다이묘에게는 막부 소유의 증기선을 제공키로 했다. 몇몇 번에서는 에도의 다이묘 저택과 부지를 이미 일반인에게 임대한 뒤였는데, 이

| 막부의 멸망 |

제 다시 다이묘들은 자신의 에도 저택을 다른 사람이 사용하게 해서는 안 된다는 경고를 받았다. 그러나 이런 막부의 시도는 성공을 거두지 못했다. 에도 인근의 소규모 번들은 반응을 보였으나, 더 많은 수의 규모가 큰 번에서는 침묵으로 일관했다. 1865년 초 막부는 다이묘들에게 에도 근무를 상기시켰다. 1866년에 막부관료들은 각 번에 참근 명령을 어느 정도 이행했는지 보여주는 에도 저택과 그곳에 소속된 인력의 현황에 관한 질의서를 보냈다. 그러나 대다수 다이묘, 특히 웅번의 다이묘들은 하나같이 이 질의서를 무시해버렸다. 조정 역시 다이묘들이 자기 번의 재무장에 자원을 집중하도록 허락해야 한다는 지침을 에도에 전함으로써 이 일에 간섭했다. 이번에 무리수를 둔 쪽은 막부임이 분명했다.

　막부의 수구파도 조슈 처리와 관련해서 불만족스럽기는 마찬가지였다. 그들은 조슈 번의 규모를 줄이고, 번주와 그 아들을 에도로 소환하여 정식으로 공개사죄를 하도록 요구했다. 조정과의 관계도 그들에게는 불만이었다. 1865년에 막부는 조정을 직접 통제하기 위해 3천 병사를 거느린 2명의 로주를 교토에 파견했다. 대신 너무 온건해서 믿음이 가지 않았던 히토쓰바시 요시노부를 에도로 불러들였다. 그들은 또한 다른 공무합체 계획에서도 후퇴했다. 효고(兵庫)에서는 (사쿠마 쇼잔의 제자였으며) 증기선을 조종하여 일본 최초로 태평양을 횡단한 혁신적인 젊은 관료 가쓰 가이슈(勝海舟)가 고베 해군조련소(神戶海軍操練所)를 설립하자 전국 각지에서 건장하고 유능한 청년들은 물론이고 심지어 로닌까지 모여들었다. 가쓰의 조수는 사카모토 료마(坂本龍馬)였다. 그는 막정에 참여하길 열망하는 많은 청년들의 대열에 합류하기 위해 고향 도사 번을 등진 젊은 로닌이었다. 원래 사카모토는 가쓰를 암살할 계획이었으나 군사적 대비가 반외세 영웅행위보다 더 사리에 맞다는 가쓰의 견해에 감복하여 가쓰를 도와 자신과 같은 다른 청년들을 규합했다. 이런 일들이 에도의 수구파에게는 수상스럽게 보였다. 가쓰는 곧 실각했고, 사카모토는 사쓰마 번으로 몸을 피했다.

　이런 식의 후퇴에는 그만한 대가가 따랐다. 조정은 막부의 조치에 눈살을 찌푸렸고, 참근교대제의 부활은 안될 일임을 분명히 했다. 조슈 번을 굴복시킨 사쓰마·아이즈·에도의 연합전선은 막부의 새로운 요구로 인해 깨져버렸다. 조슈 번주와 그 아들을 에도로 소환하는 안(案)을 사쓰마와 아이즈는 도무지 납득할 수 없었기 때문이었다.

이로써 조슈 문제가 해결되지 않았다는 것은 분명해졌다. 조슈 번의 존양파 정부는 막부에 항복하기 전에 서민들을 포함한 비정규부대를 조직해두었다. 실제로 비정규부대의 구성원은 마을 엘리트, 촌역인, 부농 등의 아들이었으며, 이들은 사회적으로 사무라이에 가까운 신분이었고 식자능력을 갖추었으며 일본 전체와 각 번의 위기에 비분강개했다. 항복한 조슈 번은 부대 해산을 명했으나, 이들은 명령을 따르지 않고 존양파 강화와 번정 지도부의 전면 교체를 강력히 요구하는 봉기를 일으켰다. 두말할 필요 없이 반란이 틀림없는 이 사건은 다이묘에 대한 불경과 연관되지는 않았는데, 이는 조슈 번주가 애당초 정치적 소신하고는 거리가 먼 인물이었기 때문이다. 이것은 반란 후에도 그가 단지 지위만 바꾼 채 계속해서 번을 대표했다는 사실에서 확인할 수가 있다.

이런 전개과정을 보면서 막부관료들은 그들의 진로를 재고할 수밖에 없었다. 개혁 성향의 관료들은 국가적 단결과 군사력 증대의 중요성을 강조하면서 조슈 번을 관대하게 처리하고 다른 웅번과 긴밀히 상의할 것을 주장했으나, 수구파는 조슈에 대한 2차 정벌을 거론하면서 이번에는 어린 쇼군이 직접 지휘해야 한다고 주장했다. 조슈 번은 압도적인 병력이 포진해 있는 것을 눈으로 확인하는 순간 틀림없이 항복할 것이라고 수구파는 확신했다.

그들의 확신은 빗나갔다. 예전에 권력을 장악했던 존양파가 막부에 맞서 완강히 저항했던 것이다. 그들은 배수진을 쳤고 더 이상 타협이 불가능하다고 생각했다. 막부는 다시 한번 다른 번들의 협조를 구했으나 여의치 않았다. 최초의 타협안을 마련할 때 일조했던 사쓰마 번 지도부는 조슈 번이 정벌되면 사쓰마가 위태로워진다는 것을 깨달았다. 승자로서 의기양양해진 막부의 그 다음 목표가 사쓰마가 되지 말라는 법은 없었기 때문이다.

막부가 제2제정 시대의 프랑스로부터 군사 근대화에 필요한 지원을 약속받았다는 심상치 않은 증거도 있었다. 알제리에서 공을 세운 외교관 레옹 로슈가 1864년 봄 일본에 도착했다. 얼마 안 있어 그는 외국 대표들 중에서 대단히 영향력 있는 인물이 되었다. 로슈는 군사상의 기술, 훈련, 장비를 얻으려는 막부의 열의가 프랑스에 절호의 기회를 제공하리라는 것을 감지했다. 막부의 군사사절이 프랑스에 파견되었다. 전면적인 개혁에는 징병제에 대한 구상도 있었다. 요코스카(橫須賀)에서 프랑스 기술자들이 주철공장과 조병창 건설에 착수했다. 자신감 있고 단결된 막부라면 어떤 다이묘보다도 좋은 자원을 확보할 수 있었기 때문에 에도가 지나치게 강해지는 것을 사쓰마 번 지도부가 막으려 했다는 것은 그다지 놀라운 일이 아니다. 그들은 공가와 더욱 긴밀히 협력했으며, 막부의 정책에 반대했던 몇 가지 조서도 어쩌면 이들이 썼을 것이다.

에도 입장에서는 불행하게도 조슈가 항복을 거부함으로써 출정이 불가피해졌다. 막부가 지휘하는 연합부대의 상당수가 출정을 탐탁치 않게 여겼던 반면, 고향 땅에서 다름 아닌 자신의 목숨과 명예를 위해 싸워야 하는 조슈 번 병사들은 사기 면에서 훨씬 더 고양되어 있었다. 막부의 조슈 정벌 시도는 모든 면에서 성공적이지 못했다. 막부는 쇼군 이에모치의 갑작스러운 죽음으로 휴전을 하고 곤경에서 빠져 나올 수 있었다. 도쿠가와 이에모치는 조슈 정벌을 '지휘하기' 위해 오사카에 갔다가 막부 군대의 패전소식을 들은 뒤 20세의 나이에 사망했다.

이번에는 쇼군 직을 계승할 인물로 히토쓰바시 요시노부 외에는 사실상 대안이 없음이 분명했다. 그는 즉시 도쿠가와가의 상속자로 선포되었고 이듬해 초 쇼군에 취임했다. 요시노부의 쇼군 직 계승 승인은 살아생전 고메이 천황의 마지막 재가나 마찬가지였다. 천황은 요시노부의 쇼군 취임 직후 사망했다.

막부의 멸망

쇼군 요시노부의 재직기간은 1년이 채 못되었다. 일반적으로 당대의 가장 전도유망한 정치인으로 꼽혔던 그가 어째서 그토록 짧은 기간밖에 쇼군 직을 수행하지 못했을까? 쇼군 직을 승계했을 때 자신에게 닥칠 문제들을 인식하고 있던 요시노부는 그 자리를 그다지 바라지 않았다. 또한 그가 우유부단하다는 중론도 있었다. 게다가 요시노부는 에도의 많은 막부군으로부터 신임을 얻지 못했다. 그러나 이 모든 것을 인정한다고 해도 여전히 문제는 남는다. 무엇보다도 그가 취임하고 몇 달 동안 대외관계가 호전되는 듯이 보였다. 쇼군은 모든 웅번의 다이묘들이 제 목소리를 낼 수 있는 일종의 협의체를 구성할 계획을 가지고 있었다. 또 프랑스의 도움을 받은 군제(軍制) 개혁도 예정대로 진행되고 있었다. 아울러 요시노부는 좀 더 훈련을 시키면 자신의 뒤를 이을 수 있지 않을까 하는 기대에서 자기 동생을 프랑스에서 열린 만국박람회에 일본 대표로 파견했다. 그러나 불과 몇 달도 안되어 이 모든 일들이 허사가 되었고, 요시노부는 추적자들을 피해 에도로 퇴각하는 군함에 몸을 싣는 신세가 되었다.

조슈 정벌을 시도하면서 범한 막부의 실책들은 토막(討幕, 도바쿠), 즉 "막부를 토벌하자!"는 슬로건을 내건 새로운 계획에 힘을 실어주었다. 분명 양이는 더 이상 불가능했지만 토막은 양이가 그랬던 것처럼 존왕, 즉 천황에 대한 존경과 결합될 수 있었다. 좌절을 맛보고 현실을 인식하게 된 막부가 이제는 외세와 손을 잡으려 한다는 새로운 인식이 반외세 감정에 고무된 사람들 사이에서 퍼져 나가고 있었다. 그 결과 그들은 외국인에서 막부로 적개심의 대상을 바꿨다. 막부의 수구파가 자신의 지배력을 재천명하려는 조짐을 보인 짧은 재기의 몸부림은 그 이전까지 사분오열되어 있던 각 번이 일종의 반(反)막부 통일전선을 결성하도록 만들었다.

이것은 용이한 선택도, 누구나 납득할 만한 선택도 아니었다. 지난 10년간의 분쟁은 구니와 번의 의식을 강화하고 상호간의 불신을 키워왔다. 막부는 프랑스 군사고문들이 예상보다 덜 위협적이라고 생각했을지도 모르

| 막부의 멸망 |

지만, 사쓰마 번 지도부는 가고시마를 초토화시킨 영국의 총포와 함대를 여전히 잊지 못했다. 조적(朝敵)으로 낙인찍힌 조슈 번은 사방에서 포위공격을 받고 있었다. 하지만 막부의 이미지가 바뀌면서 어찌된 일인지 제번(諸藩)의 사람들과 군대가 단결하기 시작했다. 비록 나중에는 단결이 와해되고 말지만.

지금까지 논의해온 신분, 이데올로기, 정치, 지리 등의 모든 장벽을 헤쳐 나온 특출한 한 인물의 눈을 통해 이들 일련의 사건을 살펴보면 유용할 것이다. 사카모토 료마는 1835년 도사 번 향사(鄕士)의 아들로 태어났다. 페리의 흑선 내항으로 신분제 사회의 권태로운 삶이 동요하고 있을 때 사카모토는 청년이었다. 이 일을 계기로 그는 에도의 검술학교에 들어갔고, 그

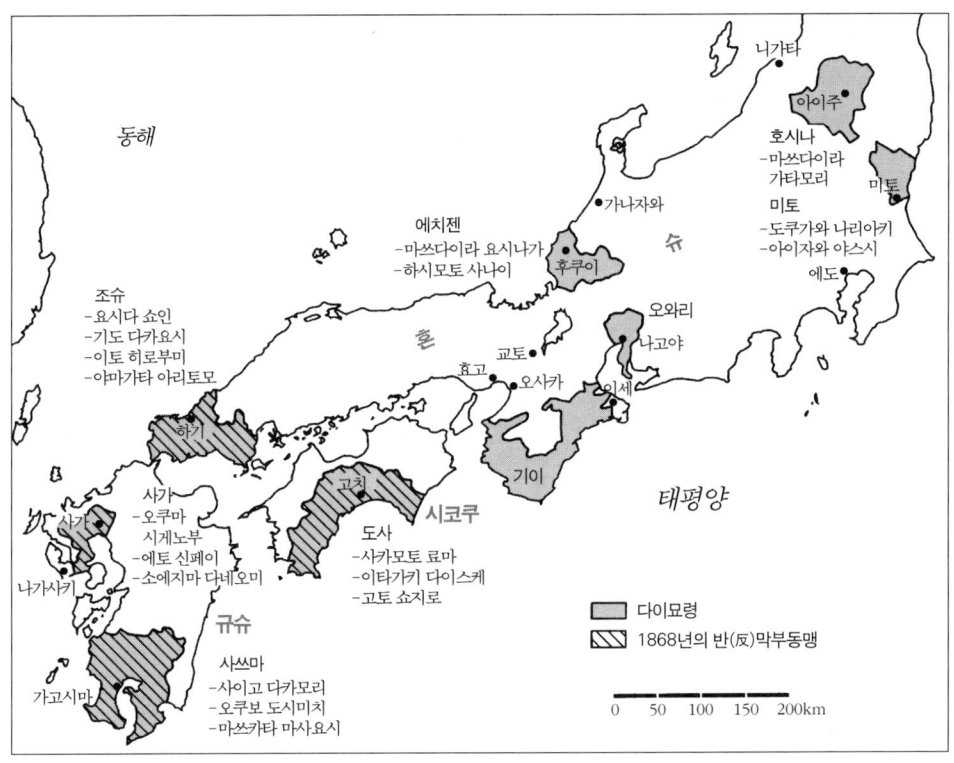

4. 메이지 유신: 4대 번(사쓰마·조슈·도사·사가), 각 해당 지역의 지도급 인물과 관련자들.

곳에서 다른 지역 출신의 용맹한 청년들과 교류하게 되었다. 고향으로 돌아와서 1861년 다케치 즈이잔이 중심이 된 도사 근왕당에 가담했다. 가족 부양의 책임이 없는 차남이었으므로 사카모토는 자신이 사무라이의 규율을 어겨도 괜찮을 것이라고 생각했다. 국가적인 문제에 동참하는 흥분을 맛보고자 그는 몰래 험한 산길을 통해 도사를 떠났다. 직접행동의 첫 번째 목표는 고베 해군조련소를 설립한 하타모토 신분의 가쓰 가이슈를 암살하는 것이었다. 자신을 죽이려는 청년을 앞에 두고 가쓰는 조금도 냉정함을 잃지 않고 일본을 외세로부터 지키기 위해서 해야 할 일에 대해 그와 토론을 벌였고, 결국에는 그를 감복시켰다. 적에서 제자로 전향한 사카모토는 충실한 심복이 되어 가쓰가 세운 학교에 로닌들을 모집하는 일에 발벗고 나섰다. 가쓰가 실각했을 때, 간신히 암살을 피한 사카모토는 자신의 목숨을 구해준 적이 있으며 이제는 아내가 된 한 용감한 여성과 함께 사쓰마 번에 몸을 숨겼다. 사쓰마 번의 도움으로 사카모토는 작은 사업을 벌일 수 있게 되었다. 그가 운영한 가이엔타이(海援隊)는 원시적 형태의 해군과 화물 운송회사의 중간 정도 되는 기능을 했고, 나가사키에서 조슈와 사쓰마로 밀수품을 운반했다.

막부 지도부가 비틀거리며 조슈 번 2차 정벌에 나서려 하자, 사카모토는 사쓰마와 조슈 사이의 정치적 괴리를 없애는 중재역할에 나섰다. 로닌이 되어 이곳저곳을 떠돌아다닌 덕분에 사카모토는 양 진영 모두로부터 신임을 얻었고, 1866년 초에 두 강력한 무가(武家) 사이의 동맹을 중개했다. 동맹의 합의에 근거해 사쓰마는 막부의 2차 조슈 정벌에 가담하지 않을 것이며, 조슈가 조정의 신뢰를 다시 얻을 수 있도록 노력하겠다고 약속했다. 이제 적은 단연코 막부였으며, 막부는 교체되거나 적어도 개조되어야 했다.

사카모토의 고향인 도사 번도 이렇게 연줄 좋은 로닌에게서 새로운 가치를 발견했다. 가쓰 가이슈는 적극 나서서 야마우치 도요시게에게 사카모토의 신분 복권을 요청했다. 다음 단계는 사쓰마-도사 맹약(薩土盟約)이었다. 맹약서에서는 두 개의 정부를 가진 국가의 수치스러움을 강조했다.

"우리의 첫 번째 급무는 다른 나라들 앞에서 당당히 고개를 들 수 있게 황국(皇國) 고래(古來)의 국체와 제도를 명백하게 드러내는 것이다. ……한 집에 두 명의 주인이 있을 수 없고 한 나라에 두 임금이 있을 수 없다. 정형(政刑)은 한 임금의 손에 귀속되어야 한다. ……쇼군이 정치권력을 취하는 것은 천지간의 도리(道理)가 아니다. 우리는 제법도(諸法度)를 고치고 정권을 조정에 반환하고, 제후회의(諸侯會議)를 설립하며, 거기서 표명된 민의에 따라 서정(庶政)을 처리해 나가야 한다. 그런 연후에야 우리는 한 치의 부끄러움 없이 만국과 나란히 설 수 있으며 우리의 국체를 확립할 수 있다. ……태평을 가져오고 전국의 인민을 위한 관인명지(寬仁明知)의 치세(治世)를 실현하자."[7]

이렇게 한 개인의 의식이 깨어가는 과정을 간단히 살펴봄으로써 위기의 시대에 사람들이 얼마나 급속하게 의식의 변화를 겪었는지를 충분히 알 수 있다. 처음에는 외세의 침략에 대한 격분으로 시작된 사태가 국제적 기준에 맞지 않는 국가 정체를 향한 분노로 변해갔던 것이다. 상기 맹약서에서 "교토에 설치할 의사당(議事堂)"이 언급되었다는 점은 사카모토 또한 에도에서 진보적 인사들과 교류하면서 대의제(代議制) 정부와 평등한 협의체 등의 관념을 알게 되었다는 것을 보여준다. 이런 지식을 바탕으로 사카모토는 도사의 로주 고토 쇼지로(後藤象二郎)에게 제안을 했는데, 그 내용은 도사 번주를 설득하여 도쿠가와 막부가 조정에 정권을 양도할 새로운 체제 안에서 쇼군이 명예와 함께 평화도 얻을 수 있게 하는 건백서를 쇼군에게 올리자는 것이었다. 또한 이런 조건하에 제후회의는 통일된 국가조직을 위한 더욱 굳건한 기초를 제공할 것이라는 내용도 담고 있었다.

사카모토 료마의 「선중팔책」(船中八策, 센추핫사쿠)은 마지막 쇼군이 자신의 통치권을 넘겨주게 되는 도사 번의 대정봉환(大政奉還, 다이세이호칸) 건백서의 기초가 되었다.

1. 천하의 정권을 조정에 봉환(奉還)해야 하며, 모든 정령(政令)은 조정에

서 내릴 것.
2. 상하의정국(上下議政局)을 설치하고 의원을 두어 만기(萬機)는 공의(公議)에 부쳐 결정할 것.
3. 재능 있는 공경(公卿)·제후(諸侯) 및 천하의 인재를 고문에 선발하여 관작(官爵)을 주고 종래 유명무실한 관직을 폐지할 것.
4. 외국과의 교섭은 널리 공의(公議)를 모아 새로이 정해진 합당한 규약에 따라 수행할 것.
5. 고래(古來)의 율령을 절충하고 새로이 무궁한 대전(大典)을 선정할 것.
6. 해군을 확장할 것.
7. 어친병(御親兵)을 두어 제도(帝都)를 지키게 할 것.
8. 금은물화(金銀物貨)의 가치는 외국의 가치와 일치시킬 것.[8]

급박한 정국은 1867년 11월에 절정에 다다랐다. 에도의 막정개혁세력은 더욱 효율적인 막부를 만들기 위해 자기들 나름의 개혁을 추진하고 있었으며, 사쓰마와 조슈는 군사적 충돌에 대비하여 군대를 준비시키고 있었다. 교토에서는 도사 번 사절단이 쇼군에게 그 직위와 칭호를 단념할 것을 제안하는 대정봉환 건백서를 제출했다. 건백서에 따르면 조정이 통치를 할 것이나 제후와 상하의정국이 새로운 조약, 친병, 해군 창설 등을 지도해 나갈 것이며, 지난날의 과오를 바로잡을 것이었다.

요시노부는 여기에 동의했다. 그는 제번(諸藩)에 자신의 결정을 알렸다. 교토 니조 성의 알현실에서 다이묘들은 외양적으로는 여전히 허리를 굽혀 존경과 충성을 표했다. 요시노부는 측근들에게 자문을 구하긴 했으나, 그 자신이 이 과정을 권력도 없이 책임만 져야 하는 곤경에서 빠져 나올 수 있는 길로 보았음에 틀림없다. 여하튼 새로운 공의정체(公議政體)하에서 그는 제후의 수장으로 남을 것이고, 에도에서 진행 중인 막정개혁의 성공으로 그의 위치가 강화될 수도 있었다. 그러나 이런 것들이 그가 내린 결정의 심각성을 완화시키지는 않는다. 막정(幕政)이 종말을 고한 것이다. 쇼군의 성명을 듣기 위해 니조 성에 소집되었던 도사 번의 정치가 고토 쇼지로는 한껏 고무되어 사카모토에게 편지를 썼다. "쇼군이 자신의 통치권을 조정에 봉환할 의사를 우리에게 밝혔고, 내일 이런 취지로 조정에 청원을 올릴 것이네. 또한 상하의정국도 신설될 것이네. ……이는 천년의 대사건일세. 이 나라에서 그 어떤 것도 이보다 더 큰 기쁨을 가져올 수는 없기에 내 잠시도 기다리지 못하고 이렇게 자네에게 전하는 것일세."

메이지 유신

사쓰마 번 지도부는 대정봉환 계획에 기꺼이 참여했으나, 보다 포괄적인 목표를 염두에 두고 있었기 때문에 대정봉환을 궁극적인 해결책으로 간주하지는 않았다. 쇼군의 사퇴를 건의했던 도사 번과 달리 사쓰마와 조슈는 스스로를 새로운 체제의 중심으로 간주할 수 있을 만큼 충분히 크고 또한 강력했다. 사쓰마 번의 지도자들, 특히 사이고 다카모리(西鄕隆盛)와 오쿠보 도시미치(大久保利通)는 공가 이와쿠라 도모미와 협력하고 있었다. 이와쿠라는 막부를 누르고 조정의 권위를 세우기 위해 천황의 여동생 가즈노미야와 쇼군 이에모치의 정략결혼을 지지했다가 조정의 눈 밖에 났으나 최근에 신임을 회복한 상태였다. 오쿠보는 이와쿠라에게 보낸 편지에서 "만약 모든 일이 지금 이대로 진행되어 국가 구상이라는 중대한 사안이 단순히 조정의 노고와 〔오랫동안 유명무실했던〕 태정관(太政官, 다쇼칸) 내 세 대신들의 만장일치에 의해 결정된다면, 차라리 전쟁을 하는 편이 낫습니다. ……우리는 귀하가 이 문제를 신중히 생각하여 모든 대안을 고려해보길 적극적으로 권하는 바입니다. 장차 어떤 논쟁이 일어난다 하더라도 지금 당장은 쇼군을 일반 다이묘의 지위로 강등시키는 동시에 그의 관위를 한 단계 낮추고, 자기 번으로 돌아가 잘못을 사죄하도록 하는 것이 필요합니다"라고 썼다.[9)] 다시 말해 잘못에 대한 거의 비굴할 정도의 고백과 도쿠가와가의 모든 친번의 양도가 새로운 체제의 기초를 제공해야 한다는 것이다. 사이고와 오쿠보를 위해 이와쿠라는 도쿠가와가를 벌하라는 신임 소년 천황의 명령을 받아냈다.

1867년이 저물어가던 몇 주 동안 두 가지, 실은 세 가지 안(案)이 진행 중이었다고 볼 수 있다. 에도의 관료들은 군제(軍制) 개혁을 서두르고 있었다. 사쓰마와 조슈는 무력으로 막부를 무너뜨릴 준비를 하고 있었다. 이 두 가지 안을 모두 인식하고 있던 도사 번주는 평화롭고 공평한 해결책을 모색해보고자 폭력을 피하고 쇼군의 사퇴를 이끌어내는 데 주력했다.

요시노부의 쇼군 직 사임으로 권력의 공백이 생겼다. 조정은 인근의 다이묘에게 자기 지역에 그대로 있을 것을 명했다. 막부 토벌을 승인한 천황의 조서가 철회될 것처럼 보였다. 그러나 사쓰마·도사·조슈의 지도자들은 그들의 번주를 부추겨서 토벌 준비에 박차를 가했다. 1868년 1월 3일, 조정은 왕정복고 대호령(王政復古の大號令)을 선포했다.

같은 날 작은 무리의 사람들이 궁문(宮門)을 장악하는 계획을 실행에 옮기기 위해 이와쿠라 도모미의 저택에 모였다. 요시노부는 권력뿐만 아니라 영토도 양도하라는 명령을 받았다. 앞날이 불확실한 채 요시노부는 오사카로 물러나 얼마 전부터 예정되어 있던 외국 열강 대표들과의 모임에 참석했다. 그 무렵 교토는 사쓰마 번이 이끄는 연합세력의 확고한 통제 아래 있었다. 약간의 망설임 끝에 요시노부는 분노한 가신들의 간언을 받아들였다. 요시노부는 조정에 이의를 제기한 다음 무력으로 사태를 해결하기로 결정했다. 1월 27일 교토로 진격하는 길에 도바(鳥羽)-후시미에서 전투가 벌어졌다. 격전을 벌이던 막부군은 상대편의 압도적인 화력에 눌려 패하고 말았다. 전투 준비도 지휘체계도 제대로 갖춰지지 않았던 막부군은 오사카 성으로 퇴각했다. 요시노부는 배를 타고 자신의 짧은 쇼군 재직기간 동안 한 번도 방문하지 않았던 에도로 돌아갔다. 메이지 유신 초기 내전(무진년에 일어났기 때문에 보신 전쟁〔戊辰戰爭〕이라고 부른다)이 시작되었다. 전쟁은 막부의 마지막 해군 부대가 1869년 봄 홋카이도에서 항복할 때까지 계속되었다.

2. 개항장

위에서 기술한 정치적 내러티브는 1860년대의 복잡한 상황을 제대로 반영하기에는 역부족인 면이 있는데, 이는 매 단계의 이야기가 외국인의 존재와 그로 인한 문제들에 의해 영향을 받았고 심지어는 결정되기까지 했기 때문이다. 유신정치에서 복잡한 대위법(對位法)이 연주되는 전체 배경의 통주저음을 제공한 것이 바로 이들이다. 개항을 늦추려는 막부의 노력은 일본을 찾아온 불청객들을 향한 폭력 때문에 물거품이 되어버렸다. 이 같은 폭력사태에 대한 배상 차원에서 막부가 열강에 개항조건을 양보하자 막부는 수치스럽고 비겁한 행동을 했다는 비난을 피할 수 없게 되었다. 요코하마 개항 이후 계속 터져 나온 문제들——환전(換錢), 무역 경로, 국가안보의 침해——을 놓고 벌인 승부에서 막부는 매번 졌다. 한 발짝 물러설 때마다 일본의 문호는 조금씩 더 열렸고, 외국인을 혐오하는 경향이 강한 조정은 경악을 금치 못했다. 막부관료들은 1858년에 해리스와 맺은 조약에 명기된 개항 일정을 중단하거나 아니면 적어도 연기하기 위해 안간힘을 썼고, 동시에 조정을 설득하여 양이 명령을 철회하도록 하는 것도 필요하다는 것을 알았다. 요시노부는 조정이 효고(지금의 고베) 개항에 동의하도록 밀어붙임으로써 마침내 겨우 한 차례 값진 승리를 거두었으나, 이때는 이미 유신의 드라마가 절정에 다다른 때였으므로 이 승리는 결국 막부의 해명을 필요로 하는 '범죄'로 규정되고 말았다.

한편 막부는 개항장을 통해 이득을 얻을 수 있는 방법도 있었다. 일본이 궁극적으로 서양을 격퇴하고자 한다면, 재무장을 서둘러야 하며 군대의 근대화는 최신 장비를 수입함으로써 가장 효과적으로 달성될 수 있었다. 일본의 모든 정치적 단위 가운데 막부야말로 수입계획을 통해 이득을 볼 수 있는 최우선적인 그리고 최고의 기회를 가지고 있었으며, 이를 위한 가장 많은 자원 역시 막부가 보유하고 있었다.

페리의 내항 직후 네덜란드 해군 장교들은 나가사키의 해군훈련소(海軍

傳習所)를 발전시켰는데, 이 훈련소 생도의 3분의 1 이상이 나가사키 방어를 책임지고 있던 사가 번에서 온 학생들이었다. 환대를 받으며 네덜란드 군함을 시찰한 적이 있는 사가 번주는 네덜란드인 교관들과 막부 학생들에게 서양학문을 가르치는 사가 번교 방문을 권유했으나, 막부와 사가 번 사람들이 너무 친해지는 것을 우려한 막부 감독관들의 반대로 성사되지 못했다.[10] 사실 막부 감독관들은 신중한 입장을 취할 수밖에 없는 이유가 있었다. 도쿠가와 막부의 모든 적들 가운데 사쓰마와 조슈는 나가사키에 지리적으로 가까웠고, 따라서 근대식 무기를 구할 수 있는 가장 유리한 위치에 있었기 때문이다.

1860년대 내내 외국 대표들은 주로 무역문제에 관심을 가졌고, 반면에 일본측 대표들은 정치문제에 더 치중했다. W. G. 비즐리의 지적대로 "서양은 개항체제를 상업적 이익이라는 관점에서 보았으나, 중국과 일본은 [양편 모두] 이 체제가 가한 정치적 치명상에 정신이 팔렸다. 중국과 일본은 거의 아무 생각 없이 경제적 이권을 내주었다."[11]

영국과 프랑스가 조약 이행을 촉구하는 투쟁을 주도해 나갔다. 미국은 내전으로 분열되어 있었고, 크림 전쟁으로 쇠약해진 러시아는 국내개혁에 집중하고 있었다. 그 결과 1860년대에 일본과 관련된 외교관들은 일본으로 부임하기 전에 대개 중국 해안에서 근무했다. 이들이 느낀 좌절감은 그같은 현실의 산물이었음을 인정해야 한다. 하지만 그들은 그런 좌절감으로 인해 중국에서 형성된 고압적인 태도를 일본에 와서도 그대로 유지했다. 회유를 시도하면 상대방의 눈에 자신이 나약해 보일 것이므로 외교에서 성공적으로 우위를 점하기 위해서는 필요하면 언제든 기꺼이 무력을 행사하겠다는 자세가 중요하다고 그들은 생각했다. 1859년부터 1861년까지 일본에 주재했던 초대 영국 공사 러더퍼드 올콕의 글에서 이와 같은 생각을 잘 엿볼 수 있다.

동양에서 잘못과 침략을 유발하는 것은 다름 아닌 자신의 나약함이나 혹은 상대방의 눈에 약하게 보이는 것이다. ……따라서 모든 유화적인 접근 절차가 실패하면 여실히 드러나겠지만, 이 지역에서는 굳건한 무력의 토대, 또는 힘이라는 요소에 의존하지 않는 모든 외교술은 잘못된 전제에 기초하고 있는 것이며 필연적으로 자기의 목표를 달성할 수 없다. 혹시 그 목표가 평화일 때는 더욱 그러할 것이다.[12]

1859년에 요코하마가 외국과의 무역을 위해 개항된 뒤 발생한 첫 번째 문제는 상거래에 사용되는 통화의 문제였다. 해리스는 무게를 달아 은화를 환전하자고 요구했지만 막부관료들은 일본 은화의 은함유량이 더 많다는 것을 알고 이 요구를 거부했다. 그러나 얼마 지나지 않아 이 문제는 더 큰 문제가 등장하면서 뒷전으로 밀려났다. 에도와 오사카에서 사용되는 일본의 통화 사이에도 큰 차이가 있었는데, 더 큰 격차는 금과 은의 상대적 가치와 관련이 있었다. 일본에서는 금과 은의 교환비율이 대략 1대 5 정도였으나, 세계 수준은 1대 15에 가까웠다. 외국 무역상들은 일본의 금냥(兩)을 상하이에 수출하여 은화로 바꾼 다음 다시 일본에 들여와 금을 사들이면 엄청난 이익을 올릴 수 있음을 재빨리 간파했다. 어떤 이의 표현을 빌리자면 이런 '골드러시'는 막부로 하여금 일본 전체 화폐의 재통합을 불가피하게 만들었는데, 이는 1860년대에 대략 1,600가지의 지폐와 다수의 경화(硬貨)가 통용되고 있었다는 사실을 감안해 볼 때 일면 바람직한 조치일 수 있었다. 그러나 실제로 이 조치를 취하자 물가가 급등하여 도시민의 생활이 어려워졌다. 1862년에 에도의 마치부교(町奉行)는 물가가 50% 상승했다고 보고했다.

또한 조약항의 외국인 거류지 바깥에는 외국인에 대한 폭력과 위협이 상존했다. 일본 내의 많은 테러주의자들은 외국인과의 전쟁을 선동하고 있었다. 어떤 사람들은 이런 식으로 막부를 곤경에 빠트림으로써 정치적 이득을 보려 했고, 반면 어떤 사람들은 단순히 외국인을 혐오하는 검객들이었다. 외국인이 공격을 받으면 막부는 그들의 금전적 보상 요구를 그대로 들어주는 것 외에는 대안이 없다고 생각했다. 더 많은 개항장을 내어주는 형태의 정치적 양보는 막부에게 더 비싼 대가를 치르게 할 수도 있었기 때문이다. 결과적으로 상당액의 돈이 유출되었다. 1861년에 타운센드 해리스의 통역 헨리 휴스켄이 에도에서 칼을 맞았다. 해리스의 반응은 비교적 신중했으나 여섯 달 후 도젠지(東禪寺)에 있는 영국 공사관이 조슈 번 사무라이들의 공격을 받자 영국은 배상을 요구했다. 유사한 사례 중 가장 비싼 대가를 치른 경우는 영국 상인 리처드슨 살해사건이었다. 영국은 금전적 보상뿐 아니라 관련자를 영국인이 참관한 상태에서 처형할 것을 요구했다. 막부는 영국 해군사령관들이 일본 항구에 머무르는 동안 매일 경비를 지불했다. 막부가 사쓰마측에 리처드슨 살해 관련자를 내놓으라고 압력을 가했으나 성과를 거두지 못하자, 영국 군함의 강력한 분견대가 가고시마 항에 들어가 사쓰마 번 군함들을 나포했다. 그 과정에서 영국 군함이 포격을 가하여 가고시마 시가지 여러 곳이 불에 탔다. 1863년 6월 조정의 양이 명령을 실행에 옮기려던 조슈의 무력행사는 함대를 대기시켜 놓고 있던 서양열강으로부터 분노를 샀고, 이듬해 이들은 연합하여 시모노세키 연안 포대를 공격했다. 이 일련의 사건들은 막부와 직접적인 관련이 없었음에도 불구하고 서양이 막부에 손해배상을 요구하는 근거가 되었으며, 막부는 어쩔 수 없이 이들의 요구를 들어주었다. 큰 금액은 경화(硬貨)로 지불했으며(리처드슨 사건에 대한 배상금으로 10만 영국 파운드를 300만 은 달러로 지불했다), 또 다른 폭력사태를 방지하기 위해 밤중에 몰래 전달되었다. 그래서 이따금 사쓰마 번과 조슈 번 사람들은 막부가 외국인들과 결탁하고 있으며 "외국인의 손을 빌려 자신들을 공격하려 한다"고 막부를 비난했다.

이런 위험한 상황과는 반대로, 개항일정을 연기해달라는 막부의 요청은 별다른 성과를 거두지 못했다. 초기의 노력은 1862년 런던 의정서로 이어졌으나 폭력사태로 무산되었고, 개항 연기를 요청하기 위해 유럽에 파견된 두 번째 사절단은 공교롭게도 시기적으로 너무 안 좋을 때 가는 바람에 사절단의 대표는 일정을 연기하기는커녕 도리어 앞당기는 데 동의를 하고 말

| 막부의 멸망 |

았다. 그 결과 그는 귀국해서 파직당하고 온갖 비난의 말을 들어야 했다. 외국인들과 그들을 상대하는 일본인 상인들은 대개 살아가기 힘들었고 위험했으며, 이들에 대한 일본인의 공격에 자극받은 서양열강은 일본에서 조약항 체제를 굳건히 하기 위해 추가조치를 취했다. 1864년에는 홍콩에서 파견된 1개 연대 병력이 외국공사들을 보호한다는 명분으로 에도에 주둔했다.

마지막으로 영국과 프랑스 간의 경쟁이라는 또 다른 요소는 1864년부터 1868년까지 제2제정 프랑스의 주일 공사로서 일본에 체류했던 레옹 로슈와 1865~1883년에 주일 영국공사 해리 파크스라는 두 인물을 통해서 흥미롭게 전개되었다. 두 사람 모두 노련한 식민주의자였다. 파크스는 광저우에서 통역으로 경력을 쌓기 시작했으며, 로슈는 북아프리카에서 수십 년을 보냈다. 이들은 개항이나 테러와 관련된 주요 쟁점에 대해서는 공조를 취하면서도, 막부의 힘이 쇠약해지기 시작하자 자국을 위한 다른 기회들을 찾아냈다. 파크스는 겉으로는 정치문제에 관심이 없는 듯 초연한 태도로 일관했지만, 그의 사쓰마 방문은 막부에 대한 압력을 은연중에 증대시켰고, 영국의 대일정책은 서남부 번들을 편들고 있다는 인상을 주었다. 파크스의 유능한 통역(그리고 파크스의 후임 공사에 취임하는) 어니스트 새토가 조약항에서 발간되던 신문*에 상부의 허락 없이 발표한 평론「영국정책론」(On English Policy)은 일본어로 번역되어 광범위하게 유포되었으며, 영국의 의도를 진술한 것으로 간주되었다. 새토는 조정의 힘이 커지고 있는 듯하니 막부와 서양열강은 조정으로부터 조약에 대한 정식 승인을 받기 위해 함께 노력해야 할 것이라고 주장했다. 반면 프랑스인 로슈는 막부의 발전과 군제개혁을 도와주면서 자국에게 유리한 기회를 잡기 위해 촉각을 곤두세웠다. 일본은 치명적인 병충해로 견직물 생산에 큰 타격을 입은 프랑스에 누에씨가 담긴 채반을 대량으로 수출하면 프랑스의 도움에 답례가

* 신문 이름은 *The Japan Times*.

될 것으로 생각했다. 프랑스 군사 사절단이 막부의 군대를 훈련시키기 위해 파견되었고, 프랑스 기술자들은 요코스카(橫須賀)에서 해군기지와 조병창 건설에 착수했다. 영국과 프랑스 양국 공사의 시도는 일본의 정치적 변화를 가속화하는 데 일조했다. 영국이 조정을 편들고 있다는 인식은 천황 중심의 일본 통일을 주장하는 이들에게 힘을 실어주었고, 프랑스의 도움으로 막부가 더 강력해질지도 모른다는 두려움은 아직 시간이 있을 때 서둘러 그것을 저지해야 한다는 생각을 갖게 했다.

　1860년대는 서양인 사업가 개인에게도 기회를 제공했고, 그들의 활동은 이따금 정치적 파장을 몰고 오기도 했다. 무기상들은 막부와 번 모두가 재무장에 열을 올리고 있던 때에 한몫 잡을 수 있는 입장에 있었다. 스코틀랜드 상인 토머스 B. 글로버(그가 살았던 나가사키의 저택은 지금도 관광객들에게 '나비부인의 집'으로 소개되고 있다) 같은 상인들은 서남부 번들로부터 엄청난 환심을 사서 전설적 인물이 되었다. 그는 1859년에 나가사키에 도착해 중국 연안의 거대 영국회사 자딘 매시슨 앤 컴퍼니*의 하청업자로 출발했다. 1862년에 그는 자기 회사를 세우고, 대부분이 중국인인 직원들을 데리고 일본차 수출사업을 시작했다. 1864년에는 일본의 정치적 혼란을 틈타 선박과 무기 거래로 큰 이득을 보았고, 요코하마와 상하이에 지점도 열었다. 이보다 앞서 1862년에 막부가 다이묘들의 재무장을 장려하는 차원에서 다이묘의 외국선박 구매 금지를 폐지했는데, 이후 막부와 다이묘들이 중국 연안에서 사용되었던 소형 중고 증기선들을 앞 다투어 구입하는 바람에 글로버에게 기회가 왔던 것이다. 1860년대에 167척의 선박이 수입되었고, 그 가운데 116척이 나가사키를 통해 들어왔다.

　이런 무역에 종사하는 대부분의 무역상들은 필요한 자금을 고율의 이자를 무는 장기신용대출을 통해 해결했다. 글로버는(무기 밀매와는 거리를 두고 있던) 자딘과 다른 공급자들로부터 그럭저럭 자금을 융통했다. 그는

---

* Jardine, Matheson & Co. 중국명은 怡和洋行.

| 막부의 멸망 |

1865년부터 1868년까지 나가사키와 요코하마에 50만 정 이상의 라이플총을 수입하는 데 큰 역할을 했고, 그 가운데 7,300정은 막부와의 전쟁을 준비하던 조슈 번이 사들였다. 글로버는 또한 나가사키 근처의 다카시마(高島) 석탄광산 개발에도 관여했다. 그곳에서 생산된 석탄은 미국·프랑스·독일·러시아의 해군 함정에서 사용되었다. 멕시코 달러가 강세였던 요코하마, 일본 화폐가 더 강세였던 나가사키, 환율이 이와는 또 달랐던 상하이와의 무역은 한층 더 많은 기회를 제공했다. 글로버는 위태롭게 신용한도를 넘어서는 거래를 자주 했는데, 대금 상환을 해야 하는 자단에게 허락도 받지 않고 막부로부터 암스트롱 대포 구매 계약금으로 받은 멕시코 달러(은 달러)를 사쓰마 번에 빌려준 적도 있었다. 훗날 그는 자신이 도쿠가와 막부를 무너뜨리는 데 공헌을 했다며 으스댔지만, 기록을 보면 그는 단지 자신의 손익계산서에 충실했을 뿐이며, 단시일 내에 이익을 챙길 수 있다는 보장만 있으면 어느 누구와도 기꺼이 거래했음을 알 수 있다. 가나가와의 한 영국 영사가 보고했듯이 당시는 "자본은 거의 없으면서 단시일 내에 크게 한몫 잡아 그 바닥을 떠날 꿈에 사로잡힌 수많은 모험가들이 일본의 상거래판에 뛰어드는 상황이었다. 이들은 사업에 일종의 도박 근성을 들여왔으며, 얼마 지나지 않아 정상적인 거래가 더 이상 이루어질 수 없을 정도의 경쟁과 무모한 투기를 일삼았다."[13] 결국 글로버는 자신의 회사를 잃었으나 무대를 떠나지는 않았다. 그는 미쓰비시의 고문으로 일하던 중 1911년에 사망했다.

외국인의 역할과 관련해서 마지막으로 살펴볼 것은 그들이 활동했던 지역에서 일본의 신분제 사회를 와해시키는 데 크게 공헌했다는 점이다. 일본인 사업가들은 발 빠르게 외국인들을 상대하는 유흥업소를 열었으며, 실제로 고운테이 사다히데(五雲亭貞秀)의 판화들은 요코하마간키로(橫浜巖龜樓)와 그 밖의 다른 유곽에서 파티를 벌이는 외국인들의 모습을 화려한 색채로 보여주고 있다. 그러나 일반 외국인 상인과 방문객들이 사실 이보다 더 큰 역할을 했다고 볼 수 있다. 1859~1866년에 가나가와와 요코하마에 체류했던 프랜시스 홀의 일기는 호기심 많고 사람 좋은 외국인들이 일본인의 삶의 질을 바꾸어놓을 수 있었던 과정을 어떤 의도적인 것 없이 예시(例示)함으로써 흥미진진한 읽을거리가 되었다. 남자들이 권총으로 자신을 무장하는 것이야 충분히 그럴 수 있는 일이었지만, 그렇다고 해도 외국인들이 에도 만에 있는 작은 섬에 소풍 삼아 갔다가 종국에는 표적을 정해놓고 사격시합을 하는 것은 자신만만한 외부인들을 보고 당황했던 일본 서민들에게는 도덕적 질서의 붕괴나 다를 바 없었다. 외국인이 서민들의 집에 불쑥 찾아 들어가 신발도 벗지 않고 구석구석 헤집고 다닌 것은 순수하지만 단호한 민족지적 호기심에서 비롯되었다. 한편 항상 용맹과 담력을 자랑하던 사무라이들이 이런 사태에 속수무책이라는 것을 서민들은 알게 되었고, 그리하여 일본사회의 지배구조가 더 이상 이치에 맞지 않다는 깨달음이 급속히 확산되었음에 틀림없다. 다른 한편 칼을 찬 사무라이와 로닌의 눈에는 외국인들의 그런 파렴치한 행동이 치가 떨릴 만큼 열등감을 상기시키는 것으로 보였을 것이다. 분노가 이러할진대 불난 집에 부채질하는 식의 행동을 하는 분별력 없는 외국인은 목숨이 위태로워지기 십상이었다.[14]

3. 서양 체험

외국인이 일본에 들어오는 것에 대해서는 격렬한 반대가 있었지만, 일본의 지도자들은 정작 자신이 서양에 가보는 것에 대해서는 별 거부감이 없었다. 어떤 사람들은 일본에 체류하는 서양인들이 그리스도교를 전파해서 일본의 국체(國體)를 위태롭게 한다고 생각했고, 또 혹자는 일본에 외국인이 있다는 것 자체가 신국(神國)의 신성한 땅을 더럽히고 천황에 대한 무언의 위협이 된다고 생각했다. 또한 많은 사람들은 외국인의 일본 입국을 허용한다면 일본이 서양의 식민지처럼 될지도 모른다고 우려했다. 이들은 중국에서 실질적인 교훈을 얻었던 것 같다. 청조는 외국인을 못 들어오게 하는 데 실패하는 바람에 중국 연안지역에 대한 주권을 상실했고, 해괴한 형식의 그리스도교가 태평천국의 난이라는 재앙을 초래했다. 그러나 일본인을 해외로 내보내는 일은 위에서 말한 위험 가운데 어떤 것에도 해당되지 않았다. 심지어 도쿠가와 나리아키도 만약 서양인이 진정 원하는 것이 무역이라면 자신을 해외로 파견하여 그들과 교역하도록 해달라는 제안을 했고, 나리아키 못지않은 국수주의자인 요시다 쇼인도 페리의 함정에 승선하려 했었다. 서양 여행은 앞서가고 있는 서양을 무찌르기 위해 서양에서 배우고 그 힘의 비결을 알아내는 것을 의미했다.

첫 번째 단계는 진지하게 서양을 연구하는 것이었다. 페리의 내항과 더불어 진취적인 막부관료들은 장차 반쇼시라베쇼(蕃書調所), 즉 '오랑캐 서적 연구소'라는 기관의 설립을 제안했다. 관료들은 이 연구소가 군사문제를 집중적으로 연구해야 한다는 데 동의했지만, 군사문제 역시 다른 분야와 연관되어 있었다. 가쓰 가이슈가 어떤 상소에서 밝혔듯이, 이 연구소가 다루어야 할 것은

> 군사문제와 포술이다. 그 안에 천문학, 지리학, 과학, 군사학, 포술, 축성법(築城法), 기계학 등을 연구하는 학부를 개설하라는 지시를[내려야 할 것이다].

가쓰의 제안은 다음과 같이 쓰쓰이 마사노리(筒井政憲)의 지지를 얻었다.

> 서양에 대해 더 많은 것을 아는 것이 시급하다. 서양의 강점과 약점, 각국의 외양과 실체, 육해군의 상태, 서양에서 사용되는 기계의 이점과 결점 등과 같은 실로 유용한 사항들을 연구함으로써 우리는 그들의 강점을 취하고 약점을 피할 수 있다. ……[우리는 다음의 책들을 번역해야 할 것이다.] 포격, 포대 설치, 축성에 관한 책, 군함의 건조와 조종법에 관한 책, 항해

와 항해술에 관한 책, 육해군 병사의 훈련교범, 기계공학 서적 등, 서양 각국의 진정한 강점과 약점, 외양과 실체를 낱낱이 밝히는 책들을.[15]

이런 연구의 유용성에 대한 커져가는 인식은 위에서 말한 연구소의 명칭에 반영되었다. 몇 년 뒤 이 연구소의 명칭은 '서양서적 연구소'라는 뜻의 요쇼시라베쇼(洋書調所)로 바뀌었고, 얼마 후 다시 '개발 연구소'라는 뜻의 가이세이조(開成所)로 개칭되었다. 이 연구소는 번의 경계를 넘어서 일본 전역에서 인재를 모았다. 사가와 사쓰마를 포함한 많은 번들이 이와 유사한 연구소를 조직하기 위해 노력을 기울였다. 얼마 지나지 않아 양학(洋學) 전문가들에 대한 수요가 크게 늘어났다.

이런 연구는 곧 해외여행과 외국유학으로 이어졌다. 첫 번째 기회는 타운센드 해리스와 맺은 통상조약 비준을 위해 1860년에 미국으로 사절단을 파견하면서 찾아왔다. 이 1860년의 사절단은 총 77명으로, 그 가운데 많은 사람들이 자신의 여행일지를 남겼다. 그들의 일지를 바탕으로 판단하건대 사절단의 일본지도자들은 서양에 대해 별로 호기심이 없었던 것 같다. 그들은 체면을 유지하는 데 더 신경을 썼다. 사절단의 수석대표는 기술에 그다지 관심이 없었던 것으로 쓰고 있다. 그는 국경일 행사에 여자들이 참석하는 것을 비롯해서 미국사회의 희한한 특징들에 대해 극도의 혐오감을 드러냈고, 특히 미국상원의 꼴사나운 무질서 때문에 미국에 대해 깊은 인상을 받지 못했다. "의원 중 한 명이 일어나서 미친 사람처럼 격렬한 몸짓을 하며 목청이 터져라 장광설을 늘어놓았다. 그가 자리에 앉자 다음 사람, 또 그 다음 사람이 그를 따라했다"고 썼다. 백악관에서 환영연회를 마친 뒤에는, 일지에 "야만인들이 고개를 들어 동양제국의 영광"을 우러러보게 되기를 바란다는 희망사항을 거만하게 적어두었다. 그러나 미국인들의 생각은 좀 달랐다. 월트 휘트먼 같은 사람은 브로드웨이를 따라 행진하는 일본사절단의 행렬을 보면서 "눈부신 맨해튼, 그리고 미국동포들이여! 마침내 우리에게 동양이 왔다"며 의기양양해 했다. 이런 국민적 자부심에 대한 논쟁

| 막부의 멸망 |

은 일단 접어두더라도, 이 사절단은 서양세계에서 보고 느낀 부(富)와 힘을 지향하며 스스로 방향을 전환하려던 일본이 최초로 경험한 공식 해외 항해로서 중요한 의미를 가진다. 사절단 대표들도 자신들에게 주어진 역할의 중요성을 제대로 인식하고 있었다. 이들의 조상이 천년 전에 중국을 여행했듯이, 비록 방향은 반대지만 이제 자신들이 그 전통을 따르고 있었던 것이다.

사절단 대표들이 호기심이 부족했다는 것은 사실 전체 이야기의 일부에 지나지 않는다. 특별히 선발되어 그들과 동행했던 몇몇 사람들은 미국 방문을 통해 훨씬 더 많은 것을 배웠기 때문이다. 일본 사절단이 타고 가는 미국 선박과 동행한 작은 증기선 한 척이 있었다. 막부가 네덜란드로부터 구입하여 1857년에 나가사키에 입항한 간린마루(咸臨丸)라는 이 군함은 길이 163피트(48m)에 100마력의 엔진으로 움직였다. 간린마루는 미국인 고문 한 명이 승선하고 있기는 했지만 가쓰 가이슈가 지휘하는 일본인 선원들의 힘으로 항해했고, 마침내 일본 최초로 태평양 횡단에 성공하자 이 배에 타고 있던 사람들은 크게 고무되었다. 게다가 사절단의 모든 사람들이 방안에 꼼짝 말고 있어야 한다는 규칙을 철저히 지킨 것은 아니었다. 사절단의 통역을 맡은 몇몇 청년들은 그들이 목격한 것들에 대해 잔뜩 호기심을 가졌으며, 훗날 19세기 일본의 가장 중요한 지식인들 가운데 하나가 되었다. 그 중 몇몇은 개항 일정 연기 임무를 띤 사절단의 일원으로 2년 후 다시 여행에 나섰다. 그들은 임무를 완수하지 못했고, 1864년에 또다시 파견될 사절단도 이 점에서는 마찬가지였지만, 방문할 때마다 일본인은 서양에 관해 더 많은 것을 배우게 되었다. 1860년대에는 사절단 파견이 점점 빈번해졌다. 사절단의 방문횟수가 늘어나고 방문목적은 한층 분명해졌으며, 사절단 구성원들이 가지고 돌아가는 견문은 갈수록 정교해졌다. 첫 번째 사절단 이후의 사절단 대표들은 더욱 열심히 역할을 수행했다. 그들은 더 많이 보고 더 많이 숙고했다. 얼마 지나지 않아 일본 사절단은 강대국을 약소국과 구분하는 기준이 산업발전이라는 것을 깨달았다. 아마도 파리가 런던보다 더 아름답겠지만, 영국은 그 모든 먼지와 소음, 그리고 도시빈민의 불결함에도 불구하고 프랑스보다 더 큰 힘을 창조했다. 사절단의 한 기록에 따르면 "기차, 전신(電信), 병원, 학교, 조병창, 공업 면에서는 영국이 프랑스보다 20배는 더 많이 보유하고 있음에 틀림없다"고 강조했다.[16] 사절단 파견은 줄줄이 이어졌다. 1867년에 막부가 몰락할 당시 여섯 번째 사절단이 해외에 나가 있었고, 쇼군 요시노부의 동생은 미래의 지도자가 되기 위해 파리에서 교육을 받고 있었다.

일본의 군사제도를 근대화할 필요성을 인식했다는 것은 막부와 웅번들이 서양식 군비를 갖추는 계획에 착수했음을 의미한다. 장교들이 자신의 부하, 운반인, 장비 등의 공급을 책임져야 하는 사무라이들의 전통적 전술은 교체되어야 한다는 점이 곧 분명해졌다. 그러나 이를 시행할 경우 제도개혁이 불가피했다. 근대식 라이플총으로 무장한 부대의 밀집대형 훈련은 통일성과 규율 확립을 필요로 했고, 이런 것들을 익히는 데는 서민도 가능했고, 사실상 제멋대로인 세습 사무라이 계층보다 오히려 서민이 더 나았다. 몇몇 번에서 비사무라이 계층을 포함한 부대를 조직했다. 그 중에서도 일찍이 1850년대 초에 요시다 쇼인이 이런 변화를 옹호했던 조슈 번이 단연 앞서 나갔다. 번정(藩政) 장악을 둘러싼 싸움에서 그리고 막부의 조슈 번 정벌에 대항하는 전쟁에서 조슈의 '기병대'(奇兵隊, 기헤이타이)는 톡톡히 한몫을 했다. 다른 번들도 조슈 번을 따라했다. 1860년대 말경 막부는 개혁의 마지막 단계에서 사무라이들이 입대를 원하는 서민들을 자신의 봉록으로 고용할 수 있게 하는 계획을 추진하고 있었다.

해외유학생 파견에도 그 궤적에 변화가 생겼다. 이것 역시 막부가 주도했고, 1862년 11월 11명의 첫 유학생 일행이 네덜란드 배를 타고 자바를 경유하여 네덜란드에 도착했다. 그들의 임무는 항해술, 법학, 의학 등을 공부하는 것이었으나, 호기심 많은 젊은이들이 여기에 만족하기는 어려웠다. 그들 가운데 한 명이었던 니시 아마네(西周)는 레이던 대학 교수에게 이렇게 편지를 썼다. "저는 우리나라 국법에서 금하는 종교와는 구별되는 철학 또는 과학이라고 불리는 지식 분야도 공부해보고 싶습니다. 예전에 데카르트, 로크, 헤겔, 칸트 그 밖의 여러 사람들로 대표되던 바로 그 분야 말입니다. ……이 연구주제가 무척 공부하기 어려울 것 같기는 하지만 ……제 소견으로는 우리나라의 문명에 공헌할 것으로 보입니다." 귀국 직후 니시는 막부와 번이 공유하는 결정사항들을 취합하여 헌법을 기초하는 임무를 맡았다.

두 웅번 조슈와 사쓰마도 막부에 크게 뒤지지 않았다. 1863년에 나가사키의 상인 토머스 글로버는 조슈 번 젊은이 5명이 학업을 목적으로 영국에 가는 것을 도와주었다. 그 가운데 2명은 요시다 쇼인의 제자였으며 훗날 메이지 정부의 지도급 인사가 되었다. 외국 군대가 시모노세키에 있는 조슈 포대를 공격할 준비를 하고 있다는 소식을 듣자마자 이토 히로부미(伊藤博文)와 이노우에 가오루(井上馨)는 서둘러 일본으로 돌아와 그 참화를 막아보려 했으나, 동포들은 그들의 충고를 따르지 않았고 외국 군대는 예정대로 대포를 발사했다. 또 한 명의 유학생 야마오 요조(山尾庸三)는 1870년까지 해외에 체류했고 스코틀랜드의 한 조선소에서 일하며 기술대학에서 학업을 계속했다. 야마오는 귀국하자마자 메이지 정부의 공부대학교(工部大學校, 고부다이갓코) 교장이 되었다. 이 학교는 6개 학과를 갖추고 1873~1885년에 47명의 외국인 교사를 기용했다. 사쓰마 번도 나가사키의 글로버를 통해 유학을 추진했다. 사쓰마 번이 자체적으로 설립한 가이세이조(開成所)에 소속되어 있던 10명을 포함하여 총 14명의 젊은이들이 1865년에 영국과 프랑스로 유학을 떠났다. 이는 무기 구매를 위한 경제력을 확보하기 위해 오키나와와 사쓰마의 제품들을 영국 선박으로 상하이에 수출한다는 야심찬 계획의 일부였다. 이들 가운데 5명이 훗날 일본의 걸출한 인물이 되었다. 그들은 널리 여행하면서 서양이 갖고 있는 힘의 원천을 깊이 탐구했다. 모리 아리노리(森有禮)는 유토피아적 공동체에 가담했으며, 메이지 유신 이후 귀국해서는 외교관을 역임하고 메이지 교육제도의 기초를 닦았다. 훗날 외교관이 되는 또 한 명의 유학생 데라시마 무네노리(寺島宗則)는 네덜란드를 방문하고 나서 네덜란드는 더 이상 중요한 나라가 아니었다는 사실을 일본에 알려주었다. 앞으로는 진정한 강대국을 배우기 위해 노력을 경주해야 한다고 그는 썼다.

어떤 이는 스스로 길을 개척했다. 번 당국으로부터 네덜란드어를 배워 항해술을 공부하라는 지시를 받은 니지마 조(新島襄)는 이를 따르지 않고 홋카이도로 향했고, 1864년에는 미국으로 가기 위해 미국행 상선에 몸을 싣고 객실 급사로 일했다. 미국에서 자수성가한 니지마는 10년 뒤 귀국하여 교토에서 그리스도 공회와 도시샤(同志社) 대학을 설립했다. 이처럼 외국을 경험한 젊은이들은 일본에 근본적인 변화가 필요하다는 것을 확신하게 되었다. 바깥세상은 생각했던 것보다 위협적이지 않았고, 거기서 얻는 성과는 사람들의 마음을 끌어당기기에 충분했다. 아울러 이들은 일본국민으로서의 정체성, 그리고 일본의 중앙집권화와 통일에 대한 필요성도 강하게 인식하게 되었다. 일본을 떠난 지 10여 년 안에 이들은 일본으로 돌아왔고, 새로운 정부를 위해 일하는 뛰어난 근대 지향적 전문가 세대의 중핵을 형성했다.

이 모든 서양 체험자들 가운데 통역가 겸 양학연구자로 활동하면서 훗날 자기 세대를 이끄는 지식인이자 교육자가 된 한 젊은이만큼 자신에게 주어진 과제를 진지하게 받아들인 사람도 없었다. 그가 바로 후쿠자와 유키치(福澤諭吉)이다. 1835년 규슈에서 태어난 그는 오사카에서 네덜란드어를 배웠고, 서양세계에 파견되는 첫 두 사절단을 통역가로서 수행하기 전에 반쇼시라베쇼(蕃書調所)에서 막부를 위해 일했다. 그는 지칠 줄 모르는 호기심과 정력의 소유자였고, 자신이 방문했던 나라들에 대한 책과 정보를 모으는 데 수고를 아끼지 않았다. 귀국하자 서양에 대한 자기 세대의 교과서가 되는 책의 집필에 착수했다. 『서양사정』(西洋事情, 세이요지조)이라는 이 책은 광범위하게 읽혔고, 당대 거의 모든 주요 인물들의 개인기록과 서신에서 그 책에 대한 언급을 찾아볼 수 있을 정도다.

1866년에 출판된 이 책의 초편(初編)은 대략 15만 부가 팔려 나갔고, 아마 해적판도 거의 같은 부수만큼 판매되었을 것이다. 후쿠자와는 누구나 이해할 수 있는 단순 명료한 문체를 구사하여 당시 일본인이 서양국가들에 대해 품고 있던 어렴풋한 상상을 보다 구체화하는 데 필요한 정보를 전했다. 다시 말해 병원, 학교, 신문, 구빈소(救貧所), 세제(稅制), 박물관, 정신병자 수용소 등과 같은 일상과 관련된 사회제도에 대한 쉽고 간결한 설명을 제공했다.[17]

서양 체험자들은 외국인에 대한 두려움과 적의가 들끓는 일본으로 돌아왔을 때 종종 외상과 같은 충격을 받기도 했다. 후쿠자와는 이발사가 면도칼을 든 채 삿대질을 해가며 양학연구자들을 욕하는 동안 자기가 이발소 의자에 앉아 얼마나 떨었는지에 대해 말한 적이 있다. 자기의 정체가 발각되지 않도록 해달라고 후쿠자와는 속으로 기도를 했다. 네덜란드에서 유학을 마치고 갓 돌아온 니시 아마네는 왕정복고 선포 후에 자포자기의 심정으로 레이던 대학의 스승에게 반(反)외세 열성분자들이 일본을 통제하게 되었기 때문에 자기가 더 이상 소식을 전할 수 없게 될지도 모른다는 내용의 편지를 썼다. 그러나 우려와는 달리, 일본이 강해져야 한다는 현실에 대한 각성과 더불어 외국인들을 죽이자고 외치던 열성분자들의 목소리는 '문명개화'를 향한 열의 앞에 차츰 잦아들었고, 후쿠자와와 니시 모두 자신이 거의 선지자적인 위치에 있음을 발견했다. 후쿠자와는 자서전에서 다음과 같이 썼다.

> 유럽에 사절단으로 가 있는 동안 나는 외국 문화의 가장 일상적인 면면들을 자세히 들여다보고자 애썼다. 당시 여행길에 나는 과학이나 기술을 공부하는 데는 신경을 쓰지 않았는데, 그런 것들은 일본에 돌아가서 책으로도 배울 수 있다고 생각했기 때문이다. 대신 나는 그곳 사람들로부터 직접 일상생활과 관련된 훨씬 평범한 문제들을 배워야 한다고 느꼈는데, 유럽 사람들이 그런 자신들의 생생한 모습을 책에서 묘사할 리가 만무했기 때문이다. 그러나 실제로 우리에게는 그런 일상적인 문제들이 가장 이해하

기 어렵다. 그래서 나는 좀 중요하겠다 싶은 사람을 만나면 언제나 그에게 질문을 하고 그의 한마디 한마디를 모두 공책에 적어두었다. ……일본에 돌아와서 나는 이렇게 적어둔 기록들을 토대로 연구했으며, 또한 유럽에서 가져온 서적들에서 필요한 내용을 조사하여 내 책 『서양사정』의 자료로 삼았다.[18]

처음 해외여행에 나섰던 1860년부터 1901년 눈을 감던 그날까지 후쿠자와는 19세기 일본의 으뜸가는 근대화주의자라는 명성을 누렸다. 훗날 일본 최초의 사립대학이 되는 게이오(慶應) 의숙의 설립자로서, 그리고 문화적인 문제와 공적인 문제에 관한 평론과 저작을 끊임없이 발표한 논평가로서 후쿠자와 유키치의 영향은 메이지 시대의 생활 구석구석에 파고들었다.

4. 그 밖의 일본인들

메이지 유신이라는 드라마는 대개 승자와 패자의 관점에서 다루어져왔다. 양편 모두 사무라이들이며, 몇몇 모험적인 공가가 여기에 추가된다. 그러나 이런 관점을 그대로 받아들이는 것은 나머지 동포들을 각성하지 못한 존재, 즉 유학자들이 자주 말하듯이 우민(愚民)으로 취급하는 것이나 마찬가지다. '우민'은 다양한 구성원들로 이루어졌고 사실 어리석지도 않았다. 일본 전역에는 사무라이 당국과 마을사람들의 중개자로서 마을과 구역을 위해 일하는 계층이 존재했는데, 이들의 집안은 대개 어느 정도의 재산과 나름의 전통을 가지고 있었다. 그들은 지역마다 다른 이름으로 불렸다. 일본 서부에서는 주로 쇼야(庄屋), 동부에서는 나누시(名主)라 불리는 촌역인이 있었고, 막부 직할령의 군(郡)에는 군추소라이(郡中惣代)가 있었다. 또한 간선도로를 따라 설치된 숙박시설인 혼진(本陣)에도 책임자가 있었다. 이처럼 무수히 많은 촌역인들이 사실상 체제를 움직이게 한 실무자들이었다. 이들에게는 글을 읽고 쓸 줄 알고 책임감이 강하다는 공통점이 있었다. 그들은 자신들이 대표하는, 다시 말하면 자신들이 '보호해주는' 사람들로부터 존경을 받기도 하고 불신을 당하기도 했다. 이들은 세금을 징수하는 일도 했으므로 세금을 내는 입장에 있던 사람들에게는 꼭 필요하면서도 믿지 못할 존재였던 것이다.

비록 당시에는 신문도 없고 정보를 입수할 수 있는 별도의 경로도 없긴 했지만, 일반적으로 이들은 나라 돌아가는 사정에 대해 놀라울 정도로 잘 알고 있었다. 또한 지적 논쟁과 변화의 가장자리에 휩쓸려 들어가기도 했다. 토착사상, 특히 히라타 학파의 국학(國學)은 이들 사이에서 큰 호응을 얻었다. 마을의 장로들이 마을 사당에서 제를 올리고 마을의 논밭에 나가 지시하던 먼 옛날의 낭만적인 광경은 바로 그들 자신의 모습을 보여주는 듯했고, 무사관료제의 제약과 위계로부터 자유로운 신성한 통치자의 존재를 상기시키는 이야기는 그들의 열망과 불만을 대변했다. 1841년에 도사번의 쇼야(庄屋) 모임은 이것에 대해 "이제 우리는 우리의 지위가 일찍이 조정으로부터 직접 위임받은 것임을 알게 되었고, 이렇게 본다면 우리의 소임은 결코 하찮은 일이 아니지 않은가? 마을사람들의 지도자인 쇼야가 지체 높은 사람들의 수족 역할을 하는 졸개들보다 우위에 있다고 말해서는 안되는 것인가?"라고 표현했다. 자부심과 함께 신중함도 보였다. "우리의 임무는 한편으로는 번 정부의 의심을 사고, 또 한편으로는 우리의 약점을 번 정부에 재빨리 고해바칠 촌민들로부터 의심을 살 수 있는 일이기 때문에 우리는 항상 주의를 게을리 해서는 안된다."[19]

시마자키 도손(島崎藤村)의 장편소설 『동트기 전』(黎明け前)은 에도와 교토를 잇는 중앙 산간도로에 자리 잡은 한 혼진(本陣)의 도슈(當主)였던 자신의 아버지를 모델로 삼아 (약간 각색해서) 당시의 시대상을 묘사하고 위에서 언급한 모든 테마를 형상화했다.[20] 국수주의적인 학자들의 네트워크는 히라타 국학(國學)의 지적 경향과 연계되었다. 조상 대대로 이어져 온 직무에 대한 자부심은 번 당국의 요구에 부응하는 과정에서 이 혼진의 도슈에게 활력을 불어넣었고, 자기의 자리와 신원이 확실하기 때문에 혼진의 도슈들은 마을의 농민이나 소작인과 구별되었다. 그러나 이들은 1860년대의 팽팽한 시대적 긴장 속에서 거의 감당하기 어려운 부담을 져야 했다. 호화로운 다이묘 행렬, 막부 사절단, 80일에 걸친 천황의 여동생 가즈노미야의 에도행, 미토 번 로닌들을 쫓는 추격대, 막부와 다이묘의 군대 등에 필요한 인력을 제공하기 위해 평소보다 월등하게 많은 수백 명의 짐꾼을 인근 마을에서 동원해야 했기 때문이다. 개항 후에는 견직물 상인들이 물건을 요코하마로 운송하게 되면서 교통량은 더욱 늘어났다. 따라서 교통망을 따라 일어나고 있는 일들을 사람들이 모르게 한다는 것은 불가능했다. 권위의 끈이 닳고 닳아 간혹 아예 끊어져버리는 경우도 있었음은 의심의 여지가 없다. 시마자키의 소설에 나오는 혼진의 도슈 한조(半藏)는 자신이 부재중일 때 혼진이 난장판이 된 내막을 조사하는 과정에서 아랫사람들로부터 권위를 행사하는 모든 이에게 경종을 울릴 만한 질문을 받았다. "정말로 누군가 도슈 어른께 상황이 어떠했는지를 말해주기 바라시는 겁니까?"

번과 막부가 재무장을 무사히 완수하기 위해서는 이런 한조 같은 계층의 남자들이 반드시 필요했다. 그들의 아들들은 근대 무기로 훈련받는 특별한 부대에 입대했다. 사무라이 부대가 필요로 하는 엄청난 노동력을 모으는 것도 바로 그들의 일이었고, 이동과 보급을 담당하는 병참장교 역할도 그들의 몫이었다.

상인도 나름의 역할을 했다. 끊임없이 이동하는 유신 활동가들에게 숙소를 제공하고 지원을 해준 미타지리(三田尻)의 상인 시라이시(白石) 같은 지방의 사업가들이 그 좋은 예이다. 막부와 번 모두 자기쪽 상인들에게 자의 반 타의 반으로 '공적인 용도의 돈'이라는 뜻의 고요킨(御用金)을 강제로 내게 함으로써 재무장과 안보에 소요되는 엄청난 경비를 충당했다. 사무라이들도 자신의 봉록에서 비슷한 명목의 돈을 갹출해야 했다. 번 정부는 과거 그 어느 때보다 강력하게 다른 지역으로부터의 수입을 금지하고 자기 영내의 자원을 최대한 아껴 썼으며, 수출품에 대해서는 전매제도를 시행했다.

설상가상으로 막부 통치의 마지막 10년은 정상적인 생활을 어렵게 만드는 수많은 사건·사고로 얼룩졌다. 무엇보다도 개항 직후에 콜레라가 유행하여 많은 사람들이 목숨을 잃었고, 향후 몇 년간 출생률이 감소하는 재난을 겪었다. 콜레라는 세계 어느 곳에서나 유행하는 전염병이었지만, 이 당시 일본에서 유행했던 콜레라—나가사키에서 시작하여 동북쪽으로 퍼져나갔다—는 분명 개항과 관련이 있었다. 조슈 번 2차 정벌에 앞서 막부와 여러 번의 대규모 군대가 오사카 근처에 장기간 집결해 있었던 것도 파괴적인 질병 발생의 한 요인이었다. 고메이 천황은 천연두로 인해 목숨을 잃었다. 뿐만 아니라 막부 말기에는 몇 년간 흉년이 들었다. 막부 치하의 마지막 대규모 집단소요였던 1867년의 에에자나이카가 생겨난 것도 아마도 부분적으로는 격변과 파멸에 대한 불안감에서 비롯되었을 것이다. 모든 목격자들이 동의하듯이, 에에자나이카 운동은 재빨리 대도시에 축제적 분위기를 만들어냈다. 막부의 조슈 번 정벌을 위한 집결지이기도 했던 교토-오사카 지역 일대에서 이세 신궁의 부적이 하늘에서 떨어진다는 소문과 함께 이 소요가 시작되었다. 서민들은 이것을 지금보다 나은 세상이 올 것이라는 징표로 해석했다. 에에자나이카는 도카이도(東海道)를 따라 금세 에도까지 번졌고, 전반적인 질서를 확립하려는 막부의 시도에 심각한 장애가 되었다. 일부 막부 지지세력은 조정의 대의를 받드는 활동가들이 어떤 식으로든 이것과 연루되었을 것으로 의심했다.

당시의 심각한 사건들을 서민들이 알아채고 있었다는 증거는 다른 데서도 찾아볼 수 있다. 반론을 제기하는 것이 금지되어 있었음에도 불구하고, 높은 자리에 있는 사람들의 무능과 사회적 분열을 질타하는 벽 낙서가 속출했던 것이다. 이 밖에도 사실이 왜곡되고 부정확한 경우가 많기는 했으나, 조악한 인쇄상태의 기사와 삽화로 구성된 일종의 가두판매용 전단인 가와라반(瓦版)의 보급을 학자들은 또 하나의 증거로 지적한다. 가와라반은 메이지 시대까지도 소식지 역할을 했으며, 도시 서민들이 당시의 사건들에 어떻게 반응했는지를 보여주는 귀한 자료이다. 일부 가와라반은 선박, 사람, 사건 등에 관한 상상의 재구성이었으며, 어떤 것은 전쟁에 대비하는 기상천외한 방어시설을 묘사했고, 또 어떤 것은 익살스러운 어조이긴 하지만 막부와 막부의 노력을 통렬하게 풍자하고 비판했다. 대부분의 가와라반은 반외세적이었다. 예컨대 페리를 불교의 악마로 묘사한 그림에는 다음과 같은 설명이 붙어 있다.

> 거드름 피우는 광대가 오른손에는 총과 총검을 들고, 왼팔에는 수심(水深)을 재는 밧줄을 늘어뜨리고 있다. 입에서는 자기 나라 자랑이 끊임없이 쏟아져 나오나, 그 속내는 사악한 기운이 차고 넘쳐 등 뒤에 시꺼먼 불과 연기를 뿜어내는 굴뚝이 솟아 있다. ……그 모습은 여기저기 섬들에 상륙하여 칼을 휘두르는 사납고 무시무시한 명왕(明王) 같은 본성을 드러낸다. 그가 하는 염불은 이런 것이다. "나는 너희한테 두 번이나 서신을 보냈다. 어서 답장을 해." 오랑캐 무리가 멀리 갔으니, 흑선을 구경하러 오라.[21]

물론 이런 식의 대중적 표상이 모두 내셔널리즘적인 것은 아니었다. 영국 수병들은 자신들에게 피해를 입힌 조슈 번 포대를 치기 위해 시모노세키에 상륙했다가 깜짝 놀랐다. 포격을 목격했는데도 마을 주민들이 그들에게 도움을 주기 위해 내려왔기 때문이다. 가고시마 주민들은 영국 함대가 포격을 가하여 도시의 여러 곳을 파괴한 뒤 바다에서 멀리 물러가는 것을 보았고, 함정 위에서 밤에 노래를 부르며 자신들의 전과를 축하하는 것에 강한 인상을 받았다. 여하튼 거의 모든 사람이 알았고 알아야 했던 것은 세상이 혼란스럽다는 사실이었다.

| 막부의 멸망 |

5. 사람들이 기억하는 메이지 유신

1860년대에 대한 해석과 회상이 근대 일본의 역사적 기억을 지배해왔다. 유신 활동가와 막부지지파 간의 음모와 투쟁에 대한 가슴 설레는 이야기가 현재의 역사적 기억을 사로잡고 있으며, 소설과 텔레비전 연속극이 협력하여 그 기억들을 계속해서 새롭게 하고 있다. 미국 남북전쟁의 경우와 마찬가지로, 시간이 지남에 따라 일방적으로 한쪽 편만 드는 경향은 주춤해졌다. 양편 모두에 영웅들은 넘쳐났던 것이다. 의리, 용기, 이상주의는 어느 한쪽 편에만 국한된 것이 아니었다. 떠들썩하게 흥청거리는 분위기에서는 의심을 덜 받을 수 있다고 생각하여 상당수의 계획과 음모가 요리점이나 여관에서 이루어졌다. 이런 상황에서는 여성들도 나름의 역할을 했다. 씩씩하고 용기 있으며 영리한 여관 하녀들과 기녀들이 연인을 구하거나 사전에 위험을 알리는 이야기가 끊이지 않고 등장했다. 기도 다카요시(木戶孝允)와 사카모토 료마는 용기 있는 행동으로 자신들의 목숨을 구해준 젊은 여성과 결혼했다.

물론 유신 이후 메이지 국가의 지도자들은 뒤에 오는 세대들이 자신들 편에서 유신을 바라보게끔 했다. 1860년대는 조국을 반(半)식민지 상태에 빠뜨린 도쿠가와 봉건제의 족쇄로부터 벗어나기 위해 결의를 다진 용감한 젊은이들의 전투적인 이야기로 묘사되었다. 공식 내러티브를 후원했던 역사위원회는 자문단을 두고 있었는데, 자문단의 자문위원 중에는 서남부 4대 번을 대표하는 위원들이 포함되어 있었다. 메이지 정부 지도자들의 명성은 유신 주체들의 기억과 미래에 대한 공헌을 보호하는 다수의 공인된 전기에 의해 유지되어왔다. 집단적으로 이런 기록은 교토를 중심으로 해서 국가의 통일과 구원을 위해 없어서는 안될 천황의 통치권 회복을 위한 투쟁에 초점을 맞추고 있다. 한편 도쿠가와 막부 멸망의 역사는 에도에서 일어난 사건들에 초점을 맞춘다. 당시 에도에서는 반외세 극단주의자들이 저지른 폭력의 결과로부터 정부와 국가를 보호하고 군제(軍制) 개혁과 국가

제도의 근대화를 위해 절대적으로 필요했던 시간을 벌기 위해 막부관료들이 최선을 다했다는 것이다. 그 결과, 오직 갈등의 순간에만 교차하는 것처럼 보이는 두 개의 내러티브가 존재한다.[22] 어느 쪽도 틀렸다고는 말할 수 없지만, 두 관점은 각각에 대한 충분한 인식 속에서 고찰될 필요가 있다.

이 밖에 또 하나의 복잡한 문제가 있었는데, 그것은 양측 모두 천황에 대한 경외심을 부인하지 않았고, 메이지 국가의 건설자들이 그들의 작업을 끝마쳤을 무렵 모든 행위자들은 자신이 그 누구에게도 뒤지지 않을 만큼 열심히 천황을 보호하고 강력한 존재로 만들기를 열망했던 것으로 기억했다는 사실에서 기인한다. 콘래드 토트먼의 표현에 따르면 '메이지 편향(Meiji Bias)은 현재와 미래뿐 아니라 과거까지 왜곡하는 경향이 있었다. 무사통치기는 조정의 도덕적 권위에 대한 쇼군의 의존성을 강조하는 미토학파의 가르침에 순응하여 다시 기술되었고, 메이지 통치는 오랫동안 미루어졌던 도덕적 확실성으로의 회귀이자, 모든 진정한 일본인의 피할 수 없는 의무로 제시되어온 가치들을 고수하는 일과 동일시되었다. 한편 이런 편향은 막부의 노력을 경시하고, 역사가들로 하여금 1860년대에 일본을 분열시켰던 심각한 의견 차이와 당시의 폭력을 간과하도록 부추겼다. 이 투쟁에서 패한 사람들은 천황에 대한 충성을 맹세함으로써 자신의 명예를 회복하려 했고, 승자는 천황의 깃발을 앞세워 자신들의 야망을 미화할 수 있었다.

메이지 유신기에는 전투적 슬로건을 통해 어렴풋이 전해졌던 사상들의 변용과 재평가가 두드러졌다. 이런 과정은 그 용기와 이데올로기적인 '순수성' 안에서 근대 일본제국에 의한 신성화(神聖化)의 적당한 후보감이 되었던 인물들을 통해 의인화된 것 같다. 이들 중 적지 않은 사람들은 너무 일찍 비극적인 죽음을 맞긴 했지만 덕분에 훗날 자신의 명성에 금이 가는 것을 막을 수 있었다. 반면에 살아남은 사람들은 현실정치에서 요구하는 타협을 피할 수 없었기 때문에 그들의 명성은 빛 바랜 것이 되고 말았다.

일본인들은 메이지 유신의 과정을 한 다채로운 집단의 활동과 결부시킨다. 이 집단은 지사(志士)—높은 뜻을 지닌 남자—라고 자칭했으며, 후대에도 그 명칭으로 알려져 왔다. 이들 중에는 그다지 내세울 것 없는 직급과 수입을 가진 젊은 사무라이들이 많았다. 젊은 사무라이들의 세계는 그들의 상급자들이 공유하는 세계보다 의례에 덜 얽매였다. 또한 상급자들에 비해 잃을 것도 별로 없었기 때문에 그들은 친구들과 끈끈한 유대를 맺고 도당을 만들고 계략을 꾸미는 것이 자유로웠다. 높은 신분의 사무라이들처럼 의무에 얽매이지 않고, 비교적 자유롭게 번의 경계를 넘나들었다. 이 젊은 하급무사들은 우후죽순 격으로 생겨난 검술학교에서 함께 어울리면서 그들의 소명을 재발견하고 나라 사정에 대해 열띤 토론을 벌였다. 처음에 이들은 국제정세를 무시한 채 성급하게 판단을 내리고 단순한 해결책을 추구하는 경향을 보이는 충동적인 다혈질 청년들에 불과했다. 그들은 자신이 죽는 것도 또 상대를 죽이는 것도 두려워하지 않았으므로, 그들의 정치참여는 1860년대의 얽히고 설킨 논쟁에 폭발적인 요소를 가미하게 되었다.

자기의 이익과 자아상도 정치참여의 동기가 되었다. 일부 참가자들에게 정치무대는 엄격한 신분제 사회가 강요하는 일상의 권태로부터 벗어날 수 있는 반가운 해방구가 되었다. 도사 번의 활동가 사카모토 료마는 "바보처럼 허송세월해야 하는" 고향에서의 생활과 로닌 생활이 가져다주는 흥분을 대비시키는 내용의 편지를 누이에게 썼다. 다케치 즈이산은 에도로 향하는 조정 사절단의 도사 번 호위대 일원으로서 한순간 성공을 경험했고, 아내에게 "나는 곧 성에 들어가 쇼군을 볼 것이오"라고 편지에 썼다. 자신의 새로운 지위를 믿기 어려웠던 다케치는 계속해서 "내가 어디를 가든 동지들이 내 뒤를 따른다오. 마치 연극무대 위에서 벌어지는 일 같소"라고 했다. 1864년 존양파의 대의(大義)를 위태롭게 했던 일련의 재난 이후 스스로 목숨을 끊은 마키 야스오미(眞木保臣) 같은 이들은 나라 사정에 대해 끊임없이 울분을 토로하고 행동에 나섰다.

도덕성과 의무에 대한 정상적인 기준들을 도외시하는 것을 정당화하거나 또는 요구한 것은 다름 아닌 조정의 대의였다. 사카모토가 1861년 도사 근왕당에 가담했을 때, "황기(皇旗)를 올리는 순간, 우리는 천황 폐하의 심

려를 덜어드리기 위해 물불을 가리지 않을 것이다"라는 맹세를 하고, 자기 누이에게 편지를 써서 그것이 가장 중요한 사안이었다는 점을 강조했다. "요즘 같은 시기에 친지와 벗을 둘째로 치고, 어머니와 처자식을 돌보지 않고 떠나는 게 자신에게 주어진 본연의 의무를 저버리는 것이라는 생각은 정말 우리의 저 멍청한 관료들의 머리에서나 나올 법한 관념이다. ……사람은 나라보다도, 부모보다도 조정을 더 귀히 여겨야 한다."[23] 메이지 유신 시기의 폭력에 대한 메이지 정부의 공식 해석은 이런 정서를 전폭적으로 옹호했다. 왕당파들이 자신들의 대의를 지키기 위해 사용한 과격함은 미덕이었다는 것이다. 타운센드 해리스의 통역이었던 헨리 휴스켄 살해에 가담했던 무리 중 2명과 이들이 속해 있던 '호미회'(虎尾の會, 고비노카이)의 또 다른 5명은 사후에 조정으로부터 관위를 하사받았다.[24]

그 시대와 그 시대의 운동들은 구호에 의해서도 기억되고 있다. 페리 내항 이후 국론은 양이(攘夷, 조이)와 개국(開國, 가이코쿠)으로 양분되었던 것 같다. 토트먼이 지적한 대로 사실상 이 두 구호는 많은 면에서 중첩된다.[25] 개국의 불가피성을 인식하면서도 서양의 요구에 대응하여 막부가 보여준 굴복의 수위나 방식과 관련해서는 강력히 반대하는 일이 가능했던 것이다. 일본 땅에 외국인이 존재하는 것에 대해 인종적 혐오감을 보였으며, 특히 조정과 간사이 지방에 외국인이 가까이 접근하는 것을 두려워했다. 당시에 존양파는 기회만 있으면 "폐하의 심려를 덜어드리겠다"고 맹세하는 한편, 천황에게 "심려를 끼치고 있다"는 이유로 걸핏하면 막부를 비난했다. 논쟁이 격렬해지면서 조정은 그 중요성이 점차 커진 신성(神性)을 보유하게 되었다.

'개국'이 기정사실화되자, "천황을 공경하라"는 뜻의 존왕(尊王, 손노)이라는 구호는 강력하고도 마력을 지닌 용어가 되었다. 그 누구도 천황에 대한 공경에 반대하지 않았으나, 그렇다고 해서 그것이 천황의 적극적인 정치 관여에 찬성한다는 뜻은 아니었다. 에도의 고위 관료들과 대다수 다이묘들은 세세한 정치문제를 오랜 기간 공허한 의식(儀式)에 파묻혀 살아온

| 막부의 멸망 |

공가에게 일임하는 것을 내켜하지 않았다. 반면 이상(理想)의 눈빛을 반짝이던 지사(志士)들은 앞다투어 공가와 손을 잡으려 했다. 결국 실행 불가능한 정변에 연루된 공가 2명이 살해되었고, 또 다른 5명은 아이즈 번과 사쓰마 번이 교토 궁성의 출입문을 장악하자 조슈 번 군대와 함께 달아났는데, 이들을 처단하는 것이 조슈 번 정벌의 명분 가운데 하나였다. 그 5명 중에는 훗날 초기 메이지 정부에서 중요한 역할을 하는 산조 사네토미(三條實美, 1837~1891)가 있었다.

1864년의 폭력사태 이후, 좌막(佐幕, 사바쿠)*과 토막(討幕, 도바쿠)이라는 용어로 표현되는 새로이 양극화된 논쟁이 수면 위로 떠올랐다. 그때는 아직까지 고위직에 있는 인물들이 막부 토벌계획에 가담할 뜻을 밝히기 몇 년 전이었지만, 이미 하급무사들 사이에서는 지사들을 중심으로 거리낌없이 '토막'을 입에 올리고 있었다. 그런 논의는 항복과 저항 사이에서 결단을 내려야 했던 조슈 번에서 가장 활발했다. 이런 연유로 1864~1865년이 결정적인 시기였다. 그런데 막부 자체가 확실히 위기에 처한 듯하자, 그때까지 막부를 소리 높여 비난했던 사람들 가운데 일부가 자기들을 따르던 젊은 추종자들과 거리를 두기 시작했다. 과격한 청년들 사이에서 널리 읽힌 『신론』의 저자 아이자와 야스시도 마찬가지였다. 미토 번에서 사상적 논쟁이 합의를 도출해내지 못하고 더욱 치열해지면서 아이자와의 보수적 정서가 강해졌던 것이다. 1862년 무렵 그는 중국의 예를 들면서 "만약 우리가 우호관계를 맺지 않으려 한다면, 모든 외국을 우리의 적으로 만들게 될 것이며 그렇게 되면 독립을 유지할 수도 없게 될 것이다"[26]라고 주장했으나, 1863년 그의 사망 직후 미토 번에서 격화된 내홍은 아이자와의 동료들 상당수가 그의 초기 저작에서 이 주장말고 다른 가르침을 선호한다는 것을 보여주었다.

"막부를 토벌하자"는 토막(討幕)은 대안을 필요로 했고, 이것은 점차 복

* "막부를 편들어 돕는다"는 뜻.

고(復古, 훗코), 즉 "옛것을 회복하자"는 용어로 바뀌었다. 이 용어는 조정을 둘러싸고 있는 보다 더 순수한 과거에 대한 낭만적 향수를 느끼게 해주었다. 고대의 순수성 회복은 국학의 중요한 테마였으나, 사실은 여기에 국한된 것만은 아니었다. 가가(加賀) 번에서는 실리적인 동기―가가 번은 수입(輸入)에 더 이상 의존하지 않기를 열망했다―와 애향심이 결합되어 이미 수세기 전에 단절된 양식의 도자기 기법을 재발견하기로 다짐한 훗코 구타니파(復古九谷派)를 낳았다.[27] 또한 화가들도 도쿠가와 막부 초기에 명성을 날렸던 화파(畵派)의 화풍을 되살리려 했다. 훗코야마토에(復古大和繪)로 알려진 화파도 정치와 관련이 있었다. 이 화파의 중심지는 교토였다. 1790년 다나카 도쓰겐(田中訥言, 1832년 사망)이 궁정 장식용 병풍을 그릴 때 전통을 부활시키려 한 데서 기원했기 때문이다. 다나카의 제자 우키타 잇케이(浮田一蕙, 1795~1859)는 그 자신이 안세이의 대옥 때 옥살이를 했다. 레이제이 다메치카(冷泉爲恭, 1823~1864)는 헤이안 시대의 「반 다이나곤 두루마리」(伴大納言繪卷)를 연구하기로 결심했다. 그는 두루마리 원본을 보겠다는 일념에서, 그것을 가능케 해줄 막부관료들과 친분을 쌓았는데, 이것이 그만 화근이 되어 조슈 번의 과격 존양파에게 미움을 샀고 결국에는 1864년에 그들의 손에 암살되었다.

메이지 유신 몇 년간은 근대 일본인의 기억 속에 많은 영웅을 남겼으나 악당은 거의 없다. 1868년과 1869년 사이에 행해진 동북부 여러 번에 대한 군사원정은 승자와 패자 모두를 둘러싼 무용담과 격렬함의 향수를 자극하고 있다는 점에서 어느 정도 미국의 남북전쟁을 닮았다. 싸움은 표면상 천황을 '위한' 것, 서민과 '관계된' 것이었지만, 사실 싸움의 당사자들은 천황과 서민이 자신들에게 모든 것을 맡겼다고 멋대로 가정했을 뿐이며, 천황과 서민 어느 쪽도 싸움에 직접 연루되지는 않았다. 보신(戊辰) 전쟁에서 목숨을 잃은 사람들은 장래에 야스쿠니 신사(靖國神社)로 불리게 되는 도쿄의 한 사당에 안치되었으며, 이곳에서 이들의 혼령은 훗날 일본이 일으킨 여러 근대 전쟁에서 희생된 수백만의 다른 혼령과 합쳐진다. 보신 전

| 막부의 멸망 |

쟁에 대한 공식 기록인 『복고기』(復古記, 훗코키)를 편찬할 때는 일본 서남부 여러 번의 영웅적 이야기가 확실하게 수용될 수 있도록 해당 번의 대표들로 구성된 편집위원회를 두었다.

 보신 전쟁의 패배자들 가운데 대중의 기억 속에 '잘못을 저질렀다'고 생각되는 사람은 거의 없다. 끝까지 버티던 도쿠가와 막부측 지휘관들도 상당수가 곧 흡수되어 메이지 국가를 섬겼다. 그러나 아이즈 번주와 그의 사무라이처럼 예외가 있었음을 잊어서는 안된다. 교토슈고쇼쿠(京都守護職)로서 마쓰다이라 가타모리(松平容保)의 확고한 지위도 전쟁 초반의 도바-후시미 전투에서 그의 군대가 패함으로써 끝이 났으나, 이후 자신의 조카마치인 와카마쓰(若松)로 철수하여 서남부에서 몰려오는 적군에 대항하기 위한 방비태세를 갖추었다. 마쓰다이라는 동북부 주요 번 동맹*으로부터 도덕적 지지를 받았는데, 이 동맹의 지도자들은 사쓰마·조슈·도사·사가 번 군대로 구성된 신정부군의 저의를 불신했으며 아이즈 번의 탄원 내용을 가지고 신정부군과 협상하기 위해 노력했다. 그러나 신정부군이 공격을 감행하자, 동맹군은 규모가 더 컸음에도 불구하고 형식적인 저항만 했을 뿐이다. 반면 아이즈 번은 산길과 계곡을 통해 밀고 들어오는 3만 병력의 공격에 맞서 결사항전을 벌였다. 아이즈 번의 조카마치는 2주 이상 포위되었다. 보급물자와 인력 모두 점차 소진되었고, 서양세계에서 구입한 최고 성능의 대포에서 뿜어져 나오는 압도적인 화력 앞에 마침내 굴복하고 말았다. 아이즈 번 조카마치의 포위와 함락은 사무라이 군대의 종말을 알리는 서사시가 되었다. 서민들의 생활에는 무관심했던 아이즈 번의 지휘관들은 싸움을 유리하게 전개하기 위해 시가지에 불을 지르라고 명령했다. 역사적으로 뱟코타이(白虎隊)로 알려진 수십 명의 소년병사대는 그런 줄도 모르고 시가지에서 타오르는 화염을 보고는 성이 함락된 걸로 오인하여 집단 할복을 했다. 다이묘가 항복했을 무렵 아이즈 번은 거의 3천 명의 무사가

_____
* 정식 명칭은 오우에쓰렛판 동맹(奧羽越列藩同盟).

493

희생되었다. 아이즈 번은 몰수되었고, 1년 후 마쓰다이라가의 생존자들은 일본 북단의 아주 보잘것없는 땅을 받았으나 경작이 불가능하여 영주를 따라 그곳에 간 1만 7,000명의 사무라이와 그 식솔들은 얼마 지나지 않아 아사자의 시체를 매장하기 위해 신정부에 도움을 요청해야 했다.[28] 아이즈 번은 '조적'(朝敵)으로 낙인찍히는 수모를 당하다가 1928년에 마쓰다이라의 손녀가 히로히토 천황의 동생 야스히토(雍仁) 친왕과 혼인을 맺게 되었다. 이 혼인은 오랫동안 기다려온 '아이즈 번의 명예회복'을 알리는 신호탄으로서의 의미를 갖는 사건이었다.[29]

시대가 다르면 영웅상도 달라지는 법이다. 일본제국에서 사카모토 료마는 그다지 두드러진 명예를 얻지 못했다. 아들로서의 도리와 주군에 대한 복종을 강조하는 엄격한 규범하에서는 사적인 것으로 의심되는 야망을 위해 가족과 영주를 버린 자기중심적이며 개인주의적인 젊은이들을 용납하는 데 한계가 있었다. 그러나 제2차 세계대전 후 바로 그 같은 가치관의 특징으로 인해 사카모토는 메이지 유신의 지도자들과 구별되었다. 유신 지도자들의 '성공'이 결국에는 일본을 근대 전쟁으로 몰아넣었기 때문이다. 반면에 사카모토는 시간이 갈수록 진정한 대중적 인기를 누렸다. 사카모토의 이미지는 통속소설, 텔레비전 연속극, 사후에 쏟아진 온갖 종류의 찬사에 의해 질적으로 제고되었으며, 그보다 더 정통적인 메이지 유신 주역들의 이미지를 훨씬 능가하게 되었다.

6. 도쿠가와 막부는 왜 멸망했는가?

우리 시대에 대다수의 예상을 뒤엎고 갑작스럽게 소련이 붕괴한 사건은 19세기 일본사에 관한 논쟁의 상당부분을 끈질기게 괴롭혀온 문제를 새롭게 조명할 수 있는 출발점을 제공한다. 막부는 자신의 경쟁자들에 비해 더 많은 노련한 인물들, 더 나은 자원을 입수할 수 있는 경로, 더 훌륭한 조언자

| 막부의 멸망 |

등을 갖추고 있었다. 만약 막부측 군사지휘관들이 1868년의 도바-후시미 전투에서 그들이 실제 했던 것보다 좀 더 기민하게 행동했더라면, 사쓰마-조슈 반란군이 계속 버티기는 어려웠을 수도 있다. 저항세력 지도자들의 의례적인 자결에 이은 일부 조카마치에서의 인적 쇄신은 도쿠가와 지배구조에 나타난 균열을 아마도 한동안 감춰줄 수도 있었을 것이다. 하지만 실제로는 그렇지 못했다. 질서를 유지하려던 막부의 시도가 결국 파멸로 치닫자 각 번은 너나없이 승자 쪽에 편승하기 시작했던 것이다.

그러나 어떤 면에서는 막부가 외교문제로 위기에 직면했을 때 구질서는 이미 유지되기 어려웠다고 볼 수도 있다. 막번 체제에는 근대국가가 될 만큼 충분한 통일성이 없었던 것이다. 그러나 종국에 가서 근대국가를 만들기 위한 진지한 노력이 없지는 않았다. 쇼군 요시노부의 재직 마지막 해에 추진된 개혁은 적어도 지역적 차원에서는 새로운 지배구조를 제공할 만큼 진전될 수도 있었다. 막부의 적들은 사실 그렇게 될까 봐 두려워서 서둘러 행동을 취했던 것이다. 영국인 통역관 어니스트 새토는 1867년에 한 사쓰마 번 지도자에게 "나는 사이고〔다카모리〕에게 혁명의 기회를 놓쳐서는 안 된다고 넌지시 암시했다. 일단 효고〔고베〕가 개항되면, 다이묘들한테 기회는 물 건너가는 것이다"라고 말했다고 적었다.[30]

그럼에도 불구하고 막부의 중흥이 과연 실행 가능한 선택이었을까 하고 의문을 가져볼 수는 있다. 근대화를 추진하는 정부는 그들이 공들인 노력의 성과를 거두어들일 수 있을 만큼 오래 지속되는 경우가 드물다. 소련의 지도자들이 깨달았듯이, 계속적인 개방과 통제의 완화는 되돌릴 수 없는 계기적인 힘을 너무나 쉽사리 초래할 수 있다. 막부는 참근교대 규정을 원상 복귀시키는 과정에서 이 사실을 알았다. 초기단계의 개혁은 비타협적인 막부 추종세력(에도의 후다이다이묘)을 멀리하면서 동시에 적들의 움직임을 자극한다. 너무도 오랫동안 정치참여에서 배제되어왔던 도자마다이묘들은 평등한 동료로서 건설적인 역할을 하는 것이 불가능함을 스스로 입증했다. 그들의 우선적인 생각은 주어진 상황에서 자신들의 상대적 이익을 확보하는 데 있었다. 이들 '도자마다이묘' 동료들 못지않게 도쿠가와가의 후다이다이묘들도 자기 번의 예산과 개혁이라는 지역적인 문제에 몰두하고 있었다. 1860년대에는 모든 다이묘가 자신이 올라타고 있는 권력의 안장이 흔들리고 있음을 깨닫기 시작했다. 서민들의 지혜와 가치를 외면하도록 배워온 사무라이들은 한편으로 아랫사람들에 대한 경계도 늦출 수 없었다. 막부측 최정예부대의 일부는 전혀 전투에 참가하지 않았는데, 그렇게 했던 부분적인 이유는 서민들을 감시해야 했기 때문이었다.

또한 막부의 리더십은 심각할 정도로 양분되어 있었다. 한쪽에는 교토의 정치현실을 알 만큼 충분한 시간을 교토에서 보낸 사람들이 있었고, 다른 한쪽에는 외국의 위협에 신경을 곤두세우고 있는 에도 사람들이 있었던 것이다. 그래서 마지막 쇼군이었던 요시노부는 쇼군 직을 맡는 것에 주저했다. 남들한테 고맙다는 소리를 들을 것 같지도 않고 앞날의 희망도 없어 보였기 때문이다. 쇼군으로부터 최하층에 이르기까지 기존 질서가 그다지 오래갈 것 같지 않다는 의구심에서 싹튼 의지력과 결단력의 결여를 어찌할 방도가 없었다.

교토 조정의 아우라와 카리스마는 새로운 연합을 가능하게 했다. 그러나 이는 천황의 바람과는 별로 관계가 없었다. 고메이 천황은 조약 체결 때 격한 분노를 표출했음에도 불구하고 사실은 당장의 대안보다 막부를 더 선호했던 것으로 보이며, 고메이 천황의 후계자이자 막부 시대에 종지부를 찍는 쿠데타를 '승인한' 무쓰히토(睦仁)는 너무 어려서 정치 일선에 나설 수 없었다. 그러나 동시에 일종의 기관 또는 사회로서의 조정은 충분히 많은 인재들을 갖고 있었으며, 이들의 불만과 분별력이 메이지 유신 지도자들이 필요로 했던 정통성과 힘을 제공했다. 또 한편 최고 책임자의 위치에 있는 사람들의 권력이 침식된 정도를 살펴보면 놀라지 않을 수 없다. 쇼군 이에사다와 이에모치는 결코 실질적인 책임자의 위치에 있지 않았고, 요시노부는 기껏해야 곤경에 처한 확신 없는 주역에 불과했다. 한편 조정의 고메이 천황은 자신을 '섬기겠다'고 몰려드는 이들이 부담스러웠고, 무쓰히

| 막부의 멸망 |

토는 너무 어렸으며 정치현실에 막 발을 들여놓았을 뿐이었다. 실질적으로 모든 번에서 리더십을 발휘한 것은 관료였다. 이들은 정책을 조율하고, 다른 번의 관료들을 의심의 눈초리로 예의 주시했으며, 국가적인 문제와 관련해서 자기 번의 영주를 '조종했다.' 이들 집단 안에서는 강인한 성격, 증대된 군사력, 결연한 의지를 갖춘 자만이 승리를 거머쥐었다.

메이지 유신 자체는 쿠데타였으며, 혁명은 향후에 등장했다. 막부 붕괴의 기폭제는 외국인이라는 존재 때문에 생긴 위기감이었다.

메이지 혁명

11

막부의 몰락과 새로운 제국정부의 출현으로 일본은 한 치 앞도 내다볼 수 없는 안개국면에 접어들었다. 배외주의의 수사를 액면 그대로 믿었던 사람들은 새로 권력을 쥔 지도자들이 외국을 배척하는 조치들을 전면적으로 시행함으로써 막부가 시작했던 서구화를 향한 발걸음을 되돌릴 것으로 기대했다. 이미 언급했듯이, 네덜란드에서 학업을 마치고 막 일본으로 돌아온 젊은 막부 유학생 니시 아마네는 레이던 대학의 스승에게 자신한테서 더 이상 소식을 기대하지 말라는 편지를 썼다. 그리고 항구도시 사카이미나토(境港)에서 경비를 담당하고 있던 일군의 도사 번 사무라이들은 11명의 프랑스 수병(水兵)을 살해하고도 전혀 문제가 없을 것이라 생각했다. 하지만 니시와 사무라이들의 판단은 빗나갔다. 니시는 곧 요직에 올랐고, 살인을 저지른 도사 번 사무라이들은 프랑스 대표들 앞에서 할복하라는 명을 받았다. 긴급한 사안들이 해결되고 나자, 지도층의 약 절반이 서양의 경제력과 군사력의 비결을 배우기 위해 장도에 올랐다.

한편 왕정복고파 사이에서 유행하던 국학(國學)의 수사로 무장한 사람들은 일본을 꿈에 그리던 순수한 고대로 복귀시켜줄 근본주의적인 신정(神政)국가의 여명이 밝았다고 생각했다. 메이지 초기의 의례는 고대의 전례를 활용했으나, 오래지 않아 신도(神道) 열성주의자들은 실용성과 합리성에 밀려 자신들의 희망이 무산되고 있다는 사실을 깨달았다. 근대세계에서 독립적인 지위를 누릴 수 있는 국가의 건설에 열중한 개혁 주도세력은 당면한 과업을 추진하는 데 방해가 되지 않도록 신도를 자신들의 목적에 복종시켰다.

　서양과 이데올로기 문제에 대해서는 의견이 분분했지만, '구래의 누습(陋習)'이라 지탄받아 마땅한 후기 도쿠가와 봉건제의 속박에서 벗어나야 한다는 필요성에 대해서는 근본적인 합의가 이루어졌다. 이 점에서 새로운 정권은 합의를 바탕으로 출발했다고 볼 수 있다. 메이지 지도자들은 고대의 정치제도를 실험해본 후 그것이 비실용적이라는 것을 깨달았다. 새로운 정권은 구시대의 엘리트들을 몰아내기 전에, 일단 그들에게 사회적 지위와 명예를 제공했다. 문화적 통합을 성취하기 위해 신정권이 벌인 캠페인은 동포들을 기겁하게 했을 따름이다. 새로운 개혁 지도자들은 불만을 품은 사무라이들을 철저히 억압하면서, 시행착오를 거쳐 비교적 차분하게 메이지 혁명을 주도했다.

1. 배경

막부 타도 이후 15년 동안 일본의 지도자들을 움직인 원동력은 도쿠가와 시대의 주권 분할상태에서 탈피하여 통일과 질서를 확립하겠다는 의지였다. 왕정'복고'는 1868년 1월 3일 선포된 대호령(大號令)에서 비롯되었다고 볼 수 있다. 제일 먼저 취한 조치는 메이지 지도자들을 배출한 사쓰마·오와리·아키(히로시마)·후쿠이 번 소속의 서양식 군대로 하여금 궁성 경비를 맡게 한 것이었다. 조슈는 여전히 조적(朝敵)으로 발이 묶여 있었다. 도사 번주 야마우치 도요시게는 자신의 조언대로 행동한 마지막 쇼군이 배신을 당할지도 모른다는 염려 때문에 주저하고 있었다. 하지만 야마우치의 주요 가신들은 늑장을 부리고 있다가는 소어소회의(小御所會議)에서 배제될 수도 있다며 즉시 병사들을 이끌고 교토로 가서 회의에 참석하라고 종

| 메이지 혁명 |

용했다.
 다음으로 오랫동안 일본을 지배해왔던 무사들의 실정(失政)에 종말을 고하고 '유신'을 선언하는 조서(詔書)가 발포되었다. 이 조서의 내용은 공가(公家)인 이와쿠라 도모미를 위해 그의 신도 고문이자 대필가인 다마마쓰 미사오(玉松操)가 작성했다. 신정권은 여기에 사쓰마 번의 지도자들, 특히 오쿠보 도시미치의 의견을 보태어 과거의 집권층을 통렬하게 비난하며 장중하게 유신을 선언하는 문서를 완성했다. 이 문서는 (일본 나이로) 15세인 무쓰히토 천황의 손에 쥐어졌다. 실제로 쿠데타였으므로 쿠데타라고 부를 수밖에 없는 이 일은 도쿠가와 요시노부를 격노시켰고, 신정부의 군대가 동북부의 여러 번을 정벌하는 보신(戊辰) 전쟁으로 이어졌다.
 '유신'은 어린 지배자를 위해 마련된 「5개조어서문」(五箇條御誓文)으로 막을 열었다고도 볼 수 있다. 천황은 1868년 4월 5일 공가(公家)와 다이묘들이 모인 앞에서 이 서문을 발포했다. 여러 면에서 이 날을 유신이 시작된 날짜로 보는 것이 무난할 것 같다. 그 서문의 5개조는 극히 일반적인 용어로 표현되긴 했으나, 장차 히로히토 천황에게 일어날 일을 대단히 정확하게 예견하고 있기 때문이다. 일본이 제2차 세계대전에서 패한 후, 히로히토는 국가와 황실 대의의 연속성을 입증하기 위해 「5개조어서문」을 인용했다. 서문의 상세한 내용은 곧 살펴볼 것이다.
 하지만 가장 괄목할 만한 점은 근대세계에서 가장 분열된 정치체제 중 하나로서 메이지 시대를 시작한 일본이 한 세대 안에 가장 중앙집권화된 국가 중 하나로 변모했다는 사실이다. 1860년대에 카를 마르크스는 『뉴욕 헤럴드 트리뷴』지에 기고한 칼럼에서 독자들에게 봉건주의의 모든 불합리성과 분열적 구조가 고스란히 남아 있는 나라는 일본뿐이라고 말했지만, 1890년대에 이르면 중국의 학자 겸 외교관 황쭌셴(黃遵憲)이 도쿄에서 자기 동포들을 향해 일본의 중앙집권적 질서와 통제가 중국보다 훨씬 우월하다는 글을 쓸 정도로 일본은 달라져 있었다.
 어떻게 그런 일이 가능했을까? 변화는 서양보다 일본에서 훨씬 급격하게 진행되었다. 미국은 19세기 말로 치달을 무렵에야 겨우 연방제를 규제국가*와 결합시킬 수 있었다. 영국·프랑스·러시아·이탈리아·독일은 19세기 내내 통일을 이룩하는 데 큰 어려움을 겪었고, 일본만큼 지방주의를 성공적으로 뿌리 뽑지도 못했다. 그런데 이런 나라들은 외국과의 전쟁위기나 이웃나라들과의 경쟁을 통해 국력을 강화하고 영토를 확장해야 할 필요성을 절감하고 있었다. 이와 대조적으로 일본에서는 중앙집권화가 이루어지고 난 다음에야 전쟁이 발생했다. 대륙에 위치한 이웃나라 중국과 조선은 일본의 분석가들이 전통적으로 자국의 분권제와 대비시켜온 중앙집권적 제국이었다. 메이지 초기에는 중국의 사례를 모방하는 방안을 모색하기도 했으나, 이런 생각은 오래가지 않았다.

하지만 일본은 자신을 에워싸고 주권을 위협하는 '강대국'의 대열에 합류하겠다는 불타는 결의를 다지고 있었다. 일본인이 보기에 강대국의 도도하고 오만한 태도는 직접적인 격돌에 못지않게 일본인의 투지를 불살랐다. 메이지 지도층과 일본 거주 서양인들을 돌보던 독일인 의사 에르빈 벨츠는 독일공사의 부인이 새로 장식한 응접실을 자랑스레 구경시켜주면서 "어떤 일본인도 이곳에 앉아볼 수 없을 거예요"라고 다짐하듯 말했다고 씁쓸하게 기록하고 있다. 그렇지만 유럽의 예를 동경하고 수용하려는 일본인들도 있었다. 1889년 메이지 헌법의 산파역할을 했던 이토 히로부미는 비스마르크의 행동거지에 깊은 인상을 받은 나머지 습관적으로 그와 똑같은 방식으로 시가를 쥐었다는 에피소드도 있다. 영국공사 해리 파크스 경의 빅토리아풍 구레나룻은 많은 메이지 지도자의 얼굴에 그대로 반영되었다. 이런 식으로 분노뿐 아니라 동경심도 각 국가와 그 지도자들을 '등급'에 따라 구분하던 메이지 시대 일본인의 의식을 강화하는 데 한몫했다. 이 모든 요인이 어우러져, 국민국가들이 경합하는 국제사회에서 이등국가의 신세

---

* regulatory state. 시장경제의 원리에 따른 투명하고 공정한 경쟁을 유도하기 위해 정교한 규제장치를 고안하고 운용하는 국가를 말한다. 찰머스 존슨은 규제국가를, 엘리트 관료들이 수립하는 합리적인 정책을 통해 경제성장을 지향하는 발전국가와 대비시킨다. 20장을 참조하라.

를 면해야겠다는 일본인의 결의를 자극했다.

하지만 결의만으로 일본의 급속한 변용을 만족스럽게 설명할 수는 없다. 중요한 것은 도쿠가와 시대의 독특한 토지소유권 개념이다. 도쿠가와 시대에 각 번을 관장하던 모든 봉건영주 가운데 사쓰마 번주를 제외하면 중세부터 토지를 보유하고 있었던 경우는 거의 없었다. 대부분의 영주는 센고쿠 전쟁 이후 평화를 정착시킨 도쿠가와 막부의 제도적 장치 덕분에 확실히 자리를 잡았던 것이다. 영주들은 자신의 번을 '소유'한 것이 아니라, 위탁받아 관리하고 있었다. 쇼군은 조정으로부터 위임받은 권한을 임기가 끝날 때까지 행사하는, 영주들 중의 일인자에 불과했다. 정통성의 근원은 고립된 천황이었다. 잠시 후 살펴볼 건백서들이 명백히 밝히고 있듯이 전 영토가 천황의 것이라면, 천황 외에는 누구도 토지에 대한 소유권을 주장할 수 없었다. 지배계급은 진정으로 '토지를 소유'한 것이 아니라 토지를 책임지고 관리했던 것이며, 이와 관련하여 항의를 제기할 수 있는 어떤 근거도 없었다.[1] 게다가 순순히 기득권을 포기하는 영주에게는 제법 관대한 보상이 주어졌기 때문에, 투쟁을 벌인 것은 영주들이 아니라 모든 권리를 박탈당한 사무라이들이었다. 이런 봉건질서는 많은 제후와 소군주가 자신들이 받드는 국왕을 능가하는 토지보유권을 누렸던 유럽의 질서와 극명한 대조를 이룬다.

이제 이런 배경지식을 바탕으로 메이지 시대에 중앙집권화가 이루어진 과정을 살펴보기로 하자.

2. 합의에 이른 과정

메이지 유신은 특정 번의 관료들과 공가들에 의해 조직된 쿠데타로 시작되었기 때문에, 유신 주도세력의 첫 번째 과제는 나머지 번의 지도자들에게 자신들이 설립하고자 하는 정권은 결코 사쓰마가 지배하는 또 다른 막부가 아니라는 확신을 심어주는 것이었다. 이 작업은 동북부의 여러 번―센다이 번이 반(反)유신연합 결성을 주도하고 있던―과의 전쟁이 끝나지 않았던 유신 첫해에 특히 시급한 일이었다. 동북부에서는 친왕(親王)을 이용하여 자신들의 충성심을 보여주자는 논의가 있었다. 유신 주도세력에 대한 불신은 북부지방에만 국한된 것이 아니었다. 심지어 도사 번의 몇몇 인사는 어린 천황을 납치하여 향후의 정쟁에서 써먹을 수 있는 '보배'로 챙겨두자는 긴급계획을 수립하고, 시코쿠에 자리한 네 번*의 연합을 추진했다. 이처럼 불만세력조차 자신들의 거사를 정당화하기 위해 천황혈통에 관심을 가졌다는 것은 천황을 활용하는 것이 문제해결의 관건이었다는 점을 보여준다. '유신'세력은 천황을 철저히 자신들의 통제하에 두었고, 용의주도하게 천황을 이용해서 합의에 이르는 길을 제시했다. 메이지 시대의 첫 몇 달 동안은 중앙집권화와 개혁의 근대성이 조정의 오랜 전통으로 포장되었다. 몇 세대 뒤에 부쩍 성장한 일본사회가 메이지 초기에 마련된 제도적 틀을 갑갑해하며 좀 더 실질적인 변화를 요구하자, 똑같은 기법이 반대 용도로 사용되었다. 중앙집권화된 국가가 더 이상의 근대화를 억제하기 위해 고래의 천황을 이용했던 것이다.

1868년 1월의 왕정복고 대호령은 이전의 모든 지배구조, 즉 공(公, 조정)과 무(武, 막부)의 전면 폐지를 선언하고, 대신에 총재(總裁)·의정(議定)·참여(參與)의 삼직(三職)을 설치했다. 삼직에 오른 사람 중 가장 중요한 인물은 다루히토 친왕(熾仁親王)으로, 그는 고(故) 고메이 천황의 동생이었으며, 1860년대 초에 잠시 가즈노미야의 배우자로 내정된 적도 있었다. 다루히토는 천황의 명을 '받들어' 사쓰마·도사·사가를 비롯한 각 번에서 파견된 병사들을 이끌고 동북부지역의 정벌에 나선 명목상의 사령관이었다. 그해 11월에 정국이 수습되자, 어린 천황은 친히 북쪽으로 순행하여 에도(9월에 도쿄〔동쪽의 수도〕로 개명) 성에 입성했다. 한 외국인 기자는 지

---

* 아와(阿波)·사누키(讚岐)·이요(伊子)·도사(土佐).

| 메이지 혁명 |

상에서 6척(尺) 높이의 틀 위에 얹어진 거대한 가마가 이동하는 모습을 묘사했다. 노란 예복을 입은 교군(轎軍)들이 멘 가마는 수천 명으로 이루어진 행렬의 중앙에 위치했다. 가마가 가까이 다가오자,

> 사람들은 거대한 침묵에 휩싸였다. 눈길 닿는 곳까지, 길가는 온통 몸을 굽히고 있는 사람들로 발 디딜 틈이 없었다. ……번쩍이는 예복의 수행원들에 둘러싸인……휘황찬란한 가마가 다가오자……사람들은 누가 명령을 내리거나 신호를 보낸 것도 아닌데 알아서들 땅에 머리를 조아렸다. ……잠시라도 움직이거나 소리를 내는 사람은 아무도 없었고, 생전에 한 번 쳐다보는 것만으로도 영광스럽기 그지없는 그 신비로운 존재가 지나가는 동안 사람들은 경외심에 사로잡혀 모두 숨을 죽였다.

이런 광경은 천황이 전국 각지를 순행하는 동안 계속해서 펼쳐졌다. 어린 천황은 일종의 성배 또는 마루야마 마사오(丸山眞男)의 표현을 빌리면 어신거(御神輿, 오미코시)*처럼 높이 떠받들어져 백성들의 경외심을 불러일으켰다.

1868년 천황이 태양의 여신을 섬기는 이세 신궁으로 행차하기에 앞서, 신도 신앙의 금기로 가득 찬 지침이 하달되었다. 죽음과 피가 의례를 거행하는 천황의 옥체에 불결함을 전하지 못하도록, 상중에 있는 사람과 생리 중인 여성은 천황을 보는 것을 삼가야 했다.

이런 식으로 전통을 의도된 변화와 완벽하게 혼합한 예는 어린 천황이 1868년 4월에 선포한 그 유명한 「5개조어서문」에서 찾아볼 수 있다. 이것은 서남부 번 출신의 인물들에 의해 작성되었는데, 조슈 번의 기도 다카요시와 도사 번의 후쿠오카 다카치카(福岡孝弟)가 특히 중요한 역할을 했다. 그것은 메이지 유신에 가담하지 않은 여러 번의 소외감과 불안감을 완화시

---

* 축제 때 신위(神位)를 모시는 가마.

키기 위한 것으로, 향후의 정책은 합의에 기초해서 수립될 것이라는 전망을 개진했다.

「5개조어서문」
1. 널리 회의를 열어 만기(萬機, 절차상의 중요한 문제)는 공론에 따라 결정한다.
2. 상하가 합심하여 나라를 위해 활동한다.
3. 관리와 무사뿐 아니라 서민도 각자 뜻한 바를 이루어 불만이 없도록 해야 한다.
4. 구래의 누습(陋習)을 타파하고 천지의 공도(公道)를 따른다.
5. 전세계에서 널리 지식을 구해 황국의 기반을 굳건히 다진다.[2]

오늘날에 읽어보아도 아주 진보적인 맹세인 듯하다. 그러나 이것은 당시의 정황을 참작하여 여러 관점을 아주 교묘히 섞어놓은 것이다. 문서의 초안을 작성한 유리 기미마사(由利公正)는 1869년에 암살된 요코이 쇼난과 1868년에 살해된 사카모토 료마로부터 사상적 영향을 받은 에치젠(후쿠이) 출신의 사무라이였다. 그의 초안은 '인민이 합심단결'할 필요성을 강조하고 '유능한 인재'를 우대할 것과 '만기'를 '공론'에 기초해서 처리할 것을 제안한 것이었다. 유리가 '유능한 인재'에게 기회를 주는 것이 중요하다고 지적한 사실은 의미심장하다. 하급 무사 출신인 모든 메이지 지도자들은 관직을 대대로 물려받은 무능한 상급자들 밑에서 일하며 좌절을 경험한 적이 있었고, 따라서 자신들과 같은 '유능한' 인재들에게 기회를 주기로 결심했던 것이다. 유리의 초안을 본 도사 번 사무라이 후쿠오카 다카치카는 사람들에게 충격을 덜 주는 방향으로 문서를 수정했다. 후쿠오카는 '봉건영주'들의 회의를 제안했고, '인민'을 '상하'로 바꾸었으며, 기회를 얻게 될 인재를 '지명된' 또는 '임명된' 사무라이를 뜻하는 징사(徵士, 조시)로 제한했다. 그 후 기도 다카요시는 포괄적인 표현을 사용하여 양자의 의견을 포용한 최종안을 마련했다. 관리들은 '뜻한 바를 이룰' 수 있을 것이고 '누습'은 타파될 것이라는 표현은 기도가 가필한 것이었다.

또 한 가지 주목해야 할 점은 서로 출신지가 달라도 뜻이 맞으면 협력할 수 있었다는 것이다. 유리 기미마사는 마쓰다이라 요시나가의 가신이었고, 후쿠오카 다카치카는 마지막 쇼군의 처리문제를 놓고 갈팡질팡했던 야마우치 도요시게를 영주로 섬기고 있었으며, 기도 다카요시는 조슈 번의 군사적 실세와 연줄이 있었지만 고향사람들이 자신을 전적으로 신뢰하지는 않고 있다는 사실을 의식하고 신중히 처신했다. 이들은 각기 다른 약점을 지니고 있었지만, 자신과 조국의 앞날을 위해 함께 일했다.[3]

이렇게 해서 탄생한 「5개조어서문」은 점진주의와 형평성에 대한 약속으로 간주되어야 한다. '회의'와 '공론'은 결국 웅번(雄藩)의 영주들 간에 이루어질 협력에 적용된 용어였다. '상하'가 합심할 것이라는 말은 신분상의 구분이 계속될 것임을 뜻했다. 즉 '서민'조차 얼마 전까지 특권을 누리던 '관리와 무사'에게 적절한 대우를 받게 된다는 것이다. 아무도 '누습'의 유지를 반기지는 않았을 것이다. 대신에 유교적 의미를 내포한 '천지의 공도'가 장차 나아갈 길을 제시했다. "전세계에서 널리 지식을 구할 것"이라는 약속에서만 변화를 지향하는 구체적인 표현이 발견된다. 그러나 도쿠가와 말기의 행동가들은 이 조항에 대해 천하에 둘도 없이 비이성적인 일본정부의 이중성—존왕양이를 외치면서 서양식 근대화를 추진하는—을 드러낸 것이라고 개탄했다. 더욱이 지식의 추구는 "황국의 기반을 굳건히 다지"는 목적에 부합하게 선별적으로 이루어질 것이었다.

불명료한 용어를 사용해 상황변화에 따라 그 의미를 확장할 수 있게 해두는 것이 성공적인 국가문서의 요체이다. 18세기의 법률제정가들이 품고 있던 '원래의 의도'와 현대사회에서 요구되는 정부의 확대된 역할 간의 차이를 인식하고 있는 미국의 독자들은, 유신 지도부의 몇몇 사무라이에 의해 작성된 절충적인 「5개조어서문」이 상황변화에 따라 그 의의가 크게 부각되었다는 사실을 어렵잖게 간파할 수 있을 것이다. 어서문의 수정에 일조한 지 불과 4년 후에 조슈의 지도자 기도 다카요시는 동료 두 명이 조약 개정문제로 일본으로 송환된 기간에 워싱턴 D.C.에 발이 묶여 있었다. 사절단 서기가 미국헌법을 번역하면서 시간을 보내는 동안, 기도 일행은 미국헌법 같은 문서가 일본에도 있으면 참 좋겠다는 얘기를 나누고 있었다. 「5개조어서문」이 생각난 기도는 손뼉을 치며 "물론일세! 일본에도 그런 문서가 있어!"라고 외쳤다. 이튿날 아침 그는 그 문서를 밤새 읽고 또 읽었노라고 말했다. "「5개조어서문」은 참으로 빼어난 문서일세. 우리는 그 정신이 변질되지 않도록 노력해야 하네." 이보다 훨씬 인상적인 경우는 히로히토 천황이 1946년 1월 1일 "천황은 현세에 살아있는 신(現御神, 아키쓰미가미)이고 일본국민이 다른 민족보다 우월한 민족이라 세계를 지배할 운명을 타고났다는 가공(架空)된 관념"을 공식적으로 폐기하겠다고 선언한 조서—「신일본 건설에 관한 조서」, 일명 「인간선언」—에서 「5개조어서문」을 인용했다는 사실이다. 천황은 그 잘못된 관념 대신에 「5개조어서문」을 '국책의 근본'으로 삼아야 한다고 거듭 강조했다. "어서문의 취지에 따라 구래의 누습을 일소하는 데 한 치의 주저함도 없어야 할 것이다. ……관민(官民)이 모두 평화주의를 철저히 지키면서, 관과 민이 합심하여 교양이 풍부한 문화를 구축하고 민생을 향상시킴으로써 신일본을 건설할 것이다."[4)]

1868년 4월, 「5개조어서문」 발포를 알리는 의식의 성격에 대해 의견이 엇갈렸다. 후쿠오카가 바라던 대로 다이묘들과 천황 사이의 계약서가 되어야 할 것인가, 아니면 천황이 거룩한 조상들의 영전에서 행하는 성스러운 서약이 되어야 할 것인가? 이번에는 기도가 앞장서서 발포식의 신성화를 추진했다. 천황은 눈에 보이는 현세와 보이지 않는 신들의 세계가 결합하는 바로 그 접점에 존재한다는 사실을 강조하는 신도 의식이 거행되었다.

천황은 비단을 접어 만든 폐백(幣帛, 헤이하쿠)을 여러 신에게 정상(呈上, 데이조)하는 예를 갖춤으로써 의식을 시작했다. 그 비단은 의식에 참여한 사람들의 '불결함'을 없애주는 신성한 '견포'(絹佈)로 사용되었다. 총재국

| 메이지 혁명 |

(總裁局)의 대표가……천지신명에게 고하는 축사(祝詞, 노리토)를 낭독했다. 끝으로 의례를 담당하는 신기사무국(神祇事務局) 관리들이 봉납을 비롯한 다른 절차를 거행했다. 천황과 정부요인이 모두 참석한 가운데 신기사무국의 도움을 받아 합동으로 의식을 치르는 일은 이 「5개조어서문」 발포식에서 최초로 구현되었다. 또한 그것은 메이지 체제의 상징적 국시(國是) 가운데 하나인 제정일치를 나타내는 전범으로 기능했다. 의식이 끝난 후, 규슈에서 은신하다가 얼마 전에 돌아온 공가 산조 사네토미(三條實美)가 그 자리에 모인 사람들 앞에서 어서문을 봉독했다.[5]

정부의 결정에 동참하겠다는 의지를 확인받는 이런 행사는 군사적 통합의 초기단계에 특히 중요한 의미를 가졌다. 어린 천황, 공가 이와쿠라, 기도, 그리고 소수의 공가와 다이묘만이 눈에 띄던 교토의 신'정부'는 실질적인 기반이 취약했다. 에도에 위치한 군사사령부는 사쓰마 출신의 사무라이 오쿠보 도시미치와 소수의 동료에 의해 통솔되고 있었다. 그곳은 동북부 정벌의 지휘본부였으나 절대적인 물자부족에 시달리고 있었다. 또한 그곳은 과거 막부의 통제하에 있다가 최근에 주인이 바뀐 지역을 관리하는 역할도 맡고 있었다. 이 와중에 일부 지역에서는 의욕만 앞선 관리들이 민심을 얻기 위해 성급하게 50%의 세금 감면을 약속하는 바람에 신정부를 난처하게 만들었다. '후덕한 정부'를 선전하기 위한 그런 약속은 줄어든 세금 덕에 여윳돈이 생긴 현지 엘리트들의 모금운동으로 이어졌지만, 그것만으로는 충분치 않았다.[6] 동북부에는 사쓰마·조슈·도사의 병사들로 구성된 '신정부군'이 진출해 있었다. 다른 번들이 신정부군에 합류하기 위해서는 병력과 군수품을 기부해야 했다. 일례로 히젠(사가) 번은 처음부터 황군에 합류하지 못한 실수를 만회하기 위해 후하게 기부했다. 이들 부대의 지휘관들은 평화가 정착되자 메이지 정부의 유력인사가 되었다. 앨버트 크레이그의 표현대로,[7] 메이지 정권의 '본거지'는 정부에 병력과 자금을 제공한 서남부의 네 웅번, 즉 사쓰마·조슈·도사·히젠이었다. 군사력을 갖춘 이들 번을 실질적으로 장악하고 있던 사람들은 교토와 에도에서 활약하던 사무라이들의 동료였다. 하지만 그들의 다이묘도 여전히 중요한 존재였고, 번의 로주(老中)들도 자신의 제도적·지역적 기득권을 지키기 위해 애쓰고 있었다. 출신 지방에 대한 충성과 국가에 대한 충성은 빈번히 상충했다. 조슈의 사무라이 기도 다카요시만큼 이 사실을 절감한 사람도 없었다. 그런 그의 일기는 자기성찰로 가득 차 있다.

> 그해〔1868년〕 초반에 내가 조정의 일에 너무 몰두한 나머지 고향인 야마구치〔조슈〕 조카마치를 등한시하고 영주에게 불충하다는 소문이 돌았다. 분명히 나는 주로 중앙정부의 문제에 신경을 쓰고 있었다. 그러나 그렇게 함으로써 나는 죽은 동료 사무라이들의 영혼을 위로하고, 영주님에게 입은 은혜를 보답하고자 했을 뿐이다. 그런데도 여전히 그런 악의적인 소문이 온 사방에 퍼져 있다. ……나는 근심을 억누를 길 없어, 야마구치로 돌아가게 해달라고 조정에 간청했다. 고향에 돌아간 나는 내가 자나깨나 무슨 생각에 사로잡혀 있는지 분명히 밝혔고, 논란은 어느 정도 가라앉았다.……
>
> 작금에 사람들은 다시 한번 나를 오해하고 있다. 내 견해에 대한 그들의 토론은 모호하고 부적절한 면이 있다. 우리 번에서 벌어지고 있는 이런 사태가 내 마음을 끊임없이 짓누른다. 고향사람들을 다루는 데도 이렇게 무능하다면, 내가 어떻게 조정의 일을 제대로 수행할 수 있겠는가?[8]

사쓰마의 지도자 오쿠보 도시미치도 비슷한 고민을 하고 있었다. 사쓰마 주민들은 그가 국정을 장악하거나 적어도 고향에 완전한 자치를 가져다줄 것으로 기대하고 있었다. 그러나 다른 번들이 신정부에 저항하는 동북지역 연합세력에 합류하는 것을 막는 일이 시급했기 때문에, 정권은 첫 몇 달 동안 관대하고 공평하게 처신할 수밖에 없었다. 「5개조어서문」은 바로 이런 정황의 주요 산물이었다.

이런 분위기 속에서 어서문이 선포된 지 몇 달이 지난 1868년 6월에 정부는 새로운 관제(官制)에 관한 정체서(政體書, 세이타이쇼)를 발포하고 입법부에 해당하는 의정관(議政官)에 상국(上局)과 하국(下局)을 설치했다. 상국은 임명된 관료들로 채워졌고, 하국은 각 번에서 파견된 대표들로 구성되었다. 한편 신정부는 어린 천황을 되도록 자주 활용했다. 1868년 11월과 이듬해 1월 사이에 천황이 교토에서 에도로 순행했을 때, 그의 방문을 알리기 위해 연도변의 신사들에 사자들이 파견되었고, 효자·효녀·열녀·노인·빈민에게 하사품과 하사금이 전달되었으며, 에도에서는 축제가 열렸다. 이런 홍보활동을 위해 신정부 첫 해 정규예산의 거의 5분의 1이 지출되었다.[9] 한편 전장의 군대는 각 번에 의해 유지되었다.

저항세력에 대한 승리가 확실해지자, 정부는 더 이상 관대해질 필요가 없었다. 의정관의 상국이 폐지되었고, 하국의 성원들은 상국 없이 자문에 임하게 되었다. 1869년 4월, 자신들의 입지가 약화될 것이라고 여긴 공경들의 항의에도 불구하고 정부는 태정관(太政官, 다조칸)을 교토에서 에도로 옮겼다. 사실 이전부터 각종 회의에서 우아하게 차려입고 격식을 갖춰 자리를 지키던 공경들은 태정관소 밖 자갈마당에 돗자리를 깔고 앉은 사무라이 고문들에 비해 이야깃거리가 별로 없었다. 한 참석자의 기억에 따르면, "정책을 논의하는 것은 주로 〔사무라이〕 관원들이었고, 공경들은 태정관소의 툇마루로 몰려나가 사무라이들의 토론에 끼어드는 게 고작이었다."[10] 얼마 지나지 않아 다이묘의 역할도 줄어들기 시작했다. 재정수입이 절실한 상황에서 지배력을 다지기로 결심한 신정부는 번을 직접 통치하는 문제에 관심을 갖기 시작했다. 도쿠가와의 마지막 저항세력이 하코다테에서 항복한 지 이틀 만에 정체서에 약속된 선거가 처음이자 마지막으로 실시되었다. '투표권'은 정체서에 규정된 9개의 관등(官等) 가운데 상위 3등관에게만 주어졌고, 그들은 자기들 가운데 몇 명이나 정부에 남아야 할지를 호선(互選)으로 결정했다. 20명의 의정 가운데 3명만이 살아남았고, 참여는 16명에서 6명으로 크게 줄었다. 그리고 군사력이 강화되자 정부는 허울뿐인 공경과 다이묘들을 과감하게 몰아내기 시작했다.

그렇지만 초기 몇 달 동안 대대적인 보복은 없었다. 신정부에 저항했던 번의 다이묘가(家)들은 비록 수장들이 퇴진하고 교체되는 수모를 겪긴 했지만 멸문지화를 당하지는 않았다. 다이묘는 대부분 무사했고, 얼마 후 자신들이 입은 손실에 대한 보상도 받았다. 보통 일본인의 일상생활도 그다지 변하지 않았다. 에도에서의 권력 이양은 막부를 대표하는 가쓰 가이슈와 사쓰마를 대표하는 사이고 다카모리 사이에서 유혈사태 없이 평화롭게 이루어졌다. 도쿠가와 막부를 지지하는 저항세력이 폭력사태를 유발했을 때 에도의 시민들은 최악의 상황을 예상했으나, 교육자 후쿠자와 유키치는 놀란 듯한 어조로 다음과 같이 말했다. "소규모 교전이 벌어졌을 때조차 병사들은 매우 온순해 보였다. 그들은 민간인을 괴롭히지 않았고, 싸움과 직접 상관이 없는 사람들에게 해를 끼치지도 않았다. 일부 장교들은 병사들에 대한 엄격한 규율과 철저한 통제가 이루어지고 있으므로 인민들은 겁먹을 필요가 없다는 말을 직접 돌아다니며 퍼뜨렸다. 그래서 대부분의 사람들이 예상했던 것과는 달리 두려워할 만한 일은 정말 없었다."[11] 두 세력 가운데 어느 한쪽을 편들 필요성을 별로 느끼지 못했던 후쿠자와 자신은 그냥 관망하기로 했다. 이 점에서 분명 그는 대부분의 일본인이 보여주던 태도를 대변했다. 이타가키 다이스케(板垣退助)는 자신이 지휘하는 도사 번 부대와 아이즈 번 부대 간의 전투가 소강상태에 빠져 있는 동안 지방의 농민들이 양쪽 군사 모두에게 신선한 과일을 팔고 다닌다는 사실을 알고 몹시 놀랐다고 한다. 신정부의 군사지도자들이 장차 뜯어고치기로 마음먹은 것이 바로 이런 일반의 무관심이었다.

「5개조어서문」에서 명기한 자유주의적 공약은 평범한 일본인과는 무관했다. 공보판은 일찌감치 다른 내용으로 채워졌고, 서민들은 예전처럼 생업에 전념하라는 말을 들었다. 하지만 중요한 사실이 하나 추가되었다.

조정은 외국과 선린관계를 유지하고자 하는 의도를 널리 알렸다. 외국과

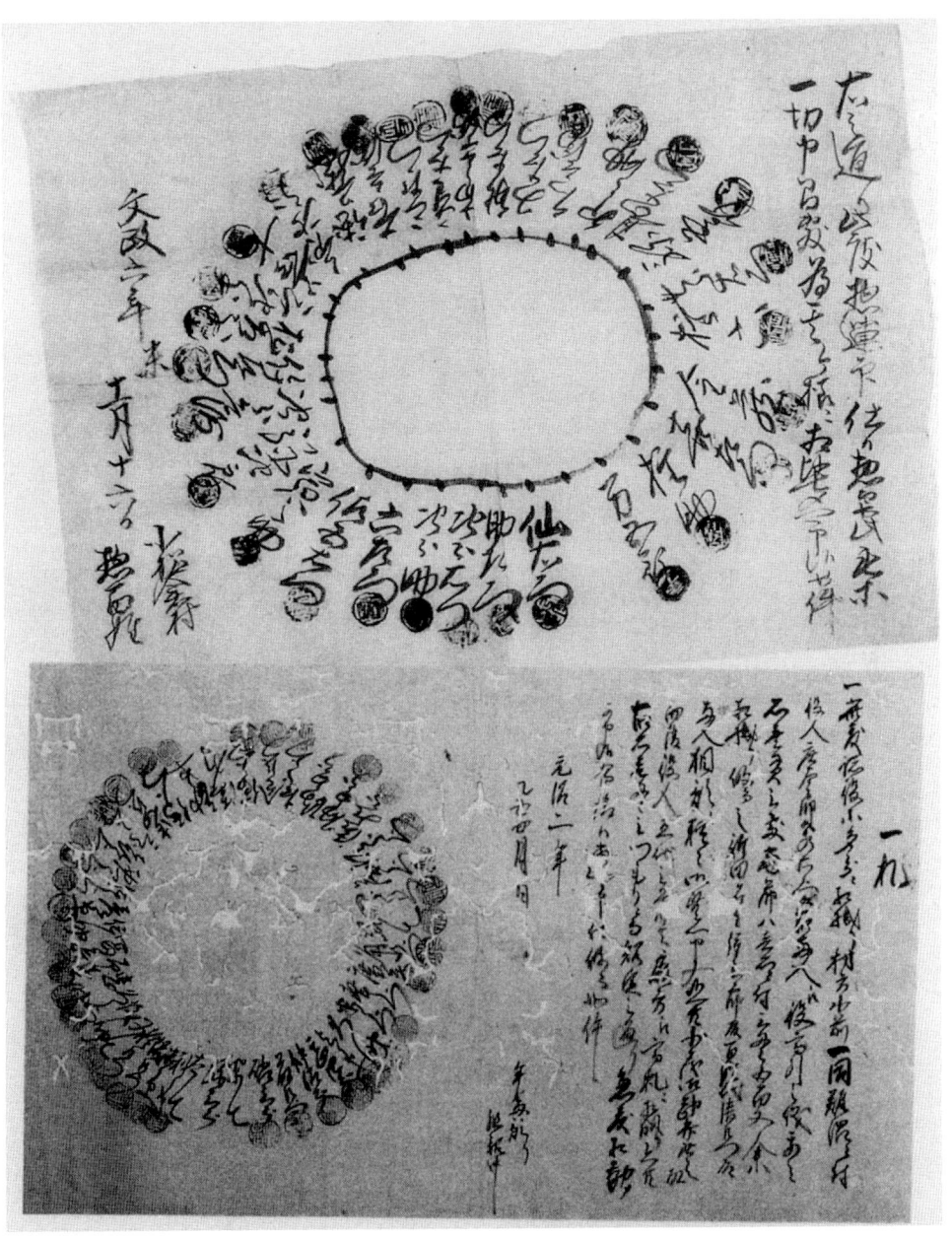

20. 추가 요구를 하지 않으면 협조하겠다는 내용을 담고 있는 1823년(위)과 1865년(아래)의 건백서. 원형의 연명(連名)이 이채롭다.

21. 1854년 6월 8일, 시모다에서 페리 제독의 지휘하에 정렬해 있는 미군.

22. 최후의 쇼군 도쿠가와 요시노부(1837~1913). 영국의 외교관 어니스트 새토는 그를 "내가 여태까지 본 일본인 가운데 가장 귀족적인 풍모를 지녔다. ……전형적인 신사다"라고 평했다.

23. 1868년 11월, 해자를 지나 이제는 황거가 된 쇼군의 성으로 들어가는 어린 메이지 천황의 행렬을 화가가 상상해서 그린 그림. 고보리 도모토(小堀鞆音, 1864~1931)의 작품.

24. 메이지 초기의 '혼잡한 니혼바시'를 묘사한 이 판화(「東京日本橋通り繁榮之圖」)는 마차를 탄 서양인들과 예전과 답답전 니혼바시의 풍경(그림 10, 14를 보라)을 보여주고 있다. 행상, 호객꾼, 호객꾼, 물건을 사러 나온 사람들의 사람들의 모습은 여전하다. 이 판화는 마차를 탄 서양인들과 몇몇 중국인의 모습을 통해 예전과 달라진 니혼바시의 풍경

25. 1871년 12월 23일 이와쿠라 사절단이 구미를 향해 떠나는 장면을 담은 야마구치 호슌(山口蓬春, 1893~1971)의 그림.

26. 이와쿠라 사절단의 지도자들. 일본 전통의상을 고수한 이와쿠라가 (왼쪽에서 오른쪽으로) 기도 다카요시, 야마구치 나오요시(山口尚芳), 이토 히로부미, 오쿠보 도시미치에 둘러싸여 있다.

27. 전성기의 메이지 지도자들: (왼쪽 위) 1905년에 옥스퍼드에서 명예학위를 받기 위해 예복을 입은 마쓰카타. (오른쪽 위) 1885년에 자신의 첫 내각을 조직하여 헌법제정을 준비하던 이토. (가운데) 자유민권운동의 지도자로 활약하던 이타가키. (왼쪽 하단) 1887년에 내무대신으로 지방정부의 틀을 구상하던 야마가타. (오른쪽 아래) 1872년에 워싱턴 주재 메이지 공사관을 이끌고 있던 모리.

28.
이 신문의 삽화가 보여주듯이, 자유민권운동의 주창자들은 경찰의 협박과 제지에도 불구하고 열성적인 청중을 대상으로 열변을 토했다.

29.
충성과 전통적 가치를 강조하는 「교육칙어」는 1890년에 발포된 후 소학교 윤리교육의 중심이 되었다. 「교육칙어」를 봉독한 다음에는 천황을 위해 3번 만세(萬歲)를 외치고 기미가요를 불렀다. 이 사진 속의 교사는 忠(왼쪽)과 孝(오른쪽)가 쓰인 족자 사이에 서 있다.

30.
1879년 27세의 메이지 천황.

31.
메이지 초기에 만연했던 증오와 적개심은 얼마 후 협력과 자축으로 바뀌었다. 사진 속의 오쿠마 시게노부(왼쪽)와 이토 히로부미는 메이지 신사들이 비공식 석상에서 즐겨 입던 절충식 복장을 하고 있다.

32. 1894~1895년의 청일전쟁 당시 일본군의 승리를 찬양하는 목판화들은 대개 애국심을 고취시키기 위해 제작되었고, 신문의 삽화로 굉장한 인기를 끌었다. 이들 그림은 무명의 영웅적인 병사에 초점을 맞추었고, 일본의 근대성과 중국의 무능함을 대비시켰다. 그림 속의 병사는 '목숨을 걸고' 대동강에서 적들을 정찰하고 있다. 미가타 도시히데(右田年英, 1863~1925)의 그림.

33. 천황의 생일에 맞춰 계획되었다고 알려진 작전을 수행하는 용감한 일본 병사들이 (남만주의) 펑황청(鳳凰城)에서 적군을 물리치고 있다. 미즈노 도시카타(水野年方, 1866~1908)의 그림.

34. 기타시라카와(北白川) 친왕의 지휘 아래 타이완 '평정'에 나선 일본의 근위사단이 1896년 6월 11일 타이베이 북문에 들어서는 광경을 묘사한 이시카와 도라지(石川寅治, 1875~1964)의 그림.

35. 메이지 시대의 목판화는 그 내용이 항상 정확하진 않았지만 여러 뉴스를 전달하는 역할을 했다. 이 그림은 1894년에 조선인들이 근엄한 표정의 일본공사 오토리 케이스케(大鳥圭介)에게 '내정개혁'을 받아들이겠다는 것보다는 마지못해 협정서(朝日暫定合同條款)를 맺지못해 잔네는 모습을 묘사하고 있다.

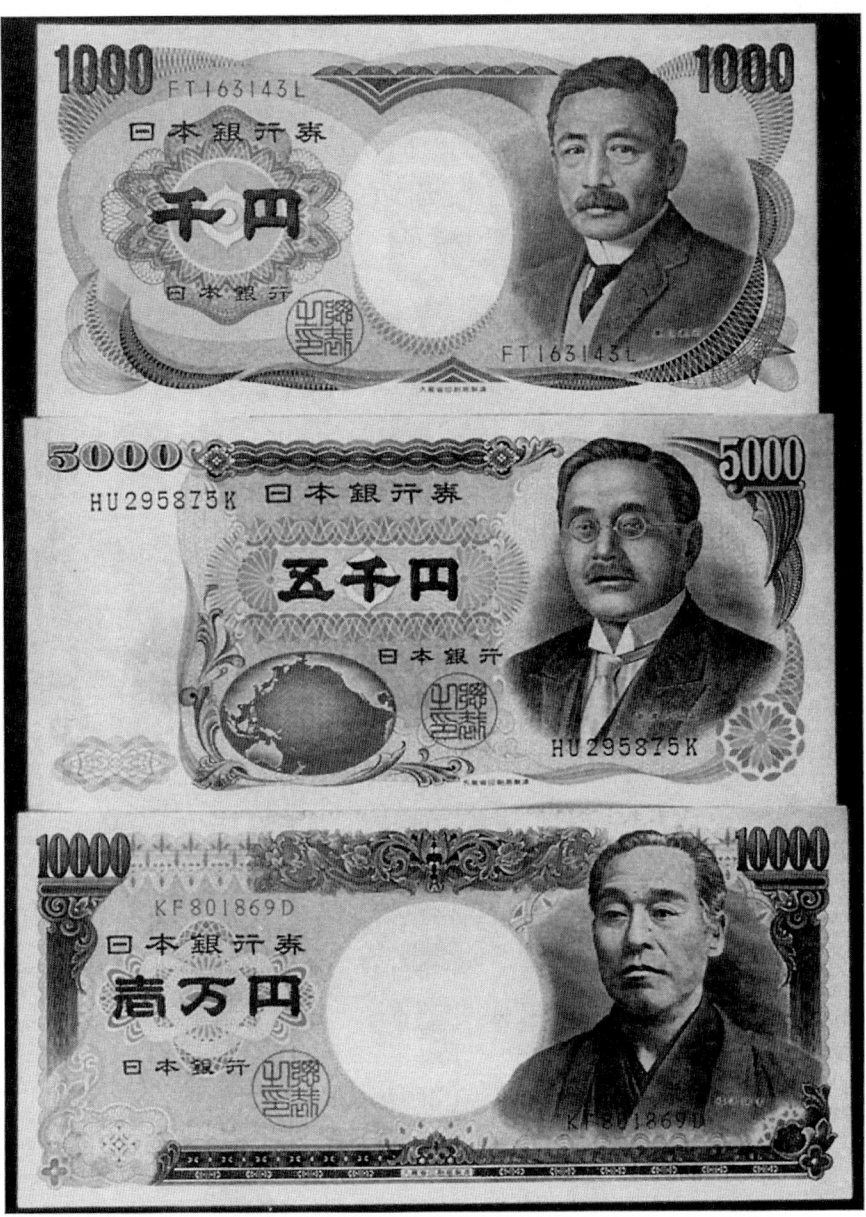

36. 전쟁과 제국을 대표하는 영웅을 문화적 영웅으로 교체하기로 결정한 일본정부는 지폐에 탁월한 문화적 업적을 남긴 인물들의 초상을 사용했다. 일본의 문화발전에 크게 기여한 작가 나쓰메 소세키(夏目漱石, 1867~1916), 교육가 겸 국제주의자 니토베 이나조(新渡戶稻造, 1862~1933), 교육가 겸 서구화론자 후쿠자와 유키치(1835~1901)가 각각 1,000엔, 5,000엔, 1만 엔 지폐에 등장했다.

37. 제1차 세계대전과 그 여파는 1923년 9월의 간토 대지진과 더불어, 일본인의 도시생활에 커다란 변화를 가져왔다. 이런 변화의 한 단면은 소녀들로만 구성된 다카라즈카(寶塚) 가극이 당시 엄청난 인기를 끌었다는 사실에서 엿볼 수 있다. 그림 속의 '엄무(樂舞)'는 1927년에 초연된 '나의 파리'라는 작품에 등장하는데, 이 작품은 일본 중심의 '국제주의'와 근대성을 파리로 가는 도중에 지나는 각국의 아시아적 이색적 오리엔탈리즘과 대비시켰다.

38. 일본회화의 전통을 계승한 재능 있는 화가들은 도쿠가와 시대 난가(南畵) 화가들의 해학과 풍자를 잊지 않았다. 도모토 인쇼(堂本印象, 1891~1975)가 그린 이 족자의 세부도는 전통 중국의 문인들이 누리던 여유 있는 삶에 대한 식자층의 향수를 표현하고 있다.(그리피스 앤드 패트리샤 컬렉션; 에두아르도 칼레돈 촬영, 시애틀 미술관 제공)

39. 일본제국은 투자기회를 제공하는 동시에 국민들에게 저축을 장려했다. 1937년 '만주제국'이 발행한 액면가 100위안짜리 채권의 만기는 2년 6개월로, 채권증서에 첨부되어 있는 5장의 2위안짜리 이자표를 통해 채권 소유자에게 4%의 수익률을 보장했다.

관련된 모든 사안은 조정에서 다루어질 것이며, ……만약 멋대로 외국인을 살해한다거나 분별없는 행동을 할 경우, 국가적 위기를 초래하기 위해 어명을 거스르는 행위로 간주될 것이다. 나아가 그런 행위가 발생한다면 외국과 선린관계를 맺기 시작한 이 제국의 명예가 실추될 것이다. 그것은 참으로 통탄할 일이다.[12]

전쟁의 결과가 불확실한 동안에는 서민의 환심을 사기 위한 특별한 노력이 경주되었고, 사이고 다카모리는 연공 반감(半減)을 주창했다. 정벌 초기에 일부 부대, 특히 사가라 소조(相樂總三)가 이끄는 부대는 민심을 얻기 위해 세금 전액 면제를 약속하고 다녔다. 그러나 얼마 후에 사가라와 그의 후임자들은 "사회를 다스리는 기본적인 법조차 모르는 자들이 지방민을 기쁘게 하려고 시답잖은 자비를 베풀었을 뿐이다"[13]라는 질책을 받고 체포되었다. 신정부는 정치운동가들에게 그간의 노고에 사의를 표하고 자신의 번으로 돌아갈 것을 권했다. 바야흐로 신정부의 본격적인 통치가 시작되려 하고 있었다.

3. 중앙집권화를 향하여

일본의 지도자들은 중앙집권체제 없이는 외세의 팽창, 대외교역, 외국문물의 보급 등이 일본에 가하는 위협에 맞설 수 없다는 점을 분명히 인식하고 있었다. 그러나 일본의 독특한 제도들—봉건영지의 분할, 특권적인 사무라이층 내에서의 주종관계, 사민(四民)의 구분—이 중앙집권화를 가로막는 장애물인 것도 사실이었다. 다행히 일본인의 역사적 기억에는 천황의 주도하에 중앙의 조정이 천하를 호령하던 시대가 남아 있었고, 도쿠가와 정권이 경제적·문화적 통합에 박차를 가했던 것도 메이지 정부의 짐을 덜어주었다.

따라서 신정부의 첫 번째 과제는 정치제도를 정비하는 것이었다. 그 과정이 일사천리로 진행되었기 때문에 그것에 수반된 고충은 쉽게 망각되는 경향이 있다. 초기 메이지 정부의 지도자들은 유사시에 군사력을 제공해줄 출신 번과의 유대를 유지해야만 했고, 서로의 의도에 대해 경계심을 늦추지 않고 있던 다른 번 출신 동료들과도 원만하게 협조해야 했다. 또 자신들이 서남부 번 사무라이 동료들의 단순한 꼭두각시가 아님을 입증하기 위해서는, 비빌 언덕이라도 마련하고자 분투하고 있던 공가와도 협력해야 했다. 각 집단은 소년 천황 무쓰히토의 역할을 확대하고 그 존재를 부각시키는 것이 상호간의 의심을 피할 수 있는 좋은 방법이라고 판단했다.

또한 메이지 유신에 이르기까지 고락을 함께하면서, 그리고 막부를 지지하는 번들을 정벌하기 위해 공조하는 과정에서 개인적 유대가 형성되었다는 점도 다행이었다. 높은 교육수준과 사교술은 그들의 우의를 돈독히 하는 데 일조했다.

이와 같은 사실은 기도 다카요시(1833~1877) 같은 사람의 일기를 통해 잘 알 수 있다. 1860년대 교토에서 죽을 고비를 간신히 넘긴 그는 자주 암살의 표적이 되었는데, 한번은 그가 죽었다는 소문이 쫙 퍼졌을 때 갑자기 나타나 친구들을 놀라게 했다고 한다. 사실 기도는 서예와 미술에 조예가 깊고 대인관계도 원만한 재사(才士)였다. 이런 부류의 사람들은 구시대의 세력가들 사이에서도 편하게 운신했다. 메이지 유신 지사들은 대부분 논쟁만큼이나 시문에도 능했고, 분위기 좋은 저녁자리에서 자신들의 근심을 털어버리는 것으로 유명했다. 1869년 2월 기도는 만사를 제쳐놓고 어떤 다이묘 아들의 초대에 응했다.

> 퇴청하자마자 나는 공가 히가시쿠제 미치토미(東久世通禧) 및 오하라 시게토미(大原重德)와 함께 곧장 그의 저택으로 갔다. [전(前)도사 번주] 도요시게 님은 벌써 그곳에 와계셨다. 우리는 거의 날이 샐 때까지 술을 마시며 흥겹게 놀았다. 이마도(今戶), 야나기바시(柳橋), 신바시(新橋) 등에

서 온 10여 명의 게이샤들이 술시중을 들었다. 우리는 저마다 손에 붓을 들고, 마음 가는 대로 글씨를 쓰고 그림을 그렸다. 오늘 나는 도요시게 영주님과 향후의 대세에 관해 논의했다. 그리고 조정의 기틀을 확립하고 천자(天子)와 신민 사이의 올바른 관계를 밝힐 필요가 있다는 데 뜻을 같이 했다. 나는 진심으로 기뻤다.[14]

이 일기를 읽고 겉만 요란했지 알맹이는 없다고 생각하면 오산이다. 기도조차도 어떻게 '제국의 근간'을 세워야 할지 확신하지 못하고 있었기에, 일기에 구체적으로 밝힐 수 없었던 것이다. 대신에 사쓰마 번과 도사 번의 동료들에게 자문을 구했고, 증기선을 타고 여러 조카마치를 돌아다녔다는 막연한 이야기만 언급하고 있다. 하지만 그의 노력은 이틀 뒤에 결실을 보았다. 사쓰마·조슈·도사·히젠의 네 번주가 자신들의 판적(版籍)을 '봉환'(奉還)하도록 허락해달라는 건의서를 조정에 제출했던 것이다.

> 사쓰마·조슈·도사·히젠의 네 번주는 연서(連署)하여 삼가 판적봉환(版籍奉還)의 표(表)를 올리옵니다. 신(臣)들은 조정이 단 하루라도 잃어서는 안되는 것이 대체(大體)임을 감히 아뢰옵니다. ……대체라 함은……나라 안에 조정의 소유 아닌 것이 없으며, 조정의 신하 아닌 사람이 없음을 뜻합니다. 대권(大權)이란 [조정이] 모든 것을 주고 또 받을 수 있는 유일한 권력을 보유하고 있음을 뜻합니다. 조정은 작위나 봉록을 통해 신하들을 유지하고 어느 누구든 한 뼘의 땅도 사적으로 소유할 수 없게 하고, 단 한 사람의 백성(臣)도 사적으로 거느릴 수 없게 해야 합니다.
>
> ……새 정권[의 수립]이 추진되고 있는 이 시점에는 대체와 대권의 존립기반을 [기필코] 터럭만큼도 내주지 말아야 합니다.……
>
> 신(臣)들이 사는 곳은 천자(天子)의 땅이요, 신(臣)들이 돌보는 백성 역시 천자의 백성입니다. 어찌 신들이 그 땅과 백성을 사적으로 거느릴 수 있겠습니까? 따라서 신들은 판적을 폐하께 돌려드릴 것을 삼가 아뢰옵니

다. 조정이 스스로 판단하여 내려야 할 것은 내리고 거두어야 할 것은 거두기를 바랍니다. 전국의 모든 봉토를 개정(改定)한다는 조명(詔命)이 내려져야 할 것입니다. 또한 법, 제도, 군사, 심지어 도구와 제복의 양식에 관한 규정을 조정에서 하달해야 할 것이며, 천하의 모든 일은 크든 작든 일사불란하게 통제되어야 할 것입니다.[15]

이 흥미로운 문구는 면밀히 검토하고 음미해볼 가치가 있다. 역사적으로 침해당해왔다고 간주되는 천황의 권리 외에 다른 '권리'들은 언급되지도, 암시되지도 않았다. 또한 사죄나 권리를 포기하겠다는 다짐도 없다. 건의서를 제출한 이들은 웅번의 지배자로서 판적을 보유하고 있는 자신들의 권리를 천황에게 바치면서 "부여해야 할 것은 부여하고 거두어야 할 것은 거두라"며 천황에 대한 자신들의 신뢰를 표명함으로써 지금껏 누려온 권리에 새로운 정당성을 얻고자 했던 것이다.

사쓰마·조슈·도사·히젠의 네 번주가 감행한 일의 여파가 다른 번에 미치는 데는 그리 오래 걸리지 않았다. 한 북부지역의 번에서 사무라이들이 회람하던 건의서에는 "막부 편을 드는 과오를 저지른 우리야말로 다른 번보다 먼저 영지를 반환해야 하지 않겠는가?"[16]라고 적혀 있었다. 3세기 전 사쓰마 번의 지도자들도 같은 이유에서 히데요시의 칼사냥(刀狩令)에 신속하게 응한 바 있다. 1869년 7월 25일 조정에서 네 번의 건의서를 정식으로 수락하고 의무적으로 판적을 봉환하라고 명했을 무렵, 전국 300여 번 가운데 대부분이 이미 자진해서 유사한 건의서를 제출한 상태였다.

이제 모든 다이묘가 각 영지의 지번사(知藩事, 지한지)로 임명되었으나, 세습적 승계의 특권은 없어졌다. 이에 따른 당장의 영향은 미미했으나, 지위의 변화 자체에 관심이 집중되는 사이에 중앙정부는 각종 조치를 취하기 시작했다. 그 중 가장 중요한 것은 구(舊)다이묘들이 영지에서 거두어들인 세수(稅收)의 10분의 1을 가록으로 받도록 명시한 것이다. 이로써 중앙정부는 지금까지 자신의 통제권 밖에 있던 재정정책에 관여할 수 있는 근거를 마련했다.

판적봉환(版籍奉還, 한세키호칸)은 중앙집권화를 향한 첫걸음이었다. 더욱 극적인 것은 핵심적인 정부조직의 개혁이었다. 총재국은 태정관으로 개명되어, 신정부가 생각했던 것보다 훨씬 더 강력한 행정부의 역할을 수행했다. 행정관의 수장인 보상(輔相) 직은 산조 사네토미에게 돌아갔다. 산조 밑에는 3명의 의정(議定)—그 중 이와쿠라 도모미(1825~1883)가 가장 중요한 인물이었다—과 여러 명의 참여(參與)가 있었는데, 모두 사쓰마·조슈·도사·히젠 출신이었다. 이제 공가와 구(舊)다이묘의 수는 눈에 띄게 줄어들었다. 새 정부조직에 참여한 공가는 사쓰마-조슈 중심의 균형을 깨뜨리지 못했다. 이와쿠라는 사쓰마와 긴밀한 관계를 맺고 있었고, 산조는 5년 전 조슈로 피신한 적이 있었다.

이런 수확에도 불구하고 상황은 1년간 답보상태에 있었다. '정부'는 현(縣)으로 재분류된 도쿠가와 막부 직할령 이상의 지역을 장악하지 못했다. 메이지 유신을 주도했던 번들은 군사력 확장에 따른 엄청난 경비 부담을 떠안고 있었고, 주요 인물들은 중앙정부를 떠나 자신의 번부터 개혁하기 시작했다. 조슈에서는 비대해진 군사조직을 축소하는 조치에 의해 해산된 군대가 1869년 10월에 반란을 일으켰으나, 기도가 성공적으로 진압했다. 사쓰마에서는 사이고 다카모리(1827~1877)가 세습적 신분집단의 서열을 조정하고, 하급 사무라이들로 군사집단을 조성하는 데 앞장섰다. 도사에서는 군사지도자 이타가키 다이스케가 근대화에 박차를 가하는 계획을 추진했다. 개인사업에 대해 승인을 받는 일이 훨씬 용이해졌고, 외국의 '전문가'들이 법제 개혁을 위한 고문으로 초빙되었다. 케케묵은 번정(藩政) 지침서들은 불살라졌고, 심지어 구다이묘들의 초상화마저 파기되었다. 와카야마(기이)에서는 진보적인 사무라이들이 초기 형태의 징병제를 도입하고 독일인 군사교관을 고용하여 군사개혁을 추진함으로써 향후의 정치에서 주도적인 역할을 하고자 했다. 또한 평민들도 행정직에 임용했고, 훗날 외무대신이 되는 무쓰 무네미쓰(陸奧宗光)를 포함한 유능한 젊은 사무라이들을 해외로 내보냈다. 도쿠가와가의 옛 영지였던 와카야마의 사무라이들은 다시는 무방비상태에서 당하는 일이 없도록 절치부심했다. 난학자인 쓰다 마미치(津田眞道)는 훗날 "우리 번을 전국에서 으뜸가는 개혁의 선봉장으로 만들기로 다짐했다"고 회상했다. 마쓰다이라 게이에이의 옛 영지 후쿠이에서는 윌리엄 그리피스를 고용하여 양학(洋學) 교육을 관장하도록 했다.[17] 규슈의 구마모토 번에서도 이와 마찬가지로 변화를 군사개혁에 국한시키지 않고, 양학을 가르치는 새로운 학교를 세워 남북전쟁을 경험한 미국의 제인스 대위를 교장으로 임용했다. 그러나 항상 예상했던 대로 결과가 나타나는 것은 아니었다. 제인스의 영향을 받은 제자들은 '구마모토 밴드'를 결성했고, 이 진지한 그리스도교 청년들은 군사적 근대화가 아닌 정신적 근대화에 자신의 삶을 바쳤다.[18]

한마디로 말해 유신의 중추세력이 일본을 분열시킬 위험이 도사리고 있었다. 적어도 일부 인사에게는 그렇게 보였다. 도사의 지도자 사사키 다카유키(佐々木高行)는 신정부는 인기가 없으며 아무도 신정부에서 일하려 들지 않는다며 개탄했다. 도사 번 출신이 중앙에서 복무하는 것이 도사 번의 이익에 부응하는 것이라는 그의 주장에 귀 기울이는 사람은 아무도 없었다. 오히려 "사무라이 계급은 황국 정부를 위해 복무하는 것이 한 명 이상의 영주를 섬기는 것이라 믿으며 내 견해를 혐오한다. 결국 그들은 나를 경멸하고 있다고 그는 썼다."[19]

중앙에서도 통합은 이루어지지 않았다. 이와쿠라나 산조나 엄격한 조정의 관위에서는 미천한 신분이었기 때문에, 그들에게 밀려난 구(舊)세력가들의 질시를 받을 수밖에 없었다. 두 사람은 메이지 유신을 주도한 서남부의 네 웅번 사이에 갈등이 있다는 사실을 누구보다 잘 알고 있었다. 사사키 다카유키는 사쓰마 사람들과 조슈 사람들은 서로를 불신하며, 도사와 히젠 출신 지도자들은 사쓰마 아니면 조슈 한쪽으로 기울어지는 경향이 있다고 자신의 일기에 기록하고 있다. "산조와 이와쿠라의 근심이 이만저만 아니었다. 그들은 사쓰마·조슈·사가 출신의 사람들과 이야기하기를 꺼리고,

| 메이지 혁명 |

나하고만 은밀히 이야기했다." 사사키는 계속해서 "믿을 수 있는 사람은 오쿠보뿐이다. 그가 없다면 우리는 일을 해나갈 수 없었을 것이다. ……오늘날의 고충은 이루 다 말할 수가 없다"[20]고 적고 있다. 오쿠보는 오쿠보대로 "사쓰마와 조슈는 황국의 주춧돌이다. 황국의 앞날은 그들에게 달려 있다. 그들이 협력하지 않는다면, 황국은 단명할 것이다. ……만약 지금 황국이 외세의 위협에 직면해 있지 않다면, 다소의 내분 때문에 우리가 이렇게 당황하지도 않을 것"[21]이라고 적고 있다. 기도와 같은 사람들의 일기에는 당대의 '대업'(大業)에 대한 서술은 막연한 반면, 다른 사람들의 입장에 대한 궁금증은 여실히 드러난다. 아무도 그 자신이 안전한지, 다른 사람들의 신뢰를 받고 있는지 확신할 수 없었지만, 그럼에도 불구하고 합의의 가능성은 남아 있었다.

다행히도 황국이 실제로 외세의 위협에 직면해 있다고 믿고 있는 사람이 다수였기 때문에, 대동단결을 위한 처방이 필요하다는 합의가 도출될 수 있었던 것 같다. 그러나 황국의 인적 구성이나 지도력에 대한 의구심은 남아 있었다.

조정 인사들은 이러한 불신을 타개하기 위한 방도를 모색했다. 1870년 1월, 이와쿠라는 천황의 명을 받들어 사쓰마 출신의 오쿠보와 조슈 출신의 야마가타를 대동하고 사쓰마와 조슈를 방문해 그곳의 다이묘들과 사쓰마의 군사지도자 사이고에게 도쿄에 복귀할 것을 명령했다. 그런 다음 천황의 사절은 도사로 향했다. 세 다이묘는 모두 천황의 지시에 따랐다.

석 달 뒤에 세 번은 각 번의 군대에서 정부군에 합류할 병사 1만 명씩을 차출해 도쿄로 보내라는 명령을 받았다. 사이고와 기도, 이타가키가 노력한 덕분에 얼마 후 병사들은 도쿄에 모습을 나타냈다.* 이제 신정부는 어느 정도 힘을 갖추게 되었다. 이는 13개 번에서 건의서가 올라온 사실에서도 확인된다. 대부분이 작은 번이었으나 북쪽의 제법 큰 번 모리오카(盛岡)도

* 이 병력을 중심으로 1871년 2월에 어친병(御親兵, 고신페이)이 창설되었고, 어친병은 1872년 3월에 근위병으로 개칭되었다.

519

포함되어 있었다. 그들은 더 이상 자력으로 버텨낼 수 없으니 정부의 보호를 받는 현으로 복속시켜달라고 청원했다. 8월 중순에 이르자 조슈 출신의 젊고 급진적인 인물들은 자신들의 위상을 한층 더 강화할 방안을 논의하기 시작했다. 이토 히로부미와 이노우에 가오루는 1860년대에 영국으로 파견된 집단의 일원이었고, 야마가타 아리토모(山縣有朋)는 유럽에서 막 돌아온 상태였다. 그들은 이제 자신들의 상관들, 특히 기도 다카요시와 대책을 논의했다. 이 과정에서 의외의 인물들이 배제되었다. 일례로 이와쿠라 도모미는 8월에 번을 폐지한다는 결정이 내려지기 불과 며칠 전에야 그 사실을 전해들은 듯하다. 사쓰마-조슈의 꼭두각시 노릇을 하는 게 아닌지 늘 촉각을 곤두세우고 있던 이와쿠라는 재빨리 오와리·후쿠이·구마모토의 세력을 규합했다. 반면에 미치오 우메가키는 당시 군사지도자 사이고와 이타가키의 영향력이 점차 줄어들고 있었다고 지적하고 있다. 어느 쪽이 사실이든, 1871년 여름에 번이 폐지되고 그 대신 현이 설치될 것이라고 선포되었다. 그러자 야마가타는 폐번치현(廢藩置縣, 하이한치켄)을 '제2의 메이지 유신'이라고 치켜세웠다. 어떤 면에서는 첫 번째 메이지 유신으로 볼 수도 있다. 이제야 비로소 도쿠가와의 분열적 구조가 사라지게 되었기 때문이다. 폐번치현의 조서는 당시 어떤 일이 진행되고 있었는지를 명확하게 보여준다.

> 명실상부한 개혁을 달성하기 위해 우리는 정령(政令)이 단일 권력에서 나올 필요가 있다고 생각한다. ……이 모든 것은 낭비를 없애고, 간소화를 이루며, 유명무실한 폐단을 제거하고, 다수의 정령이 존재함으로써 야기된 우려를 해소하기 위함이다.[22]

후쿠이에서 서양학문을 가르치고 있던 윌리엄 그리피스는 지역주민들이 받은 충격에 대해 기록했다.

| 메이지 혁명 |

날벼락이 떨어졌다! 정치적 지각변동이 일본을 송두리째 흔들고 있다. 그 여파는 이곳 후쿠이에서도 생생하게 느낄 수 있다. 오늘 이 도시 사무라이들의 집은 격앙된 분위기에 휩싸여 있다. 나는 그 가운데 몇몇이 미쓰오카(三岡)〔유리 기미마사〕를 죽여 버리겠다고 말하는 것을 들었다. 그는 1868년에 세운 공으로 가록을 받고 있으며, 후쿠이에서 오랫동안 국가발전과 개혁의 주창자로 활동해왔다.

다음으로 정부는 예전에 쇼군이 그랬던 것처럼 전(前) 다이묘/지번사들을 도쿄로 소환했다. 그리피스의 묘사는 계속된다.

내일이면 후쿠이는 봉건제와 작별을 고하게 된다. 다음날부터 우리는 영주가 없는 현에서 살게 되는 것이다. 충성의 시대는 가고, 애국의 시대가 온 것이다.……

오늘 아침 이른 시각부터 가미시모〔전통예복〕 차림의 사무라이들이 작별을 준비하며 영주의 성에 모였다. ……나는 그 인상적인 광경을 결코 잊지 못할 것이다. 방과 방을 나누고 있는 종이 미닫이문이 모두 열리자 널따란 다다미 공간이 생겼다. 변발을 한 후쿠이가의 사무라이 3천 명이 빳빳이 풀을 먹인 예복을 입고 칼자루를 똑바로 움켜진 채 서열에 따라 무릎을 꿇고 앉았다. ……그것은 자신의 영주에게 마지막 예를 갖추는 것 이상의 의미를 갖고 있었다. 자신들의 조상이 700년 동안 이어왔던 제도를 매장하는 엄숙한 의식이었던 것이다.

이 일이 있고 몇 주 안에 그리피스의 학생들이 서서히 빠져 나갔다.

절친한 벗들과 조력자들이 후쿠이를 떠났고, 고향에서 더 이상 충분한 지원을 받을 수 없게 된 수제자들도 요코하마나 도쿄에서 기회를 찾아보기 위해 떠나고 있다. 내 수업에 참가하는 학생은 갈수록 줄어들고 있다. 후쿠이는 더 이상 영주의 수도가 아니다. 그저 내륙의 한 도시일 뿐이다. ……군사학교도 문을 닫았고, 화약공장과 소총공장도 사라졌다. ……프랑스식 제복을 입고 조정의 문장(紋章)이 찍힌 군모를 쓴 어친병 3개 중대가……이제 도시의 병영을 차지했다. 과거의 지역적·봉건적 특권이 폐지되고 있는 중이다.[23]

그리피스가 목격한 대로, 중앙에서 입안한 정책이 지방을 탈바꿈시키면서 사분오열의 위기에 빠진 것 같던 일본이 순식간에 중앙집권적 국가로 면모를 일신했다. 새로 임명된 현지사(縣知事, 겐치지)들은 사무라이였으나, 그들의 부임지가 출신지와 일치하는 경우는 거의 없었다. 조슈조차도 전 도쿠가와 막부의 관료를 지사로 맞아야 했다. 지역의 경계선을 확정하는 문제로 우여곡절을 겪은 끝에 300여 개의 번이 50개로 줄어들었다. 규모가 큰 극소수의 번만이 원래의 경계를 유지했고, 9개 현은 8개 이상의 번을 하나로 묶은 것이었다. 이와 함께 관직도 대대적으로 통폐합되었다. 그리피스는 후쿠이의 지방관리가 500명에서 70명으로 줄어들었다는 말을 들었다. 막부 지배하에서는 가능한 한 많은 수의 토착 사무라이를 고용하는 것이 관건이었으나, 이제는 효율성과 경제성이 우선시되었다.

4. 실패한 문화혁명

혁명은 종종 전통적인 사상과 신앙에 대한 전면적인 공격을 수반한다. 마치 지표를 뒤흔들 듯, 혁명은 이제껏 고정불변으로 보이던 모든 것을 잠시나마 동요시킨다. 프랑스에서는 혁명 열혈분자들이 가톨릭 교회를 공격하고, 교회의 재산과 건물을 빼앗았으며, 그것을 이성의 종교로 대체하려 했다. 세상을 뒤흔드는 변화의 충격으로 인해 놀라고 얼이 빠진 대중은 전통적 방식에 가까운 무엇인가에 안착하기 전까지, 침묵에서 요란한 지지에

| 메이지 혁명 |

이르기까지 다양한 반응을 보였다.

메이지 초기의 상황도 프랑스 혁명 때와 마찬가지였지만, 전통적 종교관의 대안으로 제시된 것이 비이성의 종교에 가까운 원시일본의 정신세계를 소생시킨다는 계획이라는 점에서 차이가 있었다. 하지만 여기에는 근대성으로부터의 후퇴 이상의 의미가 깔려 있었다. 신정권은 도쿠가와 막부와 불교의 공생관계를 고려하여, 불교를 「5개조어서문」에서 타파하기로 약속한 '구래의 누습' 가운데 하나로 규정했다. 도쿠가와 말기의 이데올로기적 원동력이었던 복고에는 사람들을 매료시키는 고대성의 힘이 존재했다. 일본이 태양의 여신 아마테라스의 자손에 의해 통치되는 신정국가라는 주장은 합의와 중앙집권화를 도출하기 위한 중요한 발판이 되었다. 새로운 국가에 어울리는 이데올로기적 근간을 마련하는 차원에서 문화정치가 시행되었던 것이다.

일단 막부가 멸망하자 불교의 역할도 정치적 격변에 휘말릴 수밖에 없었다. 앞서 살펴보았듯이 과거에는 사찰에 등록하는 것이 의무적이었고, 이교(異敎)에 대한 감시는 도쿠가와 막부가 그리스도교와 반란을 통제하는 핵심적인 수단이었다. 신정권의 지도자들은 구정권의 지도자들과 마찬가지로 그리스도교를 탐탁치 않게 여겼다. 1860년대에 대외교류가 재개되었음에도 도쿠가와 시대에는 '예수 숭배'를 경고하는 포고가 계속 나붙었고, 초기 메이지 정부도 일본 전역에 설치된 공보판을 통해 그리스도교 금지를 알렸다. 1865년 프랑스가 나가사키에 교회를 세웠을 때, 오우라(大浦)라는 인근 어촌의 주민 상당수가 첫 미사에 참여하기 위해 모여들어 프티장 신부를 놀라게 했다. 그들은 17세기 초 이래 '숨은 그리스도 교도'(가쿠레키리시탄)의 신앙을 지켜오고 있었던 것이다.[24] 이 일에 경악한 막부의 조사관들은 가톨릭 교도를 색출하여 일본 전역의 다이묘에게 보내 격리·감시하도록 했다. 메이지 정부의 관료들은 이 조치에 대해 아무런 문제가 없다고 생각했으며, 이 일을 인권침해이자 반문명적인 처사라고 항의하는 각국 외교관들에게 강경한 자세로 대응했다.

523

이처럼 신정권은 그리스도교에 대해서는 도쿠가와 시대의 정책을 고수했으나, 도쿠가와 정권의 비호 아래 정치화되고 타락한 불교에 대해서는 완전히 다른 입장을 취했다. 사실 도쿠가와 시대에도 불교를 탄압한 전례가 있었다. 당시 세를 확대하고 있던 유교사상은 불교를 미신적이고 비합리적인 종교라고 신랄하게 비판했다.[25] 오카야마 번의 이케다 미쓰마사나 미토 번의 도쿠가와 미쓰쿠니처럼 유교를 신봉하던 특출한 영주들은 자기 영지 내에서 불교를 뿌리 뽑기 위해 수백 곳의 절을 폐쇄하고 승려들을 환속시켰다. 이런 경향은 왕정복고에 앞장선 번에서 특히 두드러졌다. 미토 번에서는 도쿠가와 나리아키가 (녹여서 대포를 주조하는 데 사용될 수 있는) 사찰의 종과 청동기물의 몰수를 명했고, 승려 수백 명의 승적을 박탈하고 절을 파괴했다. 1844년 막부는 나리아키에게 절을 파괴하고 이에야스를 모시는 닛코도쇼 궁을 순전히 신도를 숭배하는 장소로 바꿔버린 책임을 물어 근신을 명했다. 사쓰마의 개혁가들도 승려들이 번의 방비나 경제에 전혀 기여하는 바가 없다고 비난했다. 사쓰마 번은 절을 통합 또는 폐쇄하고 종과 징을 압수했으며, 신사에서 불교적 색채를 일소했다. 또한 사쓰마와 조슈는 사찰 소유의 토지를 몰수했다. 메이지 유신에 뒤따른 개혁조치들을 신속하게 받아들인 도사 번도 사찰과 그 재산에 눈독을 들였다. 유교를 숭상하는 정치가들이 불교의 실효성에 의문을 제기하는 데 그쳤다면, 국학자들은 토착신앙을 노골적으로 찬양하고 불교의 의미를 비판하면서 대안을 제시하겠다고 나섰다.

불교는 신도와 거의 불가분의 관계를 맺고 있었다. 사실상 모든 절이 신사를 겸하고 있었고, 승려들은 불교와 신도(神道)를 모두 섬기는 경우가 많았다. 그러나 메이지 시대의 이데올로기 열풍은 두 종교를 엄격히 분리하는 신불분리(神佛分離, 신부쓰분리)를 요구했고, 일본이 온전한 통치체제를 회복한 것처럼 일본의 여러 신도 지고한 위상을 다시 주장할 수 있게 되었다. 이런 사실은 유신 지도자들이 조정의 자립성과 우월성의 기반을 조성하기 위해 신도 지식인들과 공조한 데서 이미 예견되었다. 이와쿠라 도

| 메이지 혁명 |

모미는 신도 이론가 다마마쓰 미사오(玉松操), 주요 국학자 후쿠바 비세이(福羽美靜) 및 오쿠니 다카마사(大國隆正)와 긴밀하게 협력했다. 이들은 역사가 자기들 편에 서자 전략적으로 유리한 위치를 차지하게 되었다. 명목상 8세기의 국가통치구조가 부활되면서, 일본이 대륙에서 수입한 관료제적 지배구조에 신기관(神祇官, 진기칸)이 추가되었다.

신기관의 효시는 1868년 7과(科)의 하나로 설치된 신기사무과*였다.(이와 대조적으로 불교는 내국(內國)사무과 관할이었다.) 신정부가 힘을 발휘하기 시작하자, 일본이 마침내 국학자들의 숙원인 진정한 '제정일치'를 이루게 되리라는 분위기 속에서 신기관은 태정관보다 높은 위치로 격상되었다. 신도의 막강한 정치적 영향력은 1871년까지 계속되었다. 그해에 번이 폐지된 후 추진된 관제개혁에서 신기관은 태정관 산하의 신기성(神祇省)으로 개편·격하되었고, 얼마 뒤에는 교부성(敎部省)에 흡수되었다. 이런 위상 변화는 관료사회 내부의 격렬한 투쟁에서 기도 다카요시와 이와쿠라 도모미 같은 개혁적 관료들이 신도 이데올로기 신봉자들을 제압한 결과였다.

기도와 이와쿠라는 신도 신봉자들 사이의 내분으로 덕을 보았다. 오쿠니 다카마사와 그 제자들은 신도가 정치에서 중추적인 역할을 하고 국민통합의 종교로 기능하기를 원했다. 정치적 차원에서는 신도식 국가의례가 신정권의 권위를 확대·강화하는 데 기여하고, 대중적 차원에서는 신도가 불교승려의 직무와 장례식을 접수함으로써 대중의 삶에서 불교의 역할을 완전히 대체하기를 기대했다. 반면에 히라타 아쓰타네의 제자들은 신도가 전통적으로 불결함과 동일시되는 죽음과 결부되면 그 위상만 떨어질 뿐이라고 주장하면서, 신도를 조직화된 종교로 정립하려는 모든 시도에 반대했다. 이런 논쟁이 가열되자, 개혁적인 관료들은 양쪽 진영과 거리를 둘 필요가 있다는 점을 깨닫게 되었다. 일본에 불평등조약을 강제했던 서양세계와의 문제가 더욱 시급했던 것이다.

* 약 한 달 뒤에는 신기사무국으로, 다시 두 달 뒤에는 신기관으로 개명되었다.

하지만 메이지 초기의 몇 년 동안은 신도 열성주의자들이 득세했다. 신불분리령(神佛分離令)이 1868년에 내려졌다. 신도의 숭배대상은 사찰에서 자취를 감췄고, 모든 신주와 그 가족들은 신도식 장례를 치르게 되었다. 이 조치는 불교의 우월한 지위를 오랫동안 못마땅히 여겼던 신주들과 신자들의 열광적인 호응과 과잉행동을 유발했다. 불교를 뿌리 뽑자는 폐불훼석(廢佛毀釋, 하이부쓰기샤쿠)의 구호 아래 절과 불구(佛具)를 무차별적으로 파괴하는 일이 벌어졌다. 중앙집권화가 이제 막 시작된 시점이었으므로 불교 탄압의 강도는 번에 따라 달랐다. 어떻게 보면 이 일은 정치적 전복에 으레 뒤따르는 군중의 방종이었다. 1868년 12월 그리피스는 "도쿄에서 하달된 명령에 의해 불교계가 풍비박산났다"고 말하면서, 후쿠이(福井)의 또 다른 모습을 기술하고 있다.

> 한때 부유했던 유서 깊은 집안의 저택들이 헐려 상점으로 탈바꿈했다. 마을사람들과 상점 주인들은 지금까지 사무라이만이 사용할 수 있었던 공간에 자신들의 발판을 마련할 수 있게 되자 좋아서 어쩔 줄 몰랐다. 오래된 갑옷·화살·창·깃발·마구(馬具)·예복·가마를 비롯해 봉건시대의 모든 장구(裝具)가 헐값에 팔렸다. 영주의 대저택은 파괴되었고, 그 안에 남아 있던 물건은 모조리 팔려 나갔다. ……봉건시대의 후쿠이와 관련된 모든 것이 사라져가고 있다.[26]

불교를 대상으로 한 파괴는 이보다 훨씬 더 계획적이고 보복적 성격이 짙었다. 신주들이 이끄는 무리가 주요 사찰에 난입해서 귀중한 불경과 미술품을 마구 파괴하는 경우도 있었다. 사쓰마에서는 1869년에 신도 의식만 허용한다는 훈령이 내려졌다. 1872년에 실시된 조사에 따르면 총 1,066곳의 사찰이 폐쇄되었다. 그곳의 승려들에게는 환속명령이 내려졌으며, 가람은 군사비 충당을 위해 몰수되었고, 불상·경전·불구는 파괴되었다. 도사에서도 이에 못지않은 박해가 이어졌다. 전통적인 불교의 중심지 교토와 나라에서는 사찰과 미술품이 훼손되었고, 불상을 모독해도 아무 탈이 없다는 것을 입증하기 위해 선생과 학생들에게 불상을 밟고 지나가라고 강요하는 경우도 있었다고 한다. 이는 그리스도 교도를 시험하는 데 사용되었던 후미에(踏繪)를 떠올리게 한다.27) 불교계의 한 고위 인사는 다음과 같은 침울한 이야기를 들려준다. "지역의 사찰은 파괴되고 있고, 사람들은 불교를 저버리고 있으며, 승려들은 기꺼이 속세로 돌아가고 있다. ……불교가 일본에 들어온 지 1,400~1,500년 동안 작금의 상황에 비견될 만한 일이 벌어진 적은 없을 것이다. 내 생각에는 5~7년 내에 불교를 금지한다는 천황의 조서가 내려질 것 같다."28)

이 파괴적 충동은 농촌주민에게까지 확산되었다. 시마자키 도손의 소설 『동트기 전』의 주인공 아오야마 한조(靑山半藏)는 고지식한 인물로, 히라타의 열렬한 추종자였다. 그는 마을에 있는 미요신지(妙心寺)에 불을 지르기 위해 가연성 물질을 들고 가다가 동네사람들한테 붙들리자 "어쨌든 그곳은 더 이상 필요 없지 않소"라고 사뭇 진지하게 해명했다. 하지만 생각이 달랐던 동네사람들은 그의 방화를 막았고, 더 이상 말썽을 일으키지 못하도록 한조를 감금했다.

예상대로 무분별한 파괴는 민중의 분노를 불러일으켰고, 일부 지역에서는 폭력사태로 번졌다. 소요를 일으키는 데 앞장선 신도 열성분자들은 종종 그리스도 교도로 몰리기도 했다. 대다수의 일본인은 집안 대대로 믿어온 불교 종파의 사원묘지를 이용하는 관습을 고수했고, 장례식과 오본(お盆)*을 불교식으로 엄수했다. 최악의 사태는 대부분 신도에서 주도한 것이지 정부가 승인한 것은 아니었다. 1~2년이 지나자 소요는 진정되었다.

그렇지만 신불분리라는 주목적은 달성되었다. 정부는 법령을 통해 모호한 종파를 명확히 분류·정리했다. 산악지대에서 고행하는 슈겐도(修驗道) 승려들은 불자임을 밝히거나 환속하라는 강요를 받았고, 후겐도(普賢道)

---

* 8월 15일에 일본 전역에서 벌어지는 불교식 행사로, 조상의 묘소에 참배하고 음식을 바치는 의식이다.

와 군소 탁발수도 종파는 금지되었다. 이에야스를 모신 닛코도쇼 궁의 대묘(大廟)와 같이 한때 불교와 신도가 뒤섞여 있던 사원은 신사(神社)로 공포되었고, 보살로 불리던 하치만(八幡)은 원래의 역할인 신도의 전쟁의 신으로 돌아갔다.

불교계의 유력인사들은 도쿠가와 시대에 누리던 특권을 빼앗겼고, 신사는 태양의 여신 아마테라스를 모시는 이세 신궁을 정점으로 한 위계적인 체제로 재편되었다. 그때까지 자연신과 농촌지역의 민간신앙을 대표하는 자치조직에 지나지 않았던 신사는 이제 정부의 관리를 받게 되었다. 규모가 훨씬 큰 사찰의 영지와 마찬가지로 신사의 영지도 몰수되었다. 정부는 관폐사(官幣社)·국폐사(國幣社)라 불리는 주요 신사에 대한 지원을 약속했다. 지난날 사찰에서 관리하던 주민 명부는 신사로 이관되었다. 일본의 전 국민은 각 지역 신사의 우지코(氏子)*로 편성·등록되었다. 우지코는 출생과 함께 수찰(守札, 일종의 신원증명서)을 발급받았고, 사망시 수찰은 신사에 반납되었다. 이런 식으로 이세 신궁의 여러 신이 집집마다 안치되었다. 각 가정이 이세 신궁의 '분사'(分社)가 되면서 모든 일본인은 신도의 중심지와 연결되었다.[29)] 이것은 신도를 활용하여 천황을 중심으로 일본인을 하나의 종교집단으로 통합하려는 야심찬 계획이었다. 천황의 조상을 모시는 신사(이세 신궁)와 메이지 유신을 위해 목숨을 바친 '국사순난자'(國事殉難者)를 제사지내기 위해 만들어진 신사(도쿄의 야스쿠니 신사)†는 국가종교의 중심이 되었다.

메이지 정부는 신도의 밑그림을 결코 포기하지 않았지만, 전체주의적 성향이 농후한 극약처방만은 이내 자제했다. 여기에 영향을 미친 첫 번째 요인은 친숙한 불교 본거지에 대한 공격을 사람들이 안타깝게 여기고 있다는 명백한 증거였다. 두 번째 요인은 현실의 정치상황에서 완전히 유리된 채 국수주의적 주장만 되풀이하는 신도 및 국학 열성분자들의 비현실성이

* 신사의 제사권(祭祀圈)을 구성하는 사람.
† 1869년 창건 당시의 명칭은 쇼콘샤(招魂社)였으나 1879년에 야스쿠니 신사(靖國神社)로 개명되었다.

었다. 이들은 처음에 자신들을 지지했던 유신 지도자들을 짜증나게 만들었고, 결국 양 집단의 관계는 소원해졌다. 아마도 가장 중요한 요인은 일본의 그리스도교 탄압을 비난하던 서양열강의 월등한 무력과 곱지 않은 시선이었을 것이다. 일본이 조약 개정에 성공하기 위해서는 서양의 승인이 필수적이었다.

이렇게 해서 유신 문화혁명의 마지막 단계는 비교적 온건한 입장을 취하게 되었다. 1870년의 대교선포(大敎宣布)는 이후 14년 동안 요란을 떨다가 결국은 중단되었다. 신정권은 '대교'(大敎)를 포교함으로써 일본인을 애국적이고 이데올로기적으로 양순한 인민으로 교화하고자 했다. 이를 위해 신주뿐 아니라 승려와 신흥종교 — 구로즈미교(黑住敎)와 곤코교(金光敎) — 관계자 가운데 언변이 좋은 사람들을 끌어 모아 선교사교관(宣敎使敎官, 1872년부터는 교도직[敎導職])으로 활용했다. 겉으로는 거국적이고 종파를 초월한 듯이 보였지만, 대교는 어디까지나 신도에 바탕을 둔 것이었다. 대교는 ①신(가미)을 경배하고 조국을 사랑하라(敬神愛國) ②하늘의 이치와 인간의 도리를 밝히며(天理人道) ③천황을 받들고 조정의 명을 준수하라(皇上奉戴·朝旨遵守)는 3조(三條)의 무미건조한 교칙(敎則)을 강조했다. 대교원(大敎院)은 이런 진부한 가르침을 설파할 교도직을 양성하는 기관이었다. 교도직은 납세, 조칙 준수, 교육, (1873년 이후 새롭게 채택된) 양력(陽曆), 부국강병, 서양학문과 근대문명의 수입 등을 중점적으로 설교했다. 이것은 중국 명·청대에 마을 지도자들이 주민들에게 읽어주던 성유(聖諭)의 근대판이자, 1890년에 공포된 「교육칙어」(敎育勅語)의 예고편이라고 볼 수 있다. 메이지 정부는 대교에 많은 공을 들였다. 1876년에는 1만 명 이상이 대교를 보급하는 교도직에 등록되어 있었다. 그해에 대교는 이세 신궁 책임자들의 지도를 받게 되었고, 더욱 노골적으로 신도의 외양을 띠게 되었다.

그렇지만 결국 이 운동은 참담하게 실패했다. 그 지루한 가르침을 갖고 방방곡곡을 누비던 교도직은 풍자와 낙서를 즐기는 사람들에게 조롱의 대상이 되었다. 대부분의 일본인은 바람 부는 대로 흔들리면서 그것이 잦아들기만 기다렸다. 국가신도 확립을 위한 노력, 신사신도(神社神道)를 규제하려는 시도, 정부의 국민교화 정책 등은 이때까지만 해도 명확한 형태를 갖추지 못했지만, 훗날 중대한 결과를 초래하게 된다. 메이지 후기에 이르면 천황의 아우라가 강화되고, 일본의 근대식 전쟁은 야스쿠니 신사에 봉안될 수천의 가미(神)를 양산하게 된다.

5. 전세계에서 지식을 구함

「5개조어서문」은 전세계에서 널리 지식을 구해 황기(皇基)를 굳건히 다질 것이라는 서약으로 끝을 맺고 있다. 메이지 시대의 가장 두드러진 특징은 국가의 제도를 재건하는 과정에서 일본에 적용할 만한 모델을 진지하게 탐색했다는 것이다. 물론 이 과정을 시작한 것은 도쿠가와 막부였다. 해외사절단의 구성원들은 자신들에게 부여된 특정한 임무를 수행하는 한편 해외의 문물을 관찰하는 데 많은 시간을 할애했다. 1871~1873년의 1년 10개월 동안 정부를 대표하는 50명가량의 고위 관료들이 본연의 업무를 접어두고 비슷한 수의 학생 및 지체 높은 관광객들과 함께 서양세계를 여행했는데, 이는 세계사에 유례가 없는 일이다. 그렇게 하기로 한 일본정부의 결단도 놀랍지만, 이와쿠라 사절단이 귀국했을 때 각자 해야 할 일이 그들을 기다리고 있었다는 것은 더욱 놀랍다.

견문을 넓히기 위한 사절단에 대한 구상은 나가사키에 있던 네덜란드계 미국인 선교사 귀도 버벡(Guido Verbeck)의 머리에서 나온 것이었다. 그는 처음에는 오쿠마 시게노부(大隈重信)에게, 그 다음에는 이와쿠라 도모미에게 자신의 생각을 전했다. 버벡은 사절단이 다섯 나라만 방문하면 된다고 제안했다. "이 5개국만 잘 이해하면 다른 나라들에 시간을 낭비할 필요가 없다"는 것이었다. 하지만 일본인들은 훨씬 더 철저했다. 사절단은 지

| 메이지 혁명 |

구를 한바퀴 돌며 12개국을 방문했고, 각국의 정부조직·산업수준·무역·교육을 비교·연구했다. 구성원들은 사절단에 포함된 것을 기쁘게 생각했다. 이와쿠라 도모미가 특명 전권대사로서 사절단을 이끌었고, 기도 다카요시와 오쿠보 도시미치가 부사(副使)로 참여했다. 최근까지 조슈·사가·후쿠오카·가나자와 지방의 봉건영주였던 사람들도 가신들을 거느리고 합류했다. 홋카이도 개척사(開拓使)*에서도 대표단을 보냈다. 공경을 수장으로 하고 사쓰마-조슈 번 출신이 균형을 이룬 사절단에는 3명의 공경, 5명의 조슈 출신, 3명의 히젠 출신, 1명의 사쓰마 출신이 포함되었다. 나머지 자리는 근대적 행정을 경험한 구막부의 인사들에게 돌아갔다. 중급과 하급의 구성원은 조금씩 변동이 있었다. 기나긴 해외여행을 하는 동안 일부는 떠나고 일부는 새로 합류했기 때문이다. 메이지 시대에는 많은 지도자들이 해외여행을 원했다. 미래의 지식인이자 정치지도자 나카에 조민(中江兆民)은 프랑스행 사절단에 학생으로 포함시켜달라고 오쿠보를 집요하게 설득했다. 오쿠보를 포함해 많은 정부지도자들이 자기 아들을 일행에 포함시키려 했다. 더욱 놀라운 점은 최연소 참가자인 7살짜리를 포함한 5명의 여학생을 미국에 보내 교육받게 했다는 것이다.[30] 이와쿠라 사절단에서 해외여행을 경험한 인물은 10년 전 조슈 유학생 집단의 일원으로 영국에 갔던 이토 히로부미와, 비슷한 시기에 영국으로 떠난 사쓰마 유학생 집단의 일원이었으며 주미 대리공사였던 모리 아리노리(森有礼)뿐이었다.

1871년 요코하마에서 샌프란시스코를 향해 떠나는 사절단의 모습은 한 폭의 유명한 그림에 묘사되었다.(그림25 참조) 외국을 연구하고 시찰함과 동시에 그들은 근대화를 지향하는 일본의 의지를 알리는 역할을 했고, 여행기간 내내 일본 주재 외교관들의 수행을 받으며 국빈으로서 각국의 시민대표, 재계 대표, 정부지도자들로부터 융숭한 대접을 받았다. 일례로 샌프란시스코의 『데일리 이브닝 불리틴』은 사절단을 "지난날의 모든 상황을 떨

* 신정부가 홋카이도 개발을 위해 1869년에 설치한 기관.

쳐버리고 오늘날 지구상에서 가장 진보적인 국가로 발돋움하고 있는" 일본의 대표로서 크게 환영했다. 1870년대 서양은 팽창주의적이고 자신만만한 분위기에 젖어 있었다. 각국은 만국박람회와 산업박람회를 통해 자국의 성취를 경쟁적으로 선보였다. 구미(歐美) 각국은 평화를 되찾았고, 산업과 철도의 발전이 유례없이 높은 수준에 도달해 있었다. 일본인 방문객들에게 깊은 인상을 심어주고 한 수 가르쳐주기 위해 마련된 환영회에는 자신들의 성취에 대한 자부심과 더불어 이런 교류를 통해 장차 얻을 수 있는 상업적 이득에 대한 기대가 숨어 있었다. 사절단은 매우 빡빡한 일정을 소화했다. 사절단의 서기였던 구메 구니타케(久米邦武)는 구미에서 보고 들은 사실과 그것이 일본에 주는 의의를 빠짐없이 상세하게 기록했다.[31]

사절단의 여정은 기도의 일기와 그가 주고받은 엄청난 분량의 서신을 통해 추적해볼 수 있다. 무엇보다 기도를 탄복시킨 것은 미국의 교육제도였다. "우리에게 학교보다 더 시급한 것은 없다. 만약 확고부동한 국가의 기반을 확립하지 못한다면, 우리는 천년이 지나도 국위를 선양할 수 없을 것이다. ······우리 인민은 오늘날의 미국인이나 유럽인과 기본적으로 다르지 않다. 다만 교육을 받았는지 여부에 따라 차이가 있을 뿐이다."[32] 워싱턴 주재 일본대리공사 모리는 사절단을 위한 정지작업을 해두었다. 미국에서 손꼽히는 교육가들에게 어떻게 하면 일본이 효율적으로 물질적 풍요와 상업을 증진시키고, 농업과 공업의 이익을 창출하고, 일본인의 사회적·도덕적·신체적 조건을 강화하고, 법제도와 정부구조를 개선시킬 수 있는지 의견을 제시하게 한 것이다. 모리는 이렇게 해서 얻은 회답들을 1873년에 출판했다. 데이비드 머리는 럿거스 대학의 총장을 대신해 준비한 회신을 통해 아시아에서 일본의 위치를 유럽 내 영국의 위치에 비유하면서 일본은 "영국과 대등한 수준의 통상(通商) 강대국"이 될 수 있다고 단언했다. 이에 감명을 받은 일본정부는 머리를 신설된 문부성의 고문으로 초빙했고, 그는 1878년까지 일본에 머물렀다. 모리는 미국에서는 실용적인 학문이 각광을 받고 있는 반면, 독일에서는 수준 높은 이론적 학문이 발달했다는 결론을

| 메이지 혁명 |

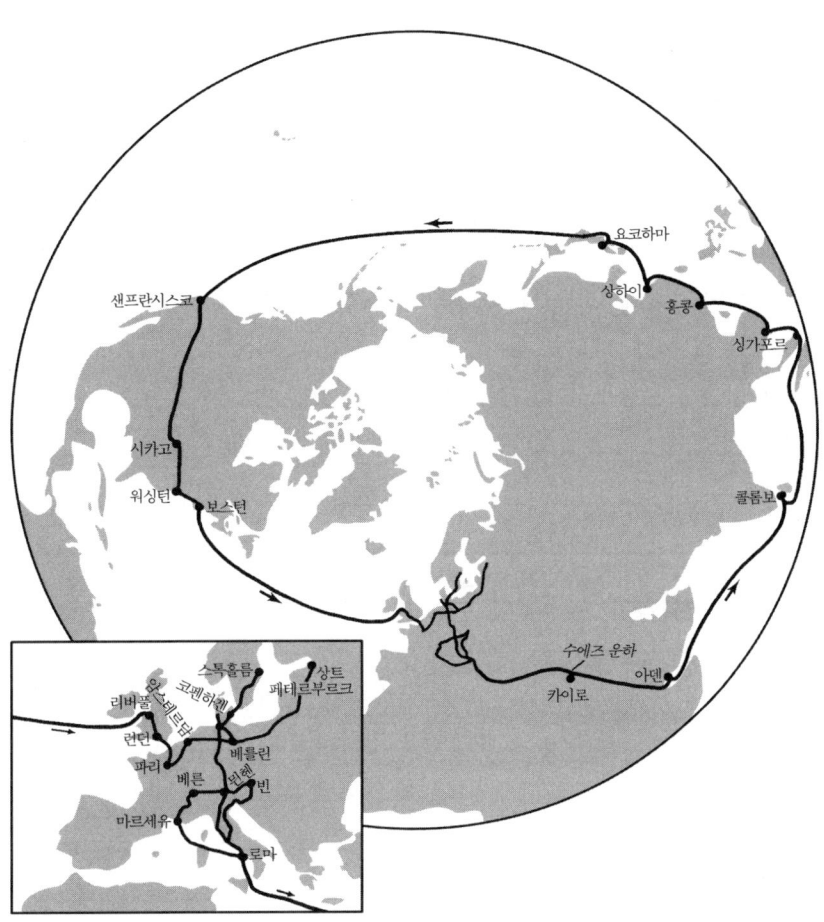

5. 이와쿠라 사절단의 이동경로(1871~1873년).

내렸다. 이런 모리의 견해는 10년 내에 일본의 고등교육제도에 반영되었는데, 이는 미국에 새로 생긴 대학원 과정과 마찬가지로 유럽의 제도를 모방한 것이었다.

사절단은 일련의 불평등조약—타운센드 해리스와 체결한 통상조약에서 비롯된—의 개정에 관해 논의할 수는 있었으나 협상할 권한은 부여받지 못했는데, 일부는 외국에 머무르는 동안 딴 생각을 품게 되었다. 특히 이토와 모리는 경솔하게도 미국과 협상하는 게 좋겠다고 상사들을 설득했다. 사절단에게 그럴 권한이 없다는 것이 밝혀지면서 오쿠보와 이토는 중도 귀국이 불가피해졌고, 이로 인해 4개월이 지체되면서 나머지 일행은 워싱턴에서 지루하게 대기해야했다. 도쿄에서 오쿠보와 이토는 진작부터 그들의 월권행위를 못마땅해하던 동료들의 심한 반대에 부딪혔다. 마침내 이 두 사람이 도쿄에서 다시 왔을 때 이와쿠라와 기도는 조약 개정은 당사국 간의 일대일 방식이 아니라 일본과 불평등조약을 체결한 모든 국가를 상대로 일괄 처리해야 한다는 생각을 굳힌 상태였고, 미국 국무장관 해밀턴 피시에게 그렇게 통보하여 그를 놀라게 했다. 자신만만한 젊은 동료들에게 화가 난 기도는 이토와 모리를 "명예욕에 불타는 교활한 청년들"이라고 혹평했으며, 피시와의 마지막 회합을 "전장에서 사방에서 밀려오는 적군과 맞서는 것보다 훨씬 더 어려웠다"고 표현했다.[33]

이런 식으로 일정이 지연되면서 결국 사절단은 영국(122일), 프로이센(23일), 프랑스, 러시아를 비롯한 유럽 국가에 비해 미국(205일)에서 훨씬 많은 시간을 보내게 되었다. 구메의 일지에서 각 국가에 할애한 지면도 이런 정황을 반영하고 있다. 그렇긴 해도 영국의 산업역량과 한창 발전 중인 미국이 주는 교훈을 고려해볼 때, 다른 나라에 비해 이 두 나라에 더 많은 비중을 둘 수밖에 없었을 것이다. 워싱턴에서 오랫동안 머물게 된 데 이어 솔트레이크시티에서도 폭설로 유니언 퍼시픽 철도의 운행이 일시 중단되는 예상치 못한 상황이 발생하는 바람에 사절단의 발이 묶였고, 결국 미국 체류는 더욱 길어졌다.

일본의 모델을 서양에서 찾아야 한다는 데는 의문의 여지가 없었다. 1872년에 후쿠자와 유키치는 "이 세상에는 문명이 성숙하여 부강한 나라들이 있는가 하면, 원시적이거나 미개하여 빈약한 나라들도 있다. 일반적으로 유럽의 여러 국가와 미국은 전자의 범주를, 아시아와 아프리카의 국가들은 후자의 범주를 예증한다"[34]고 말했다.

사절단은 일본의 독립이 당장 위협받을 가능성은 생각보다 높지 않다는 결론을 가지고 귀국했다. 따지고 보면 서양의 우월성이라는 것도 비교적

| 메이지 혁명 |

최근에야 나타난 현상이었다. 일본이 내정을 탄탄한 반석 위에 올려놓고 국제사회에서 위상을 높이기 위해서는 군사적 방어만 준비할 게 아니라, 반드시 '방어적' 근대화계획에 착수해야 했다. 서양이 항상 주도적 위치를 차지해왔던 것은 아니다. 구메의 일지는 다음과 같이 지적하고 있다.

> 유럽에서 보게 되는 부와 번영은 대부분 1800년 이후에 이루어진 것이다. ……1830년에 최초로 증기선과 기차가 등장했다. 이 시기는 또한 유럽의 무역이 비약적으로 발전한 때이며, 이런 발전을 일궈내는 데 모든 에너지를 집중시킨 최초의 국가는 영국이었다.[35]

다시 말해 일본이 희망도 없이 뒤쳐져 있는 것은 아니었다. 계획을 주도면밀하게 세우고 열심히 일하면 일본도 원하는 위치에 이를 수 있을 것으로 보였다.

사절단은 또한 일본정부가 합의에 기초하여 국정을 처리하기 위해서는 일종의 대의제를 마련해야 한다고 확신하게 되었다. 이미 지적했듯이 메이지 정부가 1868년 6월에 마지못해 설치한 의정관은 흐지부지되고 말았다. 그러나 서양의 경험은 대의제도와 국가의 경제력 및 군사력 사이에 직접적인 상관관계가 있음을 보여주었다. 귀국하자마자 기도는 폴란드의 경험을 예로 들며 대중의 정치참여 부재는 국가의 독립에 치명적일 수 있다고 주장했다. 워싱턴에 머무르는 동안 기도는 「5개조어서문」에서 언급한 것처럼 널리 회의를 여는 것이 "우리 헌법의 기초"가 될 수 있을 것이라고 결심했다. 헌법은 "온 나라의 인민"이 "그들의 단결되고 조화로운 바람을 표현"할 수 있는 길을 제공해야 할 것이다. 한편 관직에 있는 사람들은 "온 인민의 뜻을 존중하면서 진지한 사명감을 가지고 국가에 봉사해야 하며, 위기 상황에서도 인민의 뜻에 어긋나는 독단적인 조치를 취하지 않아야 한다." 일본이 의회정치를 당장 도입하기는 쉽지 않겠지만, 기본적으로 일본은 "정부가 인민의 뜻을 구현하는 구미 각국과 다를 바가 없다."[36] 한편으로 사절단은 여행을 통해 일본은 서양의 제도 중에서 선택을 할 수도 있을 뿐아니라 사실상 그래야만 한다는 점을 깨달았다. 미국식 민주주의에 어느 정도 거부감을 가지고 있던 기도는 독일에 거주하는 일본인들로부터 다른 형태의 정치도 가능하다는 사실을 전해 듣고 안도했다.

메이지 정부의 지속적인 그리스도교 금지조치로 인해 사절단은 어디를 방문하든 비난을 받았다. 사절단이 귀국한 1873년에 그리스도교 숭배를 금지한다는 공보판이 자취를 감춘 것은 결코 우연이 아니다. 또한 사절단은 종교가 구미에서 중요한 위치를 차지한다는 점을 인정하게 되었다. 구메 구니타케는 성서는 유교 및 불교의 경전을 하나로 합쳐놓은 것처럼 보인다고 말했다. 그렇지만 일본인은 그리스도교의 엄격한 율법에 익숙하지 않기 때문에, 사회가 혼란에 빠지지 않도록 각별한 주의를 기울일 필요가 있다는 점도 지적했다.

물론 사절단은 유교적 가치관에 젖어 있었고, 구메는 자신의 사려 깊은 논평에서 서양의 십계명을 유교의 오륜과 비교할 수밖에 없었다. 그는 명령조의 전자에 비해 후자가 훨씬 포용력이 크고 인간적이라고 생각했다. 서양은 탐욕스럽고 독단적인 반면, 동양은 백성을 아끼는 인자한 군주 아래 가족적이고 도덕적인 통치원리에 기초하고 있었다. 기도가 '철학자'라고 표현한 한 나이 지긋한 미국인은 자기 아내보다 부모가 더 중요하다는 기도의 말에 놀라움을 표시했고, 기도는 기도대로 그런 반응에 충격을 받았다. 양자는 모두 상대가 비도덕적이라고 생각했고, 기도는 인류의 도리를 지키면서 근대화를 이룩하는 것이 과연 가능한지 고민하게 되었다. 서양의 프로테스탄트 국가에서 가치관과 의무감을 배울 만하다고 생각했던 기도로서는 뜻밖의 문제에 봉착했던 셈이다. 가톨릭을 믿는 동유럽의 제도화된 그리스도교에는 또 다른 문제가 있었다. 구메는 "서양의 종교들이 교회를 통해 사람들의 재산을 좀먹는 것을 보고 놀라움을 금할 수 없었다"고 기록하고 있다. 그는 이것을 자신이 나름대로 생각하고 있던 국가별 등급과 연결시켰다. "뒤떨어진 나라일수록 종교적 미신의 영향이 더욱 강하고,

그 인민은 우상과 동물을 더욱 숭배하는 듯하다."

그러나 정작 중요한 것은 일본이 진입한 새로운 국제사회가 이런 '서양의 가치—치열한 경쟁, 참여정치, 세력확장을 위해 끊임없이 새로운 식민기지를 개발하는 행태—에 기초하고 있다는 사실이었다. 서양국가들은 극도의 의심과 불신 속에서 무한경쟁에 휘말려 있는 듯이 보였다. "서양 제국(諸國)의 외교는 겉으로는 친선을 표방하면서 속으로는 서로를 의심하고 있다"고 구메는 적고 있다. "벨기에·네덜란드·스웨덴·스위스 같은 소국들은 가시를 꼿꼿이 세운 호저처럼 자국의 방어태세를 강화하고 있다. ……그들은 투구의 끈을 늦출 수가 없다."[37]

일본의 현재상태와 미래의 진로에 대해 이와쿠라 사절단이 작성한 여행일지보다 사려 깊고 정보가 풍부한 논의는 찾아보기 어려울 것이다. 교훈은 명확했다. 일본은 교육수준이 높고 일치단결한 국가에 승리가 돌아가는 고도의 경쟁세계에 들어섰다는 것이다. 이제 일본은 자기 앞에 놓인 여러 모델 중에서 신중히 선택을 해야 했다. 미국의 교육, 영국의 산업화, 프랑스의 법제, 독일의 대의제도가 특히 유망해 보였다. 일본은 이런 제도들을 도입하고 나라를 근대화하여 불평등조약으로 대변되는 열등한 위치에서 벗어나야 했기 때문에, 장기적인 이익을 위해서 눈앞의 만족을 당분간 접어두기로 했다.

사절단 가운데 몇몇 청년들은 서양에서 공부하기 위해 체류기간을 연장했다. 미래의 육군대장 가쓰라 다로(桂太郎)와 공경 사이온지 긴모치(西園寺公望)도 그 중 하나인데, 두 사람은 20세기의 첫 10년 동안 번갈아 총리를 맡으면서 내각을 이끌었다. 가쓰라는 독일에서, 사이온지는 프랑스에서 상당히 오랫동안 공부했다. 또한 일군의 유학생이 서양으로 유학을 떠났는데, 이런 현상은 아마도 근대세계에서는 처음 있는 일이었을 것이다. 1868년과 1902년 사이에 1만 1,148건의 유학생 비자가 발급되었다. 메이지 유신이 단행된 지 5년 만에 자비로 해외유학을 떠난 학생의 수가 국비장학생의 수와 맞먹게 되었다. 메이지 시대 첫 10년간의 유학생 가운데 약 3분의

1(293명)이 미국으로, 약 5분의 1(178명)이 영국으로, 그리고 69명이 독일로 향했다.[38] 이와쿠라와 기도가 사절단의 일원으로 파견되었을 때, 이미 두 사람의 아들들은 미국(의 럿거스)에서 공부하고 있었다.

6. 유신연합의 붕괴

1873년 사절단은 도쿄로부터 귀국하라는 긴급연락을 받았다. 사절단이 일본을 떠나 있는 동안 국정은 사이고 다카모리, 이타가키 다이스케, 에토 신페이(江藤新平), 소에지마 다네오미(副島種臣), 오쿠마 시게노부 등이 주축을 이룬 유수정부(留守政府)가 맡게 되었다. 10년 전 조슈로 도피한 적이 있는 공경 산조 사네토미의 존재가 유수정부에 조정의 후광을 더해주었다. 유수정부의 지도자들은 사절단으로 떠난 동료들이 돌아오기 전까지는 독자적으로 중대한 정책을 시행하지 않기로 합의한 상태였다. 실제로 교육·징병제·조세 부문에서 중요한 조치들이 취해지긴 했으나, 그것들은 이와쿠라 사절단이 떠나기 전에 이미 대강 구상을 해놓았던 것이라고 볼 수 있다. 일본정부는 재정정책을 수립하는 데 난항을 겪으면서 자주 분열되었다. (조슈-사쓰마의 독주에 의구심을 갖고 있던) 오쿠마는 통화팽창적인 관점을 견지한 반면, 다른 사람들은 좀 더 신중한 입장을 취하고 있었다. 그들은 또한 부패와 스캔들에 연루되었다. 육군을 책임지고 있던 야마가타 아리토모는 자신의 친구였던 상인에게 관련 업무를 일임했는데, 그 상인이 공금을 횡령한 사실이 드러났다. 이 일로 그는 자살했지만, 야마가타를 향한 세간의 비난을 잠재우지는 못했다. 이노우에 가오루도 공적·사적으로 위태로운 상황에 처해 있었다. 각 번은 여전히 치열하게 경쟁했고, 모든 부당행위는 개인이 속한 파벌에 대한 비난으로 확대되었다.

그러나 몇 가지 문제는 이와쿠라 사절단이 돌아올 때까지 기다릴 수 없었다. 일본과 러시아는 사할린(가라후토〔樺太〕)과 쿠릴 열도(지시마〔千島〕)

를 독차지하기 위해 물밑 경쟁을 벌이고 있었다. 1875년에 막부관료 출신인 에노모토 다케아키(榎本武揚)는 상트페테르부르크에서 쿠릴 열도는 일본이 가지고, 사할린은 러시아가 가지기로 하는 선에서 일을 마무리했다. 일본은 홋카이도에 대해서도 걱정이 많았다. '에조치(蝦夷地) 개척사'는 홋카이도 개척사로 대체되었고, 개척사를 책임지게 된 사쓰마 출신의 구로다 기요타카(黑田淸隆)는 이민 및 개발 정책을 열성적으로 추진했다. 하지만 이 모든 일에 많은 돈이 들어가는 바람에, 외교 및 군사 부문에서는 선택의 폭이 좁아졌다.

유수정부에서 가장 유력한 두 지도자 사이고와 이타가키는 군사지휘관으로서 두각을 나타냈다. 두 사람은 옛 동지들, 즉 정부가 지급하는 질록(秩祿)으로 어렵게 생활하고 있는 사무라이들에게 특별한 관심을 보여주어야 했으며, 또한 그들로부터 압력을 받고 있었을 것이다. 야마가타를 비롯한 '근대적' 군사사상가들은 징병제의 우월성과 유연성을 확신하고 있었으나, 일부 고참 병사들은 생각이 달랐다. 일본의 외교정책이 어떻게 전개될지 불투명한 상황에서 북방과 인근 대륙을 노리는 러시아의 야심을 우려하는 분위기가 고조되었고, 사이고와 이타가키는 동요하고 있는 구사무라이들의 에너지를 활용하는 동시에 민중의 지지를 얻을 수 있는 방책을 강구할 수밖에 없었다.

1873년에 논쟁의 초점은 조선에 맞추어졌다. 일본인은 조선에 대해 유난히 호전적인 태도를 보였는데, 이는 아마도 약소국으로서 그동안 맛본 좌절감을 보상받으려는 심리에서 비롯되었을 것이다. 요시다 쇼인을 비롯한 도쿠가와 시대 후기의 인물들은 아시아 정복을 꿈꾸었고, 요시다 밑에서 공부했던 쓰시마(對馬)의 청년들 상당수가 직접적인 군사행동에서 한몫할 수 있게 되기를 바라고 있었다. 기도 다카요시도 서양에 사절단으로 가기 전에 조선과 전쟁을 벌일 수 있는 구실을 찾아보고자 했다. 조선은 외교관계를 맺자는 일본의 제안을 일관되게 거절해왔다. 도쿠가와 막부는 말기에 조선과 근대적인 외교관계를 수립해보려 했으나, 일본을 의심했을 뿐 아니라 쓰시마를 통해 대일관계를 처리하는 데 익숙해 있던 조선은 막부의 시도에 찬물을 끼얹었다. 메이지 정부는 집권하자마자 국가 대 국가로서 '근대적'인 관계를 맺자는 것이라고 설명하면서, 다시 한번 조선과의 국교 정상화를 시도했다. 이 제안 역시 거절당하자 '응징' 차원의 군사원정을 단행할 수 있는 빌미를 잡았다. 조선을 응징해야 한다는 정한론(征韓論)은 막 귀국한 이와쿠라 사절단과 유수정부를 분열시키는 쟁점이 되었다.

메이지 지도자들이 그토록 발 빠르게 강경한 조치를 내놓은 데 대해 역사학자들은 의아하게 생각한다. 일본 자체가 아직 통합의 진통을 겪고 있었고, 신정부는 구도쿠가와 직할령밖에 완전히 장악하지 못했음에도 불구하고, 기도 다카요시를 비롯한 요인들이 일본에서 가장 가까운 이웃나라를 무력으로 위협하자고 제안했던 것이다. 1869년 1월 25일 기도는 다음과 같이 적고 있다.

> 우리는 지체 없이 우리나라의 진로를 결정한 다음, 조선에 사절을 보내 조선의 관리들에게 우리한테 무례하게 구는 연유를 따져야 한다. 만약 그들이 자신의 잘못을 인정하지 않는다면, 우리는 그 사실을 공포하고 우리 신국(神國)의 영향력을 확대하기 위해 그들의 영토에 대한 공격을 개시해야 한다. ……이 일이 완수되면 우리 국민의 시대에 역행하는 전통은 하룻밤 사이에 바뀔 것이다. ……우리는 온갖 종류의 실용적 기능과 기술을 발전시켜야 한다. 그리고 서로를 정탐하고 비난하고 모략하는 바람직하지 못한 관행을 일소해야 한다. ……이 정책은 우리나라에 이루 헤아릴 수 없을 만큼 이로운 것이다.[39]

다시 말해 전쟁이 일본의 통합을 앞당기고 근대화를 가속화시킬 것이라는 주장이다. 몇 달 뒤 기도는 이 문제에 관한 자신의 생각이 정리되었다고 판단했다.

| 메이지 혁명 |

나는 우리가 타당한 이유 없이 조선을 침략해야 한다고 말하려는 게 아니다. 단지 보편적으로 받아들여질 논리적 근거를 개진하고 싶은 것뿐이다. 내가 내세우고 싶은 논리적 근거란 우리의 우월한 국가정책을 그 땅에 베풀어야 한다는 것이다.[40]

이보다 더 조잡하고 편협한 '정당화'도 찾아보기 힘들 것이다. 20세기에 이르러 많은 일본인이 바로 이 환상 때문에 고생했지만, 1869년에 이런 환상이 "보편적으로 수용될" 것이라고 기대했다는 것은 더더욱 대경실색할 일이다. 1870년 7월 기도는 조선에 파견될 특명대사를 자임했으나, 명령은 떨어지지 않았다.

이와쿠라 사절단이 일본을 비운 사이에 유수정부, 특히 사이고 다카모리, 이타가키 다이스케, 에토 신페이는 대(對)조선정책과 계속 씨름하고 있었다. 1871년에 단행된 폐번치현으로 쓰시마의 다이묘가 무대에서 퇴장하자, 모종의 새로운 조치가 필요해졌다. 정부는 쓰시마와 무역을 해온 부산에 몇 차례 조사단을 파견했고, 이들은 귀국 후 무력사용을 강력하게 주장했다. 조선의 생산성을 감안할 때 대가를 치를 충분한 가치가 있다는 것이었다. 외무경(外務卿, 1885년부터는 외무대신) 소에지마는 외국의 외교관으로는 처음으로 동치제(同治帝)를 알현했는데, 당시 텐진(天津) 학살에 대한 보복을 가하기 위해 파견된 영불연합군으로 인해 중국은 곤욕을 치르고 있던 터라 중국이 조선에 개입할 것 같지는 않았다. 러시아는 쿠릴 열도를 양보하고 사할린을 얻은 것에 만족하고 있는 듯했고, 설령 상황을 틈타 홋카이도를 침략한다 할지라도 영국과 프랑스가 일본을 도와 저지해줄 것이었다. 일본 해안은 조선침략을 단행하는 데 전혀 이상이 없어 보였고, 사이고가 밀사로 예정되었다. 천황의 재가는 이미 떨어졌지만, 긴장한 조정은 행동을 취하기 직전 이와쿠라 사절단으로 파견된 지도급 인사들의 의견을 들어보고자 했다. 이렇게 해서 이와쿠라 사절단에 급히 귀국하라는 명령이 내려졌던 것이다.

그들의 귀국으로 1873년 10월 뜨거운 논쟁이 벌어지는 동안 조선침략 계획은 유보되었고, 결국 사이고를 조선에 파견하기로 했던 결정이 번복되는 것으로 일단락되었다. 지금까지도 이 논쟁에 대한 기록은 불완전하지만, 당시에는 이 일과 관련한 어떤 내용도 일반에 알려지지 않았다. 심지어 근대식 육군을 지휘하고 있던 야마가타, 초창기의 해군을 이끌고 있던 가쓰 가이슈조차 논쟁이 거의 끝나갈 무렵에야 사태를 파악하게 되었다. 사이고는 자신을 조선에 파견하기로 한 결정이 번복되어서는 안된다며 강력하게 반발했다. 만약 자기가 조선인을 설득하지 못하고 오히려 조선에서 암살당하면, 일본은 전쟁을 일으킬 완벽한 명분을 얻게 될 것이라고 사이고는 주장했다. 사이고는 이타가키에게 "내가 소에지마만큼 훌륭한 외교관은 될 수 없어도 죽을 각오만큼은 되어 있다고 자네에게 자신 있게 말할 수 있네"라고 썼다. 게다가 전쟁은 불만을 품고 있는 사무라이들을 활용하고, "내란을 바라는 사람들의 관심을 해외로 쏠리게 해서 결국 나라에 득이 될 것"이라고 덧붙였다. 논쟁의 반대진영에서는 오쿠보와 (생각을 바꾼) 기도가 국제정세에 대한 지식을 바탕으로, 중국과 유럽 열강의 개입을 불러올 수도 있는 상황을 자초하는 것은 정신 나간 짓이라고 주장했다. 회의를 주재하던 산조 사네토미는 신경과민으로 쓰러졌고, 그의 후임 이와쿠라가 논쟁을 일단락지었다.

분개한 사이고는 주로 사쓰마 출신 병사들로 구성된 근위사단에서 자신을 따르는 심복들과 병사들을 데리고 도쿄를 떠나 가고시마로 향했다. 이타가키 다이스케, 고토 쇼지로, 에토 신페이, 소에지마 다네오미 등도 다시는 의사 결정과정에서 불화와 적대감이 생겨나지 않도록 민선의원(民撰議院)을 설립하자는 건의서를 마련해놓은 후 정부를 떠났다. 메이지 지도자들은 10년 동안 서로의 차이를 놀라울 정도로 문명화된 방식으로 포용한 후에 결국 갈라섰다. 정한론을 둘러싼 논쟁에서 개개인이 가졌던 입장과 동기에 대해서는 아직도 상당부분이 명확히 규명되지 않은 채 남아 있지만, 이노우에 기요시(井上淸)가 주장한 것처럼 그 논쟁은 실질적으로 누가

| 메이지 혁명 |

일본을 다스릴 것인가에 관한 것이었다고 봐도 무방할 것이다. 즉 사이고와 이타가키를 비롯한 호전적인 인물들과 오쿠보 도시미치와 기도 다카요시를 포함한 개혁파 관료들 간의 한판 승부였다.[41]

7. 승자와 패자

이 장에서 지금까지는 메이지 시대의 변화를 주도한 인물들의 활약상을 살펴보았다. 1860년대에 군사적·관료적 경험을 쌓은 서남부 출신의 사무라이 집단이 주축이 된 핵심 지도부는 다이묘와 공경들의 협조를 얻어 중앙집권화에 필요한 조치를 취하기로 합의했고, 새로운 제도를 마련하기 위해 외국의 모델을 탐색하는 작업에 착수했다. 몇 년 만에 그들은 외곽에서 정치 무대의 중심으로 진출하여 옛 상관들을 밀어냈다. 그렇다면 더 많은 나머지 일본인은 어떻게 되었을까? 얻은 자는 누구이고 잃은 자는 누구인가?

전(前)다이묘와 공경들은 얼마 후 중요한 정치적 과정에서 배제되었다. 그러나 그들 대부분은 이미 오래전부터 미미한 개인에 불과했다. 그나마 살아남을 가능성이 가장 큰 소수의 인사 가운데 한 명이었던 사쓰마의 시마즈 히사미쓰마저 뒷전에서 화를 내며 불평만 일삼을 뿐이었다. 도사 번주 야마우치 요도시게도 다이묘는 한물간 존재라며 자학하다가 과음으로 목숨을 잃었다. 우와지마(宇和島) 번주 다테 무네나리(伊達宗城)는 메이지 초기에 외교관으로 활동했다. 다카사키(高崎) 번주 오코우치 데루나(大河內輝聲)는 새로 부임한 청조(淸朝)의 외교관들과 친분을 쌓으며 시문을 교환하는 한편, 일본이 지나치게 서양에 의존하는 것을 개탄하고, 오쿠보를 비롯한 지도자들을 맹렬히 비난했다. 하지만 한 개인으로서 다이묘들은 불평할 이유가 별로 없었다. 그들은 1884년에 공포된 화족령(華族令)에 따라 공경들과 함께 예전보다 높은 신분인 화족으로 분류되었고, 그 후 1890년에 설립된 귀족원의 일원이 되었다. 그들은 옛 번의 석고에 따라 섭섭치 않은 액수의 가록을 받게 되었고, 웅번의 영주들은 엄청난 부를 유지할 수 있었다. 신정부는 각 번의 부채를 떠안았고, 다이묘와 공경들에게 도쿄에 거주할 것을 요구했다. 또한 그들의 투자를 안내하고 그들이 재산을 처분해서 생긴 목돈을 관리해주는 특수은행을 설립했다.[42]

물론 사무라이들은 항상 달랐다. 서열에 따라 또 소속 파벌에 따라 비교적 부유한 층에서 겨우 먹고사는 층까지 사무라이의 생활수준은 천차만별이었다. 메이지 시대에 지도자로 부상한 소수의 사무라이는 막강한 권력을 잡고 생활도 안정되었다. 그렇지 못했던 대다수의 사무라이에 대해서는 잠시 후 살펴볼 것이다.

그 전에 서민들에게 주목해보자. 과연 그들은 승자였는가 아니면 패자였는가? 스티븐 블라스토스의 지적처럼, 역사적 증거는 두 가지 측면이 혼재했음을 보여준다.[43] 농민저항은 1868년과 1872년 사이에 총 343건이 발생했다. 절정기인 1869년에는 110건이나 발생했는데, 이는 1867년부터 3년 연속 흉년이 들었기 때문이다. 농민의 저항은 대부분 도쿠가와 시대에 정착된 세금감면 청원이라는 형식을 띠고 있었다. 이미 살펴본 것처럼 세금감면에 대한 기대는 메이지 신정부가 부추긴 것으로 이런 기대가 헛된 것으로 밝혀지자 농민들은 더욱 거세게 저항했다. 일부 지역의 농민들은 행정 면에서 이해와 동정심을 보여주던 봉건 지배자들이 떠나는 것에 반대하기도 했다. 새로운 약속보다는 오래된 관행을 선호했던 것이다. 새로운 행정체제 안에서 일하는 새 관료들은 오랫동안 정착된 지역공동체의 관습과 관례에 무관심할 수밖에 없었다. 얼마 후 신정부는 지역 연고가 없는 군대를 각 지방에 배치했는데, 이들은 농민들이 자기 번의 사무라이 군대에 기대해온 동정심을 거의 보여주지 않았다.[44]

신정부는 혼란과 의분을 야기한 몇 가지 법령을 공포했다. 1871년 평민과 사무라이 간의 결혼을 금하는 법령이 폐지되었다. 당시의 사회적 정황에서 이 일은 그다지 많은 농민에게 영향을 주지 않았다. 더 많은 사람에게 영향을 미친 것은 천민을 평민(平民, 헤이민)의 신분으로 승격시킨다는 법령이었다. 이 변화는 많은 항의를 불러일으켰다. '해방된' 사람들 사이에서도 처음에는 희비가 엇갈렸다. 자신들에게 친숙한 자치와 (가죽세공 같은) 직업적 독점을 더 이상 누릴 수 없게 되었고, 새로운 조세제도의 적용을 받게 되었기 때문이다.

물론 분명한 이득도 있었다. 농민들은 정부의 요구에 의해 성(姓)을 갖게 되었다. 경작의 자유는 여태까지 자급자족을 위해 번에서 결정한 작물을 길러야만 했던 농민에게 큰 혜택이었고, 직업 선택의 자유와 거주 이전의 자유도 주어졌다. 1871년에 공포된 새로운 호적법(戶籍法)에 따라 가(家)가 새로운 행정구역의 기본단위가 되었고, 호주는 가족의 행위와 의무를 책임지게 되었다. 옛 농촌의 기본단위가 적어도 이론상으로는 마을 공동체였다면, 이제는 자신의 성과 부양가족을 거느린 호주가 가계를 계승하고 책임지던 도쿠가와 시대의 사무라이와 같은 지위를 부여받게 되었다.

1873년에 추가된 두 가지 법령은 모든 평민의 생활에 근본적인 변화를 가져왔다. 그해 1월에 공포된 징병령(徵兵令)은 현역 3년과 예비역 4년의 의무적인 복무를 요구했다. 270엔을 낼 수 있는 사람에게는 병역이 면제되었지만, 이는 대부분의 농민이 감당할 수 없는 거금이었다. 따라서 이 새로운 의무는 가난한 사람들에게 큰 부담이 되었다. 징병령은 거센 저항을 불러일으켰는데, 일부는 '혈세'(血稅, 게쓰제이·메이지 정부가 차용한 프랑스 용어)에 대한 오해에서 비롯되었고,* 일부는 새 법령이 부자들만 편애한다는 의혹이 커지면서 촉발된 것이었다.

가장 중요한 개혁조치라 할 수 있는 1873년의 지조개정(地租改正, 지소카이세이)에 대해서도 농촌지역은 이와 유사한 양면적인 반응을 보였다. 농민들은 이제 토지에 대한 단일한 소유권을 인정받았고, 이전에 마을 단위로 부과되던 각종 세금은 토지소유자의 책임이 되었다. 또한 과거에는 번

---

* 혈세란 글자 그대로 피로 바치는 세금, 즉 목숨을 바쳐 조국에 대한 빚을 갚는 국민의 의무를 말하는데, 이를 백성의 생피를 뽑아 가는 것으로 오해하여 '게쓰제이잇키'(血稅一揆)로 불리는 징병반대 폭동이 일어나는 경우도 많았다.

마다 서로 다른 기준에 따라 수확량을 측정하여 세금을 부과했지만, 새로운 조세제도는 토지의 상업적 가치로 판단되는 지가(地價)의 3%를 일률적으로 현금으로 납입하도록 했다. 지가는 복잡한 공식을 통해 책정되었다.[45] 사실 대부분의 학자는 새로운 조세제도하에 부과된 세액 자체는 그 이전의 세액과 크게 다르지 않다고 보고 있다. 물론 지가를 평가하고 지권(地券)을 발급하는 데 시간이 많이 걸렸고, 일부 지역, 특히 사쓰마에서는 몇 년 동안 이 일이 마무리되지 못했다. 중요한 사실은 사람들에게 친숙한 과거의 조세제도는 흉년이 들어 어려운 시기에는 가끔씩 세금을 감면해주기도 했는데, 이제는 융통성도 없고 인정머리도 없는 제도로 대체되었다는 것이다. 모든 정황을 종합해보면 새 조세제도가 좀더 공정했던 것으로 보인다. 물론 구체제 아래서 세율이 비교적 낮았던 지역의 농민들에게는 그렇게 보이지 않았을 것이다. 세금을 현금으로 내면 물가가 상승했을 때 토지소유자 겸 납세자에게 유리하지만, 일부 지역의 주민들은 멀리 떨어져 있는 상품시장과 거래해야 하는 불편을 감수해야 했다. 새로운 현(縣)체제에서 지역 사정에 어두운 신임 지방관들은 상급기관의 눈치를 살피기에 급급했다.

이 모든 것이 복합적으로 작용하여 격렬한 저항을 불러일으켰고, 일부는 폭력사태로 번졌다. 지방관들이 그 과정을 제대로 감독한 곳이나 새로 정해진 세율을 순순히 받아들인 지역에서는 일이 순조롭게 진행되었으나, 1875년에 중앙정부가 정책의 신속한 실행을 명하자, 새 제도가 불공정하다고 생각하던 사람들의 항의가 빗발쳤다. 그러나 메이지 정부는 예전의 다이묘들과 달리 언제든 군대를 이용할 수 있었으므로 이런 항의는 대체로 허망하게 끝났다. 아직도 취약한 국가의 통합을 유지하기 위해 메이지 정부는 폭도들을 진압하는 데 한 치의 망설임도 없었다. 하지만 농민의 저항이 계속되자 이에 압박을 느낀 메이지 정권은 1877년에 세율을 2.5%로 인하하고, 흉년에는 세금을 감해주는 방안을 마련했으며, 시장에서 멀리 떨어진 곳에 사는 농민에게는 물납(物納)을 허용했다.

개혁은 일본의 농촌을 어떻게 변화시켰을까? 일부 지역에서는 전통적인 지도자들과 촌역인들이 계속 권세를 유지했기 때문에 개혁의 여파가 뒤늦게 인식되었을 것이다.[46] 하지만 몇 해가 지나자 새로운 지역 엘리트층—과거의 엘리트층과 겹치긴 하나 완전히 일치하지는 않는—이 형성되기 시작했다. 그 구성원은 일본의 역사가들이 호농(豪農, 부유한 농민)이라고 분류하는 사람들로, 지역에 기반을 잡고 토지를 소유한 농민이었다. 이들은 마을에 새로 학교를 세우고, 명백한 실정(失政)이 있을 경우 항의를 주도할 만한 능력과 수단을 갖춘 세력이었다. 그들은 국정 개선을 위한 진정서나 건의서를 통해 자신들의 의견을 기탄 없이 밝혔다. 엄청난 분량의 인쇄물은 그들이 각종 사안에 대해 활발하게 의견을 제시했음을 보여준다.[47] 그들은 스스로를 억압받는 초라한 노동자가 아니라, 지방의 유지로 여겼다. 반면에 변화의 물결은 상대적으로 무능한 사람들, 사회적 혜택에서 소외된 사람들, 가난한 사람들에게는 불리하게 작용했다. 개혁으로 득을 본 사람은 새로운 규칙을 이해하고 있고, 그 규칙을 적용시키는 사람들과 연줄이 있는 지주·고용주·중하급 관리들이었다. 이들은 과거에는 관습상의 권리와 상호간의 의무에 얽매여 자기발전의 기회를 충분히 활용하지 못했지만, 새로운 제도의 뒷받침을 받으며 자신의 능력을 마음껏 발휘할 수 있었다. 그러나 농민에서 성공적인 사업가로 변신한 사람들이 있었다면, 거의 극빈상태로 내몰려 '물만 들이키는' 소작농도 있었을 것이다. 변화에 따른 상대적 혜택에 관한 문제는 중요한 학문적 연구를 양산했는데, 여기에 대해서는 나중에 다시 다룰 것이다.

가장 큰 변화를 겪은 것은 사무라이들이었으며, 그 대다수는 분명 사회의 낙오자였다. 신정부의 군사지도자들은 도쿠가와 말기에 이미 사무라이 부대보다 시민징집병이 우수하다는 사실을 확신하고 있었다. 사무라이들은 명예와 자부심으로 무장하고 있었으나, 바로 그런 자질이 신식 군대의 규율과 기강에는 맞지 않았던 것이다. 이에 못지않게 중요한 점은 이 세습계층에게 평생 지급되는 봉록에 막대한 돈이 들어가기 때문에 정부가 다른 일을 할 수 없다는 것이었다.

유신 직후 서남부의 여러 번에서 개혁이 시작되었다. 사쓰마는 봉록을 줄였고, 조슈는 사무라이의 격식을 단순화했으며, 히젠은 관직에 임용할 '유능한 인재'를 구하는 작업에 착수했고, 도사는 세습적 신분제를 일찌감치 종식시킬 전면적인 개혁을 추진했다. 1870년 가을에 중앙정부는 사무라이의 격식을 통일하기 위한 법령을 공포했다. 각 번은 석고(石高)에 따라 '대' '중' '소'로 나뉘었다.

1871년 폐번치현이 선포되자, 중앙정부는 모든 사무라이의 수입을 책임져야 한다는 것을 깨달았다. 첫 번째 과제는 '진짜' 사무라이를 '유사' 사무라이와 구분하는 것이었고, 다음 조치는 중·상급 사무라이를 사족(士族, 시조쿠)으로, 하급 사무라이를 졸족(卒族, 소쓰조쿠)으로 분류하는 것이었다. 그리고 얼마 후 졸족을 폐지하고 세습 졸족은 사족에, 나머지 졸족은 평민에 편입시켰다. 자금 압박에 시달리던 정부의 다음 표적은 현으로 재편되고 있던 도쿠가와 친번의 가신들이었다. 이들의 수입은 급감되었고, 자신의 직권에서 완전히 물러나는 이들에게는 금전적 보상이 제공되었다.

그러나 이런 정책을 시행한 후에도 대부분의 지역에서 사무라이는 거의 그대로 남아 있었다. 도쿠가와 가신들과 내전에서 패한 동북부 출신 사무라이들은 그리 큰 문제가 아니었다. 그들은 자신들이 전쟁에서 졌다는 것을 알고 있었고, 따라서 기대치도 낮았다. 그러나 메이지 유신에서 주도적인 역할을 한, 새로이 무장한 서남부 여러 번의 경우는 사정이 달랐다. 그 지역의 사무라이들은 승리감에 도취되어 있었고 기대치도 높았으며, 중앙의 권력자들과도 막역한 사이였다. 그런데 수입은 줄어들었고, 신정부는 징병제로 구성된 군대에 희망을 걸고 있었다. 조슈의 군대를 능률적으로 재편하려던 시도는 한 차례의 반란을 촉발시켰다. 설상가상으로 정부는 일을 하지 않는 계급에게 주는 그나마 삭감된 봉록조차 감당하기 힘든 부담이라는 사실을 알게 되었다. 정부는 이미 사무라이들이 상업과 생산활동에 종사하는 것을 허용했으나, 사무라이 가운데 성공적으로 전업할 만한 자질

을 갖추고 마음의 준비를 해둔 자는 거의 없었다. '무사의 상법'(武士の商法, 부시노쇼호)은 무능력을 뜻하는 상투적 표현이 되었다. 1874년에 정부는 사무라이에게 그들의 질록을 이자부(利子附) 공채와 교환하도록 종용했다. 2년 후 이 정책에 사활을 건 정부는 공채 전환을 의무화했다. 초기의 질록과 마찬가지로 공채도 과거의 수입에 따라 책정되었다. 웅번의 다이묘는 자산가로 부상했을지 몰라도, 대부분의 사무라이들에게 공채의 액면가는 비참할 정도로 보잘것없었다. 그마저도 얼마 지나지 않아 투기와 무능력으로 탕진해버린 사무라이들이 부지기수였다.

이런 상황에서 사할린을 쟁취하기 위한 전쟁, 타이완 원주민들이 오키나와 어부들을 살해한 사건에 대한 보복, 조선으로부터 받은 모욕에 대한 응징 등에 관한 이야기가 인기를 끌었다는 것은 충분히 납득할 수 있다. 사무라이는 이해득실에 초연해야 했지만, 목숨보다 명예를 더 소중하게 여겼기에 자신들이 건재함을 보여주고 싶었을 것이다.

결국 1874년 조선 정한론 논쟁으로 지도부가 분열된 직후에 폭력사태가 발생하고 말았다. 히젠에서는 일군의 선동자들이 에토 신페이에게 처음부터 실패할 것이 뻔한 모험에 앞장서 달라고 요청했다. 오쿠보는 사가에서 발생한 이 반란의 진압을 진두지휘했다. 에토는 가고시마로 피신해 사이고에게 도움을 청한 후 도사로 가서 이타가키를 끌어들이려 했으나 실패했고, 결국 체포되어 처형당했다. 다음에는 마에바라 잇세이(前原一誠)가 1876년에 조슈에서 반기를 들었다. 이 반란의 주된 결과는 사족(士族)이 초래한 재앙에 분개한 평민들이 불을 질러 조카마치를 파괴한 것이었다. 구마모토에서는 '신풍련'(神風連, 진푸렌)이라는 열혈집단이 반란을 일으켰는데, 정부의 근대화 조치에 반감을 품고 있던 반도들은 화기 사용을 거부하고 칼만 가지고 싸웠기 때문에 진압하기가 쉬웠다.

이런 일련의 사족 반란의 대단원은 사이고 다카모리가 천황에게 대신들의 극악무도한 처사를 고하겠다며 직접 전장에 나선 사쓰마에서 막을 내렸다. 정부에서 물러난 뒤 사이고는 세상을 등지고 조용한 나날을 보냈으나,

사쓰마 지역 자체가 무장진영이 되어버렸다. 군사훈련소임을 뻔히 알 수 있는 '사학교'(私學校, 시갓코)가 사쓰마 전역에 퍼져 있었다. 사이고는 젊은 사무라이들의 영웅이었으며 어느 정도는 그들의 후원자이기도 했다. 지역민의 불만에 전적으로 공감하고 있던 현의 지사도 협조하고 나섰다. 점차 의심을 품게 된 도쿄 정부는 염탐꾼들을 급파하여 사정을 알아보게 했다. 그 가운데 한 명이 곧 붙잡혀 심문을 받았는데, 고문에 못 이긴 그는 자신의 원래 임무가 사이고를 암살하는 것이라고 자백했다. 다음으로 정부는 가고시마 무기고에 있던 무기를 없애버리려 했으나, 열혈청년들이 이를 가로막고 나섰다. 상황이 이 지경에 이르자 1877년에 사이고는 천황에게 간언하기 위해 도쿄로 진군하기로 결정했다. 반란군 대열의 측면을 보호하기 위해 사이고는 우선 구마모토 성을 포위 공격했다. 구마모토 성이 사이고의 공격을 막아냄으로써 반란군의 앞날은 사실상 결판난 것이나 다름없었지만, 치열한 접전은 오랫동안 계속되었다. 정부는 다루히토 친왕(熾仁親王)을 다시 한번 정부군의 명목상 총사령관*으로 임명했다.

세이난(西南) 전쟁은 메이지 유신기의 진정한 전쟁으로 간주될 수 있다. 남부 반란군을 완전진압하는 데 무려 여섯 달이 걸렸다. 다급해진 정부는 정부군 별동 제2여단을 파견했을 뿐 아니라 다른 번에서 구사무라이까지 모병했다. 정부는 총 6만여 명의 병력을 동원했으며, 이 중 약 6천여 명이 전사하고 1만 명 가량이 부상당했다. 사이고는 천황에 대한 충성을 공언하고 근위병 제복을 입었으나, 그의 부대는 섬멸되었다. 반란군은 약 1만 5,000명의 사상자를 냈다.

이들 사족 반란이 실패한 부분적인 이유는 반란군이 사무라이에 국한되어 있었고 평민들을 단순히 짐꾼 정도로만 이용했다는 데 있다. 다른 번에서 끌어들인 지휘관들은 작전을 통제하지도 못했고 손발도 맞지 않았다. 그 결과 정부는 사족 반란을 하나씩 차례차례 진압할 수 있었다. 더욱이 사

* 실질적인 사령관은 야마가타 아리토모였다.

이고가 실패한 뒤, 사족 반란은 성공할 가능성이 없다는 것이 분명해졌다. 사이고는 변화무쌍한 인물이었다. 그는 살아생전에 이미 거물이 되었지만, 사후에 더 유명해졌으며, 미래의 군국주의자와 포퓰리스트들에게 영감을 불어넣었다. 죽은 지 12년 뒤 사이고는 천황에 의해 사면되어 국민적 영웅으로서의 지위를 회복했다.

기도 다카요시는 결핵과 일종의 뇌질환으로 1877년 5월 26일 사망했다. 사이고는 1877년 9월 24일 스스로 목숨을 끊었다. 이어서 1878년 5월 14일, 도쿄에서는 메이지 시대 첫 10년 동안 실세로 손꼽히던 3걸(三傑) 가운데 한 명인 오쿠보 도시미치가 그의 권력 독점을 못마땅하게 여긴 일군의 사무라이들에게 암살당했다.

이렇게 해서 유신의 3걸은 10년 동안 신정부의 권력기반을 공고히 다진 후 1~2년 사이에 운명을 다했다. 이제 메이지 국가의 제도를 완성하는 임무는 후임자들에게 넘어갔다.

지은이 주

Sources of Japanese Tradition (1958), comp. Ryusaku Tsunoda, Wm. Theodore de Bary, and Donald Keene 및 *Society and Education in Japan* (Columbia Teachers College, 1965), trans. Herbert Passin에서 발췌한 부분은 Copyright Clearance Center, Inc.를 통해 562 W. 113th St., New York, N.Y. 10025 소재 Columbia University Press의 허락을 얻어 재수록했다.

1장 세키가하라 전투

1) George Elison, "Introduction," G. Elison and Baldwell L. Smith, eds., *Warlords, Artists, and Commoners: Japan in the Sixteenth Century* (Honolulu: University Press of Hawaii, 1981), pp. 1ff.
2) Jurgis Elisonas, "The Inseparable Trinity: Japan's Relations with China and Korea," *Cambridge History of Japan* [이하 *CHJ*], vol. 4: *Early Modern Japan*, ed. John Whitney Hall (Cambridge: Cambridge University Press, 1991), p. 255.
3) J. Elisonas, "Christianity and the Daimyo," *CHJ*, 4:303.
4) *Teppō-ki*, Ryusaku Tsunoda, Wm. Theodore de Bary, and Donald Keene, comps., *Sources of Japanese Tradition* (New York: Columbia University Press, 1958), pp. 319~20.
5) Asao Naohiro with Marius B. Jansen, "Shogun and Tennō," J. Whitney Hall, Nagahara Keiji, and Kozo Yamamura, eds., *Japan before Tokugawa: Political Consolidation and Economic Growth, 1500-1650* (Princeton: Princeton University Press, 1981), p. 249.
6) Nagahara Keiji with Kozo Yamamura, "The Sengoku Daimyo and the Kandaka System," J. W. Hall, Nagahara, and Yamamura, eds., *Japan before Tokugawa*, p. 50.

7) 무가통치의 도덕적 입지가 약화되면서 이런 주장이 19세기에 반복적으로 제기되었음을 알 수 있다. 시코쿠(四國)에 위치한 도사 번에서는 일련의 마을지도자들이 무가통치를 비난하는 글을 은밀히 배포했고, 그 글에서 그들은 "한때 우리는 조정으로부터 직접 직무를 위임받았다. ……촌락의 우두머리, 평민들의 우두머리가 귀족들의 수족인 사무라이 가신들보다 더 우월하다고 말해서는 안되는 것인가?" 라고 주장했다. Marius B. Jansen, "Tosa during the Last Century of Tokugawa Rule," John Whitney Hall and Marius B. Jansen, eds., *Studies in the Institutional History of Early Modern Japan* (Princeton: Princeton University Press, 1968), p. 341.
8) Asao with Jansen, "Shogun and Tennō," pp. 252~53.
9) George Sansom, *A History of Japan, 1334-1640* (Stanford: Stanford University Press, 1981), p. 310.
10) Tsunoda, de Bary, and Keene, *Sources of Japanese Tradition*, pp. 315~16.
11) Fujiki Hisashi with George Elison, "The Political Posture of Oda Nobunaga," J. W. Hall, Nagahara, and Yamamura, *Japan Before Tokugawa*, pp. 155~73.
12) Asao with Jansen, "Shogun and Tennō," p. 255.
13) Michael Cooper, S. J., *They Came to Japan: An Anthology of European Reports on Japan, 1543-1640* (Berkeley: University of California Press, 1965), pp. 93~95.
14) Ibid., pp. 134~35.
15) James Murdoch, *A History of Japan*, vol. 2 (London: Kegan, Trench, Trubner, 1925), p. 386.
16) Mary Elizabeth Berry, *Hideyoshi* (Cambridge, Mass.: Harvard University Press, 1982)는 히데요시에 관한 최고의 전기다. 또한 John Whitney Hall, "Hideyoshi's Domestic Policies" 및 Elison, "Hideyoshi, the Bountiful Minister," Hall, Nagahara, and Yamamura, *Japan before Tokugawa*를 보라.
17) Berry, *Hideyoshi*, p. 219에서 인용.
18) Yoshio Kuno, *Japanese Expansion on the Asiatic Continent* (Berkeley: University of California Press, 1937), 1:311-312.
19) John W. Hall, *Government and Local Power in Japan, 500 to 1700: A Study Based on Bizen Province* (Princeton: Princeton University Press, 1966), p. 288.

| 지은이 주 |

20) Tsunoda, de Bary, and Keene, *Sources of Japanese Tradition*, p. 330.
21) Marius B. Jansen, "Tosa in the Sixteenth Century," Hall and Jansen, *Studies in the Institutional History* 및 Hall, "Hideyoshi's Domestic Policies."
22) Philip C. Brown, *Central Authority and Local Autonomy in the Formation of early Modern Japan: The Case of Kaga Domain* (Stanford: Stanford University Press, 1993), pp. 76~84.
23) Berry, *Hideyoshi*, p. 105.
24) C. R. Boxer, *The Christian Century in Japan, 1549-1650* (Berkeley: University of California Press, 1951), pp. 54~55에서 인용.

2장 도쿠가와 국가

1) Lee Butler, "Tokugawa Ieyasu's Regulations for the Court: A Reappraisal," *Harvard Journal of Asiatic Studies*, 54, 2 (1994): 451-509는 이 문서에 관한 가장 탁월한 연구이다.
2) Hall, *Government and Local Power in Japan*, pp. 6~7.
3) Thomas C. Smith, "The Japanese Village in the Seventeenth Century," Hall and Jansen, *Studies in the Institutional History*, pp. 263~82.
4) Albert M. Craig, *Chōshū in the Meiji Restoration* (Cambridge, Mass.: Harvard University Press, 1961), p. 22.
5) William Coaldrake, *Architecture and Authority in Japan* (London: Routledge, 1996).
6) Bob T. Wakabayashi, "In Name Only: Imperial Sovereignty in Early Modern Japan," *Journal of Japanese Studies*, 17, 1(1991): 41.
7) John W. Hall, "The *bakuhan* System," *CHJ*, 4:152.
8) Kären Wigen, *The Making of a Japanese Periphery* (Berkeley: University of California Press, 1995).
9) George M. Wilson, "Hashimoto Sanai in the Political Crisis of 1858," Albert M. Craig and Donald H. Shively, eds., *Personality in Japanese History* (Berkeley: University of California Press, 1970), p. 260에서 인용.
10) Conrad Totman, *Politics in the Tokugawa Bakufu, 1600-1843* (Cambridge, Mass.: Harvard University Press, 1967), pp. 213ff.
11) Donald H. Shively, "Tokugawa Tsunayoshi, the Genroku Shogun," Craig and Shively, *Personality in Japanese History*, pp. 85~126.
12) Beatrice Bodart-Bailey, "The Laws of Compassion," *Monumenta*

Nipponica, 40, 2(Summer 1985): 163-189.
13) Hall, "The *bakuhan* System," *CHJ*, 4:166-167 및 Totman, *Politics in the Tokugawa Bakufu*, pp. 270~77.
14) Thomas C. Smith, "'Merit' as Ideology in the Tokugawa Period," R. P. Dore, ed., *Aspects of Social Change in Modern Japan* (Princeton: Princeton University Press, 1967), pp. 75~76.
15) Robert K. Sakai et al., eds., *The Status System and Social Organization of Satsuma* (Tokyo: University Tokyo Press, 1975).
16) Bonnie Abiko, "Watanabe Kazan, His Life and Times"(Ph.D. dissertation, Princeton University, 1982).
17) Marius B. Jansen, "Tosa in the Sixteenth Century: The 100 Article Code of Chōsokabe Motochika," Hall and Jansen, *Studies in the Institutional History*, pp. 89~114.
18) Jansen, "Tosa in the Seventeenth Century: The Establishment of Yamauchi Rule," Hall and Jansen, *Studies in the Institutional History*, pp. 115~39 및 Luke S. Roberts, *Mercantilism in a Japanese Domain* (Cambridge: Cambridge University Press, 1998), chap. 2, "The Geography and Politics of Seventeenth Century Tosa."
19) Philip C. Brown, *Central Authority and Local Autonomy in the Formation of early Modern Japan: The Case of Kaga Domain* (Stanford: Stanford University Press, 1993), pp. 24ff.
20) Ronald DiCenzo, "Daimyo Domain and Retainer Band in the Seventeenth Century" (Ph.D. dissertation, Princeton University, 1978).
21) Hall, "The *bakuhan* System," *CHJ*, 4:159.
22) Harold Bolitho, "The *han*," *CHJ*, 4:194.
23) Hall, *Government and Local Power in Japan*, pp. 414~18.
24) Harold Bolitho, *Treasures among Men: The Fudai Daimyo in Tokugawa Japan* (New Haven: Yale University Press, 1974), p. 35 및 William Kelley, *Deference and Defiance in Nineteenth-Century Japan* (Princeton: Princeton University Press, 1985), pp. 78ff는 이 사건을 사회사로서 다룬다.
25) Yoon Byung-nam, "Domain and Bakufu in Tokugawa Japan: The Copper Trade and Development of Akita Domain Mines" (Ph.D. dissertation, Princeton University, 1994).
26) 平出鏗二郎, 「敵討」, 『國史大辭典』3(東京, 1983), pp. 350~52.
27) Constantine N. Vaporis, "Post Station and Assisting Villages: Labor and

Peasant Contention," *Monumenta Nipponica*, 41(1986): 377-414.
28) Mary Elizabeth Berry, "Public Policy and Private Attachment: The Goals and Conduct of Power in Early Modern Japan," *Journal of Japanese Studies*, 12, 2(1986).
29) James W. White, "State Growth and Popular Protest in Tokugawa Japan," *Journal of Japanese Studies*, 14, 1(1988).
30) 이런 주장을 선도하는 이는 와타나베 히로시(渡邊浩)로, 그의 책 『東アジアの王權と思想』(東京: 東京大學出版會, 1997)의 서론 부분을 루크 로버츠(Luke Roberts)가 *Sino-Japanese Studies*, 10, 2(April 1998)에 영역(英譯)해서 소개했다. 최근 일부 역사학자들은 막부(幕府)라는 용어를 19세기 중반을 시작으로 해서 적용하고 있으며, 앞에서 언급한 아사오 나오히로(朝尾直弘)는 '막번(幕藩)국가'라는 용어 자체에 문제가 있다고 보고 사용을 피하며, 그 대신 단순히 '도쿠가와 정치구조'(Tokugawa Political structure)라고 지칭하는 것을 선호한다.

3장 대외관계

1) Olof G. Lidin, *The Life of Ogyū Sorai, a Tokugawa Confucian Philosopher*, Scandinavian Institute of Asian Studies Monograph Series (Lund: Studentlitt., 1973), p. 120.
2) *Japanese Family Storehouse*, trans. G. W. Sargent (Cambridge: Cambridge University Press, 1959), pp. 85~86.
3) Leonard Blussé, *Strange Company* (Dordrecht: Foris Publications, 1986), pp. 99, 103.
4) George Elison, *Deus Destroyed: The Image of Christianity in Early Modern Japan* (Cambridge, Mass.: Harvard University Press, 1973), p. 116.
5) Tashiro Kazui(田代和生), "Foreign Relations during the Edo Period: Sakoku Reexamined," *Journal of Japanese Studies*, 8, 2(Summer 1982) 및 이 분야에서 최고의 권위를 자랑하는 그녀의 『近世日朝通交貿易史の硏究』(東京: 創文社, 1981).
6) Ronald P. Toby, *State and Diplomacy in Early Modern Japan: Asia in the Development of the Tokugawa Bakufu* (Princeton: Princeton University Press, 1984)는 이런 견해를 명확히 기술하고 있다.
7) 아라이 하쿠세키의 자서전, Joyce Ackroyd, trans., *Told Round a Brushwood Fire* (Princeton: Princeton University Press, 1979), p. 62.
8) Dan F. Henderson, "Chinese Legal Studies in Early Eighteenth Century

Japan: Scholars and Sources," *Journal of Asian Studies*, 30 (November 1970): 21~50.
9) 신유한, 『해유록』(서울: 정음사), 1976.
10) Paul van der Velde and Rudolf Bachofner, eds., *Deshima Diaries: Marginalia, 1700-1740* (Tokyo: Japan-Netherlands Institute, 1992), p. 148.
11) 애덤스(Adams)에 관해서는 Michael Cooper, S. J., *Rodrigues the Interpreter: An Early Jesuit in Japan and China* (New York: Weatherhill, 1974)를 보라.
12) 上垣外憲一, 『鎖國の比較文明論』(東京: 講談社, 1994), pp. 42ff.
13) Derek Massarella, *A World Elsewhere: Europe's Encounter with Japan in the Sixteenth and Seventeenth Centuries* (New Haven: Yale University Press, 1990)는 동인도회사의 기록에 철저히 근거한 책이다.
14) 일본에서 의로운 순교자로서 사후에 명성을 얻은 많은 비극적인 인물들 가운데 하나인 아마쿠사시로 도키사다와 이 반란에 대한 설명은 Ivan I. Morris, *The Nobility of Failure: Tragic Heroes in the History of Japan* (New York: Holt, Rinehart and Winston, 1975), pp. 143~79를 보라.
15) 『大日本史料』, 第12編之34.
16) Sakai et al., *The Status System and Social Organization of Satsuma*, p. 45.
17) 엘리슨(Elison)의 *Deus Destroyed*는 이런 팸플릿 가운데 그가 번역한 한 팸플릿에서 그 제목을 따왔다.
18) Reinier H. Hesselink, "The Prisoners from Nambu: The Beskens Affair in Historical and Historiographical Perspective" (Ph.D. dissertation, University of Hawaii, 1992)는 네덜란드 죄수들이 투옥된 성직자들을 비난하도록 동원된 한 사건에 대해 인상적인 설명을 해준다.
19) *Silence*라고 번역된 엔도 슈사쿠(遠藤周作)의 소설 『沈默』은 믿음을 버린 한 성직자를 다시 개종시키기 위해 일본에 왔다가 뜻을 이루지 못한 채 심문관에게 붙잡힌 두 성직자의 운명을 중심으로 전개된다.
20) Grant K. Goodman, *Japan: The Dutch Experience* (London: Athlone Press, 1986)과 金井圓, 『對外交涉史の研究: 開國期の東西文化交流』(橫浜: 有隣堂, 1988)는 풍부하고 상세하게 기술하고 있다.
21) Robert LeRoy Innes, "The Door Ajar: Japan's Foreign Trade in the Seventeenth Century" (Ph.D. dissertation, University of Michigan, 1980)은 나가사키 무역에 대한 가장 충실한 설명이다.
22) Engelbert Kaempfer, History, trans. J. Scheuchzer (Glasgow: James MacLehose, 1906), 3:167-168. 켐퍼와 그의 원고에 얽힌 역사에 대해서는

| 지은이 주 |

Beatrice M. Bodart-Bailey and Derek Massarella, eds., *The Furthest Goal: Engelbert Kaempfer's Encounter with Tokugawa Japan* (London: Curzon Press, Japan Library, 1995)을 보라.

23) Kaempfer, *History*, 3:334. 나라를 불필요한 상품과 유혹으로부터 차단시킨 현명한 통치자를 두었다는 데 일본은 감사해야 할 것이라고 켐퍼는 주장했다. "그의 치세하에서 [쓰나요시의] 신민들의 삶은 행복하고 풍요로웠다"고 그는 결론내렸다.

24) Toby, *State and Diplomacy*는 이와 관련해서 가장 정평 있는 설명이다.

25) *Ibid.*, p. 126.

26) 大庭脩, 『江戶時代の日中秘話』(東京: 東方書店, 1980) 및 『江戶時代における中國文化受容の硏究』(京都: 同朋社, 1984).

27) 그들이 처했던 제한적 조건에도 불구하고 에도 시대 일본의 생활에 대해 지금까지도 우리를 일깨워주는 유용한 정보를 고생해가며 그러모은 사람들은 아이러니컬하게도 바로 켐퍼, 툰베리, 티칭 그리고 그 뒤를 이은 지볼트이다. 반면 이들보다 더 나은 기회가 있었던 중국인들은 그런 수고를 하지 않았다. 인위안(隱元)이 자신을 초청한 일본인과 가진 대화, 토의, 연회에 대해 남긴 기록을 위해서라면 무엇이든 못 주겠는가!

28) Wai-ming Benjamin Ng, The I Ching(易經) *in Tokugawa Thought and Culture* (Honolulu: Association for Asian Studies and University of Hawaii Press, 2000), pp. 66~67.

29) 이는 오규 소라이가 주지인 웨펑(일본식 발음으로 엣포, 1635~1734)에게 보낸 편지이다. 웨펑은 1655년에 나가사키에 들어왔고, 1708년에는 막부의 초청을 받아 쇼군 쓰나요시 앞에서 강론을 했다. 소라이는 남은 여생 동안 그와 계속 연락을 주고받았다. Lidin, *The Life of Ogyū Sorai*, pp. 116~17.

30) William S. Atwell, "Ming China and the Emerging World Economy, c. 1470-1650," chap. 8, Denis Twitchett and Frederick W. Mote, eds., *Cambridge History of China*, Vol. 8: *The Ming Dynasty* (Cambridge: Cambridge University Press, 1998), pp. 376~416.

31) Marius B. Jansen, *China in the Tokugawa World* (Cambridge, Mass.: Harvard University Press, 1992), p. 68 및 De-min Tao, "Traditional Chinese Social Ethics in Japan, 1721-1943," *Gest Library Journal*, 4, 2 (winter 1991): 68~84.

32) 예를 들어 1710년 데지마 네덜란드 상관일지에는 "17명의 일본인이 처형되었다. 그 가운데 8명은 십자가형을 받았고, 9명은 참수를 당했다. 죄목은 모두 밀수였다"고 적혀 있다. 그리고 며칠 뒤에는 "지난 수백 년 동안 만연한 중국인들의 밀수

때문에 일본은 은과 금이 고갈되었다. 여기에 60년 이상 귀금속에 대한 새로운 채굴이 없었다는 사실을 추가하면, 왜 이들 금속의 품귀 현상이 있어왔는지 설명해준다"는 구절이 나온다. Paul van der Velde and Rudolf Bachofner, *Deshima Diaries*, pp. 128~29. 또 Fred G. Notehelfer, "Smuggling in the Kyōhō Period," *Princeton Papers on Japan* (1972)도 있다.

33) Marius B. Jansen, "New Materials for the Intellectual History of Nineteenth Century Japan," *Harvard Journal of Asiatic Studies*, 20, 2-3 (1957): 597의 『夷匪入港錄』(1931) 인용부분을 재인용.

34) Leonard Bussé, "Japanese Historiography and European Sources," P. C. Emmer and H. L. Wesseling, eds., *Reappraisals in Overseas History* (Leiden: Leiden University Press, 1979).

4장 신분집단

1) Kōsaka Masaaki, ed., *Japanese Thought in the Meiji Period*, trans. David Abosch (Tokyo: Pan-Pacific Press, 1958), p. 203.

2) J. W. Hall, "Rule by Status in Tokugawa Japan," *Journal of Japanese Studies*, 1,1 (Autumn 1974).

3) Lafcadio Hearn, *Japan: An Attempt at Interpretation* (New York: Macmillan, 1907), pp. 386~87.

4) Herschel Webb, *The Imperial Institution in the Tokugawa Period* (New York: Columbia University Press, 1968)는 이 분야 최고의 연구서이다.

5) 朝尾直弘 編, 『日本の近世 7, 身分と格式』(東京: 中央公論社, 1992), pp. 193ff.

6) Bob T. Wakabayashi, "In Name Only: Imperial Sovereignty in Early Modern Japan," *Journal of Japanese Studies*, 17, 1 (Winter 1991): 48.

7) Ibid., p. 49. 이런 결혼으로 생긴 자손 가운데 한 명은(메이쇼[明正] 여제) 천황을 승계했고, 또 다른 한 명은(도쿠가와 이에하루) 쇼군 직을 계승했다.

8) F. G. Notehelfer, "Ebina Danjō: A Christian Samurai of the Meiji Period," *Papers on Japan* (Harvard University, 1963), 2:6에서 고쳐서 인용.

9) Tamamoto Tsunetomo, *The Hagakure: A Code to the Way of the Samurai*, trans. Takao Mukoh (Tokyo: Hokuseido, 1980), p. 35. 또 Yukio Mishima, *The Way of the Samurai*, trans. Kathryn Sparling (Putnam, N.Y.: Pegasus, 1977), pp. 110~12를 보라.

10) Tsunoda, de Bary, and Keene, *Sources of Japanese Tradition*, p. 399에서 인용.

11) 이와 관련된 중국과 일본의 텍스트에 관해서는 朝尾直弘 編, 『日本の近世 7』, pp.

| 지은이 주 |

14ff 참조.
12) D. H. Shively, "Popular Culture," *CHJ*, 4:708.
13) 최근의 학자들은 이 법령을 좀 더 상세히 기술한다. Takagi Shunsaku는 이 법령은 원래 전시 비상상태의 산물이며, 사무라이보다는 사무라이의 종복과 더 관련이 있으며 이들의 탈주를 막기 위해 공포되었다고 주장한다. 그러나 사무라이라는 특정 '계층'이 생겨난 것은 이 시대임이 분명하다. 朝尾直弘 編, 『日本の近世 7』, p. 45 참조.
14) W. G. Beasley, "Feudal Revenue in Japan at the Time of the Meiji Restoration," *Journal of Asian Studies*, 19 (1960): 235-275.
15) E. Herbert Norman, *Japan's Emergence as a Modern State* (1940; New York: Institute of Pacific Relations, 1946), p. 81.
16) Carmen Blacker, "*Kyūhanjō*, by Fukuzawa Yukichi," *Monumenta Nipponica*, 13 (1953): 304-329.
17) John W. Hall, "The Ikeda House and Its Retainers," Hall and Jansen, *Studies in the Institutional History*, p. 87.
18) 후지타 유코쿠의 비천한 출신에 대해서는 Kate Wildman Nakai, *Women of the Mito Domain* (Tokyo: University of Tokyo Press, 1992), p. xiii를 보라.
19) Kozo Yamamura, *A Study of Samurai Income and Entrepreneurship* (Cambridge, Mass.: Harvard University Press, 1974).
20) Luke Roberts, trans., "'From a Parrot's Cage'—The Diary of a Samurai," 아사히 몬자에몬(朝日文左衛門, 1674~1718)의 미출간 일기.
21) *Musui's Story: The Autobiography of a Tokugawa Samurai*, trans. Teruko Craig (Tucson: University of Arizona Press, 1988). 이 일기체 자서전이 쓰여진 정황을 보다 상세히 알려면 *Journal of Japanese Studies*, 16, 2 (1990)을 보라.
22) Gary P. Leupp, *Servants, Shophands and Laborers in the Cities of Tokugawa Japan* (Princeton: Princeton University Press, 1992), p. 32.
23) Donald H. Shively, "Sumptuary Regulation and Status in Early Tokugawa Japan," *Harvard Journal of Asiatic Studies*, 25, 4-5 (1965): 152.
24) Nakai, *Women of the Mito Domain*, p. 54.
25) Brown, *Central Autonomy and Local Authority*는 히데요시의 토지조사가 발휘한 효과에 대한 일반적인 주장에 (가가 번을 근거로 한 연구를 통하여) 반론을 제기한다.
26) Dan Fenno Henderson, *Village "Contracts" in Tokugawa Japan* (Seattle: University of Washington Press, 1975), p. 188에서 고쳐서 인용.

27) 이런 주장은 Luke Roberts, *Mercantilism in a Japanese Domain*에서 설득력 있게 제시된다.
28) Smith, "The Japanese Village in the Seventeenth Century," p. 265.
29) Harumi Befu, "Village Autonomy and Articulation with the State," Hall and Jansen, *Studies in the Institutional History*, pp. 301~16 및 Befu, "Duty, Reward, Sanction, and Power: Four-cornered Office of the Tokugawa Village headman," B. S. Silberman and H. Harootunian, eds., *Modern Japanese Leadership* (Tucson: University of Arizona Press, 1966), pp. 25~50을 보라.
30) Thomas C. Smith, *The Agrarian Origins of Modern Japan* (Stanford: Stanford University Press, 1959)은 고전적 저작이다.
31) 兒玉幸多,『近世農民生活史』(東京: 吉川弘文館, 1957), pp. 215ff.
32) Jansen, "Tosa in the Seventeenth Century," p. 120. 그러나 상황이 심하게 악화되면 농민들의 이주가 발생했다. Roberts, *Mercantilism in a Japanese Domain*, pp. 68ff에 기술된 도사로부터 사쓰마로의 이동에 관한 논의를 보라.
33) George Sansom, *A History of Japan, 1615-1867* (Stanford: Stanford University Press, 1963), p. 99.
34) Shively, "Sumptuary Legislation," pp. 154~55.
35) Smith, *Agrarian Origins*, p. 280.
36) Thomas C. Smith, "The Land Tax during the Tokugawa Period," Hall and Jansen, *Studies in the Institutional History*, pp. 283~300.
37) 速水融,『經濟社會の成立: 17~18世紀』(東京: 岩波書店, 1988).
38) 內藤二郞,『近世日本經濟史論』(東京: 八千代出版, 1981), pp. 57ff.
39) 熊倉功夫,『寬永文化の硏究』(東京: 吉川弘文館, 1988) 및 Kumakura, "From the Outlandish to the Refined: Art and Power at the Outset of the Edo Period," *Asian Cultural Studies*, 17 (March 1989): 59-68.
40) 이런 사실은 Yoshikazu Hayashi, *Seventeenth-century Japan: A Time of Mystery and Isolation—120 Paintings by Yusetsu Kaiho* (Tokyo, 1991)라는 다소 부적당한 제목의 책에 매력적으로 묘사되고 있다. 이 책과 대충 비슷한 시기에 전문 직인들을 다룬 또 다른 책『人倫訓蒙圖彙』는 400개의 직업을 소개하고 하고 있다.
41) 笹本正治,「職人と職人集團」, 朝尾直弘 編,『日本の近世 7』, 4: 90ff.
42) 히데요시가 1587년 그리스도교 선교사들에게 등을 돌리면서 "일본인을 중국, 남만(南蠻), 조선에 파는 것은 심히 부당한 일이다. 일본에서는 인신매매가 금지되어 있다"고 언급한 대목은 주목할 가치가 있다. Elison, *Deus Destroyed*, p. 118.

43) Leupp, *Servants, Shophands and Laborers*, p. 41.
44) David Howell, *Geographics of Japanese Identity: Polity, Status, and Civilization in the Nineteenth Century* (University of California Press, 출간예정).
45) Edwin McClellan, *Woman in the Crested Kimono: The Life of Shibue Io and Her Family Drawn from Mori Ōgai's "Shibue Chūsai"* (New Haven: Yale University Press, 1985)는 사회 역사에 대한 풍부한 자료를 제공하는 저작이다.
46) Japan Foundation이 발행하는 *Newsletter* (1981)에 실린 비토 마사히데(尾藤正英)의 글은 방대한 분량의 저작에 대한 유용한 요약이다.

5장 도시화와 교통

1) Toshio G. Tsukahira, *Feudal Control in Tokugawa Japan: The Sankin Kōtai System* (Cambridge, Mass.: Harvard University Press, 1966) 및 Bolitho, "The han," *CHJ*, 4:198ff.
2) Constantine Vaporis, "To Edo and Back: Alternate Attendance and Japanese Culture in the Early Modern Period," *Journal of Japanese Studies*, 23, 1 (Winter 1997): 30.
3) F. G. Notehelfer, ed., *Japan through American Eyes: The Journal of Francis Hall, Kanangawa and Yokohama, 1859-1866* (Princeton: Princeton University Press, 1992), pp. 133, 382.
4) Kaempfer, *History of Japan*, 2:336.
5) *Journal van Dirk de Graeff van Polsbroek* (Maastricht, 1978), p. 33, 34.
6) DiCenzo, "Daimyo Domain and Retainer Band," p. 44.
7) 이에 관한 권위 있는 연구는 Constantine Novikos Vaporis, *Breaking Barriers: Travel and the State in Early Modern Japan* (Cambridge, Mass.: Harvard University Press, 1994)이다.
8) 이런 식의 운영은 비경제적이거나 취약한 부문을 보호하기 위해 오늘날에도 유지되고 있는 일본의 복잡한 유통체계와 비교할 수도 있겠다.
9) William Wray, "Shipping: From Sail to Steam," Marius B. Jansen and Gilbert Rozman, eds., *Japan in Transition: From Tokugawa to Meiji* (Princeton: Princeton University Press, 1986), pp. 250~54는 평이한 요약을 제공한다.
10) Van Polsbroek, *Journal*, p. 34.
11) Vaporis, "To Edo and Back"은 풍부한 사료를 바탕으로 도사 번 사무라이들의

여행과 그 여행 과정에서 이루어지는 물품 구입 활동에 대해 논의하고 있다.
12) Tsukahira, *Feudal Control*, p. 68.
13) Roberts, *Mercantilism in a Japanese Domain*은 그런 주장을 설득력 있게 지적하고 있는데, 도사 번에서와 마찬가지로 이와 같은 정책은 상인들의 견해와 제안에서 비롯되는 경우가 많았기 때문이다.
14) 욧카이치(四日市)처럼 매달 4일, 14일, 또는 24일에 장이 열렸던 것을 기념해서 도시 이름을 정하기도 했다.
15) Jinnai Hidenobu, *Tokyo: A Spatial Anthropology*, trans. Kimiko Nishimura (Berkeley: University of California Press, 1995); 또한 같은 저자의 "The Spatial Structure of Edo," Chie Nakane and Shinzaburo Ōishi, eds., *Tokugawa Japan: The Social and Economic Antecedents of Modern Japan* (Tokyo: University of Tokyo Press, 1990)을 보라.
16) Jinnai, *Tokyo*, p. 40.
17) Coaldrake, *Architecture and Authority in Japan* 및 William H. Coaldrake, "Building a New Establishment," James L. McClain, John M. Merriman, and Ugawa Kaoru, eds., *Edo and Paris: Urban Life and the State in the Early Modern Era* (Ithaca, N.Y.: Cornell University Press, 1994). 온전히 남아 있는 유일한 문은 도쿄 대학의 '赤門'으로 쇼군 이에나리의 딸이 마에다가에 시집갔을 때 그녀를 위해 설계한 '御守殿門'이었다.
18) 이런 배치를 좀 더 확장하면 뉴욕처럼 그 중심부가 녹지로 구성되어 있지만 센트럴파크와 달리 외부인의 출입이 금지되어 있는 현대 도쿄에 적용할 수도 있을 것이다.
19) 宮崎勝美, 「江戶の土地——大名, 幕臣の土地問題」, 吉田伸之 編, 『日本の近世 9, 都市の時代』(東京: 中央公論社, 1992)는 에도에서 무사의 토지보유 실태를 조명하는 상세한 설명과 수치를 제공한다. 또 공간배치에 대해서는 Gilbert Rozman, *Urban Networks in Ch'ing China and Tokugawa Japan* (Princeton: Princeton University Press, 1973)을 보라.
20) Constantine Vaporis, 「江戶と土佐——江戶藩邸の位置考察」, 『土佐史壇』(高知, 1995).
21) Notehelfer, *Japan through American Eyes*, p. 592.
22) McClellan, *Woman in the Crested Kimono*, pp. 28~29.
23) Jinnai, *Tokyo*, p. 39.
24) 아사쿠사의 센소지(淺草寺)의 역사와 역할에 대해서는 Nam-il Hur, *Prayer and Play in Tokugawa Japan: Asakusa's Sensōji and Edo Society* (Cambridge, Mass.: Harvard University Press, 2000)을 보라.

| 지은이 주 |

25) James L. McClain, "Edobashi: Power, Space and Popular Culture in Edo," McClain, Merriman, and Ugawa, *Edo and Paris*, pp. 105ff.
26) Ibid., pp. 105ff에서 재인용.
27) William W. Kelley, "Incendiary Action: Fires and Fire Fighting in the Shogun's Capital and the People's City," McClain, Merriman, and Ugawa, *Edo and Paris*, pp. 310~31.
28) Hatano Jun, "Edo's Water Supply," McClain, Merriman, and Ugawa, *Edo and Paris*, pp. 234~50.
29) 오오카(1677~1751)는 20년간 에도의 마치부교(町奉行)를 지냈고, 이후 지샤부교(寺社奉行)로 승진하여 25년간 재직했다. 한편 그동안에 줄곧 쇼군의 법정(효조쇼[評定所])에서 심판관으로 있으면서 솔로몬의 지혜라는 전설적인 명성을 얻었다.
30) Dan Fenno Henderson, *Conciliation and Japanese Law* (Seattle: University of Washington Press, 1956), pp. 142~62는 서로 다른 재판관할권에 거주하는 사람들이 제기한 계약 불이행에 대한 고소 심리록(審理錄)을 싣고 있는데, 이것을 보면 심판관은 쌍방이 알아서 합의를 도출하지 못하면 모두를 벌하겠다고 위협함으로써 개인적 차원의 사적 해결을 강제하는 경우도 있었다.
31) Katō Takashi, "Governing Edo," McClain, Merriman, and Ugawa, *Edo and Paris*, pp. 57ff.
32) 이보다 신분이 낮은 사람이 잘못을 저질렀을 경우에는 상당히 다르게 취급되었다. 신분사회와 처벌 사이의 상호관계에 대한 사려 깊은 논의를 살피고자 한다면, Daniel V. Botsman, "Crime, Punishment, and the Making of Modern Japan, 1790-1895" (Ph.D. dissertation, Princeton University, 1999)를 보라.
33) Katsu, *Musui's Story*, pp. 101, 155, 68. 모리 오가이는 집안을 욕되게 하는 아들의 행실을 바로잡고자 이와 동일한 방법에 의존한 한 의사의 경우를 발견했다. "깊은 절망에 빠진 추사이는 집 2층에 창문과 복도 쪽에 창살을 설치하여 아들을 쳐넣고 감금할 수 있는 방을 마련했다." McClellan, *Woman in the Crested Kimono*, p. 46.
34) *The Autobiography of Fukuzawa Yukichi*, trans. Eiichi Kiyooka (Tokyo: Hokuseido, 1948), pp. 252~53.

6장 서민문화의 발전
1) Shively, "Popular Culture," *CHJ*, 4:716.
2) Yoshiaki Shimizu, *Japan: The Shaping of Daimyo Culture, 1185-1868* (Washington, D.C.: National Gallery of Art, 1988) 및 Shimizu, "Workshop

Management of the Early Kano Painters *circa* A.D. 1590-1600," *Archives of Asian Art*, 34 (1981).
3) Robert Treat Paine and Alexander Soper, *The Art and Architecture of Japan* (London: Penguin, 1955), pp. 273~74에서 인용.
4) Henry D. Smith II, "The Book," McClain, Merriman, and Ugawa, *Edo and Paris*, p. 333.
5) Ibid.에서 스미스는 책의 제작과정을 감탄스러울 만큼 명료하게 보여준다.
6) Ekkehard May, *Die Kommerzialisierung der japanishen Literature in späten Edo—Zeit 1750-1868* (Wiesbaden: Harrassowitz, 1985)의 논의를 보라.
7) Shively, "Popular Culture," pp. 718~20.
8) Mary Elizabeth Berry, *The Culture of Civil War in Kyoto* (Berkeley: University of California Press, 1994), p. 186.
9) Paine and Soper, *Art and Architecture of Japan*, pp. 268~69.
10) Berry, *The Culture of Civil War in Kyoto*, p. 210.
11) 오사카 역사학자 미야모토 마타지(宮本又次)의 많은 저작이 이런 제도의 복잡성을 살피고 있다.
12) 吉田伸之 編, 『日本の近世 9, 都市の時代』, pp. 173ff. 오늘날 일본에서는 유통체계 내의 형평성 유지를 위해 「대점법」(大店法, 다이텐호)이라는 법을 통해 점포의 규모를 제한하고 있다는 점은 아이러니컬하다.
13) 이 가법(家法)은 Sansom, *History of Japan, 1615-1867*, 2:251-253에 전문이 영역(英譯)되어 있다.
14) *Transactions of the Asiatic Society of Japan*, 3d ser., 8 (1961)에서 크로쿠르(E. S. Crawcour)가 영역하고 주석을 달았다.
15) 미쓰이의 역사는 미쓰이사(社)의 공인하에 완성된 John G. Roberts, *Mitsui: Three Centuries of Japanese Business* (New York: Weatherhill, 1973) 및 『三井事業史』3卷(東京: 三井文庫, 1980)에서 표준이 되는 논의를 찾아볼 수 있으며 또한 『日本の近世 5, 商人の活動』에서도 하야시 레이코(林玲子)가 훌륭히 기술하고 있다.
16) J. Mark Ramseyer, "Thrift and Diligence: House Codes of Tokugawa Merchant Families," *Monumenta Nipponica*, 34, 2 (1979): 219-230.
17) 西坂靖, 「近世都市と大店」, 吉田伸之 編, 『日本の近世 9, 都市の時代』, pp. 203~06.
18) Donald Keene, *World within Walls: Japanese Literature of the Pre-Modern Era, 1600-1867* (New York: Holt, Rinehart and Winston, 1976), p. 93.

| 지은이 주 |

19) Yoshikawa Kōjirō, *Jinsai, Sorai, Norinaga: Three Classical Philologists of Mid-Tokugawa Japan* (Tokyo: Tōhō Gakkai, 1983), p. 268.
20) Shively, "Popular Culture," pp. 728ff 및 Keene, *World within Walls*, pp. 156ff.
21) Keene, *World within Walls*, p. 156.
22) Howard Hibbett, *The Floating World in Japanese Fiction* (New York: Oxford University Press, 1959), p. 63.
23) Shively, "Popular Culture," pp. 742ff를 보라.
24) Liza Crihfield, "Geisha," *Encyclopedia of Japan* (Tokyo: Kodansha International, 1988), 3:14-15 및 Liza Dalby, *Geisha* (New York: Vintage Books, 1985)를 보라.
25) Donald H. Shively, *The Love Suicide at Amijima: A Study of a Japanese Domestic Tragedy by Chikamatsu Monzaemon* (Cambridge, Mass.: Harvard University Press, 1953), pp. 26~27.
26) Ibid.에서 도널드 샤이블리(Donald H. Shively)의 논의를 보라.
27) 이 연극은 Donald Keene, *Major Plays of Chikamatsu* (New York: Columbia University Press, 1961), pp. 39~56에 영역되어 있다.
28) 도널드 킨(Donald Keene)에 의해 *Chūshingura: The Treasury of Loyal Retainers* (New York: Columbia University Press, 1971)로 영역되었다.

7장 교육·사상·종교

1) Tetsuo Najita, *Visions of Virtue in Tokugawa Japan: The Kaitokudō Merchant Academy of Osaka* (Chicago: University of Chicago Press, 1987) 및 陶德民, 『懷德堂朱子學の硏究』(大阪: 大阪大學出版會, 1994).
2) R. P. Dore, *Education in Tokugawa Japan* (Berkeley: University of California Press, 1965), pp. 76ff. 이 분야의 표준적인 저작이다.
3) Richard Rubinger, *Private Academies of Tokugawa Japan* (Princeton: Princeton University Press, 1982).
4) 예를 들어 메이지 시대 소설로 도쿠토미 로카(德富蘆花)의 『思出の記』를 케네스 스트롱(Kenneth Strong)이 영역한 *Footprints in the Snow* (Tokyo Tuttle, 1971), pp. 80ff에 나오는 세이잔 선생에 대한 묘사를 보라.
5) J. W. Hall, 'The Confucian Teacher in Tokugawa Japan," David S. Nivison and Arthur E. Wright, eds., *Confucianism in Action* (Stanford: Stanford University Press, 1959) 및 Kate Wildman Nakai, "The Naturalization of Confucianism in Tokugawa Japan: The Problem of Sino-Centrism,"

Harvard Journal of Asiatic Studies 40, 1 (June 1980).

6) 아라이는 지금까지 가장 많이 연구되고 가장 많이 영어로 번역된 일본 학자에 속한다. K. W. 나카이(Nakai)의 빼어난 연구 *Shogunal Politics: Arai Hakuseki and the Premises of Tokugawa Rule* (Cambridge, Mass.: Harvard University Press, 1988) 외에도, 조이스 애크로이드(Joyce Ackroyd)가 영역한 두 권의 책이 있다. *Told Round a Brushwood Fire: The Autobiography of Arai Hakuseki* (Princeton: Princeton University Press, 1979) 및 *Lessons from History: Arai Hakuseki's Tokushi Yoron* (St. Lucia: University of Queensland Press, 1982).

7) Hall, "The Confucian Teacher" 및 John W. Hall, "Ikeda Mitsumasa and the Bizen Flood of 1654," Craig and Shively, *Personality in Japanese History*, pp. 57ff.

8) *Told Round a Brushwood Fire*, trans. Ackroyd, pp. 202~03.

9) 야마자키 안사이에 가장 쉽게 접근할 수 있는 연구서는 Herman Ooms, *Tokugawa Ideology: Early Constructs, 1570-1680* (Princeton: Princeton University Press, 1985)이다.

10) Tsunoda, de Bary, and Keene, *Sources of Japanese Tradition*, pp. 369~70.

11) Mary Evelyn Tucker, *Moral and Spiritual Cultivation in Japanese Neo-Confucianism: The Life and Thought of Kaibara Ekken (1630-1714)* (Albany: State University of New York Press, 1989)를 보라.

12) Kaibara Ekken, "The Greater Learning for Women," trans. Basil Hall Chamberlain; *Journal of the Royal Asiatic Society of Great Britain* (X, pt. 3, July 1878)에서 처음 출간되었고, 이후 *Things Japanese* (Tokyo: 1905), pp. 502~08에 재수록되었다.

13) Masao Maruyama, *Studies in the Intellectual History of Tokugawa Japan*, trans. Mikiso Hane (Princeton: Princeton University Press, 1974); Yoshikawa, *Jinsai, Sorai, Norinaga*; Lidin, *The Life of Ogyū Sorai* 및 Olof G. Lidin, trans., *Ogyū Sorai's "Distinguishing the Way": An Annotated English Translation of the Bendo* (Tokyo: Sophia University, 1970); J. R. McEwan, *The Political Writings of Ogyū Sorai* (Cambridge: Cambridge University Press, 1962); Samuel Hideo, Yamashita, *Master Sorai's Responsals: An Annotated Translation of "Sorai Sensei tōmonshō"* (Honolulu: University of Hawaii Press, 1994).

14) Tetsuo Najita, "History and Nature in Eighteenth-Century Tokugawa

Thought," *CHJ*, 4:599.
15) Sumie Jones, "Language in Crisis: Ogyū Sorai's Philological Thought and Hiraga Gennai's Creative Practice," Earl Miner ed., *Principles of Classical Japanese Literature* (Princeton: Princeton University Press, 1985), p. 221 의 훌륭한 해설 참조.
16) W. J. Boot, *The Adoption and Adaptation of Neo-Confucianism in Japan: The Role of Fujiwara Seika and Hayashi Razan* (Leiden, 1992), p. 244.
17) Bob T. Wakabayashi, *Japanese Loyalism Reconstrued: Yamagata Daini's Ryūshi shinron of 1759* (Honolulu: University of Hawaii Press, 1995), p. 105 및 Martin Collcutt, "The Legacy of Confucianism in Japan," Gilbert Rozman, ed., *The East Asian Region: Confucian Heritage and Its Modern Adaptation* (Princeton: Princeton University Press, 1991).
18) Robert L. Backus, "The Kansei Prohibition of Heterodoxy and Its Effects on Eduction," "The Motivation of Confucian Orthodoxy in Tokugawa Japan," *Harvard Journal of Asiatic Studies*, 39, 1과 39, 2 (June and December 1979):55~106과 275~358.
19) 일부 학자들은 새로운 체제를 건설한 메이지 유신 지도자들의 치국책을 소라이가 찬미한 창의적인 체제 설립자와 연계시켜 생각해왔다. Robert Bellah, "Baigan and Sorai," Tetsuo Najita and Irwin Scheiner, eds., *Japanese Thought in the Tokugawa Period* (Chicago: University of Chicago Press, 1978), p. 148 을 보라.
20) Nakai, "The Naturalization of Confucianism," pp. 157ff.
21) Tsunoda, de Bary, and Keene, *Sources of Japanese Tradition*, pp. 389~400.
22) Bob T. Wakabayashi, *Anti-Foreignism and Western Learning in Early-Modern Japan: The New Theses of 1825* (Cambridge, Mass.: Harvard University Press, 1986), p. 149.
23) Nakai, "The Naturalization of Confucianism," p. 173.
24) Tsunoda, de Bary, and Keene, *Sources of Japanese Tradition*, pp. 538~40에서 인용.
25) *Ibid.*, pp. 512~14.
26) Heinrich Dumoulinn, "Kamo Mabuchi: Kokuikō"〔賀茂眞淵: 國意考〕, *Monumenta Nipponica*, 2, 1 (1939): 165-192. 대부분의 사설학교 교장들은 학생들에게 절대적인 충성을 요구했기 때문에 이런 종류의 서약은 드물지 않았다. 이것은 또한 꽃꽂이, 다도, 분향 등 예능 분야의 이에모토(家元) 제도라는 권

위적인 구조에도 적용되었다. 그렇긴 해도 여기에 역사적 시학(詩學)의 가르침을 적용시켜보면 교사의 어떤 치열한 자세를 찾아볼 수도 있다.

27) Shigeru Matsumoto, *Motoori Norinaga, 1730-1801* (Cambridge, Mass.: Harvard University Press, 1970)는 에릭슨 심리학의 관점을 적용한 중요한 인물 연구서다.

28) Harry D. Harootunian, "The Functions of China in Tokugawa Thought," Akira Iriye, ed., *The Chinese and the Japanese: Essays in Political and Cultural Interactions* (Princeton: Princeton University Press, 1980), pp. 9~36.

29) Tsunoda, de Bary, and Keene, *Sources of Japanese Tradition*, pp. 544~48.

30) Donald Keene, *The Japanese Discovery of Europe* (Stanford: Stanford University Press, 1969), chap. 7, "Hirata Atsutane and Western Learning," p. 170.

31) Thomas C. Smith, "Ōkura Nagatsune and the Technologists," Craig and Shively, *Personality in Japanese History*, p. 129.

32) Harry Harootunian, "Late Tokugawa Culture and Thought," *CHJ*, vol. 5: *The Nineteenth Century*, ed. M. B. Jansen (Cambridge: Cambridge University Press, 1989), pp. 198~215.

33) 레이던 대학의 Harm Beuker 교수는 이런 의사들을 주제로 삼은 연구서를 발간할 예정이다.

34) Yoshida Tadashi, "The *rangaku* of Shizuki Tadao: The Introduction of Western Science in Tokugawa Japan" (Ph.D. dissertation, Princeton University, 1974).

35) Marius B. Jansen, *Japan and Its World: Two Centuries of Change* (Princeton: Princeton University Press, 1980), pp. 32~33에서와 마찬가지로 Keene, *The Japanese Discovery of Europe*, p. 22에서 고쳐서 인용.

36) Marius B. Jansen, *Japan and Its World*, pp. 38~39.

37) 스기타와 관련된 모든 인용문은 芳賀徹 編, 『日本の名著 22, 杉田玄白・平賀源內・司馬江漢』(東京: 中央公論社, 1971)에서 찾아볼 수 있다.

38) Paul B. Watt, "Jiun Sonja(1718-1804): A Response to Confucianism within the Context of Buddhist Reform," Peter Nosco, ed., *Confucianism and Tokugawa Culture* (Princeton: Princeton University Press, 1984), pp. 188ff.

39) Kuroda Toshio, "Shinto in the History of Japanese Religion," *Journal of*

| 지은이 주 |

Japanese Studies, 7, 1(1981): "신도라는 말 자체는 일반적으로 대개 민간신앙을 의미한다"(p. 5) 및 Helen Hardacre, *Shinto and the State, 1868-1988* (Princeton: Princeton University Press, 1989), pp. 15ff.

40) Helen Hardacre, "Conflict between Shugendō and the New Religions of Bakumatsu Japan," *Japanese Journal of Religious Studies*, 21, 2-3 (1994) 및 Carmen Blacker, *The Catalpa Bow: A Study of Shamanistic Practices in Japan* (London: Allen & Unwin, 1975).

41) Hardacre, "Shugendō," p. 147.

42) 청중을 사로잡은 강연 내용의 한 예를 원한다면, "A Sermon Given by Hosoi Heishū on 14 December 1783" Michiko Y. Aoki and Margaret B. Dardess, "The Popularization of Samurai Values," *Monumenta Nipponica*, 30, 4 (Winter 1976): 401-413을 보라.

43) Janine Sawada, *Confucian Values and Popular Zen: Sekimon Shingaku in Eighteenth-Century Japan* (Honolulu: University of Hawaii Press, 1993), p. 45. 또 다소 오래된 연구인 Robert Bellah, *Tokugawa Religion: The Values of Pre-Industrial Japan* (Glenco, Ill.: Free Press, 1957)을 보라.

8장 변화·저항·개혁

1) Conrad Totman, "Tokugawa Peasants: Win, Lose, or Draw?" *Monumenta Nipponica*, 41, 4 (1986): 468.

2) Susan B. Hanley and Kozo Yamamura, *Economic and Demographic Change in Pre-industrial Japan, 1600-1868* (Princeton: Princeton University Press, 1977).

3) Ann Bowman Jannetta, *Epidemics and Mortality in Early Modern Japan* (Princeton: Princeton University Press, 1987)은 천연두, 홍역, 이질 등의 창궐을 논하고 있다. 아마도 상대적으로 고립되어 있었던 까닭에 일본은 다행스럽게도 페스트의 피해를 입지 않았다. 또한 일본과 중국 양국에서 화산 폭발이 기후 변화, 흉년, 정치적 소요 등에 미친 영향을 추적한 윌리엄 애트웰(William S. Atwell)이 현재 작업 중인 연구를 주목하라.

4) 速水融, 『近世農村の歷史人口學的硏究』(東京: 東洋經濟新報社, 1973)를 비롯해서 같은 저자의 다른 저작.

5) Laurel Cornell, "Infanticide in Early Modern Japan? Demography, Culture, and Population," *Journal of Asian Studies*, 55, 1 (February 1996): 22-50.

6) Thomas C. Smith, *Nakahara: Family Farming and Population in a*

Japanese Village, 1717-1830 (Stanford: Stanford University Press, 1977).

7) Thomas C. Smith, "The Land Tax in the Tokugawa Period"는 *Journal of Asian Studies* 18, 1(November 1958)에 실렸다가, Hall and Jansen, *Studies in the Institutional History*, pp. 283~99 및 Smith, *Native Sources of Japanese Industrialization, 1750-1920* (Berkeley: University of California Press, 1988)에 재수록되었다.

8) 松平定信, 『國本論』. David Lu, ed., *Sources of Japanese History* (New York: McGraw-Hill, 1974), 2:6-7에서 재인용.

9) Haruko Iwasaki, "Writing in Circles: Cultural Networks of Edo Gesaku Literature, 1760-1790" (Ph.D. dissertation, Harvard University, 1991), pp. 318, 148~51.

10) Kozo Yamamura, *A Study of Samurai Income and Entrepreneurship* (Cambridge, Mass.: Harvard University Press, 1974), p. 133.

11) Lu, *Sources of Japanese History*, 2:4.

12) Yamamura, *Samurai Income*, pp. 47~48.

13) Kelly, *Deference and Defiance in Nineteenth-Century Japan*, chap. 3 및 Bolitho, *Treasures among Men*, p. 35.

14) James, W. White, *Ikki: Social Conflict and Political Protest in Early Modern Japan* (Ithaca, N.Y.: Cornell University Press, 1995)는 현재 표준적 연구서이다.

15) 일본의 '농민반란' 연구는 1970년대와 1980년대, 일본과 해외 모두에서 활발하게 진행되었는데, 일부 연구는 중국의 문화(더 엄밀히 말하면 대항문화)대혁명에 대한 응답이었고, 보다 일반적으로는 일본사회의 합의 모델을 거부하기 위한 것들이었다. 이런 연구는 Conrad Totman, "Tokugawa Peasants: Win, Lose, or Draw?" pp. 457~76에서 검토, 평가되고 있다. 또한 Tetsuo Najita and J. Victor Koschmann, eds., *Conflict in Modern Japanese History: The Neglected Tradition* (Princeton: Princeton University Press, 1982)를 보라.

16) 이와 관련해서 Irwin Scheiner, "Benevolent Lords and Honorable Peasants: Rebellion and Peasant Consciousness in Tokugawa Japan," Tetsuo Najita and Irwin Scheiner, eds., *Japanese Thought in the Tokugawa Period* (Chicago: University of Chicago Press, 1978)을 보라.

17) 이는 Anne Walthall, *Peasant Uprising in Japan: A Critical Anthology of Peasant Histories* (Chicago: University of Chicago Press, 1991)의 주제이다.

18) 반란에서의 순교자 전통은 橫山十四男, 『百姓一揆と義民傳承』(東京: 教育社, 1977)에서 연구되었다. 이 훌륭한 소책자를 참조할 수 있었던 것은 내가 하야미

아키라에게 진 많은 신세 가운데 하나다. 이와 유사한 주제로 일본문화 전반, 특히 노(能)에서 두드러지게 찾아볼 수 있는 '원령'(怨靈, 온료)은 우메하라 다케시의 몇 가지 연구서의 주제이다.

19) Jansen, "Tosa in the Seventeenth Century," p. 120. 루크 로버츠(Luke Roberts)는 도사 번 주민들이 인구과잉 지역에서 사쓰마로 집단 도주하자 에도에 있던 양 번의 당국자들이 논의해 이민(移民) 관련 협약을 한 사례를 발견했지만, 원래 번으로 돌려보내는 것이 더 일반적이었다는 데 동의하고 있다. 인용한 문헌의 출처는 Roberts, *Mercantilism in a Japanese Domain*, p. 68.

20) M. B. Jansen, "Tosa during the Last Century of Tokugawa Rule," *Studies in the Institutional History*, p. 335는 平尾道雄, 『土佐農民一揆史考』(高知市: 高知市立市民圖書館, 1953), pp. 32~61의 설을 따른다.

21) Herbert Bix, "Leader of Peasant Rebellions: Miura Meisuke," Murakami Hyoei and Thomas Harper, eds., *Great Historical Figures of Japan* (Tokyo: Japan Culture Institute, 1978), pp. 243~60. 또 Bix, *Peasant Protest in Japan, 1590-1884* (New Haven: Yale University Press, 1986)을 보라.

22) White, *Ikki*, p. 125.

23) 전해지는 바에 따르면 존 핸콕(John Hancock)이 미국 독립선언서 서명란 제일 앞에 자신의 이름을 아주 큼직하게 써넣음으로써 영국 왕이 안경을 쓰지 않고도 볼 수 있도록 한 것과는 대조적이다.

24) David L. Howell, *Capitalism from Within: Economy, Society, and the State in a Japanese Fishery* (Berkeley: University of California Press, 1994).

25) Tsuji Tatsuya, "Politics in the Eighteenth Century," *CHJ*, 4:445ff.

26) Luke Roberts, "The Petition Box in Eighteenth-Century Tosa," *Journal of Japanese Studies*, 20, 2(1994): 423-458.

27) 이런 원칙을 여실히 보여주는 예는 앞에서 살펴보았듯이 헨더슨이 연구하고 영역한 1808년 소송이다. 소송 당사자들은 우여곡절 끝에 하급 법정에 출두하게 된 뒤에도 계속해서 알아서 문제를 해결하고 그렇지 않을 경우 쌍방 모두 벌을 받을 것이라는 경고를 들었다. Henderson, *Conciliation and Japanese Law* (Seattle: University of Washington Press, 1965), 1:135ff.

28) Tsuji, "Politics in the Eighteenth Century," *CHJ*, 4:456.

29) Najita, *Visions of Virtue*, pp. 148ff.

30) 이는 루크 로버츠가 *Mercantilism in a Japanese Domain*에서 설득력 있게 제기한 주장으로, 그에 따르면 번의 상인들은 번의 행정가들 보다 먼저 이런 형식의 보호주의 정책을 주창했다고 한다.

31) Byung-nam Yoon, "The Akita Copper Trade" (Ph.D. dissertation, Princeton University, 1994).
32) John W. Hall, *Tanuma Okitsugu (1719-1788): Forerunner of Modern Japan* (Cambridge, Mass.: Havard University Press, 1955)는 이와 관련한 표준적 사료다.
33) Ibid., pp. 119ff.
34) 사다노부는 Herman Ooms, *Charismatic Bureaucrat: A Political Biography of Matsudaira Sadanobu* (Chicago: University of Chicago Press, 1975)의 주제이다.
35) Keene, *The Japanese Discovery of Europe*, p. 75.
36) 나는 Chapter 1, "Japan in the Early Nineteenth Century," *CHJ*, 5:71-87에서 지금보다 더 많은 분량을 할애해 이런 경향들을 논의했다.
37) Gilbert Rozman, "Edo's Importance in Changing Tokugawa Society," *Journal of Japanese Studies*, 1, 1(1974): 94.
38) Katsuhisa Moriya, "Urban Networks and Information Networks," Nakane and Ōishi, Tokugawa Japan, pp. 97~123.
39) 武陽隠士, 『世事見聞錄』(東京: みすず書房, 1969).
40) Harold Bolitho, "The Tempō Crisis," *CHJ*, 5:117.
41) Ivan Morris, *The Nobility of Failure* (New York: Holt, Rinehart and Winston, 1975), p. 197은 오사카 반란에 대해 아주 이해하기 쉽게 설명해주고 있다. 오시오의 사상에 대해서는 Tetsuo Najita, "Ōshio Heihachirō, 1793-1838," Craig and Shively, *Personality in Japanese History*, pp. 155~79를 보라.
42) Lu, *Sources of Japanese History*, 2:8.
43) 『經世秘策』. Keene, *The Japanese Discovery of Europe*, p. 191에서 재인용.
44) Charles L. Yates, *Saigō Takamori* (London and New York: Kegan Paul, 1995), p. 19. 더 상세한 것은 "Restoration and Rebellion in Satsuma: The Life of Saigō Takamori" (Ph.D. dissertation, Princeton University, 1987), pp. 57~75. 또 西川俊作, 『江戶時代のポリティカル・エコノミー』(東京: 日本評論社, 1974), pp. 161~82를 보라.
45) Craig, *Chōshū in the Meiji Restoration*, chap. 2, "Chōshū and the Tempō Reform," 및 Nishikawa Shunsaku, "Grain Consumption: The Case of Chōshū," Jansen and Rozman, Japan in Transition, pp. 421~46.
46) Ooms, *Charismatic Bureaucrat*, pp. 85~86.
47) Bolitho, "The Tempō Crisis," p. 156.

48) Ibid., p. 151.
49) 遠山茂樹, 『明治維新』(東京: 岩波書店, 1950)이 아마도 이런 관점을 피력한 고전적 진술일 것이다.

9장 개국
1) Howell, *Capitalism from Within*은 이런 사업에 대한 최초의 신중한 묘사다.
2) Yoshikazu Nakamura, "The Satsuma Dialect in St. Petersburg, or the Adventures of Gonza the Castaway," *Japan Foundation Newsletter* (Tokyo), 26, 3, November 1998, pp. 1~3. 보그다노프(Bogdanov)를 연구하던 한 학자에 의해 알려지게 된 이 이야기는 가고시마 주민들을 매우 기쁘게 했고, 그래서 그들은 거리의 하나에 곤자라는 이름을 붙였다.
3) John J. Stephan, *The Kuril Islands: Russo-Japanese Frontiers in the Pacific* (Oxford: Oxford University Press, 1974), p. 55.
4) W. G. Beasley, "The Foreign Threat and the Opening of the Ports," *CHJ*, 5:265-266.
5) 芳賀徹 編, 『杉田玄白, 平賀源内, 司馬江漢』(東京, 1971), pp. 269~95에서 인용.
6) 『國史大辭典 2』(1980), pp. 271~73에 나와 있는 다카쿠라 신이치로(高倉新一郎)의 뛰어난 요약을 보라.
7) 혼다 도시아키의 『經世秘策』은 Donald Keene, *The Japanese Discovery of Europe*에 일부가 영역, 논의되어 있다.
8) 같은 시기에 영국 동인도회사는 정부의 손발이 되어가는 중이었으며, 이런 변화는 1834년 완료되었다.
9) 金井圓, 『日蘭交涉史の研究』(京都: 思文閣出版, 1986)은 이들 선박과 선장에 대한 상세한 사항을 수록하고 있다.
10) Jansen, "New Materials for the Intellectual History of Nineteenth Century Japan," p. 575.
11) Bob T. Wakabayashi, *Anti-Foreignism and Western Learning in Early-Modern Japan*, p. 60에서 재인용.
12) *Ibid.*, p. 103.
13) 필립 프란츠 폰 시볼트의 저작과 영향력은 吳秀三, 『シーボルト先生』(1926)라는 방대한 인물연구의 주제이며, 아울러 도쿄 호세이(法政) 대학의 폰 시볼트 연구회가 1982년부터 수년 동안 발간했던 잡지 『シーボルト研究』의 주제이기도 하다. Siebold, *Nippon: Archiv zur Beschreibung von Japan* (Leiden, 1832)는 1852년 런던과 뉴욕에서 출판되었고 이듬해 페리 제독이 교과서처럼 정독하며 일본에까지 가지고 간 *Manners and Customs of the Japanese*라는 책의 기초

가 되었다.
14) Abiko, "Watanabe Kazan: The Man and His Times."
15) 佐藤昌介, 『洋學史の研究』(東京: 中央公論社, 1980). 하루코 이와카시 덕분에 처음으로 이 책에 주목하게 되었다.
16) Wakabayashi, *Anti-Foreignism and Western Learning in Early-Modern Japan*, p. 149에서 영역(英譯) 전문을 볼 수 있다.
17) Ibid., p. 169에서 재인용.
18) 이에 대해서 나는 *China in the Tokugawa Japan*, pp. 74~75에서 보다 길게 논의했다.
19) Tsunoda, de Bary, and Keene, *Sources of Japanese Tradition*, p. 613.
20) Bob T. Wakabayashi, "Opium, Expulsion, Sovereignty: China's Lessons for Bakumatsu Japan," *Monumenta Nipponica*, 47, 1 (Spring 1992): 5.
21) Robert van Gulik, "Kakkaron: A Japanese Echo of the Opium War," *Monumenta Serica* (1939): 516-540.
22) C. R. Boxer, *Jan Compagnie in Japan 1600-1850* (The Hague: Nijhoff, 1950), app. V, p. 186.
23) 전문(全文)은 J. A. van der Chijs, *Neërlands Streven tot Openstelling van Japan voor den Wereldhandel* (Amsterdam, 1867), pp. 47~52를 보라. 노자를 참고한 부분은 당시 막부 학자들이 그 출처를 알지 못해 앞으로 연구해보겠노라고 선언했다.
24) 수년간 학자들은 미즈노가 일본의 무역 개방을 바랐던 것으로 간주했고, 그의 사임을 이 뜻을 이루지 못한 것과 연관시켜왔지만, 미타니 히로시(三谷博)는 이런 견해에 대한 근거를 거의 찾지 못했다. 「開國前夜」, 『日本外交の危機認識』(東京: 近代日本硏究會, 1985), pp. 7ff.
25) W. G. Beasley, *Great Britain and the Opening of Japan, 1834-1858* (London: Luzac, 1951), p. 93.
26) 백기에 대해서는 三輪公忠, 「ペリ-「第四の書簡」」, 『國際政治』, no. 102(東京: 國際政治學會, 1993), pp. 1~21을 보라. 해당 논의는 같은 저자의 『隱されたペリ-の「白旗」』(Tokyo: Sophia University Press, 1999)에서 확장되어 더욱 풍부하게 다루어지고 있다. Peter Booth Wiley, *Yankees in the Land of the Gods: Commodore Perry and the Opening of Japan* (New York: Viking, 1990)는 페리 제독의 임무에 대한 가장 충실한 설명을 제공한다. 페리 자신의 설명은 1856년 F. J. Hawks, ed., *Narrative of an Expedition of an American Squadron to the China Seas and Japan*, 2 vols.(Washington D.C.: "Published by Order of the Congress," 1856)에 실려 있다. 페리의 개인적인 설명은 *The*

| 지은이 주 |

   Japan Expedition of 1852-1854: The Personal Journal of Commodore Matthew C. Perry, ed. Roger Pineau (Washington D.C.: Smithsonian Institution, 1968).
27) 이 점에 대해서 영국인은 중국어보다 네덜란드어로 협상을 진행하는 편이 더 낫겠다는 결론를 내렸다고 주장하는 W. G. Beasley, "Japanese Castaways and British Interpreters," *Monumenta Nipponica*, 46, 1 (Spring 1991)를 보라.
28) 당시의 한 그림은 이들 선박의 선체를 갈색으로 칠했으나, 일본인들 사이에서는 저 멀리 수평선 너머에서 등장하는 보다 불길한 느낌의 검은색이 오래전부터 중국에서 내항하던 '흰' 선박과 구분짓는 역할을 했다. 판화 제작자들은 이들 선박의 검은색을 강조했고, 흑선이라는 용어는 일본에서 일상적으로 쓰였다.
29) 조약문의 한역(漢譯)을 위해서는 S. 웰스 윌리엄스(Wells Williams)의 도움이 필요했는데, 윌리엄스는 자신의 일기에서 페리의 오만불손함을 질타했다. "제독을 비롯해서 장교 대부분이 이 나라에 대해 말하는 방식이 정말 마음에 들지 않는다. 이들은 일본인을 야만인, 거짓말쟁이, 바보 떼거리, 비열한 악마 등으로 부르고 있다. 일본인에 대해 이렇게 악담하면서 한편으로 교섭의 가치가 있는 존재로 가정함으로써 사실상 이런 식의 악담을 부정하고 있는 것이다. 진정 하느님은 어떤 종류의 도구를 사용하고 있는 것인가!" Wiley, *Yankees in the Land of the Gods*, p. 398.
30) W. G. Beasley, *Select Documents on Japanese Foreign Policy, 1853-1868* (Oxford: Oxford University Press, 1955), pp. 102~07에서 인용.
31) Ibid., pp. 117~19.
32) Conrad Totman, "Political Reconciliation in the Tokugawa Bakufu: Abe Masahiro and Tokugawa Nariaki, 1844-1852," Craig and Shively, *Personality in Japanese History*, pp. 180~208 및 비교적 덜 우호적인 견해로는 Harold Bolitho, "Abe Masahiro and the New Japan," Jeffrey P. Mass and William B. Hauser, eds., *The Bakufu in Japanese History* (Stanford: Stanford University Press, 1985), pp. 173~88을 보라.
33) 해리스의 활동상은 그의 *Complete Journal*, ed. Mario Cosenza (Rutland and Tokyo: C. E. Tuttle, 1959)에서 따라가 볼 수 있다. 그의 네덜란드어 통역으로 근무했던 Henry C. J. Heusken, *Japan Journal 1855-1861* (New Brunswick, N.J.: Rutgers University Press, 1964)의 설명도 유익하다. 또한 Oliver Statler, *Shimoda Story* (New York: Random House, 1969)는 좀 더 비판적이며 신중한 연구로서 가독성이 뛰어나다.
34) Beasley, *Select Documents on Japanese Foreign Policy*, pp. 168~69에 나와 있는 나리아키의 편지 본문.

35) 『維新史』 6冊(東京: 明治書院, 1941), 2:442-443의 편지. George M. Wilson, "The Bakufu Intellectual in Action: Hashimoto Sanai in the Political Crisis of 1858," Craig and Shively, *Personality in Japanese History*, pp. 234~63에서 한 다이묘의 측근에 대한 논의를 보라.
36) 고전적 저작인 G. B. Sansom, *The Western World and Japan* (New York: Knopf, 1950), pp. 248~74의 "Forerunners of the Restoration Movement" 및 특히 H. D. Harootunian, *Toward Restoration: The Growth of Political Consciousness in Tokugawa Japan* (Berkeley: University of California Press, 1970)은 내가 다루는 인물들에 대한 호소력 있는 세부(Sansom)와 예리한 분석(Harootunian)을 제공하고 있다.
37) 일본의 개국을 놓고 서로 맞섰던 여러 견해를 능숙하게 전개한 논의를 서문에 담고 있는 책인 W. G. Beasley, *Select Documents on Japanese Foreign Policy*, pp. 102~07를 텍스트로 삼았다. 후지타는 또한 Richard T. Chang, *From Prejudice to Tolerance: A Study of the Japanese Image of the West, 1826-1864* (Tokyo: Sophia University, 1970), pp. 21~97에서도 논의되고 있다.
38) Sabuma Shōzan, "Reflections on My Errors," Tsunoda, de Bary, Keene, *Sources of Japanese Tradition*, pp. 608f에서 인용.
39) 이와 같은 공식은 장즈둥(張之洞) 같은 중국의 개혁가들에 의해서도 알려졌으나 그것은 19세기 말의 일이다.
40) Chang, *From Prejudice to Tolerance*, p. 124에서 고쳐서 인용. 宮本仲, 『佐久間象山』(東京: 1940)은 사쿠마의 주요 저작들뿐 아니라 그의 전 생애를 다루고 있다.
41) Thomas M. Huber, *The Revolutionary Origins of Modern Japan* (Stanford: Stanford University Press, 1981), p. 13에서 인용. 후버는 그의 생애를 상세하게 보여준다.
42) Sukehiro Hirakawa, "Japan's Turn to the West," *CHJ*, 5:451.
43) Tsunoda, de Bary, and Keene, *Sources of Japanese Tradition*, pp. 618~22 및 (마지막 단락) *CHJ*, 5:452에서 인용.

10장 막부의 멸망

1) 『維新史』, 2:731-739.
2) Marius B. Jansen, *Sakamoto Ryōma and the Meiji Restoration* (Princeton: Princeton University Press, 1961), pp. 108~09.
3) 리처드슨(Richardson) 외에도 그 영국인들 무리에는 마셜(Mr. Marshall)과 보러데일 부인(Mrs. Boradaile)이 있었다. 마셜은 흉부에 상처를 입었고, 보러데일 부인

| 지은이 주 |

은 불의의 일격이 쓰고 있던 인도식 모자(topee)를 스치면서 머리에 부상을 입었다. 한 네덜란드 외교관은 "마셜이 나중에 내게 말하기를 모두가 리처드슨의 잘못이라고 했다. 그들은 오하라 일행을 그냥 지나가도록 할 수도 있었는데, '제발 소동을 일으키지 말고 우회하자'고 외치는 마셜의 말을 리처드슨이 귓등으로도 안 들었다고 했다. 허풍선이 리처드슨은 호위대를 그대로 가로질렀고 그 순간 칼을 맞았다." *Journal van Jonkheer Dirk de Graeff van Polsbroek* (Assen: Van Gorcum, 1987), p. 60.

4) Harold Bolitho, "Aizu, 1853-1868," *Proceedings* of the British Association for Japanese Studies, 2 (1977): 8ff.

5) 메이지 유신에 대한 시마자키 도손(島崎藤村)의 역사소설 『동트기 전』(黎明け前, William Naff가 *Before the Dawn*이라는 제목으로 번역했다. University of Hawaii Press, 1987)은 중앙 산간 간선도로에 위치한 혼진의 책임자였던 자신의 아버지가 경험한 사건들을 상세히 묘사하고 있다.

6) 이에 대한 가장 훌륭한 설명은 Conrad Totman, *The Collapse of the Tokugawa Bakufu, 1862-1868* (Honolulu: University Press of Hawaii, 1980), pp. 108~22에서 볼 수 있다.

7) Jansen, *Sakamoto Ryōma and the Meiji Restoration*, p. 300.

8) Ibid., pp. 295~96.

9) Lu, *Sources of Japanese History*, 2:29.

10) 스기타니 아키라(杉谷昭)는 페리가 1854년 시모다에서 막부에 선사한 축소모형 철도에 대해 사가 번 관료들과 막부관료들 간의 대조적인 반응을 묘사했다. 철도에 동력을 제공하는 엔진에 대해 전혀 아는 바가 없었던 막부관료들은 축소모형 객차의 지붕 위에 올라앉아 엔진이 그들을 철도 위에서 움직이게 하자 즐거운 탄성을 질렀다. 반면 사가 번 관료들은 서양의 기술을 습득하는 쪽을 택했다. 이들은 네덜란드 증기선에 승선하자 곧장 기관실로 향해 그곳에서 적절한 질문들을 던지고, 가능한 한 신속하게 엔진을 만드는 일에 착수했다. 「開國前後における日蘭關係」, マリアス B. ジャンセン 編, 『九州と日本の歷史』, Monograph Series no. 1 (Singapore: National University of Singapore, 1991), pp. 113~39.

11) W. G. Beasley, "The Foreign Threat and the Opening of the Ports," *CHJ*, 5:301.

12) 영국 공사 러더퍼드 올콕(Rutherford Alcock)이 러셀(Russell) 경에게 쓴 1864년 11월 19일자 편지. 주11)의 책 5:297에서 인용.

13) Shinya Sugiyama, "Thomas B. Glover: A British Merchant in Japan, 1861-70," *Business History*, 26, 2 (July 1984): 115-138.

14) *Japan through American Eyes: The Journal of Francis Hall, Kanagawa*

and Yokohama, 1859-1866, ed. Notehelfer.
15) Jansen, "New Materials for the Intellectual History of Nineteenth Century Japan," p. 579.
16) 나는 *Japan and Its World*, pp. 45ff에서 해외에 파견된 일본 사절단에 대해 논한 바 있다. 첫 해외 사절단의 일원들이 쓴 일기는 Masao Miyoshi, *As We Saw Them: The First Japanese Embassy to the United States (1860)* (Berkeley: University of California Press, 1979)에 논의되어 있다.
17) Carmen Blacker, *The Japanese Enlightenment: A Study of the Writings of Fukuzawa Yukichi* (Cambridge: Cambridge University Press, 1964), p. 8.
18) *The Autobiography of Fukuzawa Yukichi*, trans. Eiichi Kiyooka(Tokyo: Hokuseido), pp. 143~44.
19) Jansen, "Tosa during the Last Century of Tokugawa Rule," p. 341. 이런 중간자적 역할은 Anne Walthall, "Caught in the Middle: *Gunchū Sōdai* in the Restoration Era," *Asian Cultural Studies*, 18 (February 1992): 164ff에서 분명하게 알 수 있다.
20) 나프(Naff)가 번역한 *Before the Dawn*을 보라. 또 Naff, "Shimazaki Toson's Before the Dawn: Historical Fiction as History and as Literature," James White, Michio Umegaki and Thomas Havens, eds., *The Ambivalence of Nationalism: Modern Japan between East and West* (Lanham, Md.: University Press of America, 1990), pp. 79~114를 보라.
21) M. William Steele, "Goemon's New World View: Popular Representations of the Opening of Japan," *Asian Cultural Studies*, 17 (March 1989): 79.
22) 이런 사실은 Conrad Totman, *Collapse of the Tokugawa Bakufu, 1862-1868*과 조슈 중심의 설명인 Albert Craig, *Chōshū in the Meiji Restoration* 또는 Marius Jansen, *Sakamoto Ryōma and the Meiji Restoration*을 서로 비교해 봄으로써 아주 명확히 알 수 있다.
23) Jansen, *Sakamoto Ryōma and the Meiji Restoration*, pp. 108~09. 다케치에 관해서는 p. 133.
24) Reinier Hesselink, "The Assassination of Henry Heusken," *Monumenta Nipponica*, 49, 3 (Autumn 1994): 351.
25) Conrad Totman, "From Sakoku to Kaikoku: The Transformation of Foreign-Policy Attitudes, 1853-1868" *Monumenta Nipponica*, 36, 1 (1980) 및 Totman, *The Collapse of the Tokugawa Bakufu, 1862-1868*.
26) Bob T. Wakabayashi, "Rival Statesmen on a Loose Rein," White, Umegaki, and Havens, *The Ambivalence of Nationalism*, p. 33.

27) Sensaku Nakagawa[中川千咲], *Kutani Ware*[九谷燒], trans. John Bester (New York: Kodansha, 1979), pp. 104~43. 루이스 코트(Louise Cort) 덕분에 이 책을 참고할 수 있었다.
28) Bolitho, "Aizu, 1853-1868."
29) Takie Sugiyama Lebra, *Above the Clouds: Status Culture of Modern Japanese Nobility* (Berkeley: University of California Press, 1993), p. 92.
30) Sir Ernest Satow, *A Diplomat in Japan* (Philadelphia: Lippincott, 1921), p. 184.

11장 메이지 혁명

1) 이 점에 대해서는 Thomas C. Smith, "Japan's Aristocratic Revolution"의 논의를 보라. 이 논문은 그의 *Native Sources of Japanese Industrialization, 1750-1820* (Berkeley: University of California Press, 1988)에 재수록되었다.
2) Tsunoda, de Bary, and Keene, *Sources of Japanese Tradition*, p. 644.
3) 세 초안에 대한 약간씩 다른 영역문들을 Lu, *Sources of Japanese History*, 2:35-36에서 볼 수 있다. 나는 井上淸, 『明治維新』, 日本の歷史 20卷(東京: 中央公論, 1966), pp. 84~90의 분석을 따랐다.
4) 기도에 대해서는 Jansen, *Japan and Its World*, p. 63에서 구메 구니타케의 회고를 참조. 천황이 자신의 신성을 포기하는 포고에 관해서는 Government Section, Supreme Commander for the Allied Powers, *Political Reorientation of Japan*, vol. II, appendices (Washington, D.C.: U.S. Government Printing Office, 1949), p. 470을 참조.
5) James Edward Ketelaar, *Of Heretics and Martyrs in Meiji Japan: Buddhism and Its Persecution* (Princeton: Princeton University Press, 1990), pp. 88~89. 또 John Breen, "The Imperial Oath of 1868: Ritual, Politics, and Power in the Restoration," *Monumenta Nipponica*, 51, 4 (Winter 1996): 407-429를 보라.
6) 井上淸, 『明治維新』, pp. 77ff는 이와 관련된 긴장상황을 잘 요약하고 있다.
7) Albert M. Craig, "The Central Government," Jansen and Rozman, *Japan in Transition*, p. 45.
8) *The Diary of Kido Takayoshi*, trans. Sidney Devere Brown and Akiko Hirota (Tokyo: University of Tokyo Press, 1983), 1:71(entry of August 6, 1868).
9) Craig, "The Central Government," p. 48.
10) Ibid., p. 47.

11) *The Autobiography of Fukuzawa Yukichi*, p. 212.
12) Lu, *Sources of Japanese History*, 2:38.
13) Michio Umegaki, *After the Restoration: The Beginning of Japan's Modern State* (New York: New York University Press, 1988), p. 124.
14) *The Diary of Kido Takayoshi*, 1:186(entry of February 28, 1869).
15) 1869년 3월 사쓰마·조슈·도사·히젠의 다이묘들이 제출한 건백서. Kan'ichi Asakawa, *The Documents of Iriki* (Tokyo, reprint 1955), pp. 377~78에서 재인용.
16) Umegaki, *After the Restoration*, p. 61에서 수정 번역.
17) 윌리엄 그리피스(William Griffis)에 대해서는 R. Beauchamp, *An American Teacher in Early Meiji Japan* (Honolulu: University Press of Hawaii, 1976)을 보라.
18) F. G. Notehelfer, *American Samurai: Captain L. L. Janes and Japan* (Princeton: Princeton University Press, 1985). 그리피스를 비롯한 많은 미국인과 제인스(Janes)는 네덜란드계 미국인 선교사이자 교육가인 기도 버벡(Guido Verbeck)이 뉴저지 주 뉴브런즈윅의 럿거스 소재 네덜란드 개혁교회 신학교(Dutch Reformed Seminary)와의 접촉을 통해 나가사키에서 채용되었다.
19) Umegaki, *After the Restoration*, p. 63.
20) Craig, "The Central Government," p. 55.
21) Ibid., p. 54.
22) Beasley, "Meiji Political Institutions," *CHJ*, 5:634.
23) W. E. Griffis, *The Mikado's Empire* (New York, 1876), pp. 526, 534, 536. 그리피스는 1874년 일본을 떠났으나, 그의 책은 1912년까지 12쇄를 찍었으며, 미국에서 반세기 동안 일본과 관련해 아마도 가장 많이 읽힌 책이었을 것이다.
24) 1945년 8월 9일 두 번째 원폭은 교회가 있던 자리를 중심으로 투하되었다.
25) Martin Collcutt, "Buddhism: The Threat of Eradication," Jansen and Rozman, *Japan in Transition*, pp. 144~53.
26) Griffis, *The Mikado's Empire*, pp. 336~37.
27) Collcutt, "Buddhism: The Threat of Eradication," p. 159; Ketelaar, *Of Heretics and Martyrs in Meiji Japan*.
28) Fukuda Gyōkai, *Japanese Religion in the Meiji Era*, ed. Kishimoto Hideo and trans. John F. Howes (Tokyo: Obunsha, 1956), p. 111에서 인용.
29) Helen Hardacre, *Shintō and the State, 1868-1988* (Princeton: Princeton University Press, 1989), pp. 28~29는 이런 매우 복잡한 과정에 대해 명쾌한 요약을 제공한다.

| 지은이 주 |

30) Barbara Rose, *Tsuda Umeko and Women's Education in Japan* (New Haven: Yale University Press, 1992) 및 Akiko Kuno, *Unexpected Destinations: The Poignant Story of Japan's First Vassar Graduate* (New York: Kodansha, 1993)는 이들 여성 가운데 2명의 생애를 다루고 있는데, 한 명은 교육계의 선구자이자 쓰다(津田) 대학의 설립자이며, 또 다른 한 명은 오야마 이와오(大山巖) 장군의 부인이다.

31) Marlene Mayo, "The Western Education of Kume Kunitake," *Monumenta Nipponica*, 27, no. 1(1973): 3~67; 田中彰, 『「米歐回覽實記」の學際的研究』(札幌, 1993). 그리고 5권으로 된 久米邦武, 『米歐回覽實記』는 1875년에 처음 출간되었고, 이후 다나카 교수의 편집으로 1970년대에 재간되었다. 이 책은 내가 이 책을 집필하고 있는 동안 영어판 출판을 준비하고 있었다.

32) Irokawa Daikichi, *The Culture of the Meiji Period* (色川大吉, 『明治の文化』 번역), ed. Marius B. Jansen(Princeton: Princeton University Press, 1985), pp. 55ff는 기도 다카요시가 자신의 유럽 견학에 근거한 견해들을 논의하고 있다.

33) *The Diary of Kido Takayoshi*, 2:187.

34) Fukuzawa Yukichi, *An Encouragement of Learning*, trans. David A. Dilworth and Umeyo Hirano (Tokyo: Sophia University, 1969), p. 15. 나중에 후쿠자와는 이 글을 좀 더 긴 장문의 *Outline of a Theory of Civilization*, trans. David A. Dilworth and G. Cameron Hurst (Tokyo: Sophia University, 1973)로 발전시켰다.

35) Mayo, "The Western Education of Kume Kunitake," p. 48에서 인용.

36) Tsunoda, de Bary, and Keene, *Sources of Japanese Tradition*, pp. 650~51에서 인용.

37) Eugene Soviak, "On the Nature of Western Progress: The Journal of the Iwakuea Embassy," Donald Shively, ed., *Tradition and Modernization in Japanese Culture* (Princeton: Princeton University Press, 1971), p. 31에서 인용.

38) James F. Conte, "Overseas Study in the Meiji Period: Japanese Students in America, 1867-1902"(Ph.D. dissertation, Princeton University, 1977). 또한 石附實, 『近代日本の海外留學史』(京都: ミネルヴァ書房, 1972).

39) *The Diary of Kido Takayoshi*, 1:167-168.

40) Ibid., 1:191(entry for March 12, 1869).

41) 井上淸, 『明治維新』, pp. 314~40; 이런 경합자들 가운데 사이고를 가장 심도 있게 다루고 있는 논의는 Charles L. Yates, *Saigō Takamori: The Man behind the Myth* (London: Kegan Paul, 1994), pp. 130~55에서 찾아볼 수 있는데

여기서 예이츠는 사이고가 막부의 1차 조슈 정벌 때와 가쓰라 가이슈와 함께 에도 막부의 최종 항복을 받아낼 때 자신이 주도했던 것과 같은 평화적인 타협의 도출을 기대했을 것이라고 주장한다.

42) 1877년에 설립된 다이주고 국립은행(第十五國立銀行)은 그 다음으로 큰 은행 자본금의 거의 8배에 달하는 금액인 1,782만 엔의 자본금을 확보했고, 다이주고 국립은행의 투자자 484명 모두 화족(華族)이었다.

43) Stephen Vlastos, "Opposition Movements in Early Meiji," *CHJ*, 5:367-382.

44) Selçuk Esenbel, *Even the Gods Rebel: The Peasants of Takaino and the 1871 Nakano Uprising in Japan* (Ann Arbor, Mich.: Association for Asian Studies, 1998)에서 상세히 다룬 두드러진 사례를 보라.

45) 평이한 요약은 Kozo Yamamura, "The Meiji Land Tax Reform and Its Effects," Jansen and Rozman, *Japan in Transition*, pp. 382~97에서 볼 수 있다.

46) 닐 워터스(Neil Waters)는 *Japan's Local Pragmatists* (Cambridge, Mass.: Harvard University Press, 1983)에서 가와사키가 이 경우에 해당한다고 보았다. 반면 James C. Baxter, *The Meiji Unification through the Lens of Ishikawa Prefecture* (Cambridge, Mass.: Harvard University Press, 1994), pp. 100~08은 이와 같은 주장에 기본적으로 동의하면서도 가가 번 폐지 후 나타난 변화들은 예전 촌락 지도자들을 무시하고 넘어가려는 의식적인 노력을 포함하고 있었고, 이런 노력은 점차 효과를 발휘하고 있었다고 보고 있다.

47) 『明治建白書集成』(東京, 1986~).